# 鄉導

## （二）

The Guide Weekly.

# 嚮導週報

分售處

巴黎 中國書報社
廣州 丁卜圖書社
上海 上海書店
民智書局
武昌 時中書報社
共進社
太原 晉華書社
長沙 文化書社
濟南 齊魯書社
成都 華洋書報流通處
杭州 古今圖書店
雲南 新亞書店

定價

每份三分全年大洋一元三角半年七角國內郵費在內

（中華郵務管理局特准掛號認爲新聞紙類）

一九二四年一月九日

◀第五十一期▶

每星期三出版　發行通訊處

杭州皮市巷法政學校轉安存眞
北京大學第一院收發課轉劉伯青

中國一週

## 商界反對火車加價與和平運動

獨秀

和平是人人所希望的，但我們所希望的是眞和平不是僞和平，是積極有切實辦法的和平，不是消極苟且敷衍省事的和平。

北京政府要將鐵路運費，自今年一月一日起，實行增加一成，各業商人羣起反對，上海機器麵粉公會華商雜糧公會致函上海總商會說：「比年以來，全國路線爲軍界盤踞，衆之軍輛缺乏，各站雜糧貨物堆積如山，裝運到地異常濡滯，霉漏剝蝕，坐失時機，種種損失，無從訴籲，…同業等久已痛切炙膚，思求減少運價之不遑，若再橫加負担，必致束手待斃而後已。」

在軍閥官僚政治之下，軍隊盤踞運輸機關和鐵路員司故意積壓貨物不運以索私賄，這是商人所不能逃免的痛苦。商人們想免此束手待斃的痛苦，只有極積的努力推翻軍閥官僚政治才行，決不是他們此時消極的敷衍的省事的向軍閥官僚們告哀的和平運動可以有効的。

軍閥官僚政治不推翻，和平是不會實現的。我們并不反對和平，而却十二分不贊成此時一般紳士商民跪在軍閥官僚勢力之下，做苟且省事的和平運動。

## 最近粵海關問題之發展

仁靜

廣州最近關於收回關餘的事，有下面三件，很值得注意：

第一、孫中山先生爲海關事致電英國工黨領袖麥克當那，攻擊英國駐華代表，並要求麥氏贊助收回關餘的行動。這是什麼意義？這是證明本報歷來所倡的打倒帝國主義須有國際的聯合的主張不錯。中國國民革命運動若是孤軍奮門必難成功，因爲各國最新式，最精的砲火軍艦必足壓迫中國的反抗而有餘（此正孫中山先生所謂「以廣東兵力，決難勝外艦聯隊，但……雖敗猶榮」）。中國國民解放的最有效方法便是與帝國主義國家之下的勞動階級聯合奮鬥，凡遇有外國壓迫中國的某種事實，中國人民即可向該國的勞動階級請求援助。中國對帝國主義打擊的成功，即間接助西方無產階級革命的成功，反之帝國主義國家無產階級的得勢，亦可緩和列強對中國的侵略（例如英國工黨政府出現時，必不致堅持護路案）。關於此點，孫中山先生此次的「敏捷外交」（英國東方時報語），全國人應當同情贊助，並且認爲這是我們以後力爭外交的一個最好榜樣。

第二、此次英國對粵海關問題態度，英國公使與香港總督意見分歧，很可注意。香港總督較爲和緩，故接見陳友仁，『故於關餘之交付，獨表贊同』，而在英使直轄之下的總稅務司安格聯，態度強硬，訓令『廣東稅務司惟對於北京政府之訓令，有服從之義務』。香港總督的態度緩和，並非他對中國人民獨具好感，而是由於『中山實行封鎖廣東，或厲行排貨，香港首受打擊』。香港的海員罷工餘威猶在，故香港報紙提起此事心中猶有餘悸，而說『孫有任何計畫，吾人不復如前易遭損失』。其意若曰『吾人已受教訓』，再不願上當，『如有關餘亦宜撥粵』。近來廣州海陸工團，謂各國有侵我國權助敵爲虐者，無論戰艦商船貨船，我海陸工人拒絕與其工作』。此種宣言亦可使英人胆戰心寒。由此我們可以看出反抗外力的最大勢力莫過於勞動階級 而且經過一次的實力示威此種影響可以鼓士氣而寒賊胆，歷數年不變，間接遏止帝國主義的野心。最近漢口之田仲案，亦以勞動界爲最激昂，不爲日人作工，抵制日貨。中國的勞動界實力如此；凡是誠心愛國，要達到中國之完全解放與自由的，應當率先到勞動羣衆中去散播國民革命的種子了。

第三、此次派赴廣東的軍艦以美國爲最多，這是使一般親美的追悼哈丁的孝子賢孫，而又稍有愛國之誠的中國人所應失望不安的了。但此正是我們預料的現象，每一強大的帝國主義侵略中國必有其武力侵略時代，英國對中國的鴉片戰爭與英法聯軍，日本對中國的中日戰爭，和二十一條，這都是過去的事實。美國近來鼓吹長江聯防，格外起勁，對中國失望去年亦特別利害，對關餘事『獨美國爲最堅決』。這種事，一方是因爲她的資本主義生長得羽毛豐滿非侵略中國不足以生存；一方也因爲她的外交不如英國乖巧，有時受英人的慫恿，擺肩木梢（例如臨城案時英國報紙故意的推動美國輿論特別激昂）。但美國現在也變乖巧了，故在密勒評論上，特別宣傳美國有退出中國不干涉華事的消息，而二十九日路透社倫敦電亦故意傳出『美政府固贊成與列強在中國保護條約之聯合行動，但美國不願處於威嚇計畫自爲主動之地位。設華人心目中竟有此現象，則美國不得不採取單獨政策。』這是向着英國泰晤士報記者說的，這是表示上了英國的當。但是我們對此等聲明認爲只是掩眼法，或者希望緩和情感的宣傳。而我們對於侵略中國八十餘年的英國，及組織新銀行團的美國，當然一體排斥等量齊觀。

## 廣東戰爭之意義

獨秀

這兩年來廣東的戰爭，一般人都說是孫陳之爭，這個觀念是錯誤的。

前年陳炯明襲擊中山先生，倘然是在憲法會議中 明白地拿着擁護地方權的旗幟，反抗中山先生嚴格的集權主張，那便可以說是孫陳集權制與分權制政見不同之戰爭。但事實却不如此，陳之攻孫，始終未曾發表與孫不同的政見，而且正在孫軍北伐時，攻孫的口號是『請孫下野』『贊成統一』；這明明是應援北洋軍閥的統一，這明明是破壞南方革命之進行，如何能說是孫陳政見不同的戰爭？

去年陳炯明在東江舉兵，正是爲沈北軍打接應；陳林洪各軍隊都受北方曹吳齊經濟的援助；石龍得勝時，陳炯明電告齊燮元；褚慧僧君想到老隆勸陳炯明發表反曹意見，到汕頭被陳拒絕前往；這些事實，便是親陳者也不能否認。因此我們以爲廣東和孫軍對敵的，不能說是什麼粵軍陳軍，簡直是北洋軍閥派來的軍隊，和楊森在四川趙恆惕在湖南是一樣。因此，我們承認曹吳出兵力已打到了廣東東江。因此，我們應該說此時廣東的戰爭，不但是北江，便東江也是北洋軍閥與南方革命黨之戰爭，決不是廣東內部的什麽孫陳之爭。

## 內債與軍閥

獨秀

內債這個制度，我們是不反對的；但是中國的內債，大部分是供給袁馮徐段等北洋軍閥政府兵費與豢養政客之用；這種內債便是幫助軍閥為惡的一項力量，將來如有真正的人民政府出現，應該不承認這種內債，因為人民沒有替軍閥還債的義務。上海商界三個團體把接濟軍閥的公債看做神聖不可侵犯的權利，實在是做夢。拿公債基金的理由來替曹政府反對粵政府收取關餘，更是夢中之夢。北京政府向來取用關餘做水利外交等費，你們為何不出來力爭說是搖動公債基金呢？

北京參議院有內債暫停抽籤之提案，金融界罵議員搗亂，我們却以為北京國會倘真能提出并通過此案，還算差強人意；因為如此一來，可以妨礙奸商們以公債的形式予軍閥政府一種經濟的援助。

## 研究系及小孫派

獨秀

吳景濂幫忙曹錕，異常出力，大選剛成，曹即馬上變了臉，吳景濂當不勝鳥盡弓藏之感。

研究系及小孫派的議員幫忙高凌霨，也異常出力，吳景濂剛走，高即馬上變了臉，這班議員們也當與吳景濂同感。

這班自毀人格為人做爪牙的人們，連「前車可鑑」這句老話都忘記了，已經是可怪；更可怪的是研究系的首領梁啓超和小孫派的首領孫洪伊，他兩人若以黨員所行為然，便應當出頭共事；若不以他們為然，便應當制止他們，制止不住，便應當宣告脫離關係。像梁孫二人樣的沈默態度，我們真不明白他們葫蘆裏賣的是什麽藥！

## 密勒記者語妙天下

章龍

最近密勒評論發表一篇很滑稽的社論，其大略如下：

「美國國內曾發生一種運動，其最近目的為完全撤回美國在亞洲之利益及勢力。……其計劃中包有准菲利兵獨立撤回美國利益；及絕對不再參加中國任何對內或對外事務之兩項。……此派主張者之言曰：吾人其以辦法收回借款或清理之，即行退出。吾人何必煩慮於中國人或菲利兵人之幸福耶！彼等并不重視亦不願望吾人之贊助，且懷疑於吾人之努力　然則吾人其速收拾一切而去可耳。他人(!)有以東方為利藪者何預吾人事？惟吾人自當照常繼續商業關係，賣吾人之產物於東方而買回所需之原料，特吾人對於東方之關係願至此而止耳。此運動之結果，將為美國不復與他國合作從事於改良中國情形之運動，不復參加於華會等所決定之國際委員會，絕對(!)不復參加於對華借款。………最後則且將逐漸撤回美國在華之傳教教育及慈善事業。……則美國此後將單獨行動，而以前所辛苦經營之佳良材料，皆將擲諸無用之地耳。……美人發生此種傾向，厥為許多有勢力之美人，失望於近年中國之發展，彼等以為即中國瓜分，亦於美無涉。吾人始終遵守開放門戶政策，而所得者只有他國人甚至中國人之疑忌。吾人承認中華民國，力助山東歸還中國，又發起華會，總歸為中國後援，而所得結果只有牽涉美國于中國政治之漩渦。………」

在這一篇如怨如訴的妙文中要算將美人一腔孤憤盡情吐出，我們可以看出下列幾點：(一)美人代中國謀幸福如同担愛菲利兵一樣；(二)美國對華會有無限好意，中國人反以怨報德；(三)因此美人萬分委屈，實不願再預聞華事。像這種似謊非謊的論證，我們原可以不必理會。因為美國對華的「德政」，中國大多數國民既已對他發生「疑忌」，實不勞外人代為曲解。據我看來，即他所謂不參加中國對內對外事項，仍是襲取華府會議尊重中國主權的套話，一年以還，經種種非實之證明，國人對於此等鬼話久已深惡痛絕。何况彼自稱不以東方爲利藪的美人，其唯一迷戀之目的依舊是『賣吾人之產物於東方，而買回所需之原料』，這樣矛盾可笑的論調，更是毋庸置辯的了。

然而帝國主義者的宣傳畢竟不止於訴委屈，他能很巧妙的在詼諧的辭令中裝進極有力的意義，所以我們稍經思索，便知道這篇文章裏面含有幾個最嚴重的用意：

第一：在威脅中國的軍閥政府。如云：『以善法收回借款或清理之。』『絕對不復參加於對華借款。』便是藉此以制軍閥政府之死命，使軍閥政府知所戒懼，不敢稍萌反抗美人之意念。

第二：在激怒美國僑商及美政府。彷彿告訴他們道：華人既已『疑忌』美人，在華僑商及美政府如不速自爲計則『以前所辛苦經營之佳良材料皆將擲諸無用之地』了。

第三：在申儆國內一班靠洋大人吃飯的人（自外交系官僚以至青年會幹事。）這明明是說：我們美人在華傳教，立學校，辦慈善事業，做一切『改良運動，』爲建築在華人歡迎之基礎上，現在既遭華人『疑忌』，只有『收拾一切而去』。……

第四：在煽惑少數迷信美國爲好友的國民。如表示不復參加華會所決定之國際委員會以資恫嚇。

總而言之該報記者，漸已於親美派官僚教徒外，認識中國大部份國民的真正意見，并知此等國民的『疑忌』美國，很足以障礙美國『對於東方之關係』，所以不惜閃爍其詞利用軍閥洋奴的弱點喚起反動以爲征服中國民族心理的利器，其用心之險詐，措辭之狡滑，真是十分巧妙呵！

因此我們知道：帝國主義國家的宣傳是機心最多的。他一方面强刼電政，鼓吹共管，紛派軍艦張牙舞爪要想刼奪廣州的海關，同時却恍惝其辭，說『中國瓜分，於美無涉。』去年（一九二二年）美國對華貿易額達二萬四千二百餘萬金元，居然厚臉的說：『何必煩慮於中國人之幸福！』至於華盛頓會議更是他最得意的好題目，每一談及，輒面有德色，然中國除以八百萬元買回膠濟路權一部份外，餘如旅大，廣州灣，關稅，領事裁判權諸大端尚在列强掌握不可捉摸，我想中國人民生非聾盲，縱欲媚外也必定無從措詞了。

## 世界一週

### 路透消息中之蘇俄

仁靜

最近路透社與東方通訊社告訴了我們許多關於俄國的消息。有的說俄國共產黨黨員減少，由四十萬人減少至三萬人；有的說託羅斯基已向共產黨辭退中央執行委員會委員之職（雖然沒有批准）；有的說『以現狀謂爲共產黨之分裂』。他們的這些消息，與他們前數年所傳的列甯爲託羅斯基所驅逐，俄國共產黨分裂，這等消息幾乎是一樣有價值，一樣嚴重了。

俄國共產黨因爲來春開第十三次全國大會，故一切關於國家的政策問題均待該時決定，故此時論壇上非常熱烈激昂，各就所主張的分成左右兩翼，論戰不休。這本是一個大黨中常有的現象，前兩年的共產黨大會在討論工作是否爲國家機關的問題之前，也是同現在一樣的。但是路透社都利用此大驚小怪的造作謠言，我們在此亦頗將此次俄國共產黨紛爭之點指出，以作研究俄事者之參考。

共產黨來春大會有三個大問題討論，第一，是共產黨內部中央集權之程度減削與否；第二，是新經濟政策是否應擴大應用於國際的範圍；第三、是經濟改造的工作是否多受黨的限制問題。第一，有一派的主張者認蘇俄現在的政治經濟地位日漸鞏固，不懼反革命黨的襲擊，所以為戰時及革命時代所必需的絕對中央集權的程度，可以減削一點，使於黨的分部較能自主。而反對派則認為防止農村間剝削階級及外患侵入起見，集權制須如今日一般的維持。第二，蘇俄去年收新經濟政策之效果頗大，因該政策而農物豐收，生產率增加，國內生產量亦增。但新經濟政策只是對農民妥協，只是允許農民自由貿易，屬於一國的範圍。現在是否可以擴大應用於國際的範圍，即是應否與國際資本主義，早點妥協，取得借款機會，以便早日恢復俄國的大工業或者為避免幾種危險，仍賴自力艱難困苦很慢的發展工業，不假外援。第三，是為加速本國生產力起見，共產黨對於所派負各地或各種工業專責之黨員，是否應少施干涉，干涉與不干涉之利害比較。以上三種都是政策上的問題，完全沒有原則上的意見。換言之何種政策是有益於本國的發達問題。此等問題雖在大會後前爭得激烈，但大會，即少數服從多數毫無歧異之可言。在兩派主張中，託羅斯基與金諾維夫及加梅納夫各代表一派，到底這兩派的主張誰佔勝利只好等下次共產黨大會決定了。

## 廣東通信

# 廣東人民反抗帝國主義之表示

嚮導記者：

中國人民對於帝國主義國家之經濟的壓迫多不當心，而對於政治的壓迫却稍注意，此種近視的國民，祇有時間先生可以使其覺悟。

此次美英法日意葡兵艦在廣州白鵝潭示威已可直接給廣州人民以一劑醒腦藥，久在睡眠中的也起來運動了。

廣州人民之起來反抗，純然因為帝國主義國家之政治的壓迫臨到頭來不容沈吟。

此次列强兵艦的示威已將美國的帝國主義給廣州的人民看了，更進一步給中國的人民看了。有組織的大示威運動於是繼續舉行起來了。本月廿四日由廣東工會聯合會新學生社民權運動大同盟海員工會起落貨工會女界聯合會學生聯合會民權社等團體發起的大示威運動在第一公園舉行，到會團體有七十多個，人數萬餘，以學生工人為最多數。沿途散發中國廣東國民外交後援會對內對外宣言。茲分別錄下：

## （一）對內宣言

全國同胞們！事急了！外國的侵略者已向我們挑戰了！英國，美國，法國，日本，意大利，葡萄牙的兵艦已闖入廣州，佔領白鵝潭了！

全國同胞們！大家要看清，狠心狗肺的帝國侵略者，一向勾結北方賣國政府，供給北洋軍閥的餉械，用中國人來擾亂中國，他們便好從中掠奪。他們一向站在北洋軍閥的背後，暗中播弄，自臨城案件發生，他們便出頭露面收管中國的路政和航權。這次他們竟替北洋軍閥打前鋒，向我們人民宣戰，攻入革命的首都了！

全國同胞們！「我們中國亡不亡」，「將來有不有太平之日」，全靠

「我們國民革命成功不成功」！廣州的政府，是我們國民革命權力的集中地。如今我們人民為國家謀獨立，為自已爭自由的革命政府，竟遭豺狼似的列強來威迫，他們立意破壞我們人民自衛的革命，阻止我們求生的路，我們不打倒他們，我們就是死也無葬身之地了！

全國同胞們！我們人民付出的關稅，是交給我們人民的政府為我們人民謀幸福的。北京的政府歷次賣國，殺學生，殺工人，久已為我們全國人民所否認；我們人民當然不能再給錢與北京政府買他來殺我們，我們人民所付的關餘，當然不能交給北京政府，這是很明顯的事。我們的關餘是要交給我們國民革命的廣州政府，那就是說：我們要交給國民革命政府，為打倒國際侵略者，為謀我國獨立之用。（我們中國是獨立國家麼？北京的東交民巷尚有個太上的政府。）我們要交給國民革命政府，為打倒國內軍閥，為人民爭幸福之用。總之，我們中國人民的主權豈容外賊干與？

全國同胞們！我們須記取：中國的軍閥完全靠外國的供給，如果沒有外國的接濟，他們早已消滅了，我們何致受苦至今！

全國同胞們，外賊內賊同時向我們進攻了！奮起！同時奮起！我們高呼：

收回關稅！恢復以前國家喪失的權利！打倒軍閥！打倒國際侵略主義！

## （二）告英美法日意五國海陸軍人

你們為了反對廣東政府收回關餘來打仗，于你們有什麼好處呢？老實對你們說，不但沒有好處，並且有很大的損失。你們損失的是一個與你們處在同一地位的友人。你們打仗，並不為了你們自身的利益也不是為了你們全體人民的利益，單是為了少數資本家的利益。你們底利益和你們底資本家的利益是風馬牛不相及的，倒是我們底利益和你們同病相憐。我們是被侵略被壓迫的民族。我們受國際帝國主義底侵略和壓迫，正和你們受着貴國資產階級的侵略和壓迫一個樣子。資本主義在貴國掠奪你們底生產使勞働階級瀕于破產。你們底資本主義代理人在中國扣留關餘，也使中國的勞働群衆瀕于破產。中國民衆所過的生活和你們所過的生活是一樣的啊。

廣東政府是為使中國脫離國際帝國主義底桎梏而奮鬥的政府。國際帝國主義現在已經把中國民族縛頭縛脚，任何政治方面經濟方面都不能有絲毫發展了，廣東政府拿取應得的一點關餘，尚且橫遭干涉。請問諸君，你們為這件事來打仗，于你們有什麼好處？你們甯可為了資本家和帝國主義者底利益犧牲你們自已的生命麼？

我們所要求的是和平與秩序。我們名正言順的收回關餘，卻把國際帝國主義的假面具挑穿了。

起來擁護被侵略被壓迫的民族呵！尤其要緊的，快來擁護橫被蹂躪的中國民族呵！

## （三）告美國英國法國意大利日本的農民和勞工

美國的農民和勞工呀！帝國主義的資本家的美國已經把中美親善的假面具揭穿了。所謂「門戶開放」政策就是要把中國變為自由市場，開放給全世界吮血的帝國主義者，讓他們來公然的搶掠。這個政策，決不是替中國數萬萬勞苦的平民打算好處，是替美國打算好處；而且亦決不是替美國的農民和勞工打算好處，是替美國的資本家和中產階級打算好處。資本主義的民主黨和共和黨，掛了「中美親善」的招牌，把他們的資本輸入中國。但是這一個月裏，為了廣州關餘問題，美國的戰艦就集泊珠江，威嚇廣州政府，這也算是「中美親善」麼？美國的農民已經力爭而使美國退出國際法庭了，爲什麼現在不反對美國來干涉中國的事務呢？國際法庭的意思就是向歐洲投資，干涉中國的事務，意思就是向中國投資。共和黨的執政者的奮鬥，並不是替美國的農民和勞工謀利益呀；他們是替美國的銀行老版謀利益啊。你們應該起而反對共和黨執政者的對華政策，尤其要反對他們的干涉中國內部之事。

英國的農民　勞工呀！守舊黨的對華政策，只能損害英國的農民和勞工，不能使你們得到好處。英國來干涉中國的廣州政府支配廣州海關的關餘，結果只能引起抵制英貨運動。英國海軍對于南方政府的示威行動，結果徒使英國的農民和勞工失去了一切而一無所得。

法國的農民和勞工呀！帝國主義的法國政府佔領了魯爾，致使你們在德國的姊妹兄弟遭了壓迫，現在帝國主義的法國又借重武力，來壓迫中國的困苦的平民了。遠東的困苦的平民和法國的被壓迫的農民和工人之間，應該成立一個反帝國主義的聯合戰線，一面反抗世界的帝國主義的國家，一面更須努力反抗法國。

日本的勞工們呀！中國現在還是封建政治的時代。封建的軍閥，勾結了日本的帝國主義者，以及其他的世界的帝國主義的國家，共同壓迫平民，孫逸仙博士的廣東政府是爲解去中國平民所受的內國軍閥和外國帝國主義的兩重羈軛而奮鬥的。你們應該上前幫助廣東政府一同反對日本軍艦在珠江的示威行動。

意大利的勞工呀！你們應該反對汎緊黨的政府也參加列强用武力威嚇廣東政府的怪劇，這廣東政府是力謀解放遠東的貧困的平民的。打倒世界的帝國主義！打倒世界帝國主義者和軍閥的勾結!!中國勞動階級的解放萬歲!!!廣東政府萬歲!!!!

## (四)告全世界的弱小民族

兄弟姊妹們啊！我們都屬于弱小民族的一邊。帝國主義的列强已經組成帝國主義的聯合戰線來對付我們底解放運動和國民運動了。這不單是中國的問題，也不單是亞洲的問題，是全世界弱小民族的問題。我們應該攜手起來反抗他們底侵略和壓迫。

帝國主義的英•美•法•日•和意大利，現在拼命的和中國的少數封建餘孽，破產閣員，和唯利是圖，專替軍閥做走狗的政客相勾結，交換各種利益。他們到處扶植少數反革命分子底封建政治而對于中國唯一的革命政府，唯一的爲民衆利益向那軍閥爭鬥的廣東政府，在他與反動軍閥和反革命派苦苦相持的關頭，他們扣除關餘，要制他的死命。他們用壓迫過你們的方法來壓迫中國的革命分子。中國的北京政府是一個反動政府，他曾經槍斃工人，監禁學生，殺害人民代表，封閉報館，種種損害人民權利的暴行，舉不勝舉，而他們供給他軍火和金錢，助他作惡。他們口上掛的是平和，實在製造各派勢力中間的戰爭。他們把親善的假面具擲得粉碎了。他們公然伸出一雙侵掠的手來。他們搶劫。

現在，廣東政府和帝國主義列强已經到了短兵相接的時候了。英美法日和意大利的兵艦已經排列在珠江口岸了。這正是你們爲中國的權利奮鬥的時候，起來呵！

快組織全世界弱小民族抵抗侵略的聯合戰線！

在廣東人民團體所組織之國民外交後援會除舉行示威散佈傳單外，幷準備第二步辦法，即列强壓迫到某種程度便舉行經濟絕交，此口號現正在民衆間醞釀流行，一觸即發。

菊坡十二月廿七於廣州

## 漢口通信

### 漢口日捕房絞死田仲香的詳情

一純

中國人的生命，較外國人的狗還不如。任外國人的摧殘蹂躪不能作半點正當的自衞，從漢口日捕房絞死華工一事，更加證明了。漢口俄租界寶善里正街日本人開的多本洋行內有廚役田仲香一名，年二十一歲，黃陂縣人，做事勤愼，素來得該街大班的歡心。但該行的副班井叔，恨他剌骨，早想陷害他，只因沒有機會。昨二十日大班出外，副班忽稱失去金錶一只，價值三百餘元，强指田仲香偷了，就把他送到俄捕房。田在俄捕房沒有口供，日本捕房竟不經過中國官廳直接派人到俄捕房提出，俄捕房以爲是照例和日人對質，也竟隨便交出了。那晚審問三次，都無口供。該房巡查日人雙喜，生性兇惡，又受了井叔的金錢運動，遂用絞麻花的酷刑，拿鐵練把田某的腿骨絞斷了。當時呼救的聲音，慘不忍聞！二十一日，多本洋行的大班回了，說明金錶是他自己帶出去的，井叔寃害田某的事實完全證明。但田某已於那天早晨八時被雙喜害死了！日捕房看見大錯已成，就想一狡猾的方法來抵賴，宣布田某是晚上用自己穿的白洋襪吊頸自盡的。日領事署照會交涉署和洋務公所後，該二處立時轉報夏口地方檢審廳。該廳卽派首席檢察官胡絜，會同洋務會審員楊厚卿，華醫孫克鑑，日醫正武（同仁醫院的），同往日捕房協同勘驗。驗出傷痕七處：左右臂各一傷，左右腿骨都斷，雙膝各一傷，腦後一傷，血肉模糊，確是因刑斃命。但日捕房硬說他是自盡的，强迫勘驗人簽字證明！

這個消息傳出後，租界市民，大動公憤，不約而集的數百人同到日捕房去質問，中間痛哭流涕的，大呼要替田某報仇的，很有些人。日捕房不問情由，又把黃陂人潘發九，用斧斫傷，幷送到捕房去了；另外還打傷了幾個人。用龍頭安放在自來水管上，把羣衆驅散。婦人小孩倒地被踐踏的不知若干。日艦陸戰隊也上岸荷槍實彈，守住日租界各街口，對面的中國街也斷絕交通不許中國人通過。還有很多的馬隊，在兩國街中橫衝直闖，殺氣騰騰，如臨大敵一般。田仲香有老母和兄叔各一人，聽得此信，都痛憤的要死！已到洋務公所和檢審廳起訴去了。日領事見事已弄大，想毀滅證據，便私把田母招到領事署內，百般哄誘，說人已死，不能再活，許給他四千元養老金，要他說是自己吊死的。田母當時大罵倭奴嚴詞拒絕了。

這事發生兩三天了，是一件多黑暗多悲慘的事呀，湖北官廳和武漢各團體，竟同死了一樣，毫無表示。大多數良心未滅的同胞呵！我們既是處在雙重武力之下，要趁這機會服從良心的使命，起來和這絕無人道的日人拚他一場呀！表面上看來是替田仲香報仇，實在是替我們全體中國人爭人格，替全體被欺負的民族奮鬥呵！

The Guide Weekly.

# 嚮導週報

定價
每份三分　全年大洋一元三角半年七角國內郵費在內

（中華郵務管理局特准掛號認爲新聞紙類）
一九二四年一月二十日

分售處
巴黎　廣州　上海　武昌　太原　長沙　濟南　成都　杭州　雲南
中國書報社　丁卜圖書社　上海書店　民智書局　時中書報社　共進書社　晉華書社　文化書社　齊魯書社　洋書報流通處　古今圖書店　新區書社

◀第五十二期▶

每星期三出版　發行通訊處
杭州馬坡巷法政學校轉安存眞
北京大學第一院收發課轉劉伯青

## 國內一週

### 祝上海絲紗女工協會成功

獨秀

上海是全中國工業最發達的地方，所以工人在數量上居全國第一位，此多數工人中，女工占一半以上，卽近世產業爲絲廠紗廠香烟廠的女工，全體至少也有十五萬人。因爲種種障礙，上海許多工廠的男工還沒有組織，何況女工。現在居然有一個絲紗女工協會出現，這是上海工界一樁可賀的事。我們希望這個協會能有多數眞正工人出來辦事；我們更希望這個協會不單是發表一篇思想腐敗文字腐敗的宣言，須爲女工們實際的生活所需要而奮鬥！

### 蠻狠的美國僑商

章龍

在洋商橫行「化外的」上海，每日大夥洋强盜明搶暗騙的勾當眞是書不勝書，最馴服的中國商民司空見慣，也就見怪不怪了。然而像最近花旗公司腊司登輪船船主搶殺水手十六人之事我們縱想忘却，畢竟是忘不了的，所以我向國人介紹這一段消息，以爲醉心於美人德政者的參攷。

美國花旗公司腊司登號輪船於去年十一月在香港招僱中國水手十五名，生火夫二十四名，訂立六個月合同，由港來滬後，忽於本月十九日迫令所僱水手火夫等改約，卽刻離船，彼等遂要求發給返港川資，船主不允，言語齟齬，船主遂開槍轟擊，當場致命者一人，被擊落水死者十三名，重傷者若干名。這便是肇事的大概情形，己由上海「公堂」審訊此案，此案又大於樂志華案數倍，但結果是否不仍蹈樂案的覆轍，依過去的經驗看來是沒有甚麼把握的。

我們對於此等蠻野的美國僑商舉動是不屑再拿甚麼正義，人道去責備他們的，只就最習見的商行爲說，近來美國公使申申詬罵中國人破壞條約，(見美公使舒爾曼游滬粤後發表的談話)不知道像這類違背合同槍殺十數命的强盜行爲所根據的是甚麼條約？前月漢口一二教士被那洋商供給槍彈的土匪擄去，美國報紙便借題攻擊無所不至，我們現在且看美國的宣傳家看他們怎樣去彌縫，曲解這一回慘殺的冤案！

# 王永彝大殺福建農民

展濤

△違法勸種烟苗
△强徵未種重稅
△農民團結反抗
△被屠洗者千餘人

一年來的閩南，始終是輾轉於軍閥暴政之下，最苛的莫若烟捐。近來王永彝迫民種烟的政策竟愈出愈奇。因爲農民本着向來的事實，以爲種烟乃爲謀利，但結果不只沒有利，反有時得到奇禍，於是都相戒不種。泉屬具這樣決心的以惠安方面爲甚，其實惠安全部地方不及百里，竟要削剝到五十多萬，農民們早就不堪其擾了。去秋王氏出示云：「凡有田者若不以面積幾分之幾植烟者，到烟漿收刈時，亦照巳種例收稅，違者嚴懲……等語。」這樣一來，反激起農民鄉團的大結合，推及各縣，互約守望，並且武裝起來，和統治階級的標客——軍閥爪牙——奮戰。

據最近廈門消息云：「……王永彝因爲農民反抗楊增福軍徵收烟苗捐，礙難姑息。卽抽調安海南安一帶北兵約一團，會合楊團，突於一月十四日晨，分路進攻惠北各鄉。鄉團組織本尙幼稚，且惑於調停之說，並未戒備；北軍出其不意，遂如摧枯拉朽。王又上令，遇鄉卽洗剿，所到之處，逢人卽殺，雖婦孺不免。山腰鄉莊姓首當其衝，死者千餘人。附近之灞頭鄉，居民數萬戶，全告焚如，死者不計其數，哭聲震天，其慘刼視揚州十日嘉定三屠尤有過之。……被燬者逐十八九鄉，死於火者數百人，死於槍者又約千人，現尙未止。鄉民之壯者，冀死中求生，現又團結抵抗，刻尙在混戰之中……。」

同胞們！被封建軍閥勢力壓迫着的農民醒了！團結起來了！們他的流血當然是慘酷，他們的奮鬥却是榮耀。我們在國民革命的旗幟下，謹祝農民羣衆的解放和勝利萬歲！

# 洋商船全副武裝航行內河

爲人

聯合警備外艦自由航駛內河，已爲中國特例，今洋商船亦皆化爲全副武裝，實在囂張已極。外交團以此事竟於一月廿日函令曹政府外交部，借中國內地不靖和搶刼層出爲理由，各國行駛中國內地各埠的商船，今後擬聯合警衞。決定一千噸以上的航船，裝載炮六尊，四千噸以上的航船，裝載炮十尊。從此江海要津，舉目皆是洋警森嚴了！

反對洋商船全副武裝航行內地，實爲現時一個重要問題。在未脫離國際帝國主義勢力的壓迫以前，洋大人的侵佔，總是如狂風暴雨而來。我們爲了要避免這些危險，只有用革命的手段去反抗，用不着「妥協」「求合」的等等「勾結」。

# 津派勾結反直派

陳明

曾爲曹錕促選和聲勢浩大一時的津派，自曹銳附保後，其他眼明手快的黨徒，亦皆散附他派。丁零孤立的王承斌與失意無聊的政客邊守靖結合繼承曹銳地位，最近乃謀勾結反動的反直派以與保洛二派相抗。公然於一星期以前，會餐於邊守靖私宅，當時邊當衆說：「吾人之聯絡反直派，並非反對三爺，實是代三爺辦理統一，蓋吳子玉所抱之武力統一政策，決不可行；反之由子玉出面聯絡，亦不可能。試觀子玉之竭誠尊段，毫無結果，可以想見。故莫如以吾輩失意之人，出而圓場，反可得反直派同情弱者之處。屆時北京用我，我固可挾以自重；否則我亦有倚賴，不若今日之孤立矣」。衆皆贊成其說，並擬定被聯絡之人。計叛黨屠粵的陳炯明，久抱大雲南主義的唐繼堯，阻擱北伐義師和禍湘的趙恆惕，此外如張作霖段祺瑞也在內。對於其他革命派則置而不提。彼等的勾結如果成功，則中國黑暗反動的勢力必更浩大，政局必更稀糟。

彼等既有勾結，我們國民的任務也當是：
促進革命派與進步的反直派結合起來！
打破反動派的勾結為惡！

## 國外一週

### 舒爾曼的排華論

為人

美使舒爾曼於去歲九月間曾到東三省去干涉東鐵地畝問題；最近又由雲南回京公然在華北美僑協會公宴席上演說排斥華人，其演詞有關於政治的是：

「西南對於外人之利益上及條約義務上，頗為蔑視。茲試舉二例以言之：第一例—廣東政府以要求關餘不遂，至於有強截之恐嚇。如任其自然，不加制止，則繼廣東之後者，必有同樣之要求。二十年來金甌無缺之海關，非弄至破碎不堪不可。則外國人之債權既無確實之担保，此其直接影響於外人利益者實大。故各國於考慮之餘，至不得不集中海軍於廣州。第二例—外國商務受征稅之累者，不祇廣東一省而已，浙江亦復如是。中國條約所保障外人之權利，輒為浙省當道破壞，外貨之輸入中國者，均須有納稅之義務；其納稅之手續，係照條約規定辦理。……然此種危險果有何法以除之乎？(一)北京政府既為列強承認之惟一政府，對於浙省之徵收紙烟稅事，即可行使職權以取締之。(二)浙省自身亦可設法制止此種行動，否則外商為保障浙江權利起見，即要援廣州之前例，提起抗議。」並有云，「西南方面民性之殊，足以為中國政治統一之障礙。」「余於論中美兩國之關係時，須加一語，即中國政府對於美債及各種欠賬，不能償還，此事實足使美國政界及商界中人大生惡感……。」

他這種袒護中國民衆所否認的直系北京政府和排斥進步的西南人民的論調，實不失為一資本帝國主義的美國底代表。須知中國海關受洋大人的限制和把持，已非一日，試問英美的海關能為我們所限制和把持嗎？如說中國欠各國的債，難道英法等國就沒有欠外債嗎？英法等國所欠的外債實比中國所欠的外債多的很；如說什麼條約規定，然而從前所締結的條約，多半出自強迫或少數人之勾結，並非出自中國真正的民意；換言之，直與明火打刦無異。以廣東人民政府接收廣東海關，有何不合乎公理？洋大人對此竟橫加制止，威風十足，有何合乎公理？國人皆曰可殺之直系北京政府，洋大人反替她徵收關稅，制止廣東政府接收廣東海關，顯係援助直系軍閥作亂。一方面盡力挑撥中國內亂，一方面却強迫中國人要保障洋大人權利。不自思在南洋及美國等處的華僑，洋大人曾予以何項保障否？種種虐待及敲索華僑的事實，任何人也曾常見。如說西南方面民性之殊，足以為政治統一的障礙，是，不錯，西南民性足以為洋大人統一中國的障礙。至於中國政府所欠的美債，請去向為列強承認之惟一政府—北京政府要求償還。生惡感，也儘可去向北京政府生惡感，我們國民不負責任。

### 悼列甯

仁靜

列甯逝世的噩耗傳到中國來了。我們想像世界上凡是愛敬列甯的全世界被壓迫階級，此時是如何的哀悼，而痛恨他的全世界統治階級對此耗是如何的喜悅了。但是列甯的死耗傳出，全世界有知識的人沒有不動他的感情的，這是我們可斷言的。

列甯一身的事蹟與其在世的豐功偉烈，上海的各報都稱道過了，用不着我再說。不過列甯的生平有三件事值得我們永誌不忘的，我現在舉在下面：

第一、列甯是爲人民奮鬥的共產黨的創始者。俄國共產黨的組織完備，紀律嚴明，是全世界所稱贊的，但是此黨的創造實始於列甯。我們看歐洲的各國社會黨，將他們的黨變成競爭選舉，和辯論主義的機關時，唯有列甯在俄國獨自訓練眞正與最下等的民衆接觸的，爲他們利益奮鬥的戰士。惟有他不惜爲組織上的細故與門雪維克分裂，在他的黨中的每個黨員必須加入一個祕密的組織。他的黨員都是絕對相信民主集中制的，不顧人家如何攻擊彼爲少數專制，爲犧牲個人的自由，但他只去模倣軍隊的組織。俄國革命的成功，純賴此種政黨參加在各種羣衆中煽動和領袖人民奮鬥，有革命的意志，有一致的堅決的主張，有富於彈性的戰術，有極嚴密的紀律，和能懂得羣衆的情感與其問題。俄國共產黨的組織現在已爲全世界的共產黨和其他的革命團體所採用了。但是發明此種戰鬥的組織的，我們不能不感激列甯。

第二、列甯是主張西方社會革命和東方國民革命聯合以推翻世界資本帝國主義的第一人。當西歐一般黃色的社會主義者眼光如豆，觀察革命的實現只限於歐洲美洲資本主義已發達之國家，因而流於機會主義之時，唯有列甯能以超絕羣倫的眼光，注意到帝國主義對殖民地的侵略和殖民地的民族革命運動。第二國際社會黨的組織只限於歐美兩洲，在他們的眼中有色人種只是等待白種人來解放和文明化的，何能爲他們自身利益奮鬥，以搖撼帝國主義的基礎。惟有列甯所手創的第三國際共產黨則不然。牠是集合全世界被壓迫階級的勢力的黨・組織，在西方鼓吹社會革命，在東方鼓吹國民革命，對帝國主義東西夾擊。此種驚人的理想與行動無怪國際帝國主義者對他胆戰心驚，認列甯爲他們的生死對頭了。

第三、列甯是中興馬克思主義之唯一思想家。歐洲的社會黨在帝國主義發達至登峯造極時，他們的基礎無形的移到代表勞動界中貴族的利益，賴帝國主義剝削殖民地所給予的殘骨頭以生存，與帝國主義的命運相終始。他們或『修正』，或曲解馬克思主義，崇拜民主主義，和議會制度，行動日趨於改良，直至在歐洲大戰時，最無恥的投票贊成預算案。惟有列甯對於馬克思主義始終信守，發揚光大，巍然本其主義創造一新制度。他對於民主主義無情指斥其虛僞與欺騙性質（果然四五年之後連資本家也不相信，要提倡法西斯專政了），而獨倡無產階級獨裁。他不過是繼承馬克思的學說。現在此種學說在無產階級中已如天經地義了，但是當初他是如何遭黃色的社會主義者的攻擊呢？

以上三種不過是略舉列甯平生的最偉大的理想與功業而又專爲人所忽的。至於他如何在一九一七年排衆議而主張無產階級獨裁，他如何與德國訂布勒斯特和約，如何規畫新經濟政策，其識見超卓，在極危難的期間支持俄國革命於不墜，這是人人都知的，此地也不重說了。

全世界的被壓迫階級的同胞們，你們在列甯逝世之日應當如何的哀悼，世界革命失去一偉大的領袖，你們更應如何的奮勉努力，繼續列甯的事業，以達到最後的解放的成功啊！

# 日本政友會之分裂

獨秀

日本沒有革命的政黨，資產階級的兩大政黨—政友會及憲政黨—都是元老之附屬品，因此還在半軍閥階級半資產階級政治的狀態中。究以近年工商業前進不已的發展，資產階級的德謨克拉西，終有推翻元老政制之必然的趨勢；革新俱樂部之組織及此次政友會分裂，便是應此必然的趨勢而發生的。政友會分裂，更比革新俱樂部的影響大得多，他的經過是值得我們注意的。

東方社十二日電：政友會已決定不援助政府。又云：政友會開最高幹部會，決定對現內閣態度，大啓爭論，總裁力說斷不可支持現內閣。

同社十七日電：政友會領袖中橋德五郎・山本達雄・床次竹二郎・元田肇，四人，已宣告脫黨，并從事組織新政黨。又云：政友會分離派，（居全黨人數之半）以脫黨之四總務爲中心，著手組織新黨，約可得議員一百五六十名。又云：新黨之主要政策，大約與上院研究會提攜而取援助清浦現閣態度。又云：分離派在未組黨前稱改革新俱樂部；據該部之發表，政友會議員共二百七十九名，分離派己有一百五十七名。床次氏代表該派，宣稱彼等脫黨，是因爲不贊成高橋總裁，當此太子婚期及災區復興事業中，反對政府。

同社二十日電：本日政友會在芝公園開大會，出席兩院議員一百數十名，爲反對清浦內閣之決議宣言後，高橋總裁以一平民資格（本貴族）登壇攻擊清浦內閣。同日革新俱樂部亦在上野公園開大會，議決宣言「聯天下之同志，奮然蹶起，先擬破清浦內閣，排元老之干政，然後進而一掃時代錯誤之特權勢力，以確立憲政基礎。」

同社二十二日電：新政黨決定於廿九日舉行結黨式，已舉小本・中橋・床次，元田・四人爲創立委員，黨名尚未定。

分裂後之政友會，在議院雖失去一半勢力，而對於現內閣投不信任票時，以憲政黨及他黨一百七十人之援助尚可占，小多數。清浦內閣因之讓步而辭職，或在不信任案提出以前解散議會，現在還不知道。但無論如何，卽議會被解散，政黨與元老派之衝突，已爲日本政治之中心問題，還要日甚一日，這是可以斷定的。現在的衝突已至何程度，看憲政擁護各派懇親會之態度便可知道。東方社二十二日電：憲政擁護各派懇親會，於本日開會，出席者一千人，三派首領都出席發言；高橋（政友）加藤（憲政）兩氏略謂：「須倒政府堅團結，現今憲政已陷於危地。」犬養・尾崎・兩氏（革新俱樂部）更謂：「宜葬元老，勿使擁護憲政運動如戲劇之僅演一幕而終。」

## 英國工黨內閣成立

爲人

在歷史上做出許多污點的英國保守黨內閣，久爲全世界被壓迫的人民所痛恨。最近數年以來，始終袒護貴族及資產階級，不救濟失業羣衆，仇視蘇聯，增加軍備，剝削各殖民地的弱小民族，遂使工黨不得不謀起而代之。而他猶不稍改變方針，堅持「（一）維持帝國組織，（二）保守帝國的發展，（三）增善英人狀況」三大原則的政綱，失掉全國國民的同情。工黨乃以正大的政綱以號召民衆，居然得到大多數人民的歡迎，在國會通過不信任政府案，包爾溫至此不得不自行辭職，由工黨首領麥克唐納繼起組閣。今後不但英國的局面要起新變化，卽世界的趨勢亦必隨之新開途徑，給國際資本帝國主義者一大打擊。

英國的新局面和世界的新趨勢的將來如何，在工黨內閣之下，當不能離開工黨的政綱以外。工黨今已宣布的政綱是：

（一）除去世界富源分配中之不平等，卽關稅制度足以養成之者。

（二）制定全國生產工作之計畫，予失業者及其家屬以相當的維持

（三）予失業青年以充分的教育訓練及輔導。

(四)施一種國民工作計畫，其中包括如全國電力供給，運輸發展，田地灌溉，開墾，造林，市區規畫，及屋室規畫等。

(五)設法調整工價，給予農人及少數地主以賒貸；爲農人施行國家保險方法，並贊助其爲合作的生產及分配。

(六)歸還人民以已失的土地權，連礦產在內。

(七)放大國際聯盟範圍，實行國際合作，以公斷方法解決爭端，舉行一包括德國之國際會議，以修改凡爾塞條的(尤其賠償)及債款，對俄恢復自由關係。

(八)對於個人財產逾五千磅者，徵收一種分等的國債賠還稅，此稅祇徵一次，專供賠債之用。

(九)減縮軍費，減輕所得稅率，廢止食品稅實業及公司贏餘稅。

(十)公家主有和管理礦產鐵路電力車站，並發展市政，

(十一)給予勞働者以較好保障及較充分之卹償。

(十二)兒童教育機會均等，老人寡婦患病者殘廢者均給優恤。住宅及飲酒問題設法改良。

(十三)公道待遇退伍兵。

(十四)男女政治法律上權利平等，同等工作，同等薪給。

此政綱既以代表工農的利益爲原則，代表貴族和大地主的保守黨，自然無從向工農誹詆和挑撥工黨，使工黨與工人羣衆分離。即代表資產階級利益之自由黨，亦已表示與工黨合作一切。全國輿論均極贊助新政府的成功，而麥克唐納爾內閣的閣員，除自兼外長外，以素著名社會主義者較他派爲最多，足見今後的行政自易。

麥克唐納爾內閣的外交方針，將首先大有以移轉世界趨勢的，爲恢復蘇聯邦交，解決債務賠償等問題，撤消新加坡軍艦計劃。前兩問題爲美法所最驚駭的，債務賠償如眞得以公正合法的解決，壓迫德國的凡爾塞條約，自然不能存立；蘇聯如得英國承認，美法必至陷於孤立；新加坡軍艦計畫如得以撤消，大地震後的日本，亦可不再築港增艦，東方暫可相安一時，日益囂張的資本帝國主義者的命運從此將日益促短的了！

不過根深帝固的保守黨，難免不會死灰復燃的。與工黨新合作的自由黨，在政策上亦難免不與工黨分裂的。工黨今後的奮鬥，是否堅決或是妥協，我們暫難預料。

我們爲了要撲滅國際帝國主義者的勢力，解放壓迫的羣衆，謹祝英國工黨新政府的成功，並祝英國勞苦羣衆擁護和監視自己的新政府，全世界被壓迫的民衆大聯合起來啊！

## 東三省實情的分析(上)

震瀛

▲民衆的現象
▲政治的現象
▲經濟的現象
▲文化的現象

被國民忘却的東三省，在先偶一提起，抽象的只聯想得到荒寒廣漠印象；具體的亦不過把日本•胡匪•俄帝國的行爲，直覺的湧現出來。經過了這樣長時間的漠不注意，結果形成文化落後，反讓帝國式工商業得到畸形的發展，於是才引起一般人對於東三省的研究和注意。同時很銳敏毒辣的國際侵略視線亦追隨過來，和寬大遲鈍的中國人，作有意周旋。

在激湍進展的過程上，有遼東大戰•有東路出兵•有收回東鐵；國際侵略勢力遂安然得到一塊新領域，並且堅築防壘，以備好消滅我落後民族的進戰。但現在中國不只是久困於帝國主義權威的第一道鎖

綫是東三省，並民族革命運動的新重心，我們在相當的戰略裏，亦應該認東三省爲很有實力的一股生力軍啊。

革命的潮洶湧！革命的花怒放！在革命園地的東三省，我們是急切需要一種眞切的認識。爲了這種要求，我就着看見的東三省，作一個分析的介紹，或者亦是我們需要的餱糧罷。

1. 民衆的現象

居留民•工人•農人•商人•婦女•兵•匪

東省自從滿清入關以後，土人已漸移居內地。現在三省人民統計兩千九百萬中，吉黑兩省只占九百餘萬。考他們的來源山東人居多，就中黃縣掖縣的人最占勢力，其次則爲直隸豐潤灤縣人。他們移來的起原，多因爲饑饉水災，無以爲生，就相率來此。結果領得荒地耕種的，遂漸變成了土著。但是多數還是抱的發財思想，因着三省的產蓄豐饒，於是造成一般新起的小資產階級，在東省作了中國人的門面。三省的政治勢力多操諸奉天方面移民之手，今概稱之爲奉天人。

近來因爲帝國主義者覬覦，在南滿路沿綫日本移民甚多，大半以賣淫販烟爲業。在北滿算得着的城鎭都是些俄人經營的遺蹟，原來中東路沿線居住的就很多，到俄國十月革命以後，又流入些失勢的舊俄白黨和些華僑的小商人；此外在北滿一帶最多的就屬韓人。

工人最多的是鐵路工人。南滿線中日工人各半，華工地位很低。沿路各礦坑如撫順•千金塞•本溪湖等處的工人更是苦痛。北滿中東路方面華工共計六三八〇人，俄工一一四一〇人。近因舊俄白黨盤據，靡費過大，乃施用裁工政策，華工因此失業者甚多。白黨又善於挑撥中俄工人感情，使之分裂。俄工組有赤色職工會發展甚速，就去年十一月七日蘇俄革命紀念日停工者之調查，俄工屬於新黨方者，已得十分的八•五。此路沿線尚有大量森林工人。哈爾濱的市政工人如人力車夫•馬車夫等。因舊馬路擴充汽車增加的原因，失業工人日增無已。

按情理說，東省人少地多，土質肥沃，森林繁盛，農人是應該多些，但事實上却成反比。就已開闢的區域看，所有權多半盡屬諸大地主之手，佃戶被押最重。如遇天災，收穫不佳，地主就拿押金扣作租稅。未開闢的地方，則爲國有，領一晌地（一俄晌合中國廿四畝）須費六十餘元，開闢費又須費八十餘元。近因失業人和胡匪的混亂結果，地方上添了許多兵的負担，更是農民的一層壓迫。農村極其星散，每個農村的相隔，至遠有的到四五十里，這種現象南滿是比較好些的。張作霖氏收買農人的方法是：每年召集各縣農村鄉老聚會一次，問以收穫若何？担負若何？當地官吏若何？所以農民對於張氏感情很好。不過實際上的壓迫苛斂，却一年一年的增加呵！

三省的大商人總括着說，均屬於日俄英美人。中國商人大多是做投機事業。主要商業中，糧食的運輸，森林的採取，均爲外國商人所操縱。中國商人年來因受中俄未曾通商的影響，已凋敝不堪；且受軍閥課稅太苛，難以營業。如木材値十抽五或四，糧食値百抽五或六七，近來美國小麥輸入北滿，其値反比土產的賤，那裏還有中國商人的機會。

論到東省婦女，我們可觀察到兩種現象。第一就歷史上觀察三省婦女向來是開放的；第二因爲教育程度很低，形成一種幼稚現象。像內地纏足和男女規避的風氣，在東省人的家庭和社會中，都沒有這樣現象。不過這只可認爲是舊禮教下的一個例外。最奇怪的，有一回朋友對我談一件很可注意的事，他說：「奉天有的中等女校畢業生的出路，竟大批的做了軍官們的姨太太，這樣現象，還是有待人羨慕着。」我們從這裏可以看出她們的幼稚。近來東省特區政權，由中國人收回後，所有白俄僑民的職業機會盡被華人得到。他們一方不能回國，一方又失業，實在是一個大問題，尤其在婦女方面。哈爾濱還是比較大的一個商埠，那裏俄國婦女失業的結果，市場上增加大量最低最賤的娼妓。但被壓迫的婦女煩悶問題，據去年十一月間的調査，處女因爲生計困難而自殺的竟至四十七起之多。（據俄報）至於大連市不只於鴉片公賣，還是中國人口販賣的中心，日本人公然保護。他的來路南由上海包長江一帶販拐而來，北由天津營口販來，這件事是在大連很值得研究的一個問題。現在大連稱爲第一等富豪的有幾個，他的起家都是人販子。

兵匪的問題已經分不淸了！提到兵就想到匪，談到匪就想到兵，在東省的兵匪更有特殊的因果。因爲每年春季，有大量的山東和直隸人，都是「踩路藍屢」而來，他們的目的是，去到吉黑兩省的山裏，種鴉片烟。種的時候官廳是放任的，一到割烟時節，官軍就羣來要挾，藉端收沒，於是他們一年的希望盡付流水，遂不得不入山爲匪了，土人俗稱作「紅鬍子」。但是匪勢倡獗起來，官廳又來招撫他們入伍。你招一旅，我撫一師。一般生計壓迫而變態的羣衆，不知不覺被一般野心家以及軍閥利用，有時爲他們去充「炮灰」，有時因數月不得一餉，又不得不再去爲匪。結果裁兵不能，招匪不能；終至招不勝招，撫不勝撫，牽動均衡的安甯和秩序不小。

總起來看，東省民衆的現象，奉天人和日本人是東三省的統治者；吉黑人，朝鮮人，俄人，工人，農人，商人，婦女，兵匪都是被壓迫者。

2.政治的現象

軍閥勢力‧帝國勢力‧革命勢力‧

東省的政治勢力，始終未離開北洋封建軍閥的勢力範圍。在奉天雖分新舊兩派，但亦不過以五十步笑百步。舊派的首領是張作霖，新派排斥他們說終免不了胡匪的根性。新派的首領是張學良‧郭松齡‧楊宇霆等，略表同情於民黨，不過崇拜孫文尙不及崇拜段合肥那樣深，總帶點軍閥傳統思想。現時新派較占優勢，故能使不自然的直奉議和終難實現。但實際上的所謂新舊派，乃利害關係所形成。在特區方面，朱慶瀾有自成一派的趨勢，如溫應星（溫宗堯之姪）在特區主警政，摧殘學生的彭允彝近又來哈爲朱氏策劃教育，如冷遹等又常見於中東路上，與朱氏相結納。這樣看，特區的政治頗染了濃厚的政學系色彩。政學系是不能忘情於北洋軍閥的，所以嶄新的東省只可仍認作北洋軍閥的另一巢穴。

在一樁樁經過的事實上，我們看出帝國主義者的手腕在東省，竟由均衡的控制變到聯合的進展了。東省是東亞惟一的寶庫，素爲國際間所注意。因着在先有日俄兩帝國的相爭，釀成遼東大戰；在後有世界帝國主義者的聯合，藉出兵東路以控制新俄。這種場合中的帝國主義者，却很靈巧的作耍，避免犧牲的路，合歡的去宰割世界，究竟這樣不自然的聯合，我們是很容易看出他們的破綻的。帝國主義的潮翻騰起來了，我們看出四種現象：（一）各帝國主義者利用舊俄盤踞東路，牽制中俄結納。（二）日本帝國主義者藉借美資開發南滿，緩和太平洋上的惡潮，乘虛假手舊俄壟斷北滿，以達其地震後從容移拓南滿的大陸政策。（三）法國帝國主義者以道勝銀行的債權者，覬覦東路，結交舊俄。（四）美國帝國主義者利用外交系進窺中東路，以投資滿蒙。眼看着收回領土主權的區域，又被帝國主義者固在核心了，我們不要短視的歡欣，應該趁着潮泛去弄潮呵！

（未完）

The Guide Weekly.

# 嚮導週報

（中華郵務管理局特准掛號認爲新聞紙類）
一九二四年二月二十日

定價
每份三分全年大洋一元三角半年七角國內郵費在內

分售處
巴黎 中國書報社
廣州 丁卜書報社
北京 大學出版部
上海 上海書店
民智書局
武昌 時中書報社
共進書社
太原 晉華書社
長沙 文化書社
濟南 齊魯書社
成都華洋書報流通社
杭州 古今圖書店
雲南 新亞書社

第五十三四期

每星期三出版　發行通訊處
杭州馬坡巷法政學校轉安存真
北京大學第一院收發課轉劉伯青

## 中國一週

### 爲「二七」紀念告國人

爲人

去年二月七日京漢鐵路工人底慘事，至今已有一年了！此一年中，反抗曹吳的先鋒隊—工人底痛苦，更日甚一日！那慘殺工人的罪魁—曹錕吳佩孚蕭燿南等，反做的做賄選總統，升的升官巡閱使，我們久無自由和受壓迫的國民，對此自然是極痛恨！

但單是痛恨還是無益的，必定還要積極的去救濟受慘禍的工人，與革命的先鋒工人聯成統一的戰線，促進國民革命的發展，實現國民革命政府的成功；

國民呀！請看那爲反抗曹吳而死的工人及其家屬，至今還是「死者已矣」！家屬無依！我們應當快去賑濟他們底家屬，並繼續死者底志願以爲我們今後奮鬥的志願！

請看那爲「二七」而被捕的志士，在那軍閥黑暗的獄中已死剩無幾了，我們應當快去救出他們底命，並賑濟他們底家屬！

請看那爲「二七」而更受壓迫的工人，現在還是在那兒祕密不斷的努力團結，我們應當去與他們誠懇的攜手，一齊担起國民革命的大事業！

請看那慘殺工人和賣國殃民的直系軍閥，至今反發展不已，作惡不已，兩湖四川兩粵閩贛河南陝西直隸等省底人民，都把他們殺到了：勾結英美，仇視蘇俄，承認臨城案，阻止孫中山收回海關……賣國已賣夠了。我們應當快去反抗他們倒底，速起革命！

請更看那爲國民革命而奮鬥的孫中山與國民黨，現在還是在那反革命重圍之中，孤軍苦鬥，我們應當快去直接或間接的援助他們肅清東江，移師北伐！

「二七」紀念已一週了！國事已如此了！請看來週的「二七」紀念又將如何？京漢路工人努力！全國工農努力!!全國人民努力!!!

### 陝西農民的困苦

獨秀

去年上海新聞報渭南通信云云：駐防渭南之二十師四十旅，自旅長孫積孚令其侄兒孫秉文充任縣知事以來，百般苛斂，大施搜刮手段，該旅在正餉以外，每日向人民並索取麥子三十石，銀洋三百元，時向人民要車輛，拉牲畜。近因招收戚友，在渭講武，無房可容，乃派兵下鄉採伐樹木。該兵士每遇樹木，不論大小，不問曲直，輒呼木工採伐，有賂以銀元者，則轉而之他，否則掠伐以後，强其送縣，大烟茶膳，且要樹主供給。前因河南土匪猖獗，急欲出關，又向人民索取開拔費二萬元，名曰借款，實無歸還之望。此款收清未幾，又以陽歷年關難渡，復派出六萬元，限尺日交齊，令出之日，即派軍隊出鄉勒收，全邑頓現陰慘之象。統計每畝之田，出款已逾十三四元，兼之歲歉民貧，無法支持，不得已發出雞毛傳單，一日夜即傳遍全縣，乃定於十二月二十六日，全縣人民，無大無小，各攜農具，直奔縣城而來，知事聞知，即協同團局，差局，教育局，商會，諸紳士，出城勸諭。當由人民要求一不支差、二不出款，知事一一承認。有田德全者，自居紳士，强作調人，甫說「那末準其減輕數目」，即被衆人一擁上前將頭打破，知事嚇倒在地，忙向衆人叩首，口呼一槪豁免，幾不成聲。旋聞兵士開鎗，打死人命，知事始匍匐入城，緊閉四門，只站在城樓向衆農人說話。農人雖被槍斃一人，受傷十餘人，農衆仍爭先恐後，兵士無法，只得閉門固守。不意閉門之際，適將某排長閉在城外，衆農民羣起追擊，某排長逃 敏捷，始免於難。後經知事百法勸諭，始於二十七日黎明散去。

本日十五日新聞報上有一段新聞說：陝西東道渭南華陰華縣各地駐軍二十師及鎮嵩軍，年來想盡方法，敲剝百姓，去年歲尾，該數縣人民被逼無奈，相繼攜鋤持耒，赴縣交農器罷工，大起風潮，該駐軍與縣官不惟不設法消弭，且恃兵力，强迫彈壓，結果槍殺鄉民數十人，風潮遂息。茲據陝函云，華縣居民今歲過年（陰歷）以前，實有不堪受之苦况，駐軍楊團長與縣官狼狽爲奸，鄉間每日之橫征暴斂，約分三種、（一）由糧差催截民國十四年糧銀，（二）由値年（即紅名子）催納臨時差徭，（臘月十五日出示强派）每石土糧大洋五角；（三）由各里民團代催烟畝罰款。（共派一百六十四萬元）鄉里每日差吏兵士，往來叫囂，人民敲骨剝髓，應接不暇，而縣城中現又與商號派捐大洋五萬元，商民不得已，罷市數日，現爲勢迫，强逼開門，（正與東天祥公等字號各派五百元，）不然、則以封門查抄爲威嚇，此民國十餘年來未有之奇禍也。前次値年在城隍廟算帳，今年四十三里差徭已出過十九萬有奇，兼到臘月，又加征每石糧五角，共計銀二十四萬元之譜，但所有一切軍用車馬，仍是由民間支應，眞可謂雙管齊下，民不聊生。惟於此有至堪痛恨者，軍隊官吏如此虐民，而爲其供奔走獻地圖者，乃係本地各機關之紳士。此輩貪綠愛錢，無惡不作，如軍隊縣官每有苛派特捐時，必恃此輩爲嚮導，每有事則必先以酒食饗此輩，少予顏色，則將本地城鄉商民誰富裕誰貧乏，盡情獻之，官軍按圖而索，無不如意。且甚有挾嫌誣陷，故以少而報多，威權之下，往往於賣妻鬻子破產亡身者。

由這兩段新聞，可以看出陝西農民的困苦到何程度。幷且在後一段新聞裏可以看出農村的劣紳，其罪惡與軍閥官僚相等；在前一段新聞裏可以看出農民自救，只有「聚衆反抗」這一條路。

## 國民黨大會宣言與國民

和森

國民黨大會宣言已公布了，國民黨對於中國底現狀的批評，並國民黨底主義及其政綱，已說得一目了然了。有些沒有明白國民黨的人，至今也應該明白了。

我敢說凡是中國的人民，對於國民黨這次的宣言都是不能故意反對的，都是滿意而欲實現的。可是自國民黨這次的宣言公布以後，在國內的報紙上竟少見有批評，難道國民已默認了嗎？或是沒有注意嗎？

如已默認了，那麼請以後，不但要單獨責成國民革命黨人去執行起來，並要各個人責成自己一齊去執行起來。在從前我們國民因沒有正大的政綱及策略，以致不能團結一致的革命。然而至今已確有了正大的政綱及策略了，若再不採此正大的政綱及策略去執行起來，這是與冷血動物無異。

沒有注意的人，難道受痛苦還不覺得要求解放嗎？國民黨底主義及其政綱是否適於中國民衆的解放？請自動的想想？不宜再作麻木不仁。

此宣言究竟能否實行？全在於我們國民能否了解她和容納她？我們國民底程度的高低如何？也可以從此最後的判別了！國民注意！

## 上海捲烟商人抗稅失敗

為人

這回上海華界捲烟商人向北洋軍閥統治下底省署反抗暴斂，竟能聯合同業三千餘家一致停售捲烟 在商界中總算是有勇氣和有奮鬥精神的人了！不幸遷延時日，反抗力已漸軟化和承認納捐，使我們又不得不為之一歎！

固然，勢在必行的官場暴斂，我們一部分的商界同胞無力去抵抗她，如抵抗她一日和停售捲烟一日，便是我們受損失的一日；然而我們至少也可以知道現有的北洋軍閥政府一日不倒，即我們營業的一日不安。

因此我們極誠意的勸告商界同胞，今後更要大大地團結，去一致的反抗現有的北洋軍閥政府倒底，促成國民革命政府的實現；不然，今後，現有的北洋軍閥政府還有不斷的暴斂，我們商界同胞還有不斷的反抗暴斂的失敗啊！

## 贊成粵省財政統一

為人

▲財政不統一不能肅清東江

▲更無移師北伐之望

鬧了將近一年的廣東戰事，至今聯軍不但不能移師北伐，即東江底陳家軍亦未肅清。今後要望撲滅陳家軍和望早日移師北伐，非先將財政統一，簡直無他辦法。

自聯軍進占廣州各屬以後，即各軍各自占領一地，截留和加收一切稅款，引起無知的鄉民仇視聯軍而反親善於反動的陳家軍。聯軍因占領防地不均，收入也不均，收入多的，不願他去，不願再戰，收入少的，懷怨不平，亦不願再戰。且時因互爭占領防地，發生自相殘殺，以致軍權不能統一，軍心不能一致，若長此下去，實是聯軍前途的一大危機，也是國民黨革命前途的一大危機。

聰明的國民革命的領袖孫中山，幸已看到此地，同時聯軍將領亦通電促成財政統一。結果，各將領在大本營開一統一財政會議，議決「(一)於未實行財政統一以前，先調查全省收入之總數及種類；(二)調查各截留之數目；(三)調查各軍實在人數與餉額；(四)收入總數與支配軍政費之比較。」

是否真能辦到財政統一，此時固不可料。但我們可以料定──如果財政再不能統一，聯軍是不能肅清東江的，更不能移師北伐的。

## 死不覺悟的外交系

維英

親美助曹和仇視蘇俄的外交系，始終奉行帝國主義者的命令，助曹爲惡，賣國叛民，認友作敵，認敵作友，國人在輿論上早已有了不少的制裁；然而他們猶不稍覺悟，對於外交上還是倒行逆施，不承認蘇俄，不開中俄會議—解決兩國國民欲解決的一切糾紛問題。對於東交民巷則凡事應酬恭順，唯命是從。致使承認蘇俄，竟爲素來最頑固的英國和最反動的意國爭先！

他們底後台老板的美國，至今還是鼓吹承認蘇俄，中國當以美國的進退以爲進退，不當以英意的進退以爲進退。他們近日對於蘇俄毫無聲言，想必亦聽此言去了？唉！死不覺悟的外交系，可悲！

外交系既死不覺悟，我們國民當覺悟才好！無條件的承認蘇俄！聯成被壓迫民族反抗帝國主義的聯合戰線！！

## 洋商反抗我國商標條例

維英

▲商界同胞應即起反對洋商此舉！

▲善哉商報之言！

任何國商人在任何國營商，其商標必在所在之國註册，如此才知道所有者爲誰？有效的期限如何？目的物底內容如何？不然，則不能保護。洋大人常常責備我們藐視他們底利益，然而我們對於他們底利益欲加以保護，他們又無理反對和不願受我們底保護。其用意不過萬一受我們底保護，他們則不能時常有題可借以來侵略我們。

此次北庭農商部宣布商標條例，本是平常，洋商乃起而無理反對，公使團屢次向我提出抗議，其最後抗議的要點，仍爲(一)大體上可以承認，但須展長猶豫時間；(二)爲目前便利計，仍用海關註册辦法；(三)商標局必須聘用外人，甚至於藉口中國官僚爲不可恃，非堅決的用外人不可。善哉商報對此有云：

「外人今所僑居者，何國之土地乎？所與交易者，何國之人民乎？僑居中國而經營商業，不認中國之法令，將認何國之法令？中國之法令，不以中國之官吏執行之，將由何國之官吏執行之？信斯言也，當猶不可曰『吾儕居華而營商，賣買之主客華人也，仲介之商人華人也，有所需，求之於華人之市，有所役，假手於華人之工，外人之地位，不其危乎？』試問如此立論，當不恐駭可笑之甚乎？抑彼外人之言又曰，華人之貪黷營私，弊風聞於世界，今以代表巨大經濟利益之商標，由華人操管理之權，安保無賄賂授受，作不正當之行爲。雖然，此亦不健全之邏輯也，機關不能概個人，特殊之貪賄者不能概其他之不貪賄者。且正惟人類不齊，故賴有法耳。既有法矣，亦當問法，不當問人。且外人能保各本國之機關吏員皆純潔無疵，而一無律外乎？若其不能，則雇用外人，何獨不可作弊？日本人能自信其本國人，而未必能信挪威人？丹麥人能自信其本國人而未必能信荷蘭人？充此猜疑之心理，雖每一國籍，各有雇員，吾不知其危害是否能盡去也？夫以吾人所聞，即稅關之外籍吏員，分子亦至不齊，吾人能以一二特殊之例，而斷定外人皆縱橫好貨，不守職分耶？要而言之，外國人此種褊狹固執之態度，若永不改良，永不進步，則中外商業固不能盡量開展。而中外人士相與周旋之情感，亦斷難期其圓滿。差別者，阻害之代名詞也，特殊地位者，差別的情感所由寄也，吁嗟外商！曷其奈何勿思！」

我們如任洋商反對商標條例，則直接影響於我們商界甚大。英商對此現正開會倡言堅持反對，而我國商界反寂寞無聲，難道都已麻木了嗎？

## 日本之政局

獨秀

日本貴族派的內閣，居然不待不信任案提出，不答議員質問，僅以議場擾亂之故將衆議院解散了，這是貴族派給政黨之最後通牒。日本衆議院被伊藤內閣解散三次，桂內閣解散二次，松方內閣解散二次，大隈，寺內，原內閣各解散一次，今爲第十一次之解散。從來解散衆議院，都不像此次倉卒不循程序；從來解散衆議院，都多少基於政府與議會間政見不同之結果，獨此次是單純的由於貴族院之研究會與衆議院之三政黨爭政的結果。衆院解散後，各派詰責政府的文電，運動倒閣的集會，日有所聞，憲政黨公表倒閣宣言，但是最後的勝利怎麼樣呢？我們以爲：若是政府讓步，三政黨馬上自啓紛爭，結果仍是貴族派的勝利；若政府不讓步，三政黨只爭之於總選舉，亦難免失敗，因清浦內閣行事已不顧什麼憲政法治的假面，任意的以政權金力干涉選舉，這是意中的事。三政黨雖都有資產階級的經濟及輿論之後援，而日本此時的資產階級及其政黨，都還缺乏革命性，現在他們要想向武裝的貴族奪取政權，那是不可能的事。

日本的資產階級政黨，要想向武裝的貴族奪取政權，只有放棄議會行動，放棄一黨的利益，聯合全國的勞農兵士，以六千萬平民，對於九百貴族做革命的行動，才能夠得着最後的勝利。若死守着議會行動，今日倒這閣，明日倒那閣，倒來倒去，貴族階級的武裝不解除，終於不容資產階級的政黨得着政權。你們若以英國議會政治藉口，你們要知道：英國的議會政治，不是在議會內的議會行動得來的，而是在議會外的革命行動得來的呵！

## 蘇俄與美國

士炎

### （一）承認問題最近怎樣在美國活動起來？

社會主義蘇維埃俄羅斯建立已有六年之久，至今歐美亞各大帝國主義國家猶保持有所謂『不承認』的問題。然而細考起來，表面上雖有所謂協約國的協同行動，實際却各自有各自的問題。頑固的法蘭西在現狀當然是要除外的。至少也要等待今年五月選舉競爭激進黨的首領里昂市長愛友先生拿得政權以後。在英格蘭，貴族的勞動黨已得選舉的勝利而馬克多納得登台之時，其對蘇俄態度必一反保守黨的政策是必然之事。便是遠東的日本，他又何嘗與要顧忌協約國的不可靠的協同態度，爲了太平洋的問題，從去年起，對蘇俄態度就已變了。蘇俄革命後六年來根基日固，這不令各帝國主義者單只害怕也不是，積極聯合也不是，而畢竟要讓國際政治經濟情形之變動，把這種關係推進起來。

我們現在單說明美國。美國與蘇俄之關係問題雖然有如連年來頑固反動派的宣傳與攻擊，乃至於哈丁，休士等屢次正式或非正式的宣言，但到現在，承認蘇俄的討論，已在美國成爲議事日程了。一些參議員各地代表人物從蘇俄考查回去，已經看見了什麼是蘇維埃俄羅斯。政界，銀行界的人物都乘時而起，紛紛發表意見。在不列登（Briten）會議，公然有與蘇俄親密聯絡之正式提出，更有一部份進而運動政府須正式承認的要求。

幾月以來，關於本問題討論之中心，都由參議波拉（Borah）所領導的結合發布出來。波拉在美國現在竟是承認蘇俄問題之有力者，他公然得了許多工業家與財政家之同意。一般政客，實業大王，銀行老板都挾帶着他們各自的實際問題來加入這個爲承認蘇俄之結合。

(二)他的重要原因

怎樣得到這些工業家，財政家之同意。什麼是他們的實際問題呢？原來美國現在的鋼產過剩了！自歐戰以後美國的鋼產就不斷的增加，國內各工業不能勝任這樣浩大的產額之銷路；近一年來所召起的經濟的重大矛盾現象使鋼產業的資本家不能支持，不能活動。大鋼業托辣斯名叫 The United States Steel Corporation 的，在當初最高額時有百分之九十五的產額，現在只有百分之八十。別的獨立鋼產業只有百分之六十至百分之七十。近來美國生產的現象，便是滿溢了鐵與鋼。

當歐戰時及歐戰後將近十年以來，合衆國的大部份利潤都得之於由南美洲所得利潤之增加。然而南美洲本不完全依靠北美的工業，他還有自己的很多原料向歐洲輸出，只因窮的歐洲並不能作海對面的永遠大主顧，於是南美洲的對外商業，漸形蕭條，而同時能供給合衆國爲其市場之力量也就有限了。因此而合衆國的鋼鐵大王不得不轉睛於蘇維埃俄羅斯來。

從俄羅斯歸去的美國的「大膽冒險旅行者」，由他們所發表的記載中，證明了美國工業之恢復可向蘇俄取償這個預想，並偵探出蘇俄之工業與農業雖然進步，但不十分堅固；而「如要堅固，這正是美國工業的出路。」他們又說，蘇俄的社會主義是不成功的。他們又說，在俄國有一個資本主義的復興是確切而可樂觀的。他們十分相信，並且要美國的資本家都相信：大家努力往蘇俄從新培植一個健全的商業基礎眞是一件妙不可言的事。

魯爾的佔據及使亞爾薩斯羅爾南列與魯爾煤炭之含接，便宜了法蘭西在世界鋼鐵市場上的地位，成爲美國的勁敵，美國對於與法蘭西之競爭是決不輕視的。法蘭西，在他自己一方面，——在這里應該除法表面上的法國政府，只說工業與商業的資產階級——從早就注意于法俄間之商務問題了；在去年(一九二二)有好幾個委員團曾往拜訪俄羅斯，便是未來的國務總理愛友先生，他自己也曾親身到過俄國一踏。還有英國也有許多到過蘇俄的委員團，從他們的報告中，他們宣布許多與蘇俄通商所建立的『有希望的基礎』與『可愛的關係』。這眞是急死人呢，美國還站在旁邊；美國在歐洲的『地位』(生產競爭的地位！)只這一件已經大丟其臉，何況還有確切的『生產過剩要找出路』的實際問題？

於是這就成爲今日美國輿論要求承認蘇俄問題之眞因。

(三)蘇俄的麥子與美國的農人

美國的農人現在也是在一個嚴重的狀態之中。市場上的麥子價大漲了：一九二二年有二萬萬斗 (Bushels) 的收成，一九二三年只有一萬六千萬斗，這樣百分之二十的農產額之減縮，不能不算一個重大的現象。美國農民於此想不出別的方法，他們只知道要求鐵路運輸費之減價以爲唯一的救濟。

然而在鐵路局於一九二二年關於麥麵之運輸費是貨價之百分十三，至一九二三年反漲到百分之四十七。有力的鐵路公司竟堅决的拒絕農民的要求。於是這個問題又轉到關係德國的事件來。自從魯爾佔據以後，德國之苦痛是不待言的，當代理大總統柯利基先生宣布對德國舉行一萬五千萬元信用債時，美國農民熱情地慶祝柯利基先生的功德，大聲喝采，極力贊成。然而不久這項債款消息就消滅了，原來合衆國的金子雖多，現在正式參加德國問題的時期却尚未到。

嗣後美國農民聽到俄國麥麵輸入的消息非常驚駭。我們知道蘇俄的麥子早已滿滿的送到世界市場上，並且快要會合德國的機器而造成世界革命在北歐與中歐的鞏固經濟基礎了。美國的農民在出產減而運輸費不減之狀況中，自然說不上與蘇俄的麥子競爭。於是他們要求政與蘇俄的農民訂定條約，要使蘇俄的麥子在世界市場上有一個定準的價額。要找俄國農民訂條約，當然要找俄國農民的蘇維埃政府。另一方面合衆國的下屆選舉已經動手預備了，六百萬選舉票的農民是不可輕視的，柯利芝先生當然知道，於是農民之要求承認蘇俄更加有力。

我們再觀察一點以外的關係。日本在大地震之前的强大之發展對於合衆國在遠東之利益是極相衝突的。縱然近來所謂帝國之重造與復興，由東京政府竭力宣傳彷彿極易，且會更好，但目前日本帝　主義局面之凋零傷痕，終於不可諱言。倘若遠東的情形不因地震而改變，合衆國遲早總要以他自己心目中的態度而將照應到如何邀請蘇俄以對付這個遠東的敵人，——雖然蘇俄不致照樣的受這種邀請，雖然日本也竭力想先拉攏蘇俄，而這個關係之局面總是這樣。現在呢，乘日本大傷之後。合衆國要早接近與東方鄰居的蘇俄以爲日本多添外方的牽掣，已成爲美俄關連中在美國一方面之『輿論』了。

復次，國務卿休士現在還反對俄國，他宣言『斷難承認』，他目前仍與去年春天之宣言一樣：『堂堂德莫克拉西大美國絕不能與布爾塞維克的俄羅斯有任何和解可言』。最近華盛頓內閣席上他仍然堅持，事實上他也必定到底不變。爲甚麼呢？這是很明顯的，休士是下屆選舉中共和黨的候補總統。倘若柯利芝要與激進派和解，休士必然更趨於激進。柯利芝要做正式總統，休士也要由國務卿做總統，華盛頓政治舞台上目下正是這一幕戲粉墨登場。

至於勞動羣衆的叛徒剛伯斯更是蘇俄永遠的敵人。在最近一次所謂美國勞動協會大會上，公然有大多數的表決反對承認俄國的提議。其實剛伯斯並沒有真正的工會的羣衆隨其後。他與所謂勞動協會在政治問題上於美國勞動羣衆並無影響，不足輕重，連柯利芝都知道這個，他對剛伯斯簡直不採。而事實上廣大的真正勞動羣衆於最近數月來，並沒有所謂「爲蘇俄之煽動者」的宣傳，已自動爲與蘇俄之親密聯絡起而運動示威了。

一九二四，一，十八。

## 威爾遜與列甯

章龍

近日死的威爾遜與列甯，均爲世人所悼惜！不過世人對於他們爲人多有誤解，其實威爾遜以一代表資本帝國主義的美國的資格，跑到歐洲的分贓和平會裏去提出好聽一時的十四條，結果，成立一侵略的凡爾賽條約，釀成這幾年的紛爭。十四條不但爲那時的各國資本帝國主義者所拒絕，即美國的資本帝國主義者亦堅決表示反對。所謂十四條，不過藉以寵騙各弱小民族和威爾遜自己偷得一個虛名罷了！

列甯却能創造蘇俄，推翻資本帝國主義，代表無產階級號召世界被壓迫的民族反抗世界資本帝國主義，在東方提倡國民革命，在西方則提倡社會革命，極忠實的扶弱抗强，决非威爾遜可與之比。

在歐戰時，列甯是一極端反對戰爭的人，威爾遜却是一代表美國參加戰爭的人，於此是非已明，試問那崇拜威爾遜的人當作如何感想？

## 英國保守黨搗亂

爲人

不以革命手段而以議會行動取得政權的英國工黨內閣，至今不過二週，就受保守黨的攻擊，其前途更可想而知了！據倫敦十三日電，包爾溫今日在下院極力攻擊現任內閣麥克唐納爾承認蘇俄失策和對法

然而當時之實際，乃適不如所期。革命雖號成功，而革命政府所

外交失策；同時因彼此爭持新加坡軍港計劃，亦已引起重大的糾紛。於此我們可以知道保守黨對於工黨內閣是勢不兩立的。保守黨對於自己匪保護政策的放棄，於此更可證明保守黨勢非捲土重來不可。

爲英國工人階級前途計，只有撲滅反動派的勢力，這才是眞正的 最上計，不然，我們要爲英國工人階級前途危！

特載

# 中國國民黨全國代表大會宣言

## （一）中國之現狀

中國之革命，發軔於甲午以後，盛於庚子，而成於辛亥，卒顚覆君政。夫革命非能突然發生也，自滿洲入據中國以來，民族間不平之氣，鬱積已久。海禁既開，列强之帝國主義如怒潮驟至，武力的掠奪與經濟的壓迫，使中國喪失獨立，陷於半殖民地之地位。滿洲政府既無力以禦外侮，而鉗制家奴之政策，行之益厲，適足以側媚列强。吾黨之士，追隨本黨總理孫先生之後，知非顚覆滿洲，無由改造中國，乃奮然而起，爲國民前驅，激進不已，以至有辛亥，然後顚覆滿洲之舉，始告厥成。故知革命之目的，非僅僅在於顚覆滿洲而已，乃在於滿洲顚覆以後，得從事於改造中國；依當時之趨向，民族方面，由一民族之專橫宰制，過渡於諸民族之平等結合；政治方面，由專制制度，過渡於民權制度；經濟方面，由手工業的生產，過渡於資本制度的生產。循是以進，必能使半殖民地的中國，變而爲獨立的中國，以屹然於世界。

然而當時之實際，乃適不如所期，革命雖號成功，而革命政府所能實際表現者，僅僅爲民族解放主義。曾不須臾，已爲情勢所迫，不得已而與反革命的專制階級謀妥協。此種妥協，實間接與帝國主義相調和，遂爲革命第一次失敗之根源。夫當時代表反革命的專制階級者，實以袁世凱，其所挾持之勢力，初非甚强，而革命黨人乃不能勝之者，則爲當時欲竭力避免國內戰爭之延長；且尚未能獲一有組織有紀律能了解本身之職任與目的之政黨故也。假使當時而有此政黨，則必能抵制袁世凱之陰謀，以取得勝利，而必不致爲其所乘。夫袁世凱者，北洋軍閥之首領，時與列强相勾結，一切反革命的專制階級如武人官僚輩，皆依附之以求生存。而革命黨人乃以政權讓渡於彼，其致失敗，又何待言。

袁世凱既死，革命之事業，仍屢遭失敗。其結果使國內軍閥，暴戾恣睢，自爲刀俎，而以人民爲魚肉。一切建設，皆無可言。不特此也，軍閥本身，與人民利害相反，不足以自存。故凡爲軍閥者，莫不與列强之帝國主義發生關係。所謂民國政府，已爲軍閥所控制。軍閥即利用之，結歡於列强以求自固。而列强亦即利用之，資以大借款，充其軍費，使中國內亂，糾纏不已，因以攫取利權，各占勢力範圍。由此點觀測，可知中國內亂，實有造於列强，列强在中國之利益相衝突，乃假手於軍閥殺吾民以求逞。不特此也，內亂又足以阻滯中國實業之發展，使國內市場充斥外貨。坐是之故，中國之實業，即在中國境內，猶不能與外國資本競爭，其爲禍之酷，不止吾國人政治上之生命爲之剝奪，即經濟上之生命亦爲之剝奪無餘矣！環顧國內，自革命失敗以來，中等階級頻經激變，尤爲困苦。小企業家漸趨破產，小手工業者漸致失業，淪爲游氓，流爲兵匪。農民無力以營本業，至以其土地廉價售人。生活日以昂，租稅日以重，如此慘狀，觸目皆是，猶得不謂已瀕於絕境乎？

由是言之，自辛亥革命以後，以迄於今，中國之情況，不但無進步可言，且有江河日下之勢。軍閥之專橫，列强之侵蝕，日益加厲。

今中國已入半殖民地之泥犂地獄，此全國人民所爲疾首蹙額，而有識者所以徬徨日夜，急欲爲全國人民求一生路者也。

然所謂生路者果如何乎？國內各黨派，以至於個人，暨外國人，多有擬議此者。試簡單歸納各種擬議，以一評騭其當否，而分述於下：

一曰立憲派　此派之擬議，以爲今日中國之大患，在於無法。爲能藉憲法以謀統一，則分崩離析之局，庶可收拾。曾不思憲法之所以能有效力，全恃民衆之擁護，假使祇有白紙墨字之憲法，決不能保證民權，俾不受軍閥之摧殘。元年以來，嘗有約法矣，然專制餘孽軍閥官僚僭竊擅權無惡不作，此輩日一不去，憲法即一日不生效力，無異廢紙，何補民權。邇者曹錕以非法行賄，尸位北京，亦嘗藉所謂憲法，以爲文飾之具矣！而其所爲，乃與憲法若風馬牛不相及。故知推行憲法之先決問題，首在民衆之能擁護憲法與否，舍本求末，無有是處。不特此也，民衆果無組織，雖有憲法，即民衆自身，亦不能運用之，縱無軍閥之摧殘，其爲具文自若也。故立憲派祇知要求憲法，而絕不顧及將何以擁護憲法？何以運用憲法？即可知其無組織無方法無勇氣以冀爲憲法而奮鬥。憲法之成立，唯在列强及軍閥之勢力顚覆之後耳。

二曰聯省自治派　此派之擬議，以爲造成中國今日之亂象，由於中央政府權力過重，故當分其權力於各省。各省自治已成，則中央政府權力日削，無所恃以爲惡也。曾不思今日北京政府之權力，初非法律所賦予，人民所承認，乃由大軍閥攘奪而得之。大軍閥既挾持其暴力，以把持中央政府，復即利用中央政府，以擴充其暴力。吾人不謀所以毀滅大軍閥之暴力，使不得挾持中央政府以爲惡，乃反欲藉各省小軍閥之力以謀削減中央政府之權能，是何爲耶？推其結果，不過分裂中國，使小軍閥各占一省，自謀利益，以與挾持中央政府之大軍閥相安於無事而已，何自治之足云？夫眞正的自治，誠爲至當，亦誠適合吾民族之需要與精神然，此等眞正的自治，必待中國全體獨立之後，始能有成。中國全體尚未能獲得自由，而欲一部份先能獲得自由，豈可能耶？故知爭回自治之運動，決不能與爭回民族獨立之運動，分道而行。自由之中國以內，始能有自由之省。一省以內，所有經濟問題。政治問題，社會問題，惟有於全國之規模中，始能解決。則各省眞正自治之實現，必在全國國民革命勝利之後，亦已顯然，願國人一思之也！

三曰和平會議派　國內苦戰爭久矣，和平會議之說，應之而生。提倡而贊和者，中國人有然，外國人亦有然，果能循此道而得和平，嘗非國人之所望，無如其不可能也！何則？搆成中國之戰禍者，實爲互相角立之軍閥。此互相角立之軍閥，各顧其利益，矛盾至於極端，已無調和之可能。即使可能，亦不過各軍閥間之利益，得以調和而已。於民衆之利益，固無與也。此僅軍閥之聯合，尚不得謂爲國家之統一也。民衆果何需於此乎？此等和平會議之結果，必無以異於歐戰議和所得之結果，列强利益相衝突，使歐洲各小國不得和平統一，中國之不能統一，亦此數國之利益爲之梗也。至於知調和之不可能，而惟冀各派之勢力，保持均衡使不相衝突，以苟安於一時者，則更爲夢想！何則？，蓋事實上不能禁軍閥中之一派，不對於他派施以攻擊，且凡屬軍閥，莫不擁有雇傭軍隊。則其結果，不能不出於爭戰，出於掠奪。蓋掠奪於隣省，較之掠奪於本省，爲尤易也。

四曰商人政府派　爲此說者，蓋鑒於今日之禍，由軍閥官僚所造成，故欲以資本家起而代之也。雖然，軍閥官僚，所以爲民衆所惡者，以其不能代表民衆也，商人獨能代表民衆利益乎，此當知者一也；軍閥政府，託命於外人，而其惡益著，民衆之惡之亦益深。商人政府若亦託命於外人，則亦一邱之貉而已，此所當知者二也。故吾人雖不反對商人政府，而吾人之要求，則在於全體平民自已組織政府，以代表全體平民之利益，不限於商界。且其政府，必爲獨立的，不求助於外人，而惟恃全體平民自已之意力。

如上所述，足知各種擬議，雖或出於救國之誠意，然終爲空談，其甚者，則本無誠意，而徒出於惡意的譏評而已。

吾國民黨則夙以國民革命實行三民主義爲中國惟一生路，玆綜觀中國之現狀，益知進行國民革命之不可緩。故再詳闡主義，發布政綱，以宣告全國。

## （二）國民黨之主義

國民黨之主義維何？即孫先生所提倡之三民主義是已。本此主義，以立政綱，吾人以爲救國之道舍此末由。國民革命之逐步進行，皆當循此原則。此次毅然改組，於組織及紀律特加之意，即期於使黨員各盡所能努力奮鬥以求主義之貫澈。去年十一月二十五日孫先生之演說，及此次大會孫先生對於中國現狀及國民黨改組問題之演述，言之綦詳，玆綜合之，對於三民主義，爲鄭重之闡明。蓋必瞭然於此主義之眞釋，然後對於中國之現狀而謀救濟之方策，始得有所依據也。

（一）民族主義　國民黨之民族主義有兩方面之意義，一則中國民族自求解放，二則中國境內各民族一律平等。

第一方面　國民黨之民族主義，其目的在使中國民族得自由獨立於世界。辛亥以前，滿洲以一民族宰制於上，而列強之帝國主義復從而包圍之，故當時民族主義之運動，其作用在脫離滿洲之政制政策與列強之瓜分政策。辛亥以後，滿洲之宰制政策，已爲國民運動所摧毀，而列強之帝國主義則包圍如故，瓜分之語變爲共管，易言之，武力的掠奪變爲經濟的壓迫而已。其結果足使中國民族失其獨立與自由，則一也。國內之軍閥既與帝國主義者相勾結，而資產階級亦耽耽然欲起而分其餕餘，故中國民族政治上經濟上皆日即於憔悴。國民黨人因得不繼續努力，以求中國民族之解放，其所恃爲後盾者，實爲多數之民衆，若智識階級，若農夫，若工人，若商人是已。蓋民族主義，對於任何階級，其意義皆不外免除帝國主義之侵略；其在實業界，苟無民族主義則列強之經濟的壓迫，自國生產永無發展之可能；其在勞動界，苟無民族主義，則依附帝國主義而生存之軍閥及國內外之資本家且足以蝕其生命而有餘。故凡民族解放之鬥爭，對於多數之民衆，其有裨者不外於反帝國主義而已。帝國主義受民族主義運動之打擊，而，所削弱，則此多數之民衆即能因而發展其組織，且從而鞏固之，以備繼續之鬥爭，此則國民黨於事實上證明之者。吾人欲證明民族主義以爲健全之反帝國主義，則當努力於贊助國內各種平民階級之組織，實發揚國民能力。蓋惟國民黨與民衆深切結合之後，中國民族之眞正的自由獨立始有可望也。

第二方面　辛亥以前，滿洲以一民族宰制於上，具如上述。辛亥以後，滿洲宰制政策既已摧毀無餘，則國內諸民族，宜可得平等之結合，國民黨之民族主義所期求者即在於此。然不幸而中國之政府乃爲專制餘孽之軍閥所盤據，中國舊日之帝國主義死灰不免復燃，於是國內諸民族因以有杌隉不安之象。遂使少數民族，疑國民黨之主張，亦非誠意。故以後國民黨爲求民族主義之貫澈，當得國內諸民族之諒解，時時曉示其在中國國民革命運動中之共同利益。今國民黨在宣傳主義之時正欲積集其勢力，自當隨國內革命勢力之伸張，而漸與諸民族爲有組織的聯絡，及講求種種具體的解決民族問題之方法矣。國民黨敢鄭重宣言，承認中國以內各民族之自決權，於反對帝國主義及軍閥之革命獲得勝利以後，當組織自由統一的(各民族自由聯合的)中華民國。

二民權主義　國民黨之民權主義，於間接民權之外，復行直接民權。卽為國民者，不但有選舉權且兼有創制複決罷官諸權也。民權運動之方式，規定於憲法，以孫先生所創之五權分立為之原則。卽立法司法行政考試監察五權分立是已。凡此既濟代議政治之窮，亦以矯選舉制度之弊。近世各國所謂民權制度，往往為資產階級所專有，適成為壓迫平民之工具。若國民黨之民權主義，則為一般平民所共有，非少數者所得而私也。於此有當知者，國民黨之民權主義，與所謂「天賦人權」者殊科，而唯求所以適合於現在中國革命之需要。蓋民國之民權，唯民國之國民乃能享之，必不輕授此權於反對民國之人，使得藉以破壞民國。詳言之，則凡真正反對帝國主義之個人及團體，均得享有一切自由及權利。而凡賣國罔民，以效忠於帝國主義及軍閥者，無論其為團體或個人，皆不得享有此等自由及權利。

三民生主義　國民黨之民生主義，其最要之原則，不外二者。一曰平均地權，二曰節制資本。蓋釀成經濟組織之不平均者，莫大於土地權之為少數人所操縱。故當由國家規定土地法，土地使用法，土地徵收法，及地價稅法。私人所有土地，由地主估價，呈報政府，國家就價征稅；並於必要時，依報價收買並徵收之，此則平均地權之要旨也。凡本國人及外國人之企業，或有獨占的性質，或規模過大為私人之力不能辦者，如銀行鐵道航路之屬　由國家經營管理之。使所有資本制度不能操縱國民之生計，此則節制資本之要旨也。舉此二者，則民生主義之進行，可期得良好之基礎。於此尤有當為農民告者，中國以農立國，而全國各階級所受痛苦，以農民為尤甚。國民黨之主張，則以為農民之缺乏田地淪為佃戶者，國家當給以土地，資其耕作。並為之整頓水利，移殖荒徼，以均地力。農民之缺乏資本，至於高利借貸，以負債終身者，國家為之籌設調劑機關，如農民銀行等，供其匱乏，然後農民得享人生應有之樂。又有當為工人告者，中國工人之生活，絕無保障，國民黨之主張，則以為工人之失業者，國家當為之謀救濟之道，尤當為之制定勞工法以改良工人之生活。此外如養老之制，育兒之制，周恤廢疾者之制，普及教育之制，有相輔而行之性質者，皆當努力以求其實現，凡此皆民生主義所有事也。

中國以內，自北至南，自通商都會以至於窮鄉僻壤，貧乏之農夫勞苦之工人，所在皆是。因其所處之地位，與所感之痛苦，類皆相同。其要求解放之情至為迫切，則反抗帝國主義之意亦必至為強烈。故國民革命之運動，必恃全國農夫工人之參加，然後可以決勝，蓋無可疑者。國民黨於此一方面當對於農夫工人之運動，以全力助其開展，輔助其經濟組織，使日趨於發達，以期增進國民革命運動之實力。一方面又當對於農夫工人要求參加國民黨，相與為不斷之努力，以促國民革命運動之進行。蓋國民黨現正從事於反抗帝國主義與軍閥，反抗不利於農夫工人之特殊階級，以謀農夫工人之解放。質言之，卽為農夫工人而奮鬥，亦卽農夫工人為自身而奮鬥也。

國民黨之三民主義，其真釋具如此。

## (三)國民黨之政綱

吾人於政綱，固悉力以求貫澈，顧以道途之遠，工程之鉅，誠未敢謂咄嗟有成，而中國現狀，危迫已甚，不能不謀救濟，故吾人所以刻刻不忘者，尤在進備實行政綱，以為第一步之救濟方法，請列舉具體的要求作為政綱，凡中國以內有能認國家利益高出於一人一派之利益者，幸相與明辯而公行之。

第一，總綱　(一)國民政府本革命之三民主義五權憲法，以建設中華民國，其總統由國民選舉之。(二)建設之首要在民生，故對於全國人民之食衣住行四大需要，政府當與人民協力，共謀農業之發展，以足民食；共謀織造之發展，以裕民衣；建築大計劃之各式屋舍，以樂民居；修治道路運河，以利民行。(三)其次為民權，故對人民之政治知識能力，政府當訓導之，以行使其選舉權，行使其罷官權，行使其創制權，行使其複決權。(四)其三為民族，故對於國內之弱小民族，政府當扶植之，使之能自決自治；對於國外之侵掠強權，政府當抵禦之，並同時修改各國條約，以恢復我國國際平等國家獨立。

第二，對外政策：(一)一切不平等條約，如領事裁判權，外人管理關稅權，以及外國在中國境內一切政治的權力，侵害中國主權者，皆當取消，重訂雙方平等互尊主權之條約。(二)凡自願放棄一切特權之國家及願廢止破壞中國主權之條約者，中國皆將認為最惠國。(三)中國與列強所訂其他條約有損中國之利益者，亦須重新審定，務以不害雙方主權為原則。(四)中國所借外債，當在使中國政治上實業上不受損失之範圍內保證並償還之。(五)中國境內不負責任之政府，如賄選竊僭之北京政府其所借外債，非以增進人民之幸福，乃為維持軍閥之地位，俾得行使賄買，侵吞盜用，此等債款，中國人民不負償還之責任。(六)召集各省職業團體，(銀行界商會等)社會團體（教育機關等）組織會議以籌備償還外債之方法，以求脫離因困頓於債務而陷於國際的半殖民地之地位。

第三，對內政策　(一)關於中央及地方之權限，采均權主義。凡事務有全國一致之性質者，劃歸中央；有因地制宜之性質者，劃歸地方，不偏於中央集權制或地方分權制。(二)各省人民得自定憲法，自舉省長，但省憲不得與國憲相抵觸。省長一方面為本省自治之監督，一方面受中央指揮以處理國家行政事務。(三)確定縣為自治單位，自治之縣，其人民有直接選舉及罷免官吏之權，有直接創制及複決法律之權。土地之歲收，地價之增益，公地生產，山林川澤之息，礦產水力之利，皆為地方政府之所有。而用以經營地方人民之事業，及應育幼養老濟貧救災衛生等各種公共之需；各縣之天然富源，與大規模之工商事業，本縣之資力不能發展，與興辦者，國家當加以協助，其所獲之純利，國家與地方政府均之。各縣對於中央政府之負担，當以縣之歲收百分之幾，為國家之收入，其限度不得少於百分之十，不得加於百分之五十。(四)實行普通選舉制度，廢除以資產為標準之階級選舉。(五)確定人民有集會結社言論出版居住信仰之完全自由權。(六)將現時募兵制度，漸改為徵兵制度，同時注意改善下級軍官，及兵士之經濟狀況，并增進其法律地位，施行軍隊中之農業教育，及職業教育　嚴定軍官之資格，改革任免軍官之地方法。(七)政府及工業界當即設法安置遊民土匪，使從事對於社會有益之工作。(八)嚴定田賦地稅之法定額，禁止一切額外徵收，如厘金等類當一切廢絕之。(九)清查戶口整理耕地，調正糧食之產銷，以謀民食之均足。(十)改良農村組織，增進農人生活。(十一)制定勞工法，改良勞工之生活狀況，保障勞工團體，併扶助其發展。(十二)於法律上經濟上教育上社會上確認男女平等之原則，助女權之發展。(十三)勵行教育普及，以全力發展『兒童本位』之教育，整理學制系統，增高教育經費，並保障其獨立。(十四)自由國家規定土地法，土地使用法，土地徵收法，及地價稅法，私人所有土地，由地主估價呈報政府，國家就價征稅，並於必要時，得於報價收買并征收之。(十五)企業之有獨佔的性質者，及為私人之力所不能辦者，如鐵道航路等，當由國家經營管理之。

以上所舉細目，皆吾黨所認為政綱之最小限度，目前救濟中國之第一步方法。

第四，施行方法 （一）建設之程序，分爲三期：一曰軍政時期，二曰訓政時期，三曰憲政時期。（二）在軍政時期，一切制度，悉隸於軍政之下，而政府一面用兵力以掃除國內之障礙；一面宣傳主義，以開化全國之人心，而促進國家之統一。（三）凡一省完全期定之日，則爲訓政開始之時，而軍政停止之日。在訓政時期，政府當派曾經訓練考試合格之員，到各縣協助人民籌備自治，其程度以全縣人口調查清楚，全縣土地測量完竣，全縣警衛辦理妥善，四境縱橫之道路修築成功，而其人民曾受四權使用之訓練而完畢其國民之義務，誓行革命之主義者，得選舉縣官，以執行一縣之政事；得選舉議員以議立一縣之法律，始成爲一完全自治之縣。（四）凡一省全數之縣皆達完全自治者，則爲憲政開始時期。代表會得選舉省長以爲本省自治之監督。至於該省內之國家行政，則省長受中央之指揮。（五）在憲政開始時期，中央政府當完成設立五院，以試行五權之治，其序列如下：曰行政院，曰立法院，曰司法院，曰考試院，曰監察院。憲法草案當於本政綱及訓政憲政兩時期之成績由立法院議訂隨時宣傳於民衆，以備到時採擇施行。（六）全國有過半數省分達至憲政開始時期，即全省之地方自治完全成立時期，則開國民大會，決定憲法而頒布之。憲法頒布之後，中央統治權，則歸於國民大會行使，則國民大會對於中央政府官吏有選舉權有罷免權，對於中央法律有創制權，有複決權。（七）憲法頒布之日，即爲憲政告成之時。而全國國民則依憲法施行全國大選舉，是爲建國之大功告成。（完）

## 東三省通信

# 東三省實情的分析（下）（續五十二期）

震瀛

▲民衆的現象
▲政治的現象
▲經濟的現象
▲文化的現象

彌漫反動勢力的東省既如上述，一方革命的萌芽却得了深厚的栽培。如吉黑人反對張作霖的大奉天主義，雖略帶地方色彩，但却是摧翻軍閥統治的唯一勢力，此種蘊釀吉林知識界是其代表者。如匪不受撫，農民因苦於兵比較苦於匪更甚，所以人民的抱怨益深。如前年的中東路現象反動勢力甚盛，到去年却消滅了。去年十一月七日，哈埠俄工大遊行。手執紅旗，已衝破了軍閥的戰線。一面坡站的華商去年因爲反對美使舒爾曼干涉東鐵，竟發出强硬的通電。他如勞工的組織運動，學生的漸呈活氣等，我們等到他們結果再看罷。東省的民族性，占了剛毅負苦的長處；東省地位亦實爲將來東亞問題的一大焦點。

所以在這樣政情下，將來革命的出路，實亦跑不了中東南滿兩路線。革命的羣衆是中日俄工人和平民的大聯合。革命的趨勢是由被壓迫的俄人，韓人，農人，商人，工人，與被排斥的各省僑民合成聯合戰線。去反對基督教，反對英美法日帝國主義的勾結，反對舊俄日黨盤踞東路，要求限制金票（日幣），裁減租稅，免去餉荒納費，促進中俄會議，排斥勾結軍閥和帝國主義者的政學系外交系，阻止奉直和議，到民主革命的旗幟下去作戰。

3.經濟的現象

金融・產業・交通・

東省生產豐富，經濟的進展自然佔了極優越的地位。不過帝國式工商業的角逐，弄得路呈出些危機來。先就金融方面說，凡曾到過東省的，是很容易感覺得出來 如果一到大連，用錢上就感覺不便，概以小銀角爲本位，現洋反不能通用了。再奉天的番幣又分奉大洋小洋；吉林又分永衡官帖永衡大小洋；哈爾濱又實行現大洋爲本位。有的時候從一處帶些番幣，走出不到一天來，就幾乎要成廢番。用這樣充滿了市場五花八門而不能通行三省的番幣，去和日本國家證券——金票——相較，或是共爭領域，當然是居於被排擠的地位。近來日韓奸商，勾結白俄，由北滿方面，出厚利收買現洋，私運出境，聚而鎔之，使沒有準備金的中國番幣動搖，一方市面上現銀又缺乏，遂不時的發生恐慌。國際經濟侵略家的政策，遂在一舉手間，無疑的操得勝券。所以我們看出的情形，東省金融方面，表現着——(一)幣制不能統一(二)政府對於貨幣商品的發行不會去制裁或監督(三)沒設備金融公共流通機關(四)沒有統一的證券形式(五)對於商人投機攏斷現銀沒法利止(六)對於市場任意拒絕貨幣沒法懲罰(七)現洋自由出口，無法防止——這些現象。金融是社會生機的危迫。實在是很值得我們注意的。

至於產業方面，中國人在東省已經早算是落武了。不待言，大連，營口，長春，哈爾濱等處的電氣事業，如電車電話電燈等 已全在日人 中。就是中東路沿綫的長途電話，亦被法國人承辦了去。森林礦產日人竟自由開發，糧業則日本的淨糧機和美國小麥亦攏斷殆盡。運輸業則日本的國際運輸株式會社亦已包北滿而與南滿策應了。據云：日人在東省發出，金票，已達二萬萬元以上，與東三省中國人口相較，每人應有日金十餘元。這樣看，東三省的將來轉移，在發達產業，但這個方針的頭一步，還是要想看怎樣掙脫這帝國主義的樊籠呢！

東省鐵道的溥設，較比何省都長。交通促進文化，乃東省竟何茂呢？此其故，與明白了東省交通勢力，恐怕亦就不奇怪了。中東路現在直接是操諸俄白黨之手，間接就不啻受法美英日人的支配。南滿安東兩線實爲日人產業，近來此兩線概鋪雙軌，更是軍備侵略上的利器了。他如四鄭線(四平街至鄭家屯)大部借的日資，天圖線(自圖門江口至延吉，與朝鮮相接) 由日人倡辦，亦不過是進窺延吉的一條便道。最近興築濱黑路(哈爾濱至黑河)之聲浪且高，恐亦逃不出日人的暗算呢。其他支線修築在計劃中者尚多，是在中國人民的努力！

### 4. 文化的現象

#### 教育•宗教•輿論

東省是文化落後的地方，教育是很幼稚的。在奉天全省的行政上看，差不多每縣都有中學師範的設置，不過程度尚差。聽着朋友說，奉天省城有個小學辦的很好，杜威曾來參觀，說是中國第一個小學，這樣看，奉天或者還能講到教育。到吉林全省，學校就有數的幾個了。在吉林省城或者還能算有點文化的生氣。至於哈爾濱中國人的教育就更悲慘了。全市中等學校兩所，都是私立的。共有學生不到二百人。還有自從中國人有了市政權後，力爭的結果，才成立幾所小學，但是有了學校，沒有人戀送子弟來念書，連五百學生都湊不成，叫外國人幾乎又把預算停止。最近東路方面，爲華工在沿線設了五六處小學，這可算是北滿教育的大進步了。

在北滿宗教同洋資本的工商業而俱來，尤其可怕的是基督教。就哈爾濱說：小商人領袖盡爲基督教所網羅，常可出鉅資捐助教會掙洋人，不做一點公共事業，哈埠的道路難行，市政凋敝。就無人來過問了。在南滿方面較比好些，如大連反對基督教的勢力非常盛，不過這個我們可以看得出仍是日本與英美衝的突自然結果，華人民的覺悟尙屬薄弱得很。

三省的輿界，在哈是俄舊黨的勢力，在奉是張作霖的勢力。其他外國人的通信社，實可左右一切政治潮汐的消長。現在把三省幾個大埠的報紙，作一個簡括統計來看，哈爾濱華文報九家除了一家是日人辦的外，餘者都無自已的生命，不只不敢針砭時局，有時還助軍閥的威勢。通信社一家，是捧朱慶瀾的一班官僚幹的。此外俄文報三家，新派者一，舊派者二。長春已入了日俄的衝地，所以日俄文報數相等，華文報只有一家，略具歷史漸呈生氣。奉天的華文報不少，不過這敵不過日人的一家華文報，聽說該報每日可銷至二萬餘份。大連已爲日本統治，更提不到華人輿論，有華文報三家全與日人有關，不過論調稍進步些。我們爲了東三省輿論想，很應該有一種中日蘇俄輿論最低限的聯合戰線運動和必要。

我這篇報告寫完了，這不過只就寫的時候所想利的而言，至於詳細的介紹，尚當俟諸異日。

（完）

# 讀者之聲

## 閻氏統治下的山西

（德中）

閻錫山的腦筋異怪，他對於新舊學說都能有點用心研究，且每見不較，無時間斷的獨自瀏覽或與人討論。他在自省堂（即洗心社）常常用舊學說（孔佛）批評新學說，他的左右及各機關各學校的職教員從而和之。因此把山西青年們都麻醉到十二分。他採明他標的是用民政治，一般青年的心理，差不離都被他掉上了。「做好人有飯吃」，這是閻錫山的格言，所以青年們的眼線都集中於此，希冀出校後得的飯碗位置。也是因爲辛亥光復以來，山西的社會沒有出過較大的擾亂 本省的優紳土棍和宗法社會的名流，奉迎閻氏 因此做官發財的實在不少，這也是給了青年們不少的誘惑。最大的原因，山西是歷史上開化最早的省分，受宗法社會制度的遺毒，亦較大。所以青年們的思想很不易移動。再加之山西人的性質好和平，愛靜，你和他談什麼動的事，十有九是不願意。

山西的政治組織極嚴密，外邊有實事，他總能立刻知道。太原有新的勢力，他亦清楚，知道現在勢力不大，所以不十分想設法除滅。但是如果有些微動靜，立即被他禁止了。然而要是與他關係密切些，他消滅的方法更利害，前幾日捕了幾個倒閻派的人，密秘的用電殺斃了，社會上的人知道的很少。

## 言論界之不平鳴

蔚英

在民主主義政治之下，人民本有言論出版自由之權。我國名爲民主共和政治，實則較君主立憲政治還不如。雖已去了一滿清皇帝 然而現在各地底軍閥，已成了無數的小皇帝，私自立法毀法，甚至無法的作亂爲，隨時任意濫發戒嚴命令，摧殘民意，顛倒是非，對於國民談論政治[illegible]正大出版物，常無理橫加排斥和取締 對於淫猥神話等下流無恥 出版物，反公印公賣公運 助長中國的邪說淫亂，消滅中國國民的喉舌，談起實在痛心！

這也怪不得他們如此倒行逆施。因爲他們受了皇帝專制思想的遺毒，習成了皇帝專制的行爲，封報館，捕記者，是他們底慣能。一切政治經濟的事業，由他們包談包辦，不容國民過問。於此我們可以知道：（一）言論是不能逃出政治勢力範圍以外的。（二）在封建式的軍閥未消滅以前，言論是不能自由的。

有些言論家及知識界不主張談政治，而極熱誠的談些什麼「教育」「文學」「美術」「哲學」等問題。我們對於教育文學美術哲學等固然是贊成，但是不主張談政治，我們是絕對反對的，就是教育文學美術哲學等也不能逃脫政治勢力以外，不主張談政治的人，這簡直是昏蛋。

有了封建式的軍閥，即不能容有言論出版界的自由。我們言論界應如何一致的攻擊軍閥才是。不幸有許多的言論界，不能自已運用其自由，往往替軍閥鼓吹這個那個，作軍閥的留聲機器，這是再下流沒有的。

我們平心靜氣的想想，現在有幾家言論機關不受軍閥官僚的賄賂？有幾家言論機關不是軍閥官僚的留聲機器？當記者的不啻是一軍閥官僚的走狗！每遇一問題的發生，常有不顧民衆底利益，對於某大人等等的事情，竟用大號字去宣傳，對於民衆底生命財產，反置之不關重要，甚或置之不問。

今後要求到言論的自由及真實，只有盡力去反抗封建式的軍閥以至於消滅爲止。一方面要排斥滿亂胛話的一切出版物，一方面要攻擊最反動最黑暗的言論機關。不然，便不足以挽救言論界而趨於正軌。

誰是我們言論界的同志？爲擁護民衆底利益而鼓吹的，是爲我們言論界的同志！

下筆不留情！敬祝嚮導諸位先生前途；

一九二四年二月七日寄於北京

## 有誠意敬悼列甯嗎？

在前幾年，若高倡社會主義，歡迎列甯，一般反動派的人們以爲這是大逆不道，危險分子。

到現在，列甯死了，哀悼列甯的學生們，工人們，革命黨人，他們具列甯底朋友或是同志，以列甯底朋友或是同志去哀悼列甯，還是很平常的事，也是應當如此的事。可是我獨不解有些無聊和最黑暗的舊官僚，至今也要敬悼列甯了！

我並不反對任何人敬悼列甯，由從前反對社會主義和排斥列甯派的人，至今進爲敬悼列甯的人，不能不說是他們底進步！

不過，不能不使我有「有誠意敬悼列甯嗎？」的疑問：

當此蘇俄在國際上的地位日益增高的時候，一些沒有一定主張的人，至此不能不隨風而轉趨向於蘇俄。

不然，難道在從前是沒有了解列甯及蘇俄嗎？因爲沒有了解列甯及蘇俄，所以才反對高倡社會主義及歡迎列甯嗎？

如與因爲沒有了解列甯及蘇俄，以致於完成他底反對行爲，還還有可以原諒的地方。

可是敬悼列甯不是假意能夠做得到的，必定要由敬悼他的誠意，進爲他底真正朋友或同志，與他底真正朋友或同志去繼續他底革命事業。

中俄邦交至今尚未恢復，民衆中雖充滿了承認蘇俄的口號，可是賣國的北京政府始終仰從各國帝國主義者底意旨，破壞中俄感情。我們敬悼列甯的人們，應當掃除此種障碍。

由蘇俄宣言歸還的中東路，至今直接的操縱於舊俄白黨，即間接的操縱於法國。此種事實，人皆明白，我們敬悼列甯的人們對此應當有切實的反對及辦法。

蘇俄全權代表加拉罕君來到北京，向我們已再三表示愛感，而北京政府對之冷淡已極，我們敬悼列甯的人們，應當聯合全國人民直接與加拉罕君締結最惠國的條約，彼此團結，共同解放東方各弱小的民族。

不然，我們何必敬悼列甯？何必向工農的蘇俄討好？

德民寄自濟南

The Guide Weekly.

# 嚮導週報

分售處

巴黎 中國書報社
廣州 丁卜書報社
北京 大學出版部
上海 上海書店
武昌 民智書局
太原 時中書報社
長沙 共進社
濟南 晉華書社
成都 文化書社
杭州 齊魯書社
雲南 華洋書報流通社
古今圖書店
新亞書社

定價

每份三分全年大洋一元三角半年七角國內郵費在內

（中華郵務管理局特准掛號認爲新聞紙類）

一九二四年二月二十日

第五十五期

每星期三出版

發行通訊處

杭州馬坡巷法政學校轉安存
北京大學第一院收發課轉

## 時事評論

### 北洋軍閥三種新借款

獨秀

英美帝國主義者，素以放債的方法，一面攫取中國的利權，一面扶助軍閥壓革命派斷絕中國改進的希望。曹錕賄選後，反直派沒有何種動作，英美帝國主義者放債的方法又來開始進行了。日來直派進行的借款計有三種：（一）是北方三路借款，（二）是武昌市政借款，（三）是洛陽至漢口長途汽車借款。

北方三路（一）天津赤峯間，（二）烟台濰縣間，（三）京漢津浦間即滄石線。據上海泰晤士報說：此三路借款，先由英商漢蘭賓公司與中國方面之發起人，共同簽訂建築合同，且已得交通部之許可。此項築路計劃，由漢蘭賓公司借款二千萬金鎊，據聞倫敦之中英投資有限公司已担保付出此項借款，三路共長八百英里。據最近消息，滄石合同烟濰合同都已經曹錕代表簽字，赤峯天津線亦由華商簽字，一俟中政府批准，卽行交款。

武昌市政借款，是蕭耀南委派英國陸軍中佐麥德格，代表湖北省政府，向英商借款五千萬元，建築武昌商埠，以預計之市政收入一千二百十萬六千元（地稅五百萬，舖捐一百六十萬，車捐十二萬，碼頭捐二十萬，營業捐二百萬，肥料捐八萬，戲館捐六千元，酒樓捐十萬，雜捐十萬，不動產登記稅一百萬，奢侈稅一百萬，電燈六十萬，電話二十四萬，公市場六萬）爲償還本息之担保。此項借款去年卽開始進行，陰歷年底成立合同十二條，現已提交省議會。

洛陽至漢口長途汽車借款，是吳佩孚派軍需課長劉子靑，向漢口美商借款一千萬元，爲建築洛陽漢口間汽車道路之用，路工完竣，一切收入均歸該美商保管。

中國軍閥借款築路開礦，一切所謂實業借款，都不過是個名義，事實上都用做軍政費。這次北方三路借款明明是英國人救曹錕之急；軍閥們夢也想不到市政問題，所以武昌市政借款，不但市政用不着，連蕭耀南恐怕也不能多所染指，大部分還得供給吳大恐閥援侃川粵的軍費；至於長途汽車借款，那更不用說了。

### 電報電話借款之祕密

獨秀

民國七年四月與日本匯業銀行所訂電報借款合同，及同年十月與日本中日實業公司所訂電話借款合同，五六年以來的祕密，（曹汝霖賣國的祕密）此時才發現出來。電報借款合同計十二條，第一條所載借款額是日金二千萬元；第二條所載借款期是五年，期滿協議續借；第八條所載本息担保品是民國政府全國有線電報之一切財產及其收入。電話借款合同計八條，第一條所載借款額是日金一千萬元；第三條所載償還期以三年爲限，到期得按原定合同繼續轉期，第四條所載担保品是（A）交通部所管理之各電話局及各長途電話現有及將來擴充後全部財產，（B）現在已設立之無線電台：吳淞武昌福州張家口北京六處及　收入，（C）價值日金五百萬之國庫證劵。第五條還說由交通部於現在雇聘之日本技師及顧問中指定二人，分別助理技術會計等事。

此祕密發現後，國人當然不勝驚異，最奇怪的是賣國賊曹汝霖以還三千萬日金之故，不惜斷送全國國有之有線電報無線電報及電話等極其重要的軍事交通機關於外國。不但現有的斷送了，并本來的都預先斷送了。

在此祕密發現的同時，交通部又正進行滬寧間長途電話工程（交通部特派員周家義及電政司營業科科長陳錫周，正在勘測路線，樹立電桿），遂引起江蘇省縣各團體之反對。其實不止滬甯一線，洛鄭間長途電話也在進行，天津漢口又何能免。

我們應該覺悟：這種損失全國交通主權的祕密合同，全中國人都應該起來反對，決不是江蘇一省的事。

我們又應該覺悟：這件事決不是向北政府或地方政府電報抗爭所能收效，必須有實力對付方法，江蘇人士可以拋棄和平運動憲法運動的迷信了罷！

## 新疆省之煤油礦

獨秀

二月十九日上海大陸報說：『英國工程師鐸克萊少佐，前二年中曾在新疆爲馬可尼公司建築無線電台，現已回國與英之煤油公司商議開採新疆絕大之油礦。鐸氏曾於數日前自京來滬，迭與上海三大煤油公司商議此事，聞三家已電商英美總公司，派礦冶工程師，地質學家，及運輸業專家，前往新疆査勘。據鐸氏言，就其個人及俄國著名探油家某氏計算，新疆油礦廣及數千方英里，且與世界著名之巴庫油礦相啣接。礦已在阿克蘇至烏魯木齊之間，中間包涵庫車，葉克，庫和勒等地；其間小河池沼水面俱有油跡，且隨地都有油苗痕跡』。

二十日大陸報又說：『美國財力最雄勢力最厚之礦業資本團之三古根罕公司，及日本最大財團三井會社，現均注意於開發新疆之富源。三井方面早經其駐京代表向中政府試探，欲取得新疆之油礦權。古根罕公司係兄弟六人所合組，每人均爲美國經濟界有力分子；此兄弟公司向來專開發美國墨西哥智利之銅鉛銀礦，近復注意遠東，聞已組織工程師及地學家團體，不久卽由舊金山來上海，轉往新疆實地調査，該公司之急急進行，殆卽爲鐸克萊少佐趕往英倫接洽所促成』。

煤油在現代居最重要的地位，陸上之摩托車，空中之飛行機，都非用煤油不可；又如鐵道海輪，也有以油代煤的趨勢；工業機械及農業工具，將來需要煤油，猶未可計量；因此一國能否在產業上軍事上占最優勢，當以能否占有世界上最多量煤油礦而定。

美國煤油出產量居世界第一位，然猶供不應求，爲防患未然計，勢不得不與他國爲油礦之競爭；其爭最烈者：在土耳其與英國有美索不達米亞境內摩塞爾油區問題之衝突；在波斯有美孚，新克來，兩公司之爭奪；在俄國租借庫頁島油礦，是和日本一大暗鬥；新疆油礦中國倘不能自保，又將爲英美日三國之爭端。

## 法國政黨之新趨向

獨秀

二月二十五日巴黎電：『昨夜白里安之演詞，又視為選舉運動之開始，白氏請民主黨與社會黨聯合，共拒政府黨，謂全國聯絡即可制勝。又前總理班魯衛氏同時在安納亞地方作同樣的演說。左派諸黨願將以解決國際事件託諸國際聯盟，而不用武力的政綱為其運動選舉之具。左派黨魁聲稱普恩賚(現內閣)軍爭壓力之政策已經失敗，故須以新人物用新方法，主張協約國間密切合作，而擴張國際聯盟之作用，以此為國際爭端之公斷機關，為此政策可使法國獲得現在所未能獲得的賠款與安全。』法國政黨這種新趨向，頗和美國新內閣政策接近；他們(英法)此等政策固然不能解決歐洲的危機，而較之英國勞易喬治失敗以來更反動的政局，總算是有點轉機。

## 印度自治運動

獨秀

印度新議會於一月三十日行宣誓禮，不合作黨都穿着自製布衣，宣讀誓詞，啓行開幕式，印督致詞，希望此屆會議有沈靜的判別及好意的特性。印度國民黨已宣告成立，內有不合作黨四十五人獨立黨三十七人，占議席一百四十三。新議會主張印度當完全自治及省自治，海來爵士答稱，許給完全責任，今尚不能，惟政府將派員調查一切，俾消除實行政治時所有之困難。

不合作黨領袖甘地已被釋出獄，他致書穆哈默德亞里氏；深以印度教回教徒意見歧異為憾，謂各團體行動苟不一致，則不合作運動徒屬空談。

二月二十六日議會開會時，不合作黨議員動議組織委員會調查西克人民之疾苦，已經討論通過，海來爵士代表政府反對設置委員會，亦否認政府曾損害西克人民的宗教信仰及虐待西克婦女。稚甘之印度開始不合作運動，第一步為拒納人頭稅，法庭遂發出逮捕狀多份，摩巴薩已有印人四名下獄。不合作黨人在英國極力鼓吹召集聯席會議，建設完全負責政府，而印度事務大臣鄂里維勳爵於二月廿六日在英國上院宣稱反對聯席會議，幷說：如果建設完全負責政府，(即印度獨立政府)，印度人民將受害無窮。

照他如此說法，大英帝國用許多陸海軍保持印度之統治權，原來是為了免得印度人民受害無窮，好個慷慨仁慈的帝國主義者！在英國統治下的印度議會裏，連一個調查人民疾苦的委員會都不許設置；在英國統治下的人頭稅，想必也是印度人民將受益無窮。

## 捲煙特稅問題

獨秀

軍閥官僚們對商民橫征暴斂，商民當然應有正當的反抗。此次江浙兩省舉辦捲煙稅，他的用途固然免不了黑幕，商人反抗固然有理由；但是我們也應該注意兩件事：

(一)協定關稅制已制吾國工商業之死命，然洋貨運入內地，華貨相離之後，通過釐卡之子口稅已失效力，中國官廳還有徵收營業稅落地稅之權。此次江浙徵收之捲煙特稅，不但是洋貨相離之商業稅，而且捲烟多在中國製造，洋商從租界製造廠運入內地，不由輪船火車，不但不納進口關稅，幷子口半稅也即行避去，所以江浙徵收此項捲烟稅，外人絕無干涉之理由。北京南京杭州方面都有對外交涉的事實，這是明明自己承認除海關稅協定外，日後國內一切稅捐都須與外人協定，豈不將國家收稅主權斷送乾淨；無論外商允認百分之二•五或百分之五保護稅或附加稅，我們不能取消此烟稅，即照官廳原案允認百分之二十，我們也斷然不能開此內稅協定之惡例，所爭者在外人干涉內稅之性質，不在他們認捐之數目。這一層希望中國商人不可聽外商張目。

(二)此次江蘇徵收捲烟稅，乃經商聯會建議省議會議決，專充省教育經費；若有方法保證不移作軍政費，奢侈品若捲烟稅，雖僅百抽二十，也不算多，擔負的人將來還是消費者，於烟商並無損失，況且是專用在教育事業，這一層希望捲烟商也要注意。

## 軍閥的統一運動

爲人

最近曹黨部下之不和，已成不可掩之事實。吳佩孚與馮玉祥前因爭豫督問題，早已兩不相容；張福來與吳佩孚現因爭豫省省長及財政問題，乃入京聯馮聯王以與吳抗；彭壽莘因不肯居王承斌之下，已成兩不相下之勢；山東之鄭因洛吳極力伸張勢力於魯省及欲握有津浦路權，亦欲與張福來取同一步調；王承斌因接近吳大頭並與奉時常來往，又爲曹黨部下所不滿；齊燮元與吳佩孚之爭雄，已藉溫杜之爭而益露，曹黨之崩壞如此，實爲國民革命前途之幸。

曹黨在此自身崩壞及國民革命運動蔓延之時，欲爲保全私有總統計，亦已進行統一運動，一方面派吳毓麟赴洛赴甯，調和吳齊及溫杜之爭。並籌議欲將王承斌調往河南，張福來調居直隸，吳佩孚移居保定，如此則王承斌與彭壽莘距離較遠，爭執當可免除，張福來離豫，則張福來與李濟臣爭省長之意見可以解除，而吳氏坐鎮畿輔，可收指臂之效；一方面由孫寶琦畢備見面，標榜什麼和平統一，分派代表赴杭赴粵，接洽盧永祥及陳炯明，此外並極力籌段，與段做壽，以爲果能統一內部及聯絡段系，則廣東之革命政府與奉張，不難一鼓而平。

曹黨之軍閥統一運動如此，但我們可以斷定洛吳甯齊之爭，無論如何調解，只有愈爭愈烈，如洛吳移居保定，則吳佩孚與馮玉祥又已接近，易起衝突，因私爭權利而破裂，這是封建式的軍閥底根性。

可是從歷史上證明給我們的—北洋軍閥無論如何破裂，他們是始終排斥非北洋派的，是始終摧殘革命派的。

只有我們國民底革命統一運動，才是眞正的統一運動。切不可妄想什麼反革命派的軍閥統一運動。

## 國民黨與下等階級

屈維它

「各國的革命都是下等階級(平民)反抗上等階級的行動，所以革命黨必定是代表下等階級利益的政黨。而且革命的組織總是有下等階級的後盾的」。試看歐美各國的社會黨，那一個不是工人的團體，各國社會黨的份子，大多數是工人或貧農。譬如英國的勞動黨，本來是各種工人團體，職工聯合會等結合起來的，——假使他忘了下等階級的利益，他便不成其爲社會黨。最顯著的例，還有俄國的共產黨，——他的組織純粹是從工人農民的小團體聯合起來的，——現在已經革命成功，掌握政權，代表下等階級而建設社會主義，解放全人類。若是我們說某國的社會黨不是下等階級的政黨，——這正是罵他背叛革命，罵他等於中國研究系。

「中國的國民黨，——以前是同盟會，聯合了受上等階級咒罵的種種會黨而成立的，中國的會黨，正是許多窮而無告的下等階級，受盡官僚富豪的壓迫，結合起來以圖反抗的團體」。歷來「劫富救貧」「官逼民變」等種種口號，便足以表示他們的革命性。「國民黨的所以始終是革命黨，始終是代表大多數人民(下等階級)利益的政黨，——正因爲他的出身是會黨。會黨的弱點，僅僅在於他們的組織方法，不能脫離宗法社會的舊習」，——師父徒弟的舊制，却並不在於他們是下等階級的團體。「然而中國下等階級的組織所以如此守舊，所以帶着神權色彩，却亦有不可免的歷史的原因」。指出這種弱點，希望他們採取先進各國下等階級的組織方法，來繼續革命的偉業，——也並不是罵他們的話。(有幾個國民黨同志，對於我在新青年月刊上所說與此同樣的理論頗有誤會，實在是憾事。)「中國的下等階級，因爲經濟發展的遲緩，在二三十年前，大半是遊民，是苦人，——沒有受教育的機會的，他們比不得歐美各國的工人，受[illegible]着城市文明，有集會結社的習慣，有自己教育自己的機會及可能。所以他們的革命組織比較的落後，也無足怪。然而無論以前國民黨的組織，因為中國文化的落後而怎麽樣不完備，他始終與下等階級聲氣相通，確確實實是革命的政黨。何况近年以來，中國的下等階級裏，因中國經濟的變動，亦發現許多城市工人，他們的文化程度，自然而然已經比前二十年高得多，他們組織也比以前的會黨要進步得多。國民黨秉着他的革命性，適應這種環境而進步，與新的下等階級組織相結合，繼續國民革命的事業，也是當然的事。——所以有國民黨的大改組。

國民黨改組以來，發展的形勢非常明瞭，——內中急進及緩進的各種份子，互相辯論爭執，也是很平常的事，——可是一班上等階級的政黨及報紙（如時事新報，新聞報等），一方面唯恐國民黨發展，別方面幸災樂禍，拚命的造謠挑撥，有意離間。然而卽此更足以證明：國民黨始終是下等階級的政黨，是革命的政黨，是代表大多數平民的利益而奮鬥的政黨。不然，那些少數的上等階級，受外國資本家賄買的新聞紙，參與賄選的立憲派政黨，何苦又這樣毒恨他呢？

## 寸鐵

### 馬聯甲為什麽剷煙苗？

馬聯甲親自出巡，督剷煙苗，在表面上看起來，好像是熱心禁煙；其實內幕中有兩個特別原因：一是因為去年各縣徵收罌粟稅，每畝五元，一百萬畝共計五百萬元，馬聯甲只得着四十幾萬元，其餘都被各旅團營長瓜分了，所以馬聯甲憤極，今年索性將煙苗剷除，拚着大家不要；二是因為馬聯甲所有存在蚌埠的煙土還有六十萬，將來煙苗剷盡，土價必漲，既獲厚利，還可以得禁煙的美名哩。（獨秀）

### 岑春煊派員投北

岑春煊派溫宗堯於二月念六日到南京見齊燮元，接洽粵桂軍事，二十七日轉車赴京洛接洽。當黎元洪被逐之時，政學系大部分是助黎反直的，現在他們的首領（岑春煊）却明白地投附直系了。有一位直系的議員說：『現在及近的將來，中國政治上只有兩種理想與勢力：一是北洋派，一是國民黨，凡想做政治運動的人不加入國民黨，卽應歸附北洋派，决沒有第三者活動之餘地。有些反直派而不肯加入國民黨，又有些反對國民黨的人而不肯歸附北洋派，這班人决沒有貫徹其主張之希望。』這幾句話說得眞是痛快，岑春煊溫宗堯這班人，老老實實投附北洋派，也比以前混在南方護法團體裏痛快得多。要中國政治進步，第一步便須北洋派和國民黨分成顯明的兩條戰線，把混在中間的游移分子淘汰去或使之態度詳明，才有辦法。在這個意義上，我們對於政學會首領岑春煊投北，絕沒有反對之必要。更進一步對於一切明白投附北洋的人都不必反對，所應反對是：既不附北洋派又不附國民黨一班不南不北態度曖昧的人們，如章炳麟褚輔丞等。（獨秀）

### 聖道一門的王芝祥夫婦

王士珍王芝祥等呈府院，請依憲尊經，以正世道；王芝祥妻則呈請崇祀孟母；好個聖道一門的王芝祥夫婦！可是孟母果入孔廟，不怕男女混雜嗎？政府果然尊經，王芝祥南北奔走所提倡的同善社，豈不是孔聖人所不語的神怪嗎？

（獨秀）

**嗚呼舊歷新年！**

中國舊歷新年，沒有絲毫歷史上紀念的意義，全國人竟有十餘日事實上的休息，各社會一切停頓，真是世界上一件怪事。不但北派的人循此習慣，即號稱將新派的人也不能矯正此惡俗，甚至相互交火的軍隊，也竟因為過年而罷戰。致亡危急的東江戰爭，當歲暮時陳炯明葉舉熊略竟回海豐度歲，洪兆麟楊坤也赴香港過年，惠州竟無人主持，此事豈非兒戲。外國若以兵力占領中國，最好是在舊歷新年十餘日中進行，全國的名城大邑換了主人，我們的士農工商兵都還在過年的醉夢中，嗚呼中國的舊歷新年！（獨秀）

**外幣**

東三省官廳拒絕俄國在中國使用紙幣，這件事在國民經濟原則上，我們是贊成的。但同時我們要注意日本國在南滿發出金票二萬萬元的事實，同時更要注意英法美各國在津京滬漢粵所發出的無數紙幣，即以匯豐一行而論，除前此發行原額二千萬元以外，今年又增加一千萬元。

拒絕外幣是應該的，單單拒絕俄幣却是說不通。若說中國人曾受過俄國盧布的損失，那末，大戰前北省人迷信俄國盧布，何嘗不比南省人現在相信匯豐匯理票更甚。（獨秀）

**兵嗎還是匪？**

陝西省城內外晝夜擄案迭出，臨潼縣離省城僅五十里，該縣知事親督巡緝隊捕匪，路遇刼掠旅客者追擊至縣城；不料駐臨之鎮嵩軍馬瑞娃部即向縣署聲明，謂所擊非匪，乃是彼營出巡哨，即將巡緝隊八人帶到營部拷打，欲遊繳槍斃，又縣向署索洋五千元；縣知事乘夜潛逃到省，結果反是知事撤任，巡緝隊八人中槍決一人，餘判徒刑，劉鎮華督軍明知其冤，而倚馬為心腹，不得不如此。好個糊塗的臨潼縣知事，督軍就是土匪頭，你還剿什麼匪！（獨秀）

**縮減軍備嗎還是擴張？**

二月二十七日倫敦電：海軍部秘書安芒氏在下院聲稱，如前政府所擬之程序，全列入今年新預算案中，經費須另增五百萬鎊，海軍須添用一萬四千人。這便是英國縮減軍備之事實。（獨秀）

**非進口的外貨**

上海字林西報說：英美烟公司去年盈餘淨得四百四十九萬四千九百七十一鎊。即此一端，可以看出除進口的外貨以外，我們還受許多非進口的外貨之損失。（獨秀）

**嗚呼憲法運動！**

張君勱羣鼓吹由國民投票的形式承認憲法，湯漪林長民羣鼓吹修改憲法，他們都設在迷信紙上的憲法有治平中國的力量。他們不懂若是沒有一種自身確能遵守憲法的力量來擁護憲法，使憲法得以施行，那全部憲法便等於一張廢紙。（獨秀）

**易卜圓光與北洋勢力**

張紹曾和吳佩孚大談其易卜及圓光術，張又主張吳齊奉實行合作，以曹為中心，以鞏固北洋勢力。這兩段話好像無甚關係，其實有密切的關係，因為北洋軍閥的勢力和反科學的思想本是一家眷屬。但不知他們這種反科學的主觀的人生觀，也為梁啓超張君勱所贊賞否？（獨秀）

**列甯碑**

列甯的偉大，我們本不能否認任何人有崇拜他的權利。但我們要知道列寧的偉大，乃在扶助勞苦平民，反抗一切帝國主義及軍閥財閥；中國許多維護帝國主義者或軍閥財閥的人，以前極口毀謗過激派，現在也都伸出頭來赴列寧追悼會，并且附和着要為列寧建紀念碑，這班人懂得列寧的偉大在那裏？他們難道忘記了列寧是過激派嗎？（獨秀）

## 法國通信

### 魯爾佔據與法英兩國的資本主義

陸敬

法國佔據魯爾花了多少錢？據法國政府最近公布的數目是：

1 關於內政方面　145,000,000佛郎

2. 關於軍事方面　176,000,000佛郎

3. 關於鐵路方面1,427,000,000佛郎

鐵路方面所以有此大數目是容易明瞭的，在魯爾有一萬二千名法國鐵路工人，他們有很好的供養，得兩倍的工價。　然而從魯爾佔據的收入又是怎樣呢？　依參議院財政委員會審查報告者參議員柏郎熱(Berenger)的報告中所說，從佔據起到六月一日止，所得的收入如下：

| | |
|---|---|
| 煤稅 | 930,000佛郎 |
| 關稅 | 4,111,000 |
| 出口貨執照費 | 3,042,000 |
| 森林產 | 6,213,000 |
| 罰金 | 64,000,000 |
| 徵收的煤與炭 | 296,336,000 |
| 總數 | 373,632,000佛郎 |

像這樣的數目，十足的令人樂觀，法蘭西資本帝國主義對魯爾佔據的花費是遠遠超過了他所期待的收入。　我們知道，迄六月二十日止，法國從魯爾流域得了五十二萬八千噸的炭。　這個數目表明在一百六十天的佔據期中，每天平均獲得三千三百噸，也就是，得了四分之一。　這樣微小的炭的數目的供給，自然會大大影響於法國的鋼鐵生產事業。去年十二月間法國有一百十六個大熔鐵爐，到今年六月只有九十九個；去年十二月鋼產還四萬一千五百噸，到今年二月減到二萬九千噸。　本年上半年中法國要輸入外國煤炭值價法幣十六萬萬八千二百萬佛郎，超過上年四萬萬八千二百萬佛郎。

鋼鐵委員會(Comits Des Forges 法國資本家之最有實力的結合)在他最近的年報上特別注意的說，從魯爾之佔據愈更證明法國的工業是不能不靠着魯爾的煤炭的。這個報告在另一方面表示出鋼鐵委員會與法國政府政策的關係。　然而如羅米爾(Romier)先生在工業日報(Journes Industrielle, 法國大工業家的機關報)上所說鋼鐵委員會對於保護普恩賚政府的政策是不負責任的，因為法國的大工業家，特別是王得耳公司早已感受魯爾佔據是得不償失，這又是很確實的。

話雖如此說，但實際却瞞不了人。　英國佔指導地位的經濟雜誌"財政時報"(Financiol Times)在七月十日報中說：

法國佔據魯爾的政策毫無疑義是由鋼鐵委員會所指揮的，該會的目的就在能使法國壟斷全歐的鋼鐵生產事業。　自魯爾佔據以後，法國已操有鋼鐵業總額的五分之三。　法國欲得歐州經濟優先

樞的幻夢，於今是實現了。

英國報紙對法國這種發展，表示掛慮，可謂情態畢露。還有今年二月二十五日滿鳩斯特導報（Ma.ches er Guardian）商業欄說得更是明顯：

魯爾佔據必可使法國鋼鐵工業優先權超過英德工業之事，完全實現。並且使法國能與美國並駕齊驅。法國或把德國的工業完全毀滅，或建設法德聯合的鋼鐵托辣斯，都可以達到這個目的。這兩者如出於任何一途，大不列顛的工業必要處在一個嚴重困難的地位。英國的鋼鐵工業一方面要受與法德競爭的影響，一方面又受與美國競爭的影響。

還有一位英國電氣工業界領袖倫敦電氣總公司總理漢時提（Hirst）在該公司七月十二的大會席上說得更是振振有辭：

我相信我們同業都從法國在魯爾流域的行動多少各自得了一點，暫時的便宜。就是電氣工業界也得了一種權利，在現在的德意志是不能有所作爲了。但是我們若要全盤觀察起來，法國的行動却是破壞德國以及全歐購買的能力。馬克的跌落就是南加謝（Lan ashire）與約克謝（Yorkshire）失業增加的原因。倘若南加謝與約克謝多有些市場，豈不更好嗎？而馬克跌價的結果使印度，中國，奧洲，阿根廷，等地不能賣出他們的原料之大部份。這種事實就間接影響於這些殖民地之貧困，換言之，即是他們再也不能來買我們的貨物，而我們的貨物却是要快快銷出以保持我們國內人口之生存的！且而法國爲賠款逼迫得利害的時候，又不能自已利用其商品，必定趕快把他的商品送到世界各市場，結果，仍妨害我們大不列顛的工業。我們要知道，當着某一國的商品是這樣地勉强擠發送入世界的市場而不顧及其他各國的商品的生產價値，那一定會使各國的工業都大受打擊而失業大大增加。

我們從上面的說明，至少可以覺出下列兩件事：

1. 法國魯爾政策從此繼續下去——姑且不說德國革命——英法兩國資本主義是日趨破裂不可彌補的。

2. 上面幾段話都是我們馬克思主義者研究政治經濟問題從敵人口中得的不打自招的絕妙口供的材料。

## 餘錄

二月二十七日上海申報上，有「青年快注意國內的現況」一篇文章，茲摘錄如下：「可愛的中國青年啊，你知道嗎？金法郎案是怎麼一回事，中國的關稅爲什麼落在外人手裏，中國的鐵路那裏的幾條爲什麼緣故已經抵押給外國人了，漢冶萍公司的近況怎麼樣，蒙古西藏，現在怎麼樣了，威海衞的收回問題結果如何，電話借款，是何等樣的一件事。這一點，這回日本的政變於中國有什麼影響，英國工黨政府成立了關係於中國的如何？……中國的青年啊，這許多問題你都能切實的知道嗎：你要是不知道，請你應用你那統計的頭腦，敏銳的眼光，靠歷史和地理等的幫助，作深沈的澈底的研究吧。你要知道做中國的國民不知道中國的現況，是很可恥的事，也是很險的事啊。有許多很好學很有志的青年，跟着梁任公胡適之做整理國故的事業。跟着文學研究會創造社做創作文藝的事業，這原是很好的事，比諸一般孜孜於墮落勾當的人，相去何止萬倍，不過大家要明白整理國故，創作文藝，都是少數有素養的人的事業，不是我們青年不可或少的研究，我們爲家計爲自身計，與其幹那些不甚必要不定可能的事，不如研究研究中國的現況，打算打算怎樣援救我們的祖國吧！」

The Guide Weekly.

# 嚮導週報

分售處

巴黎、廣州、上海、武昌、太原、長沙、濟南、成都、杭州、雲南

中國書報社　丁卜書報社　上海書店　民智書局　時中書報社　共進書社　晉華書社　文化書社　齊魯書社　華洋書報流通社　古今圖書店　新亞書社

定價

每份三分全年大洋一元三角半年七角國內郵費在內

（中華郵務管理局特准掛號認爲新聞紙類）

一九二四年二月二十七日

第五十六期

每星期三出版　發行通訊處　杭州馬坡巷法政學校轉安存眞　北京大學第一院收發課轉劉伯青

## 時事評論

### 商界反對外人干涉中國內政第二聲

獨秀

去年外人干涉吾國禁止棉花出口，上海商界起來反對，帝國主義的代表者（使團）終以不平等條約壓得他們忍氣吞聲下去。現在英美兩商會，對於外人商標註册，又要求修改商標法，并且要求列國共管，實是欺人太甚；上海總商會對於外人這樣無理的要求，極端憤慨，致電北京商標局如左：

北京商標局鑒，報載上海英美兩國總商會，爲修改中國商標法一事，於上年十一月間，開聯席會議，臚列應將現行商標法，予以修正者有十餘條之多，而其議決案末節，又謂，總之本會以爲中國商標局行政方面，不宜單由中國主持，一切須有列强共同管理。又本年一月三十一日英商會在滬開聯合會，其電致北京外交團有云：苟中國商標法條件，與馬凱條約第七條之精神不一致之時，吾人誓不承認等語。核其要旨，不外兩端，一則欲干預商標之立法事宜也，查吾國與各國所訂條約，雖多失敗，然祇有關稅須由協定之文，而無法律亦須協定之說，徵諸中央商約第七條，所謂牌號註册局者，章程應如何規定，約內並無一語道及；而美約第九條，更有由中國官員查察後，經美國官員繳納公道規費，並遵守所定公平章程，即由中國官員出示禁止冒用等語。就以上兩項約文而論，足徵此項商標法，我國有制定之自由，並不受如何之束縛，即謂此項法文，關係中外互市利益甚大，亦祇能於事前容納外人一部之建議，而據歷來經過情形論之，此項法案，自前清迄今，已修改至六七次之多，外使建議，亦已迭有容納，對於外商利益，實已兼籌並顧，委曲周至。嗣於去年五月間，此項商標法令文，經合法國會之議決，通行頒佈，則外商欲保全其約定之權利，自有一體遵守義務，而乃多方挑剔，强令修改，是非特曲解訂定之約文，即且蹂躪我國之主權。且以中外互市利益言之，商標法之影響於華商利益者，自較外人經商在華者爲鉅，若事事欲得洋商之意，將置華商之利益於何地，以該兩商會此次所擬修改條文而論，第四條之繼續使用在五年以上，忽議改爲十年以上，是此說一經採用，現時援照第四條之使用年限而核准註册者，詎非悉歸無效，此

華商所萬難承認者一也。二則欲以商標行政，由列國共同管理也，查英約所謂由南北洋大臣派歸海關管理，係因商部尙未設立，故關於商事行政，暫交由關員管理，而特以南北洋大臣總攬其成，猶之郵政未設專司時，歸總稅務司赫德兼辦，交通未設專部時，鐵路事宜，初歸海軍衙門，繼歸外務部兼辦也，蓋海關雖雇用洋員，而嚴格言之，仍係中國國家之機關，吾國因官制之變遷，而定其管理權之誰屬，純係國內行政，決不受約文之束縛。若謂海關二字一經列入約文，卽無變更之自由，則約文所載，尙有南北洋通商大臣字樣，此缺廢置已久，何以未聞有所異議。無怪日人之論此事者，謂由海關而移歸商部，不過一地方官權限之變更，決不能謂爲違反條約矣。然此猶得曰誤解約文也，至於該兩商會所謂商標行政，須由列强共同管理，是非特望文生義，抑直無中生有，充其意，凡事一經涉及外人，卽須由外人共同管理，則除此中外互市，日益密切之際，無一事不可謂與外人有關，卽無一事不可由列邦共同管理，國家所餘之主權有幾，此尤全國人民所萬難承認者也。總之，外人條約上之權利，自應尊重，然約定之義務，僅以國家趕緊設立註冊局所爲限；我國既於上年五月份頒布法令，籌設專局，一再勸告外商實行註冊，則約定之義務已盡，其餘約外干涉，萬難讓步忍受，應請轉呈，將外商要求各節，嚴加駁斥，以重主權。上海總商會叩。

這是中國商界反對外人干涉內政之第二聲。我們更有進而忠告於總商會的是：此電文中所謂「外人條約上之權利自應尊重」之觀念，你們應該拋棄了。自通商以來，外人脅迫我或蒙蔽我立下了許多侵害我國主權的條約，尤其是制我工商業死命的協定關稅制，所謂外人條約上之權利，就是中國主權上之損失。這些條約不廢除，外人動輒，援引他來干涉我國內政，我們中國人便永無抬頭之日。若主張須永遠尊重外人條約上之權利，卽等於主張中國人須永遠聽受外人之挾持；所以我們希望總商會由反對外人干涉中國內政，進一步而主張廢除各種侵略中國主權的條約！

## 意械事件

獨秀

中國軍閥之亂，大部分是由於帝國主義之借款及軍械的援助，這是很明顯的事實。英國供給直系三項借款，意大利供給直系大批軍械，正是眼前的事！

意械價值：據東交民巷方面消息，確數爲四百八十七萬餘，已付過二百萬元；據上海大陸報說，值價五百五十萬元。軍械數目：據京津泰晤士報，有來復槍三萬枝，子彈四千萬發，及大砲彈砲車砲架野戰砲等，其已由天津運往北京的：據上海申報說，大砲十二尊，砲車砲彈五百五十箱，步槍二千一百卅箱（每箱卅四枝），子彈一萬一千八百卅五箱（每箱一千四百粒），野戰砲十五尊，機關槍六架，炸彈七十箱，水壺乾糧袋二百箱。據大陸報說，所有運送檢驗之事，均由意水兵與曹錕吳佩孚之委員會同爲之，共用貨車七十輛，始運送完畢。

直系軍閥何以有此巨款買此大宗軍械，則恃有英國三項借款或以將來勾結英美所得之捲烟附加稅擔保借款，都是意中之事。直系既有錢又有械，越發要大顯其作戰殺人的手段了。如此，我們應該徹底認識：帝國主義的列强，援助中國軍閥殺害中國人民，是何等明顯的事實！

## 土耳其放逐教主

獨秀

三月二日君士坦丁電：本日國民黨討論重要議案：（一）廢教主，（二）廢宗教部，（三）廢宗教學校。第一案規定取銷教主職位，於十日內永遠驅逐教主及其眷屬於土耳其境外，沒收其宮室，以大多數通過，提交國會。

三日電：國會已通過廢教主議案，安戈拉政府命君士但丁總督於十日內執行。

四日電：國會開會時，基瑪爾將軍演說極言政教分立教育統一澄清司法之必要，除少數宗教黨及保守黨外，皆歡呼不置。廢教主案全部通過；基瑪爾將軍建議教主眷屬婦女免加放逐，亦經衆否決。四日晨君士但丁總督率同警察赴教主宮，向教主宣讀廢位文，即令離境，教主旋率眷屬起身往瑞士。

我們要知道土耳其政府這種偉大的舉動，乃自復國以來，經國民黨長期間的宣傳運動，此時才能夠實現出來；廢逐教主的理由，不但是教育問題，而且是政治問題，因爲教主及其爪牙素來是勾結帝國主義的英國想推翻安戈拉革命政府，所以廢教運動頗得一般愛國羣衆之同情。

以前嘗有人說，東方有兩個老大病夫，一是土耳其，一是中國。土耳其年來的偉大舉動——一是毅然決然聯絡蘇俄恢復國土并否認列强之治外法權，一是此次毅然決然驅逐教主——已經證明他不是老大病夫了；而我們中國還俯伏在列强軍閥及禮教的勢力之下，今後能否改變老大病夫的現狀，改造後的中國國民黨至少要負一半責任。

## 國民黨之模範的改造

獨秀

國民黨浙江省黨部籌備處，最近發出黨員登記通告如下：「凡在此次第一次全國代表大會以前加入本黨的爲舊黨員，舊黨員須經過登記，方得爲本黨黨員。從前「國民黨」時代，各地羅致黨員，單求其多，不問關於主義瞭解與否，所以明白分子，都發生「只要化一塊錢，不問什麼人都是黨員。」這種歎聲，分子的複雜，單就這種歎聲裏已經十分認的清楚了。如今可不能這樣——(一)須了解贊成接受本黨第一次全國代表大會議決的宣言；(二)須絕對服從黨律；(三)須知登記後，在物質上到自身底生命，在精神上到個人底自由，不復由個體自由支配。具此三者底覺悟，才是本黨同志；因爲本黨做的是革命事業，其利益全在民衆，黨員自身，無論革命成功以前及成功以後，不但沒有比一般民衆的享多餘的利益，并且個人爲黨爲國，只有犧牲，沒有權利的。明白我們的民族我們的國家，在國際帝國主義和軍閥壓迫下面以自力要求解放的舊黨員，請按手續來登記——

在這一個短短的通告裏，充分表現出他們服從和犧牲的精神；必須具有這兩種精神才能算是一個革命黨員，必須多數黨員具有這兩種精神才能算是一個革命的黨。

我們希望浙江的黨員都能這樣切實做去，我們希望各省的黨部都能照浙江同樣的辦法；如此中國國民黨才有真的新生命，才不至使全國大會所通過的一切決議案僅僅是白紙黑字的決議案。

## 荷蘭與遠東

獨秀

壓迫遠東之南洋羣島各民族及華僑的是歐洲兩個魔王：一是英國，一是荷蘭。

荷蘭各政黨間最近之大衝突，爲數年來所沒有，其原因不在對內政策問題，而在關於遠東問題。帝國主義的荷蘭政府，擬在東印度建設一個海軍港，以保護荷屬殖民地，并組織一强大的海軍隊；其預算目前經費，即需荷幣幾爾特三萬萬，將來還不算。因此惹引國人之反對，勞動界反對尤力，荷京阿姆斯特丹發現荷蘭從來未見之大示威運動，參加者八萬五千人，計社會民主黨七萬人，共產黨一萬五千人，反對海軍計畫及帝國主義之聲，徧於各地。其結果，海軍擴張案提出國會時，雖羅馬教議員也不敢投贊成票，因爲恐怕招羅馬教工人之怒，政府計畫遂以失敗，內閣且因此而倒。

繼任組閣的是衆院議長羅馬教議員柯倫氏，柯倫當然是守舊人物，今後海軍廣張案是否復活及與勞動羣衆有無衝突，其結果關係於遠東被壓迫的馬來民族及華僑的利害很大，這事很值得我們注意。

## 蘇聯對日賑濟計劃變更的原因

維　英

蘇聯因鑒於日本地震後的災民難以爲生，特表示願以漁區七十處及林地五十萬俄畝，按常價四分之一租與災民接受，以事賑濟，並聲明由蘇聯中央賑日委員會派代表，會同日本政府與災民接洽。日本災民對此自然是得一無上的生機，歡喜了不得！

不料黑暗的日本政府，故意與災民爲難，拒絕贊助蘇聯劃地賑濟本國災民；拒絕蘇聯中央賑日委員會派代表赴日，會同日政府與災民接洽；不願災民接受蘇聯漁田林地，願由日本實業家出而承租，將實業家所得的利益以外之贏餘，賑濟災民。

蘇聯現要爲貫徹直接充分賑濟災民起見，已將上項計劃變更，改由以現款原料放賑。如此，日本政府自難再從中作梗！如再從中作梗，顯係故意陷死災民。

## 中國承認蘇俄與東交民巷

巨　緣

蘇俄成立以來早已決定和中國恢復平等的邦交，中國不但軍閥政府不能毅然決然的承認他，而且軍閥政府之上還有東交民巷的太上政府，——所以一直遷延到如今。

中國向來受英，美，法，日的壓迫，英美法日自已侵略中國霸佔租地，却還要替舊俄帝國來霸佔中東路！這不是顯然的陰謀是什麽？

現在中俄交涉已經狠接近。忽然日本公使和法國公使說在交涉以前中國政府應當先和他們交換意見。又說是與華府會議的議案有關。中東路的問題——是中俄兩國的事情，用不着第三國干涉

他們屢屢干涉的原因，不僅在於具體的利益衝突，而且還有原則上的意義；列强向來欺凌中國慣的，如今俄國變成了無產階級的國家，獨自否認一切對華特權，——顯得他們的政策更是明顯的侵略主義。所以屢屢掣肘，以中作梗。

況且現在國際間的形勢是如此；世界各國顯然分出兩個營壘互相對峙，——一方面是英美法日等帝國主義的列强，別方面是蘇俄及東方各弱小民族，如土耳其，印度，中國，高麗等。東方各弱小民族受帝國主義的壓迫，可是一九一七年以來帝國主義的內心生長出社會革命的運動，第一個勝利的便是蘇俄，他是帝國主義的勁敵，是杖持弱小民族以反對帝國主義的唯一的實力。蘇俄與弱小民族接近一步，帝國主義的勢力便弱一步。所以中國承認蘇俄，不僅是蒙古或中東路的問題，而是中國接近蘇俄的第一步，亦就是反帝國主義同盟的第一步帝國主義的列强，如何能不起恐慌而竭力阻擋呢？

或者可以說•軍閥政府的承認蘇俄，還不足以算做反帝國主義同盟的第一步。然而軍閥政府的所以有承認的傾向，却在於中國平民意志之表現。中國平民應當念起直追更進一步、主張北京政府直接承認蘇俄，決不要受第三國的干涉，完全實現反帝國主義的同盟。假使北京的軍閥政府不能脫離東交民巷之太上政府的束縛，不能代表中國平民的利益，中國的平民便應當用自己的力量來實現這個同盟。

# 告合作社同志們

獨　秀

合作社是階級爭鬬中一種工具，不是一種免除階級爭鬬的工具，這個定義，合作社運動幼稚的我們此時未必相信，然而將來總得相信。近見南京東大附中合作社的宣言，覺得他們或者沒有拿合作社運動來免除階級爭鬬的妄想與取巧的心理。因此，敢將去年六月第三國際擴大執行委員會所議決的合作社問題譯奉這班同志們：

## 合作社問題

### (A)法西斯蒂主義與合作社

1.法西斯蒂主義底直接目的，就是有系統地破壞工人組織，剷除工人運動底一切靠山。在法西斯蒂派發達之地，尤其是他們得到政權之地，他們最粗暴手段就是用未攻擊合作社的。

2.為這原故，法西斯蒂主義應為我們視為直接恐駭合作社底一種危險；不單在合作社底發展上，而尤在他的生存條件上。所以合作社中共產黨員應該作一種強有力運動，使合作社加入反抗法西斯蒂主義底鬬爭之場。

3.在法西斯蒂主義方式之下底資本主義進攻底發展明白地指出那一般自命為「純粹」合作社員以為在資產階級社會中合作組織底發展有達到工人階級解放目的底可能，是一種危險的幻想。合作社一變為資產階級底眼中釘時，他們不客氣地馬上把「和平」派社員抱有無限希望底機關搗得粉碎。「國內」戰爭迫到合作社門前，使他不能再守中立了。相信合作社運動不受階級鬬爭底影響，這種幻想是帶有危險性的。所有無產階級運動底失敗，直接地便反映到合作社來。在法西斯蒂主義制度底下，換言之，即在壓迫工人階級使之處於卑劣不堪地位底資產階級武裝專政底下，合作社以前所能活動地域已經乾枯，再無生產之可能了。

4.僅僅在蘇維埃俄羅斯境內，合作社才能照着工作組織計劃發展去；在社會主義建設底下，他才能有安全的生存和作用。在資產階級專政和無產階級專政兩種國家裏面，合作社運動發展上之異點很值得我們注意的。

5.反抗法西斯蒂主義鬬爭底經驗可以證明那些有多數無產階級羣衆為根基底合作組織方能抵抗法西斯蒂派。那些獨立的和分散的小組織，在抵抗資產階級進攻底自衛鬬爭裏頭表現出來不僅是經濟的低下，而又是政治的無能。

6.聯合戰線和工農政府兩個口號恰好適合於合作運動底需要。為什麼要聯合戰線？因為合作社所得利益所處危險與整個工人階級同。為什麼要工農政府？因為只有勞動羣衆奪得政權才能免避合作社底破產和給他以充分發展之可能。

7.勞動羣衆從法西斯蒂運動初期起，便應立定脚跟制止法西斯蒂派勢力增長並不使他們奪得政權。要達到這個目的，合作社應作反抗法西斯蒂主義底宣傳，以經濟力幫助宣傳底發展，並令各社員參加組織無產階級戰線以保衛工人團體及壓迫反革命傾向。

8.反抗法西斯蒂派鬬爭底經驗又告訴我們，改良派首領所宣傳的無抵抗方法是不能用的。法西斯蒂派得到政權以後，迫害合作社手段只有加增再無減少希望。因此之故，反抗法西斯蒂派底鬥爭更加要用全力去幹。無論如何務必做到救護合作社安全而後止。共產黨人應該在合作社中繼續工作，縱然合作社爲法西斯蒂派所得，也不應將工作中止。一個强烈運動應該舉行以阻止勞動者，因合作社爲法西斯蒂派所得或爲其所搗亂而遂行退出。

(B)關於工會與合作社底共同行動

因爲一方面國際資本底進攻，他方面革命精神底增長，迫到安姆斯坦工團國際和合作社國際底首領們也走來贊同聯合戰線戰略了。他們還是恐怖革命，他們打算組織一個首領底聯合戰線來代替我們的勞動者底聯合戰線。二月間合作社國際聯合與安姆斯坦工團國際在不律塞爾所訂的條約便是屬於此類。

這一點，我們很値得提起來說：合作社國際聯合已經放棄了以前政治中立底原則。他不得不承認現在無產階級勢力聯合問題爲合作社底生死關頭問題。如果工人合作社不願意投身資本家經濟崩裂底漩渦中，如果他也不願意當商業與財政資本底奴隸，他應該參加工人階級鬥爭底政治和經濟組織。

安姆斯坦國際與合作社國際在不律塞爾訂條約並不是工人階級反抗資本進攻底武器。理由就是這兩個國際底同盟不允許有幾百萬革命工人底赤工國際加入他們的同盟裏頭。實際上說，這個同盟不過是擁護資產階級利益而阻止工人組織鬥爭底團體罷了。他們並未曾與正做到各國工會組織與合作社組織相互間堅實的聯絡。

那麼，共產黨底合作社員底任務自然把這個同盟眞相向都會與農村底合作社羣衆宣布出來，並組織合作社勞動者與工會勞動者底聯合戰線來抵制這個同盟。在赤工聯旗幟底下底革命團體，絕對應參加在這戰線裏頭。工會組織與合作社組織，應開一個國際的代表會議。他的行動大綱應具體地規定如下：反對法西斯蒂主義底理論和組織，反對掠奪勞動者，反對減少工資和延長工作時間，反對武裝和資本主義國家底挑撥戰事，反對工資與工人組織底課稅，反對壓迫革命黨底特殊法律，廢止凡爾賽條約，要求赦免在獄的革命黨人，從事無產階級武裝，宣傳工農政府原理。合作社特別應密切地聯絡城市工業無產階級和鄉村底勞動者。

合作社應該參加所有革命無產階級底行動。我們必須要求工會和合作社底首領出來與佛蘭克福會議中因反對戰爭危險與法西斯蒂主義而產生的國際行動委員會合作。如果首領們不答許我們的要求，那麼我們即刻向合作社和工會羣衆進行聯合無產階級戰線，擁護本階級利益而反抗反叛的首領們。

在明年合作社國際會議中，我們不免要做一番運動攻擊那聯合於反動派底中立論者，並要求有多數共產黨代表參加會議之中。

(C)關於組織問題

共產黨合作社員國際勢力底組織是必要的。因此，各國共產黨所組織的合作社運動機關應開始把合作社底革命羣衆集中起來，並組織戰鬥團體同赤色工聯，共產黨取一致行動，預備必要時底鬥爭，以擁護合作社革命底利益。

各國合作組織和工會，黨之間又應有密切關係和共同行動。

國家合作委員會負有組織機關以指導共產黨員在合作社行動底責任。這個組織工作是經共產黨合作社員第一次國際會議所規定的，且得黨執行委員會同意，能在第三國際中設合作部。組織規模(國家的)大略如下：

(A)在執行委員會之旁組織一個合作部。這個合作部由下列機關組成：合作委員會(會員爲負責的共產黨戰士)，合作社，黨工會部代表，婦女書記部，青年團及赤色救濟會。這個委員會定期開會，以執行委員會委員爲主席並須報告合作社問題於執行委員會之責。這個委員會討論和報告一切關于共產黨員在合作社行動問題。

(B)在黨底執行委員會：旁又組織一個合作書記部。合作部在可能範圍內應出版共產黨合作社機關報。此報應供給文章和消息於共產黨出版物，聯合工會作政治經濟行動，與第三國際合作部，共產黨議員團，工廠委員會諸團體發生關係等等。合作部底決議經執行委員會通過後，由書記部實行之。書記部又自營通工作：通訊，編輯等等。

各行省各地方共產黨合作社員底行動都依同樣方法組織。黨底地方執行委員會指定一個共產黨合作社員在眞協社中指揮共產黨小團體底行動。他方一切合作社中負責的共產黨員又組織合作部以黨地方委員會委員爲主席指揮這一地方共產黨員底合作社行動。

在合作社中和在工會行動中，共產黨員若與其他革命分子聯合時，在這聯合內，必須再組織共產黨底小團體。這個小團體底任務是以共產黨爲中心去造成革命環境。第三國際合作部負有審查和規定在合作社中共產黨與其餘革命分子共通行動底方法，在共產黨合作社員第二次國際會議中報告。

## 寸鐵

**新聞記者與土匪軍閥**

軍閥們覬覦青島，强提路款以充海軍餉，濫提鹽款，强截捐稅，種烟販烟，這些舉動我們當然應該反對。但申報記者因此責備他們不計日人之反對，不顧外交上有約束，不問條約之信用；可見日人之反對，在這班新聞記者心中眼中，比在軍閥心中眼中更爲可怕；可見制中國人死命的什麼外交約束什麼條約，在這班新聞記者心中眼中，比在軍閥心中眼中更應該謹守毋違；這班軟骨頭的新聞記者們，對於外人比媢外的軍閥還要恭順。他又責備土匪隨地擄刼，屢及外人；他又責備武官强迫開車，毆擊洋員；「外人」「洋員」在這班記者心中眼中，都是神聖不可侵犯，中國人便是該死的奴才；所以臨城案起，他們便如喪考妣的亂號，外人在上海打傷樂志華，在漢口逼死田仲青，王希天及許多華工冤死在日本，他們都閉着口一屁不放。

中國幸而還有一班野蠻的土匪和軍閥，偶然還無意識的冒犯冒犯「外人」「洋員」；若都像這班軟骨頭的新聞記者，外人洋員們在中國更是如在無人之境了！

(獨秀)

**聯省自治的下場**

主張聯省自治的先生們，向來都以趙恆惕陳炯明爲中堅人物；現在趙已召集全省軍官商議附北問題，陳則打算委令部下附北，自己退

處海豐，不問政治。嗚呼聯省自治的下場如此！　（獨秀）

『我們不問政治』

黑暗的政治天天壓迫着我們，令我們失了一切自由，而無政府黨人說：『我們不問政治。』馬聯甲正在嚴禁安徽學生的政治集會及一切政治運動，而無政府黨人說：『我們不問政治。』　（獨秀）

中俄交涉與東交民巷

三月八日申報上北京通信說：『徵開中俄交涉之完全解決，尚非三數日間可能之事；至其原因，不必求之於政府，亦不必求之於疆吏，求之於東交民巷足矣。蓋中國年來政治經濟上之重大變遷，操縱於幕中，皆有外人在，亦非獨中俄交涉爲然。』這幾句話形容出東交民巷真是中國的太上政府，這幾句話使我們益發相信中國人民反抗帝國主義的列强比反抗本國的軍閥更爲要緊；除英美教會學校的學生及美國靑年會的朋友們外，凡是愛國的中國人，總應該有這種觀念罷！　（獨秀）

陳炯明趙恆惕到底爲什麼反對孫中山？

陳炯明趙恆惕反對中山先生，本是標榜一塊聯省自治的招牌，可是現在國民黨大會宣言中，明明容納了省憲的主張，而北方與大軍閥却非逼着陳趙取消省憲的主張不可；我們要問問陳炯明趙恆惕，今後到底爲什麼要反對中山先生，今後是否要幫助反對省憲的吳佩孚來攻打贊成省憲的國民黨？　（獨秀）

## 什麼話！

二月十八日上海申報說：『吾所謂俄之改革爲北方之强，印度復興爲南方之强，而吾中國孔子之遺訓，亦明示南方之强爲君子，北方之强爲强者，抑揚之意確然分明。』又說：『日本平民之程度較我國爲尤低，崇拜勢力，顚倒金錢，品格固下於我國國民甚遠也。』

★　★　★

三月六日申報說：『共產主義爲有產與無產之爭，全國無一人能有產，其成爲產業者皆爲之國有，人民皆執勞工於其間，不能作勞工而平日倚產爲生者，乃其產悉被沒收，而其人則轉死溝壑，散之四方；俄國乞丐之接踵於世界，度無一地無一人不接於耳目之前矣；有產者受此報復，無產者當引以爲快。惟國有產，惟民皆工，在吾國本三代以上之所常行。』又說：『俄國之新經濟則非井田與阡陌之界畫，乃人人無產而作工，勤工則納於國者多，身無加益，惰工則納於國者少，身無加省……共產主義與新經濟主義之交爭，則爲勤儉治產與不勤儉治產之爭，破壞之時已過，人將安居是樂其業，則不樂治生之人，未必較樂於治生之人爲多數，此新經濟主義之所以可行。』

★　★　★

唐繼虞通電說：『繼虞去歲奉令率師護送副帥劉公回黔，事定之後，即擬整裝東下，爲國前驅，蒙劉公以黔中軍事善後事宜責令辦理，固辭未獲，勉爲就職。』英國殖民部大臣湯姆斯說：『英國受其屬地及保護地億兆人民之委託。』楊度也曾說：『滿洲統治中純粹是盡義務。』

★　★　★

The Guide Weekly.

# 嚮導週報

▶第五十七期◀

（中華郵務管理局特准掛號認為新聞紙類）
一九二四年三月十九日

定價
每份三分全年大洋
一元三角半年七角
國內郵費在內

分售處
巴黎 廣州 上海 武昌 太原 長沙 濟南 成都華洋 杭州 雲南
中國書報社 丁卜書報社 上海書店 民智書局 時中書報社 共進書社 晉華書社 文化書社 齊魯書社 書報流通社 古今圖書店 新亞書社

每星期三出版 發行通訊處
杭州馬坡巷法政學校轉安存真
北京大學第一院收發課轉劉伯青

## 時事評論

### 上海織綢廠焚斃女工之責任者

獨秀

二月十日，上海閘北川公路祥經絲廠兼織綢廠，晚間失火，焚斃女工多名，已檢出工屍身六十一具，其餘不知下落者還有數十人。該廠工人共計五百餘人，除男工五六十人及本地女工三十餘人不住廠外，其餘由外埠招來之女工四百餘人，皆分住廠中底層及二層樓。起火時都已入睡，住底層者多已逃出，住二層樓者，因只有一門三窗，各窗都有鐵柵，不能跳出，門口及樓梯均極狹小，人多擠出，反將門口堵住，故多在屋中燒死。救火會聞警馳來，乃因水管不靈，無法拯救，遂至焚斃百餘人。

此事件之負責者，一是祥經廠主，二是江蘇省長。上海一般絲廠織綢廠的廠主，都防備工人如盜賊，不但門禁而且窗禁也甚嚴厲；祥經廠不但建築多用木材易於延燒，而且每窗都有鐵柵，數百人的臥室只有一門，門梯又均極狹小，豈不是將工人們活活地閉在屋中燒死！廠主燒點房屋不打緊，而且他還可以向協隆保險行拿得十一萬保險費，工人們的保險费向何處去拿？在這件事，我們應該看出工人保險法及工廠法的必要。

閘北官辦的自來水廠，萬分腐敗，居民拿出自來水捐錢，一月中總有幾次一兩天無水吃用，這種可恨的情形，凡是住過閘北的人都應該知道。閘北人民因為這種情形，極力爭持將水電廠改歸商辦，而江蘇省長始終不允，以至自來水廠至今未能改良，水力甚弱，祥經廠火起，雖救火會與警察同時馳至，而無水也無法拯救。因為救火這一點，閘北居民更有向江蘇省長將水廠爭歸商辦的必要。

### 工黨政府下之英國工人罷工運動

獨秀

在資本進攻的歐洲，首先反攻的要算是英國工人。即最近工黨政府成立以來，鐵道罷工等解決，而礦工聯合會可要求增加工資，礦主允將最低之工資，增加至比一九一四年者高百分之三十，礦工代表未接受，推允交各還討論，三月廿六日，再集大會議決。又倫敦運輸工人聯合會，近亦要求將倫敦電車雇工一萬七千人工之工資，每週增加七先令。

礦工將大會延到二十六日，意欲在此期間督促政府提出最低工資議案，能由法律獲得較優之工資；倘此目的不達，則各代表必將二十六日決定俟四月十七日。目下之合同滿期後，在各礦區投票表決全國罷工事。

此事將爲英國工黨政府至難解決之問題，蓋英政府前曾決議在本財政年度終止前儘先討論公共議案，工資案乃他們所謂私案，在此期間勢不能提出；政閥若推翻前議提出此案，必受保守自由兩黨致命的抨擊而倒，若不提出，又必失工界之擁護，工黨執政到底有利於工人階級的是什麼？所謂不革命而得政權的工黨政府，原來不過如此這般！

## 時事新報之理藩政策

巨緣

三月十五日的時事新報上有一篇曾大人友豪的論外蒙問題的文章，他的對蒙政策如下：

(一)防守外蒙的軍隊，不可因北京政治的變換即進退，須長駐該地。

(二)速改外蒙爲行省，使其政治設施，受各省同等待遇。

(三)勵行殖邊政策，運輸內地贍餘的人民以實定地，及獎勵資本家前往開發富源。

(四)速施行感化蒙民的教育政策。

這種政策，比較起日本治高麗，法國治安南的政策來，有什麼兩樣！

「中國的平民與蒙古的平民同受列强的壓迫，同受中國軍閥的壓迫，自然應當聯合起來。可是怎樣才能聯合起來呢？祇有大家互相承認絕對的自決權，方能有友誼的結合。若卽使中國人僅僅要求『統一』，說什麼『事實上法律上』蒙古應當屬於中國，尚且可以惹起外蒙的反感。所以中國平民的主張應當是：『國民革命運動之聯合，反對軍閥的彈壓政策，協助外蒙的獨立自治；國民革命成功之後，漢蒙自由結合而成統一的共和國』必須如此。亞東的弱小民族方能團結起來，共同抗禦歐美日本。

如今時事新報的主張是：『派兵鎭壓，改置行省，拓邊侵佔，感化懷柔』，無非是多派幾個督軍，省長、富豪及教育光棍等去敲詐搜括斯圖掠奪外蒙的平民。這完全是代表軍閥官僚政客資本家的話。二十世紀的中國裏，居然還有人主張這種理藩政策，眞是奇妙不可思議！

「蘇俄應允撤兵，是贊助蒙古國民政府成立後，功成身退，表示絕無侵占野心的舉動。從此蒙古的平民和中國的平民應當自已起來，努力破壞中國軍閥的統治，建設平民的聯邦，並謀發展實業，增進文化，——實行反帝國主義的世界革命。並不是蘇俄撤了兵，就可以讓中國軍閥來行那種理藩政策的！」

## 軍械問題與外交團

章龍

各國僑商在中國發財的營業要算以販賣軍火爲最獲利，最爲本國政府所贊助。國內軍閥共同的野心，在增加個人的兵力；而補充軍實，首先是購置器械，於是他們舉平日窮搜極括剋扣軍餉的寃孽錢大半都報效給私售軍火的洋商了。這宗大好的買賣，自素以助長中國內亂，幸災樂禍的各國政府看來，心中着實得意，不過表面上總是虛詞掩飾決不留「助長內亂之嫌」。他們說得很響的便是一九一九年在北京訂的禁售軍火條約，一部份辨別力薄弱的國人們聽了竟認爲眞有其事，以爲是洋大人確有一番好意！

不料最近發生一個大破綻，貯存天津價值四千二百萬元的大批軍械忽爲曹吳諸人全數買去，固然就此事的本身說幷沒有甚麼希罕，不過比較平日價值較大槍支較多罷了，然而正給了我們一個機會，可以使我們見識見識所謂一九一九的條約到底是甚麼意義？尤其重要的藉此可以看看外交團如何擁護他們曾訂的條約。現在我把報效東交民巷各方面對此問題的態度介紹於下：

「此案發生後，各國公使極爲不滿，以爲意國首先違反條約，售賣軍火，他國倘相率効尤，豈非助長中國內亂，破壞東亞和平？最可珍重之條約，必因此等于廢紙。苟一任意人之所爲，不加制止，則意國獨佔售賣軍火之利益，他國商人則感向隅，豈事理之平？」

「日本政府以最近法美兩國盛行密運軍火來華，恐其助長中國之內亂，曾由日使暗中活動，欲召集外交團會議，討論此事，不料法義兩國絕對反對，英美兩國亦不贊成，此事遂無窮延擱」

「意使館方面某外交官員意見云：吾今以私人資格言之：列強自身，亦不乾淨，（指販賣軍火）奚能獨干涉意械之運輸？如謂意國售軍械於中國係不合，試問美日英法諸國以前是否曾有此事？何以當日未有如今日非難之聲？……」

細看上面的文字不是列強平日共同販賣軍火的一篇絕好供狀麼？不消我們費一詞說明，他們已將自己的黑幕內的把戲和盤托出了。同時要明白，他們這樣毫無顧忌的互相揭發，并不是爲中國人發憤，乃是隱然以華府會議「機會均等」的原則作依據，協謀未來的販賣軍火，由此我們可以新定今後軍火的來源將益益擴大而無限制，因爲這是「機會均等」所造成的必然趨勢，國人如果要明白意械問題的意義，首先便要注意這一點！

## 降直者可以爲鑑

爲人

流寇楊森替曾吳打了年多的四川，殺得四川雞犬不甯，對於曾吳總算是勞苦功高的了。然而依前幾天的北京專電看來，至多不過得一川東護軍使！

溫樹德，叛爲叛孫，北逃依附吳佩孚，大遭直系內部的反對，至多不過得一北庭所任命的海軍少將的頭銜，始終離不了要受杜錫珪的指揮！

沈鴻英前勾結直系向廣東人民宣戰，至今被在廣東的聯軍打得七零八落，北無功於曾政府，南不容於兩粵人民，乃翻過身來想要向孫中山投降受編，如此反復無常，倒也是降直的一個好模範。

助曾賄選小孫派，除五千元外什麼也沒得到，然而至今猶不悔悟，不爲革命奔走，而爲齊燮元奔走於各軍閥之間，不知是何心肝？

其他降直的趙恆惕陳炯明等將來怎樣？我們更可想而知了！

現在要降直而尚未降直的各軍閥及各政客，很可以此爲鑑。

## 英國勞動黨成功之經濟的說明及其與社會主義之關係

周佛海

（一、緒論　二、勞動成功之經濟的說明　三、勞動黨成功與社會主義　四、餘論）

### 緒論

英國勞動黨這一次的組閣，不待說是在英國憲政史上開一個新紀元，但是他的意義，決不只這樣淺海。我們決不能以這件事，當做英國政黨的單純的勢力消長看。如果只當做單純的政黨勢力的消長看，那就決不値得我們大的注意。然而我們要注意的，就是勞動黨在英國組閣，此爲第一次，以及他們所代表的，乃是勞動者。代表勞動者，爲勞動者利益而奮鬥的勞動黨，竟在資本主義發源地，素稱穩健的英國，選擧上得了勝利，以致于組閣，他的意義，就決不只是平素的內閣更迭，政黨消長，乃有更深更遠的意義了。這稍更深更遠的意義就是表示資本制度在英國，已經是日暮途窮，差不多要與世長辭了。

我們對于此次勞動黨成功，有兩件事要研究：一是關于英國勞動黨的過去；一是關于他的將來。換句話說，一是研究他成功的原因，二是研究他將來的建設。

考勞動黨在英國國會，一九〇〇年只有兩名議員，一九二二年，竟有一四二名，到了去年一九二三年總選擧的結果，竟有了一八五名。二十三四年之間，竟有這樣的發展，不可不說是迅速了。勞動黨的發展，這樣迅速，竟致于開英國未有之先例，出而組閣究竟是麼原因？大概政治的礎基，是經濟狀態，這事馬克斯的唯物史觀，已經明白教訓我們了。就是經濟狀態一有變動，政治就不得不隨之變遷。反過來說，就是政治上有了變遷，一定是因經濟上有了變動。所以英國這次政治上的變遷，也不過該國經濟變動的反映。反過來說，就是英國此次政治上的變遷，其原因實在經濟上的變動。拿最近英國經濟狀態，來說明此次英國政治變遷——勞動黨成功，保守黨失敗——乃是本文的第一目的。

勞動黨成功究竟和社會主義有甚麼關係？有些人以爲勞動黨成功，就是社會主義的成功。英國現在，已經是社會主義的國家了。有些人又以爲勞動黨乃是灰色運動。他們的目的，只在減少勞動時間，增加工資，改善勞動者的境遇和待遇等問題，對于資本制度，沒有根本推倒的勇氣。所以他們雖然成功，對于實現社會主義，是沒有甚麼希望的。究竟英國勞動黨對于社會主義的關係是怎樣？研究這個問題，乃是本文的第二目的。

本文的兩個目的，既如上述了。就是在研究英國勞動黨成功，保守黨失敗的一種政治變遷的經濟的原因，和勞動黨執政與社會主義實現的關係。這兩個問題本來狠大，不是一篇短文所能詳論的，并且我現在因爲時間的關係，也沒有工夫詳論，所以以下只簡單的把要說的話略述一些，語焉不詳的地方，還希讀者原諒。

## 二　勞動黨成功之經濟的說明

勞動黨的勢力，日形膨脹，以及此次出而組閣，不待說原因不只一個。然而歸根結局還是個經濟的原因。因爲政治乃是經濟上利害關係的表現，政治和經濟之間，有密切不可分的因果關係，經濟生活一生變化，政治形式一定要隨着生變化的。所以我們要知道勞動黨成功的原因，最好是看英國的經濟生活，最近是怎樣發展的，生了甚麼變化？

英國的社會主義運動，也和其餘各國的一樣，當初不過是一部分的思想運動，以後才慢慢的成爲勞動者全體的要求，而以具體的形式表現于議會。其所以能夠這樣的，不待說直接原因，乃是因爲政府對于勞動運動的壓迫——至少是因爲勞動者生活上的要求和政府的實際施設之間，有狠大的溝渠。我們若稍爲研究英國政府最近的政策，就知他的動機，大概是想低下勞動者的生活程度，而驅逐他們政治範圍以外。勞動者因爲受了這樣的攻擊，所以越覺得獨立奮鬥的必要。他們努力的結果，才有今日這樣的成功、勞動者因資本家的攻擊，所以努力抵抗，才有現在的成功，這還不是直接原因。我們還須再進一步，研究資本家爲甚麼要取積極的攻勢，而攻擊勞動者。換句話說，資本家爲甚麼覺得有攻擊勞動者的必要？資本家也有感情，也有理性，決不致無故的採這種惡意的，非人道的政策的。他們之所以如此，實因爲有不得不如此的必然的要求。這個必然的要求，就是英國最近的經濟地位的變化。

英國資本主義的勢力，就大體說，戰後比戰前，要大得多。這是因爲英國資本主義經濟組織，在戰爭中受了兩個特別的變化。第一個變化，就是生產力的擴大。因此煤炭船舶，軍需品等事業，利潤和公積金，都達了非常的巨額。鐵，鋼鐵，機械等事業，戰時中都盡力擴張了生產力和工場。第二個變化，就是政府和事業界間的關係中所發生的現象。這就是說政府的政治和行政，多歸資本家所掌握。因爲歐洲大戰，是所謂工業戰爭，勝敗決定的最大原因，全在武器。所以交戰國舉其生產力的大部而從事于武器的製造。其結果就是政府無論就生產方法，或原料供給方面，都不得不借資本家和技術者的幫助。一九一六年以來，對于決定英國的政治和輿論，有絕大勢力的『英國工業家同盟』，(Fedeiating Bisfiod Padmtmy)就是担任這種事務的資本家的一大集團。戰後政府將這些事業改爲民營的時候，都努力確保他們的利益，而不十分顧慮國民一般的利益。

等到戰爭一終結之後，英國的事業，越行集中，資本家的生產，越行完備。這個時候，英國的資本家，遂際遇空前的好時機。無論國外或國內，對于英國製造品的需要，都風起水湧的發生出來。因爲世界國民，于五年的大戰期中，貧困缺乏，已達極點，有許多東西要恢復一九一九年和一九二十年間，對于商品的需要，實在是非常之大，就是以資本家者戰時大加擴張的工場的能力，差不多都不能充分供給。形勢既然是這樣，所以戰時已經顯著的聯合合同的大勢，大加促進，各方面都計劃或實行事業的發展。那個時候，歐洲其餘諸國，內政的秩序尙未恢復，貨幣制度又形紊亂，以致經濟生活動搖不定。所以沒有充分的國際競爭的能力。英國遂乘這個時候，爲所欲爲，大大的擴充海外市場、事業既然這發展，大公司因爲生易茂盛，不惜出高價以買收其競爭方面的小公司。一九一九年一九二十年之間，英國的企業資本，實在空前的(恐怕會要絕後)擴大增加。

英國事業發展和集中的具體的實例，實在是舉不勝舉，我們現在也沒有餘暇多舉例證明。只說一兩個來看看，英國肥皂事業中的『勒巴兄弟公司』的資本，在一九一三年，只有一千一百七十一萬磅，到了一九二一年，竟有了五千萬磅，幷且一九一九年和一九二〇年之間所分的紅利，竟至百分之二十以上。這是因爲這個公司，以合同的手段，竟獨占了英國肥皂及其附帶事業的十分之七。又如全國的鐵路，因爲種種競爭的結果，竟合同而爲四大鐵路。以外如紡績界，製粉界，沒有不擴張和集中的。具體的例，實不能盡舉。總而言之，英國資本主義，這個時候，實在發達到了絕頂，所以資本集中的事實，也就越顯著、

但是這種隆盛的狀態，沒有長久繼續，到了一九二一年，恐慌就隨着來了。恐慌的原因也狠多，共中最重要的，就是戰後的好生意，幷不由于其正的『有效的需要』的。因爲戰時通貨膨脹到極點，國民戰後所有購買力，都是空虛的。那一時發生的需要，實在沒有具着實力。第二因爲中歐各國的經濟制度，已徹底破壞，世界的商品，至少其半永久的失却了販路德、奧、匈、波蘭、俄國的販路，都已失去，世

界經濟，自然的是不能圓滑進行。

一方面沒有販路，一方面擁有比戰前多至幾倍的巨大資本，資本家的窮途，于是就到了。因爲資本家的生產，不是爲生產而生產的，不是爲消費而生產的，乃是爲交換而生產，爲利潤而生產的。要實現利潤，就不得不販賣生產物。然而世界市場，大都閉鎖，（中歐）國內的需要，又不充分。所以堆積的貨物，竟找不到販路。貨物一不能販賣，利潤當然不能實現。資本家眼見着非實現不可的巨額利潤，竟不能實現，他們的苦境也可想見了。

然而高明的英國資本家，他們决不坐以待斃的。他們努力設法來打破這種窘况。他們所選的第一方法，就是制限生產以維持價格。例如一九二〇年及以後的禁止埃及棉花栽培的命令，同年馬來半島政府的橡皮輸出禁止，同年減少印度製茶十分之二等事，都不過是英國資本家制限生產的活動的反映。此外如英國內地各工業聯合會，制限其會員的生產額，如有違反的，就科以罰金，而把這個罰金，給與出產的分量，在制限以下的資本家。這都不過是資本家最後救亡的辦法。馬克斯所說的生產力和社會組織相衝突，受社會組織的束縛的，正是英國當時的現狀。這就是資本制度要倒的一個大原因。

然而資本家雖然努力制限生產——束縛生產力——他的窮境還是如故。所以資本家更進而節約勞動減少工資。一九一三年英國工資的總計，約有八億磅，一九二〇年，增加了百分之百五十，然而到了一九二二年，竟低到百分之百二十，而這個時候生計費，已騰貴了百分之百八十。所以英國勞動者的狀態比戰前壞多了。加之，失業者竟到了百四十多萬。從這裏看來，英國資本家的攻擊，實在是非常猛烈。勞動者站在這個背水陣上，如果不努力奮鬥，恐怕會要全軍覆沒。這個狀態，也是勞動黨成功的一大原因。

英國資本家雖然用上述的方法，來維持其地位，然而他們的地位，還不能恢復，他們的利潤，還不能維持。所以他們再進而取別種方法，這就是政治的方策。這種方法的第一形式，就是由政府給與補助金。以保護各種事業。第二形式，就是重課保護關稅。第三形式，就是盡力轉嫁直接稅于間接稅。例如英國各輪船公司，戰後特受巨額的補助金，印度，巴西的砂糖咖啡，栽培公司，也受巨額的補助金諸事，乃是屬于第一形式的。又如一九二一年的「通商保護法」，一九二二年十一月的『輸出信用法』，同年同月的『染料公司法』等法令所規定的巨額的補助計劃，都是這一類的。又如一九二一年的「染料輸入禁止法」，及『工業保護法』，是以直接保護染料及化學工藝品爲目的的；還有其餘保護一般內國產業的保護關稅，都是屬于第二形式的。又如廢止戰時所制定的戰時所得稅，和漸次減低所得稅，乃是屬于第三形式的。

總而言之：戰時和戰後的經濟的變化，使諸資本家集中資本，增加利潤，此後的變化，就使他們不能實現其所增加的利潤。在第一時期，資本家主要以競爭而打倒弱者，以增進強者的利益；在第二期，資本家則想犧牲勞動者，以維持其既得的地位。

然而無論在第一期，或第二期，換句話說，就是無論是資本家之間的互相競爭或資本家攻擊勞動者，資本家要達到目的，總要接近國權，使國權能供己用。資本家對于其獨占的大規模軍事工業的支配權。不待說是由政府之力而獲得的；就定戰後的貿易保護政策，植民地維持政策，勞動者壓迫政策，租稅遁逃政策，沒有一個不是由政府替他們行的。資本家既然是這樣利用政權，以維持其地位而壓迫勞動者，勞動者若要抵抗資本家，以保持自己的存在和利益，就非把政權從資本家手上奪來自己掌握不可。勞動者既感覺到掌握政權的必要，所以努力奮鬥，才獲得此次的成功。所以勞動黨此次的成功，完全是英國最近的經濟狀態的必然結果。我們如果研究最近英國經濟的變遷，是不能否認這種事實的，

（未完）

# 寸鐵

## 統一

土匪式的軍閥各霸一方之中國，在政治上在經濟上都需要統一，所以我們并不反對統一，無論是和平統一或是武力統一，我們都不反對；因為統一并不是反對和平，統一也不是絕對不需武力。

但我們必須明白：統一是手段不是目的，我們的目的是排斥外國的侵略及國內的軍閥以救同胞於水火，拿統一來做達此目的之一個手段，自然非常之好；若是拿統一來達他們什麼軍閥統一什麼北洋正統的目的，與結果不但不能救同胞於水火，而且兵連禍結，使同胞更不堪其苦，這種統一，我們如何能贊成！

（獨秀）

## 慎重與上當

北京政府對於帝國主義的英法美日之外交，一向是有求必應，從來不知道慎重，從來也不怕上當。此次中俄談判的大綱俄國確已放棄了租界，放棄了領事裁判權，放棄了庚子賠款，這是中國外交上從來未有了勝利；而上海字林西報說：『中國讓步較多，將大為蘇俄之利。』我們試問字林西報的英國人，我們也想對英國讓步較多大為英國之利，但不知貴大英帝國能夠放棄租界及領事裁判權與庚子賠款嗎？王買辦等閑員對於俄約發字主張慎重，以免上當；他們對於金佛郎案臨城案威海衛案，都絕對不慎重，不怕上當，强於能夠收回租界領事裁判權及賠款的協約，都主張慎重，以免上當，實出人情之外。我恐怕他們越慎重，越要上英美法日等公使的當；因為英美法日等帝國主義者，眼見中俄會議成功，俄國將實行放棄租界領事裁判權及庚子賠款，他們心中萬分難受，怎能不設法從中造謠離間破壞！

（獨秀）

## 恐嚇我們的唯一法寶

近來帝國主義者對我恐嚇的唯一法寶，便是華府會議許我的利益。不答應他們的臨城案的要求，他們也要取消華府成議；不答應他們金佛郎的要求，他們也要取消華府成議；不答應他們干涉中東路的要求，他們也要取消華府成議。就算華府會議是有厚賜於中國，動輒便要拿回去，這種小兒間贈餅的笑話，都是一些堂堂大帝國的代表！如何好意思說出口？況且所謂華府厚賜，不過取消一筆裁判權及關稅會議二事：關於前一項，俄羅斯將要先他們實行；關於後一項，議來議去，無論增加若干，還得是和他們協定，本來是應該行使主權自由增加的關稅，現在由他們協商增加些須，他們便看做深恩厚賜，動輒以取消成議的要挾，此話怎講？

（獨秀）

## 無槍者連拍馬也不靈

吳佩孚想奪得山東省政權，一班無恥的省議員，以為到洛陽去數次推倒現在的熊省長，必然是最美滿的投機事業，那知被吳大軍閥申斥道『我對魯政，自有主張，你們不必來搗亂。』

（獨秀）

## 餘錄

上海新聞報時評「內亂之源」說：「兵猶盜也，盜非盡能殺人者，必先有殺人之器，而後方有殺人之心。故欲弭盜，必自禁盜得殺人利器始，正本清源，莫善於此，舍此皆枝葉之談，了無裨於實際也。據確實調查，最近一年中，各國運銷南北軍械，總數達二千萬元以上。此二千萬元以上之軍械，皆殺人之利器也。今者意國存械，公然購入，載寶而朝，萬牛回首，此纍纍之殺人利器，他人垂涎而不得者，一旦安然入於直系之手。在直系方面，大可顧盼自豪，而同時奉張亦購得一九一八年大戰停後墨西哥輸入荷蘭之大宗軍械以為抵制，奉直兩系，勢成水火，今一方方為寇兵之藉，一方亦即為盜糧之齎，再證以奉方備戰之消息，洛陽方面擴張軍力之計畫，積極進行，各不相下，意者內亂之爆發，為期亦不在遠乎！」該報又有一段「武昌市政借款」的時評說：「武昌市政借款一事，喧傳已久，今更有積極進行之訊，諒距成功不遠。惟此項借款，為數極巨，與外人所訂條約如何，乃祕不可聞，但知回扣一項，竟有五十萬元之多，市政籌備處委聘之諮議，已達一千一百餘人，累累重重，不可究詰；而該省除善堂少數人開會反對外，其餘紳商士民，均不聞有反對之聲，其為官紳勾結賣省，顯而易見，蠡吾言今之武人，往往假借名義，藉資籌款，而人民對之，則莫不反對，不謂鄂人心理獨異，竟甘與痛癢無關之人勾結，以貽禍於桑梓之邦。是誠罕見之事也！」

The Guide Weekly.

# 嚮導週報

（中華郵務管理局特准掛號認爲新聞紙類）
一九二四年三月二十六日

定價
每份三分全年大洋一元三角半年七角國內郵費在內

分售處
巴黎　廣州　上海　武昌　太原　長沙　濟南　杭州　雲南　甯波　開封　福州
中國書報社　丁卜書報社　上海書店　民智書局　時中書報社　共進書社　晉華書社　文化書社　齊魯書社　古今圖書店　新亞書社　明星書局　文化書社　工學社

第五十八期

每星期三出版　發行通訊處
杭州馬坡巷法政學校轉安存眞
北京大學第一院收發課轉劉伯青

## 時事評論

### 中國工人運動之轉機

獨秀

前年一年中，中國工人運動各處都風起雲湧起來，自唐山礦工京漢路工罷工相繼失敗，各處的工人運動便隨着一落千丈，去年一年中，簡直沒有工人運動可言。在客觀的條件上，中國既然有了許多工人，這種壓迫的沈寂的狀況理應不能長久如此，今年或者是工人運動轉機的時期了。最近有幾件事已現出轉機的徵兆：（一）膠濟路罷工的勝利；（二）好幾條重要的鐵路工會（非公開的）已集議組織了一個全國鐵路總工會的雛形；（三）上海華界電車工人已設工會籌備處，并開始向公司要求各項條件最要的是承認工會；（四）上海祥經廠失火燒死一百多女工，山東坊子煤礦出水淹死工人七十五名，這兩件大慘事，都可以激起工人階級的覺悟及一般社會的同情。

我們希望全國工友們及幫助工人運動的知識階級勿輕輕放過這個轉機的時期！

### 中俄會議之成敗

獨秀

列強對待中國的外交，向來只有兩種形式：（一）是列強間自己協定處置關於中國的問題，然後通知中國照辦；（二）是直接威嚇中國承諾他的要求。獨有此次中俄交涉，俄國以平等的原則對待中國，與中國直接交涉，并沒有藐視中國的主權先向他國協商關于中國的問題，而且王加談判間頗表現平等至讓的精神，「歸還中東路」「蒙古撤兵」「取消租界及領判權」「退還庚子賠款」，像這種中國外交上空前的美滿，就是以前對蘇俄十分懷疑的人，也都大致表示滿意。

照最近的消息，中俄交涉將結成的美果，恐怕要變成空花。此政府所持的口實，都是一片鬼話；實在的暗礁：（一）是法日美的阻撓，（二）是直系軍閥利用中俄會議不成，一以防奉天，一以倒孫閣，顧維鈞是前者的代表，陸錦是後者的代表，所以在閣議席上顧陸二人挑剔王加協議的大綱最力。

我們以爲中俄會議不成，也好也不好。好的方面是：蒙古人民免的馬上就要受中國軍閥的統治及中國兵的姦淫焚掠；在中國兵未去以前，他們可以多得時間充分準備抗鬥自衛的武力。不好的方面是：此次交涉破裂，俄國不得不轉而與日本法美等國有所接洽，中東路問題及蒙古問題，若由他們協商有所決定，那時中國國宇的資格怎麼樣？那時顧維鈞陸錦又將如何愼重免得上當？

## 煤油戰爭

獨秀

英美日法四個帝國主義者，對於煤油礦之爭奪已十分劇烈，未來的世界大戰爭，或以此爲導火線。

三月十七日東京電：美國測勘員麥古魯少佐及麥克勞林氏墾苦多乃爾氏打算到北庫頁島測勘煤油礦，在愛來桑特洛司克被日軍官逮捕，釋放時附以警告，以後不得再入庫頁島；日本當局宣稱，蘇俄所租給美國新克來爾油公司之油礦，日本未經承認，故決計不准美公司從事行測勘。這是日美間煤油之爭奪。

英美間在美索不達來亞煤油，爭奪還未解決，在墨西哥的爭奪又將開始。據路透電，墨西哥總統說：『墨國的叛亂，是受了英國煤油公司的贊助。』而美國則明目張胆的幇助墨政府，如此，墨西哥此次革命戰爭，內幕裏就是英美兩國的煤油戰爭。 世界煤油產地，美國居第一位，墨西哥第二，高加索在大戰前本居第二位，今則第三，這是世界上三大煤油區，三區中美國占有其二，英國煤油公司如何不贊助墨西哥革命黨。

英國的英波公司與美國的新克來爾公司爭先重賄管理波斯北部油礦之波斯當局，這又是英美兩國在波斯的煤油爭奪。

因戰爭而需要煤油，又因煤油而引起戰爭，煤油本是人類有用的東西，只因遭逢帝國主義的時代，他便成了殺人的禍根！

## 飛律賓之獨立運動

獨秀

三月十六日馬尼拉電：飛律賓革命老黨及工團學生等，今日整隊遊行示威，馬尼拉市民勸募獨立經費，兩日間得款二萬元。十七日電：富商拉麻氏獨捐獨立經費二萬五千元。十九日電：今日新建飛律賓科崙比亞協會舉立石禮，國民黨諸領袖演說，公然鼓吹飛島獨立。

飛律賓獨立委員團向美國請願獨立，而美國總統柯立芝致函委員團主任說：『美國深信伍特總督之能幹好意公正誠實，美國在世界關係目下之狀態中，須仍負保護飛島人民之義務。』如此看來，他們這種請願的辦法，除損失自己民族的尊嚴外，可以說毫無效果。本來民族獨立決不是請願能成的，飛律賓委員團到美國去請願獨立，和印度不合作黨到英國去運動獨立，都同樣的錯誤，都同樣的無結果。馬尼拉的工人們學生們：

要想獨立，便勿怕革命！

要怕革命，便休想獨立！

## 行憲會議——憲法運動的葬儀！

章龍

國內憲法運動在過去的某一個時期內曾爲一部份議員記者們所標榜，認爲解決時局的唯一方法。當時我們雖明白指出這樣自欺欺人的方法毫無用處，但是那些醉心和平的憲法運動者仍是一片癡念，想像憲法公布後的太平世界，當吳景濂用黃緞塡寫那許多憲法條文懸掛國門的時候，他們得意忘形，可想而知，萬料不到這神怪的國憲只做了裱糊曹錕坐椅的一張破紙！這前後種種經過在憲法運動者看來，眞是『憲政史』上一場大寃案，而一般民衆却因此認清這條岐路知道是萬萬行不通的了。所以憲法運動至此，要算是宣告死刑，那班職業議員先生們，院內買賣生涯正多，何事不可以升官發財，正毋須再肩此無用的招牌來鬧笑話。乃他們偏不知趣，近來在京滬報紙上又有甚麼行憲會議的活動，這大概還怕憲法運動的死訊訃告未周，又拿行憲會議來替他舉行最後的葬儀吧！不然，簡直找不到別的解釋。

就一般的法理說，憲法製定原含有普遍的行爲性，憲法公布便生効力，這是誰也知道的，也是當初所謂憲法運動精神寄託的所在，我們反對憲法運動，并不是絕對否認任何憲法的存在，正因爲眼看在這樣軍閥封建政局之下，非經過國民革命，無論怎樣美善的憲法，必無儻律推行之理，憲法運動的人們偏將這一點忽略了，渡了很長久的幻想生活，到如今才知道「製憲」之外，還要「行憲」，不覺得太奇怪麼？

固然，就憲法運動者的本身說，到今日發明這種「行憲主義」總可說是他們夢境中的大進步，不過試一攷其運動的方式又不免令人失笑，因爲他們所取的方法仍是兩條不通行的死路：第一是游說軍閥，希望軍閥悔禍；第二是拿空洞無邊的全國公團作武器，想借這些公團的虛聲作實行憲法的助力。前者如某議員奔走吳佩孚之門，後者如葉夏聲，蕭錦輝等提議在滬漢開行憲會議，我們苟一推究其將來逆料不會有結果的。

因爲軍閥悔禍決不是由議員先生們主觀可以希望得到的，從這一點說，軍閥的生存與繁榮，有他本身的元素—國際帝國主義，即就其自身利害上說，又怎樣能容納有利於民衆的建設？所以像這樣的妄想，可以說是與以前理學先生們上萬言書規諫皇帝正心誠以冀天下太平同樣的謬妄，又可以說同章太炎謳歌趙恆惕護憲一樣的滑稽。至於目前國內一般的招牌公團，原爲各處少數劣紳，惡棍，流氓操縱的武器，他們平日獻媚軍閥官僚之不暇那裏還有半點勇氣去干北洋軍閥之怒呢？那麼，所謂行憲的將來也徒然是一個名詞的起滅，決不會與社會發生關係是無疑的，憲法運動至此全國國民自然更有進一步的認識。

而他的命運也就深墮九原再無人能起死回生了。

## 北洋大學學生眞正的對敵

爲人

▲不止是校長！

▲奮鬥的戰術須改變！

北洋大學校長留美學生馮熙運，是曹黨底私人，平時橫壓學生，取締學生底學術研究會，辯論會，學制會，禁阻學生言論思想自由，這次因反對改組學制，如是久被壓迫和躍躍欲動的久未奮鬥的學生，起而發難，罷課相抗。以曹黨底私人—該校校長如此激成學潮，不本足怪。該校學生眞正的敵人，豈只校長？校長底上司—曹黨一日存在，即學生底一日不自由和受壓迫。

果然，學生去見什麼省長—王承斌，王承斌回答：「本省長不知道甚麼是學制，不知道甚麼是董事會，你們還是還校上課的好，不然，我自有辦法。」於是，乃派出大隊武裝保安隊，包圍學校，收捕學生代表。將全校學生，趕得雞飛狗散。至此，該校學生自然是要到北京曹政府教育部去請願，自然是要始終反對校長。

其實這次風潮，明明主犯是曹黨，該校長不過是是一曹黨部下的走狗。學生眞正的對敵乃是曹黨，若不反對曹黨，而只反對校長，最後最圓滿的勝利，是不會得到的。就是到北京教育部去請願，然而北京教育部不辦或不能辦，請問，又怎樣？

確實，北洋大學這次學潮，不是學生與校長之爭，而是學生與曹黨之爭；不是學生與校長學制上之爭，而是學生與曹黨政治上之爭。希望該校學生要從政治上作長久的反對曹黨才是！

# 英國勞動黨成功之經濟的說明及其與社會主義之關係

周佛海

（續前）

## 三　勞動黨成功與社會主義

英國勞動黨成功的經濟的說明，已如上述，雖然簡單不詳，也可略知大概，以後再稍說他的成功和社會主義的關係，前面已經說過，有些人以爲勞動黨的成功，就是社會主義的成功，這話若就現在說起來，確是不錯，然而英國勞動黨，最初幷不是信奉社會主義的，我們只要看看一九一四年八月歐戰開始時英國勞動黨對于戰爭的態度，就可知道，就是他們不但有沒積極的反對戰爭，幷且積極的替資本家幫忙，但是以後因爲經濟狀態的變遷，勞動黨才漸漸的信奉起社會主義來，不待說，就是以前，勞動黨中幷不是沒有社會主義者，不過社會主義，還沒有成爲黨的主義，到現在勞動黨，已完全是社會黨了，可惜我現在無暇詳述勞動黨的社會主義化的過程，但是只要把一九二三年（去年）三月二十日，當時勞動黨的議員，現任英國財政大臣士諾登（Philip Snowden）提出國會的議案，介紹一下，就可知勞動黨對于社會主義的態度了，該議案如下

『資本主義的制度，無論就適當的利用和組織自然的資源及生產力方面看，或就供給大多數國民以必要的生活標準方面看，都是失敗了的，而這個失敗的原因，確在生產和分配的手段之私的管理及私的所有，所以議會宣言將來立法的方針，應轉向漸次壓制資本主義的制度，而以立于生產分配機關的公有和民主的管理之上之產業的，社會的秩序代之』。

我們細細的研究下上述的提議，就可見勞動黨的精神，是在根本推倒資本主義，而以社會主義代之，士諾登于提議之後，再加以說明，他說現在世人懷疑的制度，幷不是社會主義的制度，乃是資本主義的制度，他又說英國的國富，雖和機械文明的生產力的增加，成正比例而增進，然而國民所得之統計的研究，明白的表示無數的窮人的存在，他又列舉許多現在社會的缺陷，說其病源，是在資本的私有，換句話說，就是在資本家的生產制度，

他說現在社會的病弊，最大的是失業者有一百四五十萬，和工資的非常低落，以及住宅的不足，他以爲這樣社會的弊病，一見似乎是戰爭的餘殃，一時的現象，然而戰爭既然是資本家的生產制度的必然結果，所以這些弊病，就不得不說是資本家的生產制度的必然結果了。現在所使用的機械和其餘器具的生產力，超過以前幾百倍，而社會的弊病竟這樣深，不過是表示資本制度的缺點罷了，就是『全國之富的百分之八十，爲百分之二的少數人所獨占，』所以『一九一八年的個人所得，雖比一八五四年的，增加了十二倍，而勞動者的工資，實質上却沒增高，』託辣斯的出現，雖然生出生產上的利益，然而他的弊害，也非常之大，他以低廉生產而獲得的利益，不歸社會而歸個人，這個罪惡的原因，實在土地和生產要素的個人私有和管理』，以上就是現任財政大臣士諾登的意見。

當時這個議案提出以後，自由黨，保守黨，不待說是反對的，所以當時議論非常激烈，等到七月十六第二屆開會時，還是議論，當時勞動黨議員，現在國務總理麥克唐拿（Ransay Mac-Donald）總括的終結道：一對于這個議案，雖然有許多議論，然而沒有一個人能夠爲資

本制度辯護成功，却是不可掩的事實」，他說，社會主義者，是承認資本主義者過去是有些功蹟的，然而社會主義，却是改善將來的制度，他又說資本主義者說資本主義的弊病是可以緩和的，然而「託辣斯和獨占，究竟怎樣處置！競爭乃是資本主義的異體，事業以競爭而開始，以競爭而進行，然而結局却成託辣斯和獨占」，所以他說「政治只能有兩個政黨，或是資本主義的政黨，或是社會主義的政黨」。

以上是勞動黨中最重要的兩個人，對于社會主義的態度，直言之，他們都是社會主義者，然而除他們以外，其餘勞動黨的議員，是否社會主義者，當該議案提出的時候，自由黨和保守黨，是不待說的，就是一般人都以爲這個議案，反足以促勞動黨的分裂，因爲他們以爲勞動黨中，反對社會主義的議員，實在不小，那曉得投票的結果，士諾登的提議雖然否決，却證明勞動黨議員的全部，都是社會主義者，就是反對該議案，如三六二票，而贊成該議案的，爲一二一票，當時勞動黨議員，共有一四二名，除去十幾名缺席不算外，差不多全部是贊成社會主義的，所以英國勞動黨，現在完全是社會主義黨，因之勞動黨的成功，可以說就是社會主義的成功，

不過我們要注意的，第一就是英國勞動黨，現在在議會，還不是占絕對的多數，處處要得自由黨的援助，而英國立憲的精神，又非常發達，所以麥克唐勒說：「如果下院關于重要問題行採決的時候，其結果若是政府失敗，我們于五分鐘內即行辭職」，勞動黨在議會既非絕對多數，所以將來勞動內閣，或歸瓦解，亦未可知，因之我們決不能以爲此次勞動黨成功，即爲社會主義的最後成功，第二要注意的，就是英國之民性，是穩健而緩進，不喜歡急激變更的，所以勞動黨即使能夠維持政權，却難即刻實行純粹的社會主義，因之我們決不能以此次勞動黨成功，爲社會主義的完全成功，然而如果勞動黨能夠維持其政權，他必定漸漸向着社會主義去建設，却是敢斷言的，所以此次勞動黨的成功，却可以說是社會主義的最初的成功。

### 四　餘論

本文的主要目的，已經寫完了，現在要附說幾句，就是我們切不要看見英國此次和平的革命成功，就反對馬克斯的暴力革命論，馬克斯雖然是主張暴力革命的，同時却承認和平革命之可能，(關于這一點，現在不能評論)然而和平革命，要在英國這樣憲政發達的國家，才是可能，若是憲政沒有像英國這樣，而想用議會政策來革命，那是萬做不到的。

## 寸鐵

**華官與西人不睦便須更換！**

王克敏派人向吳佩孚說：「項驤與西人不睦，擬更換。」吳說：「

項是中國人做中國官，不必一定要滿西人意。」王買辦是曹的人，項是吳的人，吳護項爲他弄錢，他袒護項的用意，自然很容易明白；但未可以人廢言，吳佩孚這幾句話，究竟比王買辦這班賣國奴稍稍有點人氣。　（獨秀）

**曹錕的妾舅與洋大人**

一方面要不得罪軍閥的妾舅，一方面又要不得罪洋大人，於是才想出一個兩全其美的妙計，對妾舅則勉勉强强只拘留了廿八天，對洋大人則說監禁十個月。那知道被洋大人識破了前來嚴詞責問，堂堂中華民國的外交部陸軍部臉面何在！　（獨秀）

**娼優**

西洋人重視優伶，因爲他們優伶的藝術實在有重視的價值；中國人若是盲目的模做歐風，把中國現在的優伶也抬舉起來，那便是天大的笑話！論他們的人格：從前北京的優伶多半兼營業像姑，鼎鼎大名的王鳳卿朱素雲都是這個出身，梅蘭芳到現在還不乾淨；湖南唱旦角的生活，向來都必須如此這般；至於南北各省淫伶所作欺騙姦拐的罪惡，誰也不能否認；社會上娼優幷稱，其實優伶比娼妓更下流。論他們的藝術：請看上海新編的所謂新戲，如「諸葛亮招親」「閻瑞生」「狸貓換太子」「朱洪武出世」等，其鄙陋不通，眞要笑死人。這班東西被那捧角的斗才名士無恥伸商捧的忘其所以，忘其爲娼優的身分，對于社會上輿論之制裁，不但不自省愧，還居然弄什麼伶界聯合會的名義來抗辯，這尙成何世界！　（獨秀）

**利用國民黨**

共產革命是勞資兩階級間的爭鬥，國民革命是各階級合作對於外族及軍閥的爭鬥；可以只有國民黨能利用共產黨，而共產黨決不能利用國民黨。　（獨秀）

**造謠中傷**

兩黨相爭，用實力用理論都是可以的，最下流是用造謠中傷的手段。無政府黨不贊成共產黨，儘可在理論上反對；陳炯明等不滿意於國民黨，儘可在理論上幷在實力上反對；然而他們却都不肯拋棄造謠中傷的武器。大凡一個怯懦的個人或民族，對於敵人每每缺乏公開爭鬥的勇氣，他們最得意的手段，是藏在暗中造謠中傷。　（獨秀）

**武力統一的榜樣**

從前黎元洪不能令湯薌銘到湖北省長任，還可以說黎元洪不是直系的領袖；現在曹錕吳佩孚確是直系的領袖，而且在他們直系的一統江山之下，曹擬添派江西省長，吳擬添派湖北省長，只因蔡蕭兩督軍反對不能實行，這就是直系武力統一的榜樣！　（獨秀）

## 什麼話

江亢虎南游追想記上說：『聞中山近已加入莫斯科第三國際，俄國特派專員來華改組國民黨，訓練革命軍，試驗共產主義。非常之原，黎民懼焉，訪議繁興，事無足怪。余所望者：第一中國當自力奮鬥，不可間接聽人指揮；第二俄國革命已得之教訓，我當善為法戒而已。』

★ ★ ★

上海申報上中政通信說：『誠以近代西文，字面過於簡淡，絕鮮奧賾繁博之旨，無詞藻之可言，非若古代文詞，包含諸神名，蘊藏寄託語，幽奇綿密，一覽不能盡也。』

★ ★ ★

## 緬甸通信

緬甸青年原有Y.M.B.A.之組織，頗傾向社會主義，英政府忌之，將其解散，且將發起諸人拿辦，未被拿辦者亦多自行脫離。去年又改名今G.C.B.A.為公開的活動，以自治為目標。但未久卽分為二派：（一）為二十一人之G.C.B.A.，此派分子多服務於英國之殖民政府中。英政府多以厚祿餌之，緬人惡其主張不忠實，呼之為半自治派。（二）為全自治派，其勢大頗大，首領為Hl ne, Pu, Ygam.等，以不合作為口號，時表現民族自決精神；然他們的大病在認不清敵與友，畏英人勢力而不敢公然反抗，對英人及印度人反極力排擊。

旅緬甸之印度人，近作回教運動者頗多，對英人反抗甚烈，英人亦頗畏之。前此緬人之青年組織極不願與印度人合作，其意恐怕脫離英人羈絆，又入印人牢籠，幸現已了解，時取一致行動。

至旅緬之華人，視印人緬人均有愧色，不但無什麼好的組織，并且一般自號為知識階級的人，反以不問政治相號召，而實際行為上，則努力代帝國主義的英政府宣傳其政策，言之真可痛心！旅緬華人不及海峽殖民地及馬來聯邦之多，英政府不甚注意，因此比旅居其他英屬稍覺自由。

英人在政治上取懷柔政策，加多緬人做官，并准其作自治宣傳；至對於軍事則取嚴厲辦法，全緬甸無一緬人為兵，雖歐戰時招募少許，停戰後卽行遣散，或調往海峽殖民地及馬來聯邦。經濟權完全操諸英人之手，印度人次之，中國人又次之，緬甸人多事農業，在經濟界勢力甚弱。

P.U.S.一九•二四，一，一二•

The Guide Weekly.

# 嚮導週報

定價
每份三分全年大洋一元三角半年七角國內郵費在內

（中華郵務管理局特准掛號認為新聞紙類）
一九二四年三月二十六日

分售處
巴黎 廣州 上海 武昌 太原 長沙 濟南 杭州 雲南 寧波 開封 贛州
中國書報社 丁卜書報社 上海書店 民智書局 時中書報社 共進書社 晉華書社 文化書社 齊魯書社 古今圖書店 新亞書社 明星書局 文化書社 工學社

◀第五十九期▶

每星期三出版　發行通訊處
杭州馬牧巷法政學校轉安存真
北京大學第一院收發課轉鄧伯育

## 時事評論

### 工界最近之慘劇

獨秀

最近中國工界發生三大慘劇：第一是上海祥經絲廠燒死一百多女工；第二是山東坊子煤礦淹死工人七十五個；第三是唐山煤礦壓死工人五十三個。

第一件事，工人的家屬還正在抗議，一般社會也還有相當的同情援助；第二第三件事，工人及社會兩方面都還有什麼表示，這是什麼緣故？

坊子煤礦是日本經營的，其所定撫卹章程，凡是因公致死的，每人憑給卹金五百千文（合銀三百元以上）；唐山大部分資本及管理權是在英國人手裏，那班洋工程師們虐待及薄待中國工人的事，是一向著名的。以前唐山工人因公致死，只撫卹數十元，聽說現在還只有百餘元，一條人命只與普通的騾馬相等！

有一位唐山工業學校校長 資本主義的學者）曾說：『社會主義者所說別的話，我們不必理他，惟有他們攻擊資本家苛待工人這一層，卻成一個問題。即以我所知道的唐山為例，隧道中預防坍落的工程十分重要，而洋工程師以所費遠過數百工人卹金之數，不肯設置，彼等如此玩視人命，我們實在看不過去。』洋工程師們計算如此精巧，所以唐山煤礦隧道中，歷年以來，屢次發生變故，這次（三月廿五日）的慘劇，也是因為隧道頂層突然坍落，活埋工人五十七人，傷者無數。

全國工人們！全國有同情心的人們！對於工界這三大慘劇不但須注意現在的撫卹，更須注意將來的預防！

### 評中俄協定

獨秀

關於此次中俄協定各方面之意見：在北京政府方面，一部分人想用以掀起政潮，一部分人向來是看東交民巷空氣來決定外交方針的，他們不滿意於王加所定草案，吹毛求疵，本不足責；在議員方面，一部分曹家嫡系，對協定草案竟有喪權辱國的惡評，這種話匣子的作用，又何足論；在外人方面，帝國主義的列強，眼見他們不願意的中俄直接談判與恢復國交行將實現，並且協定中，俄國已放棄了他們所不願放棄的許多權利，他們在中國的機關報，怎得不忌妬毀謗！所不可解的是中國代表輿論的新聞記者們，也每每有不明是非的論調，最奇怪的是上海新聞報，竟謂俄代表態度無異於日本逼認廿一條件，這實在錯誤極了。第一，我們須知道日本廿一條要求，是日本逼我承認，至今不容許我取消；此次中俄協定，是承認或取消都隨中政府之便。第二，我們須知道日本廿一條之要求，其內容，一方面是日本絕大的利益，一方面是中國無窮之患；此次中俄協定，的確是雙方的利益，字林西報還說是中國片面的利益，因為所給予中國東西甚多，俄國并未拿去一件。

協定之內容，果於中國方面有利益或是損害，不可憑空瞎說，看國務院王正廷通電可知。據國務院號電及王正廷之梗電所說，中俄協定中，廢棄妨碍中國主權及利益之舊約，承中國在外蒙之主權，拋棄租界租地及庚子賠款，取消治外法權及領事裁判權，關稅規定平等，都已有成議，誰也知道這些都於中國有莫大的利益。

事實擺在我們的面前，我們并未吃醉酒，不可以隨便亂說。大家若要亂說，我就問問大家，請你們試問英美法日意等帝國主義者，去要求他們同俄國一樣，放棄租界租地及庚子賠款，取消治外法權及領事裁判權，廢棄妨碍中國主權及利益的舊約，關稅平等，看他們肯是不肯？

中國的對外交涉，歷來備受損失與侮辱，大家都隱忍着莫可如何；獨於此次中俄協定，得了無窮的利益，全國朝野絲毫不感覺蘇俄扶助被壓民族的苦心，反而藉不成問題之細故（如曹黨所爭三點，俄國既已承認中國在蒙古之主權，則廢約撤兵均不成問題，移交教堂財產，本不成問題。）橫來挑剔疑謗，大放厥詞；人家強暴，我們便跪在他的脚下，人家好說話，我們便欺上他的頭去，我們當真如日本嘉納治五郎所譏諷是『只服强權不服了理』的民族嗎？

我們對於中俄協定，也有一點不滿意，就是蘇俄承認中國在外蒙之主權，輕輕將外蒙獨立的國民政府否認了。或者蘇俄也有一種苦心，以為蒙古獨立的力量還不充分，與其放任了為帝國主義的列强所取，不如歸之中國，中國侵略的力量究竟不及列强。雖然如此，中俄協定若真照草案決定了，中國固然得了許多利益，而中國人中不欲以日本待朝鮮法國待安南的心理待蒙古者，終不能不為蒙古民族十分危懼。我們不願為他人奴屬，也不願奴屬他人，換句話說，就是我們既然不欲他人拿帝國主義來壓迫我，我們便不應該拿帝國主義去壓迫人，這就是我們的民族主義之定義。

## 日本清浦內閣第一次向我武裝示威　為人

▲調艦列華

▲中國官塲加以歡迎

日本地震後的清浦貴族內閣，在日本政治上固然是極反動。就是對於中國也極與西方帝國主義者取一致態度，向我武裝示威；秋風，太力風，帆風，羽風，澤風，冲風，峯風，野風，沼風，浪風等十三艘魚雷艦隊與旗艦北上號已於三月廿二日到滬，準備赴長江漢口一帶示威。中國官塲對此不以為恥，反大歡迎，難怪各國帝國主義任意調兵派艦來華，奴隸性成的中國官僚武人，真甘心亡國，一般軟骨頭的新聞記者對此也一聲不做，中國不亡，更待何時？

## 藥山農民反抗貪吏劣紳　為人

▲貪吏劣紳侵佔農民土地

民國日報三月二十日濟南通信云：『洛口鑛金局長崔秀如，聯合劣紳段某等，承領藥山一帶民田，計地四十餘頃，創辦森林局，惹起鄉民反對，日前羣赴省縣兩署請願，未得要領，天晚散去。日昨又有歷城縣委警備隊長陳某等，率警前往藥山强埋石界，當經該山五莊首事韓某王某等，向陳勸阻，並謂我們藥山一帶農民，已呈控省署和農商部了，等兩天見了批，再埋不晚。陳某不肯，謂我奉縣委，非埋不可，爭執多時，鄉民擁鑼聚衆，欲隨之進城理論，陳某大恐，遂停止埋石而去。至次日藥山農民，又集合七百餘人，進城作第二次請願，白旗上書「要求撤銷森局，懲辦包辦人，誓死力爭，反對貪官地痞」等字樣。至省署遞請願書，熊仍派代表勸衆回去，靜候臨批，該農民等，遂又散去。前後兩次請願，均未得有具體辦法，該農民等均憤恨異常，痛罵官廳辦事不公云。現經調查，該山附近居民，共一千餘戶，該山樹株，均成合抱之材，現價已逾一萬餘元以上。崔等所承領者，不僅該山，凡山下之莊村，均包在內，指爲官荒。蓋崔所以能承領者，一因金錢之運動，一因其妻兄前鹽運司長夏繼泉爲之撮合，故能如願。但實行植樹時，該居民等均在被逐之外，故農民一致團結，拚命力抗。又聞崔見民氣激昂，恐釀巨變，遂用和緩手段，對衆宣言，如欲劃出界外者，每戶須納錢一百千，以作此次立案之賠償。但農民仍不肯承認，又聞歷城紳士等，見崔與農民，已成鷸蚌，遂思收漁人之利，遂倡言崔氏霸佔民田，形同强盜，如其爲他人霸佔，不如收回作全縣之公林，居民田房，又可除外，一舉兩得，計莫善此。現已將章程擬妥定名同益森林公司，日內卽呈請備案，但崔某對此，決不甘心，將來尙不知若何了結也。』

平時輕視民衆及懈怠性成的人們，都說：「革命要靠農工是不成的。」我們固然要可憐他們底知識幼稚；同時，我們要誠懇的告訴他們──誰不愛惜自己底生命及利益？我們若爲了農工羣衆的生命及利益去革命，農工那有不樂從呢？那有不贊助呢？藥山農民之反抗貪吏劣紳侵佔土地，便足以證明農民之愛惜生命及利益──

# 蘇聯憲法與共產主義

秋白

1 駁心史之俄國憲法上共產主義之變化（申報）──

俄羅斯社會主義蘇維埃聯邦共和國（蘇俄）於一九二二年十二月聯合各蘇維埃共和國組成蘇維埃社會主義共和國大聯盟（蘇聯）。這是世界史上很重大的一件事，──在帝國主義時代之反帝國主義聯合戰線裏蘇聯要算是最密切的形式。蘇聯的成立，就是由各國訂一聯盟條約，作爲大聯盟的根本法（憲法）。蘇聯之中，蘇俄當然是中堅份子；然而蘇俄在蘇聯裏，也和其他各國一樣，仍舊有自己的憲法，因爲蘇聯是一種邦聯的國家，各國自有對內的總治權。所以蘇俄的憲法（一九一八年的）仍舊有効力，幷不因爲和各國訂了聯盟條約便取消了自己的憲法，亦無所謂新憲法與舊憲法。

心史（三月十四五日申報）說：『俄自我民國六年革命，七年七月宣布憲法，純爲共產主義，至十一年十二月再宣布大聯合新憲法則爲新經濟主義』

心史的第一個錯誤，便是以爲聯盟條約是蘇俄的新憲法，第二個錯誤是以爲代所謂舊憲法是純爲共產主義的，其實共產主義，照經濟學上的嚴格定義，決不能與憲法并存。蘇俄無產階級最高的目的固然在於世界的共產主義，換言之卽無政府無法律之世界共產社會；——可是，現在世界上還有資產階級的列强，俄國內還有資產階級的反革命份子，——客觀上非有國家不可，卽非有法律不可。所以既然稱爲某某共和國，既然有憲法，便還決不是共產社會。況且俄國現稱社會主義共和國，亦僅僅因爲俄國是無產階級執政的國家，以社會主義爲目的；並不是說十一月七日後俄羅斯，便能突然變成了純純粹粹的社會主義的經濟制度。共產主義的實現，必須經過這種社會主義國家多年的奮鬥（永久的破壞與建設並進），方才可能。蘇俄的憲法（一九一八年）僅僅是無產階級革命勝利的政治上的表現：剝奪資產階級的政權，——從此才能着手于社會主義的建設。可是僅剝奪資產階級的政權還并不就是共產主義。心史却以爲他所謂『舊憲法』的共產主義就在於此。

心史說：『…勞動者皆爲公民，限制可謂寬矣，其所限制…足爲主義之標幟者則有四項：「一、雇傭他人以謀利者；二、恃產業以爲生者；三、商人之代理人，中間販賣者；四、教士。」然則夥伴可雇，勞工不可爲，直接之商販可爲，間接之商販不可爲：是驅一國而止爲小農小工小商，不容大農大工大商之發生也』

「案」蘇俄憲法第六十五條原文是：

『(一)以營利爲目的，用雇傭勞動者；(二)以非勞動的收入爲生者；如坐食資本之利息，企業之收入，產業之進益等；(三)私人商販，商業的中間人；（四）僧侶及教會或各種宗教團體中之教士；（五）舊帝國時代之警察包探憲兵及俄皇家族』不得被選，亦無選舉權。

這種憲法上的表現，顯然是在資產階級及無產階級並存的社會裏的現象：假使已經沒有資產階級，已經沒有利息制度，已經沒有私人企業家（承祖國家企業的私人）已經絕對沒有私人商業，——何必又在憲法上定出坐食此等利息的人沒有政權呢？憲法上規定此等人沒有選舉權，並不會用刑律禁止人民做這些事，——心史却說『夥伴可雇，而勞工不可雇』。他不知道這幾條選舉權的規定剛剛適用於新經濟政策，並不是什麼共產主義。他不知道現在莫斯科許多商店主人，私人企業家睜着眼看自己的工人或夥友在蘇維埃裏選舉議事，——他們自己却已經不得不服從這幾項規定，俯首帖耳的祇求賺錢，不敢過問政治了。至於他所謂『驅一國而止爲小農小工小商，不容大農大工大商之發生』，尤其荒謬絕倫。他這個市儈，祇知道商店老班，工廠總經理或是地主鄉紳纔會經營大農大工大商。社會主義的無產階級政府難道不能經營嗎！無產階級政府之法律的限制使私人的資本主義不能憑藉政權剝削多數民衆，而政治的運用正在努力經營大工大農（在最初一期還有大商），以此建築社會主義之基礎，以便多數民家漸漸脫離私產之束縛，共同生產，共同消費。那時才有共產主義，——而心史却以爲共產主義就是中國古代道家之高論，說什麼『剖斗折衡，民自不爭』等的謬論！

蘇俄社會主義的建設既在大工大農，在最初一期還有大商，那麼，經濟生活裏所應用的度量衡以及貨幣，愈有規律愈有系統則愈便利，以至於內外公債及信託事業，在一定的場合裏，都有必須之處。無產階級的國家已經宣告一切生產資料如土地工廠鐵道銀行等爲國有，並非沒收之後都關上大門，停止進行，——而是要運用這些國有大企業去和那些還沒有能消滅淨盡的資產階級競爭：一方面暫時利用出租的小企業，私有企業生產之不足，以應現時國民之需要；別方面規畫全國經濟財政租稅運輸等政策，使國有企業漸漸發展，以至於完全獨占消費者之市場，——即消滅市場消滅商業，而行社主義的共同分配，——以直達共產主義。

心史說「尤可駭者爲憲法之規定財政，第七十九條：——『在平民獨裁政治之過渡時代所採財政政策，專在沒收資本家之財產，使全國人民生產分配平等，國民代表認爲關于特定情形，或全國公益應侵犯私有財產之權利，本共和國當竭全力助成之』（此段譯文幾乎完全謬誤）。——是爲舉一國而仇少數資本家…凡私有財產皆以國力助其侵犯。其他別見於憲法宣言中者第三條——『一、土地宣告公產，對原地主不給價；二、森林礦產水道六畜及田地附屬品，宣告爲公產；三工廠鐵道及生產交通之具已批准收爲公產之法案（譯文不通！）四、取消債務（譯文太略）；五、一切銀行收爲國有』……其行政機關所謂中央執行委員會者，憲法所定職權，則又有制定度量衡及幣制之權，又有發行公債之權。度量衡及貨幣其用固微（奇怪！），又人無餘貲。私人間不准舉債（何所據而云然！），又何能應公債之募（俄國募公債的成績比中國好得多呢，）則豈非公債即外債之謂耶•一時大敗決裂之效，蓋有可觀（不通之至！）」

（案）蘇俄憲法第七十九條原文：

『蘇俄之財政政策，在現今勞動獨裁之過渡時期，以符合沒收資產階級及準備國民生產與分配普通平等之根本目的爲標準。因欲達此等目的，蘇維埃政府機關當能處置一切必要的資財，以應蘇維埃共和國全國或地方之需，即欲侵犯私有財產權，亦所不顧•此則國家之職任也。』

蘇俄憲法前文之宣言第三條關於債務之規定，原文是：

『（4）第三次蘇維埃大會對於蘇維埃政府以法令取消俄皇地主及資產階級之政府所訂借之債款，認爲是對國際，銀行，財政資本主義之第一次打擊，深信蘇維埃政府能堅持到底，直至國際勞工革命反抗資本壓迫完全勝利之時。』

此處所謂取消債務，指明俄皇（即地主及資產階級）之政府所訂借款而言。心史如何能斷定勞農政府之下不准私人借債。況且革命政府取消舊俄政府的債務，沒收資本家的生產工具及地主的田地，——乃是革命勝利之結果。蘇俄憲法的第一部（宣言），形式上是第三次全俄蘇維埃大會（國會）追認蘇維埃政府（內閣）的革命行政，——是合於勞動民衆的意志的；在精神上是俄國勞農取得政權，着手于經濟建設（沒收資產階級）及反抗國外資本家（否認債務）的表示，這宣言不但是蘇俄憲法形式上的緒言，而且是世界社會主義實現之精神上的先聲。革命是實力的鬥爭，實力的衡比。所以俄國勞農（第三次蘇維埃大會）雖然主觀上希望『深信』政府能完全否認列强舊債，與以財政上之打。

，然而客觀上世界無產階級一時不能完成革命，與之相應；——因此，蘇俄政府不得不暫時承認一部分舊債。亦就因為這個原因，所以俄國勞農既然克服國內資產階級及地主階級，沒收他們的財產來用於全國經濟之社會主義的建設，實際上的能力確能維持自己的政府及其財政政策（強制資產階級出重稅）；——因此，蘇俄政府至今還是全國土地及工廠鐵道銀行等的主人，在可能的範圍內進行社會主義的建設。新經濟政策的所以能夠施行，正因為有過那宣言上所說的一番沒收的事實。現在蘇維埃政府能以小工廠出租於私人。假使當時沒有沒收；工廠仍是資本家的，資本家又何必出錢來向勞農政府承租呢？

總之，心史所謂『舊憲法』，——蘇俄憲法，並不是共產主義的憲法，僅僅是無產階級國家的憲法；——一切選舉權及預算權等一仍其舊，雖有新經濟政策，而決沒有絲毫變更，蘇俄以及其他一切蘇維埃國家裏，資產階級仍舊是沒有選舉權；預算及財政的總計畫仍舊以發展無產階級國有農工業而逐漸掃除私人資本主義為原則；田地工廠鐵道銀行信託事業等，仍舊完全在無產階級政府手裏；完全歸他自由處置：或出租，或自辦，或徵重稅，或徵輕稅。可見憲法上並無所謂共產主義的變化。現在中國人往往以為俄國行新經濟政策便是廢棄共產主義，重新收回沒收政策，（如東方雜誌第二十一卷第一號D十八頁上說：『一工廠公有，礦山公有，銀行公有，赤俄固嘗行之，然自新經濟政策頒布以來，列甯亦自認以前措施未盡妥當。』），其實沒收政策是實行共產主義的第一步，新經濟政策是實行共產主義的第二步。沒有第一步便不能有第二步。至於憲法，却是包括這兩步驟，以及以後許多步驟的法律上的表現而已。等到經過許多經濟階段，而實際上能實現純粹的共產主義之時，那國家和憲法便要消滅了。

這樣的國家——勞農專有選舉權，一切生產工具國有的國家，就叫做蘇維埃社會主義共和國。許多這樣的國家聯合起來便是邦聯式的蘇維埃社會主義共和國大聯盟（蘇聯）。俄羅斯，烏克蘭，後高加索等，已經成立這樣的國家，有的已經五六年，有的祇有一二年；這些國內革命早已成功，各有各的憲法，選舉權及國家組織等早已規定，如今聯合起來，祇要互訂盟約，——所以憲法本文叫做條約。這種條約上面，自然不必重複載及各國內的選舉限制及選舉手續等；祇要規定這邦聯政府怎樣組織，規定那幾種是邦聯政府的職權，那幾種是各邦政府的職權。這些國家既然都以社會主義為目的，他們的大聯盟當然要定一總的經濟計畫；各國所有大企業需用外資者，當然要由邦聯政府代表全體，對外訂立借租借條約，以謀社會主義的逐步建設。

心史對於這幾項的意見，以為：『……（第八項　至少可知其沒收之工廠，非復以國家為廠主……（第十二項）信託制度既開，則純乎代理人之行為，……其為提倡大農大工大商可知。至第十三次，規定大聯合全境土地之分配及礦產森林水道之開採各原則，則語意含渾，不甚露重租資本之意。但要非前憲法截然收為國有之意』。

〔案〕蘇聯憲法第一條規定邦聯政府之職權的第八項：『規定聯邦內國民經濟之基本的及共同的計畫，確定實業之種類，即確定與聯邦有關之各種實業之種類，締結各種租借條約（關于聯邦者，或代表聯邦中數共和國者）』。

同條第十二項及第十三項原文：

『統一幣制暨信託制度之規定』。

『蘇聯境內所有關於土地建築，土地享用暨地下富源，森林，飲水等享用之規定』。

於此可見：一，確定實業之種類及締結租借條約之權，在於邦聯政府；與心史所說『國家非復廠主』實風馬牛不相及。況且，假使心史該有房屋，出租給房客，——依他自己的邏輯，——出租之後，他便不是房主了，豈非千古奇談。二，信託制度之規定，權在邦聯政府；亦與心史所謂『提倡大農大工大商』了不相關。銀行完全國有，信託制度，當然依無產階級國家的利益而規定，務使便於發展國有的大工，大農，大商，心史以為大工，大農，大商，便一定要大資本家才能幹，也是奇事！三，規定享用國有的土地森林等之權，在邦聯政府；與心史所謂『已非前憲法截然收為國有之意』，恰恰相反。假使沒有前憲法的宣言，就是沒有收歸國有，那些土地森林等，都屬於大地主，如何容得勞農政府來規定享用他們的辦法！

總之，蘇聯憲法的意義，是各蘇維埃國家（烏克蘭，白俄，後高加索，俄羅斯等）之大聯盟的條約。各國同是一社會主義的國家，大家聯合起來，共同努力於經濟改造，反抗世界的帝國主義，——是世界史上一件極重大的事實。那憲法的宣言裏說得明明白白，——是社會主義的國際主義實現的第一步。心史先生把他弄得一塌糊塗。（甚至於蘇聯的國徽本係：一鐮一錘交叉於地球之上，因圍繞以禾穗，上書六種文字『各國無產階級聯合起來！』的題詞，并有五角星一枚。——心史却說是：『地球形上插鐮刀與軍器，架以穀穗』，還要附會些什麼以農立國的謬論。這點小事都弄不清楚，心史先生眞可以算是社論界裏的草包）。

心史對於蘇聯宣言的意見是：『……和平經濟政策，自為建設之工作，是其先固純然破壞耳。……非承認債務不能加入國際，不曰屈從，而曰公共防禦，抵抗包圍，立言固可以如是。又曰「最後，蘇維埃權利上之組織，因受迫於蘇維埃之勞動羣衆，遂按聯合之途徑而有一社會主義團體之結合」。然則長此共產，其勞動羣衆，已足使權利上之組織受迫，是明言羣衆之不可久久放任矣』（什麼話！眞正不可解）。

新階級興起，第一步建設，便是破壞舊階級的政治經濟制度。難道不破壞舊的，能容得新的建設麼？勞農平民的國家，受外國資本主義國家的壓迫，當然要聯合反抗。難道聯合團結以備反抗，便實際上是『屈從』，不過立言如此嗎？至於承認債務，完全與此不相關涉。所謂國際主義是社會主義的要求，決不是承認了債務來哀求加入英美列強的「國際」。我眞不知道心史怎樣的胡牽亂說的！

蘇聯的眞意義是：

「蘇維埃政治，於其階級之天性上，係屬國際性質；一經組織，自能使就其聯合之道，而成為一社會主義之家庭，」

（蘇聯宣言），參看：東方雜誌第二十卷第十五號及北京中國大學晨光雜誌第二卷第一號

## 寸鐵

### 國故黨與復辟黨

曹慕管先生曾函諷北大教授們做事勿虎頭蛇尾（大意如此），他在民治週刊時代，也還表示一點革命傾向；但現在可被楊賢江先生『豎起反叛之旗，大喊一聲革命』一句話嚇得向後倒退。 文學革命運動中，頗現出復辟的傾向；文學的復辟如果實現，政治的復辟也會跟着來，因此，我以為楊賢江先生所用復辟二字，硬是預言不是譬詞。而且我以為反文學革命的國故黨和反政治革命的復辟黨，本是一家眷屬，決無所謂『與性不合』的話。我絕對不承認楊賢江先生所用復辟二字是譬詞，這是陳望道先生解釋錯了。望道先生你太過客氣了！

（獨 秀）

### 拜壽的吃耳光

照例拜壽的人必有壽吃麵，而湖北商界萬某高高興興去向蕭督軍拜壽，不但未吃着壽麵，倒吃蕭的衛兵一耳光，這可為「壽界」開一新紀元。

（獨 秀）

### 老馬與小犬

楊賢江先生用「復辟」二字批評曹慕管，曹先生勃然大怒，而他致楊賢江的信，却也自比「老馬」。俗傳有人對客稱其子為「小犬」，其子遂推論其父為「老犬」，這雖然是個笑話，在形式邏輯上也容許有這樣的推論。可見譬詞這一個方法，在文字上在語言上，都容易發生極大的誤會。

（獨 秀）

### 反動

李陶先生近作題名『反動』的一篇小說（載三月廿五日覺悟），是一篇四川社會現象記，研究中國現代社會的人不可不讀，不可當一篇尋常小說讀。全中國此時都有同樣的現象，而四川特甚。這是什麼緣故？是產業科學不發達而兵戰民疲的社會裏自然現象。這種社會裏的人，也有他們主觀的人生觀，而且他們的人生觀很强固，但不知張君勱先生以為他們這種反科學的人生觀如何？

（獨 秀）

## 肉麻世界

江亢虎南游追想記上說：『此間大資本家，首推閩人黃仲涵君……聞名請見，言資本主義首領願與社會主義首領接洽也。』

★ ★ ★

曹慕管致楊賢江先生信說：『僕於教育縱鮮常識，亦嘗從吾浙前輩諸先生游，兼獲交於令師經君子淵，略具師資。世變滄桑，憂患飽嘗，學殖荒落，自知不免，研究國學目的何在，方法若何，竊敢自比於老馬。』又說：『新人提唱平民教育，而僕手創貧民夜校，遠在十年之前；近人提倡圖書館，而敝校設立圖書館，始自丙辰，藏書之富，大學莫及；僕雖無似，十五年來民間運動，復辟徽號，始自君賜。』

他致邵力子先生信說：『實緣直覺「復辟」二字，與性不合，不禁深惡而痛絕之；用引民間運動，即所以證弟非不知盡力於革新事業者。』

The Guide Weekly.

# 嚮導週報

（中華郵務管理局特准掛號認爲新聞紙類）
一九二四年四月二日

定價
每份三分全年大洋一元三角半年七角國內郵費在內

分售處
巴黎 廣州 上海 武昌 北京 長沙 濟南 杭州 雲南 寧波 開封 福州
中國書報社 丁卜書報社 上海書店 民智書局 時中書報社 共進書社 晉華書社 文化書社 齊魯書社 古今圖書店 新亞書社 明星書局 文化書社 工學社

◀第六十期▶

每星期三出版 發行通訊處 杭州馬牧巷法政學校轉安存真 北京大學第一院收發課轉劉伯青

## 時事評論

### 湖南廢省憲運動

獨秀

以前趙恆惕做省憲運動時，引得一般迷信聯省自治的先生們興高采烈；現在趙恆惕仰承洛陽王意旨，暗地裏做廢省憲運動，不知道迷信聯治的先生們感想如何？除章炳麟竃湖南省議會外，不知道聯治社一班人還有何動作？

湖南省議會爲何敢違抗趙恆惕的意旨，反對廢止或修改省憲？不用說有多數軍官在他們的背後。湖南省憲不是今天才有的，葉德輝爲何現在才明目張胆的反對省憲？不用說有趙恆惕葛應龍在他的背後。

趙恆惕若明白的主張廢省憲，馬上便要失去湖南軍界大部分勢力；若明白的主張護省憲，馬上便要受北軍的壓迫；他在進退兩難之際，便好想天開，一面召集軍事會議來疏通軍人，一面製造廢省憲的輿論來壓迫軍人，好達他藉口軍民人等公意來廢省憲的目的。他所想製造的輿論，分新舊兩派：舊的即葉德輝等；新的乃是一些做社會運動的青年，所以列甯追悼會趙恆惕也出來贊成。舊的方面他已經達到目的，新的方面恐怕不易利用罷。

趙恆惕何以想到利用青年？他以爲青年們向來反對聯省自治，此時他却用得着了。他不知道青年們的政治理想是國民革命，對於軍閥的聯省自治固然反對，對於軍閥的統一也同樣的不贊成；所以決不會在趙恆惕仰承洛陽王意旨的情况之下反對省憲。恐怕趙恆惕枉費心機！

### 收回上海會審公廨與租界取締印刷物

仁靜

上海最近有兩件可注意的事：一是交還會審公廨之談判，一是公共租界納稅外人年會，將討論印刷物取締附律。

會審公廨原是領事裁判權之一種，以前爲中國所主辦，受理華洋訴訟。當時會審公廨還是中國的機關，其有關於民事案件涉及西人的，始許西員出庭陪審，但自辛亥革命後，外人藉口於經費無着，乃改歸領事團管轄，相沿至今，已十餘年。會審公廨自爲領事團管轄後，喧賓奪主，司法大權旁落於外人之手。以前是涉及西人民事案件，始許領事陪審的，今則無論刑事民事，無論華人間，或華洋間的訴訟都有領事陪審了。以前在前清時公廨判處刑罰，最重不過監禁五年，今則判處死刑者不可勝數。華人之受異族統治，凌辱，在此十餘年內可謂痛苦備嘗。

本年一月二十六日外部照會駐京使團，收回公廨，由我主辦。但中國固有利權一落外人之手，不論其為積習相沿，或條約保障，欲其交還，直等於哀求施與一般，便要受洋人的敲詐，凌辱，藉此奪取更大的利權。所以外交團決定交還會審公廨，但附以推廣公共租界之條件。是議曾於一九一五年及一九二一年兩次提出，以中政府未允而止，此為第三次了。但第三次之交還條件還不止此，他還要求指定關稅一部份作為公廨經費。由此看來，代價的要索更是日高一日了。

會審公廨之蹂躪我國主權，侵犯中國司法制度，有常識者自能知之，不待我們細說。但我們要指出的是，會審公廨若不力爭交還，以後便會為外人引為先例要求推廣至於各地，如關稅之用人權一樣（去年臨城案以後即有人提此為懲戒中國之條件）。但我們如賴北京政府請外交團交還，那便是準備外人無理的勒索和大批利權之出讓罷了。

其次是本月十六日納稅西人年會中取締印刷品附律之討論。工部局為箝制出版界自由，不惜瑣細繁重的規定，以後凡印刷任何報紙，小冊，傳單，招貼，新聞消息，事項，評論，意見之紙件，須於事前向工部局註冊，填明姓名，居住地址與營業地址。否則須處以三百元以下之罰金，或三月以下之監禁。工部局之提出此附律，本年為第四次，前三年提出時，均因特別會未足法定人數，未及討論。但工部局之制定此種附律實為違反洋涇浜地皮章程。而且此種附律通過，以後凡有小紙片式之廣告均須受嚴重之監督，中國人在本國的言論出版自由將被外人剝削無餘了。差幸此事已能引起上海商界之注意，將由各馬路商界聯合會開會召集大會反對。海甯路商界對此事之公函，指摘此律尤為淋漓痛快，我們將他轉錄在下面。

上略、一工部局自治權限、本章程第九款內、均有列舉規定。如於上開列舉範圍以外、另行制定各種規例、以冀束縛市民自由、即屬違背租界章程。或謂工部局既有設警之權、為保持公案起見、基于警察權之作用、發布單行規例、似尚與租界章程第九項第四款不相抵觸、唯查華商寄居租界、仍係受治於本國法令、而非隸屬於領事公堂、故關於著作印刷各事、只有服從本國各種法令之義務、即工部局亦無權強令華商舍棄本國法令、服從其另定規例。如有違背公安情事、儘可依據中國法令、以警權向公廨起訴、租界與割讓地不同之處、在此一點、應請諸君向工部局鄭重聲明、打消此議、實為至幸。」

## 中國商人將如何希望列強？

仁靜

全國和平的資產階級對華會會議之所以功頌德，感激涕零，完全因為他交還青島，允許加增關稅，和派員調查司法為撤消領事裁判權的預備的三事議決。除青島及膠濟路之交還略有成績外，其餘二事盡在虛無飄渺之中，不知何日始能實現。前年華府會議，議定列強會派考查司法委員來華，當時明言閉會三月後即實行，因中國預備不及聲請展限一年。至上年春間限期已滿，中國準備雖然妥當，但各國又沒有『準備』，派員不成，乃改定本年十一月一日。但今日帝國主義對此事竟索性放下面皮，無限延期。我們於此亦可領略帝國主義的諸言有如何的價值。至於全國所翹首企盼的關稅會議呢，則列強有一千個，一百個理由妨阻其開會。不說金佛郎案未承認不能批准華府協約，即說中國內爭不息，武人截稅，與華會鞏固中央政府增加二五關稅原則相背。不說不裁厘即不能增加關稅，即說二五關稅施行須以之償付外債本息，由外人保管。中國政府對使團向來是先意承志恭順惟謹的，乃提議開關稅預備會議，先議列强分贓的條件。但是此種提議也爲公使團拒絕了。看中國的商人對列强再還敢存何希望否。

## 導淮與外患

仁靜

齊協元的導淮督辦，幾經苦心營謀，終於得到手了。齊燮元就任導淮督辦以後，可以有兩種結果：第一是齊可藉導淮名義，進行一筆大借款（如美衆院已通過之一千萬大借款）以爲副選或平浙的經費。另一結果是，因爲在齊背後的是美國人操縱的華洋義賑會，即令導淮成功，亦使中國河道化爲鐵道共管之續，爲外人所監督，或者是河道開濬，可補助美國商務侵入內地以發展。自督辦命令發表之後，旅京蘇皖豫人同起反對，他們反對軍人爲督辦，而贊成三省人民合組導淮委員會，以辦理委員會。但我們以爲單單反對軍閥爲督辦是不夠的，更要反對癥在華洋義賑會幕後的美國人的操縱與侵略河道。我們不僅要注意外人之包攬導淮而且我們要注意代浚蘇州河，疏濬廣州之西江，東三省之遼河，外人均含有管理河道擴張商務之意。我們更要聲明中國的河道是必需中國人疏濬，是絕對反對任何列强染指的。

## 中俄交涉雜評

仁靜

中俄交涉之停頓，中俄協定簽字後之決裂，人人都知道最大原因是日法美帝國主義作梗。人人更知道法國是爲保障中東鐵路的道勝銀行的血本。但最近法國居然干涉變更漢口俄租界之變更，謂如有變更須先得法國同意了。中俄協定中明言俄國願取消在中國租界，中國偏不接受此提議，而不發協定。惹得法國在旁着惱，說你們都不要，送給我亦不能。所以法公使派參贊致外部牒文，根據……條約，要中俄兩國先得法國的同意。

中俄交涉破裂，人多傳其原因爲爭廢蘇俄與蒙古之密約而起，其實若深一點觀察，一定知道這是鬼話。俄國既然承認中國在蒙之主權，則蘇俄與蒙古所訂密約，不廢而自廢。不然，她何所懼於中國而屢言尊重中國主權。如說她預備將來反汗，則她何須有此聲明，以自損其國家信義？所以她不允照中國復牒修改協定的，只是因爲協定已成，不容許零碎的修改，更表示她現在國際地位已臻强固，不必討價還價的講條件以換得人之承認。但帝國主義者與軍閥走狗的新聞記者偏要盜竊的藉蒙古問題宣傳仇俄的空氣，激起狹義的愛國主義心理。實則自明眼人看來，此不過隱藏內爭與外力干涉之作用，眞是何苦來？

此次中俄協定，開中國外交史上上之新紀元，中國第一次與世界第一大國締結互惠的平等的條約，撤廢領事裁判權，租界，取消庚子賠款，訂立關稅平等之原則。中國一方面得着損失了數百年的利權，一方面可援例向帝國主義作同樣要求。此在官僚如王正廷輩亦能明瞭此次協定在中國之重要了。北京學生首先認識他們此次力爭國權的責任，故奮起而與北京政府奮鬥，對此次承認蘇俄與催簽中俄協定進行不遺餘力，致有二十九日示威遊行散發傳單之舉。雖以警察圍困學校，槍傷學生，未能遊行，但北京學生之英勇奮鬥，至少可爲全國愛國學生所效法。全國學生當起而與北京學生作同樣的表示。

# 中俄交涉聲中的讕言

章龍

這次對俄交涉中斷，雖引起國內民衆的大不安，但是我們并不十分痛惜。第一因爲國人了解蘇俄的程度已隨帝國主義的壓迫而日甚，今後中俄國民的連合，决不會受暫時交涉停頓之影響。第二在中國尙無眞正國民政府以前，中俄交涉，處處受列强的挾制，與其不能圓滿實現兩民族眞正親善之基礎，倒不如靜待機會，別謀解决。最難忘的便是當此交涉停頓中，我們在國內各報上居然看見不少的怪議論，這些議論都是快心於交涉破裂爲北京政府辯護而發的，我們爲求國人眞能了解此次交涉的意義起見，願申所見，以告閱者。

有人說：英美帝國主義的侵略國人固然要反對，蘇俄的侵略也是應該反對的，因此斷定北庭這回舉措，并不爲過。這樣目空一切，不問是非的話最易蠱惑一般政治觀念薄弱的國民，忠厚點說，他們是毫不懂得目前政治現狀是甚麼，根本就不配談外交；若是誅心推究，簡直是故造危詞，聳人聽聞，間接爲英美帝國主義者張目，這正如當國人反對北洋軍閥最激之時，偏有人造些『南北政府，一邱之貉』的話去牽制革命的勢力，暗中爲曹吳等効力一樣的下流！現在我們且不必問蘇俄怎樣與英美不同，大家都有耳目，對於五年來蘇俄反帝國主義奮鬥，第三國際召號全世界平民抵抗强暴的事業，總該知道一二；再不然，看看這回的協定，到底與歷次喪權辱國的條約，比較孰得孰失，總該知道一二，更退一步，撇開這些不談，試問當此帝國主義包圍我國被困在垓心的時候，是不是急需要一個同情於我國的隣邦援助？而願意并且能夠實踐這個任務的捨蘇俄以外更有何國？如果他們連這些均不承認，自然無從說起，不然，這樣空洞而含有惡意的宣傳，我想稍爲明白的國人們斷不會受他們的欺騙的。

也有人說：國民對於『政府』平時儘可反對，獨於外交發生時應與『政府』一致對外，才是國民正當的態度。其實這也只是片面的見解，似是而非的。因爲如果眞有代表人民的政府，他的內政外交斷不肯與人民的意思相反，無論甚麼時候國民都會擁護他的。可是現在的曹錕政府那裏配說呢！臨城案前後大大小小的賣國案沒有一件不是他們的主動，也沒有一件不是喪盡國權丟盡體面，他們素習於取媚列强，甘心做外人的走狗，難道國民也當和他們一致麼？所以我們今日只當問中俄交涉對於人民的利害究竟怎樣，所謂『政府』的態度是不相干的，因爲現在的軍閥頭目，只是外人的傀儡，連他自己都沒有獨立的態度可說。

又有人說，北政府的顢頇誤國，固然可惡，但是加拉罕覆牒，態度驕橫，有失國際禮儀，卽此一點，也是應該反對的。這樣的說法，那更可笑了。加氏只主張簽字或則草案作廢，并沒有迫北政府承認；照協定內容看來，大半有利於中國，俄國所得的僅僅一個空洞的承認，實在也用不着脅迫。國人應當注意的，還是交涉的內容，政治經濟的實利，外交上的爲仇爲友，變化無定，甚麼國際禮儀，都是騙人的廢話。何况我們眼前所見的：像交民巷前安置的大砲，長江上下游各國無數的示威艦隊，安格聯高踞稅務司頤指氣使奴畜北京內外大小官僚，這都是外人對於我國『失儀』的地方更有甚於加拉罕萬萬，何以國人忍辱含詬，安之若素，獨逢這等小節便如此義憤呢？顯見得并不是由衷之言了。

最後我還要忠告大家的，像這些讕言，出自官僚及其走狗，自不足責；出自無知無識的記者，倒也罷了，因爲他們終有明了之一日。

最可惡的是一班帝國主義者，他們本國政府有的已承認蘇俄，（如英意。）有的已訂立商約，（如美）有的已暗中進行交涉（如日本，法國。）但是一方面卻盡力阻止中俄恢復邦交，他們亂造謠言，更不只此。甚至說『蘇俄併吞蒙古』，鼓吹列強『援例』割據。這些舉動，到底是善意還是惡意，我想大家稍一思索，自然會明了的。語有之：『上兵伐謀，其次伐交。』他們正在運用這種伐謀伐交的手段，要使我國永遠陷於孤立無援之悲境，永遠做他們搜括財富的殖民地，凡有血氣的愛國同胞，又怎能輕率立言，推波助瀾，為帝國主義者利用呢？

## 寸鐵

### 美商底廣告板

華商到美國入境時的留難，入境後的苛待，生命財產時在危險之中，這是人人都知道的。然而美商在我們中國境內怎樣？請看上海美總領事致浙江交涉員的電：『……克勞廣告公司廣告板，被警察遷移一二，前准二月二日來函在案。現據聲稱他項廣告板亦被遷移；如果屬實，本署當嚴重抗議。且廣告板係美商私有物，故其中如有遺失毀傷或損傷情事，本署惟地方官是問。』這種命令式的電報，不但無視警廳取締廣告之權（杭州并不是租界，警察取締廣告，完全是中國之主權），并且拿中國地方官當作替他看守廣告的夫役！（為人）

### 讓教的北政府

基督教在中國，明明是帝國主義之先驅與爪牙，中國所受的教禍，三天三夜也說不盡。現在北京政府居然向蘇俄拒絕交還舊俄國有的教堂，不惜破壞有利於中國的中俄協定來為俄國教徒保鑣，豈非怪事！（為人）

### 英資本家與娼妓

娼妓是資本主義底產物，是資本家底玩物，世界各國都是如此。英國工黨議員史萊爾氏質問殖民大臣：『其知許青年婦女為妓，亦為香港官員職務之一部分，政府對於此事，不知將有何行動？殖民部大臣答稱：『此種習慣，其目的純為保護起見。』（為人）

### 外交失利？

上海字林西報論中俄交涉說：『中俄協定草案內容若果如十四日所公布者，……吾人苟欲覓一較此更片面的協定，殆為甚難。依此草案，凡俄皇時代所訂條約概行廢止，新約依一九一九及一九二〇年蘇俄宣言之精神而締結，外蒙交還中國，駐蒙俄軍全部撤退，拳亂賠款退還作教育經費，中東鐵路實際上歸中國主管，在華租界及領事裁判權均取消，凡此種種所換得者，不過一空洞的承認，而此承認俄若得之於兩年前，尚可利用之以脅列强，今則并此利益也沒有了。』然而愛國的上海新聞報記者卻大聲疾呼『外交失利』。（獨秀）

### 嗚呼改大！

在主觀上，我們固然希望中國有許多大學出現；在客觀上（人才與經費），中國此時卻沒有多辦大學的可能，即已有的大學已簡陋得不成話說。在此情況之下，偏偏南北各省學生都熱心思來做什麼改大運動，許多高等師範及專門學校，內中還有幾處極簡陋迎中學程度還不及的專門學校，都紛紛起來要求學校改辦大學。

青年們！你們這樣重名忘實的運動，說你們要求『改辦』大學，不如說你們要求『改稱』大學！

青年們！你們這樣重名忘實的運動，與其要求學校許可，不如要求漆匠店改做一塊校匾便得！

青年們！你們的目的是在學問，大學不大學有何關係？你們倘不注意物質的設備(實驗室圖書館等)及師生兩方面之學力諸條件，一味盲目的希望『改稱』大學，你們這種虛榮心，怎不令愛你們的人們痛心疾首！

（獨秀）

## 南京通信

嚮導記者：

我現在又飄泊到南京了。誰敢說明天不又到別的地方去了呢？人生眞不可測喲！粵地近況何似？

南京是個奇奇怪怪的場所，人們却多稱它是東南文化之中心地，甚至說這邊的市政，民治……乃至於軍閥都是可作模範的。內地來此讀書的可謂肩摩踵接，絡繹在道。但它究竟怎樣呢？讓我來略略談談。

、軍閥與政治——當這個奴才武人專政時代，我們簡直可以毫不加考量地說，「三千三百萬方里廣大的中國，到處都染徧了洋大人和奴才武人們底羶味，到處都給直接或間接蹂躪得不堪而無一片乾淨土了。何況洋大人們飲馬的長江口，北洋軍閥虎踞的重鎮，南京這個所在呢？哪兒會有政治可談？實權操諸北洋軍閥底掌握，背景裏有研究系在搗鬼，實在談不上什麼政治喲！

當着學生會照例奉行故事遊行示威的時候，齊軍閥表面上向持不干涉主義而暗中實行捉拿。雖則每次學生會開會時總有警察去監視，學生們並不覺得這是干涉。但們多墮入他底奸計了。但們覺着在街巷空跑「一陣，威一點也示不出來，猶之乎「持刀斷水」「舉梃擊空」一般，

便久也不願參與了。甚至於還有因此稱他底寬仁之政的，雖則捧大令的保安隊已同時成羣結隊實着彈不住地到處眈眈尾隨着呀。

他既然乘了曹三收買豬子議員的機會供奉了百萬元搏得了所謂巡閱使的頭銜，又連絡了杜錫圭以圖制吳佩孚底死命，弄得吳軍閥費盡九龍二虎之力找來了溫樹德拚命地從中袒護，這是人人知道的。現在他又在討好於曹傀儡想掠奪長子(吳佩孚)底實缺實行過起他們底副大總統的癮來。明眼人誰不曉得這個？

這次馬聯甲蔡成勳所以都甘拜下風擁戴他做他倆底巡閱使的緣故有三：第一，吳軍閥野心太大又不能容人，天天唆使孫傳芳去霸佔江西，弄得蔡成勳坐不安席臥不安枕，馬聯甲也想不如擁齊的好。第二，齊不連絡這幾省，他啣在口裏的一塊肥肉，是易給吳攏布掉的。第三，曹錕也樂得如此，以分在他胯下跋扈的長子底勢力，何況齊又隨時留心去表示隋楊廣式的孝敬於他呢？

寒假中馬聯甲在安慶排演好幾幕改革教育的滑稽劇，大概人人都知道一些了。我也不必細說。我單說幾段頂有趣的吧！一•他想把甲工和甲農歸併。二•他以爲安徽各校中「最好的要算蕪湖口口女師」(他說從來不鬧風潮同他爲難)。但不久發見該校長是南高畢業生，於是乎就根據了他的「北大南高底學生太新不可要」的原則，請這位校長先生也走路——雖則在一般人看起來南高分子是十分沉悶呀！三•他，馬聯甲恨死了安慶學生專門同他搗亂。他底新仇舊恨都要在此時報

復一下。所以他一定要驅逐安慶教育界向佔勢力的某校校長叫做什麼徐臬甫的出境，一直到他央人懇求，畫了押，具了保證書担保他底學生從此不鬧風潮（就是不反對他底橫行）才了事。這是向來有過的奇聞麽？四，五，……——凡此種種，也許竟全出自馬聯甲自己底心裁，但是馬聯甲這次從蚌埠到安慶時曾經親身來南京請教過的，這是人人所曉得的。並且他底難弟現在就住在南京便不時請教於齊軍閥，轉遞命令式的消息給乃兄哩。可證這多是齊軍閥底指使了。

可是內幕雖然如此，一般人怎樣在談論呢？我親身聽着幾位安徽籍的大學生說『都像江蘇督軍倒還不錯！安徽，唉，眞倒了馬聯甲的霉！——安徽竟不曾有過一個好督軍！』大有『人皆有兄弟我獨無』的悲傷的神氣。這固然由於書呆子學生們腦經太簡單，也由於齊軍閥善自韜藏其狐狸尾巴喲！

一切的軍閥都不過是紙老虎，戳破便不值半文錢。而尤以當今的軍閥齊燮元為甚。他猶之乎前日的湖北王占元一樣，王占元有心腹兵——師而一敗塗地了，他呢，親信的不過一旅。

唉！這些黑幕重重的詭計陰謀，怕都是他們所謂的政治行為吧！

……

二．教育與文化——武斷些說，南京教育界底空氣同華盛頓，紐約沒有什麼兩樣：第一，這裏所謂鼎鼎大名的教育家都是美國留學生。他們也許是為了報「師恩」，他們認美國是可親的，甚至還有以為美國一切行動都是對的(資本帝國主義當然也是可以的)。他們言必稱歐美，尤其是脫離不了美國。他們講起書來口口聲聲稱道美國鄙視中國(因有時候他們也說出不滿意中國現狀的話)。美國人做教授固然是如此說，中國人做教授也是如此說。他們口中的歐美或美國算是孟軻口中的堯舜了。唉！華盛頓或紐約的大學教授們蔑視中國的神氣也不過如此吧？

第二，所謂鼎鼎大名的教育家們多是基督徒。他們對於「中華歸主運動」都直接或間接盡了不少的力。前年非基督大同盟澎湃一時的時候，他們男女老少都誠惶誠恐地聚議：或則分途講演，或則四出張羅……。新近風靡一世的平民教育運動（其實連平民識字運動最低的限度都沒實際辦到）內幕主持的不過是幾位有名的基督徒式的教育家。至於南京平民教育底實權，可說要旁落在基督徒們手裏。基督徒們利用了這個千載一時的機會實現他們的議決案：從中小教育上下手，做歸主運動。——南京基督徒們宣傳的機關——學校——共有四十三所，其他青年會，會堂等等根據地尚不在內。這四十三所學校內有小學二十九，中學十一，大學三。青年男女們受他們誘誤的機會可算多極了。華盛頓或紐約基督徒之盛行也不過如此吧？……

除了一般基督徒學校以歸主為教育目的和少數學者以研究學術為教育目的外，其他的所謂教育家們，可說是毫無目的之可言了。一般大學教授們天天上堂拍賣「外貨」；中學教員，拍賣「新貨」，小學教員呢，便只得「新貨」「陳貨」一並推銷了。他們生活是懸空的，所以就忘了社會現狀。他們對國事的態度，猶之乎鄉里貧困的懶民一樣，一直住到小小的茅棚搖搖欲倒，決不設想努力建造一座新房，却祇繼續地在牆後增加了無數的撑支的木頭，今天向這個頑童作揖請不要搖動這些木頭，明天向那個浪子叩頭請不要拔去了這些木頭。他們是這等昏憒。所以就弄得多數學生們同聲附和着對於齊軍閥「歌功頌德」。

在這種教育狀況之下，文化運動的情形可想而知了。舉個顯明的例吧，婦女運動是多麽重要的事，但是這邊超全體學生三分之一的女學生，却個個都是小姐太太式的婦女。女子剪了髮是多麼方便的事，但是在南京街巷往來的剪髮女子，沒一個不是外省人。男女同學是多麼經濟可行的事，但是佢們底省議會通過了中學禁止男女同學的議案，到如今還沒曾有一個人起來說一句話。當着佢們崇拜的美國總統威爾遜出風頭的時候，佢們尾隨着高談德謨克拉西，一直到現在還餘下續斷地爆竹般的聲響。再如，佢們對於戀愛的觀念，不必說是以美國爲極則了。——藉此種種可見一般了。

大多數對於政治漠不關心，因爲佢們知道美國學生除了熱心打球跳舞外是絕口不談什麼的。因此文化運動到了將與黑幕下的武人政治接觸衝突時，便戛然終止了。所以南京青年界底空氣就同隆冬冬眠的龜蛇也似的，死了一般的靜止着。

三・平民與勞工——南京思想界雖給美國的拜金主義酗醉了，可是資本主義並不發達。其經濟狀況同歐洲十八世紀以前的寥落荒涼的都市沒有什麼兩樣。談起平民地位和勞工狀況來更是可憐。

也同其他各省一樣，有時督署下了一通上諭到省署，省長再拜而受了就轉到警署或教廳，人民們底集會結社言論……等應享的權利便給剝奪得血肉橫飛了。堂堂自負不凡的大學生們也都嚇得魄不附體跑到自修室裏去抱起書本扮出埋頭讀書不問外事的用功學生底樣子，以鞏固其在學校裏的地位。教人看了這種情況，眞是又好氣又好笑。

警署也和省署一樣，很殷勤地拍他們底齊督軍底馬屁。這在全中國本來是極普偏的現象，沒有什麼可怪的。近來又將北極閣一帶換上了武裝警察，做出愼重其事的樣子。到處墻垣上塗上了粉壁黑字，有什麼『禍福無門惟人自招』，『有忍乃有得，有容德乃大』，『豹死留皮，人死留名』……凑出昇平之世底景象，務求人民們更是「不識不知，順帝之則」好做他們底齊督軍底馴良百姓，而後才敢安枕而臥。民國是什麼，他們决不願與聞的。

南京勞動界底狀況呢？除了合記洋行（在下關）外簡直可說沒有大規模的工廠。造幣廠要算第二。省立第一工廠，電話局，電燈廠規模都很小，用的工人自然也很少。自從歐戰終了之後，世界經濟情形變更，合記洋行大受打擊，以前工人數在千人以上現在則不過三百左右，還天天謠傳着要倒閉。去年京漢鐵路二七流血後，南京齊軍閥把津浦渡輪上的百餘工人盡行撤換了北方人——督軍底同鄉（齊以同鄉名義連絡工人）。所以失業工人爲數至少要在千人以上，弄得進退兩難，生活艱辛，自不待言。據說這些工人大多數上有老母下有妻兒。平均以每家三口計算，是南京這所荒涼都市已至少有了三千人以上因失業而受飢受寒的了。

此外尙有機房工人。爲數至少當在兩萬戶以上。作工者多女人及兒童。綢緞或布莊上分送各戶若干絲，織一尺算一尺工錢。因此佢們除了日夜加工多趁幾尺外，什麼慾望也沒有。汽車夫極少，馬車夫稍多其中自然以人力車夫爲最多。人力車夫頗不易與接近。因爲失業的人太多了，他們絕對不敢在行主方面說一聲車租價太高的話。往往有父子二三人祇有一乘黃包車拉，其不敢疏忽可想而知了。

照上面情形看起來，南京底對症藥是：(一)揭開齊軍閥底假面具，(二)促進青年學生覺悟和團結並助長其反抗性，(三)勸勉青年學生担任平民學校教務以助長民氣且殺基督徒勢力，(四)宣布基督教歷史上的罪狀並揭穿其黑幕，(五)在下關開設平民羣校専教合記及失業工人並酌設法介紹失業工人到上海漢口……各工廠作工。再談

園丁三，二六。

The Guide Weekly.

# 嚮導週報

分售處

巴黎 廣州 上海 武昌 太原 長沙 濟南 杭州 雲南 寗波 開封 潮州

中國書報社 丁卜書報社 上海書店 民智書局 時中書報社 共進書社 晉華書社 文化書社 齊晉書社 古今圖書店 新亞書社 明星書局 文化書社 工學社

定價

每份三分全年大洋一元三角半年七角國內郵費在內

（中華郵務管理局特准掛號認為新聞紙類）

一九二四年四月十六日

◀第六十一期▶

每星期三出版 發行通訊處 杭州馬坡巷法政學校轉安存真 北京大學第一院收發課轉劉伯青

## 時事評論

### 上海租界三大問題

獨秀

上海租界近來發生三大問題：(一)是公使團要求推廣上海租界，以為交還會審公堂的條件；(二)是工部局在本屆納稅西人會提議取締印刷品之附律；(三)是工部局在納稅西人會提議增加碼頭捐。

會審公堂初只為華洋間相互訴訟而設，按洋涇浜條約，權限範圍，本有明白的規定，自辛亥革命時，領事團藉曰民國政府尚未得各國承認，攘為己有，遂至完全華人訴訟，也須聽領事裁判，視租界為他們的屬地，違背約章，侵犯主權又在普通所謂領事裁判權以上；上海領事團所享此種非分之權，本應據約取消，因何理由須以推廣租界為交換條件？而且公共租界永不推放，也載在條約；他們向中國索取庚子賠款，不許中國自由增加關稅，不許中國禁止棉花出口，都是口口聲聲責備我們須遵守條約，何以他們對於上海會審公堂之權限及推放公共租界，便不說遵守條約呢？可見帝國主義者責弱小民族遵守條約，也和軍閥政府責人民遵守約法及其他法律一樣，凡是與他們有利的，他們便抬出來壓人，與他們不利的，他們便悍然不顧了。

「租界不是英美的屬地，住租界內之華人仍應受中國法律之支配，也載在中國與各國所訂的條約」，所以一八九九年推放租界時，上海道曾以告示一紙附於致葡總領事兼領袖領事之公函中，曉諭公衆，該告示中明說：『所有租界內關係華人之一切章程，如未經當地中國官廳認可，不得發生効力。』(此公函曾載一八九九年工部局報告册第二六二頁)。工部局自己也知道，外人來中國通商，沒有代中國政府及國會來制定法律之權；所以他們將要提出的印刷附律，擬附在洋涇浜章程三十五條，名曰第三十五條甲。我們以為不但三十五條原文，乃取締馬車疾馳，與印刷毫無關聯；而且此項洋涇浜章程，從來未經中國政府批准過，根本上不成為法律，今所謂印刷「附」律，試問「附」在何種法律上面？因此，我們可以說：此次印刷附律，即使通過於納稅西人會，并竟得上海領團北京使團之核准，也只對於西人營印刷業者有效，中國人沒有服從之義務；因為上海租界還未割讓給外國做他們的屬地，他們絕對沒有自定法律來責中國人服從的權利。工部局對中國印刷業四團體代表說：『如華人對於工部局行政有不滿者，儘可移居租界外。』四代表應回道：『上海是中國的領地，中國人當然有居住的權利；如外人對於中國人反對印刷附律之舉動不滿意，儘可移居中國外，不來中國經商。』

碼頭捐原定照貨價抽捐千分之一，現在要改為照關稅抽百分之三（照關稅現制，當貨價千分之二•五）。當此工商業不振之時，照舊額加捐一半，以後還須隨着關稅增加，固然是商民負擔太重；根本問題還是：在中國領土之內，在中國主權之下，外人可任意收捐并加捐，而中國官廳收點紙烟捐，他們反出頭抗議，這是何等喧賓奪主的世界！

上海市民對此三問題的反對運動，甚為熱烈，加入運動的有二十五個商業團體，我們的同胞已漸漸的醒覺了！

我們忠告上海市民的是：『此次三問題，都還是枝葉問題；根本問題是要取消租界，取消領事裁判權，無論英法日俄美德等何國人，要想在中國經商，必須以服從中國法律，遵守中國稅則，不侵犯中國國家司法與收稅的主權為條件。』

## 法意今後的政局

為人

在前幾天的路透電所載：法國普恩賚重新組閣，並得到國會多數通過信任政府案；意國墨梭理尼亦得到國會多數通過信任政府案，這兩國底現時政局好像日趨於穩固，頗值得我們注意一下。

普恩賚是法國資本帝國主義者底代表。占領魯爾，壓迫德民，擁有最大之陸軍和世界第一位的飛艇，仇視蘇聯，是他底根本政策。占領魯爾的所得反不如所失，且徒增加德民仇法的惡感，增加英法間的衝突，使本國已形凋敝的財政，維持如此重大的軍事，影響於佛郎的價格日益暴落，引起國人對於現政策的恐懼和對於現政府的疑慮。假如新進派此時勢力充足，準備完善，普恩賚早已被推倒了。

已成險惡的法國政局，新進派既沒力量起而代之，其他各派又沒胆量担此無法可救的政局，如是早當崩壞的普恩賚內閣，得以苟延生命。在此苟延生命的期內，其政策當無什麼變更，德民當仍受奇重的壓迫，我們極希望法國底新進派，在此期內努力準備一切戰鬥力。

墨梭理尼是意大利法西斯特底首領，在法西斯特勢力之下底意大利國會，當然是墨梭理尼底附屬機關。以墨梭理尼底附屬機關而通過於信任政府案，不算什麼一回事。如此，我們可以斷言意大利若不經過一次革命，政局必無多大變更，法西斯特在政治上必日益專橫。

## 英工黨住屋提案之失敗

仁靜

英國工黨自奉英皇之命，組閣執政以來，首先即有不做美的鐵路工人發難罷工，以次船港工人，電車工人的罷工相繼而起。英國工人見代表自身的工黨得勢，以為有改善自己的境遇可能，要求增加工資，這是理之當然。但英國工黨得自由黨大工業家之與援而組閣，如何敢過分援助工人以開罪自由黨？他既因怕自由黨反對而不敢提出礦工最低工資案，即其已提出之利於工人的收回住屋案亦為英國會反對。最後工黨政府努力遷就自由黨的意見修正條文，至完全失去原提案的本意，亦不免自由黨的攻擊以至失敗。可見工黨政府的政策要合自由黨的脾胃的才能在議會中通過，有一點違反意旨的行事，自由黨即要大擂其臉。工黨在英國將來的成就就可想而知了。

# 太戈爾的國家觀念與東方

瞿秋白

東方的詩聖太戈爾來到中國了。東方的偉大民族，印度和中國，各有幾千年的文化，幾千年歷史，如今同處於西方壓迫之下。東方的哲人來到，又有怎樣的妙論教導我們呢？縱使我們受過一二千年的佛化，相信『返於梵天』的真理，——然而我們已經竭力向後退走，走了二千年，結果却落得個天羅地網的中國，輪船火車載着一羣一羣的刼賊來掠奪我們。這當然不是什麼梵天，並且連東方的舊態都已經失去了。真使我們大惑不解！究竟怎樣才能返於梵天呢？「孔子的仁義，未必遜於太戈爾的廣愛；老莊的以退爲進，未必不同於太戈爾的和平運動。然而中國聽了他們的教訓，到如今仍舊在西方的刀俎之間，而且仍舊自相殘殺不已。究竟世界的無國家的理想社會怎麼樣纔能實現呢？難道仍舊是天天向那一羣羣的刼賊宣傳仁愛？太戈爾來了，請他告訴我們罷！」

★ ★ ★ ★

「太戈爾的意思，以爲西方的毒害純粹在他們的國家主義，我們東方向來不知道國家的，——這是東方世界主義的使命」。

誠然不錯：『我所要說是：無論你怎樣看她，印度最少有五千年的歷史，勉過和平的生活，思深慮遠，沒有政治，不是國家，她唯一的野心在認知這世界爲靈魂世界，時時刻刻在和善的崇拜精神裏生活，在我們和這精神崇拜有一種永久的和個人的關係的感覺裏生活。此印度對於她古史中所有一切戰爭陰謀和詐欺，向來是袖手旁觀；因爲她的家庭，她的田園，她的寺廟，她的學堂，她的鄉村自治——凡……種種都實實在在地附屬於她。但是她的王位和她沒有關係。牠們好像天上的浮雲，忽然幻作紫色，忽然變作黑色，是她所不注意的』（太戈爾之西方的國家主義，下同）。

「東方的民族，沒有發展到資本主義，沒有複雜的經濟生活，當然沒有政治的嚴密組織，不論是平民是富豪，都還用不着政治的手段來調節經濟，以求達自己的目的。可是到了現代，印度和中國都已受資本主義的客觀的支配，滾入世界政治的旋渦。難道還能絕不注意嗎？統治印度的，表面上雖是英國的國家主義，實際上却是英國的資產階級」。那大不列顛的國家是英國資產階級的組織。他們狠有系統的，狠有組織的成一强暴的力量，統治着印度。不但如此，他們還能把印度人編在這一組織裏，來統治中國人，——譬如上海的紅頭巡捕。印度人現時已經在英國『以夷制夷，以漢治漢』的組織裏，而他們却還想着，以爲自己并不受組織，并不受狹隘的國家主義之毒。他們的聖人還勸他們回擂自然，『不要政治，不是國家』。誠然呵，印度人那裏還有自己的國家。上海寶興路有所謂紅頭阿三的總會，裏面一樣的供着佛像，一樣是恬靜無爭的世界，仍舊是古代渾樸的印度的小影。自己不組織起來，去反抗强暴的英國組織；那就祇有任受英國的組織，做英國的機械，——而一方面却夢想着『家庭，田園，寺廟，學堂，鄉村自治等還實實在在地附屬於她』呢。

「僅僅對於政治不注意，對於國家不注意，便算是世界主義嗎？國家的組織固然是種種罪惡的表現。然而他并不是一個抽象的制度，他是代表一階級的統治權。若要反對國家，首先便應當反對那些根性上不能沒有國家的階級制度。然後從客觀的經濟制度上求那怎樣消滅階級的方法，階級消滅，國家才能消滅。

太戈爾批評國家主義的謬誤，誠然是狠合理的，不但如此，他也知道東方自有東方式的國家，幷且知道西方式的國家何以與東方不同，——他說：「當這國家（西方式國家）來統治我們以前，我們已經有了別種外來的政府，這種政府也像一切政府，都有多少機器的原素存在裏頭。但是這種外來的政府和「國家」所設政府的異點，好像手機械和力機械的異點。就手機械的產物而論，人們手指的魔力得以表示出來，而牠的輪聲也能和生命上的音樂調和；但力機械的生產是無生命的準確的，而且單調的』。

那所謂『手機械』生產裏的生命上的音樂調和以及手指魔力的表現，——我真有些不懂，難道是指東方式國家裏的聖君仁主？我們不能直接返於梵天，便暫時應當先囘到東方專制制度去嗎？那就中國現有的閻錫山，楊增新已經算是理想的君主了，——太戈爾的勸導豈非多事。幸而好，太戈爾的最終目的不止此。他不過借此咀咒那所謂『力機械』的現代式國家罷了。

其實手機械式的國家所以變成力機械式的國家，正因為經濟生產的手機械真正變成了力機械。手工業變成汽機工廠的工業了。印度小手工業者的地位被英國大工業家完全占去了。國家是這些大工業家的組織。要反對這種西方式的國家，必須組織那些漸漸破產而變成工人的印度各工業者和小農，使他們成一强大的力量，足以推翻英國的大工業家之政治統治。英國大工業家的國家對於印度平民自然是單調的，無生命的。然而他對於英國大工業家却狠便利，狠順手，狠有効用。

太戈爾却說：『當這種政治和商業的組織—牠的別名就是國家—犧牲了高等社會生活的協和而極强盛時，牠實在是人類不幸的日子；—當父親變為賭徒，不甚注意他對於家庭所負的種種責任的時候，他實在不是人，是受貪心支配的一種自動機。那個時候，他會做出他心裏狀態平常時所不肯做的事。』這裏太戈爾給國家下的定義所謂『政治和商業的組織』—非常之正確。然而他自己却還看這種商業組織—『國家』是人民的父親。這種『父親』，難道還有平時心理所不肯做的事！英國資產階級決不是印度的父親；他對於印度，除竭力剝削外，並無任何責任，—他有那一件事是平時所不肯做的！他又何必不犧牲高等社會生活的（？）協和呢？太戈爾以為國家僅是一個抽象概念，道德亦是一個抽象概念。所以他以國家與道德相對待；以為道德的唯一阻礙就是國家，—就是西方式的機械國家。他以為祇要沒有機械式的國家，人的心靈便能自由發展了。殊不知道人的心靈要有組織有規律之後，才能真切的感覺道德上之責任心。若勞動者的組織力量充足，譬如工會工黨，以至於能自己組織國家，—那便是反抗資產階級統治的偉大力量，—那樣的國家，對於平民不但不是機械，而且真是自己的工具；然而他對於資產階級却成了約束他們的機械了。正如現在的國家對於平民是束縛人性的機械，對於資產階級却是稱心如意的『心腹』。太戈爾自己說：—總督不必懂我們的方言，不必和人民發生個人的接觸；他們站在遠方，裝出狠輕蔑的樣子，能夠鼓勵我們的意氣，這能阻竭我們的志氣，他們會引我們到某條政策上去，然後又藉官場中繁文縟禮的作用把我們拉囘來；英國報紙登載倫敦市街上的消息，都存有多少悲傷的感情，但是對於印度的大災很少注意。』英國資產階級的國家對於『自己』豈不是很關切的？然而太戈爾還不信國家的實質是資產階級，—絕頂聰明的詩人，明明知道(？)真實，却為情感主義所犧牲：只肯反對制度而不肯反對人(階級)。

因此，他雖反對國家，却不肯反對英國人。他說：『我對於大不列顛種族之為人類有一種極深的親愛和尊敬，他產生了大量的人物是大的思想家，和偉大的實行家。她並且創造了偉大的文學，…我們覺得這個民族的偉大也和我們覺得太陽一樣；但就這國家而論，她實在是一層密霧，把太陽遮住了。』英國民族是不壞，壞的祇是英國的國家制度！所以他說：『我們的政府儘可以是荷蘭的，法蘭西的或葡萄牙的』…反正都是一樣，可以不必反對英國民族，祇要反對國家制度好了。實際上說來，現代的英國人已經決不是一個抽象的『民族』：祇有英國的資產階級和無產階級，而沒有英國民族。英國資產階級的『美德』和『偉大』祇是他自己的優點，他所以能壓制印度的工具。你若尊敬這些美德，你須令印度平民亦得有同樣的工具去反對他，反對一切列強的資產階級。祇有有組織的行動能直接去反抗壓制平民的資產階級，—祇有這種方法是反對國家制度的第一步。可是在有階級的社會裏，要保證平民的利益，表現事實上的『廣愛』，—非有組織不可；因為強暴的資產階級是有組織的。既有組織，那就平民革命之後，仍舊須有平民自己的國家。祇有這種國家能實行有規畫的經濟生產計畫，—逐步取消資本主義之經濟的無政府狀態，逐步消滅階級的差別的時候，—國家才能完全消滅。可見要想越過『反對英國人資產階級』的一階段，而直接否認國家制度，—必定不可能。

太戈爾反對國家制度的步驟，却正是如此。姑且讓一步，問他反對國家制度的方法究竟如何呢？他說：『我曉得你們的忠告是怎樣。你要說：「把你們也組成一個國家去反抗這國家的侵略。」但這是一個忠實的忠告麼？……為什麼這是一件必要的事？…難道你一定要說機器要和機器，國家要和國家，作政治上永久的戰爭麼？』既如此，他是不以政治的鬥爭方法為然的。其實假使勞動平民不以果決的手段參加政治鬥爭而取得勝利，那時，纔真使資產階級內部的政爭及各國資產階級之間的戰爭永無止境，列強資本主義壓迫世界大多數平民也無止境。太戈爾的意思却以為祇要『讀孝經退黃巾賊，』他說：『現在已到了一個時期，當這時期歐洲為了全世界被壓迫民族的利益，應該完全曉得國家一物是荒謬無理的。』好高明的哲理！歐洲的列強居然能為着他們奴隸的利益來廢除國家嗎？奴隸自己不組織成一種力量，永久是沒有辦法的。

「東方的精神文化，人家說是慈愛忠恕，——其實是宗法社會裏無可爭而不爭的心理反映。歐洲資產階級的社會基礎，在以競爭為原則的資本主義上，——物資生產的膨脹，使他們不得不侵略；私有生產工具的大企業制度，使他們不得不建立國家。——這便是所謂西方的物質文明。大資本家要維持自己的地位，固定私有制度的原則，他們便不得不建設『法律和秩序』，以保障資本的發展，鎮壓勞動階級。他們已經不能有慈愛忠恕，——如果有慈愛忠恕，資本主義便不能存在。祇有利益相同患難相共的勞動者，——若能有組織有系統的結合，——才能表現真正的慈愛忠恕勇猛精進的精神。宗法社會的慈愛是家長或君主的恩惠；勞動平民的慈愛是自己的團結。如今太戈爾祇希與資產階級賞賜和平，賞賜自由，却怕組織自己。假使中國人還願哀求苦告的乞人憐惜，——那麽，快快跟着太戈爾去哀求資產階級了解『國家是荒謬無理的』能！假使不然…………

「東方和西方能否調和呢？無所謂東方，無所謂西方，——所以更無所謂調和。太戈爾若眞是『平民的歌者』，『奴隸的詩人』，——他應當鼓勵奴隸和平民的積極，勇進，反抗，興奮的精神，使他們親密友愛的團結起來，顛覆資本主義的國家制度，——有組織有系統的經營自己的共同生活；爲鎮壓資產階級的反動起見，在最初一期，尤其應當組織自己的國家。這才是眞正行向世界的文化的道路。然太戈爾却不然，他却想調和東和西。怎麽是西方的優點呢？他說：『我們必須承認當前此「人的政府」時候，也有過暴虐，不公道和勒索種種事情；這種種事情惹起了許多痛苦和不安，幸而我們現在已經得救了。法律的保護不但是一種恩典，并且是我們一種有價值的教訓。這種教訓是文化的穩固和進化的繼續所必須的。我們從法律裏可以看出世上還有一種普遍的正義標準，無論那一階級和那一種族的人，對此都有他們的平等要求權。印度現政府中這種法律的統治，能夠在這種族和習慣各各不同的民族所住的大地內維持秩序。…………但是這種對於印度各種族間有了一種共同的友誼的希望是西方精神的事業，不是西方國家的事業。…………』此處太戈爾陷入絕大的矛盾。法律和秩序既然是西方精神的事業，却又不是西方國家的事業！法律可以離開國家制度而存在嗎？法律和秩序既然容許無論那一階級無論那一種族之平等要求權(？)——太戈爾又何必反對國家制度呢？慈愛忠恕和法律秩序誠然是有互相調和的可能和必要，——然而祇在勞動階級自己的組織裏。若是資產階級對於勞動階級，那麽，太戈爾既要求他們慈愛待遇，又請他們以法律制裁，——太戈爾不是資產階級絕好的『王者之師』嗎？怪不得中國人這樣歡迎他，原來他和孔孟是一鼻孔出氣的。孔孟游說諸侯，原祇爲貴族說法：『你們待平民好些罷，不然，平民就要作亂的；你們快些嚴設禮法，不然，平民就要紊亂秩序。』

太戈爾先生，謝謝你，我們國內的孔孟多着呢！

一九二四年四月三日

★　★　★　★

# 中國人的言論自由與外國人的政府

巨緣

中國人的言論自由本來就沒有保障，不用說什麽暫行刑律上有種種取締限制的辦法，使受壓迫的人民敢怒而不敢言。而且在法律之外還有中央地方的大小軍閥隨意摧殘。如今更好了——外國人的政府居然也來侵犯中國人民的言論自由。讀者諸君，不要以爲我所謂『外國人的政府』是在華盛頓或倫敦，他却在我們中國上海——就是工部局，工部局儼然是上海政府，一切收稅警察等權完全歸他掌握；——住在租界裏的中國人，(雖然前清的遺老，革命黨的亡命客曾經當租界是世外桃源)——而實際上却完全變成這一外國租界政府之下的臣民，——

一切都唯命是聽。

這次工部局取締印刷品的議案根本要想壓迫租界內的言論自由。各商界聯合會已經抗議，滬西四路商界聯合會的決議之中更有『……促進收回治外法權，撤銷會審公堂』的宣言，中國市民公開的反對外國政府，這算是第一次。可是，外國政府對這種抗議的態度是怎樣呢？

請看：

書業商會，書報聯合會，日報公會，書業公所的代表去和工部局『交換意見』，工部局回他們道：

『此案事在必行，……如華人對於工部局行政有不滿意者儘可移居租界外……』

工部局的意思是說，租界早已不是你們中國的領土，由不得你們，——我們要怎樣便怎樣；你們若不願意，滾出去罷！已經亡國的上海市民呵——你們眞正移出租界去呢？還是……

同時，商務中華的代表去，工部局又對他們道：

『工部局不能於此時因代表來說而改訂此項議案。唯此後關心於此事之人，如以為因印刷人註冊而遭困苦，則工部局隨時肯聽人訴述苦處……』

是了！中國人居住在中國境內，言論出版而不得自由，要向外國人訴苦！工部局肯聽中國人訴苦，便算是深恩厚德了。已經亡國的上海市民呵！你們還是低首下心的去訴苦呢？還是……

# 寸鐵

## 美國駐華海軍

朱兆莘電北政府：『英對威海衛條約不允讓步』。法國對金佛郎案要求正在猛進。旅大收回期又滿了一年，而日本兵艦十四艘方游行長江示威。美國議會通過了加造駐華兵艦的議案，三月二十日馬尼拉電：『美國驅逐艦十二艘將於四月間赴華』。四月五日上海時事新報京訊：美國駐華海軍楊子江總司令麥克維氏說：『吾美在長江海軍之最大目的……甚得中國商人之信任心……地方當局對於吾海軍之信任及感情甚篤也』。林長民說：『鄙意如蒙古所駐俄兵不允撤退，對俄非惟可不承認，卽可不必與之交涉』。我們很敬佩林先生的愛國熱忱，我們幷希望他對於英法日美都取同樣的態度！

（獨秀）

## 部落主義與世界主義

人類社會之政治觀念及組織是由部落的而國家的而世界的，印度及中國民族之非政治非國家的觀念，是由不進化的部落主義，不是由更進化的世界主義。部落主義和世界主義雖然都反對國家主義，而其立腳點卻大不相同；還在部落時代的中國人印度人，還沒組織近代國家的能力，至於國際的組織大家更是未曾夢見，若見他們反對國家主義，便說他們是世界主義，實是天大的笑話。

部落生活的印度人中國人，世界知識簡直等於零；他在國內國外關於國際的運動，也簡直等於零；若說他們是世界主義者，未免太滑稽了！

（獨秀）

## 讀書時代不許干政

北京學生，去年因為反對軍閥而請求外交團勿承認曹政府，却被外交團向曹政府告發他們；現在又因為贊成速簽中俄協定而到洛陽去請願，却被吳佩孚拒絕，幷傳諭讀書時代不許干政（見四月十日申報）。北京學生們口裏雖主張反對帝國主義的列強與軍閥，而實際行動上，仍想在列强或軍閥勢力之下討生活，這是何故？　（獨秀）

## 帝國主義者制馭殖民地的公式

申報記者心史說：『蒙古習於階級制，汗王公之勢力未墜，又有黃教喇嘛輔翼之，蒙人既慴貴族之尊嚴，復堅佛教之信仰，雖在平民，及今以蒙收蒙，尙未至不易收拾之境；中國之馭蒙，馭其貴族，蘇俄之結蒙，結其平民，而平民之可與蘇俄相結者實爲少數，此今日千鈞一髮之時會也。』又說：『對此藩部之告急，宜如何劍及屨及，以負宗主國之責任。』心史這前一段話，的確是蒙古的實情；後一段話也十分誠實無欺，不似別的新聞記者，心目中對蒙古分明是懷抱着藩部與宗主國的觀念，而口中還說什麼五族共和的假話，幷不顧有人說他們是理藩政策。扶助貴族軍閥宗教等舊勢力，摧殘平民的新勢力，以這義制收本廠某主；者國某馭帝殖民地半殖民地的公式；但是可憐的中國帝國主義者，以前李鴻章袁世凱曾應用此公式於朝鮮（卽勾結宮廷與東學黨摧殘新黨）而失敗，現在還想應用於蒙古哩。蒙古的平民呵！中國的平民呵！……　……　（獨秀）

## 誰叫他們不要皇帝！

有人問我：『中國人對於肯以權利歸還中國的蘇俄，十分疑謗；而對於反對蘇俄以權利歸還中國的俄白黨，反極力供給援助；這是什麼心理？』我說：『千不是萬不是，都是蘇俄自己的不是，誰叫他們不要皇帝！』　（獨秀）

## 三位一體的國故孔教帝制

國故大家葉德輝，他曾著翼教叢編，他曾奉湯薌銘的命令爲袁世凱包辦湖南籌安會，他現在又奉葛應龍馬濟的命令爲吳佩孚鼓吹統一。四月十一日申報上長沙通信說：『自洛代表葛應龍抵湘後，陸續發現詆誹省憲之文字，湘紳葉德輝論省憲一電，尤敢公然謾罵……如前此之列名者，全爲「孔道學校」之教職員，此次所謂紳界，又多爲「前清狀元」「復辟派」「王湘綺門徒」與「葉沉瀣一氣者。」』國故孔教帝制，本來是三位一體，葉德輝康有爲都是這三位一體之代表。土耳其人欲鞏固共和，不得不廢逐教主；波斯首相宣稱：共和政體與回教相抵觸，不許國民談改建共和問題，否則嚴懲。土耳其人波斯人都懂得舊思想舊宗教和舊政體有不可分離的關係，獨有我們糊塗的中國人，一面不贊成復辟，一面又要保存孔教，這種矛盾的思想，不但要見笑於土耳其波斯人，幷且要見笑於康有爲葉德輝！　（獨秀）

## 原來是顧維鈞的洋錢在說話！

四月七日上海商報北京通信中說：『研究系之藍公武籍忠寅一派，已爲外爾所收買，今日在議會中大發其堅持三點之論調，幷申述其不必承認之主張，都下各報，則幾爲清一色之保系機關，其爲[illegible]顧，更不足論，至滬上方面，則某報駐京記者張某，已於昨日由外交部實任主事，（見當日命令）』

原來如此！　（爲人）

申報九日北京電某公使說：『臨城案賠償全案，中政府不能將第二種間接損失駁覆；因去年曹來京，外交團覲見問題（一）發生爭議時，中政府已承認甲乙兩種賠償，因之外交團陸續覲見（二）故甲乙兩種賠款不能駁覆。』堂堂一表的大口國公使，平日裝模做樣，擺出莊嚴美妙的面孔，最講究的是國家榮譽，原來不過如此！　（章龍）

The Guide Weekly.

# 嚮導週報

定價
每份三分全年大洋一元三角半年七角國內郵費在內

（中華郵務管理局特准掛號認為新聞紙類）
一九二四年四月二十三日

分售處
巴黎 黃州 上海 武昌 北京 長沙 濟南 杭州 雲南 寧波 開封 福州

中國書報社 丁卜書報社 上海書店 民智書局 時中書報社 共進書社 晉華書社 文化書社 齊魯書社 古今圖書店 新亞書社 明星書局 文化書社 工學社

◀第六十二期▶

每星期三出版 發行通訊處 杭州馬坡巷法政學校轉安存真 北京大學第一院收發課轉劉伯青



## 時事評論

### 導淮問題與政治

獨秀

導淮和江蘇安徽兩省民生問題關係極大，我們應該舉起雙手來贊成，這是不須討論的；所要討論的乃是經費問題。

經費約需二千萬元左右，所謂中央政府或地方政府，都不願担負，遂仍舊提出借款的妙計。借款導淮之流弊，不但像十三日北京晨報所言（向美國借款三千萬元，蘇齊張謇及北政府各私得一千萬元。），十分要不得；即果借美款實行導淮，將置沿淮三省之地於美國勢力支配之下，那更是加倍的二十分要不得。 華洋義賑會裏美國的偵探，想支配導淮事業已經十多年了。他們想壟斷導淮的工程，想支配長淮的運輸，想利用隴海鐵路，想開闢海州商埠，果如此一帆風順，海州將為第二上海，而中國蘇皖豫三省腹地遂入大美國的勢力範圍，這件事并不是他們的空想，實在有此可能。

所以現在導淮當以不借用美款為第一條件，至於是否蘇齊任導淮督辦，還不是什麼要害問題，因為導淮督辦由財閥或巨紳担任和由軍閥担任，都是半斤等於八兩。

不借美款，又用何款呢？ 我們主張應以江皖兩省每年糟粮撥為償還本息，向國內銀行團借款；不及十年，即可撥還清楚。 南糟本是東南數省人民不公平的特別負担，撥歸導淮經費并以後開發沿淮事業之用，本是情理之常。 若說此項辦法必至牽動全省財政預算，牽動全省軍費，兩省軍閥政府如何能贊成；這便歸到根本上政治改造問題，不單是導淮問題。 因此可以證明若不根本改造政治，別的事怎樣能夠着手進行？ 江蘇的紳士們未嘗不想在地方做點事，但總想避免觸接到政治改造問題，無論他們如何努力，將來的成績都可想見。

### 誰是帝國主義者？

巨緣

最近幾天的報紙上我們可以看見：

一、外交團議分區駐華艦隊辦法；

二、列國決意拒開關稅會議；

三、外人主張非三十年後不能取消在中國之治外法權；
四、日本想利用中國廉價原料及工力在華開設工廠；
五、英國商人主張堅持對中國商標法的抗議案；
六、東交民巷裏有擴充上海公共租界的陰謀；
七、上海工部局提出三案：取締印刷附律，取締交易所，增加碼頭捐。

這些事實顯然的告訴我們誰是帝國主義者，誰是我們的統治者，「英美法日等列强派軍艦來鎮壓我們，拒開關稅會議使我們永久處於不平等的稅則之下不能發展實業，我們的保護自國商業的法律不得列强允許使不能實行，列强却大家都想來中國開工廠辦路鑛——中國的勞動者都要變成列强資本家的奴隸。 中國難道不是他們的殖民地嗎？

不但如此，他們一方面已經在上海實行統治中國市民，別方面還想逐步侵占中國領土——擴充租界。

可是有些人說，與中國協定歸還一切租界，取消治外法權，採用平等稅則的蘇俄也是帝國主義者●讀者想一想，究竟誰是帝國主義者呢？」

## 美國移民案與海軍案

獨秀

四月十二日，美國衆議院通過峻森氏外人入境案，決定每年入境人數不得超過一八九〇年在美外僑統計百分之二。 照此辦法，日本人無從入美，因此，日本駐美殖原大使向美政府嚴重抗議，日本輿論更爲激昂，竟有向美國開戰的論調。 美國參議院本有和緩之意，乃爲日本大使恫嚇的抗議所激怒，十四日參院討論此案時，洛志氏痛詆日本抗議失禮，參議員波拉氏及其他共和黨與民主黨議員，均贊同洛志之意見，以七六對二票否決委員會之修正案，十七日以五三對二五票通過和衆議院相同的移民案。



同時，十五日華盛頓電：衆議院海軍委員會贊成議案，許造每艘一萬噸之快巡艦八艘，每艘需費一千一百萬元；并造砲艦六艘，每艘需費七十萬元，此砲艦專爲駐華之用。

我們第一要問：美國一面向中國抗議京漢路增加外人運費是差別待遇，他們限制移民是否差別待遇？

我們第二要問：美國一面在他本國限制移民(中國人當然在內)；一面特造砲艦來中國駐防，這是何等差別待遇？

我們第三要問：日本人嚴斥美國限制日僑不公道，他們排斥華工，公道嗎？

我們第四要問：日本因爲海參崴逮捕日人，要和俄國開戰：現在因美國限制日僑，又要和美國開戰；日本到底有多大力量同時和兩國開戰？

## 麻木的北京城中一個兵

爲人

華兵李義元於本月十三日晨，在北京使館界水關城牆上毆及英人康培爾，又同日毆及美人白馬雷夫婦和意人蓋斯基利。而其毆及這三個洋大人的動機，據順天時報所載：『該兵自毆及康培爾等被拘入使館捕房後，對人自白，言是日毆及外人，實係蓄意抗强洩憤。先是一日以前(卽星期六日)，該兵游行於使館界城牆邊，欲登城縱覽，被城上巡捕横阻，告以此處定章，非外人不能登城散步。該兵不服，且謂此地係中國領土，外人可走，何本國人獨不可走？巡捕遂以武力强其退出，該兵猶絕口叫罵，意圖攀登，巡捕乃將其拘束，送入使館界捕房，轉送警署交還所部兵營，經該營官長訊得前情，責以軍棍四百。該兵受刑冤憤，遂起抗强復仇之念誓欲手毆外人四百以償。今在押中猶謂一旦釋出，決定不後悔，必補毆足外人三百九十七名…」

此事發生後，雖已將該兵引渡警廳，依法檢訴，而英使猶極力要求於審訊之時，應許英員觀審，鬥毆小事，竟成國際交涉。然而外力布滿和麻木已極的北京城中，有此一小小抗强的舉動，我們不禁敬佩李義元底勇敢和覺悟，以較那恭順洋大人和服從洋大人的官僚政客軍閥總長等賣國賊，不啻有「天淵之別」！

自從洋大人侵入中國以後，一般國民受了各國底教徒和國內吃教的教徒迷惑，受了外交系賣國賊等的宣傳，多視洋大人爲神聖不可侵犯，使洋大人囂張無忌，白日青天常在上海漢口各地，任意踢死我們的苦力同胞，毆打我們的同胞，無故拘捕我們的同胞，酷刑拷打我們的同胞，凡此，他們都以爲是司空見慣，我國已麻木的人亦以爲這不算什麼一回事！有些媚外的洋奴，甚至於仰仗洋大人的勢力來殘害本國底同胞，以致種種傷心可恥的慘案層出不窮。此次李義元僅僅毆打了幾個洋人，算得什麼！

前次陳國賢案英使要求觀審，現在李義元案又要求觀審，照此下去，租界上的使領裁判權要推廣到北京了！

# 國民黨左右派之眞意義

獨秀

凡是一個大黨，內中總難免含有若干派別，簡單的分左右兩派，複雜的還分左右極左極右及中央五派，這是主義及政策實施時自然的結果。中國國民黨之改造方在萌芽，此時不但不應各懷意見，且實際的政治運動未認眞活動以前，也斷然沒眞的左右派之意見發生，即有意見，也不過是私的感情衝突，決不是公的左右派政見之不同。但將來國民黨在政治上實際運動豐富時，左右派政見不同，也是不能免的事。他們不同之點，所爭者自然屬於具體的政策；此等政策，此時我們還不能夠預知，惟那時採用政策之主張所以不同，必然由於兩方之出發點有一些不同的根本觀念，此不同的觀念，乃是左右派之眞意義，這是我們可以預知的。

將來國民黨左右派之不同的觀念，即不同的出發點究竟是什麼？我們可以說：採用革命方法的是左派，採用妥協方法的右派；兩方的觀念不同出發點不同，兩方所採用的方法與具體政策，便自然不同了。左派的觀念與出發點，是忠誠的要貫徹國民主義，對於任何列强與軍閥，終以羣衆的反抗爲目的，而不肯出於根本的妥協；右派的觀念與出發點，是急於黨的勝利，甚至於是急於自己個人地位的成功，主張在與列强或軍閥妥協之下，靠少數人的武力與權謀，獲得若干政權。

這是將來國民黨左右派之眞意義，照這個意義，左派乃是眞的國民黨眞的國民主義者，右派乃是拋棄了國民主義，實際上可以說不算是國民黨了。

怎樣才是國民黨的左派或右派，本應該是如此解釋：有人以爲國民黨中相信社會主義的是左派，不相信社會主義的是右派，這個觀念是完全錯誤。例如高一涵君前曾表示國民黨若採用社會主義他才肯加入；又如國民黨某君曾在廣州支部演說國民黨應採社會主義，否則便是官僚黨；他們這些錯誤的見解，乃忘記了國民黨不是社會黨，忘記了國民黨的使命和社會黨的使命不同。社會黨的使命是爲階級的革命而奮鬥，國民黨的使命是各階級合作爲國民的革命而奮鬥。國民黨固然也可以採用若干社會主義的政策，而他的使命究竟與社會黨不同，所以決不能拿相信社會主義與否爲國民黨左右派的標準。而且社會黨的右派（即反對革命的改良派），在世界革命的工作中，其價值遠不及國民黨的左派，尤其是在殖民地半殖民地。

因此，相信社會主義的人也肯加入國民黨；但他們加入國民黨，是爲國民革命而加入的，不是妄想赤化國民黨利用國民黨來做社會主義的運動而加入的；因爲眞懂得社會主義的人，應該很明白國民黨的分子及使命和社會黨的分子及使命根本不同，不是可以隨便瞎來的。社會主義者在國民黨中，理論上固然應該屬於左派，但事實上將來是否左派，還是個問題。因爲所謂國民黨的左派，他的眞意義乃是『始終採用革命方法，忠誠的徹國民主義，不肯妥協。』并不單是唱些共產主義社會主義的高調，便算是左派。口唱什麼共產主義什麼社會主義，或什麼無政府主義，而實際上不去做革命的工作，這種分子在國民黨中是右派不是左派；因爲負有國民革命的國民黨，他的左右派，應該以革命分子非革命分子爲標準，不應該以相信社會主義與否爲標準。

我們希望國民黨對於社會主義者之加入，及一切社會主義者之加入國民黨，都有一個明瞭正確的認識；同時，我們又希望自命爲國民黨左派的人們，對於國民黨左右派之眞意義及左派之使命，也要有一個明瞭正確的認識！

## 寸鐵

**外人——外交當局——中國報館**

中俄協定上俄已承認撤蒙古駐兵了，而京滬各報仍然爲了外蒙撤兵問題激昂慷慨的鬧個不休；同時，美國增加駐華艦隊，使團密議在華聯合組織三大艦隊分區駐防等警電紛傳，而京滬各報却一屁不放，這是何故？外人收買外交當局，外交當局收買報館，這一串勾當，誰也看得出！（實庵）

**冤大頭！**

中國中央及地方政府花費鉅額經費養了許多外國顧問，其實都是外國偵探，這眞是冤大頭！上海新聞報哈爾濱電：奉張俄國顧問葛氏潛赴北京，將三省對於東鐵主張密洩於法，被張查知，斥逐回哈。』其實北京政府豢大批的外國顧問，那一個不和葛氏一樣、最著名的像坂西和青木，中國人眞是冤大頭！（實庵）

**象的民族**

在無美不備的軍閥壽禮中，最特別的是使團以一象壽吳佩孚。這種特別壽禮中所含譏笑的意思，未免太刻薄了！太戈爾來華，有人發起驅象黨來反對他，拿象來比譬東方民族的性質，却十分恰當。象之龐然自大而實際無能，象之龐然大物而俯首帖耳受象奴指揮，叩頭請安而不知恥，皮破血流而不知痛，動物中這樣龐大而麻木的沒有第二個。（實庵）

**復辟預言**

前月溥儀授張英璘太子太保銜，翎頂往賀的轟動了濟南城，張受賀演說，大頌其皐恩浩蕩；本月十九日，天津舉行民國以來久經禁止之皐會，會衆全穿滿清制服，全城若狂。 我所以說：松贇江攻曹（是曹嘉管不是曹錕）文中所用「復辟」二字，是預言不是譬詞。

（實庵）

天下沒有不吃飯的聖人

美國報上發表了一篇「兩面的教士」論文，中國報上也攻擊美國駐華教士一面傳教一面經商發財，假上帝濟私；其實在此資本主義制度之下，沒有一件事能免掉資本主義化，何必單責美教士。 中國的康聖人若沒有生財手段，如何能周游世界只憂道不憂貧？ 印度詩聖太戈爾倘沒有豐厚的家產和諾貝爾賞金，又如何能見天冥想三小時到處吟風弄月只營求心靈生活而不顧慮物質生活？古人說：「天下無不是的父母。」今人說：「天下沒有不吃飯的聖人。」 （實庵）

馬蜂窩與曹錕

有人問我：「研究系爲什麼代曹政府大鼓吹其承認憲法，大鼓吹其派兵征服蒙古？」我說：「請看申報京電：參議員政府黨新成立，研究系爲裏子，會所馬蜂橋四號！反對曹大總統？馬蜂橋四號！」

（實庵）

有一小研究系，向散佈反對太戈爾傳單的青年說：「你反對太戈爾，何不去反對曹錕？」這位青年應該回答道：「有班人正在仰望曹大總統派兵征服蒙古，怎地又要反對他？」 （實庵）

崇拜太戈爾的主張派兵征服蒙古

太戈爾在杭州演說：「印度大師……使我們人類從友愛上尋光明的路，他們來中國，不像歐美人帶了槍砲等等而來。」研究系的人，一面崇拜歡迎太戈爾，一面却主張中國人帶了槍砲到蒙古去！

（實庵）

## 察哈爾通信

記者：

承詢察哈爾現狀，略陳如左：

察區集甯縣

（名稱）集甯縣土稱原名爲老鴰嘴，京綏線稱平地泉。

（地勢）平地泉爲京綏中段要地；在察區將爲政治軍事及商業之中心。

位置在豐鎮西北百二十里，西距綏遠十站（火車站）；管轄有三百里寬；

（市面）東西十餘里，南北七八里，只三年前建築；街上曾大馬路，東西行者，約平列二十餘條。

火車站在中部，截全市爲東西兩部；站爲二等站。

現於市之東部劃出一城；掘溝取土堆於裏面如城，蓋口外新城皆如此作，可以拒守。 城內有爲區都統劃出之公署地址，聞察區現住張家口之都統將移住之。

（居民）多山西人新移居者。 其次直隸亦不少。 又因地始開闢，各省人民皆有之。

民性强悍，（蓋此方新住多系內地豪强，敢作敢爲，甚少忌慮）騎馬尚武。 常有白晝平庸無異之農人，到晚即跨馬帶鎗，出行搶掠者。 蓋此地居民多有鎗者，富戶在官廳註冊領鎗，即貧者亦不難買得鎗彈。蓋軍匪不分，急則受撫爲兵，緩則轉變爲匪。

職業以業農者爲最多。——大地主甚多。每個有名之地主，皆有數十頃地，(口外地一畝的有內地二畝有奇。)即數百頃地之地主亦不少。而每個地主，外視皆素衣無異常人。——據云口外地方，常於若干地畝之內設一伙房，以俱集工人；常有一個伙房聚數百人者。蓋口外地方土匪橫行，出沒無時，故一般人民常聚居住札軍隊之地市中，(此口外大城獨多，而小村絕少之故)大地主常區分田地，於春夏耕種之際則設立伙房，任專人經理其事。

工人多山西或直隸人；每於務農時期，則結夥出口，山西俗稱「找工」開平地泉每年夏季，常有外來找工之工人五六萬。此地工資較內地爲高（如山西應縣春際作工，日資僅念四個銅錢，即夏日最忙之際亦不過十二至念個銅子）但生活費較內地亦高。（平地泉普通店中房租費—小房一人住的—的須一角至二角）故山西工人恆於賺得錢後，而稍閑時，仍回家居住。

(出產)麥與小麥爲大宗；畜類馬與羊最多。（缺乏木料，故房甚貴。）普通人出行多乘快馬；大街上塔塔不絕者馬行聲也。

(宗教)天主教最有勢力。當集甯未開闢以前，平地泉已爲天主教勢力，教堂中有鎗有馬，土匪不敢犯，故人多入教。及集甯擬建築時，官廳與教堂交涉，欲買其教民地，教堂拒絕，雖特別區爲軍事區域，政府固予官吏以極大權力，亦無可爲何。本於平地泉之北，俗稱老鴰嘴者建城；今集甯亦稱平地泉者蓋隱報政府也。——又有同善社，極拉攏地方紳士官吏。

(政治)政界多直隸山東人(直隸系有勢力)頗排山西人。官廳權力頗大，又因匪土多，人民甚仰望官廳，但民性强悍，官廳亦不敢嚴格辦事。

(住兵)地方游緝隊人數的兩營半，皆騎兵；(兵力最强，打匪最著名；營長一人武萬義原系土匪出身，故游緝亦多本地匪徒好手。孟論個人戰鬥力，較其餘住軍皆强)(兩營半分住豐鎮一營，本地一營，隆盛莊半營)中央第四旅(在此地一營，豐鎮一團設旅本部，係直系勢力，）騎兵團一團（察西鎮守使裔管轄，計住陶林一營，其餘分作各要卡）警察六區，各設巡官一人，每區騎十名，餘系站崗步兵，皆屬警察所長管轄。

(商業)糧店最富約二十餘家，資本在十萬元以上，大小字號千五百家；小商號多直隸人，糧店多忻州人。

(教育)只有高小一座，國民教育亦甚舊。

附注一、夏日工人的五六萬，或聚居城市中，或聚居大伙房。

附注二、教育極須人材。

附注三、初開闢時期，只須勇敢有爲者即不難入手。

附注四、房屋貴，土匪多，找工之人不能久居。

鄭業白

## 國民常識

庚子年義和團起事時，北方士大夫都說：『香港有個梅花樁，洋人到中國來除此無別路可通，今梅花樁已爲神兵堵塞，洋兵不能來到中國了。」

★　★　★

十餘年前，我有一位鄉間朋友，在外洋留學回家，鄉間隣舍都羣來問他何以剪去辮髮，他答以外國人都沒有辮髮，我們在那里獨有辮，太不方便。　鄰舍們更驚異道：「他們都沒有辮髮，咱們皇上願意嗎？」

★　★　★

申報記者心史說：「耶教以改革爲宗，爲歐洲政體易生變化之根本；即佛教亦高踞一切有爲法之上，籠罩帝王，而不受帝王之支配，以故印度用佛教爲國粹……吾國崇儒……并非帝制之輔佐品……孟子之不非革命，不藐民權，世已無異辭矣；即孔子又何嘗不以君臣爲對待，何嘗以君之尊爲無對，而臣民爲其自由處置之物品乎。論語中明言民主政治者……用諸夏之道而無君，周召共和（記者按：現在何嘗不是曹吳共和！）是也，此則儒家民主之眞諦矣。」

★　★　★

復辟派而兼同善社社妖王士珍王芝祥江朝宗（江朝宗在北京辦一銀行，行長是呂洞賓，現在連神仙都已資本主義化了！）等，呈請北政府明令通國尊經，并以江希張（即所謂江神童）新注四書白話解說，令各學校一律採用。王等呈文，滿紙尊經興教，不用說都是「什麼話！」中的材料；最可惜的是江神童的大著未獲一讀，僅在教育部批駁王等文中，略窺一二如下：『至於江希張四書白話解說，繪圖立義，紕繆之處，不一而足；其解釋孔經，率多摭拾佛道兩家之陳言，穿鑿附會，如學而篇末所載全篇演說，至謂親見孔子，周游法界中，講演大同學說，開宗明義，即屬荒謬不經，他如魔王宮殿，道家三尸，混入養身之義，尤失孔經之旨。如文義矛盾之處，如既以告子爲時人，又將篇名告子二字，解爲告天下萬世弟子之言；繪圖不合古制及謬誤之處，如馮婦搏虎圖，繪馮婦爲一女子，伯夷叔齊隱於首陽山圖，繪一人手執綫裝且似洋裝之書，孟子自梁之齊圖，繪兩人持肅靜迴避牌爲前導；凡此種種，祇成笑柄。』

## 什麼話！

蕭耀南禁止女教員學生剪髮令文上說：『聖人垂訓，視聽言動，悉惟禮法是遵；孝子事親，身體髮膚，必以毀傷爲戒；誠以不偏不易，方是中庸，異服異言，近於邪僻，男子宜然，女子尤甚；稍不自檢，小之爲名譽身家之累，大之爲人心世道之憂，關係至鉅，不可忽也。』

★　★　★

馬聯甲說：「教育已經是過激了，平民教育更是過激！」

河南開封新中州報「潘烈女殉節感言」上說：『耳不聞節烈之事久矣，今忽於將門中得一孱弱之奇女子，居然從容殉節，視死如歸，豈非國家禎祥，天地間一大盛事乎。』

★　★　★

上海新聞報記者說：『淫書之傷風敗俗，夫人而知之，固自昔懸爲厲禁者也；至於今日，則提倡戀愛自由之不已，甚而提倡公妻，潮流所趨，久已恬不爲怪，區區淫書又奚足論；此而猶勞紳士之請禁，官吏之令行，得毋爲新文化家所唾罵歟。』

★　★　★

# 廣州「聖三一」學生宣言

我們—聖三一同學，謹以最誠懇的態度，忠忠實實的報告我們所受的種種可憐的壓迫與痛苦於親愛的全國同學，尤其是同受煎熬于外國人所辦的學校的同學，以至于全國同胞，使明白帝國主義者對中國人的苛待，帝國主義者侵略中國教育的可痛，與在外國人所辦的學校學生底可憐，而起來援助我們，並且反對那『奴隸式』的教育，反對帝國主義者的壓迫與侵略。 現在且一五一十的申訴我們所想說的話：

我們受那『奴隸式』教育的學生，總是受過不少蔴醉毒，很少或者沒有說過得罪洋大人的話，現在爲什麼而有這一回事呢？ 那就要我們報告事實的經過的。 『聖三一』學校，是一間英國人所辦的學校—『聖公會』所辦的學校。 我們貴國人向來都不在洋大人眼上，從此可以推測到我們同學所受的污辱與痛苦。 我們自從入校以來，從沒嘗過『獨立』國人民的待遇滋味。 月前我們覺着學生自治，研究及做事的緊要，起來組織學生會，校長(英人)便表示大國人的威風，說：『沒得我的同意，何敢擅自發起組織學生會』！ 等到質問他的時候，更作威的說：『…是英國人的學校，有英領在廣州，斷不能徇你們的情，任從你們中國人的自由』唉！ 中國亡了未？ 未罷！然而，我們所受的完全是『殖民地』人民的待遇呵；他們！ 洋大人想破壞我們的進行，己于本月九日放了假，且硬要强迫我們不准住校，禁止開會，更不在話下，現在且開除同學幾人。

我們很知道帝國主義者在中國辦教育的用意，而受過那種教育的更是明瞭。 國外强盜祇顧刼掠中國，並不是厚愛中國而來教育我們。 他們的教育並不是中國所需要，更不必什麼適應時代。 他們所需要的，是製造幾個洋奴，好替他們做買賣，替他們宣傳，侵略中國，這是從他們平時灌輸給我們—宣傳與學科，可以知道的；他們是想引我們背着進化的道路後退，製造成頭腦單簡奴隸性成的民族，任從他們宰制。 聖公會白會吏長(英人)對我們說：『學生會是有政治意味，不准組織…；』呵，我們可明白了。 再看！ 外國人所辦的學校一切的教科書，那幾種不是十幾世紀以前的？ 可憐！ 活潑潑的中國青年，活活的裝入那種『車床』，變成了機器。 我們受慣『奴隸』教育的人，他人或者以爲感覺遲鈍，然而，現在也使我們不能再受了。

我們再也不感謝帝國主義者的盛意，在中國辦學校，然而，事實上外國人的教育，在中國已佔勢力，尤其是在廣東佔了不少的勢力。

我們中國政府沒有力量去支配或取締那種直接貽害中國青年，間接滅亡中國的教育，眼光光看那許多好好的青年，活埋在深深的地窖，任從那帝國主義的勢力，日加澎漲、好來侵略中國。 像這次英人對我們說：『英人所辦的學校，有英領事在廣州…』這是什麼一回事，這是何等痛心的事！ (中略)從前南洋中國人所辦的學校，英人任意來取締，硬要略奪我們的教育權，然而，還說南洋不是中國的領土；現在以在中國境內的學校竟亦不准我們中國政府去支配與取締，帝國主義者的野心，實在無處看不出來。 (中略)現在我們表示堅決的主張：

在校內爭回集會結社自由；

反對奴隸式的教育，爭回教育權；

反抗帝國主義者的侵略。

The Guide Weekly.

# 嚮導週報

定價
每份三分全年大洋一元三角半年七角
國內郵費在內

（中華郵務管理局特准掛號認爲新聞紙類）
一九二四年四月三十日

分售處
巴黎 廣州 上海 武昌 太原 長沙 濟南 杭州 雲南 寗波 開封 福州 南京

中國書報社 丁卜書店 上海書局 民智書局 時中書報社 共進書社 晉華書社 文化書社 齊魯書社 古今圖書店 新亞書社 明星書局 文化書社 工學社 天一書局

◀第六十三期▶

每星期三出版 發行通訊處
杭州馬坡巷法政學校轉安存眞
北京大學第一院收發課轉劉伯青

## 今年「五一」節與中國工人

「五一」的起源，是離今年三十八年前，西歷一八八六年五月一日美國芝加角工人爲要求八小時工作制之罷工和流血的日期；在此年此日以前，歐美工人，尤其是英國工人，因爲每日作工時間由十二至十五不等，已經做過不少的減時運動，一八八九年國際社會黨在巴黎開會，所以擇定此日爲國際勞動節，是因爲當日芝加角工人的奮鬥最爲劇烈，而且唱出了「勞動八小時，教育八小時，休息八小時」的口號。 自此以後，每年到了五月一日，各國工人都有過劇烈的示威運動，被捕流血當做家常便飯，各國政府的軍警，年年此日都不免飽受虛驚。

「五一」節有兩個重大的意義：(一)是紀念三十餘年以來年年此日各國工人奮鬥流血的悲慘，決不是紀念工人奮鬥成功的快樂；(二)是表示全世界工人階級對于全世界資產階級的政府之反抗，決非單純的要求減少工作時間。

產業落後文化落後的中國，「五一」這個名詞輸入，至今只有七年，最初是一九一八年，俄羅斯勞農國家都已出現了，而中國才有勞働雜誌創刊「五一」紀念號；其次一九一九年，北京晨報出了一張勞動節紀念號；一九二〇年，新青年月刊出了一冊「五一」特刊，自此「五一」這名詞才傳遍了知識階級，工人階級知道這名詞的還是極少數。 自一九二〇年至今五年中，每年此日，除廣州各業工人無意識的開一次遊劇的紀念會以外，他省工界可以說沒有過舉動。

一九二二年中國工人頗有奮起之勢，五月一日全國勞動大會開會于廣州，倘沒有一九二三年二月七日京漢的慘劇，是年「五一」必有可紀念的表示；可是中國工人幼稚的組織，竟被「二七」之變打得粉碎。 至今被軍閥們壓迫得不能恢復團結，不但沒有公開的全國組織，連地方的組織也幾乎全部消滅了！ 在此狀況之下的今年「五一」，中國工人的消沉態度，自必比前數年更甚了！

處此壓迫及消沉的環境，進行公開或不公開的組織及參加國民革命以圖獲得政治上的自由（如集會結社）這是中國工人目前開步必由之路。

全國工友們！ 其速向此必由之路上努力前進呀！

## 時事評論

### 臨城案件與地震慘殺案

正厂

國民呀！你還不起來麼？

臨城案件到了現在，大家已經忘記了。公使團底賠償損失數目已經送交外交部。因爲曹錕上台時應允過，現在已無可議之望。寬洪大量的中國人，只求洋大人不動怒，這麼二十多萬，也不在乎此。不過我們同時不能不回想到日本地震時華僑遭難事件。兩兩對照，不動于心者非中國人也。

| | | |
|---|---|---|
| 事項 | 搶劫二十餘人 | 殺死一百多人 |
| 凶手 | 土匪 | 軍警 |
| 結果 | 督軍省長免職<br>賠償損失二十多萬元 | 判决無罪 |

### 哈巴克心格底不幸和我們底不安

正厂

四月廿一日上海各報都登載印度人哈巴克心格氏因著書被捕事。

我們在一方面，固然替哈氏嘆惜他不幸。因爲他假使唱唱以精神反抗物質，吟吟詩，不但可以風行天下，還可以得什麼賞金呢！然而哈氏竟想不到此，自然只好被捕了。可是在另一方面，我們覺得深抱不安。因爲他底著作出版和被捕地點，同在上海。住在上海的人，還沒有出來說句公道話。我又想起盲目詩人底話了。他說上海是一個大沙漠。眞不錯！上海雖還是中國地方，而上海底中國人却不見了。

### 國際共管在上海開刀

正厂

四月廿一日上海各報登載櫻木氏對租界行政之意見一文。說是說得很好聽。什麼天下爲公，一律平等，最合中國人胃口的話，統統用了上去。不過我們眞不知道爲什麼先要在上海施行國際精神呢！

朝鮮人呀，印度人呀，菲列濱人呀，中國人呀，以及其他弱小民族中的人呀，走來走去，得不到平等待遇；如今一到上海，便會和英美法日意哥哥弟弟起來，眞眞奇怪得很！素抱國際主義的中國人，（尤其是上海人）聽了這篇什麼孔子天下爲公什麼東西文明結合什麼樹一模範，一定要浮三大白的。不過當心的就是——國際底下還有共管。

### 喪權辱國之無線電密約

獨秀

美國和日本兩年來在中國獨占無線電台之爭，也就是美國和日本在中國軍事上商業上重要的交通機關之爭；最狠毒的是他（美國）要占中國重要的交通機關至二十年之久，而建設這機關的經費及其損失還要中國負担，其實中國的軍事和商業眼前幷不需此。中國無力負担，便要向他負借款的義務；民國十年所訂此項借款密約及續約，據日來上海各報所傳，說是：電台開辦以後，有利益卽與中國均分，但中國所得之一半須存美國銀行，充作償還借款之用；倘開辦後幷無利益，或有虧折，此項借款本利必須於十年還清。電台以外所有交通部一切財源，全數作爲償還之担保。

利益是美國的，損失是中國的，這才眞是喪權辱國的外交，反對中俄協定主張派兵收蒙的愛國諸公何以不出來說話？

### 關稅會議的「時機」

章龍

二五附加關稅是列強在華府會議中給與中國最慷慨的布施，年來外人藉此宣傳，博得中國國民的好感心中着實得意。在協定關稅制下討生活的國人，果能得此涓滴之惠，自然是聊勝於無！ 論理，各邦資產階級的政府，平日强買强賣，巧取豪奪，佔盡中國所有經濟上的大便宜，假如稍知較遠的利害，稍爲顧及中國國民對於帝國主義侵略的義憤，無論在『政策』上，在『國際條約』上，在『正義人道』上，都無靳而不與之理。 然而侵略家的行動，畢竟不可以常情相度，喧傳許久的特別關稅會議最近是被列國府一致拒絕了！ 這事見本月十二日大阪每日新聞，有如次之紀載：『前此中國政府根據華府會議之決定，爲促進特別關稅會議起見，曾對關係各國政府，要求召集關稅預備會議，各國政府對於中國政府之該項要求，以取一致行動爲便，乃在北京召集公使團會議，討論應否允許中國之要求，并開誠交換意見。

惟法國方面以華府會議條約迄未批准，且金佛郎問題尚未解決，遂以華府會議條約目前無批准把握爲理由，絕對反對會議之召集，英國則以法國既未批准華會條約，特別關稅會議何時可以開會，尚無把握，現在即開預備會議，亦無結果爲言、而贊成法國之主張。 美國對於召集此會，亦似不甚贊成。 日本一國對於預備會議之召集，雖無反對之意思，但此會若有一國反對，即不成立，故認爲既有反對之國，亦不必不顧其反對，而故意贊成。 其結果遂以中國政府希望關稅預備會議之召集尚未達其時機爲理由，決定拒絕，由各國公使將議決之意，各自報告本國政府、各本國政府依其報告，近日當各自訓令其公使，對中國政府答覆拒絕焉。』

從這段空空洞洞不能自圓其說的記載看來，顯見得所謂時機未到，只是因爲沒有承認法國佛郎用金案的一種懲罰。 金佛郎案本來同關稅會議風馬牛不相及，中法兩國的交涉更與其他各國毫不相干，交民巷的一夥强徒，居然胡亂扯拉，輕輕以時機未達幾字硬將九國會議的條約一手撕碎，弱小民族的動輒得咎一至於此！ 我們眞不能不詫異他們詞令的滑稽，更不能不佩服他們爲惡的勇敢了！

因爲金佛郎案一轉口間便要損失七千餘萬，所以全國國民奮起力爭，曹錕王買辦等人，見衆怒難犯，才略知顧忌；初不料關稅會議竟會因此發生所謂『時機』問題。 試問列强與中國的交涉既不止法國一國，也不單是金佛郎案一事，足資藉口訛詐的隨在皆有；照此推論，從今以後，國人除非千依百諾承受帝國主義者的種種敲詐外，更有何法，可以使關稅會議實現？ 那麼所謂關稅會議的時機，簡直是宰割中國國命的利刃，國人未蒙其利，先受其害了，這是帝國主義者怎樣狠毒的陷阱呵！

我們希望國人的，不必徒怨華府會議的破產，正宜在這個問題上看淸一點，便是協定關稅制度，永遠是我國國民沈重的枷鎖，在協定意義下外人所主張的無論甚麽『會議』和甚麽辦法，都是於我國民無利益的，我們所要的是運用國民革命的力量根本取消這種畸形的制度！

## 英俄會議與日俄會議

爲人

現時正在開幕的英俄會議和正在進行的日俄會議，在世界政治狀況變化上有極重大的意義。 究竟英俄會議和日俄會議的前途如何？現時的實情如下：

承認蘇俄，自然是英國工黨內閣底第一個政策。繼續承認蘇俄後的英俄會議，這就可是一個難解決的問題了。 若英國工黨內閣操有實權，不必順從自由黨底主張，如蘇俄代表所說：『如兩國政府以尊重東方國家主權之原則為起點，則不難解決關於東方利益之各種問題。」我們也可以說，如英俄兩國以尊重兩國底主權原則為起點，則不難解決關於兩國利益之各種問題，如此，則英俄會議自易成功。

可是英國工黨內閣斷難這樣的與蘇聯會議；自麥克唐納爾所提關于收回住宅底問題被自由黨始終反對以後，工黨底內閣已懍懍自危。英國工黨內閣若以自己原來的主張，提出於英俄會議，上就要受自由保守兩黨的攻擊而不能存在。英國銀行家對於英俄會議的覺見又已提出如下：（一）要蘇俄承認公私債務；（二）給還外人私產；（三）尊重私人合同；（四）保障不沒收私產；（五）商人在俄不受政府干涉……」麥克唐納爾對此若容納，即是完全拋棄工黨本身對於蘇俄底主張，使英俄會議無成功之望。蘇俄對此亦已表示反對的意見如十七日的莫斯科電所述：『俄人聞英相麥氏在英俄會議開幕時之演說，大為失望。俄報稱英相之言，表面如教士說法，內幕有英人銀行家之惡魔，若俄國果接受之，則全部蘇維埃制度悉將更變……』如此，我們可以知道英俄會議中的英國工黨內閣要想英俄會議成功，只有一條路可走，即不以銀行家底主張為主張。然而如此，英國工黨內閣又將受資產階級底反對而不能存在。是英俄會議的成敗，實是英國工黨內閣的成敗。

日本清浦內閣之仇視蘇俄，是清浦內閣對外的一個根本政策。如無理拒絕蘇聯人民賑濟日本災民，派武員在海參崴等地密謀不軌，與法國資本帝國主義者勾結謀奪中俄底中東鐵路。蘇俄至此，不得不與日本停止郵件交換，依法拘捕在海參崴密謀不軌之松井大尉等十二人，否認駐崴日領事。日政府至此，也不得不向蘇俄表示一點好意，要求釋放被捕人員，允開日俄會議，在日政府底目的有四：（一）先要蘇俄釋放日員，然後才開日俄會議；（二）要求蘇俄對於廟街事件須向日政府道謝，並宜以北庫頁島作為此案的賠償品，（三）要求蘇俄以沿海州省的大漁業讓與日本；（四）要求償還舊債。如以上四條達到了目的，然後才承認蘇俄。

在蘇俄底目的則不以此為然，（一）被捕之日員須依蘇俄法律解決，不能作為開會議的交換條件；（二）恢復邦交後才開會；（三）北庫頁島係蘇俄領土，日本不得侵占；（三）沿海州省底漁業似可租借與日本；（四）舊債及廟街事件，蘇俄政府均不能負責。在這種情況之下，日政府如不拋棄仇俄的成見，任蘇俄如何讓步，日俄會議是難成功的。處處要蘇俄吃大虧，蘇俄又不是戰敗國，如何能忍耐得住？

# 投降條件下之中國教育權

獨秀

去年上海三育大學的美國人說：『既入教會讀書，應當斷絕國家關係，愛國二字斷無存在之餘地。』今年廣州聖三一學校的英國人又說：『這是英國人的學校，有英領事在廣州，斷不能徇你們的請，任從你們中國人的自由。』英美人這樣反覆聲明他們在中國辦教育的宗旨，昏瞶的中國人總應該醒覺了罷！

中國人果然有點醒覺了，效法清華留美之陰謀侵略的日本對華文化事業，朱經農君懷疑於先，北京學界戒嚴於後，同時奉天教育界且有收回教育權之實際運動，甚至腐舊申報記者亦表同情於收回教育權之主張，（見四月二十六日申報）他并說：『外電并謂國際間尚受投降條件之支配(卽外人教育權)者，現惟有中國一國，此乃國向所未聞之意義也。」不過我們在「以後一切對華侵略，將以教育的形式出之」(見本週報一十二期)「帝國主義侵略中國之各種方式」(見前鋒月刊第一期)「中國教育問題」(見前鋒第二期)等論文中，都大聲疾呼的說過，可惜申報記者心史君都未曾注意。

申報記者心史君幷詳論最近土耳其收回教育權及奉天收回教育權兩件事，這兩件事實是我們收回教育權運動之實例，都是值得我們注意的。

歐戰以前，列强在土耳其設立的學校，中小學女學和大學都有，最多的是法國，其次是德國美國，不用說，這些學校之目的和在中國的教會學校一樣，都是養成奴隸人才，爲他們的帝國主義之前驅；大戰發生後，土耳　政府否認了以前與各國所定條約，於是法國在土耳其的學校都關門了，美國的和德國的仍舊開着；一九一八年協約戰勝後，德國在土耳其的學校，也都破壞了，惟有美國的學校，一直到洛桑會議，尙爲土耳其所應許。　可是現在土耳其人已明白美國人對他們的教育侵略，和法德幷非兩樣，所以在收回司法權和關稅權之後，最近更收回教育權，凡外人在土耳其所設學校，一律勒令停閉，卽美國新在君士坦丁設立之醫學校及以六萬鎊經費開辦之女子專門學校，亦在勒令停閉之列；這就是所謂「不受投降條件中最末之一權利」。　土耳其人這種獨立不羈的氣概，實在令有奶便是娘的中國教育家愧死——外人替他辦教育便謳歌外人；軍閥捐錢給他辦教育便謳歌軍閥；「有奶便是娘」，還論什麼條件！

中國所受列强教育的侵略狀況是怎樣呢？　全國大點的城鎭幾乎無處沒有教會學校；除無數小學普及窮鄉僻壤不計外，卽在城市之中等以上的學校，據中華教育改進社報告：全國一•三七五校中，外人設立者占一六二校；男女學生二六九•一〇八人中，外人所設學校之學生占二八•五三四人。　他們在中國所設大學，幾乎無一省沒有；他們勢力最盛的是南京上海廣州三處，最可恥的是廣州南京，教會學校以外，卽中國自設的大學及高師中，也有許多留美學生或教徒爲大美國及教會宣傳德意，這是中國教育界第一傷心之事。　至於外人直接設立的學校，不服中國政府管理權，以耶教經典代替中國的倫理道德功課，更不用說了，所以外電說：「國際間尙受投降條件之支配者現惟有中國一國。」，試問謳歌教會學校淸華學校及歡迎日本對華文化事業諸君，對此外電所云作何感想？。

日本人宣傳的本領及工具遠不及美國人，所以中國人反對日本的潮流，比反對美國不知要大過幾千萬倍。　日本人現時雖然知道，然而他的手段仍是異常笨拙，他方在模倣美國淸華式的運動，馬上卽被中國人看出破綻，尤其是被謳歌淸華學校的歐美留學生看出破綻；同時，他在奉天方面的教育侵略也過於肆無忌憚，引起世界上最麻木的中國人也起來反抗了。

日本在奉天教育侵略的方法，是在南滿安奉兩路線各站，迭次添設公學堂(卽小學)添設師範學堂，招收中國學生，推行日本風的學校，以造就日本化的中國人。　去年奉天省教育會開常會時，教育廳長謝蔭昌曾提一案，凡無中華民國國籍者，不得在奉省政權所及之地域，對於奉省人民施行師範教育及小學教育。　此案通過後，卽由廳派調查員調查兩路各站之前二項教育，報告結果，一體認爲應予收回。

日本聽得此消息，遂向交涉署　教育廳質問，謝廳長則主張由中國計費償還，收回自辦，日本人仍不服，最近奉天政府決定召集省教育會議時會解決此案。

日本外務省派員質問謝教育廳長時，問他是反對日本辦學堂或是反對辦學之人，謝答道：

『兩者都不贊成，對於用人，日人決聘不到好的中國教師，中國人稍有智識血性者，多不肯爲日本用，故公學堂之中國教員，多半爲中國不用的腐舊老童生。各公學堂實在辦得不好，女纏足，男留辮，學生但知有清國日本，不知有中華民國；其餘功課均無足觀；辦法更令人不滿意，學生聽講時，　巡警監視，不准教員講中國人之愛國話。』

在這一段話中，我們總可以看出日本人在奉　之教育的侵略，是何等肆無忌憚！　但我們同時應該知道英美教會在中國各省所辦的學校，何嘗不和日本人在奉天辦的公學堂是同樣宗旨，「三育」和「聖三一」便是標本，決不可像英美留學生一面懷疑日本對華文化事業，一面却謳歌英美對華文化事業！

我們希望奉天人，收回教育權更進一步勿以小學師範爲限；我們更盼望全國教育界，不但對於日本在華文化事業應該懷疑，對於英美在華教育侵略也應該反對；就是對於教員中美國化的留美學生及教徒也應該廓清；勿讓收回教育權不受投降條件之支配的土耳其人專美於前！

## 寸鐵

### 太戈爾與梁啓超

得過諾貝爾賞金的太戈爾和做過財政總長的梁啓超，現在北京攜着手大倡其心靈生活與精神文明，他們都得了飽煖以上的飽煖，却忘了普天下衆人的飢寒，好個沒良心的東方文化代表者！　(實庵)

### 中國土匪軍閥之來源

吳佩孚對英人說：『中國土匪之來源，全由外國人及傳教者養成，將外國鎗炮等殺人之器，源源運到中國，以至中國土匪愈弄愈多』。(四月十七日上海新聞報北京通信)此話傳到北京，京中人傳爲笑談；其實吳佩孚并未說錯，土匪下若再加軍閥二字，那更是快語！

(實庵)

### 好個友愛無爭的詩聖

江亢虎南游追想記上說：『中國之招商輪船局與日本之郵船會社同年成立，四十餘年來，彼則巨艦百數，縱橫五洋，船長技師人才如鯽；我則長江近海尚不能與怡和太古日清爭衡，并大副二副無本國人，其他更無論矣』。　我想太戈爾若聽了江先生此話，必然又要說：這些物質文明我們不必羨慕，我們『東方文化重道德』，我們重在『回復精神上的樂土，』『固不在目前侵奪勝利』。　在友愛無爭的詩聖看來，不但江亢虎所見不廣，即哈巴克沁格在上海爲英人之階下囚，也未免自討苦吃，你看我友愛無爭的詩聖，是何等逍遙自在的在北京爲英人之坐上客！

（實庵）

洛桑議約與中俄協定

申報記者心史君說：『土耳其爲新興之國，朝氣勃勃，一躍而入於獨立不羈之位置，凡東方病夫向有之一切沈疴，若外國駐兵，若領事裁判權，若不平等之稅則，洛桑議約，一舉而空之，久已動世人之驚歎』。心史君所驚歎的土耳其這些獨立不羈之位置，中國在中俄協定都得着；并且中俄協定明認中東路可由中國贖回及中國在蒙古之主權，而洛桑議約則土耳其不能收回莫孛爾油礦及許外國軍艦自由通過海峽，兩下對照起來，中俄協定更好過洛桑議約，何以心史君并不驚歎呢？

（實庵）

## 讀者之聲

### 外力宰制下之華人生命

育南

南京事件，中國殺日本二人，償價六十九萬元，廟街事件，殺日本三人，償價一百萬元，日人猶以爲輕，忿忿不已。此次日本地震，日人於大亂之中，無端刼殺華人至四百二十五人之多，中國要求賠償三十萬元，以之相較，華人四百二十五人不及日本一人之價，而日人猶以爲分外之要，遲遲不復。中日兩國人之價值，何如是之懸遠乎？

然此雖不平，猶有償也。最橫暴無理者，莫如近三個月間，外人在漢口慘殺華人之暴行：(一)去年十二月漢口日商多本洋行日人無端歷廚夫華人田仲香爲盜，送至日捕房非刑斃命，經中國官廳及人民團體嚴重交涉，至今毫無辦法：(二)本年正月漢口日商東孚洋行日人逼殺華人西人邦敏，證據確鑿，中國官廳與之交涉，至今仍無結果了（三）二月十三日漢口英商怡和洋行英人甯頓之婦，抛球入水，威逼看役余漢平入水取球，致遭溺斃，事後伊竟置之不理，若無事然，雖經當事者與之交涉，亦無効果；(四)二月二十四日日商水谷洋行日人，因女工屠氏稍有錯誤，竟行兇拳打脚踢漢婦命在垂危，日人亦仍以不理對之；(五)美商大來洋行之美仁輪船船主失檢，致令汽管炸烈，蒸製華工人二人，傷四人，船主雇小划送死傷者上岸，竟置之不理，鼓船而去。其他工人與之爭，亦屬無効。三個月間，外人有竟或無意殺斃華人五人，傷五人，竟一錢不賠。

日本大坂日日新聞有言：『華人有價，每個約五十元』。

嗚呼！今竟五十元也不值，甚至一文也不値！

嗚呼！外力宰制下之華人生命！

## 通信

潤秀先生：

外人假傳道爲名，收奴隸我國智識階級之實，其危險似乎不亞於經濟侵略，何嚮導對於此種行爲竟少加痛斥？ 玆錄此間一種事實，和我個人一點感想寄上。是否有當尙祈正之。

眞茹是一個荒蕪的地方，自從暨南學校由江甯移來後，無微不入的外國傳道師，居然也跑到這荒野中來設禮拜堂。 他們作事的果敢，誰也不能不佩服，可是我們暨南的同學都是由國外回來的，僑居的時候，已經受盡外人的優待了！ 並且也大多數嘗過教會教育的味道，和傳道師的博愛，早已深惡而痛絕之了！ 可是傳道師的手段實在高强，他狠明白青年的心理，每逢禮拜，總由上海帶些女學生來。因此，我們的同學就不知不覺上當了！

我想傳道師這種手段，一定不僅施在眞茹，因此，不禁要對親愛的同胞們說幾句話：

全國的兄弟姊妹們！ 宗教和科學是背道的，在這科學勃興時代，宗教的觀念應當放棄了；且加以外國傳道師用心之險，尤當痛絕之！同時更希望姊妹們，勿假外人作爲抗殺自家兄弟之利器！

S．C． 十三，四，十三．眞茹暨南學校

## 餘錄

駐德公使魏宸組在武昌商業大學演說，講到國際聯盟他說道：「其實這種機關，（指國際聯盟）乃是各强國的武器，國際聯盟會中各國雖皆有一分子，然英國有十幾分子，各屬地皆有一票，如遇有重要的事，而以多數取決，英國可以獨佔多數票。又如法國自戰勝後，巴爾幹各小國因爲法國戰勝，皆特爲組織一小協約國，而服從法國，每國皆有一票，而此種小國之一票，即投法國票者，故去年改選時中國因無代表出席，以致落選。法國又與捷克聯盟使其加入聯盟，而排斥中國。……此種機關簡直是英法宰割的利器。天下不講公理之極，莫過於國際聯盟會了。至於國際聯盟所需的費用，除英法外可算是中國出的最多，像這種和平的機關，我們要倚靠他，那就糟了……」

The Guide Weekly.

# 嚮導週報

◀第六十四期▶

（中華郵務管理局特准掛號認為新聞紙類）

一九二四年五月七日

定價

每份三分全年大洋一元三角半年七角國內郵費在內

每星期三出版　發行通訊處

杭州馬坡巷法政學校轉安存真
北京大學第一院收發課轉劉伯青

分售處

巴黎　廣州　上海　武昌　太原　長沙　濟南　杭州　雲南　寧波　開封　福州　南京

中國書報社　丁卜書店　上海書店　民智書局　時中書報社　共進書社　晉華書社　文化書社　齊魯書社　古今圖書店　新亞書社　明星書局　文化書社　工學社　天一書局



# 國恥紀念日檄告全國同胞

今日何日？

是國恥紀念日。

我們國恥重重，今日紀念何事？

是紀念九年前之今日，帝國主義的日本以武力迫我承認他二十一條要求。　至今旅順大連灣，過期一年不肯交還，日本便是根據這二十一條說話。

日本壓迫我們，只有二十一條要求和不交還旅大兩件事嗎？

多得很！　多得很！　別的且不說，但說眼前事：(一)日本地震時，無故打殺華工四百二十五人；(二)漢口的日本商人，兩三個月內，一連逼死田仲香賈邦敏二命，打傷屠氏女工一名；(三)十餘艘艦隊來到長江示威，四月十日在黃石港撞沈民船，溺死十餘人；(四)在奉天的撫順日本守備隊包圍縣署，日本總領事逼迫奉天官廳飭令主張收回南滿附屬地教育權的奉天東報停刊，總領事向奉天當局要求日本在奉天辦教育辦實業的權利。

日本以外的各國怎樣呢？

自來壓迫我們的不只是日本一國，自從華盛頓會議，帝國主義的英美法和日本訂了一個四國協定，遂由單獨壓迫我們變成公同壓迫我們的新局面。　臨城案便是這新局面之開始發展。

臨城土匪擄去幾個洋人算不得什麼大事，各國竟因此公同迫我罷免地方長官，付給巨額賠款，更進而要求由外人管理路警；無恥的帝國主義者，竟以此案要求作覲見曹錕之條件。

此外如金佛郎案，如拒絕中國禁止棉花出口，幷拒絕增加棉花出口稅，如拒絕中國商標法，如組織駐華警備艦隊，各國都公同一致向我進攻。　他們的公同行動外，還有單獨的進攻：若法使干涉中東路及漢口俄租界；若美國添造駐華砲艦；若英使抗議各省紙煙特稅；若日本在奉天之行動皆是。　他們在華會欺騙我們的增加關稅，不但值百抽一二•五不談起，即既定之二•五加稅也藉詞拒絕了！　他們在華會欺騙我們的取消領事裁判權，不但藉詞不實行，而且要將領事裁判權推廣到租界以外（若陳國賢案及李義元案），而且要推廣上海租界，而且不待租界推廣，便要在華界行使租界工部局之職權（若五月一日上海泰利洋行率領武裝巡捕拆毀閘北宜樂里房屋驅逐房客事件），他們欺凌我們中國是何等肆無忌憚！李義元與西人互毆案，和英人威德比抗稅毆傷巡士案，前後只隔十天，而情節較輕；英美在華的機關報對威德比案一字不提，對李義元案，大陸報則狂呼『中國拳匪精神未死』，字林報則狂呼『列強對華懲罰戰爭』，并以墮落者罪犯等名詞加於我愛國學生之身，試問我們同胞在英美有沒有如此不法的言論自由？ 我們同胞竟容忍他們在中國如此言論自由，這是何等的恥辱！

同胞們！ 帝國主義的英美法日等列強，已合起夥來壓迫我們侮辱我們令我們不能再忍了！

「我們抬起頭來罷！ 或者是死！」

## 外患日誌

記者

四月

一日　日本外務省對華文化事務局參贊朝岡健到上海，擬以庚子賠款一百八十二萬元作對華文化運動之用。

英法兩使照會，均不允開關稅會議，法使提及金佛郎案，謂中政府不履行前次協定，法國決不批准華會條約，即關稅會議，無從召集。

二日　使團函催外部，速償臨城案三十五萬元。

使團向外部質問商標法不保障外商權利。

法使通牒外部，謂漢口俄租界如有變更，須先得法國同意，若中俄自行解決，法國決不承認。

四日　使團開會，對關稅會議主張拒絕，對商標法堅持商議。

五日　意使答復外部，意使館自設無線電台，不受中國干涉。

六日　吳佩孚向英人商借道口濟南鐵路款，日使提出抗議。

美國巴克門林登建築公司獲得承辦哈爾濱電車專權。

八日　施使電：美國務卿休士主張緩開關稅會議。

十日　在中國長江示威之日本艦隊，經過黃石港時，撞破民船，溺死十餘人，該艦隊揚長而去，并不施救。

十一日　使團照會外部，上海會審公堂祇允將華人民事案交還中國法庭，并要求以推廣上海租界為條件。

駐中國各地日本領事在北京日使館會議，討論向東三省當局提出要求條件。

交通部擬增收各路外人運送貨物之運費，使團向外部提出抗議。

十三日　日商三井洋行函海軍部，拒絕試驗雙橋無線電台。

英使因華兵李義元與英人鬥毆，將李拘入英使館，要求許英員觀審方能移交。

十四日　英使又向外部要求取消蘇省紙烟稅。

十五日　華盛頓電：衆議院贊成海軍委員會議案，添造駐華砲艦六艘。

十六日　上海公共租界工部局，向納稅外人會提議增加碼頭捐取締印刷附律及交易所註冊三案。

世界新聞社東京消息：日本糖業中人鑑於該國各紗廠將工廠移建於中國，利用中國廉價之原料與人工，獲利非淺，亦擬倣照進行。 東京明治製糖會社，以日金三千七百四十五萬元，在上海楊樹浦設立明華煉糖廠。 又日本駐烟台領事，亦以同樣理由勸告日本火柴等製造家在中國設廠製造。

十七日 使團密議，列強在華聯合組織三大艦隊，分區駐防：第一艦隊任遼東直魯沿海之警備；第二艦隊任長江一帶之警備；第三艦隊任浙閩粵三省之警備。

法使照會外部，今後中東路辦法，法國必須參加。

臨城案賠款，英美意三國又追加十六萬七千。

十八日 英使親至外部，要求陳國賢案李義元案均由英員觀審。

念一日 漢口日商東字洋行大班鳥羽出藏，逼死華商賈邦敏一案，由日領署宣告鳥羽無罪。

念三日 美商運動蘇督，允其在蘇州築無線電台，以為導淮借款之交換。

奉天東報因反對撫順日本守備隊包圍縣署，及主張收回南滿附屬地之教育權，遂怒日本人，日本領事要求官廳，飭令該報停刊。

英商威德比抗納北京崇文門關稅，并毆傷巡士劉魁元。

念四日 直隸定州基督教堂侵佔孔廟地，省長電外部交涉。

念五日 英使向外部抗議江西舉辦紙烟特稅。

念六日 英使向外部抗議綏遠紙烟特稅。

上海大陸報，因李義元案著論題曰『奉匪精神』，極口侮辱中國國民。

念九日 意兵毆傷稅吏案，意使復稱該兵已回國，無從懲辦。

三十日 施使電：美政府抗議中國各省徵收紙烟特稅。

## 時事評論

### 英意人毆傷巡士稅吏

獨秀

四月廿三日，旅居北京之英國商人威德比，坐汽車到郵局領取包裹，意欲圖關漏稅，當經崇文門郵包稅局巡士攔阻，告以須到局查驗，該英人置之不理；後由郵包稅局主任稽查專員等，出而用英語再三開導，該英人不但不聽，竟持包强行登車，巡士李德新劉魁元梁桂棠向前攔阻，該英人竟下車用拳將劉魁元之嘴打破，比由正陽門稅局將汽車夫連同包裹一件，呈送警廳押留。 英使館聞信，以使領裁判權得護庇為外人服務之中國人，函請政府釋放，警廳遂將該汽車夫取保放出。 同時由外部照會英使要求嚴辦該英商威德比，并須准我派員觀審。

四月廿九日北京電：意兵毆傷稅吏案，意使復稱該兵已經回國，無從懲辦。

李義元打了洋人，上海字林西報便鼓吹列強實行對華『懲罰戰爭』，而英人意人毆傷巡士稅吏，却逍遙法外。 帝國主義者動輒以遵守條約責備中國，不知道他們這種自由毆打中國公務人員之特權載在何項條約？

使領裁判權，不但護庇在中國犯法之外國人，并且庇及在中國犯法而爲外人服務之中國人，所謂『治外法權』，竟擴大濫用到如此地步！

## 上海租界工部局能在華界行使職權嗎？

獨秀

奸商賣國賊鄭伯昭，爲圖上海閘北宜樂里房屋加租翻造，被衆房客所反對，遂藉洋勢，假託英商泰利公司領換道契，於五月一日由泰利洋行大班白蘭特，在工部局領取執照，帶領印度巡捕二十五人，馬隊一排，西探十二人，荷槍實彈，督率小工五十餘人，到宜樂里，將該里沿馬路一帶商店，實行動手拆屋。　時在早晨七點鐘，住在該里各房客均由夢中驚醒，一般婦女小孩搬運什物，如遭大難，哭聲震天。　當拆屋時，一部分工人湧入各商店內，拆除樓板地板，一部工人上屋抽瓦，一時磚瓦亂飛，有房客趙子祥及某姓小孩均擊傷頭部。該里房客聯合會及閘北國土維持會均召集緊急會議，以圖對付；閘北各公團也都憤慨，開會討論設法援助。

我們若問：工部何故派人到宜樂里拆屋，他們必說爲保護泰利洋行產業。

我們若問：外人開的泰利洋行何以能在中國內地置產，他們必說泰利洋行在宜樂里置有房產，曾得中國官廳准許；因執有道契的緣故、外人在鄰近租界之內地（如閘北浦東等處）置有產業者很多。

如此，我們便要問：閘北宜樂里房捐門牌向歸中國工巡局辦理，明明不在租界之內，卽泰利洋行翻造該里房屋亦曾向中國工巡局請領執照，此次泰利洋行何不仍在工巡局控告，或請英領向中國交涉署交涉，而控之租界工部局；工部局又遵何條約有何權力能派武裝巡捕到完全華界拆毀房屋？　他們敢說：『租界工部局照條約能在中國任何內地行使職權』嗎？

我們敢告維護國土反對推放租界的全上海市民，此次工部局拆毀宜樂里房屋，決不是單純的宜樂里房客被壓迫問題，乃是工部局越界行使職權侵犯中國國土國權問題呵！

## 歡迎廣州上海兩學生會

獨秀

中國愛國的青年學生，自「五四」「六三」後，幾乎一蹶不振，各地學生會大半有名無實；尤其是學生之重鎭上海廣州學生會，連名也沒有了！

好了，現在否極泰來，不但北京武昌學生會漸漸活動起來，而且廣州學生會及全國中最有力的上海學生會，都已恢復他們的組織了！

三月九日復活的廣州學生聯合會，在改組宣言裏，已顯現他們徹底覺悟。　我們更忠告全廣州的學生，今後將地方觀念宗教觀念盪滌淨盡，堅固的團結整個廣州學生會，永遠勿從安那其的謬見，自由退出而分裂而自殺！

「六三」運動的青年英雄——上海學生，亦於「五四」紀念日，將可敬的學生聯合會重整旗鼓，出席者三十餘校代表，會中職員都已選出了。　我們更忠告全上海學生：（一）今後之活動應全體動員，各個都能盡職，勿但責難少數領袖；（二）應視全國學生爲一體，勿存南北之見；（三）勿以宗教之故分裂上海學生團體。

我們更有忠告於上海廣州學生會的是：全國學生總會是學生界必需的組織，是學生界作戰的重要工具，是敵人——列强與軍閥——所疾視的，是學生界所應擁護的。　學生總會應發見以前的錯誤，努力與上海學生聯袂攜手合作；上海學生亦應捐棄糾紛而謀全國學生的大團結！

愛國的青年們！ 我們應該只看見敵人們——列強與軍閥——壓迫我們侮辱我們是何等兇猛，我們不應該單看見弟兄們的小過，大家親密的團結起來吧！

## 歡迎奉天東報復刊

獨秀

愛國奮鬥的奉天東報，受帝國主義的日本之壓迫而停刊一星期，我們心中是 等難受！ 現在又於四月三十復刊，我們心中是何等快樂！

不但復刊，而且增加張數，鄭重宣言決不畏難；同時對於收回教育權充分發揮；更作明恥一篇，以針日人所辦盛京時報之中國記者；此外復於日本運動辦理奉天市內電車表示反對，至勞日本軍閥再向奉天當局要求永禁東報。

我們一方面敬佩東報記者們勇於愛國奮鬥不屈的精神，一方面覺得勇於收簽的上海各報記者們，對於英美法日接二連三的最近壓迫，大都『寬容可掬』！

## 排外與排內

章龍

「排外」二字就字義上說我們自然是不以爲然的，因爲現在壓迫中國平民階級的勢力并不以內外分野，而外人的侵略中國亦只限於列强特權階級的政府，其餘各國盈千累萬的平民却與我們處於同樣的悲運。所以我們的主張是聯合世界被壓迫的弱小民族和强大民族中被壓迫的勞苦階級，作反抗帝國主義的運動，要將這个含有世界性的革命問題，付與全世境遇相同的民衆解決，這才能集中我們的力量，打倒我們共同的敵人。

不幸所謂「排外」兩字，近來經一般洋記者們的運用，平空添了不少的新解釋。 自交民巷李元義登城被捕案發生以來，上海的外國報紙議論飈發，接連不斷的鼓吹中國國民「排外復興」，主張各國政府採取有力之對付。他們爲激動僑商的敵愾，將自義和團起至臨城案止中國內地所發生的大小「教案」及僑商受損事件，繪影繪聲地描寫得淋漓盡致。 又爲證明目前排外的聲勢浩大起見，舉凡中國國民所爭的旅大案，威海衛案，金佛郎案，關稅會議案，推廣租界案，領事裁判權案，……等等，籠統加上他一个「排外」的惡謚，自這班記者的心理看來，中國人過去所受「排外」的嚴懲痛創儘夠受了！ （單是庚子賠款連本帶利九萬八千萬多兩，太平無事須等到民國卅四年才能還清。）所以平日聽到這兩个字便不由得心驚胆落，現在又唸出這一套「緊箍咒」是很能鎭壓中國人們的心靈的。

外國記者們爲護持各國在華的「威信」，爲抵賴華府會議所說的甘言，不惜用盡心機，搬弄這些名詞來催眠中國國民，本來是無足怪的，只是像這樣的說法未免太簡單了。 我們敢說中國年來反帝國主義的運動較有進步，并不是少數人的倡導所致，也不是一般民衆從前怨笨，現在忽然聰明起來。這純由於華會以來國際帝國主義的進攻愈接愈厲，逼得太多數國人無路可走，於是自然而然的在實際生活中體驗出他們生活悲慘的真原因了。　難道這些經驗的智識是用以拿空洞的名詞能嚇退的嗎？

你們所舉『排外』最力的論證，自然要以義和團案爲最得意之事，就拿這案說吧！　你們自然以爲是『野蠻極』了，然而從國民自衛的意義上說，只能認爲他是帝國主義進攻一點小小的反映，雖然他們的方法幼稚得可笑，却不能算什麼滔天的罪惡。　傷了几个僑民和僞善者（傳教師）訛索去空前鉅額的賠款，使中國因此夷爲殖民地而不能自振，試問天下殘忍的事還有比這个利害的麽？　我想中國國民縱一時能力不足以反抗，這點淺顯的利害却是能辨別的。　至於說我們現在要收回關稅主權，要取消一切不平等條約，要收回租界，要打破外人種種特權和奴辱這都是『排外』的舉動，那么我們可以明白宣言，現在中國國民的自身解放，正是要努力做這些『排外』的運動，我們不獨不稍有顧忌，還要勇往前進，就說這是『罪惡』，但是自衛的罪惡，總比侵略的罪惡小些！　試問你們英美法日各國，那一國關稅容外人協定，那一國肯與外人定不平等的條約，那一國有外國的租界與領判權；你們是何等排外！

你們不但排外，而且你們跑到中國硬要通商販賣鴉片，硬要管理中國關鹽稅，硬要開租界設領事裁判中國人，硬不許中國人禁止棉花出口，硬不許中國人增加棉花出口稅，硬不許中國人徵收紙烟稅，硬不許中國人領港，硬要在中國辦實業（工廠礦山鐵路等。）辦教育，硬要在中國打死人而無罪（最著名的若上海樂志華案漢口田仲香案）。　由以上等等看來，你們不但在本國「排外」，還要跑到中國「排內」；你們明目張膽的在中國「排內」不算，還要大聲疾呼的說中國人「排外」，說列强應對華實行『懲罰戰爭』，這是何等喧賓奪主！這是何等侮辱我們中國人！

# 煙台調查

郭壽生

## 一，人民狀況

煙台戶口據警察方面調查，總共一萬四千六百六十三家，男子約有六萬二千二百六十餘人，女子約有二萬七千零六十餘人。　人民性極遲鈍，喜保守，俗尚樸實，勤勉耐勞，身體偉大强壯。　農力于野，商勤于市，就是婦女男童亦多從事工作。　他們又好積蓄，殷實的十有八九，貧民自食其力，窮餓的很少。　他們長於經商，喜到外省或外國活動，如滿州直隸北部蒙古海參崴及俄國邊境，隨地都有山東勞動者，（俗稱苦力）多半從事開墾做工，每年由煙台出口在大連登岸的勞動者，數逵數萬。

從山東每年出傭於滿蒙及俄領的苦力，大約三十五萬人，他們生產于山東半島從前的登州萊州兩府爲最多，青州沂州膠州次之，西部各地較少。　今將各地方每年出傭者勞動者之略數，列于左邊：

登州　一五〇，〇〇〇人，　萊州　六〇，〇〇〇人，
青州　六〇，〇〇〇人，　沂州　三〇，〇〇〇人，
膠州　二〇，〇〇〇人，

他們從陰歷正月末，各向目的地出發，以陰歷二月三月爲最多，

至四月就漸漸的減少。　他們得了相當的積蓄以後，當于陰歷十一月下旬至十二月中旬還鄉度歲。　過年後，其行程在東方的，經由煙台龍口青島各港，從海道而赴海參崴，或安東大連等處。　其行程在西方的，乘津浦火車，至天津入營口；或由濟南航行小清河至羊角溝，改乘小火輪以達滿州。　今將經過煙台的勞動者的數目及範圍，述之如左：

一，經過煙台的，　一二〇，〇〇〇人，

經過這地方，以舊登州府東部的榮城文登牟平萊陽海陽福山棲霞等地，占大多數，也有遠從萊州青州來的，其大別如次：

登州　九〇，〇〇〇人，　萊州　二〇，〇〇〇人，

青州　一〇，〇〇〇人，

此外又有經過別的地方，列表如下：

二，經過龍口的，　一〇〇，〇〇〇人，

三，經過青島的，　九〇，〇〇〇人，

四，經過羊角溝的，　二〇，〇〇〇人，

五，經過津浦鐵路的，　二〇，〇〇〇人，

他們當出發及歸還期，業客棧的，多特派接客，至營口大連各處招呼。　他們之乘車搭船，都是客棧替他們辦理。　他們過着費用不夠的時候，旅館代付，由把頭作證，等到回鄉的時候，必照數歸還，沒有失信的，這是山東勞動界的特色。　近因俄國內亂，勞動者無工可做，影響他們生活很大。

二，軍政機關

煙台在滿清的時代不過是一鎮，設巡檢守。　從開闢爲商埠以後，總設立有海關道與巡警廳，而登萊青兵備道及駐防軍隊是駐紮在登州。　辛亥武昌起義，煙台于九月二十三晚光復，王傳炯爲煙台軍政分府司令，府內設民政外交財政庶務各部。　南北統一，北京政府成立以後，陸軍部派曲同豐來烟台結束軍事，總設民政事務所，分民政外交警察三廳，分掌政務。　以後王潛剛被任爲關監督，張樹元被任爲道觀察，烟台機關總有可觀。　現在政務約分三大派別，鎮守使署幷海陸軍團營爲軍政機關。　膠東道尹公署及警察廳幷各局署爲民政機關。　其次司法機關，如審檢兩廳爲專理司法部分的事務。

三，教育狀況

烟台教育機關有國立學校三所，私立學校三十五所，平民教育地點二十九處。　茲將其分別列表如左：

## 國立學校

| 校名 | 校址 | 校長姓名 | 學生數目 |
|---|---|---|---|
| 海軍學校 | 烟台東山 | 林繼蔭 | 六十餘人 |
| 蠶絲學校 | 養老山 | 王嘉猷 | |
| 水產學校 | 水產試驗場 | 于芹泉 | 四十八人 |

## 私立學校

| 校名 | 校址 | 校長姓名 | 學生數目 |
|---|---|---|---|
| 私立甲種商業學校 | 新關街 | 張本政 | 八九十人 |
| 益文學校 | 毓璜頂下 | 畢維廉 | 四百二十五人 |
| 先志中學 | 三馬路 | 李鳳梧 | 二百餘人 |
| 私立養正國民高小 | 張裕路 | 孫日溫 | 二百八十人 |
| 模範高等小學校 | 平安巷 | 解悅廷 | 八十餘人 |
| 崇正國民高小 | 東昇街 | 黃烈卿 | 一百五十人 |

| | | | |
|---|---|---|---|
| 彭城國民學校 | 所西南關 | 劉如川 | 一百七十餘人 |
| 振華國民學校 | 奇山所西門裏 | 張彤甫 | 九十餘人 |
| 新民國民學校 | 之罘屯村關帝廟右 | 孫世忠 | 三十餘人 |
| 養性學校 | 海陽村 | 汪萬言 | 八十餘人 |
| 華興學校 | 西園子外北　路 | 李華亭 | 一百二十六人 |
| 養售工藝學校 | 西沙旺道北 | 陳成九 | 一百四十人 |
| 平壽國民學校 | 東海關監督公署前 | 高乙垣 | 九十人 |
| 長國國民學校 | 毓皇頂下小海陽街 | 李作卿 | 五十二人 |
| 萃文國民學校 | 文登同鄉會內 | 徐恩桂 | 四十人 |
| 崇文國民學校 | 世和村 | 張百川 | 九十六人 |
| 煥文國民學校 | 二馬路義記胡同 | | 一百餘人 |
| 敬義高初小學校 | 通伸三元廟 | 姜　棻 | 一百餘人 |
| 敬文國民學校 | 西海陽村 | 張紹堂 | 六十餘人 |
| 守先學校 | 三馬路 | 張印川 | 六十餘人 |
| 普濟學校 | 南横街斜竹巷 | 李尊一 | 七十餘人 |
| 廣東學校 | 廣仁路 | 花淑瑜 | 四十餘人 |
| 育才日夜學校 | 東馬路 | 袁文星 | 七十餘人 |
| 成美小學校 | 毓璜頂下 | 王靜安 | 八十二人 |
| 廣仁學校 | 廣仁堂內 | 任萬祚 | 七十餘人 |
| 國學專修館 | 烟台同善社 | 姚明仁 | |
| 眞光女子中學 | 毓璜頂北坡 | 于子明 | 六十人 |
| 第一女子國民學校 | 東馬路 | 奚淑如女士 | 八十人 |
| 東明女子學校 | 廣仁路街南 | 陳季安 | 四十餘人 |
| 端本女子國民學校 | 通伸村姜家祠堂後 | 姜瀾慶 | 三十名 |
| 崇德女子學校 | 愛德路 | | |
| 威靈女子學校 | 毓璜頂下 | | 四十餘人 |
| 廣仁女子學校 | 廣仁堂 | | |
| 培眞女子學校 | 三馬路 | 馬師娘 | 七十餘人 |
| 橄欖枝女學校 | 東門裏 | | 四十餘人 |

（未完）

## 寸鐵

**太戈爾與清帝及青年佛化的女居士**

太戈爾在杭州上海的演說已經荒謬，他現在去到北京，索性在清宮和廢帝在法源寺和青年佛化的女居士們混做一團。他若在東方文化隆盛時來到中國，得和女皇帝而兼女菩薩之武則天合掌相見，大談其愛與和平，不但『口發微笑』，比今日更是『歡喜無量』，可惜他來遲了！　（實　庵）

**無聊賴無意識的中國報界**

張謇致天津東方時報函說：『中國目下報紙……本不在齒數之列，然以爲此我國無聊賴無意識人所爲耳。』試問中國報界是否都是無聊賴無意識像張大實業家所罵倒？　（實　庵）

**懲罰戰爭**

上海字林西報說：『最好是列强對華實行懲罰戰爭，假使各國不願參加，英美人便可以獨自進行。』我們很感謝字林報記者肯這樣坦白的指教中國人，他這樣坦白的表示英美人對華態度，實在比以前辦什麼中英睦誼會什麼中美協會，着實有益於華人。不過他們英美人覺得對於愛國的華人應該懲罰，我們愛國的華人則覺得欺待中國的英美人更應該懲罰！　（實　庵）

The Guide Weekly.

# 嚮導週報

（中華郵務管理局特准掛號認為新聞紙類）
一九二四年五月十四日

定價
每份三分全年大洋一元三角半年七角國內郵費在內

分售處
巴黎 廣州 上海 武昌 太原 長沙 濟南 杭州 雲南 寧波 開封 福州 南京
中國書報社 丁卜書報社 上海書店 民智書局 時中書報社 共進書社 晉華書社 文化書社 齊魯書社 古今圖書店 新亞書社 明星書局 文化書社 工學社 天一書局

▶第六十五期◀

每星期三出版 發行通訊處 杭州馬坡巷法政學校轉安存真 北京大學第一院收發課轉劉伯青



## 時事評論

### 美國退還賠款的陰謀

章龍

日本前為和緩排日空氣起見，也想忍痛退還庚子賠款一部份為對華文化投資之用，他這樣抄襲美國的老文章早給一班稍明事理的國民看破了，所以連續引起國內不少的反響。在這個意義之下，我們一方面看出國人對於日本的侵略方式已有進一步的認識，一方面也就反襯出美國在華的文化事業，漸已為多數有識的人所深惡痛絕了！這是反帝國主義運動中一種進步的現象，很值得我們注意的。

據本月六日路透電訊美國下院又有通過繼續免付庚子賠款之事，總額為一千五百萬美金，此消息傳來，正告訴我們，美政府又在擺佈甚麼侵略的疑陣。不消說帝國主義的政府自他的錢囊中掏出大堆洋錢，斷然是不懷好意的，如果沒有附帶的條件，誰也不相信代表資產階級利益的議會能予以通過，那麼，他們這次送中國的厚禮，到底所為何來？

據外報所載，美政府所指定的用途有五六種，除繼續文化投資外，尚有一種為外間所知道的便是導淮，這顯然是美人侵略政策中的又一戲法了，我們於此只有痛恨，痛恨他們手段的狡猾和狠毒！

大家都知道美國政府近來受銀行團的牽制，不能在中國境內放手投資，暢所欲為，滿足他的最大慾壑，於是不得不另出花樣，借退還賠款的美名來誘惑國人了。他的用意是要藉一種事業，動用賠款，該項事業，便須由他們參預，既得參預，便可乘隙而入，另闢一侵略的新局面。無論導淮也好，築路也好，建設無線電台也好，只要動用賠款，就給了他擴張勢力的好機會。這豈不是變相投資的絕好方法麼？我想這樣名利兩全的妙計，將來彷而行之，恐怕又不止日本一國了。

這并不是我們的多心；我們試看美人主張設立監督賠款用途的委員會，他的計劃是何等精密週到！便可以窺見其野心的一斑了。所以像這樣的美政府的「好意」我們竟是不敢領情，假使不能無條件退還，我國民寧願忍死熬痛償清此等寃債，倒還沒有引狼入室的危險。

# 關稅會議的效用

## 是一根金棍棒

正厂

華府會議中恩賜的進口稅加二五，一方面還要列强派員會議過後，才生效力。 在中國人看過去(尤其是軍閥)，是塊天鵝肉；而不料列强却當金棍棒用着。 無論什麼交涉，到了中國人不肯答允時候，他們就說，「喂！ 關稅會議，關稅會話」！ 軍閥聽了，以爲眼前的吃虧，和我不相干；增加的關稅，倒是我錢袋中的貨；于是乎政府就答允了。 國民本無力量；况且口液也滴著，自然也不響了。 法國拿著關稅會議來要求庚子賠款改用金法郎。 英國美國也拿了關稅會議來要求取銷江蘇浙江底紙烟地方捐。 關稅會議不知幾時才開，而效用却已不少了。天鵝肉主義的中國人呀！ 你們不要只看著洋大人舉得很高的。 手裏拿著天鵝肉，就不見他那隻手拿著槍向着我們喉頭很近呢！

# 反對推廣租界和收回公廨聲中的宜樂里拆屋案

正厂

宜樂里不是租界，我們退了一萬步來說，那房主和房客打官司，當然要中國法庭審理。 可是現在的房主借了洋大人勢力，向會審公廨起訴，並且誘被告到租界上捉了去。 這樣看來，租界沒有推廣，而權力却已推廣了。 這個例一開，將來無論什麼地方的漢奸，委托一個洋大人出面向上海會審公廨控告，會審公廨就可以派人誘被告來審理。 于是乎全國的司法機關可以全數關門，讓會審公廨來代理了。 所以我以爲對于宜樂里案，我們無論如何，先要做到中國法庭審理。 現在中國官員，還沒有出來開口。 而少數腦子昏迷的新聞記者却以爲既然由會審公廨審理了，大家應該靜待法律解决。 唉！上海人，上海人！ 租界就算不是中國領土，宜樂里還沒有割讓呀！

# 美國移民案與我們

正厂

美國移民案，現在又緊張了。 兩院聯席會，已通過定明年三月一號起實行的决議。 對于柯立志總統提議展期至一九二六年三月一號實行，加以否决。 而同時參院議員，又反對展期實行。 照此看來，移民案已成鐵案，所討論的不過實行時間吧了。 我們對于移民案，當然和日本一樣地反對。 不過日本人現在高唱的中日親善，亞細亞民族聯合；我們也該加以考慮。 我恐怕和平的中國人，聽了移民案以爲中日真真親善的時機到了。 其實，中國工人到日本去，已經幾次被逐了。 就是在日本作工的，也備受虐待。所以我們要和日本共同去反對美國移民案，我們先要反對日本虐待僑日同胞。

# 上海租界的最近治安

爲人

九號晚，租界上發生大刦案三起，前幾日，亦曾不斷的發生大刦案數起，這都是在洋大人統治之下的現狀，任洋大人如何狡猾，也不能否認此等事實。

洋大人在中國境內，稍見打刦情形，便張大其詞，說是中國人民沒有治理治安的能力，要主張調重兵來華駐防；洋大人在中國境內如偶被刦，便向我們提出最嚴重的無理要求，藉此向我們索將重大的代價。

如今，我們又何不可向洋大人說：你們沒有治理治安的能力，租界要由我們駐兵和負保護治安之責，對於已在租界被害的人民應由工部局賠償損失，不知洋大人對此何以答辨？

# 日法合作

爲人

日法兩國，一是東方最頑固和強橫的帝國主義著，一是西方最頑固和強橫的帝國主義者。日政府之壓迫朝鮮中國台灣人民，已引起了東方弱小民族底最深惡感；法政府之壓迫魯爾及一切德國人民，已引起了西方弱小民族底最深惡感。同時日本向美洲殖民的政策，又見被排斥於美國參衆兩院。英國因與美國有經濟上歷史上的種種關係，又不能助日以對美。且日政府曾因敵視蘇俄的原故，已為蘇俄所不滿。日政府至此，眞可說是孤立無援了。法政府因向德國單獨行動的原故，亦與英國起了莫大的衝突，向與英國有關係的美國，她當然不能助法以對英。法政府至此，亦可說是孤立無援了。

日法兩國在此孤立無援之中，日法合作的聲浪，遂由此而起。論理論情原來如此，我們至少也可以知道日法合作的影響是：

（一）關於英美日法的——英美日法，是現在世界上的帝國主義者的代表，在現在世界上的一切問題，都要被他們擅自處置，不容他人參嘴，現因爭奪一切利益的關係，彼此衝突起來了，由英美日法四國向弱小民族進攻的聯合戰線，變為日法對英美的兩大陣壘的趨勢了。世界上的公共和平，將由他們撕得粉碎！是日法合作，不但是英美日法本身破烈的導火線，而且是破壞世界和平的導火線。

（二）關於世界弱小民族的——日法果合作成功，孤立無援的日法，從此彼此勾結，必更胆大敢為，壓迫朝鮮西伯利亞及中國各地人民，壓迫德國各地人民。

彼帝國主義者猶知道合作，我們被壓迫的人們，我們救國的革命黨人，尤要知道合作才是。

# 我們底出路

正厂

這一次在天后宮開的國恥紀念會，已把五月九日換了一個新意義了。實在說起來，我們底國恥多至不勝紀念；我們只好拿五月九日來作一個例子。所以收回旅大取銷二十一條，也不過是個口號；我們該收回的和該取銷多得很呢！這一次的紀念會，已經把淺薄的對日收回旅大和取銷二十一條，改為堂堂正正的民族獨立運動了。所以目標也改為反抗列強帝國主義。因此，我以為以後的五九，已不是紀念著民國四年的國恥，而是中華民族獨立運動對于列強的一種定期警告，同時也是鼓勵國人前進的日子。

這一個新意義，把五九紀念改為五九運動，不能不認為我國人底猛醒，和我民族前途的一線曙光。九年來的五九，不過是紀念吧了。

紀念當然不是只要不忘，終想雪恥。然而方法呢？九年來所告訴我們的，不過提倡國貨。可是我國國貨納稅比外貨重得多，哪裏敵得過？因而經濟絕交，抵制日貨，雖然洋洋盈耳，而日本貨還是充塞市場。這不是國人沒有愛國心，實在是國貨太不能產出。而同時他們又指揮北京政府，供給武器來壓迫我們；北京同胞未曾亡國而已找不到開國恥紀念會的地方。所以我們要雪恥，我們先要推到軍閥政府而建設能夠為我們反抗列強壓迫的政府。我們要對外有所舉動，我們要先對內團結。這是我們底出路。

推倒軍閥政府為我們民族獨立運動的第一步。列強的政府是一枝機關槍，我們底軍閥政府是枝毛竹槍；所以毛竹槍掉過頭來刺我們，本來是被機關槍壓服了緣故。所以我們非打倒了毛竹槍，造一枝機關槍，便難抵抗。而且現在的軍閥政府把國家弄成一個兵匪混亂世界，許多的國民早已投降爲亡國奴，靠著洋勢力來安身立業。所以我們現在要推倒軍閥政府，第一要懲罰不願爲中國人的中國人。第二，我們要注意于組織。如果我們有了幾十萬有組織的人，我們底目的就可以達到了。因爲機關槍就是許多人的組織；一兩個人，便只是一枝毛竹槍。我們爲進行加速起見，我希望國內同情于推倒軍閥政和建設反抗列强侵略的國民政府的人，對于惡勢力，大家實行不合作主義。惡勢力底下少一個人，便是惡勢力力量少一份。可是在同時，又希望革命分子集中。中國人最大的毛病，就是不認淸楚仇敵和朋友。往往兩個人意見稍有不合，便成仇敵；而對于他倆底共同仇敵，反而讓他安坐了看打架。所以我希望贊成中華民族獨立的人，都集中在一起，合力去趕。

有許多人以爲一個日本還對付不了；何况又加上列强呢？可是壓迫我們的，不只是一個日本。而實際上，列强又是結合了來壓迫我們的。我們似乎非反抗列强，就不能獨立。因此，有些人覺得中國比什麼都爲難。別的民族如朝鮮印度等只要反抗一國；我們要反抗各國。其實，幫助我們的也正多著；不要說同是被壓迫的民族如印度朝鮮；就是俄國以及其他英法日美民族中覺醒分子，也是我們底朋友。

總之，我們底出路，便是我們底找出路。

# 煙台調查

（續前）　郭壽生

煙台除國立學校三所以外，都是私立學校，而私立學校屬于教會設立的不少。國立海軍學校係養成軍官性質，學生學天文駕駛專門科學以外，與外界完全斷絕關係，不相往來，所以思想很簡單幼稚，差不多變成特別階級的人物。私立學校中以益文先志兩校的成績爲最佳，學生多參加社會運動。

烟台平民教育運動，起始由靑年會集合各界要人，討論發起，使本埠貧寒子弟得以讀書識字，建設普及教育的基礎，結果一面募集捐款，一面籌劃進行。特舉澹台玉田爲正校長，于子明爲正部長，其餘各委辦均選各界要人與熱心教育的担任。并請上海晏陽初劉湛恩傅若愚三博士，來烟演講，開露天大會，請各校學生担任招生，一日間招足目不識丁的學生二千餘人，年大的六十五歲，年少的八九歲不等。第一次招生，共計男生七十班，女生三十班。每班教員一位，學生二十餘人。每晚七句鐘開課，教授二句鐘。共分烟埠爲四大區，每區有視學員二位或一位，日査視。四個月後即學完千字課，去年八月一日舉行第一次畢業，共計不廢學的有一千五百名，請熊希齡夫人來烟分贈文憑，是日并開畢業大會。

平民教育分爲四大區：一，西南河以西爲西區。二，孟蘭會以南爲南區。三，孟蘭會以北爲北區。四，東河以東爲東區。各區均有專人負責任，玆將各區列表如左：

西區領袖曲子元，幹事徐宗民荆峨峯周啓五，

| 區域地點 | 負責 | 區域地點 | 負責 |
| --- | --- | --- | --- |

| | | | | | |
|---|---|---|---|---|---|
| 西沙旺 | 東海洋瓦廠 | 遲繼志 | 西沙旺 | 福順成 | 牟墨齋 |
| 西沙旺 | 福音堂 | 李子容 | 芝罘屯 | 億中工廠 | 譚澄清 |
| 芝罘屯 | 三益學校 | 毛麗泉 | 通伸村 | 敬義學校 | 姜少猶、周緒五 |
| 大海陽 | 敬文學校 | 荆峻峯、劉開華 | 中海陽 | 養性學校 | 汪心齋、隋子中 |
| 小海陽 | 福音堂 | 張宗岳、連子舟 | 南鴻街 | 福音堂 | 趙 君 |
| 西南河 | 張校舍 | 張秀峯、梁子謙 | 天合巷 | 華興學校 | 陳鳴崗、李華亭 |
| 西馬路 | 羣英學校 | 元崇山、范魁五 | 大新莊 | 幼稚園 | 曲子元 |
| 西南村 | 初小學校 | 黃東旭、黃枝一 | | | |

南區領袖張星南，幹事王震東

| 區域地點 | | 負責 | 區域地點 | | 負責 |
|---|---|---|---|---|---|
| 所西關 | 二區小學 | 張星南、王震東 | 所北關 | 教育會 | 王松聲、王承祥 |
| 所南關 | 振華學校 | 于復初、郭鳳崗 | 所東關 | 清和學校 | 王鳴崗、張星南 |

東區領袖袁潤甫，幹事王漢封

| 區域地點 | | 負責 | 區域地點 | | 負責 |
|---|---|---|---|---|---|
| 三馬路 | 育英學校 | 袁潤甫 | 南山路 | 培英學校 | 李子春、劉春山 |
| 廣仁路 | 青年會 | 周緒五 | 東馬路 | 煥文學校 | 郭鏞聲、嘉雅各 |
| 東新莊 | 馬君住宅 | 馬成二、王敬五 | 所東莊 | 橄欖學校 | 郭鏞聲 |
| 福音村 | 內地會學校 | 荊本和、王漢封 | | | |

北區領袖鄭文應，幹事劉桐軒

| 區域地點 | | 負責 | 區域地點 | | 負責 |
|---|---|---|---|---|---|
| 東會館 | 平壽學校 | 荊海峯、王子欽 | 西會館 | 二區學校 | 鄭文應、譚恩浦 |
| 北馬路 | 浸信會堂 | 林吉人、王洗凡 | | | |

四，新聞事業

烟台新聞界計有十家，卽芝罘商報，芝罘日報，膠東新報，鐘聲報，愛國報，大民報，新報，益文報，英文日報，晨星報。這各種報紙所登的新聞，多半實上海天津出版的報紙轉載下來，對于民衆運動的言論很少看見過，實在沒有什麼價值。其中以膠東新報，大民報，鐘聲報較强一點；鐘聲報已滿十週，爲諸城丁訓初所創辦的，論爲當地國民黨機關報，銷行很廣，編輯有林竹岡厥天一鶴等。還有附設明星晚報爲白話性質，多載社會的事情，頗得社會人的歡迎。

五，工業狀況

烟台近來小工業日見發達，如髮網，花邊，繭綢，抽繡品，綫襪，火柴，葡萄酒，啤酒，精鹽，罐頭，肥皂，洋燭，洋瓦，麵粉，洋傘各種，成績很好。今試述其槪要，髮網工業占全埠工業中最優的地位，每年輸出額由六十五萬兩(民國六年)增加至八百八十餘萬兩(民國十年)。綫織花邊工業與繭綢製造的手織品，近年輸出額約有七八十萬兩。毛巾綫襪工業是五六年以來的創業，工廠有十餘家，機械約有百數十架，每月出產額約在萬打上下，不過所用的棉紗是取給于上海或外洋，是一種的缺憾。火柴工場有中蚨柴火廠一處，一年出産額不過數千大箱。張裕公司是中國獨一開創的釀酒公司，製造的葡萄酒白蘭地的成績很好；又有醴泉啤酒公司製造的啤酒汽水，都是用機器製造的。　西沙旺地方設立工廠很多，以通益精鹽工廠爲最大，製造白鹽，每年出口額有廿六萬担，可與天津久大精鹽公司相比。　罐頭業有東亞公司利豐公司兩家。　其餘的製造肥皂，洋燭，洋瓦，麵粉，鐘，傘等，都有大小的工廠。　今就其最要的工業工廠述之如左：

（一）柞蠶絲業　柞蠶絲（卽野蠶絲）是我國的特產，每年繭之產業，除山東自產的約三萬斤外，以關東輸入爲最多，就中推安東爲第一，每年約有十萬担內外，大連有四萬担，營口不過三千担。　絲之輸出最盛的時候，約有七八百萬兩那麼多，其輸送多由煙台直接的輸出海外，輸出以歐美爲最多，日本及南洋在其次。

由柞蠶繭製成柞蠶絲，或織物（卽繭綢）的工業，以烟台爲最盛，而原產地之關東地方，反不如這裏。　舊時柞蠶之本坊在山東省，農家飼養野蠶，抽絲製綢以助生計，後來山東人口漸多，漸向對岸的滿州發展，每年將由滿州所收獲之繭，輸送於故鄉之山東省，抽絲製綢再輸出于海外。

## 讀者之聲

### 外人在中國內地設立教堂案

帝國主義壓迫者•無時不向我們中國進攻•他們的壓迫，一天重似一天•他用的手段，也一天毒似一天•計圖物產豐富的中國，作一他們的殖民地，中國人，作了他們的奴隸•他們佔了中國的土地，侵略了中國的主權，壓迫着中國的民族•他們的雄心還是未已，但是又恐怕中國的國民起來反抗，於是利用時機，在中國廣設學校，教堂，麻木中國青年的思想，使中國永歸於無望•他們方可享受侵略中國的効果•哈哈！　國民啊！　他們這種政策，在中國確是收了不少的効果！　居然有多數的同胞吃了他們的毒藥，所以中國現在的青年，死沉沉毫無生氣的，奄奄待斃了！　這種滅國亡家的政策其毒眞勝於舉傾百萬大兵向我們開戰，因爲戰敗了我們，或是滅之了我們，是因爲我們一時之强力不敵，向其蓬勃雪恥之念更勝於前，不難一戰恢復•這種政策却使我們永遠絕種啊！　國民！　放開你們那久閉的眼睛看一看現在的英法美日，都利用這一種政策！　那無惡不作的日本，正在謀蠶東方文化的事業，想盜其手段，施於東三省，及山東。

他們施這種政策不止在都市商埠！　試看一看自北五省旱災以後，各鄉間都有巍立的洋樓，各幽僻的地方，斷不了摩托車的行蹤•在鄉間都是教會立的學校，宣傳他們的順從洋大人的教義，所以現在鄉間每鄉入數的人數總佔三分之二，其侮辱國人事件不一而足，因爲他們有錢，又誰知是剝奪了我們國民的脂膏，得來的錢吸！　而國民都還不覺得總覺得洋大人是慈善的，他們總是說；洋大人捨給我們一斗糧食，給我們二十銅子，所以一應事件都聽洋大人的指揮•無形中已入外國人的掌握了！　這是一个多麼大的危機！　可憐我們的軍閥政府，及麻木的國民，還表示謝忱呢！　他們又何嘗懂得什麼政事！只惟利是圖，所以洋大人用錢來賣中國，他們想作這一大宗的買賣•又爲什麼不幹呢！

我們愛國的同胞應當若何的負這一種反抗的責任去抵制列强的

略！喚醒麻木的國民呢！

北京公立第四中學鮑蔭昌　五月之十一日

## 巴黎通信

### 法國底政治經濟狀況

資本主義的法蘭西，是從世界大戰底勝利中出來的。以亞爾薩斯和羅蘭之合併，魯爾和萊拉里(Rhenanie)之佔據，牠算是正在往世界最大工業國底路上走。法國多鐵而少煤，自去年一月十一以後，亞羅底鐵與魯爾底煤已經配合起來，現在只是採掘問題了。這可算對於牠稱霸於工業界底慾望，滿足了一個。至於國內農業，雖比美，德爲落後；然土地肥美，對於本國食料，尙能夠自足。因爲在工業農業中底經濟平衡，所以在一九二〇至一九二一年動搖世界資本主義底奇大的經濟危機，法國却成了受害很小很後的地方。

佛郎底兌換，比較尙爲平穩。生活也是這樣的。只是去年冬季，佛郎跌價，由七十多方一鎊英金的，低落到今年二月，成爲百一十多方一鎊英金了。在這個期間，生活逐漸高漲。可是到最近一月中，佛郎又以法國大工業家之維持和借債，還了原價。惟生活尙未低減，但是與大陸諸國比較，法國實可算是工商繁昌，經融安穩之最享有特權的國家了。

就政治來說。法國對於英國，勢不兩立，而互相爭霸。在歐洲德意志帝國主義既倒，而能與法對壘者，只有海上底英吉利。然在英吉利方面說來，牠現時在歐洲底勁敵，第一個也只有法蘭西。這兩國底衝突，從對德對俄底政策中，表現得最明瞭。自從去年一月巴黎會議英法爲賠償問題決裂以來，牠兩國便分道而馳，協約國於是破壞。雖然去年之末，法國曾邀請英國共同分割牠佔據魯爾所得底贏利品，今年二三月英國麥克朵拉首相曾與法國普思加賚總理信函往來，然而實在是表面上底敷衍。牠們都不能和解，亦都不願和解，各個都在做拿破侖底迷夢！

意大利底墨索里尼把國內工人壓服了，便宣言地中海是牠的內海。法國對牠，當然要看做大陸上底第一個勁敵。在近來，牠們也是日益鉤心鬥角，互相競爭。此種情形，在中歐東歐，表示得最明白。當法國與捷克斯拉夫訂約之後，意大利馬上就與巨哥斯拉夫締和。羅馬尼亞從前是借法國債款的，而今則聲言拒絕，要與意國往還。因此，法國與意國亦立於對抗地位，

德法是世仇。自凡爾賽條約以來，法國已經得其夙願了。可是牠要一勞永逸，把德國淪於萬刧不復之境，所以除用經濟壓迫政策，加重賠償，佔據魯爾(產煤區域)外，還要用土地分裂政策，把德國折散成無數小邦。自去年進兵魯爾後，便嗾使萊因獨立，要建立緩衝國，直隸於法蘭西帝國主義之下。近來賠償問題雖然呈停頓現象；可是法國毫不讓步，而且還要加上牠的安甯問題。

法國是帝國主義的國家，同時，亦是反革命的國家。在內壓迫無產階級底罷工，共產黨底活動，提出命令法律（Dicrets-low）於國會，簡直要撕破德謨克拉西底面具。在外對於萊俄，英意都承認了，牠還是不肯承認，亦不與通商。對於去年德國底革命潮，亦嚴加防遏。從前當法國有產階級革命時，奧地利是最復古的國家；現在當俄國無產階級革命時，法蘭西要算是最復古的國家了，

因爲法國是帝國主義的國家又是反革命的國家，所以在中歐東歐

，不遺餘力地操縱那些新興的和戰敗的弱小國家。對於波蘭，捷克斯拉夫等，都與以鉅款去武裝牠們。去年，牠把比，捷，波和牠自己，結成一個大派，包圍德國底革命，幷隔絕俄德底聯絡。奧匈底經濟權大半落於法國之手，幾於如牠的附庸一般。聯羅馬尼亞，是牠堵截萊俄南下底計劃，至今雖因與意國競爭，尚未知鹿死誰手；然其用心實可想見。從此可知普恩加賚還是在繼續伯里安一九二一年在華盛頓會議上所宣布法國以防止布爾塞維克西侵爲使命底政策！

總之，自凡爾賽條約以來，法國因大戰而停止了底殖民地擴展和爭工業霸權，又一天一天地恢復起來，高漲起來。因爲牠的經濟還固定，地位也優越，所以飛艇之多，實超英國而上之，論到陸軍，則亦有七十多萬，可算擁有世界上一個最大的軍隊。然英國近來，亦在添造戰艦，擴充飛艇隊，與法競爭。差不多現在牠們又恢復了大戰前武裝和平底局面。

不過法國現在底財政，仍然沒有還原，預算案的虧空，日益增加。而對外則幾呈孤立底狀態。從前被兵災的省分，亦復凋零如故，國內生活漸高，又與現內閣反對派以口實，在將來選舉時，高擡法蘭西帝國主義之旗底普恩加賚，要被伯里安這一派人打倒，也未可知啊！

任卓宣　四月二日

## 國民常識！

上海萬年尊倉聖會在申報所登廣告說：『農工商賈無一人不受字之益，即無一人不當敬惜字紙也；人人知敬惜字紙，即人人當知尊倉聖。外國人不敬字紙，而歐戰四年，死亡千八百萬，日本去秋地震死亡亦慘，其不敬惜字紙，何是效尤。』

The Guide Weekly.

# 嚮導週報

（中華郵務管理局特准掛號認爲新聞紙類）
一九二四年五月廿一日

定價
每份三分全年大洋一元三角半年七角國內郵費在內

分售處
汕頭 廣州 上海 武昌 太原 長沙 濟南 杭州 安慶 寧波 開封 廣州 南京
中國書報社 丁卜書報社 上海書店 民智書局 時中書報社 共進書社 晉華書社 文化書社 寧鄂書社 古今圖書店 新亞書社 明星書局 文化書社 工學社 天一書局

◀第六十六期▶

每星期三出版 發行通訊處 杭州馬坡巷法政學校轉安存真 北京大學第一院收發課轉劉伯青

## 時事評論

### 工界厄運重重

獨秀

自「二七」後，全國工界（只有廣州除外）都在軍閥及中外資本家猛烈的進攻之中；最近流血的慘痛又將復現了！

第一件事就是本月十三日漢口工人楊德甫周天元黃惠萱晉德許白豪吳玉山錢生財羅海丞黃子章等被捕，目下尚在稽查處審訊中；他們大半是京漢失業工人，落在正面的敵人直系軍閥手裏，自然是有凶無吉！

第二件事就是湘潭錳礦運工罷工，公司向官廳請兵彈壓，前由湘潭縣署派兵拘去工人仇六生；近又請長沙縣署派荷槍兵士十餘人到炭塘子取消工會，强制工人上工，工人向之理論，兵士即放槍示威，幷拘去工人及旁觀者四人，公司且有賄請縣知事槍斃此四人之說。 此礦運工工資，向來按照斤兩計算，裕甡錳礦公司在官廳立案，以二十四兩爲一斤，已經出乎情理之外，乃該公司復違反成案，竟私以三十六兩爲一斤，工人等終日拚命搬運猶不得一飽，迫不得已乃爲要求減秤而罷工，要求不着還要被捕流血，世間竟有此不平之事！

第三件事是開灤煤礦礦井，前曾壓斃工人五十餘名，事後只挖出屍身十七具，所有被難家屬境况極其慘窘，乃礦局撫卹只給有親無屍者二百二十元，有親有屍者一百十元，此數只等於購買一騾馬之價，雖工人家屬備極哀求亦無效。

我們的生活必需品，那一樣不是工人血汗所賜，而軍閥資本家竟這樣毒殺虐待工人，一般社會倘竟不爲工人表示同情，那真是工人無負於社會，而社會有負於工人了！ 大家還要明白：中國社會若始終是這樣冷酷，必不單是工人階級之不幸！

### 漢口之黨獄

獨秀

直系軍閥吳佩孚之走狗蕭耀南，近又在漢口逮捕多人，外間以爲壓迫工人過激運動，其實是破壞國民黨運動；因爲楊德甫等九人雖是工人，也都是國民黨黨員，幷且是漢口黨部之重要職員，同時被捕的律師國民黨黨員劉芬（即劉伯垂）和工會向無關係，况且自「二七」以來，漢口工會運勁異常沈寂，那里還有什麼過激運動。

國民黨是創中華民國的政黨，中華民國的招牌一天未下，國民黨當然在任何中華民國領土內有公開的活動之權利。創造中華民國的黨不能在中華民國公開，已經是奇了；不但不能公開，還要因為是國民黨而被捕，豈非奇之又奇？

最近改組後的國民黨和黨魁孫中山先生為中華民族獨立奮鬥的精神與決心，已漸漸得着全國民衆的同情。賣國媚外的直系軍閥見了眼紅，遂一面在香港北京製造傳播中山先生逝世的消息，一面在漢口大捕其國民黨黨部人員；他們這樣倒行逆施，愛國的民衆應該對他們更加一層深的憎惡，因為得罪國民黨人其罪小，摧殘為中華民族獨立解放運動的國民黨其罪大。摧殘為民族獨立解放運動的國民黨，實際上便是幫着外人壓迫中華民族。

## 世界的反動政象之轉機

獨秀

一年以來世界的反動政治之表現，最顯著的便是意大利之穆索里尼內閣法蘭西之普恩賚內閣及日本之清浦內閣。但就近日新選舉之結果看來，這種反動的政象已略有轉機了。

意大利之選舉，國民黨從一百零六席降至三十九席，社會民主黨從一百二十二席降至四十八席，獨有共產黨從十三席增至十七席。其結果穆索里尼一年餘「清一色的意大利議會」之努力完全失敗。

法蘭西之選舉，左翼諸黨共得二百九十六席，內計急進社會黨一二七人，社會黨一〇一人，共和黨三九人，共產黨二九人；右翼諸黨即政府黨共得二百七十四席，內計穩健共和黨一三七人，左共和黨九二人，獨立急進黨三四人，保守黨一一人；政府黨既失敗，普恩賚勢必出於辭職。

日本選舉之結果，憲政會得一五三席，政友會得一〇一席，革新俱樂部得二八席，以上反對政府之三黨共得二八二席；政友本黨即政府黨只得一一〇席，此外商業同志會一二席，中立派五七席，政府黨在國會所占議席勉強只及三分之一，清浦內閣已無留戀之餘地。

此中更可注意的，獨於第三國際之共產黨，不但在法國獲得勝利，而且在備受意大利政府壓迫摧殘之下，尚能夠得十八之擁護增加議席。

## 請看帝國主義底「自供」

楚文

帝國主義者，惟恐中國太平了失了他們底市場。所以他們除了明目張胆地在政治上幫助反革命派，在經濟上濫借鉅款給搗亂軍閥之外，「私運軍火」接濟軍匪，若不多更成了他們底一種有組織的國際貿易。

我們對於他們曾經不斷地抗議，他們不是置之不理，便是否認。

現在，我們且看他們自己底「不打自招」

字林報對於該報十一日倫敦通訊所述最近捷克斯拉夫希圖私運價值二百萬鎊之軍火來華一事，論云：『據吾人所聞，私運軍火之團體，既有三四起，均大規模組織良好者。其一在日本，一在北美，一在歐洲。數星期前，上海有少年私藏手鎗被控於英警務公堂，據彼供稱彼不過一大機器中之極小零件，警察應再訪查其中之大人物云云。目下對華私運軍火之多，實遠過於私運鴉片——此實中國最大之危機。中國各大埠及香港近來無一星期不發現私運軍火，其中有數批為數甚鉅，足見其背後財力之雄厚，自有不法之徒努力為之，兩年來私運軍火之增加，已成為累進率。然則何怪殺人越貨之案，亦層見迭出乎？……近來破獲之武裝盜匪，無不攜有新式外國槍械，海盜則往往用新式機關槍，其故可思矣』！

# 對於「中國協會年會」底批評

楚女

由英國人爲主幹的中國協會，最近在上海開年會，主席報告中國情形說：——

第一，他說：「自五月六日臨案以後，國內匪亂，迄未平息，擄虐外人之事，時有發生。使館界內，並有毆擊外人案件。此時期內受害外人總數，本會列有詳表，刊在年報，閱之可爲震駭也」。是的！臨案以後，國內匪亂，是沒有平息。然而這「國內匪亂」，是從哪里來的呢？這有三個來源，我們願爲中國協會指出：一是帝國主義者，不顧中國民意，歷年以來，置代表中國人民的南方政府於不問，而一意協助反革命派的軍閥，致使中國的政治無由澄清，財政紊亂，兵多無法裁減。二是由於資本帝國主義之經濟的掠奪，一方面使中國國內的手工生產業日即於死亡之途；一方面使中國人過着物價昂貴的高程度生活：因此，中產者日漸降成無產者，有業者日漸入於失業。三是你們這些外國人專門私運軍火，接濟軍匪。「使館界內，毆擊外人」！這誠然是中國人對於洋大人的無禮了！然而李義元底氣憤，是誰激起的呢？中國人在中國自己底都城上不能行走，縱算我們自認晦氣！但「在中國境內，毆擊華人」，或是「逼死華人」，「強姦華人」，不更較「使館界內」更爲無禮麼？「英人威比德抗稅，毆傷巡士」。英人某在二十四間房奪用中國國會議員張益芳的馬車，毆傷馬夫」。「校尉營英兵強姦民婦，毆傷巡長」。中國協會對於這些事又將怎麼說法呢？李義元不過是一個中國未受教育的平民，較之堂堂大日本帝國駐紮漢口的司法機關，逼死田仲香何如？較之，大日本帝國商人烏羽逼死賈邦敏又何如？我們若把受害華人總數，列爲「詳表」，怕不更其「閱之令人震駭」！

又說：「關稅通例，凡貨物經一度完納入口稅或出口稅，在國內便可自由轉運不再納第二次之稅。中國情形獨異於此，種種複雜及不規則之稅，幾於無省無之…………吾人當視爲阻碍貨物分配之大敵。再如子口一稅，雖由海關承辦，然其妨碍各口間商業，仍與厘這相若」。是的！中國底關稅，誠然是一種極討人厭而阻碍商業的東西。而這只可以對於中國國內的負販華人說，洋商何曾受到這種窘苦。不但並未受到這種窘苦，即是正當的值百抽五之正稅，洋商又何嘗完納足額？中國底關稅制度不好，中國久已自己知道，久已就要改良；無奈你們洋大人死保住你們底戰利品既得權，一手把住這現行的協定關稅制不肯放鬆，叫中國又何從替你們設備那利便商業的稅制？關稅會議，你們又延不肯開，那「裁厘加稅」，「廢止子口半稅」，又何從實行？此外，又說「中國亟應發展商業，顧其所取增加內國租稅之政策，如新近之創收紙煙特稅，實與發達商業，背道而馳」！謝謝洋大人的教訓，我們所「亟應發展」的商業，原來就是這種「紙煙」麼？不發展也罷！我們底國民實在經不起你們這樣地敲骨吸髓呢！紙烟特稅，便與發展商業，背道而馳——我們不知道別國對於紙烟收稅百分之百的又怎麼樣？

至於「川江方面，因輪運發展，原有運貨之中國船戶，對於輪船，頗生惡感，至有威嚇領港華人，要求某種貨物於江水低下時，須由航船轉運，現以强壓及變通辦法之力，反抗之勢漸減——但欲帆船完全停止輸運川貨，恐尙在數十年之後」云云，倒眞把洋大人咕嘬中國人膏血的實話，直陳不諱地說出了！　原來川江航船，對於洋大人爭運到讓步至於極地僅僅江水落下時期的一點貨物，也是完全不應該的！　原來洋大人的目的，是在要『欲帆船完全停止輸運川貨』；而現在方正以『壓迫』與『變通辦法』進行這種完全不許華人吃飯而只使之餓死的侵略！　『北京政府僅屬傀儡，各軍人維持之，藉以作對外國政府之緩衝而已』！　這句話，我們覺得中國協會底洋大人們太自欺了！這句話應該照下面的說法：『北京政府僅屬傀儡，各帝國主義的列强，利用直系軍人維持之，藉以作侵掠中國國民的緩衝而已』！

南方的大局，洋大人以爲很壞，——這也是不錯的。　但這壞的南方，洋大人們却只指出一個「福建」；而其痛斥者又復類皆屬於舊勢力下之人。　籠統地加上一個「南方」，顯見是故意抹煞中國底眞正民意代表孫中山派，而爲混亂是非之言，間接的爲其便於利用的反動派張目。　是的！　『中國方面未嘗無具有才幹之政治家及領袖人物，但當此之時，其大部分之注意力，皆施於保障自身之地位』。　然而這些在實際上，並不就是什麼眞正的『具有才幹之政治家』，更其不能算是『領袖人物』！　眞正的『具有才幹』而又不把他底『大部分注意力，施於保障自身之地位』的政治家——領袖人物，現在正在南方爲全中國人民底幸福而奮鬥着；不過帝國主義者不願意承認他是政治家，是領袖人物罷了！　因爲他要收回海關，只這一件事就已大大地傷了帝國主義者的心了！

最後，它——中國協會——對於我們底太上政府——外交團所感的在華『應付之困難』，主張『惟有聯合取一致行動政策』。　說：『吾人既得之條約權，吾人以爲無論如何，應當保全；如中國官場有規避義務之點，各國當作一致行動』。　而最令我們怒髮裂眥而且傷心的，是接着說：『凡各國一致之行動，吾人以爲决無損害於中國，且爲一般壓迫下之華人所歡迎也』！　可憐的中國，哪里還要洋大人來唱這種所謂『一致行動』的實際「共管」呢？　哪里敢對於洋大人底既得條約，『規避義務』呢？　你們不是要禁止中國同俄國和好，而中國便即不與俄國和好了麼？　有求必應，來者不誤，東交民巷底一致行爲早已行着了！　只不過我們到底要看一看這種「一致行動」，是不是『一般壓迫下之華人所歡迎』耳！

## 煙台調查

（續前）　郭壽生

烟台之製絲工場，俗呼繅坊工坊，共有三十餘家，機械繅車逐一萬三千餘支，今將所有柞蠶絲工場，幷其繅車支數列表如左：

| 繅廠字號 | 繅車支數 | 繅廠字號 | 繅車支數 |
|---|---|---|---|
| 義豐德 | 六百 | 義豐恆 | 四百七十 |
| 義孚同 | 六百十四 | 義昌絲場 | 三百二十四 |
| 義昌東場 | 三百〇六 | 雙聚興 | 六百十二 |
| 裕記繅坊 | 五百七十六 | 裕德源 | 五百〇四 |
| 德記繅坊 | 三百七十五 | 源記繅坊 | 四百 |
| 東德記 | 三百四十六 | 公普和 | 五百〇六 |
| 盛記繅坊 | 三百九十三 | 祥茂公 | 五百〇三 |

| | | | |
|---|---|---|---|
| 裕興昌 | 二百十二 | 裕生祥 | 二百五十 |
| 成和昌 | 三百四十八 | 泰安織坊 | 四百四十 |
| 敦化絲廠 | 五百二十七 | 義記織坊 | 五百四十 |
| 和記織坊 | 四百五十九 | 東生德絲廠（牟平德記） | 二百七十六 |
| 東生德絲廠（泰成東） | 三百四十八 | 東生德絲廠（盛豐同） | 二百 |
| 成聚祥 | 二百二十 | 恆記織坊 | 一百五十二 |
| 順[illegible]織坊 | 二百三十四 | 西裕記 | 二百四十 |
| 源記織坊 | 一百八十八 | 人和昌 | 三百 |
| 恆昇春 | 四百 | 福勝利 | 一百七十六 |
| 同興德 | 一百八十四 | 和興德 | 二百二十 |
| 德和永 | 一百七十八 | 德興織坊 | 二百四十 |

（各廠工人多少未詳）

（二）髮網業　髮網工業在煙台已視爲重要部分，這種工廠約有百餘家，工人達萬人以上，工廠多設在東馬路一帶。數年以來所得的利益不少，工廠裏邊以女工爲最多，其工作又分製驗等級。大概多由各縣鄉鎮的女工織好，交本埠女工驗補以後，再裝箱出口，因爲當地女工的工資不及內地女工的工餉便宜。茲由髮網花邊公會調查出來的各工廠，列表如左：

| 字號 | 營業 | 地址 | 字號 | 營業 | 地址 |
|---|---|---|---|---|---|
| 裕豐公司 | 髮網兼花邊 | 海岸街 | 億中公司 | 髮網兼花邊 | 張裕路 |
| 豐盛和 | 仝右 | 大馬路 | 久安公司 | 仝右 | 東太平街 |
| 源昌公司 | 仝右 | 大馬路 | 中法公司 | 仝右 | 大馬路 |
| 義和公司 | 仝右 | 大馬路 | 恆豐公司 | 仝右 | 大馬路 |
| 愼豐公司 | 仝右 | 廣仁路 | 華成和 | 仝右 | 大馬路 |
| 德合湧 | 仝右 | 大馬路 | 同德恆 | 仝右 | 朝陽街 |
| 萬利公司 | 仝右 | 朝陽街 | 鼎興公司 | 仝右 | 悅來里 |
| 裕華豐 | 仝右 | 廣仁路 | 成記 | 仝右 | 悅來里 |
| 春華昌 | 仝右 | 大馬路 | 豐順祥 | 仝右 | 大馬路 |
| 遠豐公司 | 仝右 | 廣仁路 | 益記 | 仝右 | 大馬路 |
| 髮業公司 | 髮網 | 煥文胡同 | 廣益興 | 髮網 | 大馬路 |
| 和順號 | 仝右 | 十字馬路 | 蚨祥公司 | 仝右 | 大馬路 |
| 崇德公司 | 仝右 | 南山路 | 成豐號 | 仝右 | 大馬路 |
| 協和公司 | 仝右 | 南山路 | 同興公 | 仝右 | 太平街 |

以上所列的以入髮網花邊公會爲限，此外還有各洋商的工廠，有遠東，招德仁德各行，并昌興開源開門各公司之驗網工廠，爲數很多。

（三）花邊業　鏤空花邊在從前很盛，最近受日本并蘇浙之競爭，漸趨退化。因爲手藝與花紋不能鈎心鬭角，花樣又不能更換新式。

這種工業多由髮網莊兼營，全年出口經東海關估值約二三百萬兩○茲將花邊同業表，列如左邊：

| 字號 | 地址 | 字號 | 地址 |
|---|---|---|---|
| 恆祥號 | 大馬路 | 和聚號 | 張裕路 |
| 德盛順 | 大馬路 | 東泰成 | 大馬路 |
| 和泰興 | 大馬路 | 福華公司 | 廣仁路 |
| 新德號 | 十字馬路 | 天來號 | 大馬路 |

| | | | |
|---|---|---|---|
| 合豐祥 | 大馬路 | 源順祥 | 大馬路 |
| 同義號 | 大馬路 | 元成興 | 大馬路 |
| 恆順祥 | 大馬路 | 同順德 | 大馬路 |
| 普東公司 | 張裕路 | 華利公司 | 大馬路 |
| 裕華公司 | 南山路 | 晋逵公司 | 張裕路 |
| 德興公司 | 十字馬路 | 成順祥 | 中西堂胡同 |
| 興業公司 | 愛德路 | 恆發祥 | 十字馬路 |
| 寶生昌 | 張裕路 | 豐盛順 | 愛德路 |
| 恆德號 | 大馬路 | 德泰祥 | 愛德街 |
| 永盛[illegible] | 大馬路 | 義生福 | 大馬路 |
| 陳義發 | 東昇街 | 德順永 | 大馬路 |
| 義順興 | 廣仁路 | 永和東 | 大馬路 |
| 同和祥 | 悅來里 | 義興德 | 朝陽街 |
| 協成永 | 張裕路 | 振泰德 | 大馬路 |

（四）張裕釀酒公司　該公司的創辦人爲張弼士，構造樓房，建築房棧酒窖等屋，佔地六十餘畝；栽植葡萄園，佔地數千餘畝，常年僱用工人有千餘人，酒窖方廣有百餘丈，完全用堅石拱成，出品計有十四種。　現在總經理爲張秩君，在東山西山建有葡萄園，廠內裝葡萄機器酒房地窖及貯酒桶等，構造奇妙。　并有自己建築的玻璃廠，自製的玻璃瓶，全部酒工及園工達百餘人，爲烟台最大的工廠。

醴泉啤酒公司　該公司設廠於老虎眼，工人四十餘名，全年出品啤酒約有三四萬箱，汽水萬餘箱，機器冰每日四噸，其廠基佔地六畝，總經理爲王益齋，工廠執事人爲李介臣，該廠待遇工尚不惡，按藝工人每月可得工銀七八十吊不等，伙食宿舍均由廠中供給爲烟台獨一無二之專利事業。

通益公司精鹽廠　廠設西沙旺大街，佔地二十七畝，裏邊有工廠五座，專製精鹽粉鹽粒鹽炭酸美牙粉等。　全年產量有二十萬担，銷行于長江一帶及山東沿海口岸各處，製不供求，爲天津久大精鹽公司的勁敵。　廠裏邊的工人有機匠常川八人，臨時沒有定額；泥木匠常川七人，臨時沒有定額，煎鹽工每廠三十人，四廠共計一百二十人，打包工三十人，容鹽工十五人。　其待遇工人比較別處特優，機匠泥木匠每人每月可得三十五圓至十八圓，煎鹽打包工人都是照件計工，工頭每月可得三四十圓，小工每月也有十三四圓之數。其辦工鐘點，晝夜分做三班，爲實行八小時工作的制度，煙台有這項工業，就是他一家。

六，商業狀況

煙台輸出入的貿易在從前很發達，實占北洋貿易港的中心。　以前歐洲雜貨要輸入于滿州，必經過這個地方，再向安東牛莊等處運送。　從日人經營滿州租借旅大以後，船舶的航路爲之一變。　等到膠濟鐵路開通，本省南部的市場又全歸于青島的商權範圍，因爲這個緣故，煙台貿易就現衰落的狀態。　一九一五年，歐戰發生，船隻不足，加以運費及匯兌昂貴，因此貿易愈覺不振，其重要的輸出品，不能輸出歐美，一部分的貿易又爲青島天津等處所奪，因此愈覺蕭條現象，這是中間衰落之一時期。

當俄幣暴落時候，受害的除滿州以外，以煙台爲最大。　本地商人自營的商業銀行，因而倒閉，經濟上大受虧損，這又是衰落之二時期。

民國六年間，日幣代興，其流通市面，一躍達百萬元以上，是年十月間，日幣又忽然暴落，所受損失雖然不及俄幣那麼利害，一時錢莊破產的不少。那個時候，青島歸于日本，煙台原有商業，又漸向于山東鐵路沿綫及青島等處。　加以膠東一帶農田歉收，匪徒騷擾（日本浪人勾結土匪），貿島上現出不好景象，這又是衰落之三時期。

十一年六月間，本地市面以銅圓及紙幣充斥，加以各處銀價高漲，平常的二千二百餘文之銀價，飛漲到二千八九百文，可算從來沒有之銀荒，商業上大受影響，這爲衰落之第四時期，實在是煙台商業的不幸。　以後煙濰建築鐵路可以直達濟南，那個時候，運輸便當，才有興旺的希望。

（未完）

## 寸鐵

**中國命運已在華盛頓會議決定！**

去年上海三育大學的美國人說：『既入教會讀書，應當斷絕國家關係，愛國二字斷無存在之餘地』。　今年廣州聖三一學校的英國人說：『這是英國人的學校，有英領事在廣州，斷不能徇你們的請，任從你們中國人的自由』。　現在廣州聖心學校的法國人又說：『中國命運已在華盛頓會議決定，爾等學生無須去救，亦不能救』。　（獨秀）

**熱心收蒙的先生們那里去了？**

英兵侵入西藏的消息，一天緊似一天，班禪且被逼來京了，熱心收蒙的先生們也應該熱心收藏，現在何以一聲不響？　難道主張只英國應該有落嗎？　（獨秀）

**黎元洪又縮頭了**

黎元洪南來投機不成，已厚着臉由日本回到天津了。　他自己說一生爲人利用；其實有機可投時，他便由大都督而大元帥而大總統，無機可投便將頭縮進去，誰能利用他？　（獨秀）

## 通信

### 獨秀先生

我們數年來，在北京看的玩意兒，雖然很多，但是總沒有看過現在曹三所演的這樣出神。　我舉三件事告訴你：——也許你全知道——第一件是曹三治下的北京戲園裏不准貼「捉放曹」「擊鼓罵曹」「徐母罵曹」「戰宛城」一類的戲報，恐怕侮辱了他的祖先，又恐怕人家聯想到他同他的祖宗都一般叫做「賊」。　其實他太美了！　他那裏配？　第二曹三所盤踞的新華門，不准過路的學生們，穿白大褂，穿白布靴經過，怕人家是預祝他歸西天，預爲他服孝，其實他太美了！　他那裏配？　第三是北京久不下雨，一大串同善社悟善社的大妖小怪盡力活動，一面糊弄愚不可及的警廳飭令闔城禁止屠宰，迎接「鐵牌」，一面叩求曹三禱告天地，曹三竟鄭重的說：『萬方有罪在予一人』。　這樣造反的話來！　他近來居然想學學袁世凱，其實他太美了！　他那裏配？

因爲實在悶不過，特地將這些新聞告訴你，不知你聽了是氣還是笑？

曾南挽五月十三日

# 請看！美人自供

## 顧維鈞及時事新報中報新聞報記者們一齊諦聽！

世界新聞社云，前大陸報主筆美國人Peffer 氏近在美報發表一論文，指斥列強破壞中俄交涉，摘錄如左：（前略）中俄經長期之談判後，交涉完全停頓，夫其直接責任，自在中國，特中國究以何故而于最後之時變更態度？ 此其理由，至爲複雜，但其主因則爲受美國務卿休士君之指示而有所偏也。

（中略）

俄於歐戰停後，即向中國接洽恢復邦交，願放棄俄皇時代所索在華之一切權利及土地，以平等根據重新訂約，此種貢獻，乃自中國爲歐洲列強之戰利品以後第一次之貢獻，而中國亦第一次得有恢復列強所攫權利一部分之機會，故在當時如即與俄締約，中國實有百獲而無一失。 乃中國雖被其歆動，仍未與俄復交，且未與談判，則亦因被列強禁阻而不敢爲也。 列強通告中國，若與不法之紅俄談判，將爲列強所不悅，中國早有經驗，知列強不悅，必無良果，遂斂手不敢復動，法日英既發言，美亦示意。 美之示意也，不用正式文書，以防參院究問，而在北京以私下談話出之，北京閣員最能望風承旨，且慣受列強外交家之訓練，則惟有俯首聽命耳、

如是中國因列強之不悅而自棄有幸福利益，忽忽數年，直至近今，歐洲大國已有許俄國與之握手言歡者，中國始敢步武彼等之後塵，與俄國開始正式談判，而得締約簽字之結果。 但中國最後忽又變卦，此中自有國內政潮及個人忌嫉之原因，但最大原因則仍爲列強之干涉耳。 干涉之國，厥爲法日美，法之干涉態度乃公開者，係以對於中東鐵路之要求爲根據；日本之行動，間接而暗昧，彼蓋欲先與俄訂立條件，故離間中俄，其於中東路亦有利益關係焉；至於美國之行動，則暗昧屈曲更甚，然其終爲中俄交涉破裂之一原動力，則無可疑。 夫謂美政府曾爲正式提議，吾人固無法證明之，但外交上之意志，原無公然宣白之必要，美政府對蘇俄之態度，世人知之已久，而最近且知休士國務卿認俄布爾之舉動爲不道德，遠不逮彼爲國務卿之政府之道德高尚，故絕不願與俄接近，此乃中國所知，美使舒爾曼亦知之，故休士不必以其對俄政策電告舒使，令其轉達北京政府，舒使亦不必形諸公牘，祇須於茶話會中或六國飯店偶然相值中由一第三者微示意旨，於事已足，第一次中國欲承認蘇俄時，列強即以此法阻止之，余前在北京所目覩之此種舉動，固已多矣。

中國受支配之道有二，其一，盛稱「美國爲中國之友」，美所不贊成之政策，中國不宜爲之；其二；中國現任外長顧維鈞，曾爲駐美公使多年，彼與美當局頗爲投契，美當局亦深悅其人，彼於美國政策及報紙心理之趨勢，最善揣摩，爲中國其他官員所不及，凡足以招美國務院不快之舉動，彼斷然不肯爲之，況據余所知，顧氏於允任外長之先，實曾商諸舒爾曼氏，則其易受美國方面之指示，又何疑哉。

（中略）

夫阻止中國對俄承認，法可從莫思科索取若干利益之交換，日本可鞏固其在北滿之位置，而美國之所得又安在耶？ 曰試觀最近美國對日之大借款，倘日本能保其北滿位置，其對美國銀行界又負有一大債務，則彼必願意或被迫而割讓其在北滿之利益，固無疑義；中東鐵路者乃北滿（且不止北滿）之鑰，其經過處多爲天產富饒之區，苟此路握於一較中國強武之任何國之手，足爲抵抗俄國之一種可怖武器，美當局於此固籌之熟矣。

（後略）

# The Guide Weekly.

# 嚮導 週報

◀第六十七期▶

（中華郵務管理局特准掛號認為新聞紙類）
一九二四年五月廿八日

定價
每份三分全年大洋
一元三角半年七角
國內郵費在內

分售處
巴黎 廣州 上海 武昌 [illegible] 長沙 湖南 杭州 濟南 寧波 開封 福州 南京

中國書報社 丁卜書報社 上海書店 民智書局 時中書報社 共進社 晉華書社 文化書社 寶晉書社 古今書社 新亞書社 明星書局 文化書社 工學社 天一書局

每星期三出版 發行通訊處 杭州馬坡巷法政學校轉安存真 北京大學第一院收發課轉劉伯青


## 告勞動平民和青年學生！

（為漢口北京黨獄）

中國的平民呵！去年二月七日蕭耀南吳佩孚殺了施洋、林祥謙、和許多工人，監禁了許多勞動同胞；現在軍閥又來摧殘工人運動和平民運動了；最近王懷慶的電報，要北京政府通令查禁所謂過激運動，所謂公妻主義，這都是他們自己妄想出來的謠言。這電報發現之後，不出幾天漢口的軍閥便於本月十三日逮捕去九個工人，一個律師，有六個工人解到洛陽槍斃了；武昌師大教授李漢俊亦有被逮的消息。北京的軍閥又於二十一日捕去男女學生五人，且有驅逐北大教授學生有赤化嫌疑者二十餘人之說。可見這種荒誕的謠言都是他們故意造作出來，以備四方八面向工人及智識階級之領袖進攻。同胞呵！王懷慶這種電報是我們中國的恥辱。祇有認我們平民是奴隸的人，才敢聲言禁止平民運動的宣傳。亦祇有有意誣陷平民運動的人，才敢亂放公妻主義的謠言。歐美的資本家曾經說俄國行公妻主義，現在早已證明這全是謠言，在歐美已經不能再放了；他們現在又教唆軍閥在中國如法泡製。中國的軍閥們也正好藉此謠言，來逮捕平民，實行殘殺的舉動。去年蕭吳殺戮了許多工人，監禁了許多勞動者，不過因為工人要組織工會來保障自己的生活。退一步說，總算當時的罷工可算是那種殘暴政策的理由。這次蕭耀南，吳佩孚，王懷慶，曹錕的舉動，連這種形式上的理由都沒有。武漢方面近來幷沒有罷工，大概因為他們喝過一次工人的血，至今還是醉夢顛倒的，意想預先阻遏工人恢復工會。吳佩孚蕭耀南還記得當時英國資本家報紙稱贊他們能幹——會壓迫工人。這次更想討好。軍閥之間互相戰爭，他們明知道平民決不幫助他們；所以還要十分討好，想外國人看見他們壓迫平民的本領，賞識他們，幫助他們。工人和學生們呵，你們總還記得去年京漢的殘殺。二七的流血紀念永久是蕭吳屠戶的咀咒日子，永久是你們憤恨的目標，反抗軍閥和列強的動機呵。你們知道不知道：這次蕭吳殺戮工人是壓制工人階級恢復勢力，是破壞為中國民族解放運動及民權運動的國民黨和工人攜手，是對於中國全體平民宣戰。你們知道不知道：這次王懷慶等逮捕學生，乃因為他們為李義元案反對過英國人，這更是為外國人做走狗，這更是背叛祖國陷害同胞的賊子！

蕭吳對待工人，向來都以軍法處置不交司法。 哼！ 原來軍閥看反對專制政府和列强的解放運動者都是破壞他們軍事行動的罪犯！

可是，殘暴的軍閥應當知道：這些解放運動者是平民的代表。逮捕幾個殺戮幾個，其結果祇有增加幾百幾千幾萬個！

工人和學生阿！ 我們的責任，我們的天責，就是喚起全國的抗議聲。全國的工人，學生，全國的公民應當毒恨這一班軍閥和民賊。凡是信賴我們平民自己的創造力的人，凡是眞正要解放自由的中國公民，都應當團結起來反抗軍閥，反抗軍閥的主人——列强的帝國主義。

工人們，你們應當知道：一切軍閥都是你們的仇敵，無論那一省的軍閥都是一樣的。 這一次蕭耀南吳佩孚殘殺湖北的工人，下一次別的軍閥又要在別處再行殘殺了。 你們有幾百萬人。假使你們組織起來，你們一定能夠得到勝利，各國歷史上都有證據的。 蕭吳的打擊只會鞏固你們的團結，團結起來反抗軍閥和列强。

學生們，同時曹錕王懷慶吳佩孚蕭耀南正在竭力擁護舊思想，摧殘新文化運動，想阻遏中國政治上經濟上思想上的解放。 你們應當證實自己的力量，你們不是恐嚇手段所能鎮壓的。 趕快組織起來，反抗軍閥，反抗這些復古派的魔鬼：他們祇想教中國退化，去受外國帝國主義的剝削。 你們的新道路是幾萬萬中國平民的道路，你們和中國工人及農民是同道的，——這是你們勝利的保證。 不管他們軍閥和列强用怎樣卑鄙的手段，怎樣殘暴的鎮壓政策，我們是不怕的。

推翻軍閥！

推翻帝國主義者的走狗曹錕王懷慶吳佩孚蕭耀南！

推翻軍閥的主人——英法美日帝國主義！

中國工人階級萬歲！

中國革命的學生萬歲！

中國民族解放運動萬歲！

## 時事評論

### 英兵入藏窺川

爲人

藏人未獨立以前，西藏還是中國底領土，英國帝國主義者有何權利可以任意駐兵？ 今復調大兵布滿全藏，並進而向四川侵犯，掠奪西藏一切政權，强迫藏民改用英語，摧殘藏民愛國，直用對待印度緬甸的狠毒手段，來對待我們藏民了，我們人心未死的中國國民，豈能低首甘受？

獨賣國的北京政府，對此反爲英人辨護不已，說是：「關於英兵追令藏民習用英語為消滅中藏文化之第二步一節，殊覺此項報告，毫無意味。 關於英政府密令印邊英兵向藏進發，現經由聚永以抵白馬崗一節，如果屬實，何以截至現時止，政府方面以及外交方面尚沒接到任何方面之報告……」英兵入藏窺川已有事實可證，任賣國政府如何為英人辨護，都是枉然。

屢據康定等處來電，均云：「此次英兵侵藏，係襲光緒十四年之故智，一面由南路進兵，以武力壓迫藏民，並進兵於白馬崗一帶，以阻止華兵入藏和便道進行謀川；一面勾結親英派以作內應……」 英兵在藏凡關於行政事務，舊時沿用中國名稱者，現均強迫藏民改用英語，如將：

| 中國原名 | 英人改稱 |
|---|---|
| 警察 | 捕力思 |
| 郵政 | 詐 |
| 官長 | 臘腳 |
| 電報 | 打日(連音) |
| 工役 | 古里 |
| 火車 | 日里(連音) |
| 汽車 | 哈瓦嚇日…… |

(按以上等名稱，係由英語譯為藏語再譯成漢文者，故與原音稍有出入。)

以上等等情形及此次班禪之被逼來京，均是事實上的事實，誰也知道無疑。

一般極力贊助北政府派兵入藏的先生們，至今為甚麼不極力贊助北政府派兵入藏，難道都已去歡迎英兵入藏窺川了嗎？

狠毒的英國帝國主義者，正在那兒一心的侵藏謀川，其他陰險的帝國主義者，亦正在那兒想要趁起派兵來華，寫中國底賣國賊和洋奴等，還在那兒自欺欺人，難道我們民衆都是麻木可欺的嗎？

## 北京之黨獄

爲人

本月二十一日國民黨人張國濤等五人在北京被捕，並未聽說有何罪證，只在他們的屋裏搜出本報數份，然而閱本報和買本報的人不知多少，豈只張國濤等數人？ 就是最頑固的帝國主義者，他們也曾購閱本報，直系軍閥為甚麼不去逮捕他們？ 如說他們與廟案有關，要知道國民黨底敵人是帝國主義者和軍閥，願小子不過是一帝國主義者底走狗，是一軍閥底爪牙，那配被國民黨黨員去炸他。 至於說到與工人運動有關，這更不值一辨，查北京近來並沒有罷工事件，張國濤等有何所謂運動工人要案？

啊，我們知道了，直系軍閥一方獎勵陳炯明林虎馬濟楊森等去攻打國民黨政府，一方面在南京漢口北京等處逮捕國民黨黨員，無非是要摧殘國民黨殆盡才甘心；換言之，就是要摧殘中國國民革命運動殆盡才甘心。

受奇恥和熱烈愛國的同胞們！ 眼看得這樣橫暴的事，可以忍得住一聲不做嗎？ 果如此，則軍閥之狗胆將來更大，這種橫暴的舉動馬上會臨到你們的身上，除非你們時刻恭順的跪在他們的腳下！

## 煙台調查 (續前)

七，農業狀況(附漁民狀況)

農業不振的原因　山東全省地勢可分為山帶地與平帶地，山帶地在東方之半島，(煙台膠東沿海數縣)，平帶地沿黃河流域。 以地方比，平帶地較肥沃於山帶地；以人口計算，約共三千三百萬，日本人稱山東爲苦力之本場，因本省人多從事勞役，每年至海參崴及滿州方面充勞動者有三四十萬。但是這等勞動者多出自山帶地，而平帶地則很少。他們每于三月中出鄉，至十二月回家省親，所以家中多不事農業，有從事農業的多付與婦人女子，這是農業不能進步的大原因。

主要的農產品　山帶地的主要農產品，以黃粱粟甘藷，稗等爲最著；平帶地的主要農產品，以麥爲最多，落花生的產額也不算少。

地主與佃戶的關係　地主與佃戶的關係不一。有的自僱傭工耕種；有的地主將田產耕種權，全委給佃戶，只按期徵收糧米若干石，歲之豐歉，地主是不管的。有的將田產委託佃戶耕種，地主佃戶各操其半，所收穫的地主與佃戶均分，而地主有保護佃戶的責任。

農民生活的狀況　鄉村農民的耕作很勤，平常飲食多半是白水與粗粮，穿的是粗布，住的是茅屋，生活狀況極爲儉嗇。

漁民狀況　山東沿海一帶多產魚，煙台產魚區域，多在芝罘島崆峒島及城西北之八角口。煙台漁戶，據詳細調查有四五百家，漁民約有二三千人，網船有三百餘隻，釣船有二百餘隻，所收獲的不少，可惜不能用新的方法採漁，所以沒有一點進步。

八，宗教情形

烟台的各種宗教以基督教(耶穌教)最有勢力，這種教傳入烟台，起手于前清同治元年，有美國長老會教士麥嘉締到煙傳教。同治三年又有郭顯德教士，到烟傳教，郭在烟有五十餘年，開創學校數處，博物院一處。又有韋豐年牧師在烟傳教最得力，創實益學館（益文學校）。至於其他教會大半都跟着長老會後邊，次第成立，對于社會事業，多半有他們的分子在裏邊做事，所以引起社會的注意。茲將烟台基督教各教堂派別如左：

烟台基督教聯合會
- 毓璜頂長老會
- 中華基督教會
- 東馬路浸信會
- 東山內地會
- 奇山基督教會
- 基督教青年會

聯合會裏邊分做四部，即講演部交際部庶務部佈道部。茲再將各會的附屬機關列之如左：

長老會附屬機關有：益文學校，高等學校，協理會，差會，毓璜醫院，博物院，信義女校，女聖經學校，幼稚園一處，啓瘖學校，女士佈道會。

浸信會(東馬路)附屬機關有：衞靈女校，煥文學校，橄欖枝學校，橄欖枝女校。奇山基督教會(三馬路)附屬機關有：培真幼稚園，培真小學校，育英學校，培真女學校，孤貧院，晨星報

內地會(東山)附屬機關有：體仁醫院，初等學校

九，社會事業

烟台社會事業多半是教會裏邊的人出來辦的，其中可以爲我們注意的就是益工會，貧民工廠，幼童孤貧院。茲將其內部的情形記之如左：

烟台益工會　烟台從有髮網營業以來，婦女界的生活大顯活動。在營業最盛時候，計算各出口家所用的女工，足有兩萬餘人，每月

所得的工資，每人約在十元左右，此等女工來自各鄉間，多數沒有受過教育，因為生活所壓迫，出來做工。 最足使人注意的就是婦女道德問題，因為沒有人指導，所以猥褻的事，常常發生，益工會就應時組織起來。 該會初創的時候，規模狠小，不過在各工廠裏邊，中午時間，派會中人輪流教授他們手工習字幷演講道德。 現在屢次開演講大會友誼大會，女工大受好處。 聽見近日該會更欲應時勢的要求，提倡天足會，衛生會等等，他們計畫在烟台建設一個工人模範村，不知道能否成功。

會長狄師娘Mrs.E.E.Dilley，袁潤甫。 副會長李師娘Mrs.H.Bhclkley，吳覃臣。

書記鄭文應，司庫吳覃臣師娘。

宣道部長李師娘(Mrs.Bhelkley)，委辦杜姑娘(Mirs Trudinges)曲子元，徐宗民。

演說部長吳覃臣， 委辦袁潤甫。

進行部長徐宗民， 委辦劉滋堂。

書報部長杜姑娘 委辦袁潤甫。

招待部長鄭文應師娘，委辦候梅生師娘，劉潤之師娘，連之舟師娘。

(平民教育)東部部長鄭文應師娘，西部部長劉潤之師娘，

(夜校)東部部長候梅生師娘，西部部長連之舟師娘，

募捐部長狄師娘，委辦慕雅各Mrs. Mooro等，

教授女工部長巴姑娘(MissBrarkanp)，教授男工部長曲子元，徐宗民等教員及女佈道士有美貞華李志正各女士等六七人。

煙台貧民工廠 澹台玉田因為廣仁堂辦理腐敗，發起開辦這個工廠，廠設在華豐街路南，民國八年開幕。 廠裏邊有職員八人，監工技師若干人。 工藝分做染織籐竹織帶攻木毛巾紡繩縫級鞋工人部，工徒二百名，以十二三歲童工為最多。 每日做工以外，輪流上班練習漢文，製造物品的成績很好，常年經費約需一萬四五千元，工作贏餘有四五千元，不敷的款由商會設法維持。

烟台幼童孤貧院 煙台幼童孤貧院，係教會方面的慈善事業，為英人馬茂蘭主人所建設。 內部分做男女兩院，幷有男女工廠，所出的布疋多為出口家所採購，木器等品亦為中西人士所歡迎。 計有男女生徒有百餘名。

十，外交事件

烟台關於外交事件可以記的，就是抵制日貨的大成功。 本地商民于民國四年因為日本强迫我國承認其二十一條的要求，一度抵制日貨，成績很好。 以後以袁氏稱帝，取締很嚴，加以別處商埠都不一致，中止一次。 青島事情發生，山東人民受外力的刺激，比別省加倍利害，故恨日本達于極點。 五四運動發生，抵制日貨忽然起來，能夠堅持到底就是烟台一埠。 起先組織國貨團隸屬于國民外交後援會，抵制日貨堅持四年之久，不特將劣貨抵得絕跡，其秩序的整齊，外人亦相稱譽。 青島交還以後會宣告解除抵制，以後因旅大租約期滿，日本抗不交還，又引起商民的反響，又宣告繼行抵制日貨。 茲就年來日貨輸入口的成績，製表如左：

進口船舶及日本大宗貨物之比較

| 貨物 | 民國八年 | 民國九年 | 民國十年 |
| --- | --- | --- | --- |
| 船舶 | 256隻 | 140 | 112 |
| 日本本色市 | 13•128疋 | | |

日本細布粗布　24・545疋　40

日本洋標布　15・092疋

日本綿布　4・383疋

日本綿紗　2・571担

日本自來火　40・2・697羅

日本煤油　2・500加侖

6

又復出口類

日本火柴　3・514担　1

日本綿紗　124・032羅　49・382

此外如罐頭海味鐘表食品，并一切的小玩物雜貨等類，民國八年間輸入很多，抵制以後都變絕跡了，這可以表現煙台的民氣到什麼地步。

一九二四，二，九號・郭壽生

## 寸鐵

**太戈爾與北京**

北京城裏提倡道德的大官，正在嚴禁共產公妻的邪說；社會上一班同善悟善等東方文化派，也相和着齋戒禮佛迎接鐵牌；似乎如此這般的東方道德神佛精神已充滿了北京城，用一百萬倍的顯微鏡也尋不出絲毫科學與物質文明底影兒。　太戈兒在北京亂吠了一陣，其實他那偉大的東方精神，比起北京社會還是小巫見大巫。　（獨秀）

**康有爲的道德**

此時社會上最時髦的名詞是『道德』。究竟什麼是道德？　康有爲於二十四日在青島講演道德，不知道他所講是復辟尊君等公的道德，還是刼奪經像敲索皮袍等私的道德呢？　（獨秀）

**巴爾逵里尼與太戈爾**

意大利巴爾逵里尼教授對中國青年說：『余雖主張和平，然爲弱小民族計，則自衞之戰，亦認爲不得已，余亦不反對君等之主張。』巴氏這樣主張和平，還算比太戈爾說得有分寸。　我的朋友說：『巴氏和平運動是積極的向統治意大利的法西斯黨反抗，太戈爾那比得他；太戈爾的和平運動，只是勸一切被壓迫的民族像自己一樣向帝國主義者奴顏婢膝的忍耐，服從，犧牲，簡直是爲帝國主義者做說客，所以在北京的英美人尤其是宰制中國的舒爾曼安格聯都很歡迎他，第二次諾貝爾賞金——和平運動的賞金，太戈爾詩聖或者可如願以償』！　（獨秀）

**可憐想吃天鵝肉的中國人！**

美國人以庚子賠款充中國學生留美學費及在中國辦清華學校，一方面可以造成許多親美的奴才，一方面名爲退還，其實這筆錢仍舊用在美國，并且博得無知的中國人歌功頌德，這是何等巧計！可憐上海的平民教育促進會和道路建設協會都想吃點天鵝肉，這是何等癡愚！　（獨秀）

**軍閥是帝國主義者的工具又一證據**

一班賣國賊合夥湊攏的所謂北京政府，竟接受日本公使的照會，通令全國嚴禁人民「五七」「五九」開會紀念國恥。　湖北的軍閥近又禁止在全國運動會散放排日的傳單，且逮捕散傳單的人。這班軍閥們不是帝國主義者的工具是什麼？　（獨秀）

**太戈爾是一個什麼東西！**

太戈爾初到中國，我們以爲他是一個懷抱東方思想的詩人，恐怕素喜空想的中國青年因此更深入魔障，故不得不反對他，其實還是高看了他。他在北京算未曾說過一句正經，只是和清帝，舒爾曼，安格聯，法源寺的和尙，佛化女青年及梅蘭芳這類人，周旋了一陣。他是一個什麼東西！（實庵）

**賣階級的工黨政府**

全世界的階級對抗與階級戰爭，已緊迫而且需要得萬分，却只有英國工黨政府的殖民部大臣湯姆斯，還閉着眼睛向各殖民地代表演說：『請各銷除階級戰爭，勿發階級議論』。聽你如何銷除階級戰爭，聽你如何不發階級議論，而資產階級的政黨——保守黨及自由黨，在他們所代表的階級勢力瓦解以前，除非工黨政府絕對拋棄工人階級的利益事事惟資產階級的利益是圖，他們終於不能容忍工黨久握政權，這是很明顯的事。湯姆斯在世界社會黨人中，是一個賣階級的老手，他這種論調，也正是想買資產階級之歡心，以苟全他們的所謂工黨政府這塊招牌，只恐怕英國的工人階級終不能這樣可欺罷！（實庵）

## 中國青年之共同抱負

意大利巴爾達里尼（Bartalini）教授，以主張和平爲法西斯政府所逐，逃至法國，向中國學生程鵬君詢問中國青年之共同抱負及計畫，程君說：『我國青年之共同抱負無他，惟志在排除列强在華之壓力，以求中華民族之眞正獨立與自由而已。欲達此目的，固不能不求各國和平派之同情，尤不能不預備本國自衛之能力，他日和平無效，終將出於一戰，一如今日土耳其之所以對列强。吾人爲防禦而戰，自問理由正大，予在法（程自稱）學習陸軍，卽爲保護祖國之預備，此則對君不能諱者也』。巴氏又問：貴國青年何以對列强懷恨如此其深，得毋懼再演拳匪之亂？程答：『君言未免昧於遠東情勢，今日遠東之中國，爲列强共同競爭之場所，一如戰前之巴爾幹半島，因而吾人所受痛苦，實在不堪言狀，例如「關稅權」各國皆係自主，而中國則爲列强所制，進口稅祇許値百抽五，使幼稚之中國工商業不得政府保護，永遠不能與他國競爭，經濟上爲人制其死命，中國勢將由貧弱而臻於滅亡，此吾人所不能忍者一也。又如「外交權」各國皆係自主，而中國則動受列强之牽制，參加歐戰須得列强之允許，承認俄國須伺列强之意旨，甚至與甲國訂約，亦遭乙國之干涉，外交失其自主，國家何能獨立，此吾人所不能忍者二也。又如「司法權」各國皆係獨立，中國則有領事裁判權以亂本國之法統，此吾人所不能忍者三也。又如「路政權」各國皆係自主，中國則動遭列强之干涉，僅因借債關係，甚至因而掌握路權，不惟會計必須委用外人，而且沿路礦山，亦復任其採掘，一隅之匪亂，遂欲共管全國之鐵路，此吾人所不能忍者四也。

此外如强迫租地派兵示威，種種無理之暴行，皆非獨立國所能受，吾人爲求祖國之生存計，不能不出於反抗，此乃「國民意識」發達之結果，與義和團盲動之舉，豈可同日而語。吾人今固尙無能力反抗列强，然列强不終止其侵略之行爲，對華爲繼續的壓迫，則民族革命之怒潮，終有爆發之一日，此固無法避免者也。中國今日所處之地位，正如貴國當年受奧大利之壓迫，普國當年受拿破崙之蹂躪，故「外抗强權內除國賊」之呼聲，已彌漫於全國，吾儕青年肩此重任，實無旁貸，義不反顧，寗爲自由而死，不作亡國之民，君爲提倡世界和平之人，試爲中國青年設想，除以武力自衛外，果有何法自拔於危亡之境乎」？

## 「聖三一」學生第二次宣言

我們前次的宣言，已將我們所受的痛苦與壓迫，不得已的苦衷，要求：

在校內爭回集會結社自由；

反對奴隸式的教育，爭回教育權；

反抗帝國主義者的侵略。

申訴於全國同學及各界同胞之前，我們十分感謝，同學們及輿論界，肯爲我們說句公道話，實力援助我們。 現在再將我們最近的情形，報告一下、希望同學們及各界同胞，指示我們前進的方法。

英國人對于我們的舉動，不但不在意，壓迫反更加厲害。 不但仍然禁止開會，而且再次開除同學，我們向校長（英國人）提出三條要求：

一•收回被開除同學；

二•校長汚辱中國，須向學生謝罪；

三•不得干涉學生集會結社。

而校長一味不管，他說：『被開除這幾位學生，是經過教員會議議決執行的，斷不能收回』。 當時我們以爲校長故意將這件事情推過教員身上，因教員俱是中國人、斷不肯幫外人來煎熬同胞。 所以就根據校長的說話，致函叫他們解釋有什麼理由來開除學生。 若是校長的說話是錯的，他們就應馬上解釋。 他們既不解釋，反大罵起來，這是他們承認他們自己是幫洋大人煎熬同胞了。 呵！ 我們明白了；原來他們是在後搗鬼專拍『洋馬屁』的。 但是他們都是受過奴隸式教育，當然怪不得，然而從此一點，就可知道外國人教育的毒害。 我們更看『公醫』同學的宣言，知道他們學校有箇美國在裏而把台，校長與幾箇教員，也是受過奴隸式教育的。 呵！ 我們更明白了！ 外國强盜，始終想以教育方式，侵略中國，滅亡中國。 我們不願做亡國奴的人，那能輕輕放過這回的運動？

我們更明白表示：我們是始終堅持前次的宣言，與向校長提出之三條，而尤是要

爭回教育權。

同學們！ 全國各界同胞！ 我們起來了！ 趕快起來和我們一塊兒去奮鬬，和我們一齊走上戰線去打倒帝國主義，這是責無傍貸的。 那麼，不特是我們的榮幸，也是中華民族的榮幸。

廣州「聖三一」全體學生謹告

The Guide Weekly.

# 嚮導週報

（中華郵務管理局特准掛號認爲新聞紙類）
一九二四年六月四日

定價
每份三分全年大洋一元三角半年七角國內郵費在內

分售處
巴黎 廣州 上海 武昌 太原 長沙 濟南 杭州 雲南 寧波 開封 福州 南京

中國書報社 丁卜書報社 上海書店 民智書局 時中書報社 共進書社 晉華書社 文化書社 齊魯書社 古今圖書店 新亞書社 明星書局 文化書社 工學社 天一書局

第六十八期

每星期三出版

發行通訊處
杭州馬坡巷法政學校轉安存眞
北京大學第一院收發課轉劉伯青

## 「六三」紀念與最近軍閥列强之聯合進攻

「六三」紀念什麼？不用說是紀念當日上海市民對帝國主義的列强及北京軍閥政府宣戰。我們不但要紀念過去，更要看淸現在，將來！

現在！爲李義元案，帝國主義者在中國的機關報，是何等向中國國民進攻！爲宜樂里案，中國的軍閥官僚是如何眼見帝國主義者向國民進攻而一聲不響！帝國主義者是如何一面把持關鹽稅供給直系軍費去平川平粵；是如何一面指使王懷慶逮捕反對英國•（爲李義元案）反對日本（六一示威運動）的青年！

青年們在北京被捕，有何罪名？不過因爲反對英國日本，不過因爲加入國民黨反對直系軍閥，別的罪證絲毫沒有。工人們在漢口洛陽被殺，又有何罪名？不過因爲加入國民黨反對列强及軍閥，別的罪證也絲毫沒有。

帝國主義的列强，知道民黨得勢便不容他們在中國無理橫行，所以始終扶助中國的舊勢力抑制民黨，這是列强對華共同不易的政策。

北洋軍閥，也知道在中國只有爲民權奮鬥的國民黨，是他們始終不能妥協的唯一敵人，別的黨派全不看在眼中，所以『鞏固北洋』，『剷除民黨』，是他們自袁世凱以來的傳統政策。

他們（列强及軍閥）共同憎惡的國民黨，改組以來，爲國民奮鬥之前驅的色彩更加濃厚而鮮明，他的勢力已達到政治中心之北京及商業軍事中心之武漢，他們（列强及軍閥）之聯合進攻益急，最近漢口北京之黨獄乃同時發生。

他們（列强及軍閥）很看淸他們的敵人（中國國民），聯合進攻；我們（中國國民）如何不看淸我們的敵人（列强及軍閥），聯合反抗？

工人們！ 青年學生們！ 一般市民們！ 凡不願跪在敵人脚下做順民的人，一齊聯合爲民族民權民生奮鬥的國民黨向列强及直系軍閥反抗！

我們反抗的口號是「**外爭國權內除國賊**」。

# 外患日誌

## 五月

一日　上海租界工部局派馬隊一排印捕念五人西探十二人，荷槍實彈，隨同泰利洋行大班白蘭特，越界折毀閘北宜樂里房屋，驅逐房客，毆傷房客趙姓男子小孩各一人。
上海字林報（英國在華之半官報），因李義元案鼓吹列强對華應實行『懲罰戰爭』；并謂各國若不願參加，英美便可獨自進行。

三日　上海租界西探越界拘捕宜樂里房客聯合會代表馮明權君。
美使照會外部，美國對中東路依據華會協定干涉。
領袖公使照會外部，抗議政府令湖北長官禁止外人在租界以外購置地產。
上海海關在法公司輪船查獲法人私運大批手槍及子彈。

六日　北京電：日英美法四使組織常設委員會，專爲聯合對華之用。

八日　日本水兵在北京凶毆人力車夫。
日本官商在哈爾濱會議北滿銷貨及投資問題。

十日　法使對中俄自行解決中東路事，再向外部提出警告。

十二日　英兵在北京闖入議員張益芳宅，强乘馬車；又有校尉營住戶某姓女，被洋兵强奸。

十六日　北京電：使團答覆外部，烟台領事團反對烟台築埔附加稅。
日使照會外部，要求准日商在上海設立明華製糖廠有免稅特權。

十七日　濟南電：日本漁船侵入我國領海捕魚，龍口漁戶致電省議會呼籲。

十八日　北京電：使團抗議華兵駐紮唐山等處，謂爲美兵駐防地。

十九日　外交團消息，英兵兩路入藏，一由薩拉進占全藏，一由片馬進川邊。

念一日　使團會議，（一）英使因豐台白錫爾案，法使因金佛郎案，均對華表示不滿，主張關稅預備會延期；（二）不承認中國要求對於臨城賠償審查實際損失。

念二日　哈爾濱電：由美國輸入大宗麵粉，麵粉公會大起恐慌。

念三日　日人私將天津東南城角界石挖出，移至數丈以外。

念四日　北京電：滬領團堅持擴充租界，使團中各大國均與滬領團同意，各小國無主張。

念五日　長沙美領致函趙恆惕取締外交後援會。

念七日　使團照會外部催答商標案，并堅持雇用洋員。

念八日　英美兩使因外人在閩被擄，要求嚴懲地方長官。
駐豐台英兵包圍毆打司機之華兵。

念九日　哈爾濱電：阿什爾法國糖廠强迫雙城農民種蘿蔔，農民大憤，宣布法人十大罪。

三十日　日海軍司令野村，乘去年發事之安宅艦來長沙。

卅一日　日本公使照會外部，禁止全國學生及長沙市民「六一」示威運動。

## 楊德甫等冤殺與國民黨

獨秀

據近日上海各報電傳，五月十三日在漢口被捕之國民黨黨員工人楊德甫周天元羅海澄黃志章許白昊五人及律師劉芬，確於五月二十六日由漢口解赴洛陽：二十七晨，由吳佩孚親自審問數語，即將楊等五個工人綁出鎗斃，惟劉芬因湖北省議會電保，尚在押候訊。

他們被捕被殺的罪名，據申報五月二十九日漢口通信說：「軍署係先得滬探密電，謂楊受粵孫密令，糾集黨徒回鄂，圖結工人起事，故軍署飭令稽查處逮捕，而工黨之獄遂起。」 又據蕭耀南所給湖北教育廳密令說：「案准府軍事處據滬探稱，此間過激黨稟承孫文，聯絡蘇俄，實行共產主義，派遣黨徒，分往內地。」

原來楊德甫等是奉孫中山的命令回湖北實行共產主義而被殺，世界奇案冤案，莫奇過於此冤過於此了！

（第一），孫中山并未在他政權所及之地鼓吹共產主義，何以能夠派人到湖北實行共產主義？ （第二）楊等五人加入了國民黨和在漢口黨部担任職員，這都是事實；然周羅黃許四人并未到過廣東見過中山，楊德甫去年雖見過中山，新近個人由上海回漢口，那里有什麼受密令糾集黨徒之事；而且中山先生即有密令圖鄂，怎會給關係很淺的黨員楊德甫！ （第三）爽直的工人們，他們加入了國民黨，向人直言不諱，楊德甫素好大言，又不擇交，聲稱受命來鄂，因此召禍，這都是意中的事；然而說他是過激黨回鄂想行共產主義，則未免太冤了，因為楊德甫周天元在上海在湖北都曾極力反對過激黨反對共產主義。

極力反對過激黨反對共產主義的人，竟以涉激共產運動之罪名而被殺，世界上奇案冤案豈有過於此者！

可是軍閥官僚們所視為過激之內容和我們大兩樣，例如馬聯甲所謂教育已經過激，平民教育更是過激，則全國教育界都是過激黨，何況工人楊德甫！ 更何況革命老祖孫中山！

軍閥官僚們眼中心中的孫中山國民黨，始終抱定三民主義努力革命，實在「過」於「激」烈，實在是北洋舊勢力唯一的敵人；國民黨改組後，他們更忍無可忍，所以一面增加兵力壓迫川湘閩粵，一面在北京漢口大捕黨人。

營私無法亂國殘民的軍閥官僚們，他們這種行為本不足責，我們所希望的是有良心有判斷力的國民，能在這些具體的事實上分出是非向背，然後國事才有可為。

## 中俄協定簽字後之蒙古問題

獨秀

停頓日久之中俄協定，忽於五月卅一日正式簽字，其中有無特因，我們不必推敲，我們所要討論的是今後蒙古問題。

在中俄國交上論起來，俄國撤退駐蒙兵，承認蒙古是中國之領土，都是應該的；但在數年來努力建設的外蒙自治政府而論，便有問題了。

第一不幸是中國猶在極橫暴不法的軍閥統治之下，決不會有絲毫尊重蒙民自治的觀念，他們如果實行派兵收蒙，所派的兵無論是直方或是奉方，都一定要重演參戰軍焚殺淫掠故事，可憐素受中國軍隊凌虐的庫倫市民，才平安了數年，現在又要重逢浩劫，這是何等不幸！

第二不幸是蒙古民族中還有與平民對抗的舊勢力王公喇嘛等特本階級存在，這些守舊的特權階級，本來憤恨新得政權的平民新黨，權來天天在那里做中國軍閥扶助他們復辟的夢，現在他們的夢竟眞有實現的希望，這件事不但是蒙古現代政治進化史上一大關鍵，并且是蒙古現代文化史上一大關鍵。

在中俄協定簽字之後，蒙古民族中新起的平民階級，如何能夠繼續支持他們數年來新的政治新的文化之建設，而不爲王公喇嘛等和中國軍閥相勾結的舊勢力所傾覆，中國及俄國有理想的平民，對於這件事似乎都不能對岸觀火！

## 外人對於商標之無理要求

獨　秀

據本月二日申報北京電：荷使新照會，對商標要求，(一)商標公報應用英文；(二)商標局應聘外人爲顧問；(三)反對第十條更換代理人之規定；(四)反對六個月期限。　農商部決採納前兩條，駁覆後兩條。

此消息若確，北京的農商部眞是昏聵極了！　他所駁覆的後兩條，第三條不過防杜流弊，第四條更無關重要，到是第一二條關係重大，他反而採納了。　商標公報用英文，不但於一般華商不便，而且中國還不是英國的屬地，爲什麼政府所刊發的公報定要用英文？　無論公私何種機關，若自動的聘用外人辦事，本是很尋常的事；若以外交的拘束必須聘用外人，便於國家用人行政的主權有碍。　在此互市時代，無論何項行政機關，絕對沒有關係外人事務的很少；因有外人事務的關係，便須聘用外人，中國還成何國家！

海關必須聘用外人，稅務處鹽務署稽核所都必須聘用外人，鐵路也必須聘用外人，司法方面更加有會審公堂和使領裁判，現在商標局又須聘用外人，從此擴充起來，將來因有外人設立的學校之故，教育部也須聘用外人，外交部更是不用說，再擴充到海陸軍部及各省軍民長官署，那時候中國更加體面了！

## 廈門大學學生也有今日

獨　秀

陳嘉庚出資興學，一時頗博得社會稱讚，其實他完全是個市儈，不知教育爲何物，不但把學生當奴隸，連職教員也都是他的雇用人，精衛杜威先生都曾說這校將來必糟；後來他又雇了一位孔教國學大家（其實是一個識字不多的華僑）林文慶當校長（陳嘉庚向來自稱校主），自然更大糟而特糟。

雖然如此糟，而學生從無動靜，我們時常嘆惜這些青年眞眞麻醉死了；豈知不然，今日竟能醒覺起來，驅逐校長林文慶。

起事之遠因，不用說是這位校長林大孔教徒鬧的笑話太多，其近因，乃五月廿六日林文慶挾嫌辭退未滿約期之主任數人，學生抗爭無效，風潮遂起。　三十日全體學生罷課，電新加坡陳嘉庚撤換校長，三十一日在教育會招待各界，宣布林文慶罪狀。　林文慶請求軍警捕拿學生，學生推代表向海軍及警廳說明罷課原因，請勿干涉，林計不售，又於本月一日使建築部主任陳延廷教員林幽率土木工人及流氓四百餘人，圍打學生，學生會主席羅士清，糾察主任林作楨，預科代表常榮模，均受重傷，海軍到場彈壓始止。　地檢廳將毆傷學生之陳延廷林幽拘收縣監，各界多主調停，惟陳嘉庚覆電仍信任林校長，則實無調停之餘地，將來該校能否掃除林毒，能否有改善希望，全視學生們能否奮鬥到底。

林文慶不但盲目的擁護舊思想，而且在南洋諂媚外人壓制同胞，這種人當校長，不單是廈大學生的不幸，實是中國教育界的恥辱！

# 大連調查

沈實

大連是渤海的門戶，東北的要港，火車兩小時可達旅順，水程八小時東南可達烟台，西南可達龍口，廿四小時可達青島或天津。此外又常有定期船達上海・仁川・海參崴・日本等處，爲期亦不過三四日卽達。由烟台至威海劉公島亦不過四小時。

此地是日本殖民地，所適用者是日本法律，各政派之失勢者，多來連等待機會，其目光皆未注意及此地之革命運動，與日人相安甚好。茲先介紹該地之實况爲左：

(A)人口——華人十三萬，日人八萬。其警察組織甚精密，調查戶口手續甚繁。如行動稍被注意，關係稍不明白，卽不能一日留。

(B)法定團體——只有西崗子公議會屬於華人，會長安徽人王某，此會性質有類他處之「某地總商會」。

(C)各團體——

1. 中華青年會　性質爲社會交際及教育機關，會員兩千餘人。會長傅立魚，安徽人，前民黨現巨富。

2. 基督教青年會　贊成排日，時被檢查，在本地無何勢力。

3. 沙河口工學會　係南滿線工人的大本營。該十七職場中共有華工一千四百零九人，現加入此會者得七百人。每月收到會費者可五百餘人。附設補習夜課兩班。

4. 電鐵青年團　爲市內外中國電車工人所組成，共四百餘人，設有英文夜班。

5. 中華印工同志會　此地共有印工二千人，加入此會者已有二百五十人。

6. 華昌工人寄宿舍　專容納碼頭工人寄宿，地點在寺兒溝。

7 滿蒙文化協會　是日人侵略滿蒙的總機關，專從事統計調查。傅立魚被請爲顧問，每月三百元。所出版書籍皆爲關於政治經濟的好材料。

(D)勞工

| | |
|---|---|
| 路工： | 1,409人 |
| 電車工： | 4.0人 |
| 碼頭工： | 40,000人 |
| 印刷工： | 2,000人 |
| 店伙： | 10.000人 |
| 鐵工： | 1,000人 |
| 油坊工： | 6,000人 |
| 洋車夫： | 2,000人 |

總計：62,809人

(E)華人教育

1. 公學堂三處，係日人由滿鐵出資專爲華人辦的，華人入學不收費。教育結果：甚至於不知中華民國四字者，完全爲洋奴的養成所。所用華人教員，非該校畢業生，不能合格。
2. 中華青年會　日校100餘(小學)　夜校100餘補習(初中)
3. 增智學校　日校30餘(小學)　夜校40餘補習(初中)(由中華青年會分裂)
4. 培德學校　(小學)教會辦
5. 基督教青年會夜校
6. 沙河口工學會補習學校

7•三一學校 日校(小學)四十人
夜校(補習英漢文)三十人

8•華商英文補習學校 六十人(由基督教青年會分裂出來)

(F)新聞事業

現存者日文報三家，華文報三家，華人有板權能出版的雜誌一種。

(A)遼東報(日)大連新聞(日)滿州日日新聞(日)

(B)華文報——泰東日報 每日出版六千份 開辦已有九年 論調隨奉天政治主張爲轉移。華人創辦，日人後來收買過去的。

滿洲報 每日出報三千份，爲日人自辦者。開辦年餘。

關東報 每日出版一千餘份。

新文化雜誌(月刊) 前爲傅立魚自己的板權。現改爲中華青年會的機關報，更名「青年翼」，仍爲月刊。

## 寸鐵

**以僞亂眞**

賊人也大呼捉賊，因此竟逃過追賊者之眼而遁去。 日本人想冒充中國貨，於是在劣貨上大書「毋忘國恥」四字。 有一班穿長衫的人，想混進工人隊裏去利用工人，於是也大呼逐出穿長衫的，工人事由工人自己幹。 以僞亂眞，天下事眞是無獨而有偶！ (寶庵)

**詩人却不愛談詩**

太戈爾初到中國，人家都稱他是詩聖或詩哲，他自己最後演說也說：「各國之有名哲學家，政治家，社會家，均到過中國演講，供獻甚多，余乃區區之詩人，如何能應諸君之要求？」太戈爾果以詩人身分來中國談詩，我們雖不會做詩，也決不反對歡迎一個詩人，尤其不反對歡迎一個被壓迫民族的詩人。 所以吳稚暉先生說得好：太先生你做詩能，管不了人家的家國，你莫談天下事！ 可是太戈爾在中國始終未談過一次詩。 (寶庵)

**太戈爾與金錢主義**

我們不佩服太戈爾，明明白白是因爲他反對科學與物質文明，此事任何人都應該知道。 然太戈爾却妙想天開的說：「今有人反對余，或係恐懼余反對一般金錢主義之人。」難道科學與物質文明就是金錢主義嗎？ 太戈爾在北京未久竟染了軍警和研究系的毛病，造謠誣陷異己！ 難怪北京有人說他，是一個政客，不是詩人。 而且太戈爾他自己如果反對金錢主義，便應將他所受物質文明社會的造孽錢——諾貝爾賞金，散給無衣無食的印度人。 (寶庵)

**大同主義與弱小民族**

大同主義，世界和平，廢戰，博愛，人類的努力本應該奔向此路；但有何方法使我們能夠開步向此路走，能夠除去橫梗此路之障礙物，乃是一個最緊要的問題。 倘無此等方法，只空喊這幾個名詞，在強大民族口中喊出，雖未必有益而却無損；在被壓迫的弱小民族口中喊出，則是何等昏瞶無恥的話！ 是何等可怕的麻醉藥催眠劑！ (獨秀)

亞洲民族聯合與亞洲平民聯合

日本人因爲美國通過了限制移民案，轉過頭來鼓吹什麼亞洲民族大聯合，還要組織什麼亞洲聯合會。 我要請問日本人：你們最得意的壓迫中國印度人之日英同盟，你們忘記了沒有？ 你們在中國關於廿一條強占旅大以及在漢口長沙等暴行，你們有了覺悟沒有？ 你們慘無人道的對待朝鮮人，你們覺悟了沒有？ 我今正告日本人：我們的主張是『日本中國軍閥政府及一切特權階級除外之被壓迫的亞洲平民大聯合，不是騙假的亞洲民族大聯合』。

（獨秀）

## 讀者之聲

### 崇拜軍閥底罪惡

一平

中國構成現在這種亂局，與其說：「是軍閥作惡」；無寧說：「是由於民衆崇拜權威的心理」。 就近皖民公敵北洋軍閥底爪牙馬聯甲，由蚌埠赴懷遠，蒙城，渦陽等處考察，而沿途官民底歡迎，竟比研究系歡迎亡國詩人太戈爾還要熱烈十倍！ 尤其是懷遠縣：「該縣知事劉汝洋，本行伍出身，對于辦差種種恭維，素稱能手，乃於懷遠外河口高搭歡迎牌樓，復示意工商學界共表歡迎之意。 劉於前二三日，即飭代備多役八百名，四處拉差，凡鄉農來城，以及縣中苦力，均難倖免；先傳每夫一名日發差費二百文，豈知馬氏坐船過境時，並不用差役，而此不幸之農夫，白受數日之軟禁，竟一文不名。 馬甫至里窖地方，駐泊商船，即大放鞭爆，綿延約三里許，烟霧迷天，船至外河口，縣知事及一班接近官方人物，爭先恐後，極意趨承。 尤奇者，學界方面竟有某所長率領教職員以及全堂學生奔走汗流，以求馬氏之一顧」。（五月二十三申報）

馬聯甲在安徽造底罪惡，已不可勝數，凡我皖民，皆當深惡痛極設法驅逐之不暇，怎麼還有歡迎他的道理？在懷遠縣知事劉汝洋這些東西底歡迎，本是「升官發財」手段上底本色，沒有評論的價值。 至於：「駐泊商船、大放鞭爆、綿延三里、烟霧迷天」、「某所長率領教職員全堂學生奔走汗流……」——是一種什麼可恥的現狀？ 難道馬聯甲對於商界橫征暴斂，對于學界恣意屠殺，還以爲不足麼？ 像這樣崇拜軍閥權威，簡直是軍閥底製造者！ 比軍閥底罪惡還要大！

## 肉麻世界

太戈爾在上海歡送會演說：『余之喜中國人者，因皆以人類待我，并非如他國人民待余若聖若神，反使我拘束不安，今中國之年輕人，對我不甚敬畏，與余談笑自若，此則余甚喜之』。

★　★　★

江亢虎南游追想記上說：『王(指暹羅王弟)問吾政見如何，余略陳新國家主義新民主主義新社會主義各條，王極口讚許，舉杯祝余早得政權，實行政見。 妃笑謂曰，俟君組織政府時，余當爲不速之客、訪長女公子話嘉州風景。』

★　★　★

## 什麼話！

太戈爾在武昌演說：『中國此時并不需要物質的進步，中國此時更急的需要，便是精神的復興。』

太戈爾的翻譯徐志摩說：『本來我們對於太戈爾先生，最重要的是瞻仰他偉大的豐采，親聆他雷響的聲音，至於講演的內容，倒是不關重要的。』

★　★　★

## 九江碼頭工人罷工宣言

九江日清公司碼頭勞工五六百人，因該公司大班唆使大寫袁阿發推工人劉財明下江淹斃，羣衆不服，於五月三十日全體罷工，其罷工宣言，並工人代表要求事項如左：

國際資本主義壓迫下的中國人們，尤其是我們一般工人，已永遠陷於萬刦不復的地位，國際資本主義的代表，各地外國洋行，他們對待華人，又是何等苛刻呵，不信，你且看看我們下列的一個報告。

我們工友劉財明，他一向是在日清汽船會社的躉船上做小工，這次無故的被一個亡國奴化的日本人走狗中國人袁阿發，推入江中淹死了，却輕輕加上他一個竊米的罪名。　咳，竊米也應該得着死罪嗎？　後來屍身撈了起來，日本人一方面勒逼死者的家屬，簽字入殮，一方又運動官廳來防止我們的行動。　你想，這是一樁多麼悽慘可憐的事，反過來說，如果我們中國害死他一個日本人，又應該要怎樣的交涉賠款呢？

「兔死狐悲、物傷其類」，在任何人也是應該痛心的，所以我們為着本身的危險，和將來的生活計，就決定今日起，一律罷工，靜待解決，下面是我們向日清汽船會社提出的四項要求：

(一)懲辦兇手；(二)撫恤死者；(三)增加工資；(四)優待工人。

諸君，你要曉得我們這次罷工，是有序秩的，不是暴動的，在我們一般跣足露體的工人，未得着人的生活以前，總希望各界，加以援助纔是。

又上日清公司函云：『執事們！　此次不幸貴公司職員袁阿發將我們的工友推到江裏淹死了，所以我們為人道計為人權計，不得不起來以求自衛。　這種虐待工人賤視人命野蠻舉動，竟發現於貴公司之職員袁阿發，更不得不使我們為貴公司前途惜。　現在我們為着保障工人的人權計，為着保存貴公司的令名計，提出以下小小的要求：(一)交不肖的兇手袁阿發出來，由我們工人自行處理；(二)交付死者家屬撫卹金二千元；(三)自今日加增工人的工資全部十分之五；(四)貴公司應向工人等道歉，並一律加以優待，以後由貴公司擔保不再發現同樣的慘劇。　以上四項要求，限貴公司三十六小時答覆。　倘一意孤行，對於我們這種最低的要求，不加允許，那末，我們只得繼續罷工聽候各方正義的聲援罷。』

The Guide Weekly.

# 嚮導週報

第六十九期

每星期三出版　發行通訊處

杭州馬坡巷法政學校轉安存眞
北京大學第一院收發課轉劉伯青

定價
每份三分全年大洋一元三角半年七角國內郵費在內

（中華郵務管理局特准掛號認爲新聞紙類）
一九二四年六月十一日

分售處
巴黎　廣州　上海　武昌　太原　長沙　濟南　杭州　雲南　寧波　開封　福州　南京

中國書報社　丁卜書報社　上海書店　民智書局　時中書報社　共進書社　曾華書社　文化書社　齊魯書社　古今圖書店　新亞書社　明星書局　文化書社　工學社　天一書局

## 時事評論

### 德國對華賠款問題

獨秀

此時中外喧傳的德發債票問題，其實不單是德發債票問題，我們應注意到全部德國對華賠款問題。

德國對華賠款，原來是二萬三千三百萬元，中國允以戰前所欠德國債票作抵一部分。 計中國所欠德債，計五釐借款，四釐半借款，津浦借款及續借款，湖廣路借款，善後借款，六項共計二千八百五十四萬鎊，路與對華賠款相等。 惟此項債票，已於歐戰前後多半轉入他國商民之手，曾由中國宣布作廢可抵賠款者，面額只有一千零三十九萬八千七百九十五鎊，其餘德國應另付中國的現款，當在一萬萬元以上；再除去扣付戰前所欠德商借款及戰時沒收德產，亦不過五千七百萬元，其餘五千萬元何以竟無着落？

至於收回抵作賠款之一千餘萬鎊債票，除去用作償還戰時德僑在華損失四五千萬元，淨餘債票面額約尚有四五千萬元；此理應銷燬之四五千萬元債票，爲什麼必須折成一千五百萬元交德華銀行經理？ 將來這二三千萬元的損失歸何人担負？

北京政府對於這一切都不顧，一心只顧德發債票案速簽定好提用前存倫敦擬付德債之款此案并不交所謂國會通過，已於本月六日在德使館秘密換文；換文之後，北京軍閥們便可取回倫敦存款九百萬元，全數用作軍費。

對德戰爭中，中國人民尤其是赴法的華工，受了不少損失，所得賠款名爲二萬萬元以上的巨額，東折西扣，一無所有，實際上只收回倫敦存款九百萬元，供給軍閥揮霍，北京軍閥官僚們營私誤國的黑幕重重，即此德國賠款一端，已令國民不能容忍。

### 北京政府任命川省官吏

敬雲

北京政府於平定四川之後數月，在今日才發表六令，正式任命川省官吏。 四川軍隊派別林立，調和爲艱，任命一有不當，則戰爭發生，易爲南軍所乘。 所以北京政府在今日川省漸就平靜時始任命川省官吏，乃是防止川省有力軍官內鬨與背叛。 川省官吏據其命令所發表的是楊森督理軍務，鄧錫侯爲四川省長，田頌堯幫辦督理四川軍務，劉存厚爲川陝邊防督辦，劉湘爲川滇軍防督辦。 我們看見此命令後，毫不誇大的說，四川戰爭的種子，已播在此六道命令之中了。

由此次命令看來，楊森的地盤與權利顯然不及劉存厚所獲之多。楊森只得着一四川的軍務督理，劉存厚除自任川陝邊防督辦外，還有他的屬下二人，任四川省長與幫辦。 他們兩人將楊森夾在中間，便可爲所欲爲，使楊森動彈不得，一籌莫展。 楊森曾出死力打重慶如何肯甘心讓劉存厚的勢力，霸佔成都？ 所以不久我們將見劉楊鬩起鬨，要自相殘殺起來了。

然而這正是吳佩孚所期望的結果。 吳佩孚平南的唯一策略，是「以毒攻毒」，然後任北方人出馬收拾。 他在四川已任用楊森劉湘攻打熊克武和但懋辛。 現在他又重用劉存厚，以促楊森之反叛。 他的希望是川省永遠內亂，無暇東下侵鄂，而後他可致力於戰率。 區區數十萬的生靈在他毒計之下犧牲，這是當然如此，何足還吳大軍閥之一顧呢？

川省軍隊多至四五十萬，各派將領，爲養兵不得不擴充地盤，因圖擴充地盤，更不得不多招兵。 於是他們互爭雄長，此起彼伏。川省在此情形下，變亂亦無已時。 而四川人民之負担與痛苦與年俱增。 我們看川省田賦，什九均徵至民國十九年度，多少田園都化爲暴骨荒郊的戰場！ 有人說，四川農民郊外耕種，子彈飛來而不避，因爲他們願速死而不願苟活。 他們水深火熱的程度於此可見一斑。

四川變亂經年，人民失業流離，死亡載道，其苦痛必有不能忍受之一日，他日人民武裝，起而撲滅軍閥，自組政府，才是四川省內和平達到之日。

# 法國之新政局與對華外交

仁靜

過去的法國普恩賚內閣，在歐洲眞是闖禍不少。 它是歐洲反動勢力的大本營，破壞日諾瓦會議；以金錢軍火扶植小協約國的勢力；佔領魯爾，使德國經濟解體，數百萬工人失業，這都是他執政時代的功績。 歐洲人一提及他的大名，一想起他的暴戾恣睢，無不咬牙切齒的痛恨他。

普恩賚內閣拒絕承認俄國，是因爲俄國不承認俄皇時代的舊債。去年洛桑會議時，他惡很很的逼着土耳其用金佛郎還債，幾至會議決裂。 中國的金佛郎案也是他利誘威脅，要中國賠款用金。 法國資本家的貪圖不顧正義，由他一人十足的表現。

現在他要從法國政治舞台上滾蛋了。 他的滾蛋，不似中國的張紹曾或高凌霨滾蛋，只是不由於得軍閥的歡心，做不成官。 他的滾蛋，是挾其武力及反動政策以俱去的，後起者也是懷抱着新政策登台。 就法國左黨在野所表示，他們對俄國，將不論以前舊債的損失而予以承認，對魯爾佔領，或將吐出一部分以維歐洲之和平。 至於它對遠東政策之軟硬，與有無變更，那就全靠我們的努力了。

我以爲法國左派之上台，是法國政局較爲清明的表徵。 我們應乘此時機進謀中法間懸案之解決。 近日中法間的懸案有三種：一、金法郎案；二、收回廣州灣；三、關稅會議。

金佛郎案，法人要求庚子賠款用金，其詐中國人民，無理要求，正是法國全國人民的恥辱。 中國實在根本不應該承認什麼庚子賠款，即一時不得已而照付，只能照佛郎的面額，這是天經地義。 其次收回廣州灣，是昔日法國的布里安答應的，他此時重新登台爲外長，自然要履行前約，無條件的歸還。 至於增加中國關稅，在中國今日民窮財盡，由於受外人的經濟剝削，爲保護本國產業發達，當然要提高關稅，抑制外國商品競爭。所以開關稅會議以增高稅率，是中國全國人民所希望的。法國會無理的藉金佛郎案抵賴關稅會議，今日的新內閣當覺悟此種愚笨的抵賴如何的惹起中國人對法國帝國主義之熱烈的反抗了。

除此三案外，法國普恩賚還干涉中俄協定的成立。爲道勝銀行保鏢，他竟破壞兩國人民恢復國交的機會。一言以蔽之，他在東方所造的罪惡，不亞於其在西方的蠻橫。此種罪惡正是法國新內閣所要銳意洗滌的呀！

以上中法間的三懸案與法人干涉中俄交涉，我們在此時當總提出與法國新政府交涉。但我請國人不要誤會，以爲我信賴法政府可以濟潤我們，施我們一點恩惠，這些懸案可以有利於我們的解決。假如有人存此幻想，他應把英國勞動黨政府，『社會主義』的政府對華外交，在心中溫習一過，然後再睜眼望望法國左黨是些什麼人物！我以爲我們提出諸案，主要意思不是對法政府提出。普恩賚與赫里歐不過是一物之兩面，法國帝國主義還沒有倒塌，如何可望他放棄侵略政策？我以爲我們提出諸案是要向它的國民宣傳：宣傳帝國主義如何侵略殖民地，同時加增本國人民的負担。帝國主義，銀行資本家與工業資本家是些賣人肉的挑夫，一邊担子所挑的是剝削得汗流不已的殖民地的骷髏，另一邊是軍備，重稅壓得粉骨碎身的本國人民。我們如向法國本國的平民如此宣傳，則當他們選舉將完，頭腦清醒，喁喁望治之時，大可以由內外壓迫法國人民逼其政府對華改變政策，遂到解決懸案目的。由此中國國內各團體應發起收回關稅，否認金法郎案及收回廣州灣的運動，反對法國干涉中俄交涉，本此意旨而宣傳，示威。同時旅法各人民團體，亦應在法國同樣行動，引起法國平民之援助。

## 河南盧氏縣人民對軍閥之反抗

仁靜

近年來我們只聽着軍閥如何剝削人民，外國如何欺侮中國。打開報紙一看，不是軍閥內部的明爭暗鬥，便是土匪綁票擾民，不是外交失敗，外人在內地橫行，便是財政破產；人民之負担日增。其他如教育腐敗，政客招搖，國內一切政象沒有令人可以滿意的地方。國內民氣之銷沉，反對軍閥，外力只限於通電，文化攻擊，幾令人疑惑中國沒有解救的可能，只是知識階級在論壇上作軟弱的反抗聲音的了。所以我們凡是遇着一次罷工，罷市，抗捐，或者示威的實際行動，我們非常注意，以爲此種反抗雖然零碎，細小，然而國民革命運動之萌芽潛伏於此，擴大加深此種運動之意義，乃是革命黨的職責。

我們本着此種眼光，竟在近日的報紙中得着一可驚喜的消息。此種反抗軍閥的英勇行動，至少比通一紙電文，做幾十篇文章之効力大過百倍，可惜只在益世報附張上閃了一閃，再也沒有下文。我們爲使河南人民的革命熱潮充分表現起見，特將通信原文全行引出。

『▲趙團勒索軍餉慘狀　陝劉既據盧氏紳民之請，派陝軍第一混成旅旅長高峻所部，第一混成團趙樹勛之三營又兩連前來，又加派巡防第二路統領郭金榜兵五營，先後開到盧氏。趙團駐城中，郭軍駐李家坪，兩部人馬月餉，及每日糧食、蔬菜油燭種種公費，與長官私宅糧食舖陳等等，完全由縣署科派，民間供給。每月趙團正餉洋一萬四千元，糧草雜項在外。郭統領每月供給正餉一萬五千元，糧草在外。縣署令全縣鄉長村正，查明人民不動產業，每值洋一百元者、月繳洋五元。產值五千元者，月繳洋五十元。　縣民繳款稍遲，卽拘縣押追，獄中管押之戶，常有百數十人。　知事幫審員，及趙郭之軍法官，日夜坐堂，嚴刑追繳，號呼之聲，慘不忍聞。　往往血肉橫飛，因以畢命。　延至民國十二年秋，民力已竭，遂有第一次圍城之舉。

『▲第一次圍城情形　十二年八月，秋收大歉，糧價陡漲，四鄉人民數萬，各持刀槍，突起驅趙。全縣保衛團，守望社，紅槍會，硬肚隊等聞之，不期而聚者十餘萬人，各立大小白旗，將縣包圍，一致驅逐陝軍。　縣官飛稟各憲，劉雪亞，及丁鎮守使香玲，憨師長玉琨等各派代表至盧氏調和。　結果議定條件三項，（一）將郭金榜部全行他調。（二）將趙團月餉減去一半，每月僅供洋七千元，雜項亦減一半。（三）以後不准軍隊自由下鄉催款拿人。

『▲第二次圍城之原因　第一次圍城調解後，盧氏僅有趙團駐紮，至本年舊歷正月，四鄉民團忽又集聚，徧豎驅趙之旂，通電陝豫當局，并發出宣言，聲明驅逐陝軍理由：（一）趙團到盧，並未一次勦匪，因該團官兵原係收撫匪隊，故多與匪通。（二）該團四出招收有槍之匪，改編為兵，又密賄奸民暗向各村保衛團勇勾結，令團勇拐槍逃入該團為兵，以致民團槍支失逃甚巨，而該團槍支日增。　（三）該團不履行前次議和條件，每日將無力繳餉之良民，派兵捕拿，飛刑毒打，並有慘殺及姦淫綁票等行為。（四）趙團逼民種烟，收成之後，忽又按戶重罰。　（五）趙團設局專賣烟膏白丸，四出訛詐。　是時趙團已改編入鎮嵩軍張治公之第二師。　卽由張師長派員前往調解。　至二月中旬，民團始解圍散歸。　詎自此以後，四鄉紳董，議定誓不納兵餉矣。

『▲第三次（卽現在）圍城情形　自第二次民團解圍後，鄉民不供軍餉，趙團軍餉完全仰給於城中商民，城中富戶，早經遠遷，所遺貧民，萬難供給。　而趙團於此際反增添軍額，並佔據廣地，修造營房，及公館花園演武廳等，大興土木，工程甚巨，每日索錢五百串，拉夫數百名，挑菜賣柴之人，皆不得免。　陽歷四月初城內人民祕議，暗向四鄉及鄰境民團求救，為秦庭之哭。　並有王君周君於開會求救時，當衆自戕，以死求援，大衆遂皆感憤，至為激昂，奔集城外，不半日已人山人海，其勢洶洶，除盧氏全縣民團壯丁之外，尚有洛甯，嵩縣，雒南，靈寶等縣之保衛團勇四千，齊來援助。　更有盧氏籍之土匪兩桿，亦自行加入驅陝軍運動中，舉動甚為文明，每夜盡力為鄉村巡邏，毫不需索，亦異聞也。　現在之情形，盧氏縣城被困至今已閱一月矣，吳佩孚及張福來，李濟臣，劉鎭華，香玲等所派專員，現均在盧氏城中，竭力調停，毫無頭緒。趙團不願去盧，恐夫糧餉之接濟，必至餓散，盧氏則誓死必達驅趙目的。　因惡感已深，恐民團散歸後，受其報復。　聞兩日前民團已解城中之圍，分紮東南北三面各要口，唯留西面，放趙軍西歸，不過趙仍不願去，全團軍隊，均集城上，據城自固，不准城中人民及物件出城，不准城外人入城，雙方各走極端，相持不下，但城中糧食將罄，窮民餓斃者，日有所聞，民團亦不敢十分圍逼。　因趙團揚言如果相迫太急，必使城中，玉石俱焚、化為灰燼云。』

我們看了這段新聞，可知軍閥對平民勒索，魚肉，慘殺，姦淫，綁票無所不至的慘狀。　而盧氏縣民受痛過深，不惜三次圍城，而最先二次圍城均有成功（第一次成功是爭得減少餉餉，第二次爭得鄉民不納兵餉）。尤可贊美的是圍城時不期而聚者十餘萬人，不半日已人山人海，……除盧氏全縣民團壯丁外，尚有洛寧嵩縣……等縣之保衛團勇四千。河南人民——吳大軍閥肘腋之下的人民造反，吳佩孚等不敢壓迫，竟派專員竭力調停。河南民氣之盛，竟足使軍閥胆怯。我們當認識此種革命實力推倒軍閥實在比較十萬大兵的力量大得多呀！

我們由此次驅逐陝軍運動得着四個結論。第一全國各地人民與盧氏縣人民所受痛苦，可算是大同小異，故各地均有此種反抗之可能。第二我們當認識民團在推翻軍閥運動中的重要。第三各地都有反抗軍閥潛伏的可能，只是可惜缺乏領袖的組織的宣傳上的指導。今日中國最可惜的是知識階級有知識(?)而無實力，而羣衆則有實力而無知識。必須知識階級，到民間去，則羣衆的革命運動可以形式。第四我們所反對的是軍閥不是軍隊，我們尤應煽動軍隊倒戈去反對軍閥，（反對他們聚斂財貨，大興宮室，而兵士每日數元之軍餉照例欠至數月）。我們倘如不用此種宣傳，則軍隊人民之衝突，如今日盧氏縣之相持，則軍隊仍然爲軍閥利用以征服人民。總之此次盧氏縣民團城驅逐陝軍是一件悲壯激昂的事績。我們應當藉此事號召全國國民，革命的時機是成熟了，你們快起來準備罷，我們要號召全國青年們，革命的時機成熟了，你們當深入羣衆中去散播革命種子和組織革命罷。

# 無政府工團主義與黑暗勢力

獨秀

由無政府主義到工團主義，在理論上，或者有人說是退了一步，然在實際進行上，實在是進了一步。所以有些革命的工團主義者，在反抗黑暗勢力之聯合戰線上，應該是我們最親近的好友；在日常生活的經濟爭鬥之聯合戰線上，更是我們最得力的同盟軍；因爲工團主義者了解階級利益調和之不可能，不似僞馬克思主義的改良派採納勞資妥協政策。

惟工團主義尤其是無政府工團主義之根本理論，我們非是不肯贊成，真是不忍贊成。他們的根本理論有二：

「只做經濟爭鬥，反對一切政治行動及政治組織。

工人團體獨立自治，反對一切政黨。」

我們以爲人類社會尤其是今日經濟組織複雜的社會，想把經濟政治兩下絕對的分開，已經不容易，每個經濟爭鬥劇烈起來，都會變成政治爭鬥；因爲工人們經濟爭鬥的對方，資產階級及資本帝國主義者，他們所以要占有政權，正爲擁護有利於他們的生產交換分配等經濟制度，不服此等制度的人便是叛徒，便要受他們政權所表現的法律之制裁。「工人應該是社會之支配者，如何放棄政治不問；如何不要政權管理政治；如何將社會上最重要的機關——政治組織讓給資產階級永遠專有，使他們永遠支配社會支配經濟制度，工人階級永遠在他們政權支配之下只做經濟爭鬥！」

既然要問政治管理政治，便不能不要政黨，這更是很明白的事。況且同一工人階級裏的各分子，他們的階級意識及革命之決心不能一致，這便是不能拿整個獨立自治的工人團體來代替工人政黨之唯一的理由。

以上是理論，以下再就事實說。

大戰後，歐洲資產階級瀕於破產，一時全歐洲的工人階級尤其是俄國工人都捲入革命的漩渦，各資本主義的國家都支配各國的資產階級都戰慄危懼，他們自救的方法是：(一)用武力，宣傳，封鎖等破壞俄羅斯工人革命事業；(二)組織欺騙工人的國際勞工局，吹出幾個改良政策來和緩工人階級的革命風潮；(三)造謠誣蔑革命的工人政黨——國際共產黨，說他們利用工人支配工人，使工人階級離開革命的指導者；(四)在各種工會中實行分裂政策，排斥革命分子尤其是共產派的工人，使工人大的團結分裂爲幾派。　這四個方法同時幷行，一九一七年以來的工人革命怒潮居然遏住了；各資本帝國主義的黑暗勢力，遂因此得以保持并且復興起來。　這次黑暗勢力之保持與復興，以背叛階級的第二國際及亞姆斯德丹之黃色職工國際爲最有力的工具；他們幫着各資本帝國主義的政府去實行上述四個方法；去幫着宣傳勞農俄羅斯的罪惡；去出力謳歌國際勞工局；去造謠誣蔑共產國際，更是他們最得意的技能；去實行騙逐共產派分裂工會，乃是亞姆斯德丹派公開的政策。　這班背叛階級的改良派如此這般的做資本帝國主義的走狗還不足怪，最奇怪的是無政府派和無政府工團主義者，也於是時大鼓吹其『反對一切政治』『反對一切政黨』『反對一切國家與政府』『反對共產黨在工會中活動』；大鼓吹其什麼『獨立主義』，就是主張純粹的職工聯合會向共產黨宣告獨立，換句話說，就是工會和共產黨不發生關係。　照他們的主張，總括起來，是要使工人運動和政治運動脫離關係，是要使工會和政黨脫離關係。　他們雖說是反對改良派，而實際上這種行動，却是和改良派取了同樣的步調；因此，實際上也和改良派一樣幫助資本帝國主義的各國遏住了工人革命的怒潮，讓黑暗勢力得以安然保持與復興。　工人脫離了政治運動并且脫離了革命的政黨，又在高呼獨立自治之下，在高呼不要支配不要首領之下，分裂又分裂，自己消滅自己集中的戰鬥力，那里還有什麼革命之可能。　無政府派及無政府工團主義者，在歐洲引導工人向這樣錯誤的道路上走，實在是資本帝國主義各國所快意的事，而是我們所痛心的事！

再講到中國，小農及手工業的社會，本來對於政治及政黨不甚關心，這是中國進步遲緩的現象，決不可說是好現象，軍閥政治正是根據這個現象而發生而續僨存在的。　主張『不問政治』『不要政黨』，此時一定很受人歡迎；然而這種主張越受歡迎，越是中國人的災難。無政府派在中國鼓吹不問政治不要政黨，也和太戈爾在中國反對科學反對物質文明一樣，都是拿催眠藥給磕睡蟲吃。

況且軍閥政府最不願人民干政，尤其不許工人干政，更不許工人和政黨發生關係；最近蕭耀南通令漢口各工廠，勒令工人具結永不加入政黨。無政府工團主義者若在工人中宣傳：『不問政治』『不要政黨』，到正合軍閥的口胃，因爲他們怕的是工人要問政治加入政黨。　軍閥們不但不要工人干政和加入政黨，并且設法截斷工人階級和知識者的關係，例如：今年日本政府允許工人「五一」游行，但以非工人的社會黨不加入爲條件；中國的軍閥官僚們屢次向鐵路工人勸戒『勿爲學生政黨利用』。　這是什麼意義呢？　原來知識這件東西，是人類社會進化之發酵母，被壓迫的工人階級，因爲失去了經濟的權利，便也失去了知識的權利；所以無論何國勞動運動之初期，都少不了知識者之奔走鼓吹和扶助，我們敢說這是沒有例外的。　軍閥們有意或無意窺破這個關鍵，所以極力破壞工人和知識者之間的關係；他們不但在工人中宣傳『勿爲人利用』的口號，并且在每次工潮中特別注意和嚴懲參加運動的知識者，例如：上海因郵差罷工而監禁李啓漢，長沙因紗廠工潮而殺黃龐，漢口因鐵路罷工而鎗斃施洋，這便是他們知道而且實行消滅工人革命之發酵母。

無政府工團主義者，若鼓吹工人不問政治不要政黨，并且鼓吹工人團體獨立自治，工人的事由工人自己幹，反對一切知識者參加扶助；這簡直和軍閥是一樣聲口，這簡直是阻止工人參加革命運動，這簡直是幫着軍閥宣傳，這簡直是無形中延長黑暗勢力的生命。

在工人心理幼稺的中國，不但對於政治組織(政黨)和政治爭鬥不敢出頭做，有許多便是對於經濟組織(工會)和經濟爭鬥還有點怕。在這種情況之下，指導勞動運動的人，不事急進，不作高論，暫時專力工會運動和日常生活的經濟爭鬥，以養成由經濟爭鬥到政治爭鬥的力量，這樣的方法，我們是不能反對的；若從根本上主張工人永遠不問政治不要政黨，說好點，這種主張是幼稺的左傾；說壞點，便是避去革命的行動，免得和現政治衝突。

中國工人所受軍閥政治的苦痛，別的且不說，黃龐的血，「二七」京漢工人的血還未乾，洛陽工人血又在我們眼面前流着，我們怎忍心不去革命，怎忍心不去和現政治衝突！

有人說工人即得政權也不能解決勞動問題，并引俄國勞農革命爲證。　我們固然不能造謠瞎說俄國勞動者已經一步登天了，而且因全社會生產力向來幼稺之故，俄國工人物質的生活當然不及英美的工人貴族(一部分技術工)，比起其餘任何國工人却只好不壞；至於實行八時制及其他教育游藝等精神上的愉快與夫政治上的自由，也可以說是一步登天；若依據資本帝國主義的英日路透東方等通信社反俄的宣傳，便眞相信俄國工人還在失業困苦之中，那便是太無常識了。

以一個無政府工團主義者，不肯相信勞農革命的俄羅斯，而却肯相信資本帝國主義的通信社，這是萬分不應該的事呵！

我們以極誠懇的情緒來勸全世界無政府工團主義的同志們，你們的言論行動都應該加意考慮，萬勿只顧攻擊我們客觀上正幫助了黑暗勢力而自己還不覺察！　你們口頭上攻擊我們，說我們革命不徹底，你們應該要比我們更徹底些更高明些；然而事實上你們在歐洲取了和改良派同樣的步調，在中國更老實和一向反對革命的研究系合作起來，你們果何以自解？

## 讀者之聲

### 顧維鈞宅之炸彈案

子毅

以手鎗炸彈施行暗殺從事政治鬥爭，此種恐怖主義手段，在今日已不流行了。　近來人民的智識日漸發達，革命的熱潮日漸澎湃。他們已覺悟壓迫他們的不是政府的阿猫阿狗了，他們已知道詛咒軍閥制度，而思根本推翻了。　他們所注重的是羣衆行動，羣鬪的宣傳和組織。　辛亥革命時的暗殺行爲，我們已多視爲浪漫，已不信它能解決政治的糾紛。　今日的暗殺，多爲軍閥間的內鬨或復仇行動，（如去年上海之暗殺徐國樑案，保定光園之圖炸曹錕，今年有人炸王承斌等），人殊不疑其爲平民做的。　至於今日之顧維鈞以諂事曹錕，勾結洋人而得官，其所長者爲獻媚，爲逢迎，爲說流利之英語，爲與女子講交際與軍閥拜把子，既無心機，又乏實力，值不得人民之一顧。

關於顧宅炸彈案，人多疑其與某國有關，有外交關係，我們當初還半疑半信，日前讀上海新聞報之通信，才恍然大悟。　該通信的大意說顧某善事英美，素來蔑視某國利益。　在華盛頓會議爲山東問題交涉時，某國卽銜恨在心，當時爭以炸彈小開顧氏之頑笑，顧氏亦未宣布。　近來如無線電案，顧氏大爲美國出力，得罪某國不淺，且與某國公使爭執極多，言辭間頗爲輕視，於是某國公使乃氣極而出此下流報復手段。　新聞報之消息素以靈敏可靠見稱，此種揭發，決無誣枉。　讀者閱此，試猜一猜某國是誰？

## 寸鐵

反對太戈爾便是過激！

前淸時的探狗，動輙以「亂黨」「康黨」陷人入罪；現在的軍警探狗，又動輙以「過激」陷人入罪；這班狗才本不足責，獨怪研究系的機關報學燈欄也學舌探狗，說反對太戈爾是「過激」！　（獨秀）

準印度人的亡國奴何東！

五日倫敦電：何東爵士夫婦今日由印度事務大臣哇里維爾勳爵引見英皇英后。　據此電文，這位何東爵士是英國人還是印度人，我們看不出來，然確不像是中國人。　如果就是曾來上海運動和平的何東，上海商民各團體曾經歡迎這個準印度人的亡國奴，眞是中國民族的恥辱！　這種人若在日本，必嘗愛國青年的利刃無疑，那會還受人歡迎；中國竟有人歡迎他，竟如此無恥，國安得不亡！

國民革命與反革命的財閥

國民革命，自然帶着資產階級的革命之性質；在此時代中，自然需要資產階級有點力量，更需要資產階級有些革命分子。　但若現在香港廣州的商人，若現在京滬間的銀行家，只都是反革命的財閥，不能算是資產階級。　因爲香港廣州商人心目中所崇拜的只有香港北京兩政府；京滬間的銀行家更是勾結軍閥官僚，專做剝國病民的財政投機事業；他們種種反革命的行爲，不但是國民革命的障礙，而且是中國眞正資產階級發達的障礙，他們都是帝國主義及軍閥的附屬品，都站在被革命的地位。　（獨秀）

英政府何不鎗斃能工的鐵路工人？

倫敦鐵路工人罷工要求每星期加資十先令，中央鐵路不能開車，交通阻隔，形勢十分嚴重。　曹錕吳佩孚若知道這件事，必然高興的說：英國政府那及我們有用，將罷工的鐵路工人鎗斃幾個，風潮不就平了嗎！　在漢口的英國人也會慫恿蕭耀南慘殺京漢路罷工工人，他們何不同樣的請英國政府在倫敦試一試？　（獨秀）

法捕房何不拘捕過激派？

上海法捕房，時常加我們以「過激」罪名，逮捕罰金。　可是現在法國將要登台的政府首領班樂衛及赫禮歐等，都公然發起了俄國協會和俄事通信局，像這班大有過激嫌疑人，法捕房何不發拘票去逮捕？　（獨秀）

The Guide Weekly.

# 嚮導週報

定價

每份三分全年大洋一元三角半年七角國內郵費在內

（中華郵務管理局特准掛號認爲新聞紙類）

一九二四年六月十八日

分售處

巴黎 廣州 上海 武昌 太原 長沙 濟南 杭州 雲南 寧波 開封 福州 南京

中國書報社 丁卜書報社 上海書店 民智書局 時中書報社 共進書社 雷華書社 文化書社 青春書社 古今圖書店 新亞書社 明星書局 文化書社 工學社 天一書局

◀第七十期▶

每星期三出版 發行通訊處

杭州馬坡巷法政學校轉安存眞

北京大學第一院收發課轉劉伯青

## 時事評論

### 法國政潮

獨秀

大戰後，歐洲最反動的政治家，當首推法國的米勒蘭及普恩賚了。他們幫助波蘭攻打蘇俄，他們用武力鎮壓鐵路工潮，他們用武力占領德國魯爾，他們教唆德國來因分裂，他們强迫中國及土耳其用金佛郎賠款還債，他們做了意大利法西斯黨穆索里尼以上的罪惡。法國人民不堪其對魯爾武力政策反響的痛苦，法國左黨不堪其陰謀專斷的痛若，遂於此次選舉，一舉而倒普恩賚內閣，再舉而倒米勒蘭總統，此事誠可稱快。

然而米勒蘭及普恩賚并不是倒於革命的羣衆，而倒於國會之投票，我們對於以後的法蘭西，根本上還不能樂觀。

法國左黨倒了普恩賚不算，還進一步主張修改憲法，縮短總統七年之任期，以迫尚有三年總統任期之米勒蘭下野，本算差强人意；但繼任的總統，不是左黨領袖班樂衛，右黨領袖杜美爾，在出席議員八百六十八人中，竟以五百十五票當選，左黨之爲左黨，也可想而知了。又，新內閣赫里歐的政策，仍不能拋棄魯爾占領，仍要面晤英相麥克唐納爾作擁護國際聯盟的好夢。況且總統落右黨之手，白利安是否再起而代赫里歐，還是一個問題。富於理想的法蘭西人，其開始爲全人類之光明奮鬥罷，你們現在的奮鬥也只是開始呵！

### 中俄邦交恢復中的列强干涉問題

爲人

至今承認蘇俄本不足奇，可是列强之對於中俄邦交恢復，驚駭已極！承認蘇俄，在中國人民方面早已本無問題，可是因有列强從中作梗的原因，發生許多無意識的糾紛問題：

中東鐵路明明是俄政府在中國境內建築的一條路，在名義上和事實上都不能容有第三者置喙的餘地。只列强在蘇俄革命時代，乘人之危，用强盜手段從不法的白黨餘孽手裏奪得一部分的該路股票，至今便欲藉此推翻中俄兩國對於該路底管理權及所有權。至於說該路已由什麼華府會議規定；但我們要問華府會議對於該路有何權力及根據何項法律去規定？未經蘇俄承認和未經中國人民同意之華府會議，早已由英美法日等國自己破壞無餘，豈獨能用以干涉中東鐵路？

無如死不覺悟的法美日等國帝國主義者，始終干涉中俄所有的中東路，法國既提出無理的抗議於前，不惜爲破壞中俄協定之主犯；日政府又向中俄兩方提出無理的抗議於後，要求保留他們底什麼利益！

已經中國正式承認的蘇俄所有的使館，列强竟無故的把持抗交，說是要俟各國完全承認蘇俄以後才能交出。　我們要知道蘇俄既被中國承認，其在中國之使館卽不應爲他國所據，今列强無理橫阻，不但損害俄國的利益，直是侵犯中國的主權！

啊！　我們知道了！　列强眼看得蘇俄做了中國最惠國，送還了從前俄皇時代從不正當行爲得來的一切權利給中國，他們深恐中國人民起而進向他們作同樣的要求，防止他們從不正當行爲所得的一切權利，所以他們必百般從中作梗，干涉這個，干涉那個，勢非破壞中俄邦交不止！　且蘇俄如一旦收回了自己所有底使館，蘇俄之代表便可列席於使團會議，使使團的當中添一位監視他們的人，他們如何能情願？　所以他們不但要干涉中東鐵路，不交還俄使館，而且還要想將已成的協定根本推翻，如東報云：

『第一協定第四條査中俄大綱協定第四條中，有「聲明前俄帝國政府與第三者所訂立一切條約協定等項，有妨碍中國主權及利益者，槪爲無效」之規定。　據此則關於西藏之英俄密約，因俄方面之拋棄權利，當與中國向英國得爲某種要求之機會與可能性。　又關於滿蒙尤其於內蒙古之日俄密約，亦同因俄國方面之拋棄權利，而與中國以向日本得爲關於滿蒙之某種要求之機會與可能性矣。　雖外交關係，於條文以外，注重於既定之事實及既往之事實，此種中國方面之要求，將來發生時，在國際慣例上，亦可置諸不理，然不可不注意其伏有此種疑團耳。　次則依此協定，一九〇五年（卽光緒三十一年日本明治三十八年）十二月二十二日關於滿洲之中日條約附屬協定第二條，南滿鐵路沿線日本守備兵之撤退，亦當成爲問題，亦未可知。　惟南滿鐵路沿線，爲租界地之一部，如視爲租界之延長，未必卽成問題耳。

第二附屬聲明書——査附屬聲明書第七種，有『共同聲明在大綱協定內第十條所載蘇聯政府所拋棄各種權利與特權，雙方了解，中國政府不擬以其一部或全部，讓與任何第三國或何外人組織之團體』之規定。　驟視之，似屬當然之舉，然而大綱協定第一條，却爲『蘇聯政府允於拋棄蘇俄政府在中國境內根據各種條約協定章程等所得之一切租界租地貿易圈及兵營操場等之特權及特許』。　是則此項共同聲明，乃係共同聲明對於此等目的物，中國不讓與第三國而來，卽如北京上海漢口及其他俄國舊租界地，於交還中國以後，同時議定禁止將該地域由中國更讓與第三國，是故中國對於漢口之法國所管俄國租界，與夫旅順，大連及南滿鐵路沿線之日本租借地，均能令人豫想其伏有將來有所發言，或一方華盛頓會議之議定，亦爲其從根抵顚覆之疑慮也。』

其他如說中俄協定『是不祥之物』顯係破壞中俄協定之毒言，難道被壓迫的中俄人民豈有不知？

帝國主義的列强既有以上之干涉及欲從根本上去破壞中俄協定的情形，那麼我們中俄兩國的人民也當有個最後的努力，作最後的奮鬥，排除一切的障碍，使中俄邦交得以日益發臯，增進被壓迫民族團結的勢力，反抗帝國主義的列强。

## 歡迎商報底提議

楚女

收回上海會審公廨一案，鬧到這麼多時，我們的代表奔走京滬，兩隻腿也跑的痲痺酸軟了！ 洋人們總是給我們一個「不睬」！ 他們所以要如此把持的，無非是因爲有此法權在手，將來好多多地打死些樂志華，田仲香。 我們若無切實的事實上的抵抗方法，空空的東跑西跑，和他們講那「外交」有什麼用處？ 唯一的對症藥方，只有商報在最近所提議三條：

一 中國法庭，聲明今後不認公廨之判案有效；

二 租界以外之中國官廳，聲明今後不給予公廨以各種之協助；

三 中國人民間，各依其鄉籍或職業別而成立各種之公斷機關，各自約束其團體內之分子——遇有爭議時，甯提交本國人之公斷機關，勿向公廨訴訟。

希望全國人士，一致認定這個目標做去，再不必空勞唇舌，枉費時間了！

## 關稅會議絕望了！

章龍

北京東交民巷的一夥强徒，國際帝國主義者的爪牙，在中國做下種種無法無天的事，近幾年來總算窮兇極惡無所不至了。 這些强盜們仗着他們本國海上陸上空中的武力，滿口說的正義人道的謊言。他們本一方要宰制中國民族的死命，一方又要彌縫他的錯失，以圖根本消滅中國人的反響。 所以他們過去一切侵略的勾當，沒有一樣不是自命爲持之有故而言之成理的。 可是他們的侵略愈橫肆，他們說話的根據就愈消失，說話的根據既消失，言詞便窮，侵略的狂態也就畢現無隱了。 從這一點，我們可觀察國際帝國主義進攻的大勢正在日增月盛，同時也知道可憐的國民現在已淪落到怎樣難堪的境地了。

最近各國拒絕關稅會議的事便是第一個顯例；爲着中俄協定成立，公使團乘勢刼奪中國的主權便是第二個顯例，現在且說第一個問題。

關稅會議不是華府會議的列强自承爲對中國最惠的恩典麼？ 他們藉着這問題詐去中國的財物，買去中國人民的好感，總算是代價不少了！ 雖然我們曾經指出華府會議的騙局，知道中國國民要取得這點施與不免帶些妄想；可是關稅附加案明明是九國代表當場決定的，華府會議既不是一場春夢，他們便想抵賴，在「國際信義」之下，也得有個可以自圓其說的說法，才能維持那現成的假面具。 不料帝國主義所持的論證，竟走到絕地了，他們到了今天，只有蠻幹，竟無絲毫道理可說了。 如果大家不信，請看下面所載正式拒絕關稅會議的各國牒文：

『使館界消息，與華府會議有關各國之駐京公使對於中國請開關稅預備會議一事，已有正式牒文送致外交部。各國牒文之第一段，如出一轍，均謂『中國政府本年四月致牒本公使，請開關稅會議雖照華會條約之規定，應俟法國批准以後開議，然中國政府殊希望立即先開預備會議，規定關於加稅之細則，冀將來各國委員來華時，可省若干手續等因，本公使業已知悉，但……』云云。在此但字以下，各國皆各異其辭，法國謂本國尚未批准華府條約，故認此時尙非可開預備會議之時機。 意比兩國謂意比雖不滿意於中國政府未允解決金法郎問題，但關於此事，則幷不欲混爲一談，他日如開正式關稅會議，本國自當參加，此時則無開預備會議必要。 英，美，日，荷，等，則謂本公使無反對關稅會議之意，但因法國尚未批准華會條約，手續未臻完備，故不能開會，如法國加以批准，則固不必待商權，即可開正式會議也。』

這樣不要臉的抵賴，我們眞不好意思再下批評了。 俗語說：「盜亦有道」，現在帝國主義者連這句話都不配說了。 我們惟有大聲疾呼道：華盛頓會議已整個的死完了！ 他最後的訃告已發出了！大家死了心罷，除團結國民自身的力量，奮起打倒帝國主義，那裏還有解放中華民族的第二條生路？

## 俄使館問題

也是一種懲罰麽？

章龍

交民巷爲阻撓中俄兩民族的親善，五年以來明爭暗鬥，用盡機心使弱小的中華民族延宕了長久的孤獨慘淡的生活，這些往事，覺悟的中國國民自然是永遠忘不了他們的大德的。現在中俄協定簽字了，中國國民雖然對於諸强國沒有柔順到底，論理也不算犯了甚麼彌天大罪，可是帝國主義者竟因此大動肝火，藉着俄使館問題又來刼奪中國的主權了。

本月十一日各公使致外部請求交還俄使館覆牒，內容大概有兩點(一)須候有關係之各國完全承認俄國；(二)須俄正式代表前來請求始能予以致慮。 這樣，使館界內竟不是中國的土地了，中俄外交竟須由使團作主了！ 像公使團這樣狂妄的舉動，破壞中俄邦交，其罪尙小，刼奪中國主權，開外交之惡例，爲禍更大！ 外交團素好以懲罰加之恭順的北京政府，這難道也是中俄協定簽字的一種懲罰麽？ 我願國人不要拿他當作一個僅與中俄外交有關的問題，要看明白「使館界」內不容中國過問是一種剝削中國主權如何嚴重的要案啊！

## 關於海豐農民運動的一封信

這雖是一封私人間瑣屑的通信、其中有許多關於廣東其海豐縣農民運動重要而且有趣的材料，所以把他公表出來。 實庵識

實庵先生：很久沒有通訊了。 我們去年年底在汕頭聯絡了一個惠潮梅農會(是有名無實)，來做海豐農民運動後方的聲援，拜官主義最甚之潮屬人，以爲我是海豐人，陳烱明的同鄉者，所以派代表來組織此會者共亦有九縣，其中算海豐陸豐惠陽普寧四縣是我們辦的，分子較好。 這個時候，陳炯明打了幾個電報與我，說他還是革命黨，主張革命的，要我速赴惠州，和他共商革命方策(原來他是要組黨)。我看這個電報甚有毛病，因陳炯明平素是最驕傲的人，出此口氣，甚爲可異，我也就復電謂俟此間會務就緒當卽出發，略爲敷衍一下。 隔了二十餘天我仍未出發，他就叫翁桂清打了一電，促我惠行。 同志間開了幾次會議，以爲若久久不去，反爲不利，況兼在獄農民無錢可用，宜乘此機會帶錢回去，并以陳炯明電報來嚇海豐紳士，通過了這個決議，我就動身赴惠，行抵海豐，便把陳炯明請我赴惠的電來宣傳，官僚紳士實在有些驚怕，王作新(縣長)也有欲將在獄農民釋放消息。 不過這三位在獄的農民，要求王作新恢復農會後始願出獄，否則惟有農會頭(就是辦農會的領袖)命令叫我們出始願出。 我探聽在獄同志有這樣堅的口氣，異常歡喜。 他們家屬一一都安頓好了，卽欲向惠州出發，忽然接了陳炯明的電，說已起程回海豐，囑我可不用來，我就在海豐等他。 此時鍾景棠先從前方戰線失敗回到海豐，我就寫了一信給林晉亭 (此人近來多看新書頭腦比較清楚，惟是陳之死黨) 請他寫信給鍾景棠釋放農民。 林果然寫了一信給鍾，引用國際勞動法大罵王作新之不對，以促醒鍾景棠，鍾接此信後，卽派人到我處說好話，謂當日拘禁農民不是出自己意，是縣中紳士官廳報告土匪

起義，不得不派兵圍捕，現鍾師長（來人所稱）欲將在獄農民釋放，叫你速覓店頭前往保領。　次日果將農民—楊其珊黃鳳麟洪廷惠—釋放出來，各處農民聽知，集於舊農會址，列隊歡迎出獄，並有許多學生參加，頗算好看。　越二日陳炯明到了海豐，我就召集各約代表歡迎他，他是好名的人，就喜歡得叫動尾搖。　越數日，農會召集約鄉代表會，討論復活運動之進行方法。　（原來海豐農民對於農會之要求復活非常熱烈。　決議：派代表請求陳炯明之准予恢復，陳對代表說：『農焉能無會，舊日農會可維持下去』代表回來報告，衆就議定每戶派銅幣六仙，就海豐一縣可得五百元，以一半爲恢復費，一半爲還債費，（去年遭難向人借用及贖回同志質出之物）當衆又表決擇舊歷二月十三日爲復活日，演戲幷開大會等等。　又選出臨時執行委員，執行會務，此時陸豐惠陽各縣聞知亦派人與會，異常踴躍，新加入會員，亦甚多（當被軍閥解散後，會員禁在獄中，各處農民加入農會者亦有二百餘名，足見農民心尚未死）。

糧業維持會（地主紳士團體）會長王作新（縣長）等聞知陳炯明准農會恢復，亦召集會議，對待農會，其手段是由各紳士分頭向陳炯明用最尖銳最易使其動聽的毒話從中破壞農會，此時陳炯明日日同那班紳士上山看龍脈，尋靈地（海豐一時迷信風水之風亦長起來了）。　接近既多，時久必生効力。

近了！　二月十三日要到了，陳炯明叫我過去談話，勸我轉勸各會員現在不必恢復農會，因爲現在社會是紳士社會，紳士勢力甚大，他天天來排斥你們，使我亦難以應付，我現在還是與紳士相依爲命的，若要恢復，須等待他們排斥少了時方宜。　我聽了這段話氣得也說不出一句，恨不能一下兒打殺了他方痛快。　我就退回報告各會員，各會員聽了比我還氣得利害。　十一日午陳炯明又派人來農會制止農民十三日開會底演戲。　此時農民益加憤恨，卽召集會議，再派代表質問陳炯明，陳拒不見，衆益憤，決定我們死力爭回集會自由。　會是總要開的，戲總是要做的。　十二日戲開臺了，十三日到會農民有七千餘人，（市上地瓜賤了兩斤因農民赴會交錢帶地瓜來賣市中客店也住滿了人）　。這回開會會員比前日益有勇氣，我們沒有說甚麼話，不過報告去年經過情形，但有兩個老農鬚都白了，上台大駡政府及紳士之摧殘農民，幷謂此後如有再來摧殘，我們願以老命犧牲，我一時聽了喉爲之梗、別人不知道也怎麼樣。　還有一個中學校長黎樾廷，他演說時也講得非常痛切，這個大會算是圓圓滿滿的過了。

是晚，忽然聽會員報告，將軍府派出炮殼隊及警察出査客店，凡遇我會會員無不再三檢查。　我等遂派人前往將軍府偵探，得其消息：是縣中紳士進府報告外間到有廿餘名刺客，是受省政府之運動的，幷獄汕頭香港各方面緊急電報數封爲證，嚇得陳炯明吃了一驚，所以下令戒嚴查驗。

我本有一個堂弟，在陳府下辦事，這日陳對他說：羣衆我是很怕的，尤其是農民，我從前在廣西時，幾乎被鄉民趕出來，兵力雖足以戰勝桂軍，而沒法鎮壓農民，他們出沒神秘莫測，言時幾乎有談虎色變之狀（此事陳炯明也嘗對我說過一次）。　他又說農民只可使之靜，不可使之動，你看彭湃又召集了數千農民來縣是來釀事了。

次日縣長王作新出了一張佈告：『照得縣屬所設農會，去年因辦理不善，違背章旨，業經查辦解散在案，……頃聞外間有不逞之徒，復敢藉端招搖，謠言惑衆，殊屬妨害治安，現奉陳總司令面諭査禁等因，自應遵照辦理，爲此佈告屬內農民人等，一體知悉。　嗣後如有敢在外私行集會，藉端煽動者，一經查覺，定即拘案究懲，決不寬貸。十三年三月廿一日王作新』

我等聞此消息，一面召集祕密會議，一面豫備收隊。　又有同志來報告：謂陳炯明已查出澎湃與汕頭間來往電文密碼確與共產黨及國民黨有關係，衆紳士要求查辦，陳已有允意。　我等即時把農會中一切重要文件會員名籍簿一應藏之於遠鄉，當夜開密議時，各農民代表磨拳擦掌甚爲憤憤，當時有一位年四十餘歲的約長，痛極大罵，感動全場，恨一時不能食陳之肉，而枕陳之皮，一致表決繼續從暗中奮力做去。

還有一件很重要的事也要告訴你。　去年冬海豐第三區的農民（加入了農會的）聯絡了十數鄉實行減租運動（此時我未回海豐），因第三區最大的地主是林姓，他一族有萬餘石租，分爲數房，每房至少都有一千石至二千石。　他們對於佃戶異常苛酷，屢屢昇租，不遂則收回田地，批與別人，十年前每石種田（每畝田當海豐八升種）納租額不過五六石，至多亦不過七石。　現在每石租田竟昇至二十石租之高。

佃戶支用資本如下：

一石種田地每年二季肥料約三十元

種子約五元

農具消耗約五元

工食約五十四元（此項的計算，大約每一個單身壯年農夫至多可耕得一石種田，每餐至少要六個銅板，其餘衣住不計，共計食料費每年五十四元。）

以上共九十四元（支出之項）

石種田每年中等年況，至多收穫三十石極多不上三十二石每石價格就去年爲進大約六元，除二十石還田主，餘十餘石共值銀六七十元左右。　收支相抵每年虧本二三十元之多。　他們現在覺得甚大虧本了，他們曉得團結了，他們減租的戰術是很好的。　他們先擇定一個極可惡的田主爲敵對，調查各鄉耕該田主之佃戶召集其到會會議。表決一致行動，齊向田主辭田；（往年他們也曾有辭田之事，不過田主有一千石租，辭去二三百石，不足以致其死命，此次一千石通通的佃戶完全一致辭田、該田主知道不能對抗（若對抗則田當爲荒田至少五年無租可收經五年即五千租之損失。）遂請求其族人，開族會議，當時聲言：總吊田（即總收回田地）以嚇農民，又謂如有族中無論何戶，被佃戶辭田者，每斗種由公租（即族中）幫銀一元，該處農民聞之甚爲可驚、但勢又成騎虎。　此時適我回海豐、農會亦活動起來，農民即來報告，謂此事月餘尚未解決，農會遂召集臨時執行委員會議，議決如一會員被田主吊田者（即被其收回田地者），由農會每斗種田幫與二元，并爲其介紹職業或擇地懇荒。　林姓田主聞之吃了一驚，始容納佃戶所要求，平均約減了百分之十五。　該處共六七個鄉頭，以後每年減少了四百餘石谷，不用挑到田主的家裏去。　同時別處依法做的亦有幾處也得勝利。

但有一處田主係陳姓，恃陳炯明勢力，他們對佃戶說『耕田要向你收租！　辭田也要向你收租！　辭則管來辭！　要請你六月預備便穀！』　佃戶有三十餘人，辭出之租約有三百餘石，現在佃戶死不欲耕，田已經荒了，事尚未解決。　此項辭田的原因，是因去年風災時，陳姓田主帶同護兵追租，梗要十足照納，農民苦無以應，兵士就搜屋搶物，計被搶者女子頭飾四件，小孩破內衣四件，米二升餘，穀種三斗，僞婦人一，僞男人一，該鄉以田主如此橫暴，全鄉男女誓不再耕其田。 此事當時我曾告之於陳炯明，陳謂你可做一呈文來，待我交保團局辦理。 我口說『好』，心又以爲此人非打殺不可；因爲保團局就是粮業維持會的營壘。（後略）

五月十一日彭湃於廣州

# 讀者之聲

## 對德參戰之功罪

蕭楚侶

時事新報八日社評，對於北京簽定德債案，故意曲爲恕詞，大發其「可乎可，不可乎不可」的論調。 他一方面承認德債是好比「一家人家雖窮，而尙有別人在法律上欠他一百萬的債，若是他的僕役說我可以包討帳，但是百萬只能折做二萬」的『從中舞弊，有所中飽』。 一面却又說德債是增加國庫收入，與佛郎案之純爲損失不同。 意思是既可以要求社會上一般淺識的新民叢報崇拜人還認他們這些『名流』的「假正經」；又可以代那干賣國賊辯，而自己也好從而『有所中飽』。

這種行爲，我們原本不以爲怪，因爲研究系之爲研究系，本來從戊戌到如今就是這麼一個東西，我們很可省些氣力不說什麼！ 但他尾上，又大吹法螺，迷惑着人們說：『到了今日可算參戰的利益已見於數目字了！ 當參戰問題初起，滬上輿論懾於黨勢，幾乎沒人敢積極主張。 只有我們（？）作孤軍的奮鬥，在北京從事活動的，也只有梁任公先生一派。 現在人們談起參戰來總覺得有所失脚，其實主張參戰的人有哪一點對不起國家呢？ 今天收入這數千萬，雖則（好一個「雖則」）數目的多寡不必（又好一個「不必」）計較，然而（妙在這一個「然而」）總是食了參戰之賜。 我們主張參戰的人原無向社會要功的心（我肉麻矣）……不過黑白太不分明了………』。 我們却倒要來辨一辨黑白。 作『孤軍』之鬥的研究系，『在北京從事活動』的梁任公一派，今天既然要來向我們說是『食了參戰之賜』，那麼，下面這筆帳，我們是受了誰的『賜』呢？ 你們『原無向社會邀功之德』麼？ 我們却老實不客氣，只怕要把這個『功』歸之於你們了！

帳目如下：

一　督軍團解散國會。
二　南北分裂以迄於今。
三　皖奉直三系互相消長，以演成今日這種羣雄割據之局。
四　參戰借款二千萬日金。
五　高徐順濟墊款二千萬日金。
六　滿蒙四路墊款二千萬日金。
七　還有現雖取銷而在歷史上終是留一污點的海陸軍共同防敵軍事協定。

這筆帳—這些汗馬大功，我想研究系無論如何應該要認取一半。 沒有當時的『孤軍』，沒有當時的『梁任公先生一派』，這些重大的負擔，體面的國史，紛亂的政局，或者不致於便有也未可知吧？ 黑白不分明麼？ 我們對於『名流』久已感激了哩！

善哉商報畏壘君之言曰：『德款如此解決，與德債如此收回，在中國實爲大不榮譽之事。 獨有一點極爲名正而言順者—卽收回現款，將由吳佩孚具領，用充征南之軍費。 夫以收取於德國之金錢，用之於不贊成對德參戰者之討伐，此眞天造地設者也！ 熱心鼓吹參戰之名流，爲不慮筆舌之勞矣』！

# 徐州教會學生奮鬥的經過

朱務平

我就是在教會培心中學的一個學生，這次反對洋校長，事實盡知，所受壓迫的反抗和同學的心理，不能不報告與反對帝國主義侵略的同志們知道。

洋校長屢施他大美國的威權，壓迫二百餘中國人（教員和學生）難能詳述！ 就爆發此次憤鬥的導火綫言之：五月十一號午飯，洋校長進飯堂，看饑飯秩序顚倒，遂大罵而特罵！『你們中國人是「土匪」「走獸」，你們罵日本不好，你們不如日本！ 不如日本把你們中國滅了！』二百餘人，呑聲忍死，哭的飯也沒能吃！ 是日晚禮拜，又罵教員不負責任，不作禮拜，…………同學以爲不能再往下忍了，於是羣起與他理論：『教育是培養人格，你反摧殘人格！ 你明爲辦教育，暗中用奴隸教育侵略！ 你口口聲聲說：美國待中國好，長江聯駐軍艦，是待中國好嗎!? 提倡共管中國鐵路，是待中國好嗎!? 廣東軍艦示威，是待中國好嗎!? 供給北洋軍閥經濟和槍械，臨城案十六國協同侵略，都是待中國好嗎!? 忽然！ 來幾個洋大人，各持手槍，把洋校長領去了。 同學計劃進行，次日早晨開會，議決條件要求：A永遠不準校長打人罵人B準學生成立自治會C校規須由自治會和教員從新訂D開除三位教員（洋狗派）E膳務自理。又立誓詞：『願犧牲奴隸教育 爭回人格，堅持以上條件到底』。 遂舉代表八人要求洋校長，他僅承認E條，A條他還說不能永遠，又對我們奮鬥中間重要分子發威風說：『你可到官學校讀書，以後可愛你們中國，教會學校那能容你！』於是同學不滿意這答覆，又開會討論，同學僅有五分之三，到下午還沒有一半；洋校長看團體渙散，邀集幾個洋大人，各持手槍，帶着軍警威嚇，如臨大敵，同學忍無可忍，十三號黎明各擕行李出校，分往旅館。 有幾個同學以爲都出校總有奮鬥的決心，提出條件，邀集同學積極進行，可惜不澈底覺悟，各自回家，沒能實行。

這次失敗，因同學心理不一致，可分三派：1奮鬥派2觀望派3洋狗派。 觀望和洋狗兩派，是反奮鬥，不足掛齒，就是這百分之十的奮鬥派還不一致；有的以爲對於教會學校，祇要破壞，不要建設；有的以爲改良改良，還在此校讀書，竟沒十分感覺到奴隸教育痛苦！ 唉！ 奮鬥的手段同而目的不同，心理這麼樣複雜，目的這麼樣不同，怎能不失敗！

統觀洋校長對中國學生說的話，足證明教育侵略的眞相畢露。 去年上海三育大學，洋校長對學生說：『既入教會讀書，應當斷絕國家關係，愛國二字絕無存在之餘地』。 今年廣州聖三一學校，洋校長對學生說：『這是英國的學校，有英領在廣州，斷不能徇你們的請，任你們中國人自由』。 今年五九日金陵大學洋校長對學生說：『既在教會學校讀書，還有甚麼國恥呢？』這次培中的洋校長發威風說：『你可到官學校讀書，以後可愛你們中國，教會學校那能容你？』

外國教育陰謀，這樣明顯！ 自負教育領袖的先生們，不做一聲！ 自負救國的青年們（除教會學生以外）也竟一聲不做！ 唉！ 中國不亡，更待何時！ 嚴格說來，不唯教會學校能亡中國，中國自辦的學校，也能亡中國（東方文化派，靈園新詩派）。 我希望教會學校的同學，羣起破壞教會學校！ 我更希望全中國同學，羣起幫助教會學校的同學并羣起改良中國自辦的學校！ 十三，五，二十五號

T Guide Weekly.

# 嚮導週報

第七十一期

（中華郵務管理局特准掛號認為新聞紙類）

一九二四年六月十八日

郵票代款概作九五折

分售處

香港 華文書局
巴黎 中國書報社
廣州 丁卜書報社
上海 上海書店
武昌 民智書局 時中書報社 共進書社

分售處

太原 晉華書社
長沙 文化書社
濟南 齊魯書社
杭州 古今圖書店
雲南 新亞書社
寧波 明星書局
開封 文化書社
福州 工學社
南京 天一書局
成都華陽書報流通處

定價 每份三分 國內一元寄足四十期 國外一元寄足二十五期 郵費均在內

每星期三出版 發行通訊處 杭州馬坡巷法政學校轉安存眞 北京大學第一院收發課轉鄭子明

## 時事評論

### 上海絲廠女工大罷工

獨秀

自本月十五日起至今日止，上海各絲廠女工罷工已有十天了，罷工的絲廠已由兩家擴大到十四家了，罷工的人數已增加到一萬多了； 在近來，不但是上海勞動界一大事件，並且是全中國勞動界一大事件。

此次罷工的原因是：因為廠主一面公同議決每日工資至多四角二分，比去年減少三分；一面還要增加做工時間。 工人方面以為既要增加時間，就不說加薪，至少也要恢復去年四角五分的工資；廠主方面堅執不允，遂至醞釀罷工風潮。 其初十二日，天寶路天昌絲廠工人即有發動之意，經廠主報告警署，派隊彈壓乃已。 至十五日，胡家木橋雲成絲廠工人首先罷工，經警捕勸諭無效，狄思威路同豐永絲廠工人亦繼起。 十六日加入罷工者，又有福州路之裕經綸統盆元豐長源福華七浦路之永泰及天寶路之天昌等七個絲廠的工人。 隨後加入者又有分水廟之物華廠，斐倫路之瑞綸廠等數家工人。 警區在同豐永廠附近捕去女工九人，後釋放七人。 為首之曾胡氏及黃陸氏尚押在警廳； 而罷工風潮不但不因此靜止，尚有日見擴大之勢。

現在女工們的口號是： 工資不恢復到四角五分不上工，工作時間不恢復到十點鐘不上工，不釋放被捕的姊妹不第工，不恢復我們的工會不上工。

我們平心討論此次罷工女工之要求，是否正當：第一，在工資方面說，上海各絲廠女工工資最低額每日一角，最高額每日四角，其餘二角三角三角半不等；向例新繭上市時，每日工資多的加到四角五分，少的也有一角五分，此外每星期每人賞工半個，每月賞工四個，現在都一律取消了。 廠主減薪的理由，是說去年絲價每百斤售銀一千七八百兩，所以工資加到四角半；今年絲價每百斤只有九百兩，所以只定四角二分。 這個理由實在似是而非。 絲繭總公所開會時，王撝卿君說：『現在新繭三担才烘乾繭一担，乾繭七担才製絲一担，成本需千元』。 成本一千元，賣價九百兩，還是賺錢。所以新聞報記者毅聲君說得好：『

市不振，固係實情，生活增高，亦爲事實；欲求兩全，殊無善法；惟工人方面關於生活問題，絲廠方面僅屬於利益之厚薄。」 第二，在工作時間方面說，廠主們要想更多賺錢，只有設法和外絲競爭市場，若要窮苦的女工多做點工，拿他們的血汗，來彌補你們的損失，漫說喪良心而且也有限呵！ 況且照部頒工廠通則及省長通令，每日工作不得過九小時；而上海各絲廠都是自晨五時起，到晚六時止，其間除去午膳一小時，實際做工也還有十二小時，現在又要延長時間到晚七時止；上海物價日見其高，女工們所得工資已經不夠生活，憑空又要延長做工時間，他們怎能不聚衆反抗！

因此，我們承認此次女工罷工所要求的都狠正當；我們希望一般社會，尤其是主張改良勞動者之生活狀況的國民黨，對於這些窮苦無告女工們，公開的出來加以援助。

## 上海租界的治安

章龍

上海租界的治安問題，最近數月來漸逼漸緊了。 夜半三更搶劫住宅不算希奇，白天盜夥與捕探激鬥的事，脅人勒贖的事，每星期總得有几次。 十里洋場，變了匪窟，別的還不打緊，帝國主義者的威儀，却因此受了一大打擊，這彷彿告訴說：你們這班妄想共管中國的野心家，連自己治下的秩序，都沒法維持了，還配開口干預他人麼？

所以有人向我說，這幾个不做美的强盜，要算替被稱爲不能自治的華人出了一口怨氣，這似乎說得滑稽，却不是毫沒有道理的。

我對於這个問題曾經想過一次，覺得上海租界實在一種矛盾的治安的局面。 工部局雖然每年有八百餘萬兩的經常收入，豢養了成千成百的捕探維持秩序，究竟秩序是保不了的，因爲施政矛盾的原故。

何以會有這種矛盾，這便是殖民地政治的結果。

原來殖民地政治的特色是：(一)直接受政府壓迫的勞苦平民是不聊生的，(二)殖民地的資產階級爲殖民政府所嫉視，常爲殖民政府所玩弄。現在我們且據此來分析上海租界的情形。 上海租界第一是列國帝國主義者侵略的大本營，遠涉重洋的侵略家——豪商，巨賈，律師，官吏。——發號施令，爲種種經濟政治的侵略，不用說了。 此外還有不少在租界混飯吃的外國流氓，在他們指導之下，作販賣軍火，供給『盜匪』的勾當。 第二是爲國內軍閥戰爭逼得窮無所歸的失業農人，爲外國資本逼得長期失業的工人，這些人流落在上海的除老弱婦兒不計外，頑强些的爲着麵包問題偶然發生點反抗的要求，便是他們所謂「盜匪」！ 第三是國內被罪遁逃的軍閥及侵款犯贓的貪官污吏，這些國賊都是來托庇於外人政治之下的，他們驕奢淫佚的生活，雖敵不過洋大人十分之一，却也大足以使一般窮兄弟們眼熱！——現在我們將這三種情形連結起來，要他不成眼前所見矛盾的治安局面，試問可能麼？ 所以這種有意識矛盾政治，天然是殖民地的產物，無論你如何熱望是不會改變的。 現在上海市民，只有一條路可走；便是收回租界，推翻殖民政治，連合一百五十萬市民自動的組織市政府，然後全市治安，才能脫離矛盾的政治羈絆，得有永遠可靠的保障。

## 孫陳調和

爲人

什麼孫陳調和的聲浪，近又在各報紙上鬧起來了，任他是眞是假，但我們國民對此總宜要有一個明確的觀念！

陳炯明叛黨誤國，破壞中山先生之北伐革命大計，勾結曹吳向國民黨攻打數年，尚有何調和可言？

假如陳炯明果有悔禍之心，儘可向中國國民黨中央執行委員會表示服從革命之意，即時移師聲討曹吳及聽從中山先生之指揮，何用什麼調和？

且過去每次的孫陳調和的事實，都是陳炯明利用以作緩兵之計，我們擁護國民革命事業的人們，豈忍再三坐看中山先生上調和的當？以一國民革命的領袖中山先生向一叛黨誤國的陳炯明謀和，這是什麼話！

而且陳派的人傳說，陳與孫和之目的，是想團結粵軍以驅除客軍；現在廣東的客軍誠然太過胡鬧，但客軍果被陳炯明驅除淨盡，中山先生不怕陳炯明倒脫靴嗎？

# 國民黨與勞動運動

獨秀

在半殖民地之國民革命中，勞動運動有最重大的意義，國民革命的國民黨，對此最重大的意義，實有了解的必要。可是現在尤其是將來實際動作時，都會竟不了解而陷於錯誤的觀念，因此我們必得詳細解釋一下。

第一，就國民黨的主義上講：此時任何政黨黨綱，都論列到社會的經濟政策，可是中國國民黨二十年前造端時即注意到民生問題，這是受了德法兩國勞動運動的影響，而後進的中國國民黨遂有此特色——和民族民權并列的民生主義。什麼是民生主義？簡單說，就是如何解決勞動平『民生』計問題，不是說解決全民生計問題；因爲全民中富有的部分，當然不勞國民黨錦上添花爲他們來主張民生主義，國民黨的民生主義，乃爲着勞動平民雪中送炭，這是毫無疑義的。至於如何解決勞動平民的生計，國民政府之經濟政策及農工立法，尙在將來，眼前急需的經濟組織（工會農會）及日常生活之改善，乃解決勞動平民生計之最小限度，國民黨對於此類最小限度的勞動運動若不實行援助，則民生主義的理論及保護農工利益之黨綱條文，便都是不兌現的支票。各種主義的黨派，對於勞動運動之性質與內容及勞資間的關係，雖不同途，而於最小限度之經濟組織及日常生活改善，則殊無二致。若并此最小限度而否認之，則已無勞動運動之可言，這是軍閥階級的主張，提倡民生主義的國民黨當然不能如此。若恐怕參加此等最小限度之實際運動有赤化的嫌疑，這便和軍閥官僚們視一切工會運動及罷工都當做社會主義或過激運動是同樣的無常識了！

第二，就國民黨的組織分子上講：有人以爲國民黨是各階級合作的黨，若出力援助勞動階級，豈不違背了資產階級的利；失了合作的同情？這是一個錯誤的觀念。不錯，國民黨是各階級合作的黨；然正爲他是合作的黨，便不能只代表那一階級的利益，國民黨應該代表資產階級的利益，同時也應該代表勞動階級的利益，必如此，才有各階級合作之可能。國民黨若恐怕援助勞動階級，違背資產階級的利益，失了資產階級之同情；但是不援助勞動階級，不怕違背勞動階級的利益，失了勞動階級之同情嗎？國民黨若只看見資產階級的利益，若只珍重資產階級之同情，那便是一個單純代表資產階級的黨，不是什麼各階級合作的黨了。要他合作，却不顧及他的利益，現代的勞動階級未必還是這樣可以愚弄的罷！國民黨既是各階級合作的黨，擁護資產階級的利益也是應該的；但是擁護資產階級的利益，也有擁護之道，就是應該站在民族及民權主義上擁護資產階級的利益，不應該站在「反民生主義」上擁護資產階級的利益。詳言之即是：破壞中國資產階級利益的，第一是外人制我工商業死命的協定關稅和外人在中國設廠製造，第二是軍閥官僚之戰爭及釐金等苛稅阻礙工商業；因此，國民黨爲資產階級利益而奮鬥，惟有厲行民族主義反抗掠奪中國經濟的帝國主義者，和厲行民權主義反抗紊亂中國政治及財政的官僚軍閥；若不努力於此等奮鬥，轉向窮苦的勞動平民，要他們多做點工少拿點錢，以彌補資產階級被外人及軍閥官僚所掠奪的利益，此種「殺窮人起家」的辦法，不但不合天理人情，而且在此半殖民地狀況的中國，卽盡殺窮人也不能起家，因爲勞動平民無論如何犧牲，比起資產階級所受外人之掠奪及軍閥之損害，不過九牛之一毛。　因此，我敢說：國民黨若怕違背了資產階級的利益而不肯參加勞動運動，簡直沒有理由；何況他是各階級合作的黨，不是單純代表資產階級利益的黨，更不是和紳士們相依爲命的陳烱明。　我曾在『國民黨與資產階級』一文中，說明國民黨的革命是於中國資產階級有利益的，勸資產階級應該贊助國民黨，因此有班朋友們指責我，說我輕蔑國民黨是資產階級的黨；其實我在那篇文中幷未如此說，因爲我始終希望中國國民黨是各階級合作的黨，此時他的組織分子上也實際是各階級合作的黨。　這班朋友們不願意人輕蔑國民黨說他是資產階級的黨，這是很對的；可是若同時恐怕違背了資產階級的利益而不肯參加勞動運動，倒現出資產階級政黨的面目來，這却不對了。　我們現在所用『各階級合作』這個名詞，應該要知道這名詞有兩個重要的解釋：(一)是各階級合作，不是各階級合併，因爲階級是不能合併的；(二)是國民革命之政治的合作，不是勞資妥協之經濟的合作，因勞資兩階級在經濟上沒有能夠合作之共同點。　各階級合作的國民黨，若不將這兩個合作之意義解釋清楚，在實際工作上必發生無窮的糾紛與困難。

第三，就國民黨革命的戰鬥力上講：我們固然不能武斷資產階級永遠是不革命的，然而我們的確知道他們的革命熱[illegible]是間歇的；越向上層的資產階級越富於妥協性；越向下層的勞動階級，越富於革命性；這些情形在各國都沒有例外，在埃及印度爪哇飛律賓等國民革命運動中，勞資兩階級對於革命的態度，更是眼前的明證。　中國又何獨不然！　由工人農民羣衆，而商聯會與學生會，而總商會與教育會，這三層階級對於革命的態度是怎樣，我們應該知道。　總商會所代表的，又應該分資本家和財閥兩派，中國此時財閥的力量更大過資本家，若新舊交通系，若京滬銀行業者，若香港廣州的富商，都屬於財閥派；他們是依賴外國帝國主義者和本國軍閥官僚而存在而發展的，他們不但不是革命派，而且是反革命派。　革命的國民黨，固然是各階級合作的黨，然而也應該看清財閥，資本家，小有產者，（學生小商小農小工業家等）工人農民這四個階級當中，那個階級能夠供給他更多的革命戰鬥力。　國民黨若是看輕了工人農民；若是恐怕參加勞動運動得罪了財閥和資本家；若是覺得財閥和資本家不但比起勞動者是紳士，而且比小有產者更有力量；若是相信財閥和資本家能幫助國民黨成功，一味交歡他們，因此便不敢和勞動階級接近；如此，國民黨的革命戰鬥力必然要衰弱下去，革命的色彩也必然要淡薄下去。　各階級合作的國民革命黨，不用說，他的黨綱，他的行動，都應該努力於中國資產階級之解放對內對外的戰鬥；但同時，萬不可忘了更有革命戰鬥力的是更向下層的階級，尤其是最下層的勞動階級，更萬不可犧牲這最有革命戰鬥力的階級來維持資產階級之利益；因爲若沒有這最有革命戰鬥力的階級起來奮鬥，中國資產階級之解放運動，中國之國民之解放運動，是不能成功的。　因此中國國民黨，在中國國民革命運動總觀察上，在估量國民革命運動全戰鬥力上，都知道勞動運動有最重大的意義；不應該爲任何次重大的意義而犧牲他。

## 讀者之聲

### 新聞的侵略

T. C.

前此北京及全國，一時均轟傳中山先生逝世，于是全國震驚，京中有數家報紙且爲文哀悼。造中山先生逝世之謠言的，是路透社與廣州中國銀行，可是後者的電報僅達于北京，而路透社之謠言則傳播于全世界。自此項消息傳出以後，除各地都受影響外，一時廣州市面頓呈擾亂不安之象，人心惶惶。造謠者得此結果，自然是心滿意足，樂不可支。而中國人的無事自擾，不能不說是食造謠者之賜了。我對于路透社造謠，又另有一種感想。

自經此次中山先生逝世謠言之傳播，我們應明瞭外國的通訊社在中國宣傳之可驚。路透社恃其在華之優越地位，僅發布一消息于中國各地，即可使全國革命分子的人心浮動，廣州市面惶然不寧。它的魔力可謂很大的了。而我們看中國偏地盡是外國通訊社的宣傳機關，如東方，路透，中美等，他們挾資本雄厚的優勢，在內地時時操縱新聞，傳播于已有利之消息：暴露華人之弱點，以圖引起國際公管；表彰外人在內地之言論及事業，以堅華人對西人之崇拜。有時造謠惑衆，如此次硬誣中山先生逝世，圖亂廣州時局。但是外人在中國的新聞事業之發展，還不在此。最近如日美爭在中國建無線電台，亦是利用傳播敏速消息的便利，在平時圖操縱中國的金融，商業。戰時亦利用以供軍事通訊，幫助中國一派軍閥得到勝利。國人習焉不察，每忽視外人在華之新聞宣傳事業。實在，各國中從無許外人在內地自由傳播消息的事(俄國卽是一例)。此種新聞的侵略，只在中國才有。所以廣州政府於此次謠言傳播後，卽毅然驅逐路透記者出境，不可謂非對人散播謠言的罪惡的正當處罰。但我以爲路透社記者不僅在廣州的應該驅逐，中國政府應根本取締外國利用通訊社在國內各地宣傳，應將那些造謠生事的，侮辱中國的外國新聞記者，驅逐出境，一個不留，才是正辦。

六•十一•北京•

## 寸鐵

**研究系之丑表功**

研究系的先生們，居然在時事新報上丑表功，說當日主張對德參戰只梁任公一派有此先見之明；參戰的利益，此時已由德國賠款見之於數目字了。其實德國賠款的數目實際上已等於零，到是因參戰所借日債的數目字，一個也少不了，研究系的先生們看見沒有？這種誤國殃民的日債，也應該列入主張參戰者丑表功之一。(實庵)

**政客還不及軍閥有良心！**

段祺瑞致函孫寶琦，謂德國賠款應還日本參戰借款，以輕人民負擔而減個人罪戾。研究系正在自詡主張參戰的功勞，何以段祺瑞說是罪戾？(實庵)

**研究系不至如此下流！**

有一位朋友勸告我：『你們這班書呆子愼勿冒犯研究系，他們會越出辯論事理的軌道，以『過激』『莫斯科訓令』『第三國際宣傳費』等說話中傷你們，暗示軍閥和你們爲難』。我說：『研究系不至如此下流』！(實庵)

### 為美國排日

奉天收回教育權及一切排日運動，我們對之都非常表同情；但此神聖的國民運動中，夾雜了許多基督教青年會—美國侵略中國的走狗在內，實是一件極可恥的事！　我今正告奉天人：最好是為中國排日，其次是為奉天排日，最下流是為美國排日！　(獨秀)

### 廉泉劉若曾辱罵吳稚暉

廉泉上書曹賊，請取消通緝吳稚暉令說：『鈞座乘時正位，軍國大計，宵旰不遑，若吳君之瑣屑剪裁，自是賢者風流之過，重勞雷霆震發……為鈞座扶植士類計……立予取消，天下仰日月之明，儒林慰雲霓之望，頂禮悲泣，若叩九閽』。　同時劉若曾也致函陸錦說：『……請取消通緝，……以高白宮憐才之風，於統一前途，亦可陰收其效』。　怪哉，怪哉，真怪哉！　一副老骨頭窮而且硬的吳稚暉先生，那有福分受得起這『九閽』之上『宵旰不遑』的曹皇帝之『扶植』『憐才』，而做一個『風流賢者』去為賊夥們『陰收』統一之效？　稚暉先生罵研究系罵太戈爾也罵得太深刻了，在果報上也合受廉泉劉若曾這場辱罵；廉泉劉若曾這樣辱罵稚暉先生，表面上雖是護衛他，實際上比脫下褲子向他辱罵一頓還要侮辱萬倍。

其實，和稚暉先生同樣是曹賊的眼中釘，同樣受通緝的李石曾先生，還安然坐在北京，看曹賊的通緝令只當是放屁，那用一班無骨人兒瞎獻殷勤。　我們還不大知道劉若曾是甚等人物，至若廉泉之為人，一向是士林敗類，這種向曹錕頂禮悲泣的人不斷盡殺絕，中國永遠沒有希望！　(楚女)

### 還不問政治嗎？

部令總郵政局查禁上海的勞動旬刊，此報曾主張不問政治，可是現在政治却來問他了！　(獨秀)

### 一個弄錯帝國主義之意義的新聞記者

做一篇論帝國主義的皇皇大文，竟把帝國主義之意義弄錯了，這是申報記者心史君個人的恥辱；偌大的申報竟請這位先生充當記者，這是申報的恥辱；受國際帝國主義之壓迫如此其甚的中國人，堂堂新聞界還有不懂得帝國主義是什麼意義的記者，這是全中國人的恥辱！　(獨秀)

### 石獅子也跑到王氏門前去了

王克敏竟將杭州舊藩署的石獅子搬到他們的王氏宗祠門前，省議員查人偉質問省長怎不查辦他盜用公物的罪，這位議員未免所見者小！　(獨秀)

### 仰面事仇的湖南勞工會

趙恆惕賓步程殺黃龐的血還未乾，有人說湖南勞工會中重要分子已為趙賓二賊供奔走，天下當真有仰面事仇的事？　(獨秀)

## 對於中俄協定之輿論

(一)上海閘北市民慶祝中俄邦交恢復之通電

全國父老兄弟姊妹們鑒，我們國民久已日夜希望恢復之中俄邦交，遲至前月卅一號才由誤國的北廷與蘇俄勞農平民代表嘉拉罕簽字協定。　所謂過激派的蘇俄，他們曾以最大的奮鬥及犧牲，推翻國內的貴族階級，反抗世界所有的資本帝國主義的列強，向我們兩次宣言，表示極愛護的好感，願拋棄從前俄皇時代侵略我們的一切權利；無如那時仇視蘇俄的列強，常以過激二字來恐嚇我們與他們接近，我國媚外賣國的北廷，又事事違反民意，仰承列強的意旨，不敢與蘇俄接近。盡以談論蘇俄之人，視爲過激，以代表國民利益而去提倡與蘇俄交好的國民黨，視爲赤化。幸人心未死的中國同胞，始終要運動答復蘇俄兩次的宣言及承認蘇俄，蘇俄亦始終抱定原有的宗旨，再三派代表來華向我們交涉。使他們的眞面目表現於世界，使帝國主義的列强再無法無端造謠，離間我們與蘇俄接近。我國的北廷至此也不敢再三違反民意，於祕密之中，與嘉拉接洽一切，卒於五月卅一號由中俄兩國外交代表正式簽字協定，使我們不費一兵一彈及一次通牒，從蘇俄手裏收回治外法權及一切租界貿易中之特權，取消舊有不平等之條約，退還庚子賠款移作教育基金，承認外蒙不是蘇俄所支配的地方，採用平等之原則，從新制定關稅，爲中國外交開一新紀元。萬一列强都能如此，中國已是一完全獨立自由之國家。可是始終侵略我們的列强，他們那能如此！他們深恐自己的地位將爲蘇俄向我們證明他們是壓迫我們的敵人，所以他們欲破壞中俄邦交的說：『中俄協定是不祥之物』。但我們要問：你們口中所謂的中日中美中英中法親善的列强，究竟給了我們什麼？不是今天向我們一致無理的抗議和要求，就是明天調艦派兵來華駐防及示威。現在我們既已承認了蘇俄，收回了已失的一切權利，任列强如何從中破壞，除非自己向我們歸還一切主權及自己表示較善於蘇俄外，我們總不會承認你們是我們的最惠朋友。從今而後，蘇俄代表可以列席於使團會議，牽制使團的野蠻行動，使代表帝國主義者的使團，也必不能如從前那樣的橫行無忌。我們當此中俄邦交恢復之時，一面固然要一致的祝慶中俄萬歲；一面也要一致的向列强收回治外法權及庚子賠款，廢除一切不平等之條約，撤退駐在內地之外兵，謀中國之獨立。閘北市民外交協會與。

## (二)北京議員維持中俄協定宣言

此次中俄兩國協定之成立，即中俄兩國人民反抗列强帝國主義奮鬥之結果。夫列强之在中國也，無時無地不表現其帝國主義之侵略之行爲，如北京李義元案威比德案漢口日人之毆傷乞丐案，其事端雖無關重要，其用意乃是以明示彼等在在適用其帝國主義之侵略行爲，以加於中國國民，直置中國主權於不顧，然此皆其小焉者。至於此次中俄協定，彼等深知夫中國外交，今後已取得新生命之機運，對於彼等素所適用其帝國主義之前途，殊有不利，故彼等無時不用其侵略政策，以圖最後之破壞。如使館問題也，始於一九二一年，不過暫由各國外交團員保管之責，今中俄兩國，已正式恢復邦交，東交民巷之使館管轄權，即應由中國向外交團直接交涉，轉交於俄國，以爲俄國代表辦公之所，乃彼等不此之察，反振振有詞，抗不交出，以成國際間至可怪之現象。又如中東路問題也，純屬中國前清政府與舊俄政府所建築之一種企業，此次中俄協定規定由中國籌資贖回，自不容第三國無理之要挾，不意在我東鄰之日本，竟謂中俄解決此問題時，必不能妨害日本對於該路之權利，此種蔑視中國主權之帝國主義態度，誠足令人痛恨。其次天津如舊俄租界問題也，近爲英美僑民，曾多方破壞，藉保彼等之地位。觀彼等此種無理之行爲，非僅關於一事或一處之利益，乃中俄協定中最堪注意之事也。總之，由上之種種極不平等之事實以權衡之，可見帝國主義列强之所以累將侵略政策以施於我者，無非仗彼等慣行之陰謀舉動，使中俄兩國間將成立之中俄協約，不能順利進行，以遂彼等破壞之初志；故吾人現在深望中俄兩國政府及其人民，幸勿誤中彼等之陰謀詭計，而自敗其將成之盛緒偉業也。今同人等敢以最肫摯之言，宣告於中俄兩國政府及人民之前日，吾等對於此次中俄協定，匪特應視為中俄永久關係之要綱，且應視為中國外交之砥柱，凡俄國政府為尊重中國國民主權欣願交還中國已喪之利益者，中國國民誓必本此等公正之原則，由帝國主義列强中奪回同等之權利，使中國國民得享俄國國民應有之自由，帝國主義者一日不覺悟，一日不傾倒，吾等反帝國主義之精神，亦必一日不止息。

故吾人以為中國政府，目前切要之工作，即須力洗從前仰承帝國主義鼻息之惡習，急起直追於前，吾等亦宜運用其反帝國主義澈底之精神，實力厚援於後；果如是，帝國主義之營壘雖堅，帝國主義之陰謀雖詭，何患其不解除武裝，乞降於吾等旗幟之下耶？　特此竭誠宣言，倘望兩國政府與人民及全世界反帝國主義之同志，一再注意焉！

中華民國參衆兩院議員胡鄂公、廖宗北李載賡趙世鈺羅永紹姚翰卿周澤苞陳則民易次乾于本元葉夏聲馬驤羅家衡張益芳何雯虞、胡摯等一百三十五人，六月十七。

按此次中俄恢復邦交及協定成立，除奉張別有私意外，可以說全國人民無不贊同而且欣慰；進步的市民不用說了，就是保守的上海申報新聞報也都表示滿意，甚至於人民最不滿意的北京議員，也發出維持中俄協定的宣言。　在全國歡迎中之中俄協定，獨傳說廣東方面有人反對，我想這是不足深行的謠言。　愛國的國民黨，只一面痛恨北方軍閥政府恢復中俄邦交太遲了，一面深惜北方賣國政府，將來未必能保持向蘇俄所取回的權利，斷不至像奉張聾不看見國家的利益，只看見自己的利益，因反直故，便對於直系所做有利於國的事也要反對。　至於國際的外交關係和國際的革命運動，純粹是兩件事，我們也不應有所誤會。　現在已不是閉關時代，在世界的革命未實現以前，蘇俄對於任何國體政體任何主義的國家都不能不發生外交的關係：法西斯政府殺了無數工人與共產黨，蘇俄仍須和意大利往來；蘇俄用全力幫助德國共產黨革命，然在外交上無論德國是社會民主黨政府或國民黨政府，蘇俄仍然不能不承認他；他對於中國的北洋軍閥政府也是這樣。　若因此便說蘇俄是和帝國主義者與軍閥妥協了，這真是太無常識的話。　倘硬要說蘇俄和這些帝國主義軍閥主義的政府辦外交便是妥協，則這種妥協的罪過，蘇俄不負責任，負責任的乃是這些國的人民不能早日完成革命。

記者

The Guide Weekly.

（中華郵務管理局特准掛號認為新聞紙類）
一九二四年七月二日
郵票代款概作九五折

# 嚮導 週報

◀第七十二期▶

分售處
香港 華文書局
巴黎 中國書報社
廣州 丁卜書報社
上海 上海書店
民智書局
時中書報社
武昌 共進書社

分售處
太原 晉華書社
長沙 文化書社
濟南 齊魯書社
杭州 古今圖書店
雲南 新亞書社
寗波 明星書局
開封 文化書社
福州 工學社
南京 天一書局
成都華陽書報流通處

定價 每份三分 國內一元寄足四十期 國外一元寄足二十五期 郵費均在內

每星期三出版 發行通訊處 杭州馬坡巷法政學校轉安存真 北京大學第一院收發課轉鄭子明

## 時事評論

### 智利領判權與中國主權

獨秀

帝國主義的列強蔑視中國的主權，要算最近硬派智利駐滬領事有裁判權是最露骨的表示了。

據六月二十三日上海文匯報說：『本埠智利領事是否有權過問本國人民之訴訟事件，北京來訊，外交團未與臂助云云。茲據上海消息，領事團已議定，將有關智利國人民之事交由智利領事署辦理，不以中政府所稱該國無治外法權為意』。又二十四日文匯報說：『本埠領事團議定智利國應享治外法權，聞已通知會審公堂』。

領事裁判權本是列強加於弱小民族最大的侮辱，此時我國民正在要取消他；況且列強所視為神聖的華府會議也曾議決取消；況且德國俄國都已先後實行取消；況且中智條約並未許他有領判權；而上海領事團居然硬出頭代替中國政府允許智利國應享此權，這是何等露骨的否認中國猶有主權！

中國政府所應許交還的俄使館，北京使團硬不許交還；中國政府未應許的智利領判權，上海領團硬要他享有此權；照此下去，中國的外交，到底還是中國政府作主，還是外國使領團作主呢？

外交部給江蘇特派交涉員的訓令說得好：『查中智條約，既無領事裁判權之規定，此次智利派駐上海領事，本部發給證書時，亦經鄭重聲明；且此事係中智兩國問題，第三者更無代為決定之權利』。

向來不說理的北京公使團尚知理曲不與臂助，而上海領事團公然一意孤行，簡直是目中無人！ 向來媚外的北京外交部尚知據理力爭，而愛國的上海市民何以沒有嚴重的表示？

### 內國銀行又供給軍閥一百萬元

獨秀

上海申報六月廿八日北京電：『外交界消息，內國銀行日內可望墊百萬，由德款上扣除，此百萬爲粵事用」。這一個很簡短的電報，可以說明中國財閥在政治上的關係。

我們第一要知道財閥和資本家之不同點。資本家是運用資本力圖貨幣與商品之輾轉相生；其結果社會之生產力因以增加。財閥是勾結外國與軍閥，或爲賣國的媒介而分潤，或爲政治的投資而獲利；其結果賣盡本國生產的需用品（如原料礦山鐵路等），吸收國內生產的資本供給軍閥用在不生產而且是妨害生產事業的地盤戰爭。

因此，我們屢次指明財閥和資本家不是一物，屢次指明財閥是資產階級發展的仇敵，是附屬外國及軍閥的反革命派，若新舊交通系京滬銀行業者及香港廣州商人皆是。」

我們若把這班財閥當做資產階級，那便完全不了解資產階級及資本主義是什麼。國民革命黨若把這班財閥當朋友，那便完全不知道國民革命之對象是什麼。

這班財閥們如何結托香港政府，如何以商團擁護商人罷市向革命政府抗稅，如何反對廣東政府取用關餘，現在又供給曹政府一百萬元，大家應該明白他們和列强及軍閥是有何等固結不解的關係。

## 法西斯黨與中國

獨秀

意大利法西斯黨窮凶不法，世界上那一國不知道！中國北洋軍閥窮凶不法的苦，人民已經受夠了，不圖混賬的美國人用盡方法，又要把窮凶不法的法西斯黨介紹到中國來；他們去年在大陸報上大鼓吹其意大利法西斯黨有代表在上海，勸中國商人去請教；現在又有一個私販軍火的美國人什麼凱南中尉，竟將美國的法西斯黨引到中國來了。

日前上海破獲的三K黨機關，雖沒有法西斯的名稱，實際上他們在美國利用憎惡黑人底羣衆心理，做出種種窮凶不法的事，和意大利法西斯是同派的惡徒。

他們別高興，他們同派的法西斯在意大利就快失敗了。自衆院議員社會黨麥台悌氏被法西斯黨謀害以來，全歐洲輿論都很激昂，各國社會黨在日內瓦召集大會，直斥法西斯黨是兇犯是强盜。牽涉此案而被捕的法西斯黨重要人物甚多，地位僅次於穆索里尼的領袖羅錫氏，亦因被控自向警局投案。參院議長狄士尼在院痛詆殺人自利之目的，首相穆索里尼亦表示異常憤懣與惶恐。據六月廿七日羅馬電：意國全境本日一律停工十分鐘以紀念麥台悌氏，各公共事業亦皆停頓二分鐘。又廿八日羅馬電：在野黨考慮議員麥台悌氏被害案後，今日開會通過不信任現政府之決議案，要求另立迅速廢除法西斯黨軍隊及嚴厲取締各種不法行爲之政府。

日暮途窮的法西斯黨，他的窮凶不法，已暴露於全世；美國對我們經濟的文化的侵略，我們已領教夠了，現在他們覺得教會學校青年會華洋義賑會紅十字會等工具還不夠用，又要把窮凶不法的美國法西斯黨即三K黨引到中國來（六月二十五日淞滬警廳破獲的三K黨機關，明明是美國人主持的。），試問他們對中國人到底有什麼特別的深仇大恨？

## 美國侵略中國之又一形式——三K黨

獨秀

窮凶不法的三K黨，就是美國的法西斯黨；但是他標明純美國主義，不獨肆行慘殺黑人，即非美國土生的白人，亦在排斥之列；照常情此黨之發展，只限於美國以內，斷沒有走到美國以外，提倡純美國主義，排斥一切非美國人的道理。

可是近來上海竟發見了什麼中國三K黨，純美國主義的三K黨上，忽然加上中國二字，奇一；什麼中國三K黨，標榜的是狹義愛國主義，而黨名却用外國文字，黨務則由外國人主持，奇二。

六月二十五日淞滬警廳在橫浜路破獲他們的機關，拿着的七個黨員當中，有兩個是美國籍，他們指着室中所掛美國國旗對警察說：「我們是美國公民」。警察進屋時，他們正在和一個美國人名叫凱南Kearny的談話；同時，附近的美國人立即通知美國領事。事後，凱南公然自己具名投函字林西報說：「余爲該黨之顧問，……三K黨……認目下一部份華人及一部分外人所宣傳之排外說爲錯誤；於中國有害，故該黨對於此說，力闢其謬。……該黨一切黨員均負有阻止排外宣傳之義務」。

依據上列事實，當然可以明白所謂中國三K黨完全是美國人的陰謀；字林西報說得好：「其目的究竟是爲美國呢，還是爲中國，非有若干中國人出而爲該黨發言，此疑問終難解釋」。我們并可以明白這黨是一個爲害中國尤其有害於上海治安的團體，因爲三K黨在美國多窮凶不法的行爲和他們在上海的顧問是一個私販軍火的人物。

美國三K黨本是極端排外的，而據凱南說中國三K黨乃是一個阻止中國人排外的機關，這豈不矛盾得很？所謂中國三K黨也曾標榜狹義愛國主義，然而以抱狹義愛國主義的人，入外國籍，受外人支配，託庇在外國國旗勢力之下求生活；這不算，還要幫助外人阻止中國人排外；這豈不更矛盾得很？

其實并不矛盾，因爲他名爲中國三K黨，仍舊是美國三K黨，仍舊是排外，他們在中國也是外人，所以阻止中國人排外；誠然是狹義愛國主義；惟所愛的是美國不是中國，并且還要中國人也愛美國；這是美國對中國總的經濟侵略之下在教育侵略新聞侵略外之另一形式。

# 外患日誌

## 六月

一日　朱使電：英國外部來照會，嚴重抗議各省徵紙烟稅，有無方法制止。

二日　漢口電：一二洋行日人刀傷華丐三人，江(三日)送地檢廳，驗明傷裕，陳貴元傷勢甚重，當交家屬具領。該行反報告被華人搗毀。

三日　廣州美領對提回兵廠機器案、態度强硬，昨在安與貨倉前貼佈告，謂寄存機器係美物，無論何人，不得妨害搬運。

四日　日使照外會部，催案三號特許狀，已轉送本國政府備案。

使團支(四日)會議：(一)關稅會議，認爲未至時機。(二)公廨案，某使力持擴充租界。滬領團報告謂，刑事案租界治安有關，中國法律，尚未見信於外人，似宜先交還民事，某使頗持異議，結果未決。(三)俄使館案，決原則上交還，但手續與時期須研究，而九國保管俄館及文件與財產，不能即依中國之請求，交付加拉罕。

六日　無線電案，日仍持三十年專利權，反對政府許美電台購地；美仍持中美無線電約，催速履行。

七日　日使芳澤於本日分向外部及加拉罕通知，日本對中東路之權利與利益，不因中俄協約方面受何等影響，意在保留日本對該路之發言權。

十日　長春日人在鄉軍人會，計劃編制義勇團。

十一日　北京電：荷領袖公使覆外部，須俟各國完全承認俄國及俄正式公使到華後，始允交還俄使署。

十三日　北京電：美亞細亞艦隊總司令華盛頓將軍，又砲艦隊長阿拉華，明晨由秦皇島率艦駛津，停泊英國碼頭。

吉林電：長春前僅有無線電話報，今由美商承建分台，倣哈式，規模宏大。

北京電：英使照會北廷外部，干涉江西抽紙烟稅。

十四日 北京電：美使二次干涉蘇省徵紙煙稅。

十五日 北京電：日使館十三日照會外部，拒開關稅預備會議，其理由爲：各國態度尚不一致，此時開會，不僅難得效果，且恐反惹起正式會議之障害。比使館十四日亦有照會，拒絕會議。

北京電：日本門司海關嚴厲取締華僑入口。

北京電：北京外部接高恩洪電，稱英輪來青島停泊，不交繫船費，破壞定章。

十六日 天津法租界內美人瑪黎所開之某洋行，發現藏有手槍一千五百枝，鴉片數百兩。

北京電：比使照會外部，比國人民在中東路關係之財款權利，希望予以特別注意保障。

十七日 北京電：俄使署交還事益擴大，外團內定，須加罕直接向使團交涉，以不放棄俄帝國政府對華所得權利及遵守外團一切規則爲條件。

上海顧家宅法文無線電臺，違法私與西貢通信。

十八日 北京電：昨英法美日四使會議，決議暫行保留哈爾濱中東路地畝局，不予裁撤。

吉林電：市售印有二十一條及旅大形勢扇面，日領謂爲排日宣傳，照請立予取締。

十九日 北京電：政府核准依使團之請，萬縣開埠。

北京電：吉林百草溝商埠，日警干涉華警行政，致衝突，華警有傷亡者。

使團密議要求北政府取締各界責備不交還俄使館之言論。

念一日 日代使又照會外部，聲明日本對於中東路之權利。

念二日 奉天兵工廠英工程師用手杖擊斃華童二人。

念四日 廣州電：沙面炸彈案發生後，英工務局頒戒嚴令，夜間禁止華人入沙面，船隻亦禁泊步頭。

文匯西報：上海領事團議定智利國應享治外法權，已通知會審公堂。

念六日 日本海島丸船員在東大沽擊斃駁船公司工人鄭運仲擊傷工人陳德奎張順張德。

念七日 法使二次照會外部，聲明法國應保留中東路權利。

日代使駁覆外部對於日船在山東海面捕魚之抗議。

念九日 日本兵在天津毆傷車夫并捆送行路六八人至日警署拷打。

# 拉德克（Karl Radek）論英國工黨政府

赤城譯

不列顛帝國的威權之下，共有三百五十兆有色人種在他的掌握。 不列顛的政府換過不止一次了，但是不管他是保守黨的政府也好，自由黨的政府也好，在印度的耕田的人看來，總沒有什麼分別。 現在，是工黨來掌握政權了。 工黨的存在，已有了二十年。 這二十年中，工黨分子曾感覺到幫助印度農民和那里的工人的必要的人不止一個。 這個黨中間的最有名望的代表們，也曾時時到印度去旅行過，他們一到印度總是住起了最好的旅館，在他們回來以後總能寫出許多熱烈的文字來痛罵英國的帝國主義。

現在，這個工黨在那里執政了。 李定爵士(Lord Reading) 素以分裂印度國民運動為唯一職志的，仍舊是做着印度總督。 有一個殖民地事務的老手，名叫奧利佛 (Sir Sidney Olvier )從前做過 Jamaica 的總督，現在是做着殖民局秘書。 就是麥克唐納爾自已，他在下院發表就職宣言的時候，也沒有一個字提及殖民地的狀況。 工黨的中央委員會，在一個宣言中曾說起過要在國會中特設一個委員會去專門討論改革印度的問題。 這宣言是什麼用意呢？ 是對誰說話的呢？ 為什麼要在國會中設一個委員會呢？ 工黨所依附的那個第二國際難道沒有討論過殖民地問題麼？ 假如『獨立的工黨』覺得第二國際不十分可靠，我們却可以介紹他說，有兩本極好的討論印度問題的書可供參致，一本是哈提(Keir Hardie)做的，他是獨立工黨(I.L.P.)的創辦人，雖然頭腦子不很清楚，可是他有一個偉大的無產階級的心，還有一本是現在這位首相麥克唐納爾做的，麥克唐納爾只要把他自已著的書重讀一遍，去實行好了！ 什麼國會中的委員會，別的用處是沒有，不過能夠使公衆知道，政府對于這問題已經有所舉動了，雖然實際上是不會做過一點事。 不列顛帝國之下的殖民地奴隸，要想從工黨政府得到一點什麼好處，是沒有希望的事。

工黨政府之獲得權力，是在大戰議和後的第六年，但是這次帝國主義大戰當然不是末一次的大戰，以後，若勞動者不想法去阻止，一定有好幾次的大戰爭來；看不到這些事的人，一定是一個瞎子。 工黨政府已經無條件承認了俄國，這不過是承認了一個事實。 工黨一向的言論是反對秘密協商和秘密外交的。 自由黨員肯威爾賽 (Kenworthy) 將軍曾因此在下院質問工黨政府是否要宣布對俄干涉的秘約。 龐淞伯 (Mr.Ponsonby) ，現在是外務秘書，是獨立工黨的黨員，曾和摩勒爾(Morel)和勃萊爾斯福(Brailsf.rd)兩人發起過民治協會(Unionof Demorcratic Control)極力對秘密外交開戰的，他對于這質問也有過切實的答復。但是在野的勞動黨自從得到執政權以後，龐淞伯默然已經忘記了一大半他從前鼓吹過的話了。 他宣言道，政府不願有負路德喬治和邱吉爾而披露其所經手的秘密事件。 此外，大不列顛仍舊要求俄國承認舊債。 ——達倍朗爵士(Lord D'Abernon)，柏林大使，歷來總是秉承克松子爵的政策不倦地鼓勵德國反抗法國，好使英國得乘機與德國結一利已的協定的，現在仍舊在柏林做大使。 ——工黨政府曾宣言道，他願和普恩賚的法蘭西結成最神聖的同盟。 工黨政府的對法問題，是比保爾溫的保守黨政府難得多了。 在保守黨政府，或者和帝國主義的法國言歸于好，或者向他武裝恐嚇都可隨便。 至于和法國同盟，那麼必須先放棄英法國的欠債或設法減少債務者負債之困難才可成功，否則法國決不肯對德國人做什麼經濟的讓步。 保爾溫在任時不曾將這問題解決。 麥克唐納爾也不能解決這個問題。 看來可走的路只有一條，就是武裝了。 但是要在這方積極進行，必須大增課稅，而其結果，則將有如勃萊斯福在 "New Leader" 上所說的，使工黨政府不能保其權力。所以麥克唐納爾只得一面對法國表示好意，一面讓軍火照常的製造。 那些希望工黨政府努力保障平和的人，都要失望了。

工黨政府上台的時候，挾着一個宿諾就是要抽取資本稅以減輕國民公債的負担，和用有力量的手段去防制失業。 英國的歲入約為一萬萬金鎊，其中的百分之三十是在公債本息的償還中開支去了。　這是對那班爲大戰之禍首的資本家的報酬。　而尤奇者，則莫過于工黨政府之竟沒有征收資本稅的計劃。　他的現任商務局總長威伯(Sidney Webb)是英國數一數二的經濟學者，曾在他的大著『如何償還戰債』一書中把這問題研究得非常深刻的；還有他的財政祕書，斯奴騰(Philib Snowden)是曾著過一部書，把經濟活動的全盤計劃都詳細規劃了的。　然而現在都成了頭等的殉葬物了。因爲麥克唐納爾已經明白爲其餘的人說過，他不想對于現議會提出資本稅案。

既然放棄了資本稅，工黨政府遂使他自己陷入不能對付失業問題的地位。　對于勞動階級的這樣一個生死問題，他竟沒有計劃。　他雖爲自己辯護說，要解決失業問題，不當單單保障失業者的生活，並且要想法推廣工業活動；這話是非常之對的。　可是于此亦可以無疑的知道，麥克唐納爾對失業問題的解決方法不能比他的保守黨前任總理高明。　那些指望工黨政府取一種堅決的動作來擁護勞動階級的人，都要失望了。

英國的工黨政府是不願震撼這世界的……他除開恐怕資本主義的英國受損傷以外沒有其他的顧慮。　他除開反對革命以外什麼事沒有做。　他已經把保護勞動階級利益的平民主義的精神放棄了。　當工黨獲得政權的時候，路德喬治說：『這個政府若沒有我們擁護他，一天也站不住』，麥克唐納爾是明白這情形的，于是進行了一種自由黨的政策。　他只看錯了一點，就是，他相信這樣做去，定可避免革命了。　其實，他是在使勞働階級震動，是在證明給他們看，原來怕引起社會衝突的黨是對他們一無用處的。

這里，我們負宣傳之責的各種言論機關應當注意了。　我們應該步步留意英國工黨政府的行爲；因爲這是一種經驗，可以證明共產派和第二國際派中間，或聚集于無產階級專政的旗號下的革命分子，和聚集于民主主義這旗號下的改良分子中間的區別。　——是什麼區別呢？　就是，我們要反對資本主義，而他們不要反對資本主義。

英國工黨執政以來，一方面爲工人所責難，一方面爲自由黨所挾持譏笑，一事無成，而東方諸國對他尤爲失望；其實英國工黨政府如此結果，也是很自然的。　歐洲根本問題即國際資本主義不解決，全歐洲各國政策不會變更的，全歐洲的現象也不會變更的，英國工黨內閣的政策與前內閣無異，法國左黨內閣的政策和前內閣又有什麼大不同呢？　資本主義不倒，緣他而生的各國政策如何能有變更！　英國工黨初得政權的時候，無知識的中國知識階級，大鼓吹其工人不革命也可得着政權，大鼓吹其基爾特主義勝過共產主義，大鼓吹其列甯比柯爾是知識上的失敗者，現在事實上的證明是怎樣？　俄國的民族農民兩大困難問題，共產黨革命後都解決了；英國的殖民地(尤其是印度)失業兩大困難問題，工黨內閣有沒有解決的可能？　現在英俄兩國資產階級在政治上的勢力是怎樣？　他們對華政策又是怎樣？　列甯和柯爾到底誰是知識上的失敗者？

記　者

## 寸　鐵

世界上竟有求軍民長官提倡的社會黨！

中國社會黨的通電說：『各省軍民長官地方公團均鑒……新社

同人，外見俄德兩國社會黨以革命告成功，英法兩國社會黨以選舉獲勝利，時「機」成熟，運「會」更新，……重立中國社會黨……敬求俛簪惆怳，倘蒙惠予提倡，尤為感紉公誼』。 好一個敬求各省軍民長官俛簪惆怳惠予提倡的社會黨，他們很坦白地自己承認是機會主義者！（實庵）

華府會議議決到底有效無效？

帝國主義的列强，動輒拿華府會議這個法寶來鎮壓我們，現在他們無理干涉中東路，也正用着這個法寶；但我們要問問他們：華府會議所決定的取消領判權和增加關稅何以無效？（獨秀）

自由舒服與革命

有人覺得馬克思主義太拘束，太嚴格了，羅素所主張的要自由些舒服些。 誠然，世界上若沒有嚴格主義的革命黨出來推翻現制度，資產階級的學者們，自然在思想上在生活上都覺得自由些舒服些。然而世界，因此不自由不舒服的人就太多了！（獨秀）

## 國民常識！

北京外交部咨行各省署說：『俄黨女子，潛入內地，喬裝賣笑，宣傳共產共妻主義，事關風化治安，希即嚴行取締』。

## 讀者之聲

### 我們因為三K黨而要注意的兩件事

蕭楚侶

一 三K黨與新中國黨

我前天在一個公共集會的席上，聽見一種謠言，說三K黨就是新中國黨底變體。 理由是新中國黨，自從組織起來以後，在上海方面，並沒有好多人注意。 他們為了要求社會對於他們的意識起見，乃從人們好奇的心理上給社會以這樣一個奇怪不倫的刺激。 我們對於這話，雖然不便即相信新中國黨人確是如此一般的急功徼利之徒；但新中國黨底綱領却實在是有些與在上海報紙上所見的三K黨相近的，這種謠言，亦頗令人難於不信。 新中國黨人對此，應該向社會有一個負責的辯證。 我們對於此等在前幾年會經插足於一般學生改新運動中的新中國黨人，那就不能不予以比注意紳士閥之反革命還要更大的注意了！

二 三K黨與研究系

紳士閥嫉視着革命，已經到了無所不用其極的程度。 他們只要是足以予革命以打擊，足以阻碍革命之發展的，决不惜犧牲他們底一切，馬上利用起來，以加害於革命。 三K黨在美國，人人都已知道是一個極與革命有害的組織。 現在來到中國，不用說——即不比美國的更壞，恐怕也不免要與美國的一樣。 在該黨機關破獲證明是美國人的陰謀以前，上海各華字報莫不謹持一種有聞必錄的態度，觀察着它究竟是一回什麼事。 只有研究系底時事新報早就代他去做宣傳機關。 前幾星期，該報即代為刊登一請求入黨之三K黨函件。 六月十六日該報「上海」版上又大書特書，叫人注意它次日有關於三K黨底重要消息。 十七日即登出一極離奇之相片，係以「何謂三K黨」之題語。 證之前面謠言，可見實在是三K黨要求社會意識它很急，所以才來用了這樣的高度刺激的廣告以為宣傳。 時事新報獨承受此宣傳之任務，用意何在？ 豈不是明明白白地希望反革命的法西斯潮流在中國彌漫起來？

# 廣州學生會收回教育權運動委員會宣言

帝國主義者侵掠弱小民族和半殖民地的國家，最高明最狠毒的方式，不在乎政治上以亡人國家，而在乎用無形的文化侵略之手段，以達其有形的經濟侵略之目的；因爲經濟侵略在封鎖其海關，使其國內工業不能發展，一方又勾結其國內軍閥來壓迫人民，以助其侵掠的作用。

但是，這種方法善則善矣，究不能昧人良心，滅人耳目，有時人民還會揭竿起來反抗，所以他們同時想出一種很奇妙的精神上也很輭化的，文化侵略的政策，這就是幫助帝國主義之經濟侵略的一種最妙方式。　他們不惜其金錢精神，極力在中國擴張其教育的勢力，無非想使中國人無一不在他們的教育支配之下，實施其亡國奴或殖民地的教育政策，同時在學校課程中正式編入聖經一科來教授，强迫學生上堂念聖經，使學生忘了其種族、國家、歷史、政治、經濟、社會的觀念，不復有自己的大中華民國。　大家不信嗎？　『聖三一』校長英人對學生說：『英國人所辦的學校，有英領事在廣州，斷不能徇你們的情，任聽你們中國人自由』。　『聖心』校長法人對學生說：『中國的命運早已在華府會議中決定了，無庸你們去救，你們也是救不來的』。　嶺南大學美國人對學生說：『此是教會學校，祇可宣傳宗教，不許談論國事』。　廣西梧州「建道」學校美國人對學生說：『我係不愛中國，所以不許你們同中國學生來往，共同救國，我要你們服從我，同我一樣的來愛我們的美國』。　上海「三育」大學美國也對學生說：『已入教會學校讀書，應該斷一切國家的觀念，愛國二字斷無存在之餘地』。

從這幾條例子看起來，可以洞見外人在華所辦的學校怎麼樣，非特不能有益於中國，且要使中國學生變爲洋奴化，消滅其種族觀念和愛國思想，這是很顯著的實例　可憐瞎眼的中國人天天讚美外國人熱心，謳歌外國人的厚意，跑來中國辦學指導中國人，這是何等痛心的一回事。　教育侵略，比任何形式的侵略都要厲害得多，而現在外國人在華所辦的學校至少也在二千以上，學外人數亦有十萬人以上，此種情形更令我們痛哭流涕。　我們知道文化侵略就是帝國主義者的工具，我們再不能被其愚弄多謝帝國主義者之教育，現在已有許多外人在華所辦的學校，如「聖三一」、「聖心」、「廣益」、「三育」、「建道」、「協和」、「培心」各校學生起來爲反抗帝國主義者之文化侵略而罷課或退學了。　由奉天捲地吹起，波及到珠江流域都沸騰起來響應，我們更明白外人在中國辦學的毒謀與待遇學生的慘酷怎麼樣，看看今年那些從敵人營壘中飛出來的雪花似的宣言、傳單、一片呼救的怨聲，在我們大夢未醒的同胞頭上，響了一聲霹靂，使我們便明白一般洋奴在中國傳教辦學的野心了，其厲害狠毒與其內中黑幕，眞要令人痛心流涕啊。　我們最愛的學生、工人、農人、商人、同志們，帝國主義的經濟侵略和文化侵略的政策，在中國已經根蒂固了，他的黑幕亦由最近數間外人創辦之學校的學生揭破出來了，我們應該一齊連合起來一致力爭，「收回一切外人在華所辦學校之教育權」，這是民族關係，我們不可忽視，我們現在提出幾條最低限度的辦法；(一)所有外人在華所辦之學校、須向中國政府註册與核準；(二)所有課程及編製，須受中國教育機關之支配及取締；(三)凡外人在華所辦之學校、不許其在課程上正式編入正式教授及宣傳宗教，同時也不許其强迫學生赴禮拜念聖經；(四)不許壓迫學生，剝奪學生之集會、結社、言論、出版、等自由。　這幾件事我們誓要辦到，願我各界同胞，一致力爭，因爲這是中國的主權旁落在外人手上，我們應該要收回自己所有的主權。　不看我們華僑在南洋所設立之學校，要受英人美人荷人的限制嗎？　華僑學校所教的學生，都是我們自己的中國人，外國人還要來限制來壓迫，何況我們中國內地的中國學生爲外人施與他們侵略主義而設的教育而不收回！　西方病夫土耳其的人民，已經起來大聲疾呼收回教育權了。　東方病夫的中國人呀！　速醒！　速起！　快些起來收回外人在華所辦之教育權呀！　大中華民國十三年六月十八日。

The Guide Weekly.

（中華郵務管理局特准掛號認爲新聞紙類）

一九二四年七月九日

郵票代款概作九五折

# 嚮導週報

第七十三期

分售處

香港 華文書局
巴黎 中國書報社
廣州 丁卜書報社
上海 民智書局
上海 上海書店 時中書報社
武昌 共進書社

分售處

太原 晉華書社
長沙 文化書社
濟南 齊魯書社
杭州 古今圖書店
雲南 新亞書社
寧波 明星書局
開封 文化書社
福州 工學社
南京 天一書局
成都華陽書報流通處

定價 每份三分 國內一元寄足四十期 國外一元寄足二十五期 郵費均在內

每星期三出版 發行通訊處 杭州鷹橋路殿衙弄七號轉洪立民 北京大學第一院收發課轉鄭子明

## 時事評論

### 孫寶琦去職與金佛郎案

獨秀

孫寶琦在辛亥革命時，始而爲獨立，繼而取消獨立，其爲患得患失的鄙夫已可想見。明知曹錕竊政爲正義所不容，又明知曹錕左右必僉任必不能容他人久據內閣，而竟不惜附逆以過短命總理的癮，孫寶琦之爲人更可想見。

孫寶琦之爲人固糟，然尚有兩件事還不算糟到極點：一是他在私的行爲上尚不至像顧維鈞和李彥青結拜弟兄；一是他在公的政策上尚不肯附和王克敏承認金佛郎案。

半年的孫閣，自上台到下台，都始終事事與王克敏相持，最重要的是金佛郎案。他二人半年來明爭暗鬥之結果，卒以曹祖王而孫去職，王之得意可想，王之政策將要如意實行也可想。

王克敏對於金佛郎案之政策，厄於孫閣不能實行，這是全國皆知的事；今孫去而繼任者無論爲顧維鈞爲顏惠慶或王毓芝，都必能和王克敏合力同心謀曹家的利益。承認金佛郎案，自然國家的損失，即於曹政府也未必有多大利益，關稅會議未必因承認此案而能實現；然而曹政府，尤其是王克敏個人，終想盡力設法承認此案，以便在外人方面財政上有所活動。

在這一點，國人對於孫去王勝的局面，應該有相當的注意。

### 外人私運軍火與中國治安

獨秀

意大利人幾乎是公開的在天津發賣軍械，最近馬聯甲又在那里購去大批手槍子彈等；上海方面，法國郵船安乾爾號私帶軍火案才判決，本月四日又發現了美國船拖兒開脫號密運大批軍火來滬，已經海關查出大木箱六十二隻，內藏手槍來復槍一百九十九支，旋輪手槍四百〇一支，機關鎗八尊，子彈十三萬五千粒；同時，日輪白山丸船員亦在虹口馬路上被巡捕搜出手槍五支，子彈三百五十粒。

帝國主義的列强，動輒以華府會議鎮壓我們，現在他們對於所議決的禁止軍火來華案怎麼樣？

他們一面輸入多量機器製造品，摧毀了中國的農業手工業，使多數農民工人失業而流爲兵匪；他們又一面輸入多量軍火，使中國的兵匪得着武器更加橫行。

中國兵匪的勢力，完全是列強製造出來的，於是他們又可以藉口兵匪擾害外人，向中國政府訛索敲詐，這都是英美法日意各大強國各文明國對待我們中國的行爲。

他們在中國製造了兵匪，還要責備中國政府不能維持治安，還要向中國政府敲索賠償；可是土匪們已經光顧到列強支配的租界，近來上海租界幾乎每天都有搶案發生，不知列強對於租界治安將責備何人維持，其損失將向何人要求賠償？

若是美國人果然能在上海組織一個強有力的三K黨，一面召集中國土匪，一面密運美國軍器，那時上海租界上的治安，還要比現在好看十倍哩！

## 英法兩國之對外政策

獨秀

六月十九日巴黎電：法總理赫里歐氏非與美政府交換意見，不變更法國對俄政策。二十二日紐約電亦云赫里歐來文以爲美法對俄態度略同，并重提柯立芝總統之宣言。

六月二十八日倫敦電：法國衆議院本日以四五六票對二六票贊成赫里歐以此爲信任問題之魯爾經費，政府反對黨全投贊成票，社會黨在主義上不贊成魯爾經費，今竟投贊成票；惟共產黨獨投反對票，并要求立即退出魯爾，赫里歐答稱：『爲賠償及安全起見，魯爾之立即撤兵，乃不可能之事。』

六月三十日倫敦電：本日英國衆院有人質問駐華俄使加拉罕宣言願扶助中國廢除英國等條約上的特殊權利；英相答稱：『英政府維持在華現有條約權利之態度，未稍改變。』

七月二日倫敦電：工黨議員蘭斯白里氏，本日在下院質問：英船柯克恰佛號艦長受有何項特權可以在萬縣迫令華官處決毆斃美人郝萊氏之兇手。　海軍部民事長官赫治斯氏答稱：『該艦長施行彼所視爲必要之行動……該艦長之所爲，實在助救生命。』反對黨團之皆歡呼。

據上列路透電看來，所謂英國的工黨政府，所謂法國的左黨政府，其對外政策都未免過於令人失望了！

法國對俄若須與美政府交換意見，和美國柯立芝總統宣言取相同的態度，則永遠沒有承認俄國之一日。柯立芝在國會宣言，美國承認俄國，須俄國取消沒收私產爲國有之政策賠償私人所受沒收之損失及承認債務等爲條件；此等條件，簡直是將蘇俄根本推翻，法國若隨着美國向俄國提出此等條件，非兵破莫斯科必不能得俄國之屈從。

普恩賚占領魯爾政策，何嘗不是爲賠償及安全起見？

維持在華現有權利，自然是英國保守自由兩黨歷來一致的政策，可是現在工黨也居然明白宣言不稍改變！

一個美國人失足落水而死，竟勞英國艦長直接開炮威逼萬縣地方官，不經審判，立即斬殺船夫公會爲首者向國源等二人；并出賞格捕拿會首，萬縣軍務長官服從英艦長之要求，步行於郝萊棺木之後，從江面起至萬縣內地令坟山止以示道歉。　這是什麼必要行動？　這是什麼助救生命之所爲？

所謂法國的左黨政府，所謂英國的工黨政府，他們這種對俄對德對華政策，完全仍舊是橫暴的帝國主義，完全仍舊和以前右黨保守黨政府的政策無二；因此，法國政府的反對黨居然全體投贊成政府的票，英國政府的反對黨對於政府政策也全體歡呼。我們此時已看不出這工黨政府和左黨政府到底是代表那一黨之意見的；我們不知道赫里歐和麥克唐納爾對於反對黨之贊成與歡呼，覺得是榮譽還是恥辱？

## 交民巷的獨霸局面不保了！

章龍

過去交民巷公使團是帝國主義者的獨霸局面，他在中國的事業，正如英國東印度公司在印度所做的一樣，他們在大戰以前對中國國民是「瓜分」的口號，大戰以後却又鼓吹「共管」了；不管他們的口號怎樣變換，終歸是幾個強國公使做大王，領着一班弱小國家的好貪小便宜的使臣做嘍囉，霸佔在使館界內，做下許多坐地分贓的事。

自臨城案起至最近智利領事裁判權案止，交民巷公使團的風頭，眞是登峯造極儼然中國的太上政府了！他們對於中國的內政外交幾乎沒有一事不干涉，更沒有那一次干涉不成功，有詞可藉的自然是有求必應；便是風馬牛不相及的事他們一時高興，竟會拿中國的司法權送給智利公使做禮品，逼着中國官廳推翻上界租界，甚至廣東沙面發生安南志士拋彈案，他們竟敢公然頒布禁止華人入沙面的禁令，像這些瑣事，不勝縷舉，到處只是胆大妄爲，眞可謂逞強極了。

時移勢遷，帝國主義的權威漸在西歐墜落，反帝國主義的風雲又吹向東方來了，交民巷獨霸的局面便因此大受影響，這個現象的說明，即是最近俄國使館問題，換句話說，俄使館的爭執乃是反帝國主義的俄國友軍，攻打交民巷霸業的第一砲，

從這點我們可以看到交民巷的獨霸局面大有不保之勢，因爲公使團內既於英法日美之外尙有不同調的俄德（德使因不願受使團「公約」約束故現今尙陷于孤立。）今後使團的形勢也將依世界政治大勢分成帝國主義與反帝國主義兩大營壘，深陷在帝國主義重圍中的中國國民，在艱難奮鬥中當更感覺不寂寞了。

這是反帝國主義運動中最好的消息，覺悟的青年們振奮你們的勇氣吧！打破列強的帝國主義，就從打破交民巷獨霸的局面始！

## 列強在中國之外交形勢

爲人

洋報—大陸報在二月以前曾主張列強撤退駐華之外交代表，到現在，他們不但不主張撤退駐華之外交代表，而且要主張將公使改爲大使，此中內幕，我們可以說：蘇俄自中俄協定成立以後，本他提攜弱小民族及反抗帝國主義的本旨，視中國爲最友之國，主張彼此應交換大使，爲中國外交上開一新紀元，向來蔑視中國的列強，聞此深恐蘇俄將任交民巷中占一領袖公使之席，故亦隨風應變的欲改派大使，藉以抵制蘇俄，他們並不是隨着蘇俄欲提高中國的國際地位！

日本政府欲買好於中國人民起見，擬先蘇俄與中國交換大使，他們以爲這不但將買好於中國人民，而且可以勾結列強公使始終與蘇俄對抗。

由此，我們更可以說：今後列強在中國之外交形勢，簡直是列強在中國與蘇俄對抗的外交形勢。列強在此與蘇俄對抗之中，日本曾召駐華公使回國籌商在華對俄之外交政策，現英法新內閣亦召駐華公使回國籌商在華之外交政策；同時英美主張將滿期的新銀行團改組，從新團結他們的勢力好向中國一致的進攻：宣稱以礦山鐵路等爲主對中國借款，好達到他們共管中國的目的。

就中最很毒的美國帝國主義者，同時更在滬首先勾結無賴組織一種秘密團體—三K黨，專爲阻止中國國民排外，即是阻止反抗帝國主義的運動。

此外並在中國領土內把持蘇俄所應有的使館領館不肯交還；反天天在報紙上以俄國損害中國之主權的妖言來向我們鼓惑，凡此我們都易明白，而且都當明白。

我們在此外交形勢之中，有良心有判斷力的中國人，都知道誰是我們的朋友，誰是我們的敵人；除非是帝國主義者的走狗，或是受了帝國主義者宣傳的人，閉着眼睛說中俄協定有損害中國主權；並說蘇俄現在和帝國主義者及軍閥妥協了。

## 「中國人之怨望」！

楚女

## 替商報進一層說話

字林報因爲商報六月廿六日的評論主張無國別排斥外貨，乃著論誥誡我們，題曰『中國人之怨望』，叫我們莫要只是怨恨外國人，應該知道外國人『亦有深切之怨望』。它歷數中國底罪過，什麼武昌宜昌兵變，什麼皖省豫省匪刦，什麼臨城掳票掳了他們外國人三十七個，什麼非法對於外貨課稅……用李紈批評小紅的話說，『倒好像翻了核桃車子』。它把中國這些罪過，一一認爲是中國人所萬不應該對於外國人發現的；它說：現在外國人對於中國算是已經在表示着『無上之寬恕與容忍』；不然，則『恐商報將無機會發如此激越之言論』。言外底意思，彷彿說：『我們外國人早已就該把你們中國滅了，早已就該叫商報主筆纏了紅布站在福州路當心，和阿三拜了把子做個阿四了；現在在我們外國人底租界裏，還容許你這商報存在，已是千千萬萬丈長的繩子也打不到底恩德；你們不知服服帖帖的像我們洋人底小狗一樣來報恩，反要如此說話麼』？

可憐我們底商報主筆，爲了自己底國家太弱，也只好十二分地忍了這口氣，裝出和平的面孔，回了一篇妥協的論文，辯明它自己並沒有排外；辯明字林報所說的那些外人的怨望，並不是中國國家故意加於他們的，所以要希望外國人勿以此寃枉中國。其實，字林報說我們排外，我們又何嘗不可以直認不諱。「排外」就是一宗罪惡麼？中國人爲什麼要排外呢？是不是因爲「外」底自身，要惹得我們去「排」它呢？兵變，匪盜，武人橫行——這些是哪里來的呢？是英國、法國、美國、日本——在前，還有德意志，俄羅斯，到現在德俄雖然退去了，却差不多又要添上一個意大利——底帝國主義使然。帝國主義的列强，在政治上故意的扶植中國舊勢力如袁世凱段祺瑞曹錕等北洋軍閥，幫助舊勢力摧殘南方革命的新勢力，勾結軍閥，賣國賊，供給他們底借款，槍械，政治上的優勢權力，使他們得以招兵買馬，并極力幫着他們在租界捕拿反對軍閥政府的革命黨人；在經濟上把持中國的海關，輸入廉價的製造品，毀壞了中國農業手工業的經濟，使中國無數農民工人失業而爲兵爲匪，兵變匪亂，都是從此產生出來的。因此，我們認定，帝國主義的列强加於中國政治及經濟的侵略，是中國種種黑暗擾亂之源泉。他們若不扶助軍閥政府，若不私運軍火，若不把持海關，中國的政治日漸清明，中國的實業日漸發達，那里還會像現在這們多兵，這們多匪！然而英國法國美國日本……願不願意這樣呢？這樣，那便是中國有了可以自强的希望，便是中國民族有了獨立的力量，便是中國經濟有了自己產業興旺之可能；反面言之，便是帝國主義將從此再也不能像現在這樣來掠奪，壓迫我們中國人了；便是英國、法國、美國、日本，再也不能叫我們中國人永遠做他們經濟從屬的奴隸了！這樣的眞正與中國人以幸福的舉，帝國主義者肯幹嗎？自然是不願的！惟其不願如此，所以帝國主義者明知中國底擾亂，是帝國主義所自造的，也還要更甚意識地造了下去。字林報再從旁鼓吹着，『怨望』着，則中國之被共管，又何愁無詞可藉，無理可據！緊張着那個大麻布口袋，要把中國民族整個的裝進去，搬到帝國主義底榨油機上，榨盡我們底膏油，儘可以逕情直行好了，又何必故意轉出這許多的灣子，說什麼『無上的寬恕與容忍』！這是字林報說的，這是代表一個文明的而且是中國底友誼的鄰邦之英國國民說的！這句話內，試問還幾許承認中國是世界上一個國家的意味；還有哪些不是把中國看成了印度，把上海看成了孟買？英國的朋友！醒醒能！中國人雖然生得愚蠢；但它至少總還可以比得上我們的紳士家庭中小孩們所玩的傑克箱中底傑克。生物的羞恥本能，難道中國人也竟沒有了麼？物理的機械反動，難道中國人也沒有了麼？只這一句話，只是他對於華人所下的「寬恕」與「容忍」這兩個名詞，華人便有理由而且有權利排外；至少說這話的英國人，是應該受華人「排」的了！「排外」！為什麼不應該？堂堂一個國家，一個民族，有危及其國家之獨立，妨礙其民族之生存，對於其國家民族為不恭敬之侮辱言論者，其國家之國民便立應排之，便立應以極端的激昂態度排之——就是義和團，又怎麼樣？在生物的倫理上，難道哪個能不承認義和團是一個很拙劣的而正當的自衛麼？至於說中國官廳蔑視責任，那更是欺我們之至了！紳士的民族！說謊是人類最可恥的事呀！中國官廳果真敢違背過你們洋大人一絲一毫麼？「北京政府」果真有哪些不是你們東交民巷所派出的一個委員會麼！臨城案之俯首帖耳，唯命是從——賠款，道歉，撤換彊吏，恐怕在埃及，在阿富汗，也不過如是吧？利用了北京政府，壓迫著我們，攪亂着我們政治的經濟的生活，還要來說假話欺騙我們——則未免太把中國人沒有當人看待了！只此一種態度，已足使中國人永遠怨望！帝國主義者一天不恭恭敬敬地對於華人悔過引罪，改變現在的態度，則華人之怨恨必一天更進一天——且係加速率而又是累進率的增進！商報記者說：『須知中國變亂，原因已深，情態太複，咄嗟之間，非可立辦』。這話錯了！中國底變亂，情態並不複，揭穿了說，原因也不深；解鈴繫鈴，只在帝國主義自身，倘若各國馬上肯以現在俄國對華的態度對待中國，放棄一切損害中國的權利，互訂平等條約，拋棄扶助北方武人官僚的政策，俾中國人民得以真正的民意掃清一切封建藩閥，以底統一；則中國之太平，未必不是咄嗟可辦的事！

# 巴黎通信

## 法國選舉狀況

法國於今年五月十一日，舉行衆議院選舉。在選舉前一月，各黨俱貼出運動選舉底告白，并到處開羣衆大會，宣傳其主張，黨與黨間，互相攻擊，互相詆毀，因為要求自己底黨獲勝，不得不如此，這真叫做選舉戰。

在說此次選舉之前，須將各黨派情勢略為敘說，惟法國黨派甚多，實難一一枚舉，茲僅分析其概要如下：

(一)全國大聯合(Bloc National)。這一派包含有保守，民主，共和等右派政團，故亦可稱為右派全國大聯合(Bloc National de droite)。他的主張甚為復古，所謂軍國主義帝國主義，就是他的旗幟，這是代表有產階級底保守黨，其重要的首領為現任大總統米勒蘭(Millerand)內閣總理普恩賚(Poincare)等、

(二)左派大聯合(Bloc des Gauches)這一派包含有左派共和，社會主義共和，急進，社會主義急進等左派政團，近年以來，社會黨亦與之勾結，因為凡全國之主張較左者均集合於此，故亦稱如左派全國大聯合(Bloc National de gauche)他的主張雖比前派為急進，然不過帶點改良色彩罷了。這是代表小有產階級底改良黨。其重要的首領為愛友(Herriot里昂市長)班樂衛(Painleve)納諾得(Renaudel)等。

(三)工農大聯合(Bloc ouvrier et paysan)。這一派就是共產黨。他是代表無產階級底革命黨，其重要的首領為喀陝(Cachin)法揚咕居利(Vaillaut-Courturier)等。

上述之三派，任何一派底告白和演說，沒有不攻擊其他二派的。共產黨攻擊他們的是：生活昂貴，佛郎低落，壓迫能工，掠奪勞動等事實。他們攻擊共產黨的是：革命，沒收(沒收有產階級財產)等。尤可笑者，為全國大聯合底告白公然誣毀共產黨領了莫斯科和柏

林底津貼這一件事。 其實這全因共產黨報紙反對法蘭西帝國主義及有產階級，而擁護革命的蘇俄和被壓迫的德國無產階級，故他們以此作煽惑民衆反對共產主義底標語。 我看他們把共產黨稱爲列甯底黨，而連無政府黨也包括在內，便知道公然造謠是有產階級底慣技了。

在運動選舉時，貼出政綱和名單的，不只這三派。 還有王黨，天主教徒等，但其勢力極小。 又無政府黨亦貼出告白，反對政府，勸人不要投票，這更是在選舉戰中一點影兒也沒有的，我且不必去敍述他們。

至十一日，各縣民衆俱到縣衙門內去投票。 十三日各報就把此次投票底結果宣布出來了。其各派所得議席：大略如下：

(一)全國大聯合　二一一名

(二)左派大聯合　二九〇名

(三)工農大聯合　二五名

(附)伯里安派　四四名

最末：伯里安這一派，將來是一定與左派大聯合勾結的，不過現在還沒有成功。 在左派大聯合中，社會黨有一〇三名，統一共產黨有四名。 所謂統一共產黨，就是一九二二—一九二三年間符洛薩(Frossard)從共產黨內分裂出來所組織的。

上述之當選人數共爲五七〇名。 法國衆議院原爲六百多名，此期減爲五八四名，所以還有殖民地十名和北方(Nord)阜時(Vosges)兩省未完全結束。 但大勢已定，左派算已奪得勝利了。

全國大聯合底勢力極大，在上屆選舉獲得三九五議席，此次便損失了一九四名，這是甚麼緣故呢？ 這個不待研究便知道是：

(一)生活昂貴，自今年二三月，所有火車電車飲食服用等費，俱大漲其價，迄今未低減一點；

(二)自去年冬以至今年三月，佛郎價格跌落非常，四月中雖因借美債，加稅額，得挽救於一時，然仍不安定得很；

(三)財政斷空，預算不能使出入相抵，而債台高築，自一九二〇年至今，國債增加二千萬萬佛郎；

(四)佔據魯爾一年多，用費甚大，而德國仍不付賠款，以致得不償失。

這些都是全國大聯合失敗底原因了。

左派大聯合何故得勝呢？ 因爲右派既已失敗了，而他的主張，比較淺近可行，且既不激烈，亦並非保守，故民衆便離去右派而傾向左派。 共產黨是革命黨，其主張雖是，然好安居一時，願目前利益而又爲社會黨引錯了路底工人，當然還留在改良之道上；因此，左派唱凱旋了。 右派底內閣不過苟延到六月初間，不待新國會開會，普恩賚便已預備倒台了。 可是左派底政府，同樣也要代表有產階級利益，施行帝國主義政治，所以右派倒了，左派繼之，這不過政權易位而已。

共產黨在最近一年中，頗有活動，此次選舉，實有兩種應該博得民衆同情之點：

(一)遵照第三國際決議，候選人只許十分之一是智識者，所以在約六百名底候選人中，簡直有比十分之九還多底工人農人。 當人道報和運動選舉告白上宣布名單時，完全把候選人底職業一一列出，工人農人看着此種名單，能不激發熱烈的同情麼？

(二)所用口號是工農大聯合。 這個大聯合，完全是用以對抗有產階級政黨全國大聯合和左派大聯合的。 工人農人一聽了這種口號，當然要感動於他們之有大聯合——代表自身利益底大聯合，而投共產黨底票。

但是，法國工農人數亦約在千二百萬左右，以如此努力底黨，適宜的方法，動人底口號，廣大的羣衆，而只當選廿五名，獲票九十萬，其原因在那裏呢？ 據我觀察，必不外乎：

（一）羣衆好苟安而只顧目前利益，故必待各種方法試驗無效以後，始贊成革命；

（二）社會黨勢力還大，迷惑了工人農人不少，該黨一九一九年選上了六十多名，此次加到一百零三名，而共產黨是一九二〇年才成立的，爲期不久；

（三）共產黨經費支絀，他黨有十足的運動費，在選舉前一天，左派還用飛機散布自已的傳單；

（四）共產黨是單獨運動的，他黨是聯合運動的。

也是以幼稚的共產黨，初次競爭選舉，而得選出廿五人，當然是進步的現象。 就當選之地域看來，在巴黎及其附近便當選了十八名，外省只北方省才有三名。 從此可知農人選他的還少，而里昂，馬賽，聖達店等工業都會俱爲社會黨等人所把持。 可是在法國資本主義營寨底巴黎及其附近看來：

（一）全國大聯合會得票三四五九六二，當選三〇；

（二）左派大聯合得票二六四四八一，當選一四；

（三）工農大聯合得票三〇八〇四五，當選一八。

這樣的大營寨，反轉有與那兩派對峙之勢，不能不算是强人意底地方。 且法國革命，重在巴黎，共產黨能在巴黎發展，實是前途之幸。

在這次選舉中，可以得出下列幾個要點出來：

（一）民衆有由右而中而左之趨勢。 換一句話說，卽是有由保守而改良而革命之趨勢。 在各種方法未試驗完時，不能就上革命戰線。 能看革命以外底方法不可靠，只有革命才能獲得所求，這始終是覺悟分子激烈分子底認識。

（二）農人底智識比工人爲幼稚。巴黎一帶所當選之十八名，幾乎全數爲工人所投；北方省所當選之三名也是：原來北方省爲法國底鑛區，所以工人實在是革命中底基本勢力。農人固亦極其重要，然總次於工人。可是運動上，共產黨必努力於他們，免變成了有產階級政黨底巢穴。

（三）法國此次所有底王黨，天主教徒等均被打倒，一個人也未選出，足見社會是進步的，復古之黨派，逐漸爲羣衆所唾棄。 民衆快跑到革命這方面來了，歷史機輪底推進快輪到無產階級身上來了，我們努力啊！

任卓宣　五月十五日

## 寸鐵

**顧維鈞不會不肯**

曹錕將下命令顧維鈞代閣時，左右以顧恐不肯代爲言，曹說：「不會不肯。」這句話把小顧的骨頭形容得比燈草還輕。 （實庵）

**奸商與勞工孰重？**

有人阻止廣州工人因生活困難醞釀罷工，說什麼戰期內罷工，恐各物停滯，影響軍食軍用。當奸商們罷市抗捐時，何以無人說恐各物停滯，影響軍食軍用？敷衍奸商而欺壓勞工，我想革命政府必不出此吧！

**「七一」與「五七」**

日本人因美國限制移民案，以七月一日爲國恥紀念日，實在沒有道理。 日本人以强力侵入中國，「五七」才眞是中國之國恥；限制移民案，不過限制一切外人自由侵入美國，并不專爲日本而設，更未侵入日本國土，何以竟是日本人之國恥？ 必須全世界都讓日本人像在中國一樣的橫行才不是國恥麼？ （實庵）

**惡人假借好名義**

去年曹黨以公民團的名義驅逐黎元洪；現在學賊林文慶以閩南青年團及廈門職工會名義攻擊反對他的教員與學生；惡人假借好名義，

眼睛人一見卽識破其奸！　（實庵）

**沈恩孚梁啓超眼中的平民**

沈恩孚說：「中華民國人民在法律上都是平等，所以叫做平民」。他這樣解釋平民，自然可笑。　梁啓超把全國人分爲兩部分：一部分是自食其力的農工商，叫做有業平民；一部分是搶騙他人血汗的官吏兵官議員，叫做無業游民。　他這樣解釋平民，固然好過沈老先生，不過官吏兵官議員……外，被內外資本主義擠迫而失業的，何嘗不是平民？　反而商之中，居奇致富的大腹賈，有時勢傾王侯，那算得是平民？　（獨秀）

**梁起超勿忘今日之言！**

梁起超發憤說：「做官的，帶兵的，當議員，……種種闊人，以及他們的附屬品什麼太太奶奶少爺小姐，他們自以爲高貴，也許有人認錯他們是高貴。　其實這班人有最下賤不過的。因爲他們都靠人養活——籠着手不做事，只會張着嘴吃飯，……籠着手吃飯的人，吃的不是飯，是別人家血利汗。　別人家的血汗怎麼會吃得着？　不外兩種把戲：是一騙，二是搶。　騙是光棍行爲，搶是強盜行爲。　……「唉眞倒霉，中華民國的生命，全部掌管在這班最下賤的人手裏！「一品大百姓」往那里去了？　哈哈，都睡覺哩，不管事。」　哼！梁啓超現在說得太過高興了！　他現在這樣發憤，卽或是一時憎惡軍閥政治之眞情；但是日後自食其力的勞動百姓們，如果眞能起來從張嘴吃別人血汗的光棍強盜手裏奪得掌管中華民國之權，那時，梁啓超倘尚生存在世，必然因爲太傷了高貴人的體面，又要出來大呼『賤民專制』。　他如不服，請以今日之言留證將來！　（獨秀）

**假革命黨**

中山先生說：『升官發財，畏難苟安，這是假革命黨。　普通國民以爲這就是革命人才，所以革命的名譽，被他們弄壞了。　我們一定要排斥這種假革命黨』。　凡屬中國國民黨員，每日至少要自問一次是不是中山先生所指摘的假革命黨！　（獨秀）

**玄學家言原來如此**

孫中山分明沒有死，而吳佩孚硬說照易理推測一定死了。　錢能訓分明已經死了，而悟善社的人却說他幷沒有死，是陪李太白下棋去了。　這班玄學大家只顧主觀不顧事實竟至於此！　（獨秀）

**外國的文化侵略與國民革命**

戴季陶先生關於廣東黨務的談話中說：『最近聖心和聖三一兩個教會學校學生所發起的反抗帝國主義文化侵略的運動，尤其是我十分佩服的。　這一件事，我覺得是日本取締留學生風潮以後的一個重要事實，外國人到中國來做養成奴隸的事業，已經要近百年，中國人到今天才有這一個『明白了』的表示，我盼望各省的青年們，大家注意援助他們才好』。　我希望崇拜上海某教會大學的青年國民黨黨員，聽了季陶先生這番話，也應該有點覺悟了罷！　（獨秀）

**老先生們歇歇罷！**

二十年前的老維新黨，現在大半不甚好學，因此對於廿世紀的世界常識異常缺乏，做批評論時事的文章，往往像是從桃源仙洞新來的人物，申報記者心史君就是一個標本。　第十五號評論之評論上，有一位二十歲的青年，將心史君所作帝國主義那篇大文，元元本本的指教一番，心史君至少再用心讀書三年，才能夠懂得他所指教的不錯。　因此，我感覺得現在各種事業都應該讓青年們來幹，老先生們歇歇罷！　（獨秀）

**北京的議員那里去了？**

郝萊氏卽便是被人打下水，自有美國領事出來說話，何勞英國艦隊司令官直接發炮威逼地方官，不經審判立卽斬殺兇手二人？　此事倘有英國議員在英國衆院質問，何以北京的議員竟無一人說話？　（獨秀）

The Guide Weekly.

# 嚮導週報

第七十四期

（中華郵務管理局特准掛號認爲新聞紙類）

一九二四年七月十六日

郵票代款概作九五折

分售處

香港 華文書局
巴黎（中國書報社）
廣州 丁卜書報社
上海 民智書局
上海書店
時中書報社
武昌 共進書社

分售處

太原 晉華書社
長沙 文化書社
濟南 齊魯書社
杭州 古今圖書店
雲南 新亞書社
寧波 明星書局
開封 文化書社
福州 工學社
南京 天一書局
成都 華陽書報流通處

定價 每份三分 國內一元寄足四十期 國外一元寄足二十五期 郵費均在內

每星期三出版 發行通訊處

杭州蒲塲巷路嚴衙弄七號轉洪立民
北京大學第一院收發課轉鄭于明

## 時事評論

### 收回教育權

獨秀

教育改進社今年在南京年會中所通過的各議案，算是收回教育權案有點歷史的價值。

無數在外國教會學校誘惑錮蔽之下的中國青年，受了土耳其封閉美國人所辦學校的刺激，「收回教育權」的呼聲，首由廣州學生喊將出來，不期而應者幾遍全中國；教育改進社的右派分子，竟爲全國青年的呼聲所迫，容納了左派分子之主張，通過了此案。將來實行至何程度，現在雖不可知，而最小限度(一)總可以使外人感覺中國人心猶未死盡，無形的文化侵略究竟不像有形的軍事侵略經濟侵略那樣便當；(二)總可以使在外人勢力之下麻醉久了的青年明白教育權應該收回，是中國教育界所公認，并不是什麼過激派的主張。

然而恐怕也只有這兩個最小限度的效果，因爲他們的議決案中，并沒有明白堅決的辦法；他們的辦法是：(一)凡外人借學校實行侵略，經調查確實，應由政府勸令停辦；(二)施行甲乙兩種註冊；(三)於相當時期接收外人所設學校。

這種明白實行侵略的事實，尚待調查，豈不是笑話！ 註冊是取締不是收回。 相當時期，是不是無期？

他們堂堂的收回教育權案何以這樣二百五？ 這緣故很容易明白。(一)是因爲教育改進社完全在研究系操縱之下，他們如何能贊成這樣急進的主張！ 初提此案時，研究名人范源濂猶極力稱讚教會學校之成績，經陳啓天等紛起駁斥，才將會場空氣轉換過來。 (二)是因爲教育改進社社員中，有許　耶教徒或教會學校出身，他們都加入討論，議決案怎能不二百五？

我們認眞討論起來：與其主張「收回教育權」，不如主張「破壞外人在華教育權」；因爲在國民革命成功以前，目下二百五的中國政府和中國教育界，都不會有收回的決心；至於破壞的責任，便不須依賴政府與教育界，只要在教會學校受奴隸教育的二十萬男女青年有這樣的覺悟與決心。

### 上海防盜問題

獨秀

上海近來無論華界租界，幾乎沒有一天沒有搶案發生，這自然是上海市民的大害，各路商界聯合會羣起討論防盜方法，自然也是應該的。

他們防盜的方法是怎樣呢？ 南京福建兩商聯會提出辦法六條：

（一）嚴查私販軍火及私藏軍器；

（二）增加站崗及巡邏巡捕并改良交替換班方法；

（三）裝置盜警特別電話；

（四）加嚴檢查旅館；

（五）取締界內游民；

（六）設備盜警武裝汽車。

百老匯路商聯會的意見是：

（一）禁止誨盜誨淫影片；

（二）各捕房門首裝置報告信箱；

（三）規定一律營業時間。

山東路商聯會主張：

（一）清查戶口；

（二）檢查旅館；

（三）救濟失業游民。

其他各路商聯會所提出之辦法，大致都和上列各辦法大同小異。工部局及各西報恢復笞刑的辦法，固然可笑；卽各商聯會所提出的，也都不是根本辦法。 這是因爲他們不知道上海何以多盜的原因。 到是工部局總巡强森君的話還有一半對，他說：『研究盜匪所以猖獗之故，其原因有二：（一）爲上海附近退伍兵士衆多，羣以上海爲生財之地，工部局無法阻其入境；（二）爲槍械來源不絕，且多數爲外國輪船私運，……有盜有械，因之盜案迭生，誠爲遺憾』。

何以說他的話只有一半對呢？ 因爲他所說的第二個原因，有械是由外國私運，這是對的；他所說第一個原因：有盜是由於上海附近退伍兵士衆多，這是不對的。 其實有械固然是外國之賜，有盜也完全是外國之賜。 他們把持中國的海關，不許增加進口稅，使中國本國工業不能發達，於是他們輸入多量廉價製品，毀壞了中國的農業手工工業的經濟，驅逐無數農民工人失業而流爲兵匪，這就是中國兵多匪多之唯一原因，豈非是外國之賜？ 內地已爲兵匪搜刮殆盡，而由失業加入兵匪者還日在增多，那有不光顧到租界的道理！

外國帝國主義者，爲中國製造了兵匪，又爲兵匪運來了槍械，『有匪有械，因之盜案迭生，』帝國主義者『誠爲遺憾』！

各商聯會所提辦法，無一見及盜因，多僅屬治標之策，必無濟於事。 盜匪并不怕槍斃，何况笞刑！ 盜匪增加自有經濟的原因，豈是誨淫誨盜的影片所能誨成？ 何謂游民？ 如何取締？ 告密信箱更有挾嫌指誣之弊。 盜匪多自外來，不限於上海的失業游民，將怎樣普遍的救濟？

所以根本弭盜之策，只有止住帝國主義的侵略，使中國本國的實業得以發展，失業游民得以減少，然後才有治標的防盜政策之可言。不然，羣盜滿國，上海豈能獨免？

## 萬縣事件與中國青年

楚女

今年五月間，中國協會年會席上，主席英國人，便報告說：『川江方面，因輪運發展，原有運貨之中國船戶，對於輪船頗生惡感；至有威嚇領港華人，要求某種貨物於江水下落時，須由航船轉運者。現以强壓及變通辦法之力，反抗之勢漸減。但欲帆船完全停止運貨，恐尚在數十年之後也。』 在這段報告中，可見我們那些可憐的餓肚船戶，連要求某種貨物允許他們在江水下落時裝運，也被洋大人們用了『强壓』和狡猾的『變通辦法』拒絕了！ 並且洋大人們還下了決心，一定要使『帆船完全停止運貨』！ 這便無異是說『在外資壟斷之下的四川船戶，根本上已沒有人類底生存權了」！ 大家看看，我們川江木船船戶們，如若他們那個生物的身體，還不能就一旦死滅——他還要不由得他不生存下去時，是不是應該對於這直接壓迫他們底洋人發生憤恨？

最近，萬縣事件，即令是船戶毆斃美國商人郝萊，也正是由於這墜積一個憤恨所致。然而駐紮萬縣的英國軍艦司令官，却以炮火要求萬縣知事立殺船夫公會的首領。知事遵了洋大人底命，即於郝萊氏身死之次日，立予斬首二人；並還出了賞格，緝拏會首。萬縣軍務長官——以統一中國自任的孚威上將軍吳佩孚部下——也服從英國司令之要求，步行於郝萊氏底棺材之後，從江面起，直至萬縣內地會墳山爲止，以爲最大之道歉。自然，我們的那所謂「政府」，對於此事，更是落得如此了結，以圖省事，以獻「洋媚」！。獨不解萬縣的青年，重慶的青年，四川的青年，全中國的青年，對於英美帝國主義者如此強橫地聯合起來，欺壓四川百姓，侮辱中國正式命官的舉動，也就這樣做了緘口的金人，而一任那帝國主義底彰明罪過如此消沈下去？

英國的議員倘知道爲此事質問英國政府，北京英文日報倘知道遣責英艦司令此等行爲是海盜土匪之魁首，何以上海各報竟相約不理此事？ 他們爲臨城案大吼的精神那里去了？

# 法蘭西的「左派聯合」與「工農聯合」

鄭超麟

## 1 資本主義發展與法蘭西政局

『資產階級已經從「自由堂」(Liberty Hall)遷到「馬德里街」(Rue De Madrid)來了』(魯莊(Louzon)的話。「自由堂」是十九世紀中 Lancashire 資本家所建用來慶祝紡織工業和自由貿易之勝利的。 馬德里街門牌第五與七號是綱鐵委員會的機關。) 這就是說，鐵的經濟已經替代了棉的經濟，帝國主義已經替代了曼撒斯特主義(Manhesteria^m^isme)。

最近幾十年來，資本主義的某幾種特性發展，使資本主義進化到最高峯。 在古典資本主義面前，在建築於自由競爭上頭的，以商業紡織爲重要原素的，獨立生產的和自由貿易的資本主義面前，突然豎起了一派新的資本主義，合併銀行資本與工業資本，而建築於壟斷之上——帝國主義。 以跌價售貨爲武器，自然敵不住帝國主義的飛機潛水艇，於是古典資本主義乃不得不退避三舍，而「鐵的脚跟」乃能目空千古橫行全世界，釀成空前戰禍，且預備第二回世界大戰。

社會上層一切築物都是跟着社會中經濟關係而變遷的。 自由派政治，和平民主正義，共和的政治，是古典資本主義產物，斷不能適應帝國主義時代資產階級政治的要求。 法蘭西急進黨(Parti Radical)就是建築在自由派政治上頭的政黨，他於一九六九年從共和黨中以極左派資格分化出來，他在政治史 曾經有過相當榮譽。 大戰以前農業比較發達，小資產階級比較佔多數的法蘭西成了模範德謨克拉西活動地域；但摩洛哥(Maroc) 政策失敗，已給急進黨一大打擊了；大戰中，法蘭西大資產階級需要一個迪克推多的政府，急進黨政綱便被丟到腦後去，停戰以後「勝利」的法蘭西反動潮流愈盛，財政資本主義的企圖愈遠大，而需要一個適合於「權力」和「統治」的政府爲其「理事委員會」之心亦愈切，於是急進黨首領馬爾委(Mavly)嘉祐(Caillaux) 二人受高等法庭審罰，一九一九——一九二〇年選舉中，急進黨大失敗，法蘭西政權從此便落在新興政黨，「國民聯合 Bloc National)手中了。

## Ⅱ急進黨的新企圖與普恩賚政策

帝國主義是甚麼？ 他是資本主義的最高峯，也就是資本主義的末局；他的企圖愈遠大，他的地位愈危險，排在他面的問題也就愈難解決。

現在法蘭西當權的「國民聯合」是反動的政黨，他們幾個反動政客，如米勒蘭(Millerand)普恩賚(Poincare)，白利安(Briand) 一輩所組成的，其中多數是變節的左派。 在這個政黨後頭發號施令的，便是一個大托辣斯，「鋼鐵委員會」(Comite de forges)。 「鋼鐵委員會」要產鋼鐵的洛蘭(Lorraine)，產煤的沙爾(Sarre)，普恩賚便犧牲一百七十萬生命去要求，沙爾所產煤供給不起洛蘭的鋼鐵，凡爾賽條約便規定德國交付煤炭拆抵償款；德國交付的煤炭又不夠用，且不能繼續了，普恩賚便出兵佔據產煤的魯爾(Ruhr)來送「鋼鐵委員會」。 從佔領起一直到最近德國新內閣投降為止，「國民聯合」的政策，可算實現了。

但實際上法國果眞得到第二回「勝利」了嗎？ 百基羅煤炭戰前値六佛郎五十生丁，到魯爾佔領前已漲至十九佛郎四十生丁，最近則為卅九佛郎。 佛郎市價，在去年正月四日，十四佛郎可以得一個美金，到八月十五便要十九佛郎才能換得一個美金。 由這二個行市看來，其餘生活程度可以推知。 他方面，魯爾佔領之日，四協約國之二：英意即宣布中立，追隨步履的比利時最近亦有不滿意法國之表示，英法間最近衝突更顯而易見。 好勇鬥狠的法蘭西在國際上既處孤立地位，「國民聯合」中二個重要分子，總統米勒蘭，總理普恩賚近起衝突，現出黨中之不和。 「國民聯合」之破產已在預料之中。

他方面，法西斯主義(Fascisme)成了國際化，法蘭西王黨的「法蘭西行動團」(Ligue L' Action Française)，受了他的影響，看出「國民聯合」破產的朕兆，便生一種野心，想組織更反動的「右派聯合」來代替這個「國民聯合」。 去年六月初，這個團體的徒黨，以意大利的法西斯黨人慣用的臭水汚辱急進黨議員 穆特(Mautet)山尼埃(Sangnier)魏呵列(Violette) 三人於巴黎街上，從此引起急進黨內部公憤，因是惹起了他們恢復「左派聯合」以替代「國民聯合」的野心。

急進黨是甚麼？ 他究竟代表那種社會階級？ 我們從他的根據地里昂一看，從黨裏議員的社會地位一看，可以知道他所代表的是商業資本主義，是紡織工業家，是小商人小手工藝者，是小中產階級和所謂知識階級。 他自選舉失敗以來，無時無刻不準備報復，無時無刻不想奪得政權。 前年急進黨首領，里昂市長愛友(Herriot) 遊俄時節，便有愛友組閣的傳說，當時「國民聯合」破產徵兆尙未如今日之顯著，到現在急進黨的預備也好了，機會也成熟了，一九二四年選舉期也快到了，急進黨黨人乃借若勒斯(Jaures)銅像落成紀念那一日，為其「左派聯合」選舉運動的發端。 在「國民聯合」破產之上，急進黨將建設其所謂「左派聯合」。 究竟這個新聯合勝過舊聯合若干，這是我們所應研究的。

## Ⅲ急進黨會議

急進黨和急進社會黨為準備今年選舉，於去年十月十九，二十，二十一開了三日大會，會中所討論問題可以分作幾方面來看。

他們所討論的第一個問題，便是如何組織「左派聯合」，甚麼將爲這個新聯合的政策。 多數首領的基本觀念，用一句話來概括：『非羅馬亦非莫斯科』。 一位老人亞心卜(Archimbaud)宣言：『我們不是革命黨；我們不是集產主義者，但在另一方面，我們也不是那般託名共和黨，把共和國由非宗教所得利益都放棄了』。

看看「左派聯合」的組織。 愛友以前在甯姆(Nime)會議時便主張『和一切非反動非革命的左派合作』；這回他便老實不客氣地宣言：急進派自然可以和獨立社會黨合作， 如果統一社會黨不再向我們提出那些令人不堪的哀的美敦書之時我們也可與他合作。 至於關於與共產黨關係的問題，愛友接着說：『在我們左邊有一個共產黨，他自以爲比我們澈底些；因爲他採用暴力爲方法了，但是俄羅斯的經驗已可證明共產主義幷不能廢除工錢制，交易的經常法則，貨幣，甚至於私有財產……』。 他的意思是說共產黨所採用的迪克推多和「暴力」與他們的德謨克拉西不能相容。 再看他們右方的界線怎麼定呢？ 歐樂(Aulard)一派要求大會詳細規定右方界線，愛友說『我們對於右派不應太決絕了，我們規定四條原則，同意的便可和我們合作：(一)遵守社會法律，爲八小時工作時間等，(二)實行所得稅，(三)無宗教，以上是對內的，(四)尊重國際聯盟，這是對外的』。

從這些問題看來，就可知道急進黨打算一下將散布在社會黨和「國民聯合」之內的一切小中產階級聯絡起來，在一個聯合裏頭。 他們，小中產階級者，最少是他們的首領如愛友，班樂衞一輩，自然也明白，商業資本主義政治產物，德謨克拉西，是幾十年前的時髦，或許經濟落後國家裏能夠存在，在現在的法蘭西是沒有登台希望的。 他們又知道，要取得法蘭西政權，非先取得支配全法國的「鋼鐵委員會」的歡心不可。 所以他們左方界線容易定除開共產黨就夠了，因爲他們無須共產黨助力，也不能得共產黨助力，至於右方界線就難了，他們就不免含糊了事，留待後來隨機應變了。

以上是急進黨內政方針，再從他的外交政策一看，更可證明登台之後「左派聯合」與「國民聯合」就只是『白帽子與帽子白』(勸諾約翰指斥左派的話。)的區別了。

急進黨對於魯爾問題態度向來非常曖昧，在言論上攻擊，在議會表決時又無積極表示。 去年夏間羅馬教皇來信詰責法國政府關於魯爾佔領事，急進黨以素來仇視教皇之故，反而左袒普恩賚政策。 在這次大會上愛友就更明白地告訴我們：『魯爾佔領是一件可恥的事，我已經告訴了普恩賚，但表決信用案時我還是投他的票。 假如將來我和我的朋友們得到政權了，以法蘭西爲第一義，我們仍要竭盡最後精力去繼續這個恥辱』。

關於凡爾塞條約，培勇(Franklin-Bouillon)說：『凡爾塞條約縱然糟到萬分，但因恢復希望只剩下這一個………我們將爲債權國的代表者，我們應該保存這個條約………』

培勇接着說：

『國際聯盟有二派仇敵：一派攻擊他，一派故意找些麻煩事情給他做。』

會場中歐樂會經提議以國際聯盟仲裁機關來解決魯爾問題。 愛友本主張尊重國際聯盟的，而對於歐樂提議却大不高興，他託辭說以這樣重大問題交給國際聯盟去解決是發瘋了。其實這是因爲急進派固然不顧德法二國衝突，但一涉及國家利益問題，自然左袒政府方面的。

關於殖民地問題，亞心卜聲言：法蘭西派遣糜費國幣的軍隊到殖民地去，幷非存帝國主義目的，完全爲保護弱小民族的。除上述幾點之外，有一件稍可人意的事，卽是他們有親俄的傾向。 但會議後，愛友在里昂演說，又向大衆恭維北美合衆國起來了，他以爲美國人不但是精明强幹，而且是寬仁大度。

IV 「工農聯合」

社會愛國黨自然是寧可與資產階級聯合戰線不願和共產黨統一前敵的。 此次急進黨會議，改良派工團還派有代表參加其中。 急進黨的宣言裏，對於勞工問題，曾說：『爲保護勞工，以反對層出不窮和日趨破產之神祕的瘋狂起見，我們高呼階級融洽，德謨克拉西萬歲！』

那麼眞正無產階級，尤其是他的前鋒隊，共產黨，對於這二派資產階級——「國民聯合」與「左派聯合」換言之卽大資產階級與小中產階級——的選舉鬬爭，政權鬬爭，將取何種態度？ 翻開法蘭西革命史一看，很顯然的是在野的資產階級每次利用無產階級以推翻在朝的資產階級，一旦握得政權，這一羣新主人壓迫無產階級，只有更加凶猛。 舉一個最近的例：一八九九年組織第一次「左派聯合」，米勒蘭代表社會黨乘機加入瓦特盧騷(Waldeok-Rousseau)內閣作總長去，結果法蘭西無產階級苦痛毫未減輕，而米勒蘭指日高陞做到大總統，經過這一番教訓，無產階級該有覺悟罷！

第三國際擴大執行委員會未曾提出「工農政府」口號之先，法國共產黨國會議員勒諾約翰(Renaud Jean)已經在國會裏代表共產黨作一篇演說，揭出左派歷來的罪惡，指示左派與右派歷來朋比爲奸的實跡，說明這二派目前的衝突不過是皮面的，暫時的。 最終他提出「工農聯合」整個與「國民聯合」及「左派聯合」對抗。

這篇演辭出來之後，共產黨自然一方面惹出資產階級和社會愛國黨的惡感，他方面也引起無產階級的同情，最近共產黨選舉運動的進步就是一個明證。 第三國際擴大執行委員會亦決議承認法黨政策，催促法黨努力。

不過共產黨人議會行動目的迥然與改良派不同；換言之，共產黨人借議會爲革命的宣傳，而改良派則借議會爲達到他們改善無產階級地位的目的：這一點須要認清。 勒諾約翰演說的第一句話就是『我們幷不重視今天討論的結果，因爲無產階級命運萬不能在議會內決定』喀陝(Cachin)最近也說：『現在擺在我們面前有一件比較議會行動更緊要的事，(意指德國革命，)我們的活動力，不要被選舉運動所吸收去了。』

此文由國外寄來，所說雖屬過去的事，而描寫法國各政黨頗詳細眞實，我們還有一讀的必要，所以發表出來。 記者

# 寸鐵

**假革命黨與反革命黨**

國民革命和民族解放是兩個意義相類的名詞，所以反抗國外帝國主義之壓迫是國民革命運動之中心工作，反對國內軍閥政府，只算是這工作中之一種，因爲軍閥政府不過是帝國主義者之傀儡。 因此，我們可以知道：不肯反對帝國主義的人，便不算是國民主義的革命黨，便是**假革命黨**；阻止別人反對帝國主義的人，更是反革命黨。（獨秀）

**精神生活與金錢**

章行嚴，太戈爾，張君勱，他們極力提倡精神生活反對物質文明的高論，我們都領教過。 然而第一個章先生竟發起招集十元辦週刊

，并且投身交易所事業；第二個太先生在香港爲他自己辦的學校大募捐款；第三個君勱先生因爲他的自治學院經費取銷了大肆咆哮；難道所謂精神生活還得要依靠金錢養活着嗎？

（獨秀）

## 讀者之聲

# 法西斯的禍水已經來了！

蕭楚侶

字林西報載三K黨辯護者，美國人凱南 Keang之言：「近有某種階級之外國人，以排外觀念灌輸於華人。至於優秀華人極願贊助外商，決不樂聞此種宣傳也。竊謂外國商人應急起注意，設法抵制之。三K黨相信布爾什維克主義之宣傳於中國，較軍閥之害爲尤大，若不設法制止，不獨敗壞中國商家，且將敗壞外國商業，故持反布黨主義。現在蘇維埃正派人來華宣傳排外主義，極易明瞭；有若干華人以爲非設法抵制不可，此三K之所以組織也。」 這話是明明白白告訴我們說法西斯的禍水已經流入中國了！ 蘇俄派人宣傳排外主義一層，是否屬實，我們暫且可以不問。 我們現在只問中國人處於目前這種帝國主義和爲帝國主義之傀儡的軍閥政治之下，是否應該要做那自衛的要求正誼與解放的排外呢？ 前幾年，世上每每目高麗人對日革命運動，是美國教士們所嗾使，宣傳的。 其實，是不是美國人所嗾使宣傳，並不成問題；成問題的，是高麗人應不應該要求民族的獨立而革命。 我想只要是一個沒有得神經病的中國人，誰都會知道中國現在是應該反抗列强底帝國主義而要求自身獨立的。 列强自然不願我們反抗，所以要加我們以「排外」兩字的惡諡。 在他們，以爲「排外」是和「義和團」相聯的；義和團又是野蠻的；以此加之華人之正當的自立運動，既可以得世界上一般不知中國眞情的人底同情；又可以恐嚇華人，使之怵於庚子的聯軍之鉅創。 這明明地是和俄國十月革命初起時，日本人爲防止本國覺悟分子赤化，和嫉妬俄國底眞正革命成功之故，而硬譯「多數派」的俄文爲「過激黨」一樣。 現在中國有無排外正不必問，所應問的，只是應不應該排外。 排外並不一定就是殺人放火的野蠻舉動——自從五四學生運動；拒絕簽訂凡爾賽和約以來，一直到今，凡是中國人反抗外國之侵掠與壓迫的舉動，哪一件不可叫做排外？ 然而，哪一件又不是中國人底正當自立運動？ 而且，又有哪一件是野蠻的？ 說者故意牽扯蘇俄，以爲蘇俄是世界上一個野蠻的結晶體，一經和它相黏貼，楊梅瘡毒便永不能逃脫了。 豈知世界上除了主觀的好惡之外，還應當有個是非眞假的道理存在。 倘若中國現在不應排外——換句話說便是不應對於列强底掠奪壓迫稍存反抗，而應自承是天然生來做列强馬蹄下之墊褥的；則豈但因有蘇俄來宣傳，才爲犯法？ 如果不然，則卽令是由於蘇俄底宣傳，又便如何？ 事實上，不過反而證明蘇俄是一個人道的象徵罷了！ 況且中國人若沒有蘇俄來宣傳，就完全不曉得自身是在受壓迫而要求解放麼？ 這實在把中國人底人格從根本否認了！ 世上哪有一個「人」而不知決定自己應不應該受人欺侮的？ 中國人若必待蘇俄之鼓吹而始排外，則中國人還能算是一個「人」麼？ 法西斯主義者們竟是這樣的侮辱我們嗎！ 因爲我們反抗帝國主義，反抗一般的侵掠和壓迫，自然在般一資產階級，治者階級，是要感着多少的不舒服的。 這是事實的問題，並不是我們要怎麼一定聯及於他們。 法西斯主義者們既要找點事情來做他們底職業，或者像意大利現在所已得的做他們底更野心的奪取政權的工具；於是便覷定了中國人底性質上之罅隙，大大地把一個在他們以爲是野蠻之標幟的——所謂「排外」，和一個在他們以爲是野蠻之象徵的——所謂「布爾什維克」，一齊聯加到我們這些要求解放的中國人身上。 自然，一般的帝國主義，一般的資產階級，看見了有他們這樣的一個擁護者之出現，或多少要分些殘羹冷炙來豢養他們；甚至有時竟像從前那些意大利的被欺者一樣，或許給他們以一個在遠東的發展機會！　『不獨敗壞中國商家，且將敗壞外國商業』，這是一句在遠東商場何等足以動中外商人之聽的「危言」！是的，優秀(?)華人極願贊助外商；決不願聞此種(排外)宣傳」，『外國商人應急起注意』。　所謂中國三K黨，原來就是這樣要希望在這些上面得個立足的地盤。　原來就是這樣的要在被華警搜拏之後，得些資產階級的同情。　現在，我們且不必問所謂中國三K黨，究竟是個如何的勢力，並且究竟是否已經正式存在。　但只看凱南氏的話，這個東西，是一個中外合璧的「法西斯」，而這個法西斯之已經流入中國，則已是千眞萬確！

# 廣州反抗文化侵略青年團通電

奉天收、教育權促進會全國學生總會廣州學生聯合會各省各地學生會學生聯合會上海嚮導週刊社廣州新學生社互助總社杭州青年協進會福州青年學社廣州聖心徐州培心福州協和廣東梅縣廣益梧州建道諸校學生諸君全國各工會各團體各宣傳文化機關全國各報館轉全國各界同胞公鑒：

竊思世界國際帝國主義者之於我國也，政治經濟侵略之不足，而繼之以文化侵略，故我國六七十年來，創鉅痛深，殆難言宣，物質精神，同遭打擊，在彼旗幟之下，教會學校隨地皆有，究其宗旨，則近頑固，考其成績，則在愚民，至於設心之陰險，手段之慘酷，殆未有如英人所辦之聖三一學校者也。　我等肄業聖三一有年，備知情僞，見夫所謂聖三一校長者，以帝國主義之爪牙，日率其徒屬以爲文化侵略之謀，假教育之美名，圖養奴之實效，我等誠不忍以活潑潑地之少年，而活葬於專制魔王之手，日度其機械生活而恬不知羞，尤不忍遏拂良心之主張，以曲徇彼帝國主義者而先居於候補亡國奴之地位；故前者三次宣言，具陳實苦，謹以最誠懇最忠實之態度，痛陳於我父老昆仲諸姑伯姊之前，以求諸君子之援手。　諸君子函電交馳，倡言指引，不以弱者之呼聲爲可鄙，而同聲相應，不以收回教育權爲早計，而羣加研論，且以文化侵略之禍害耳目昭然，印度波蘭殷鑑不遠，羣起反抗，願爲先導。　嗟乎，魯多君子，昔聞其言，我等何修，今見其事，竊願爲中國教育前途慶之也。　今我等既誓死不願更多受一日之奴隸教育，故前於退學宣言力明旨趣，且已改進執信高師二校之門，以免犧牲學業；今爲便於長期奮鬬計，乃組織反抗文化侵略青年團，以與國際帝國主義抗，方更廣求同志，推闊舊業，以靜待我父老昆仲諸姑伯姊之教令，務期必達收回教育權之目的而後已。　抑我更有須爲諸君子鄭重聲明者，我等固非有所惡于聖三一也，尤不願以一人一事之徵而忍爲毀校背師之舉，特爲正義計，爲人生價值計，爲收回教育權以保存國命計，誠不忍於今日神州之中，竟有所謂奴隸教育殖民地教育猶廣布孽種於其間，以爲我民族羞；是以敢揭弱者之戈，宣言反抗；針鋒所對，豈第爲聖三一言之而已，推而言之，則凡與聖三一同類之學校，皆在應收回其管理權之列，絕不容帝國主義者趾高氣揚於中國教育界中。　昔陳容有言：『仁義亦何嘗之有，蹈之則爲仁義耳。』依彼當仁，夫何敢讓，願執韃弭，敬爲先驅。　我父老昆仲諸姑伯姊既不肯坐視我等之悲鳴呼於前，而主持公，安慰吾曹，益當思百尺竿頭，更進一步，力求所以收回教育權之方法，而早見諸於行事。　譚復生曰：『已生之天地今日是也，未生之天地明日是也。』我等不敏，方居今日以言明日，諸君子豈其以弱者之言而忍相棄置！　臨電神溯，敬佇明教。　反抗文化侵略青年團叩。　眞。

通訊處廣州執信學校劉天眞轉。

The Guide Weekly.

# 嚮導週報

第七十五期

（中華郵務管理局特准掛號認爲新聞紙類）
一九二四年七月二十三日
郵票代款概作九五折

分售處
香港 萃文書局
巴黎 中國書報社
廣州 丁卜書報社
上海 民智書局
上海書店
時中書報社
武昌 共進書社

分售處
太原 晉華書社
長沙 文化書社
濟南 齊魯書社
杭州 古今圖書店
雲南 新亞書社
寧波 明星書局
開封 文化書社
福州 工學社
南京 天一書局
成都華陽書報流通處

定價 每份三分 國內一元寄足四十期 國外一元寄足二十五期 郵費均在內

每星期三出版 發行通訊處 杭州鳳凰橋路衙弄七號轉洪立民 北京大學第一院收發課轉鄭子明

## 時事評論

## 美國侵略與蒙古獨立

獨秀

據上海字林西報庫倫通信說：蒙古政府對於耶蘇教徒已下令驅逐出境，所宣布驅逐之理由：（一）瑞典教士到蒙，未得蒙古政府之許可；（二）該教士未得允許，卽進行建築學校，宣傳教旨，幷分布小冊子於蒙古軍士及人民，堅稱蒙古政府係無上帝；（三）瑞典教士與在華之美國青年會及張家口美領事沙克平民接近，沙氏爲煽動革命反對現政府之著名人物；（四）在庫倫傳教之教士，皆受賴森氏之保護，賴森氏係中政府蒙藏院之顧問；（五）該教士等之建築物，雖爲農業及傳教基礎，但理想上有使教士等係軍事偵探之嫌，且耶教徒馮玉祥有預備征蒙之訊，蓋不能不疑及該教士。

在這一段新聞中，可以看出美國在遠東全部侵略形勢一個縮影：

第一，我們看出後來而更急進的在中國之美國帝國主義，毫不掩飾的向中國三路進攻，第一路是以哈爾濱爲中心的北滿；第二路是以重慶爲中心的四川；第三路便是以張庫線爲中心的蒙古。美國想壟斷張庫汽車路，他們的領事和商人時常逞强恃勢威嚇張家口的官商。由張家口擴充他們的勢力到庫倫，也是張家口美領事一手辦理——煽動蒙民反對不利於美國的現政府。

第二，我們可以看出美國侵略中國，到處都以耶教徒青年會爲先鋒；對蒙古也是這樣，而且有一個教徒馮玉祥做他們更有力的工具。教徒馮玉祥王正廷等，久有擾奪熱察綏三區及庫倫爲他們地盤的野心，他們不但恃有軍隊，且恃有美國經濟的後援；近來北京政府主張收蒙，在直系的地盤野心之外，還有馮玉祥的特別野心。

第三，我們看出帝國主義的美國要和軍閥而兼教徒的馮玉祥勾結起來，以侵略張庫，這是蒙古平民和中國平民共同的災害，應共同起來反對帝國主義的美國耶教徒及北洋軍閥。目前的扼要運動，還是反抗北洋軍閥派兵收蒙，因爲此時庫倫雖有美商，而大批的商人和領事教士，必須得着北京軍閥政府收蒙的機會，才能如潮的湧入蒙古。在這一點，以前我們還不便自由說話，因爲有一班短視的人們，一見我們主張蒙古獨立，便疑心到是爲蘇俄保藩；

現在俄國對蒙的關係已由中俄協定說清楚，我們便可以無所顧忌的大呼：尊重蒙古民族的獨立自治，反對北京政府派兵收蒙。 在蒙古獨立軍反抗北京收蒙軍時，我們便應該盡力予以精神上物質上的援助，這才是我們正正堂堂的民族主義，不是以一民族壓迫他民族的勾當。

## 反帝國主義運動聯盟

獨秀

在空氣惡濁沈悶的北京，居然有了一個反帝國主義運動的聯盟，雖然這個運動之分子當中可惜夾雜了一些議員，總比什麼頭髮運動馬蜂運動有點意義。

但我們必得警告他們的是：他們宣言第三點說：『我們這個大聯盟，除却反帝國主義的工作外，其他任何事務，概不與聞』。 所謂任何事務，「反對曹錕政府」是否也包含在內？ 他們應該明白軍閥和帝國主義者必然相互勾結，他倆是不能分家的，若主張只反對帝國主義不反對軍閥，和主張只反對軍閥不反對帝國主義，乃是同樣的錯誤。

而且，在北京只反對帝國主義者而不反對軍閥政府，在特定事件上，軍閥政府尤其是他的外交當局有時還要利用一下；猶之在上海租界只反對軍閥而不反對帝國主義者，在特定事件上，帝國主義者有時也要利用一下。

這一層，我們希望加入聯盟的諸君十分注意，勿令任何好名義一到中國人手裏都會變相，尤其是在官僚窟的北京！

# 世界第一名帝國主義者——英國

## ——他的經濟與政治狀況之研究——

趙世炎

### （一）中國人所當認識的英格蘭

中國人直到現在還沒有成為大多數的認識國際帝國主義，直言之即是中國人還不知道眞正統治中國社會的政治經濟權力到底是什麼，不用說以買空賣空專幹無恥勾當的政客，議員，官僚，外交家等懂不得什麼是政治，便是要在中國幹『文藝復興』事業的一般人，也就一方面還沒有充分能力與舊宗法社會思想作戰，一方面又還夠不上檢拾歐美資產階級學者的唾餘，而能把他說得清楚乃至懂得清楚以努力做成『時代的人物』——世界資產階級的走卒。 華盛頓會議，到現在還有人懂不得，『華會利益』四字由一羣流氓政府人員的傳播，各報紙也就公然照樣的逃出來，令不知羞的中國人天天看見。 國際帝國主義者在中國所做的宣傳眞是無微不至，而中國人民所能認識的國際帝國主義恰好成反比例，這就是說，連最大最明顯的事都看不清。 我們於此有兩件急切的工作；第一，指出每日的事變眞相所包含的外國帝國主義作用；第二，把每個帝國主義國家的政治經濟情形分析出來，告訴於中國的民衆。

英國帝國主義是世界帝國主義的頭一名，也是最老的一個。 所謂日光下到處都有英國國旗這句話就是這樣表證的。 他擁有世界最廣的殖民地，特別在一世紀來不斷地發展，達到了最高峯。 在所有的海洋中，他的航權勢力都達到，且佈滿了艦隊，向海裏丟下了鐵鍊子把全世界鎖着。 我們知道近代歐洲歷史是很自然而容易分成三個階段的——起首是商業資本時代，其次是民族主義時代，最近便是帝國主義時代。 英格蘭不僅在歐洲近世史中為主要者之一，而且他的歷史便是模形，在地位上便是首座。 拿歐洲現時政局說，帝國主義的法蘭西彷彿為現在反對蘇維埃俄羅斯的領袖，然而英格蘭却是將來歐洲資本主義臨終時的最後刑場。

伶意喬治曾對小里滿梭這樣請求：『我把歐洲給你，請你把世界給我』這是代表英國帝國主義方略很具體很公開的話。 倫敦是『世界政治經濟之中心』所有世界重要政治經濟事件，國際問題，沒有不問問『唐林街』，匯聚在大不列顛帝國政府。 帝國政府之所以能有這個地位不是偶然的，所謂老資格必須老歷史，而英帝國却正是這樣：所謂有限、司的君主專制，皇族封建的立憲政體，莊嚴深厚的國度，成爲世界最反動最保守的中心局。 帝國政府希望統全世界非只一日，他在小島 籌劃世界的事；他的外交政策，特別是殖民地政策，都是一部近世史的底稿。 所謂『帝國商業利益』這句話是中國人常常聽到的，這就是帝國主義骨髓之所在，因爲商業利益的背面站着的就是帝國主義，而由商業利益所達到的目的便是殖民地。 帝國保守黨重要首領之一張伯倫是中國人常常說的，他曾有這麼一段話：

『我們(指國會)最重 的責任便是對於各大農工商企業之發展與維持。……所有的國家各大機關都當注意商業事務，……外交部與殖民局應當爲首的負尋找新市場與保護舊市場之責，陸海軍部應該爲防禦這些市場及保護商業而時時預備，……就是教育部也應當把他的目的建築到使我們的人民能夠在商業競爭場中得勝的普遍需要上。……商業爲各種普通利益中之最大利益，政府必須把力量注重於增加貿易及使貿易有堅固之基礎』。 (見woolf所着的「Empire and Commerce in Africa」)

這眞是靑天白日之下强盜打劫的事實，便是帝國主義者自己，他也是毫不抵賴隱諱的，然而中國人却夢着一點也不知道。

四萬萬的中國人民和三萬萬一千九百萬的印度人民，構成亞洲疆域之偉大數目，將及世界人口之一半，而印度人民有二萬萬四千七百萬(卽全人口百分之七十八)已是英皇統治下的正式百姓；其餘百分之二十二的少數人「號稱自治邦，經一八五七年之暴動後組織，實際亦無多大差異，且而如一九一八年事件，死了六百萬人也換不出什麼自治出來。 中國的人口之多是大家愛以自誇的；中國人又不相信什麼帝國主義，『瓜分』之說囂騰了數十年，而每一次說起就每一次自覺自解。 但使中國人自己沒有防衛，眞的列强就不會瓜分中國嗎？ 誰還有本事說『中國現時之患還不在列强』嗎？ 中國人無論怎樣糊塗總應該承認中國是列强的商場，商場就是殖民地先聲，認識商場就可以認識帝國主義。 近鄰印度三萬萬民衆所忍受的不過時間上比四萬萬的中國民衆較早罷了。 我們試若分析國際主義在中國之發展，我們從鴉片之戰(一八四〇)算起，直到臨城案(一九二三)爲止，這最初與最近的兩樁劫案，都是英國帝國主義爲其先鋒，而這八十餘年中更有許多事實，我們得以知道英國帝國主義在中國佔是最大，最老，最有資格，最兇猛毒惡的。 中國人所當認識的英格蘭便是如此。

## (二)大戰以前的英國帝國主義

大不列顛對外國及殖民地之投資在一八八三到一八九三年間增加到百分之七十四的比例率。 一八九九年對外投資的利息總額是九千萬磅至一萬萬磅；一九〇九年達一萬萬四千萬磅；一九一五年達二萬萬磅，卽等於當時國家歲入總額之十二分之一，亦卽等於國家對中下層階級歲入之四分之一，因爲國家歲入總額中之賦稅就是九萬萬磅。 大不列顛資本這樣可驚的輸出，在大戰前已是如此。 我們爲分析大戰前的英國帝國主義，除從資本輸出觀察外，更可一一指出政治的事實。

一八八二年英國之對於埃及，壓迫埃及的民族運動(The rising of Arabi pasha)開始所謂『暫時』的軍事佔領，卒變埃及爲保護國；一八九五——六年南美洲之邊界爭端(The venezuelan Boundary Dispute) 結果取得金礦，擾發農業生產；一八九六年對於波斯之大借款，開始置波斯於半殖民地地位，波斯的軍隊是須用英國人敎練的；由一八九五到一九〇二年間在南非洲之侵略的屠殺；接着便是一九〇二年的英日聯盟，爲對付舊俄羅斯帝國而與日本均衡在中國的侵略；再如一八九八至一九〇四年之所謂英法關係，決定了『尊重兩國商業之相互利益』，一九〇五與一九〇六年馬洛哥(morocca)問題，，英國是『爲鋼與鐵』，爲助法國而備戰的；一九〇六至一九〇七之間，與法蘭西合對沙皇的俄 斯由借款財政關係而變爲政治關係，密定了關於波斯，西藏，阿富汗斯坦條約，一九〇七年由英俄關係變爲英法俄三角同盟，展開數年後英國對馬洛哥，波斯，巴爾幹之侵略局面，一九一一年中國之所謂五國銀行團借款，英國帝國主義便是主人翁，袁世凱得了這二千五百萬磅用以壓迫二次革命。

最後到大屠殺快要開始就有所謂英德的和平。 一九一二年德皇凱撒請了一位大不列顛的閣員到柏林去討論關於英德關係的一切問題得出『美滿的結果』，所謂『英德關係在大戰將爆發前之親密是兩國在本世紀中任何時所未曾有的』(見Boudin的Socialism and war P. 22)，然而他們的條約與協定都不過是兩個强盜在晚上十一點鐘時的懺悔，實際上『習慣的時間』看看快到了，戰爭之鈴已鳴了，他們當然照舊到屠殺場去。 僅僅在大戰爆發前幾天，一九一四年六月十日，葛雷Edward Grey 在下議院演說帝國主義的新政策而表示他對于這種政策之祝禱：

『我認此種政策爲我們的責任，必如此而大不列顛資本在將來可遍佈全球，採用於租借地而無政治的反響。 我們將盡我們之所能以援助保障，並圖取信於有關係的外國政府，使他們知道他們的利益與我們的一樣，肯給與如鐵路等之租借。 於此，帝國政府必能公正辦理，用最善方法處置。』

(三)英格蘭與其殖民地

英格蘭的殖民地可以分爲兩種！ 頭一種是盎格爾薩克遜種的移民殖民地，原有的土人是已被趨逐或殲滅的。 這種殖民地之重要者有：加拿大，與大利亞，新西蘭，南美洲聯邦等；這些地方很久便獲得自治，各有其國會與軍隊等，加拿大且有自巳的錢幣制。 這些地方的人口大都是英國人，所以從社會及經濟地位觀察起來，與其宗主國是平等的。 第二種是本地人種的殖民地，換言之卽征服的殖民地，本地人在政治權利上受限制，受英國軍隊與官吏的管轄，如印度，埃及，非洲中部，亞洲西南之一部。 這些殖民地在政治形式上雖有種種不同，然而經濟上是一律完全征服的。

英國帝國主義之重心在經濟組織，換言之卽由各大工業中心所支配的大不列顛全體人民之經濟生活形式爲其骨髓。 他與殖民地的關係，可用下列幾項把他簡單說明：

1，從殖民地榨取原料——埃及與印度的棉花，與大利亞的羊毛印度的蔴 (yute)，以及所有各殖民地的食料——而供給殖民地以奢侈品，大機器，特別是各種鍊成的金屬工具。

2，英格蘭是殖民地資本的主人，自大戰前所有資本之新組合大半都是用在殖民地上，而所有的利潤却全部償還於宗主國。

3，英格蘭是各殖民地的『船主』，同時又是租船者。 歐洲與各殖民地之間及各殖民地相互之間的航業，大半操在英國人所組織的大公司手中，英國海外資本用在航業上有特殊勢力。

4英格蘭是各殖民地的銀行主人翁，幾百年以來英國的錢幣適用於世界被認爲是最有信用最好的；大不列顛帝國的銀行鈔票在世界的商場上與金子一樣。

5，帝國的强大艦隊爲各殖民地之保護者，如神靈一般，特別是在別一位帝國主義者侵入或本殖民地有反抗運動時，尤爲出力。

由以上五項的說明在經濟觀點上看來是如此，下列兩個小表把所謂在殖民地「帝國商業之利益」更具體表明：—

（一）輸入表（以千鎊爲單位）

| | 1913 | 1920 | 1921 |
|---|---|---|---|
| 印度 | 49、420 | 95、721 | 44、268 |
| 奧大利亞 | 38、065 | 112、288 | 67、858 |
| 加拿大 | 30、488 | 92、999 | 62、287 |
| 再加其他各殖民地之總額 | 19[illegible]、576 | 559、937 | 333、097 |

（二）輸出表（以千鎊爲單位）

| | 1913 | 1920 | 1921 |
|---|---|---|---|
| 南非洲 | 23、024 | 50、485 | 30、945 |
| 印度 | 70、273 | 781、240 | 709、022 |
| 埃及 | 9、803 | 43、644 | 78、830 |
| 奧大利亞 | 3[illegible]、471 | 62、574 | 45、645 |
| 加拿大 | 23、795 | 42、693 | 19、433 |
| 再加其他各殖民地之總額 | 195、311 | 501、470 | 298、771 |

不過這樣輸入與輸出之差的資本也不盡拿回來在「祖國」使用，他是糯米糰子似的就在各殖民地的肥土上打滚：國債，實業債，船業借款，交通借款……都由此而出。而帝國的官員，軍隊，行政費用還不在其內，這些費用須另由殖民地直接供給，「就地籌辦」。事實上，帝國的支配階級又必需與殖民地的資本階級連合作公同榨取的行動，特別是在逐日侵略的半殖民地中，他必須勾結半殖民地的統治階級——軍閥官僚與其政府——而在背面作鬼作怪，並且用種種特殊方式鐵路要警察權，關稅要會計權，借款要優先權，軍隊要教練權，政府重大事件要同意權。

我們試一翻閱英帝國關于經濟的報紙與雜誌，莫不充滿了關於商業利益的辯護，而在殖民地經濟與美日資本之競爭爲其中心問題。有名的經濟雜誌（The Econowist）曾對於加拿大之自由發展抱充分憂慮，曼撤斯特報的星期增刊常常大批登載着日本資本在中國發展迅速的「驚人消息」與詳細的統計。

（四）大屠殺以後英國之經濟狀況

一九一四到一九一八年之大屠殺以後，英帝國之經濟狀況是勝利的。 這個斷案雖然不爲英國輿論所承認，却只因爲還有更勝利者（美國）的原故，而帝國的政治家與資產階級固未嘗不以大不列顛之政治經濟權力在大戰後達於高峯自愉。 在大戰初，他讓別人將戰端開始，他在戰中是審愼考慮而徐徐增加他的兵力；直到戰事將畢，各交戰國都力窮氣竭了，英帝國才混入了生力軍以助成最後的勝利，以表示英帝國的强有力的國際地位。 大戰初之兩年，他『集力量於生產事業上作供獻以替代對於前敵之調遣』，另一方面，他的美妙的戰時財政組織『減輕了國際經濟的恐慌』。 政府的統計表裏雖不說明，而所謂三萬萬磅的『非常收入』便是戰時商品之利潤。 這樣一來，大不列顛的預算案所以是有剩餘的。

這種事實往後又證明的是，英國資產階級將帝國經濟統治世界之發展事業，暗地裏怎樣還不必問，表面上便早已號召『繼續一九一四年八月所停頓的』了。 他們老早就預備如何做『和平的結論』，所以大批的原料不絕的從殖民地輸入。 沿海的重要的英國通商港埠都盡力於如何使各協約國都能得到原料的問題。 這些事實所證明的都是，自從停戰之明日，各交戰國什麼都缺乏，而大不列顛的工商業却是很易的恢復舊觀了。

（未完）

# 北京通信

## （一）

## 內蒙古及熱察綏三區近狀

此處所謂內蒙，卽就熱察綏三區中含有蒙古民族質素之地帶而言。 二百年來，內蒙民族已大半爲漢族所同化，熱何，察哈爾，綏遠三區最著，其概況如次：

（a）帝國主義者之侵略——內蒙礦山林牧久爲外人所垂涎，此時日本人置產聚居，有成村落者。 洋貨亦展轉輸入，洋布一尺價値大洋一元，餘可類推。 內蒙當游牧時代，與漢族手工業競爭之結果，已成困憊不堪，況在洋貨輸入時代，其生活艱苦可知。

（b）北洋軍閥之蹂躪——北洋軍閥雖乏經略蒙古之實力，而無時不加以零碎的襲擊：凡軍隊駐在地，牛羊婦女均不能保全，因此，蒙人對中國軍隊至爲仇視。

（c）王公之壓迫——歷來北京政府對蒙政策，爲羈縻蒙古王公以制馭其平民，故王公向爲其統治階級，對於平民，嚴刑苛稅，無所不爲。

熱河，察哈爾，綏遠三區，其政治經濟教育及其他各種情形，都大致和直晉魯相類，分述如左：

（a）經濟狀況——歷年洋貨由直晉間接輸入，價格高出內地一倍，鴉片稅之徵收，每年約四五百萬元。 官紳合辦的興業銀行，卽區區十數元亦不能向外匯兌。

（b）政治狀況——直奉戰後，三區已在直系半統治之下，因爲三區行政長官均尙非直系嫡裔。 奉系唯一目的，卽在收回三區統治權。 當直奉戰時，熱何人民苦奉暴政，起而助直驅奉，奉之一師數旅，多被鄉團繳械，全歸無多。 此時三區人民深恐奉軍前來復仇，又因苦於直軍之苛索，漸漸覺悟自治之必要。

(c)民間實力：內蒙三區，本爲多年漂陵中國之蒙古民族和二百年來，魯晉之新殖民混合而成，其反抗之精神與實力，可於其鄉團徵之。此時三區鄉團所有槍支：熱河約有四萬，察哈爾約有二萬，綏遠亦約有四萬。此種鄉團，全屬農民，勇悍善戰；三區幾全由農民更替充任。

綏遠之哥老會，爲農民商人及手工業工人(毛毯匠木匠鐵匠)回民等協同禦侮之結合，全數七八萬人，有武器者十分之一；馬福祥亦知之，而無如之何，只極力籠絡其首領，使之暫時箝結而已。

(d)軍隊狀況：內蒙直無所謂駐扎軍隊，三區軍隊，統共不過四萬，而其派別有數十系之多，不但不能統一作戰，而且時時互相排擠。

麟符

(二)

## 洛吳對內蒙之新政策

今年春北京僞政府下令召集內蒙古六盟王公及各旗代表會議。召集內蒙會議的起源是：軍閥洛吳藉着憲法成立，欲擴充地盤並鞏固勢力在內蒙地域。會議中重要議案卽是將未分縣的蒙地，此後全分爲縣。又準內蒙每旗召兵一千名，編爲陸軍。同時這一羣王公亦想藉軍閥的威力，維持自已的地位，保守『諾不郎』的權利。所以張文竟然主張所分縣的各縣縣長，由各旗王公兼任。此時不明眞像的蒙人，已預備一切，將着手施行。

內蒙民族分貴族奴民兩種，奴民占大多數，受的待遇，實在與未解放以前的黑奴相同。但此次內蒙會議，他們決不想以人類平等的原則，取消奴民不平等的待遇。純是軍閥利用內蒙，欲以四十九旗的兵，御服外蒙並包圍奉張，爲他們殺敵。王公亦利用軍閥，壓制奴民。這正所謂狼狽爲奸，一班奴民作了他們的犧牲品。望內蒙同胞，從速覺悟，不要忍受非人類的生活，當快與軍閥及王公奮鬥，奪回自己應有的權利。

鏡湖

## 寸鐵

### 學校與監獄

歐美監獄中，每每有教育與娛樂的設備，尤其少年法庭，獄官與法官對待少年罪犯，簡直和教師保姆一般，這等監獄可說是學校化了；反觀中國的學校，動輒懲戒開除，有時還要用軍警來對付學生，這等學校可說是監獄化了！（獨秀）

### 無政府黨與研究系

有一個無政府派的人，在學燈上說存統穉暉加入國民黨是因爲有利可圖。我想存統穉暉都必然不服，都要回答說：我們加入國民黨是爲了革命。同時存統穉暉若是說：無政府黨人加入研究系替該系的機關報學燈做文章，才眞是因爲有利可圖。我不知道這班所謂無政府黨人，將何答說他們加入研究系是爲了什麼？（獨秀）

### 中國人爲什麼不能當中國船員

招商局是中國輪船公司，該局的董事長要用一班中國人做江利輪船船長和大二副，這件事在中國招商局雖是空前創舉，其實也無甚稀奇，而總船主外國人竟出來反對。像他們這樣排斥中國人，是排外還是排內？這又是他們在何種條約上既得的權利？（獨秀）

### 神童與詩聖

一個『身材嬝娜，穿着時髦洋服，戴着鍍金手表，頭臉滿塗廣生行的雪花膏，宛如唱花衫之旦角模樣』的小孩子，被人要弄着稱做什麼神童什麼萬國道德會會長，出現於奉天吉林，大開其講演會，說他們是復辟運動，不如說是等於游劇場陳列矮人大手一猪二頭的把戲。

至於這位江神童在奉天吉林講演些什麼，其可笑自不待言，好在大家只要看見神童的俏模樣便夠了，等於徐志摩說太戈爾的話：最重要的是瞻仰他們的豐采，至於講演的內容，倒不關重要。　（獨秀）

收回教育權與中國學校

有些說人仿佛說：中國自己的學校幷未辦好，何必急急對外收回教育權？　若照這樣說法，中國司法也未辦好，又何必收回領事裁判權；中國政府更未辦好，那便得讓外國人來主持了！　（獨秀）

兩件不可解的事

北京國立大學請胡適之教書著書，而北京警察廳却查禁他的書；上海當局屬於反直派，而却遵奉直系政府命令，查禁反直的勞動旬刊與中國青年週刊，捕拿反直的吳稚暉；這兩件事都不可解！（獨秀）

誰是革命分子？

沙面英人忽然在中國定出侮辱中國人的取締苛例，這本是中國全民族的恥辱，不單是工人階級的恥辱；然而罷工抗議的只有工人，那班耀武揚威以商團軍向革命政府抗捐的商人，何以對此民族的恥辱一聲不響？　因此，我們革命黨人若還未曾完全官僚化，應該覺悟工人與奸商誰是我們這邊的人！　（獨秀）

# 萬縣案之京內外各團體致領袖公使公函

東交民巷荷使歐登科先生轉達英美日法各國公使鈞鑒：近年以來，中國國民苦帝國主義列强侵略之害久矣，國民反帝國主義之運動，雖已提高，而帝國主義者之勢燄，反因之愈烈。自李義元劉奎元等案後，漢口之乞丐案，塘沽之華工案，相繼迭起　日有所聞，已使吾儕應接之不暇，奮慨而莫名者也。　最近尤令吾儕深堪痛恨者，莫如威殺萬縣船夫會首案。　其案情之重大，固不待言，而其無理之橫行，乃足以表示帝國主義列强甘心背禮而行，蓄意使彼此國民感情愈形扞格耳。　查此案之發生，係六月十九日，有美商郝萊等以輪載桐油，航抵萬縣後，卽停船江岸，招攬脚夫搬運，因一時應招之脚夫過繁，極形擁擠，以故搬運落水者頗多。　然華脚夫以生長江干，深知水性，但未遭滅頂之禍者，實屬萬幸，當華脚夫落水之時，美人郝萊亦因不愼失足落水，不幸郝萊氏落水後，以不諳水術故，以至喪命；似此明係郝萊氏自取 災，與我國船戶毫不相干。　乃英艦不察當時起事實情，反行遷怒我國船戶，立卽鳴砲，威迫萬縣知事及該地軍警，要求斬首船夫會首向國源等，以抵償美人郝萊氏溺斃之命，而是時萬縣知事及該地軍警等，因處於壓迫之下，竟將華人向國源等二人，交由英船斬首示衆。　且英艦司令心尚未足，又勒令當地官紳，厚優撫卹，並縣賞拿捕 他船戶，該官紳等亦無法對付，祇得含恨照辦。以上種種，俱係當日實在情形，責不在我，已無可疑矣。　故吾儕以美商設能顧念國際感情，理應由該商人等自行就情酌辦，方不失爲正當平允，乃一味揑造事實，完全諉罪華人，如威迫知事，斬首船戶，勒令紳民，厚優撫卹之種種要挾，實爲代表帝國主義者之一種蠻不講理之舉動。　英國既自命曾恪守國際公法之文明國家，何竟屢次發生此等滅義絕信之事也！　用特專函聲請，務望貴公使等，將貴國等所舶楊子江一帶兵輪，於最短時間內，開赴他處，凡楊子江一帶，以後不得再舶外國兵輪，以免滋生事端，危及國際感情。　至此次開釁，實在英美，而英美公使，應向敝國外交部道歉，被害船戶家族，亦應由英美負撫卹賠償之責。　不然，敝國有四萬萬人民之衆，又爲深知夫帝國主義之痛苦者，一息尚存，寧能忍此，且三戶足以亡秦，一旅獨能復國，敝國豈能遂無人耶？　取舍之道，言盡於斯，謹布區區，當希鑒察。　國民對英外交聯席會議，北京學生聯合會，民治主義同志會，等五十餘團體。

The Guide Weekly.

# 嚮導週報

第七十六期

（中華郵務管理局特准掛號認為新聞紙類）
一九二四年七月三十日
郵票代款概作九五折

分售處
香港　華文書局
巴黎　中國書報社
廣州　丁卜書報社
上海　民智書局
上海書店
時中書報社
武昌　共進書社

分售處
太原　晉華書社
長沙　文化書社
濟南　齊魯書社
杭州　古今圖書店
雲南　新亞書社
寧波　明星書局
開封　文化書社
福州　工學社
南京　天下書局
成都　華陽書報流通處

定價　每份三分　國內一元寄足四十期　國外一元寄足二十五期　郵費均在內

每星期三出版　發行通訊處　杭州萬福橋路圍衙弄七號轉洪立民　北京大學第一院收發課轉鄭子明



## 時事評論

### 新銀團與中國

獨秀

銀團為中國之隱患和使團為中國之顯患，是帝國主義的列强侵略中國一個政策之兩方面，前者是經濟方面，後者是政治方面，這兩方面有時也會有私的衝突，而根本上我們沒有方法說他是兩件東西。

銀團內部也隨着列强自身政治經濟之變化而變化，由英美俄德法日六國銀團，而英俄德法日五國銀團，而英美法日四國銀團，這個大戰後改組的四國新銀團，實權上只是英美的銀行團。

去年八月新銀團在巴黎集會，英法美日代表都到會，發表宣言；宣言中有重要二點：（一）本團願以國際合作代替國際競爭，深合華會公約；（二）本團苟為中國承募國債，必須該款用於適當用途，且可到期歸還，因欲達此目的，自須有若干之監督辦法。　第一點，明明和華會對中國由瓜分政策到共管政策由單獨侵略到共同侵略，是一鼻孔出氣；第二點，明明說到共管之實際。

現在，新銀團又正在倫敦開會。此次開會乃由英國提議，提議的主旨有二：（一）因該銀團到明年十月已滿五年期限，意欲討論可否繼續下去；（二）因從前新銀團內部規約過於束縛，意欲改訂規約，以便各國自由投資。　其結果，據路透電：議決合同滿期當再延長五年，是英國提議的第一個問題業已解決，第二個問題如何解決尚未宣布。　惟聞英美銀團的意見，擬變政治投資而為鐵路投資；同時中國大軍閥吳佩孚也主張急設到庫倫新疆兩條鐵路；此事如果實現，一方面列强益擴張其縱橫支配中國之權力，一方面中國軍閥不但挪用路款，而且增加其擾亂殺人的速度。

在中國現狀之下，列强對華鐵路投資即是間接的政治投資，這是列强和軍閥勾結為患中國之一大計劃。

### 帝國主義者援助軍閥之又一證據

獨秀

對華禁輸軍械之約，本是由美國提出於華府會議，而經列强議決的，現在他們因為要援助北洋軍閥，不惜自毀前約，將大批軍械運到中國。

意大利售大批軍械於曹錕之後，接着就是首倡禁械的美國售大批軍械於吳佩孚，此事雖經美使館否認，而事實昭彰，怎容他抵賴。

發見并扣留此大批軍械的乃是天津海關，此項運械并有陸軍部所發一二四九號護照，護照時日是民國十三年四月二十日，蓋有大總統印及陸軍部印，塡發護照之負責人，除陸軍總長陸錦外，復有吳佩孚之署名蓋章；照上所載軍械數目：步槍一萬枝，小槍一千五百枝，機關槍二百五十枝，步槍子彈一千萬粒，小槍子彈二十萬粒。海關所以扣留的原因，以實數只有步槍五千八百枝，子彈五百六十四萬，小槍二百五十枝，子彈二十萬，和護照所載不符，故不放行，現在還存關棧，經運之美國人次洛耳夫，已電告洛陽，幷得復謂卽派員來津交涉。

同時，日本亞爾太丸由德國漢堡運軍火三百五十箱至天津，此項軍火有北京政府護照，也是吳佩孚所購。

同時，我們又應該知道未來內閣顏惠慶向來的政策，是以整頓財政名義，借新債五萬萬整理舊債，且曾得新銀團之同意，卽以新銀團和財政整理會爲一買一賣的包辦機關。在此五萬萬大借款內，吳佩孚可分得一萬六千萬元爲統一費，因此他對顏閣甚表同情。

野心勃勃的吳佩孚，旣得到大批軍械，又得着大宗借款，有款有械，自然要向西南東南東北西北四方八面橫挑戰禍；因此，我們應該明白：帝國主義者援助軍閥是中國禍亂之源泉。

帝國主義者爲什麼要援助軍閥？這是他們對待殖民地半殖民地慣用的政策：扶植舊勢力，抑制新勢力，俾永遠在他們支配之下。況且中國國民革命運動正在猛烈的進行，他們如何不加緊援助北洋軍閥！

因此，我們更應該明白：歷來軍閥（自袁世凱至吳佩孚）都是依據帝國主義者的援助而生存而恣意爲惡，革命黨若只反對軍閥而不反對帝國主義者，乃是一個極大的錯誤觀念。

# 沙面罷工與民族主義者

獨秀

日本取締中國留學生，美國南洋取締華工，已經是人類不平的事了；然而這些取締都還是在他們國境內行之，現在他們却更來到中國國境內取締中國人，這是一件何等喧賓奪主的事！

沙面新警律爲中國人所最不能受的是：從八月一日起，沙面華僕出入，槪須攜帶執照，照上須粘主人照片；每晚九時後，華人非攜帶執照，不能入境兩次。凡歐美人日本人印度人安南人等，均可自由出入，獨取締中國人在中國國境內行路的自由，這明明是加於全中國民族不可忍受的侮辱！

沙面全體華工罷工抵制，這種爲全民族受辱而消極的和平的運動，沒有人能夠加以絲毫非難的。現在因爲沙面英領事堅持不肯讓步，罷工風潮將擴大到香港，且有抵制港幣之說。外國貨幣在中國境內直接使用，本來也是一件怪事，因此抵制不用，也是很正當的。

像這些事，都是廣東革命政府應該出頭做的，現在却讓民衆搶先做了！

現在外人方面對於此事的言論，大有責備廣東政府暗中鼓動的意思。這種荒謬的言論，固然是外人太輕視中國人的人格，也是廣東政府自己態度不對所招惹的。像這種爲民族爭人格爭自由的運動，凡是中國人都應該鼓動，國民革命的國民黨國民革命的廣東政府更應該爲此事堂堂正正的出頭率領民衆爲民族的人格與自由權利而戰鬥，豈止應該鼓動。不料廣東政府竟站在調人地位，而且聲明和此次運動無關；此種聲明，不啻說廣東政府不是爲民族主義運動而設的，所以才惹起外人的猜疑與責難。

「爲民族的人格與自由權利而戰鬥」，革命的國民黨是爲此而組織，革命的廣東政府是爲此而設立，凡屬此類運動，每個民族主義者都應該站在民衆前面，不應該跟在民衆後面，更萬分不應該站在中立觀人地位。　若恐怕因此觸怒列强，那便萬事干休！

## 廢約運動

為人

國際間不平等之條約不廢除，各被壓迫的民族無獨立之可言！中國受列强逼迫欺騙所訂成之一切不平等的條約不解除，中國永無解放的希望；如現在未將一切不平等的條約解除以前，我們要向洋大人收回租借地及領事裁判權吧，則洋大人必說：『你們違背了條約』；我們要向洋大人收回海關自主權吧，則洋大人必說：『你們違背了條約』。　差不多我們底一切行動，都要受什麼條約的限制，我國一般媚外的奴才，又往往視條約爲神聖不可侵犯，盡力爲外人辨護及保護，使我們國民忍無可忍，不得不自動的起而作正義的廢約運動。

自日本帝國主義者威嚇我們及勾結北洋派首領袁世凱私訂廿一條以後，廢約的運動至此而益鮮明。　此時美國的威爾遜欲與日本在中國爭個雌雄，便隨風應變的提倡一些民族自決的口號，意欲取得我們弱小民族的歡心。　後不久，威爾遜的假面具除騙得一時的好聽以外，一點也沒有見諸實行，卽美國所屬的殖民地，亦未見有減輕一點壓迫及侵略，使我們被壓迫的民族充分的知道廢約運動，除我們自己努力外，靠帝國主義者的什麼恩惠是萬不可能的。　又列强對於弱小民族有條約固然要任意侵略，無條約也是同樣的要任意侵略，如智利領事裁判權，本來沒有條約上的規定，列强却偏要袒護智利領事的說：『智利在中國有領事裁判權』；如帝國主義者自己贊美的華府會議，曾承認增加中國二五附加税及撤消治外法權等，他們却始終違約不允我們底正義的合法的要求；如威海衛等租借地，明明已滿期應歸還中國，他們却故意佔據無心交還。　禁運軍火來華，明明有華府會議的決定，他們却毫不顧及，是所謂什麼神聖不可侵犯的條約，已被他們自己毀壞得粉碎，我們豈獨不可廢除？

在此國民萬衆一聲廢除國際間不平等條約的時候，只有共產黨執政的蘇俄，他們四年前曾自動的兩次向我們宣言放棄一切已得的權利，好狠毒的列强，他們一面向我們進攻，一面設計阻止蘇俄對中國放棄一切已得的權利，使中俄的邦交，至今還在糾紛之中。但我們已足明白：

(一)國際間不平等的條約不廢除，中國是不會獨立自由的；

(二)廢除此等條約，要倚靠帝國主義者的什麼恩惠，是萬不可能的；

(三)條約已被帝國主義者自己宣布了死刑，我們何獨不可廢除；

(四)世界上只有共產黨執政的蘇俄，才眞能援助民族自決的運動；

(五)帝國主義的列强既不願我們廢約，他們必百般頑抗，必百般指我國使他們的傀儡——中國軍閥摧殘對外運動；

(六)廢約之辦法，是要廢棄一切舊約，從新訂立新約，和對俄協定一樣，幷不須研究某國某約某條不對，然後才枝枝節節要求他們修改；我們主張的是廢約，不是修改條約。

原來廢約運動，卽是民族獨立運動。　民族獨立運動不是向列强和平請願可以成功的。全國爲廢約而奮鬥的同胞們，我們宜在一革命旗幟之下去做廢約運動，不宜各自爲戰去做廢約運動！

全中國反帝國主義者團結起來呵！

全世界反帝國主義者團結起來呵！

## 世界第一名帝國主義者——英國

（續前號）

趙世炎

## (五)歐羅巴驅逐主顧與英國經濟之恐慌

英帝國工商業之恢復固是事實，然而是暫時的。歐羅巴洲四萬萬人口於大戰之後最缺乏的是燃料，所以一時很能容納些貨物，但在歐洲大陸的市場上沒有交易的商品，換言之卽沒有可以回贈英國工業的物件。所以在『和平結局』之後，英國資本家想把這種難關由兩途解決。一方面，他們大購買其股票與收羅歐洲之大小企業而以商品付其值。另一方面，他們對歐洲新建的諸國，特別是對英國將來可靠之近東諸國，寄借以債款，而這些債款實際便是用商品付給。不幸中歐與近東各國都是戰後之損傷者，他們縱然能夠立刻消費了所接受的商品而絕沒有再繼續的能力；到後來，他們接受的力竭了，而英帝國的金融也日日高昇，主顧的地位愈更站不穩了。

於此而英帝國之經濟恐慌便開始澎漲。這種事實是很明顯的，生產品消不出，貨物屯積日增，而各工廠作坊却不停的仍在製造，資本主義社會生產之危機自然就馬上暴露。這時候緊接的事實就是工人的失業痛苦。一九二〇年之末英國最大鋼鐵廠之一謝非爾得(Scheffield 工業新提嘉之最大者)就開始辭退整千萬的工人。是年十月二日的經濟雜誌大叫喚：『帝國工業前途之黑暗呵！售賣問題太困難了』。而泰晤士報也號呼：『現在，公然在我們面前發生可怕的生產品跌價悲劇了』。曼徹斯特指導報對於當時狀況述論更詳：

『最近這種人造的危機毫無疑義是由戰爭之直接結果產生：物價亂漲，信用低落，紙幣濫發以及軍費之浪費都使社會生活遭極大的損失，非有數年的長期忍耐與工作絕不能恢復。

『在商業恐慌的各種原因之中，其最要的是：外國主顧的貧窮，銀價的昂貴，信托的禁止，以及工人的輕舉妄動，陷各廠主於困難之境不能使各種合同之展期實現，結果擴大貨物的屯積，連利潤的大稅率也包含在內。

『各種大工業的定貨停止，於是製造不得不停止，以至於最後，製造廠不得不閉門。……』

我們對於這樣現象當認爲是兩種事實環境的結果。一方面是生產額在資本家尚不滿足而在社會上已是生產過剩；另一方面，這種恐慌既是生產過剩便當如何使所屯積的貨品能達到個社會的價額，而將這些貨品送到市場上去照公共的價額賣得出，不過這絕辦不到，資本家也不肯這樣辦。資本的勢力仍然勉强把各企業維持着，物價很滑稽的或跌或漲，貨品之屯積如故，而生產有時停頓，有時不過限制一下。

於此，我們當要研究的，像這樣情形，在社會點上是怎樣呢？這個問題給我們的解答便是：惟有工人是恐慌的犧牲品。所謂的『生產平衡』在資本社會中的一套方程式，是方程式的一方，那一方所寫的便是工人失業四個大字。各工業家乘此時期採用所謂『短時間工作制』，也是同樣方程式之活的應用。當一九二〇礦工大罷工之役，礦主正與逢時會，深得停工之賜。而一九二〇年英國許多公司付給年利之事尤可看出，各股東所得一九一九年之利息竟多於正在戰時一九一八年所得。英國有組織的資本勢力很輕鬆的把恐慌的重擔負在工人身上，而一面能安然付股東的利息，這眞叫做『是可忍，孰不可忍!?』

下面兩個簡表，一個表明一九一九至一九二一年間工人失業的數目；另一個表明所謂的失業保險法頒市以後(一九二一年)在各工業中之失業工人數目，這都足以證明大戰後英帝國之經濟恐慌所召起的工人痛苦：

第一表

| 時期 | 失業人數 |
| --- | --- |
| 1919年十月 | 564·136 |
| 20年十月 | 337·334 |
| 21年一月 | 977·296 |
| 四月 | 1·799·242 |
| 七月 | 1·803·696 |
| 十月 | 1·554·973 |
| 22年一月 | 1·925·450 |

第二表

| 工業區別 | 失業人數 |
| --- | --- |
| 建築 | 196·007 |
| 造船 | 129·381 |
| 機器製造廠 | 310·984 |
| 銅鐵廠 | 212·700 |
| 交通 | 153·169 |
| 煤礦 | 136·348 |
| 木綿廠 | 98·965 |
| 羊毛廠 | 35·996 |
| 絲業 | 62·314 |
| 衣業 | 80·861 |
| 其他 | 527·307 |
| 總數 | 1·934·030 |

這以上雖是較遠的情形，而實際近狀上終于沒有多少差異。失業的人數在最近的統計仍然是一星期比一星期加多。自魯爾佔領以來有所謂英國經濟情形之便利問題，現在當然可以證明是帝國主義者間相互傾軋的話了。目前英國經濟界的想像仍然是：怎樣才能將英國工業生產品輸出，怎樣才能得着外來的廉價原料等等的問題，而工人之痛苦如何他們在資本主義生產矛盾之下自掘墳墓當然無法過問。一部份的企業家又自已不知所從了，有的想『提高英國的農業』，有的要組織移民隊往殖民地去！

大不列顛老的遺傳的經濟政策到現在成為問題，於是一些龐雜的空氣就應運而生，如保護主義(Protectionism)的要求，便是一種。十月(一九二三)間的『帝國會議』竟擬定了所謂使大不列顛帝國為一個單純的國家經濟組織，但求自給而稅則關係對世界獨立的滑稽議論。

鮑爾溫首相在開會詞中說：『倘使我們舉目一望歐洲而與我們在四年前慶祝之希望比較，真叫我們有些寒心！』他又說明現在各國為戰爭之預備，較一九一四年尤甚。又如英美間的債賬問題是牽引英美成為糾紛的唯一線索：英國資產階級要想生存，必須先設法怎樣擺脫大金子國的羈絆。於是泰唔士報曾指明的說：『帝國會議對於星加坡建築軍港問題毫無疑義必深加注意！』這個表明的頭一件是，華盛頓會議限制軍備是鬼話；第二件是太平洋上大金子國的勢力範圍要平衡平衡，未來的借東亞為戰場的事從早就當預備起來。

在帝國會議中之討論又曾指出：英國各殖民地之經濟情形是十分歧異而不能以同一方式實施的。 現在的加拿大之工業發展，美國資本力竟將過於英國自己；一九一四年時美國資本侵入加拿大是六萬萬二千萬元，現在已是二十五萬萬元，而英國資本現在額與大戰前一樣，不過二十七萬萬元，加拿大已幾於是紐約諸大資本家的『殖資地』了。 在其餘殖民地如印度，工業之發達又完全建設於帝國的資本。故在另一方面，帝國重要工商業界都極力反對 大不列顛帝國可以自足於經濟之孤單組織。』 這些事實都表明英帝國資本主義之恐慌，衝突，矛盾，混亂，不能支持。

（六）英國的政黨

英帝國之經濟之分析既如上述，我們便要來分析他的政治。 英帝國政府之形式為所謂有限專制，完全建築於貴族及資產階級利益之上是不用說明的。 國會在憲政上有最高權利，而實際上依照歷史的事實——以政黨的起落為內閣總理的更換——看來，國家的大權却輪替的操在背面站有大托辣斯資本家的內閣閣員之手。 選舉權限於男子年齡在二十一歲以上，已嫁女子年齡在三十歲以上；換言之即在二千六百萬成年人中，二千二百萬人有選舉權。 英帝國的政黨，在過去的不說，現在的分劃是這樣：

（1）保守黨（Conservators），其中包含：

A．頑固派（Diehard）——代表封建遺跡的軍閥階級，愛爾蘭的大地主，及英印的官僚主義，

B．混合主義派（Unionist of coalition）——代表地主與農民羣衆，教會，保守的資本家及兌換所等；

C．自由保守派（Liberal Conservat r）——代表最小一部分之擁護地主利益者，要求工業立法（Industry legislation），在保守黨內部號稱自由政治的黨徒。

（2）自由黨(Liberals)，其中包含：

A．獨立自由派(Free wee)——由Asquith與Grey所創，代表絲業，各大企業，及各自由工業；

B，反對國教派(Non-Conformist)——代表反對派宗教（Dissident-riligion，不從英國國教之宗教），合作主義者的一大部份，及各銀行與各財政企業之利益；

C．混合主義民族自由派(Coalitionist national liberal)——魯易喬治，邱吉爾等為其首領，代表戰時工業，新興的富豪，威爾斯(Wales)工業，猶太人之大商業與財政資本。

（3）勞動黨(Labour Party)——代表官僚主義的工會，近來復聯合小資產階級，在政治上是急進黨；以議會行動為中心，常與自由黨聯合戰勝保守黨，其中又分數派，詳見下段說明。

（4）共產黨(Communist Party)——第三國際英國部，現尚弱小。

（七）非共產主義的各勞動黨歷史

英國的人口是世界上最工業化的，換言之即是最無產階級化的，然而共產主義的運動至今尚是微弱。 在外形上看來好像英國工人運

動之勢力頗强，而實際在無產階級政治見地上觀察，這些運動不是改良，便是反動。數年來固然有工聯，勞動黨，及一般社會主義者之結合會結勞動黨以一個所謂的社會主義之基礎，然而直到現在，竟不過仍保守着一些資產階級的觀念，官僚主義的習慣。本來，自從資本主義在英國發達以至於登峯造極，英國的勞動運動在初便遲緩的於工聯（Trade union）形式之下發展，而以所謂的經濟問題爲其目的，以官僚主義爲工會之指導機關，直到最近，才勉强有些工人自身的真正政治活動。我們更當知道的是，擁有佔人口大多數的無產階級之英國，他從世界的無產階級（特別是殖民地的）榨取中把英國無產階級放到了一個特殊地位上去，——這個地位便是『工人貴族』。

因此而英國勞動運動與各勞動黨之歷史是最值得我們檢查的，最近所有的英國非共產主義的各勞動黨之略史如下：

1.勞動黨（Labour Party） 自一八七四年，英國工聯便有議員於議會；然而直到十九世紀之末，好多工聯議員都由資產階級黨派選出。一八八九年勞動代表委員會由一部份工聯及社會主義者創始，才預備了十五個候補議員，但在一九〇〇年普通選舉，結果只產出兩人；至一九〇六年普通選舉出二十六人，而此委員會遂採名爲勞動黨。從此到大戰時，勞動黨都在獨立勞動黨影響之下，其議員常與自由黨聯接，而大多數是工聯的職員或自由派工人之代表。自一九〇八年礦工協會加入後，議會部份子竟有十五人加入自由黨。在大戰時，勞動黨竟完全贊助政府，參加混合內閣，他的首領如漢得森（Henderson） 克里時 （Clynes） 等都做閣員。大戰後勞動黨脫離混合內閣，一九一八年時普通選舉得六十一個議會席，同年採用了新黨章。一九一九與一九二〇間之六十二個補選額，勞動黨又得了十個議席；

勞動黨常常接近自由黨於政治舞台，而嗣後以羣衆的監督，有時才不得不採用爲工人利益之政爭。一九二〇年八月自下而起的各工業區之工人代表所組織的行動委員會，反對對于蘇維埃俄羅斯之新的戰爭恐駭。自從補選以後，資本家方面即有反對勞動黨的口號，而勞動黨只在議會席上賣弄，怯於階級爭鬥。他實際上只是一個小資產階級的黨而將大羣衆的無產階級統治着；他拒絕共產黨之聯合會議，他的領袖即第二國際中的幾個有名人物。

2.獨立勞動黨（IndePendent Labour party）——一八九三年時由各工業區獨立勞動黨代表，社會民主協會一部份之代表及法省（Fabian）黨員之聯席會議所組成。他們在工聯中組織，而主張一種獨立活動的政治；工聯中之職員及一部份有力的工人都漸漸依附於他，在兩年之內就有二百個黨員被舉於各市議會及各城市的機關中。自此以後，他們也在原理上採取了一點社會主義基礎，在勞動運動中主張生產主義，在二十世紀初幾年於英國勞動運動中確是唯一的社會組織而密切接近於羣衆。在大戰時，他操勞動黨政治主張的指導地位，大理論家麥克唐納爾（Ramsay Mac Dolnad） 老早就是議會部的領袖；採用與自由黨混合政策他是最有力的主張者。大戰開始後，獨立勞動黨採的溫和態度，於是他在當時勞動黨中便是中央派反對戰爭的勢力卒被資本階級混和政策所戰勝。大戰以後，極左派以共產黨之影響而漸變有力，强烈反對官僚首領的運動時起，直至一九二〇年的會議，經五百二十九票對一百四十四票之多數，退出第二國際。又派了一個代表團到俄羅斯，想加入第三國際，而同時麥克唐納爾尚站在第二國際的書記職務上，一九二〇與一九二一年兩次加入共產國際之協議都被否決；最後左翼遂分出組織了共產黨，第三國際之英國支部。獨立勞動黨到後來卒參加了維也納會議，現在是所謂的第二半國際之有力分子。

3.法賓社(Fabian Socilty)——於一八八四年創始，爲一般知識階級與中等社會階級之結合，這裏面頗有些大著作家，社會學家，如蕭伯納(Bernard shaw)魏卜(Sidney webb)，威爾士(H.G.wells)莫勒(Chiozza money)等。這些大學問家所建立的社會改良主義頗有影響於自由主義的社會立法事業。在大戰以前，他們在勞動黨政治中站一部份地位爲獨立勞動黨的間接介紹者，而現在他們却是直接參加勞動黨的政治問題，但其效力已是微小極了。

4.社會民主協會(Social-Democratic Ferderation)——這是俄國蒲列哈諾夫(Plekhanov)的馬克思主義在英國所形成的政黨，一八八一年由海得滿(H.-m. Hyndman)所創立，一九一六年曾召起分裂，改國家社會主義黨，不久又復原名，他的勢力，在海得滿死後是極微小的。

5.社會主義勞動黨(Scoialist labeur Pasty)——一九〇三年自社會民主協會左派創立，當初以Daniel ae Lion爲首領，爲美國社會主義勞動黨之一部；在大戰時多數黨員參加於工廠委員會之活動，而其綱領近於空泛，對英國帝國主義竟不能切實認識，他們只在反對軍國主義的革命行動上建設理論，而於一九一七，一八兩年中行動上表現最烈。在英國共產黨組織之初他們便有一部份是參加的，現在大多數已是共產黨員，而其餘的也正在分化之中。

# 北京八校聯席會廢約宣言

廢棄不平條約　重構國際關係

我國地大物博，人民勤勉耐勞，歷史文明，甲於世界，雖近代物質競爭激甚，猶能卓然立於東亞，此我民族之特徵，中外所同首肯者也。邇年不幸，內政不修，外侮日亟，凡百政事，罔不受外力之干涉，以致財政艱窘，民不聊生，寖成被壓迫的民族，舉手投足，動輒得咎，雖我民族在此狀態之下，展轉呻吟，猶勉圖自立，而外來壓迫，則愈演愈烈，什百倍於昔時；差幸中俄中德協定成立，本平等相互原則，締訂兩國國民交誼，而吾民以發奮自強之機，乃不爲其他帝國主義者所喜，深恐吾民有自圖振作之實，不利於彼等，百計千方，力謀梗阻，我民族不甘暴棄，爰有進一步主張，爲廢止國際一切不平等條約之運動，舉凡對我一切不平等待遇，澈底撤銷，另本相互平等原則，重新構成國際關係，使我民族亦得享受人類應有之權利。本會同人，亦國民分子，忝居智識階級，義應爲民先導，對於國民此種合理合法的運動，願以和平友誼的手段，竭全力聯合我國民並世界同志，要求帝國主義國家政府國民，速將國際一切不平等條約協定協約議定書等等，全部撤銷，并以民族的勢力，促其反省，使國際無不平等之待遇。且爲保持吾民之合法宣傳，預向帝國主義國家警告，我國國民之言論自由，絕對不受無理的干涉，一息尚存，始終不渝，敬謹宣言，以當息壤。中華民國十三年七月十八日，北京國立專門以上八校教職員會代表聯席會議。

The Guide Weekly.

# 嚮導

週報

第七十七期

中華郵務管理局特准掛號認為新聞紙類（一）
一九二四年八月六日
郵票代款概作九五折

分售處
香港　華文書局
巴黎　中國書報社
廣州　丁卜書報社
上海　民智書局
上海　上海書店
武昌　時中書報社
共進書社

分售處
太原　晉華書社
長沙　文化書社
濟南　齊魯書社
杭州　古今圖書店
雲南　新亞書社
寧波　明星書局
開封　文化書社
福州　工學社
南京　天一書局
成都華陽書報流通處

定價　國內一元寄足四十期　國外一元寄足二十五期　郵費均在內　零售每份大洋三分

每星期三出版　發行通訊處　北京大學第一院收發課轉鄭于明　杭州鷹橫路廳衙弄七號轉洪立民

## 時事評論

## 再論外人私運軍火與中國治安

獨秀

意大利售給曹錕的軍械價值五百五十萬元，現在美國售給吳佩孚的軍械價值三百二十八萬元，日輪又由漢堡運到天津軍火三百五十大箱，此外齊燮元馬聯甲都在天津購得若干意械，這都是帝國主義者供給北洋軍閥殺戮中國人民的。

七月廿四日上海字林西報說：『日昨法國郵船盎高爾號進口後，未及半小時，關員卽在船中抄出自動手鎗五十枝，子彈五千粒，近來法郵各輪屢有違禁物品查出，此次已為第六次，前如肯博特號，布爾介號，安德來朋號，安博司號，安乾爾號等五輪，相繼被關員查獲軍火。』 此外上海租界發見日人私藏軍火的事，幾乎每星期都有。 這都是帝國主義者供給盜匪殺戮中國人民的。

> 倫敦泰晤士報通信員說：『在華外人需要尊重條約權利和保護他們的生命財產，此兩事均在各督軍勢力之內；故外國對華政策，應以壓迫各督軍使合此項需要為目的。 祇要一個督軍被迫而下跪，其餘督軍皆將俯首聽命，如中國式之玩物然。 外國干涉雖不能恢復中國之政治統一，却能樹外國在華之威信，如庚子聯軍等事乃其先例。 雖欲取此步驟，必須各國一致行動，否則無效。 一排督軍齊向外人下跪叩頭，實是一幅濃厚彩色的奇妙畫圖！』

帝國主義者口口聲聲責備中國不能自保治安，不能保護在華外人生命財產之安全，他們却忘記了這是他們自己以商業侵略逼得中國人窮無食了和以軍火供給軍閥盜匪之結果。

我們敢說：帝國主義者對於中國的侵略不停止，中國決無治安之可言，尤其於治安有直接影響的是私運軍火。

他們供給軍閥盜匪無數軍火殺了無數中國人，他們向來不以為異；可是有一班盜匪竟拿這軍火來光顧租界，殺人殺到洋大人身邊，住在租界的任何人都難免波及，因此洋大人才恐慌起來，中法新彙報說：『不幸吾滬祕密販運軍火者，繼續不斷，外洋來船時有大宗殺人器具運入，雖關員屢有所獲，而破案者殆不及十分之一。 吾人苟欲杜絕此項不名譽之營業，必須於販運之人不問國籍之誰何，盡人處以死刑，夾帶之船舶，在若干數目以上，不問其主人之爲華人爲外人，概予沒收，以後犯法者庶知所畏懼而不敢爲。……匪徒之行刦殺人者，治以死刑，而於彼私運軍火以導其爲惡者，反釋而弗治，吾人自問良心，甯得謂之平允？』 工部局總巡强森氏報告董事會說：『埠內違法販運軍火之徒日多，所販數目又不在少，皆有證據可引，外人營此犯禁事業若是其衆者，全因處罰太輕所致，毫無疑慮，如某領事公堂最大罰則不過監禁三月，又如某領事公堂最大罰則謹能監禁二十九天，日前更有一私售軍火與華人案，破獲之後，因其爲本國人故，卽行釋放，處罰之輕若此，無怪乎外人貪利犯禁者之衆也。 外人私販軍火之罰則，非至確可收禁阻之效，恐匪風未必能戢，而街中流彈橫飛，危及行人之事，亦未必遂能中止。』

他們只看見盜匪得了軍火，在租界中流彈橫飛，危及行人事；他們不看見軍閥們得了大批軍火，在全國中流彈橫飛，危及人民之事。

他們只主張處罰在上海販運軍火之外人，他們幷未想到如何處罰在天津販運大批軍火之外人，及其政府。 如此，『自問良心，甯得謂之平允？』

字林西報說：『不幸目下有關係之各當道，幷無一致行動之徵象，而捕房所處地位，尤因各領事態度之大異，辦理極爲棘手，是故目前於防杜軍火，直可謂之毫無辦法；長此不改，竊恐私運之風永不能稍戢，……』 像這樣『私運之風永不能稍戢』，像這樣『毫無辦法』，外國領事老爺們只有把租界之司法權行政權交還中國人自己來理罷！

## 大水災與賑災附加捐

獨秀

此次中國大水災，爲數十年來所未有，直隸災區計有五十縣，被淹的村莊至七百二十七處之多，淹死人民無算，萬全一縣淹死者三千餘，失蹤者亦三四千；張家口一帶淹死了三千多人；南滿十餘縣被災；湖南省有一百萬災民無家可歸；天津漢口被淹的危險則還沒有過。

軍閥們忙着爭奪地盤，那有閑心治水；到了大水淹在他們的地盤上，却是他們一件苦惱的事。 最苦惱的是大水冲壞了鐵路，防礙他們的軍事運輸。

然而他們在這苦惱之中，也大有許多不苦惱的事：一班小軍閥及官僚藉了急工可以揩油；政府藉了急賑可以加捐。

現在，北京交通部，要在郵政，電報，鐵路，輪船等上面徵收附加捐，以爲急賑之用。 說到賑災，向來是黑幕重重，真用到災民身上的不知道是千分之幾萬分之幾；人民遭災，却爲軍閥政府加了一筆大宗收入！

## 日本在華侵略之新計劃

獨秀

南滿鐵路會社，不但爲日本開發滿蒙之總機關，亦卽其侵略中國之重鎮。 加藤內閣成立，首先更換南滿鐵路總裁，以圖擴張南滿鐵路會社之營業範圍，使日本在滿洲之經濟勢力盡量發展，然後再向北滿及內外蒙與美國商業競爭。 新任南滿鐵路總裁安廣伴一郎氏，對於開發滿蒙，素抱急進主義，赴任後，卽擬定營業發展之新計劃；幷以上海爲中國商業中心，又與日本滿洲均關係密切，亦特別派出多員調查，以爲實行新計劃之準備。 聞所定新計劃重要的是：

(一)推廣撫順(卽千金寨)煤礦之產掘，由現在每年最多額五百五十萬噸，將來增至七百五十萬噸。

(二)收倂大連輪船會社，幷以一百八十萬元新造五千噸以上之快輪數隻，專供大連上海間之直航，以利運輸。

(三)調查撫順煤在上海方面之銷路，擬以後每年在上海出售撫順煤五十萬噸至一百萬噸。

(四)修改上海滿鐵會社之碼頭，增設上海倉庫，幷在吳淞新築碼頭及倉庫。

(五)將滿鐵窰業試驗場所製玻璃商品，運供上海市場。

（六）將由上海運轉大連之棉線棉布染料毛織物麻袋麵粉等，設法直接輸入滿洲。

（七）利用上海之標金交易，均衡滿洲之銀價，藉以操縱滿蒙金融。

照日本這個發展滿鐵會社營業範圍之新計劃，至少可以說明他們對於廢除廿一條按俄舊約交還已過租借期之旅大及南滿鐵路，做夢也未曾想及。

## 加哇的民族運動

獨秀

歐戰後，民族革命運動瀰漫了東方，最成功的是埃及與土耳其，其次是蒙古印度阿富汗與飛律賓；最無用的是安南朝鮮波斯與中國。此外還有一個民族運動最徹底并且很有力量而大家不大注意的是荷屬加哇。他的運動歷史甚長（參看前鋒月刊第三期），茲錄申報通信一段，也可見其最近運動之一班：

華人張木本許春園陳金順侯永茂，及土人So kindar Soegiri等所組織之種族互助會，其目的在改進華人及土人經濟勢力之失敗，與法律上之不平等，已於七月一日上午九時在三寶壠回教堂開會，到會者約二千餘人，土人居多，華人約二百左右，警察廳長各番官Tohar Patih及警察多人，來會監視，各報記者亦蒞止，由Soek ndar主席，對來賓致謝詞，並宣布開會宗旨，次華人侯永茂，印度星報記者Soeng ago土人Darsono相繼演說，華人林萬魏等討論請政府修改法律，後主席宣布議決案，及要求取消法律第一百五十六條，至十一時散會。

警察廳對於該會甚為注意，先期曾傳問發起該會之華人張木本及陳金順等，關於該會之情形。及開會時，土人D.rsono演說，痛詆政府，為番官禁止。其他諸人所演說，均甚重要，茲特詳錄如下：

主席宣布開會宗旨略謂：此會之目的，在打破人類不平等之待遇，並謂本會董事華人某君，今日本擬出席，因有要事離埠，故不能到會，但曾函告本會聲明，對於今日此會，華人願與土人聯絡云云。華人侯永茂演說：『吾華人南來，為時最早，不辭勞苦，慘淡經營，此地商埠，始有今日之興盛，華人之功不小，乃政府種種待遇，頗不平等，與日人比較，判若霄壤。譬如日人犯法，歸高等法庭辦理，而華人與土人，即歸地方檢察廳，是明證也。故今日此會，華人與土人，宜同心協力，以打破此不平等之待遇，吾甚希望華人與土人為種族之互助，努力猛進，冀達目的，並打破資本帝國主義，更望華人方面，能成立一黨云云。』印度星報記者演說：『由今日起華人與土人實行聯絡，應以此日為大紀念日，永紀不忘，嗣後求二種族人之權利。至於地方當局，對待華人與土人不平等之處，如法律第一百五十六條，在荷屬印度，凡有人煽動及造作謠言及侮辱等，科以四年之監禁，觀法律所定如此，而當局所辦理，常較此尤重，在當局自身，已先觸犯法律矣。以前所成立之會，大多無能力破除此種不平等之待遇，如恩德會頗難使人滿意，因其所提出之要求條件，極其細微，不關重要，歐洲戰爭之起，其原因為擴充商業，而飲彈以終者均為工人，所有特別階級均無恙，倘東西各國工人，能聯絡一氣，則大戰可以不發生。現時華人之在此土者，其經濟勢力，愈趨愈下，已有反商為工之勢，故目下之要圖，為能與土人聯絡，打破此不平等之待遇，而合謀經濟上之發展耳。』Darsono演說：『法律上之不平等，吾以過去之事實證明之，如華人與土人被監禁，在獄中日常之飯食，尚不及富家飼狗用之食料，此係本人於一千九百十八年因荷人共產黨事，所親……………』言至此，番官Tohar Patih禁止拉氏演說，拉氏謂此係事實，吾所親嘗此滋味者。番官謂所言含有抵制荷人之意味，不許再說。此時會場秩序稍亂，旋即恢復，拉氏再繼續演說：『共產黨對於歐人，非完全不滿意者，歐人之為共產黨而犧牲者，為數甚多，所不滿意者，僅一部分之人而已。一千九百十九年衝突土人與華人之衝突，僅經濟上細微之嫌怨耳。」 華人張木本演講：「今日此會，華人與土人實有聯絡之必要，此次三寶壠某某二社團之同種自殺，吾人所極不滿意者也。」 土人Maroo演說：「一千四百十四年華人發顯，（譯音）爲南來爪哇之第一人，其所抱宗旨，均與土人無忤。及一千五百年荷人Houtman抵巴達維亞，於是向土王請給地一方，時至今日，全爪哇均爲荷人掌握，主人翁之土人，與最先來之華人，反居於後。故今日之會，華人與土人應一致聯絡者也。」

# 博山工人狀況

蒼生

博山是山東土產品最豐饒的地方，繁華雖不及青島濟南各埠，但經濟的力量却勝於濟南青島各處。膠濟鐵路每月收入運輸費，博山一站占全路收入三分之一，該站每日收入運輸費約萬元左右。 他的出產品以燋，炭，玻璃，陶器，紅土，黑礬等爲大宗。 工廠作坊規模簡單，其製品方法只知因襲而不知講求改革，以致所產物品，難與外貨相競爭。 工人散漫而不集中，工資低廉，因無奮鬥之團體，難以增加。 工人有操手工業機器業運炭工人及賣勞力的數種，茲分別敍述於下。

## 一、玻璃工人

手工業的工廠最難調查，因爲他們的工廠，多係小作坊，每一作坊，至多不過三十人，相處又極散漫。 博山雖有一個國有產業煙筒突立規模宏大的玻璃公司，係民國以前黃華（道尹）聘請德人創辦的，直轄於農商部，自日人佔據膠濟路，德人走後，即停辦，現在變成貧瘠機關了。 私人制度的小作坊裏玻璃工人，大半皆是學徒制，他們工作是很苦的，每天是十二點起碼，童工居多數。 工資每人每天有一吊二百文或至二吊文。 他們的工作情形，是用一大圓爐，將玻璃原料置於其內，等到原料溶化時，每人用一鐵管或用玻璃管，將溶化原料引於鐵管或玻璃管之上，從事做胚胎。 作坊以內，無所謂空氣，熱度是高極了，爐中火勢熊熊，冬天尙熱不可言，夏天簡直無法工作。 玻璃工大半害眼疾的很多，因爲他們時刻均須注視火光的緣故。 但廠主對於工人衞生向不注重。 玻璃工尙有一種磨擦工，此種工人差不多家家戶戶都有，婦女做此類工作的亦甚多，他們的工作時間，是朦朝朦夕，磨床軌軌之聲，到處皆是，他們的工資率是按件計算，誰磨成的件數多，誰得的工資多，所以這種工作，成了一種拚命競爭情形。

## 二、陶器工

這種工人在博山差不多成了父子相傳的手工業。 做陶器的原料，多半是麵石沙泥之類，其製法先將原料經過大碾的壓搾，再由水池中濾過數次，在最末的一次，將水撤盡，取其淤泥才能做碗，缸，盆，鍋，罐，壺等件。 此種出產，在博山城內無作坊，僅有批發商店，其作坊都在鄉間，神頭，郭大碗，巴徒莊等處。 凡從事於這種工作的工人，大都係傭工制度，俗稱夥計。 工資有按年計月計二種，每年約百吊左右，月計者亦大半是東家年終付給，平素使用，僅能零碎支使。 他們的工作，是按件，每做齊了作，晒乾方入窰燒成，運赴博山城裏批發。 在窰間概不零售，即有赴窰零沽者，亦比較市廛間貴的多，他們俗說是「讓行不讓利。」 每天由博山站運外埠者有五六火車。

## 三、各炭井的機器工人及窿內工人

甲、炭井的機器工人　博山炭井現今約計百十餘井口，在民國以前時代，各鑛小局勢者，皆係手搖轆轤；用人方搖轉，大局勢者，多係輪轉，俗名叫做「老牛車」用牛馬旋轉。　自民國以來，濟南城北兵工廠始以機器租借於各鑛商，每年取租價若干銀兩。　每一架機器須由兵工廠派工人為用，在那時機器僅六七架而已。　嗣後各鑛商見機器比較人力出品量多，並因赴兵工廠租借機器難辦，遂各自赴機器廠訂造。　自此以後，機器驟增，至今博山約八十餘架，每架機器工人以七人計，因每架二人一班—司機升火各一名—分三班；工頭一名，博山機器工人約五百餘名。　工資係按輪計—十日一輪—每輪一百吊左右，每月計三百吊之譜，除工頭所得外，每一個工人每月所得不過三十四五吊之譜。　博山銀元一枚值銅子二百五十枚，合銀元六元餘，但物品皆以銀元為漲落。　此時博山生活程度日高，各機器上人因受經濟的壓迫，有自然起而團結改良生活之趨勢。　惟博山各炭井多係民井，私人資本制度，規模較大者，僅東和；悅昇，吉成各公司數家，故雇主多散漫而不集中。　雖有一個鑛業研究會，鑛商加入者，僅數家，不過是個勾結官僚的骯髒機關罷了。

乙，窿內工人機器工人以外尚有窿內工人，說起這種工人來，做的是牛馬不能勝任的工作，過的是人間地獄生活。　他們所受鑛主半份(工頭的意思)的壓迫，又為各業工人冠。　他們的工作時間除了東和，豐盛公司—日人辦的—十二時工作以外，其餘都是二十四小時起碼。　他們一方面受鑛主的剝奪及愚弄，一方面又受半份的壓榨。　鑛主愚弄工人的方法是，設立賭窟，雇用賭棍，專為一班挖炭工人設的娛樂機關—殺人機關。　在此機關裏，工人葬送血汗不知有多少，甚至一生的光陰！除工作外！都消耗在這殺人機關裏。　這種殺人機關，是經官府認可的，地面的警察及警備隊是不敢緝捕的，假設這個殺人機關要是禁止沒有了，鑛主就非要合縣知事辦交涉不可。　因為這個殺人機關要被取消，工人所掙的工資向何處消耗呢？　工人要是積存幾何，他們就不幹這樣的牛馬地獄生活了。　所以這個殺人機關，是鑛主的救命機關，要是沒有，鑛井非停辦不可。　再一方面工人還要受半份的壓榨，半份壓搾工人的方法更妙。　為什麼工頭叫做半份呢？　譬如工人六十人，每一晝夜搾出八百筐炭，半份由鑛主處領得到二百四十吊錢，半份僅分給工人一百八十吊錢，叫這六十個工人批分。　其餘四分之一半份就歸入自己荷包，這就是半份的意思。　半份的名詞是這樣成立的，其平日要為了維持得到這「半份」的命運，壓搾工人的手段，其毒辣可想而知了。　每一個半份手下總有一部分死黨，都是半分的親戚本族之類，要有從外處來一新工人，他們只能誆入圈套，要想逃走是不能夠的，如果逃走不妥，叫半份追回，就得打個半死。　此外半份尚有一種手段，對待從家中偷逃出來的工人，不是嚇詐，就是造謠，務將一班工人嚇的不敢生傍的念頭。　要有工人的家庭赴鑛井採望，叫半份看見，即硬說來此向傍的鑛井勾引工人，非打個半死不放走脫。　所以工人誰要到鑛井窿內做了工，他的生命便算是宣告了死刑。

為了明瞭詳細起見，茲再將各公司井口，人數機器等列表如下。

| 公司名稱 | 機器數目 | 機器工人 | 井口 | 窿內工人 | 工作時間 | 工資數目 最高 | 工資數目 最低 | 經理名字 | 備攷 |
|---|---|---|---|---|---|---|---|---|---|
| 東和公司 | 十部 | 七十餘人 | 十六 | 六百人 | 十二小時 | 三弔 | 一吊 | 小川[illegible]子麿 岩田 | 該公司係中日合辦，現將由中國接收經理朱桂山， |

| | | | | | | | | | |
|---|---|---|---|---|---|---|---|---|---|
| 華東公司 | 四部 | 三十五人 | 五 | 四百人 | 二十四小時 | 仝 | 仝 | 朱耀如 張厚菴 | |
| 振業公司 | 二部 | 十四人 | 三 | 六十人 | 仝 | 仝 | 仝 | 程少昝 | |
| 德通井局 | 一部 | 七人 | 二 | 四十人 | 仝 | 仝 | 仝 | 秦魯峯 | |
| 南大成公司 | 二部 | 十五人 | 二 | 一百人 | 仝 | 仝 | 仝 | 徐振常 | |
| 北大成公司 | 二部 | 十五人 | 二 | 一百人 | 仝 | 仝 | 仝 | 王廷光 | |
| 同豐公司 | 一部 | 七人 | 一 | 四十人 | 仝 | 仝 | 仝 | 徐登泰 | |
| 同興公司 | 四部 | 四十人 | 六 | 六百人 | 仝 | 仝 | 仝 | 莊樹庭 | |
| 悅昇公司 | 六部 | 四十人 | 四 | 四百人 | 仝 | 仝 | 仝 | 丁良臣 | |
| 福興公司 | 二部 | 十五人 | 二 | 一百廿人 | 仝 | 仝 | 仝 | 翟敬堂 | |
| 惠通公司 | 三部 | 廿五人 | 三 | 一百廿八 | 仝 | 仝 | 仝 | 楊子才 | |
| 王家園 | 一部 | 七人 | 一 | 六十人 | 仝 | 仝 | 仝 | 翟八爺 | |
| 興業公司 | 一都 | 七人 | 二 | 廿人 | 仝 | 仝 | 仝 | 韓少五 | |
| 福源公司 | 二部 | 十五人 | 二 | 七十人 | 仝 | 仝 | 仝 | 姜子琦 | |
| 東和公司 | 三部 | 廿五人 | 四 | 八十人 | 仝 | 仝 | 仝 | 本田(日人) | |
| 利興公司 | 三部 | 廿五人 | 四 | 二百人 | 仝 | 仝 | 仝 | 姜瑞孚 | |
| 王家林 | 六部 | 四十人 | 八 | 四百人 | 仝 | 仝 | 仝 | 王五 | |
| 華東公司油房後 | 一部 | 七人 | 一 | 三十人 | 仝 | 仝 | 仝 | 朱柏坪 | |
| 同豐公司 | 二部 | 十五人 | 四 | 一百人 | 仝 | 仝 | 仝 | 馬良 | |
| 吉成公司 | 八部 | 六十人 | 十 | 四百人 | 仝 | 仝 | 仝 | 趙仲如 | |
| 信記公司 | 四部 | 四十人 | 六 | 二百人 | 仝 | 仝 | 仝 | 岳升三 | |
| 豐盛公司 | 二部 | 二十二人 | 四 | 二百人 | 十二小時 | 仝 | 仝 | 張貫一 | |
| 西大成公司 | 四部 | 三十人 | 四 | 二百人 | 廿四小時 | 仝 | 仝 | 陳杏村 | |
| 德成公司 | 一部 | 七人 | 一 | 一百人 | 仝 | 仝 | 仝 | 李松泉 | |
| 三盛公司 | 一部 | 七人 | 二 | 七十人 | 仝 | 仝 | 仝 | 劉少卿 | |
| 西華公司 | 一部 | | | | | | | 鄒子明 | 停工 |
| 高家窪 | 一部 | | | | | | | 程福臣 | 仝 |

| | | | |
|---|---|---|---|
| 義盛公司 | 一部 | 陳壽山 | 仝 |
| 福成公司 | 一部 | 鍾洪三 | 仝 |

## 四，輕便鉄路的工人

博山輕便鐵路有兩條，專爲運炭而設，一種是營業性質，如博山輕便鐵路是；一種是專利壟斷性質，如崑西輕便鐵路是。博山輕便鐵路是車站通達於各鑛終點爲白穀囤黃家大窪等處，長二十五里之遙。機關車四輛，司機十六人，升火八人，每人每月十六元八九之間。機車不能通達全綫，牽引力最劣，運轉全恃人力。該公司運炭鐵車四百餘輛，工人五百餘，是每天上工；其辦法是早晨聚在一塊，由把頭率領。以該公司工作供給多少爲用人之標準，有時工作增加，則工資較高，有時工作減少，則工資低落，總而言之，工資率是由該公司及一班把頭們任意起落。並且時常利用工人自由競爭，童工與成年工人之排擠。工資是每二個工人，每天推車一輛，每一輛車每天推兩蹚；每蹚脚力一元五角，每一個工人每天計得來一元五角，公司扣五角，工頭扣五角，其餘才是工人的。工作時間由早五點起至晚八點時方止。尤其是工作時危險更大，緣該公司修軌道之時因山路崎嶇，高低不平。工人推鐵車向商度上行時，則彎腰低背，用死力徐推前進，但遇向低度下行時，則鐵車不推而自行滑走，如風馳電掣，快不可言。此時工人或出軌而跌死；或因前有阻礙住車，後來者不能制止，因而擠死，種種慘狀，幾乎無日無之。每逢死一工人，撫䘏費分三等：一等五十元，二等三十元，三等沒有錢。但是等次怎樣分呢？差不多每一個工人死了都夠上一等撫䘏的資格，可是得到一等撫䘏費的實在希罕。輕便鐵路每天都有死的工人，這麼說起來，該公司的撫䘏費一項支出豈不很多了。因爲如此，該公司便定了一種政策，便是利用本地劣紳，在縣署內包攬詞訟，欺詐工人。該公司所用的四個職員，專司清理軋死工人之事。這四位職是：徐振五，，李少康每人每月二十元張廉喜，每月四十元，趙錫三每月三十元，他們都是些闊大少，不是商會長的少爺，便是當地著名劣紳的兒子。他們勢燄薰天，工人見之側目，畏之如虎，一班工人恨不得啖其肉而寢其皮。

西崑輕便鐵路，該路由西河至大崑崙，是悅昇公司經理丁良臣創辦的。該路有機關車二輛，運炭車十二輛，工人數十人。駛機關車的工人工資每月三十元至四十元不等，此外工人每日一吊二百文左右。該路係專利性質，當地煤炭運輸，已被該公司壟斷，現已惹起各鑛商之反對，因該公司運輸便利成本較輕，各鑛商難與爭衡。不久將因此釀起風潮。

## 五，運炭工人

博地運炭現雖有兩輕便鐵路起而代替，但終是部分的。在山路崎嶇道路難行輕便鐵路不容易修炭井的地方，其運輸力，仍然是全恃騾驢駄及小車推二種。此種工人雖歸一部分淘汰，受輕便鐵路運輸的影響，但在博地仍然甚多，現下二項工人約計有三萬餘人，此種工人差不多都是個人自帶運輸工具，騾驢，小車等，他們的工資收入；以視路之遠近載之多寡爲標準。他們每天大概以運輸二次爲起碼，路程每次約二十里之譜，每次的收入，最高二吊文，最低八百文。他們以本地人爲多，差不多人人都有家庭，生活狀況頗爲痛苦，工作情形亦甚重累。

## 六，其他工人

其他工人如電燈公司，電話公司，小木作舖等工人，規模甚小，人數不多。電燈公司：是中日合辦，工人三十餘人，升火，司機，及赴外裝修電燈者。工資最高二十六元，最低者八九元之數，惟日本工人一名每月工資一百五十元。工作時間是白黑班。設備不完書，燈光暗淡，商家不甚歡迎。 電話公司：工人六七人，司機生四名，修理匠二名。 工資平均十五六元之數。 用戶三百餘家，話機不甚靈，便接線遲鈍，該公司之用戶，有進無退，小木作鋪，每一木作鋪工人不過十餘人，全是師傅徒弟制，純是舊式手工業。 專做桌椅，床櫈等木器。 出品頗能耐久，惟太拙笨，只能銷售於當地，不能暢銷於外埠。

博山無論何業工人，童工約居三分之一，他們是於成年工人做同樣的工作工資的收入却不及成年工人。 博山又是日人垂涎的地方，他們對鑛商投資頗鉅。 日人還想博山即時開闢商埠，並時時督促該國政府交涉。 各炭行收堆，以中興堆為最大 該堆每日既不押堆，每天亦必須五千吊之支出，假設該行不押炭，當地各炭井的工人當日即不能開支工資。 即此可見該行之勢力了。

# 寸鐵

### 光棍平民

曹錕派人疏通吳景濂，吳說：『我如今已成了一個光棍平民，縱想再為功狗，有所不能。』吳景濂恐冒充光棍平民，其實光棍平民是世界上第一等高貴人物，那容想做曹錕功狗而不能的人冒充！ （獨秀）

### 留美學生

美國限制移民律，竟影響到中國赴美的留學生，以至未動身的不能動身，已動身的到了美國不能登岸，在普通感情上，我們應該憤恨美國，然而我却十分感謝美國。 因為在一般留美學生成績上看起來，幾乎無一人不反對革命運動，幾乎無一人不崇拜金錢與美國，這種人少一個好一個；若是美國簡直不許一個中國人去留學，那才是為中國造福不淺！ （獨秀）

### 不要動氣？

申報的平民周刊上有一首『不要動氣』歌，歌詞是：『我們耕田，人家吃大米；我們織布，人家穿新衣。 我們自己，為什麼受凍忍飢！ 咳！ 你若是不胡亂用錢，就沒有這箇道理？ 勸你不要動氣。』只有不耕田而吃大米不織布而穿新衣的人們，才會胡亂用錢，可憐那耕田織布的人，吃飯穿衣還來不及，那有錢胡亂用！ 我想做這首歌的睡白先生，不是『何不食肉糜』的書呆子，便是一位留美學生。 （獨秀）

### 帝國主義者對華一致行動

帝國主義的使團，霸占俄使館不肯交出，和北京外部往返辯論，說來說去，理說窮了，如今說出眞心話來了。 他們的眞心話就是：加拉罕從前言動多不利於各國，願担保不再有此言動，與各使館融和感情，一致行動。 原來使團不交俄使館，是想迫得俄使和他們一致行動！ 加拉罕是蘇俄駐華公使，為什麼必須和使團融和感情一致行動？ 他們在中國一致行動幹的是什麼勾當？ 有人說蘇俄也是帝國主義者，何以帝國主義的使團却以為蘇俄的行動不和他們一致？ （獨秀）

### 洋人的汽車

英國教士梅籐更橫行杭州多年了，他霸佔寶石山的案，杭州人想必還記得，現在新浙江報登載他的汽車橫冲直撞，便要被警廳封閉，這件事我們如何看出一方面外人在內地是如何橫行，一方面中國官僚是如何媚外！ （獨秀）

### 曹錕的兵

曹錕的衛兵打毀妓館毆死巡警，人人都以為曹錕的兵太不法了，殊不知曹錕的兵在民國元年大搶北京城，比此事還要不法咧！ （獨秀）

The Guide Weekly.

中華郵務管理局特准掛號認爲新聞紙類）
一九二四年八月十三日
郵票代款概作九五折

分售處
香港 華文書局
巴黎 中國書報社
廣州 丁卜書報社
上海 民智書局
上海書店
武昌 時中書報社
共進書社

嚮導週報

第七十八期

分售處
太原 晉華書社
長沙 文化書社
濟南 齊魯書社
杭州 古今圖書店
雲南 新亞書社
寧波 明星書局
開封 文化書社
福州 工學社
南京 天一書局
成都 華陽書報流通處

定價 國內一元寄足四十期 國外一元寄足二十五期 郵費均在內 零售每份大洋三分

每星期三出版 發行通訊處 杭州萬橫路嚴衙弄七號轉洪立民 北京大學第一院收發課轉鄭于明

# 歐戰十週紀念之感想

獨秀

犧牲無數勞動平民之帝國主義的國際大戰爭，此時已屆十週年，戰敗國戰勝國都忙着開會紀念，大概都沒有絲毫悔禍的意思，并且都還有準備第二次大戰的決心。

在這帝國主義的國際戰爭中，交戰國的資產階級因供給軍需品，中立國的資產階級因供給生活品都發了大財，被犧牲的只有各交戰國的勞動平民及被踐踏的弱小民族。 這種狀況在過去大戰爭中已經明白指示我們看過，在未來的大戰爭恐怕更要加甚；因此，我們不得不努力反對國內軍閥主義及國際資本帝國主義，他們都是國際大戰之源泉。

有人以爲帝國主義的國際大戰爭雖然造了許多罪惡，而其結果却倒了俄德兩個專制皇帝，於人類社會進化未必無義意，若世界大戰再來一次，或者又可以消滅幾個强者；其實—這乃是機會主義者的謬見，這種謬見和希望軍閥間相互戰爭而自己自然消滅是同樣的妄想。

「我們要傾覆帝政，我們要傾覆特權階級之統治，都應該實行橫的國內階級戰爭，不應贊成縱的國際戰爭；因爲國際戰爭，乃是資本特權階級利用勞動平民對別國資本特權階級的戰爭，換句話說乃是各資本帝國主義的特權階級各以愛國主義（資本帝國主義者假借愛國主義，欺騙勞動平民來擁護自國的帝國主義，這種愛國主義是我們應該反對的；被壓迫的弱小民族以愛國主義號召全民族來反抗國際帝國主義，這種愛國主義是我們不應該反對的。） 關於民族主義也是這樣，資產階級所謂民族主義，即帝國主義之工具；在無產階級的觀點上，民族主義乃是弱小民族起來反抗帝國主義者的意義」我們對於愛國主義和民族主義之態度是如此。 欺騙自國的勞動平民，盲目的拿着機關槍向別國的勞動平民放；其結果，無論戰勝國戰敗國，都只有勞動平民同樣的傷亡失業無法救濟，即戰勝國的資本特權階級即小受傷痕、也不難恢復，并且還是拿勞動平民的血來恢復。 至於國內戰爭，乃是勞動平民對資本特權階級的戰爭，乃是勞動平民有目的的拿着機關槍向特權階級放；其結果，至少也不是勞動平民單獨的損失。

帝政及特權階級都只有國內戰爭可以傾覆他，俄德也是如此；決不是國際戰爭可以傾覆他，英法意比就是如此。 國際戰爭，只有國際的勞動平民白受無報酬無目的的大犧牲，爲勝利國的資本特權階級增加利益，此外別無意義。在此時代，我們不願反對一切戰爭，我們只主張以國內戰爭代替國際戰爭。而且至兇極殘的國際大戰爭，只有各資本帝國主義。國內的勞農革命和各殖民地半殖民地反抗帝國主義者的獨立戰爭之勝利才可以止住，此外決非空言及其他方法可以止住，這第二次帝國主義的國際大戰爭之必然的到來。

大戰中，不但各交戰國的勞動平民大受屠殺，全世界的弱小民族也幾乎都無辜而被蹂躪；隣近歐洲的不用說了，即僻在遠東的中國亦大受其影響。在這歐戰十週的紀念中，我們中國紀念的是：

日本迫我的二十一條件；

因參戰而增加的外債：日金一萬四千萬元，美金五百五十萬元；

參戰華工死傷數千人；

因參戰而起政潮，解散國會，復辟，南北分裂，督軍割據。

不幸第二次大戰若在遠東發生，則中國所受的蹂躪更將百千萬倍於此。我們求免之道：只有聯合全世界反帝國主義的勢力并自己努力排除國際帝國主義，使他們不至因爲爭奪中國這塊商場而戰，戰時受彼蹂躪，戰後受彼勝利者之獨斷的處分。

## 世界戰爭第十週年

(D. Petrovsky 原作)　韋譯

第三國際謹守列寧的「永勿忘記世界大戰」的遺訓，決定大規模的紀念歐洲大戰的第十週年，要在全世界各處揭示帝國主義者和社會民主黨的罪惡。

第三國際要舉行「歐戰星期」並不是來挖尚未全痊的舊創痛；第三國際的眼光是注射在將來，要盡力喚起全世界的勞動羣衆，武裝起來，撲滅世界的帝國主義——這帝國主義就是一切近代戰爭的禍原。

但是我們先得牢記了過去的教訓，而後我們這反對帝國主義的戰爭乃有勝算可操。過去的大戰給我們的教訓，在今日尤有特殊的重要意義；因爲未來的第二次大戰而今正一天一天的逼近來。

「此次大戰乃最後一次的戰爭」這句老生常譚，現在已經騙不信人了。第二次大屠殺的危險，今已有目共睹，不容諱飾。銀行家和托辣斯就是執行第二次大屠殺的劊子手；工廠和實驗室就是第二次大屠殺的籌備處；各國的參謀部陸軍部正在努力編練未來的屠戶。

第二次大戰一天一天的逼近來了。治者階級正在集中智慧，要發明更新式更慘酷的殺人工具呵。惟有全世界的勞動者連合起來，運用他們英雄的威力，然後能禁止這近在眉睫的第二次大戰。

當一九一四年十一月一日，列甯曾經說：「拒絕軍役，反對戰爭的罷工，等等，簡直是些可笑的笨事；是想仗赤手空拳去制勝武裝的資產階級之一種可憐而又卑怯的夢想；是想不動干戈而坐待資本主義自己滅亡。」

現在呀，這種可憐的卑怯的夢，總算已經醒了。我們再不會用決議，宣言，宣誓這些東西來禁止戰禍。

只有勞工們革命的勝利，方能禁止戰爭；只有勞工們的革命能夠顛覆資本主義——先顛覆歐洲的，以次及于全世界。所以我們這攻擊帝國主義和社會主義奸細的「歐戰星期」的方略，必須是促進全世界勞工武裝動員這一件事；我們要號召全世界勞工武裝起來，齊集于俄羅斯十月革命的赤幟下，與資本主義決一死戰——未來大屠殺的禍根就是他(資本主義)。

對于帝國主義的攻擊，當然的就是對于社會主義奸細的攻擊。一九一四年，第二國際裏面的好漢們用甘言蜜語，誘勸勞工們去替資本家送命，現在看來，他們眞是弄巧成拙了。因爲而今——一九二四年，再不會有人來聽那些愚昧卑怯的夢話，他們的卑怯欺詐，早被人家看穿了。

當大戰之前，第二國際沒口承認担當護衛那無產階級一致反對各國間爭權奪利戰爭的大旅。 在斯士加大會（Stuttgart Congress）中，又決議，每一個勞動者的天職是『用盡方法去反對海戰或陸戰的預備；用盡方法去暴露資產階級社會的階級特性，以及他們努力製造民族間利害衝突的動因；並且要堅决的拒絕對于這種政策給予任何經濟的援助』。 這一條決議還有實施方法來幫助，務必要達到「用一切方法去禁止戰爭」。 同樣的意義，又見于一九一〇年的古本哈金（Copenhagen）大會和一九一二年的巴斯耳（Basle）大會。

此外，各國的社會黨，（其中就有英國的工黨，現在正執英國政權的），也都各自宣言，誓不讓戰禍發生。

但是當一九一四年七月底八月初，那可怖的消息傳佈之後，世界的大屠殺確已開始了後，第二國際名下的社會黨竟翻過臉來，舉起他們的赤幟，招呼黨人投入敵人的營壘中替爭權利的帝國主義者出死力了。 並且在大戰既了以後，當勞動階級中又發出從前第二國際懸處大會所喊過的呼聲的時候，第二國際竟不特自食前言，反盡力幫助資本主義，來反對爲自己的自由而戰的勞動羣衆了。

這般帝國主義的和法西斯的走狗們，（因爲要消滅勞動階級的革命戰爭），竟又對羣衆說，你們要拿罷工來回答戰爭。 他們拿這句話做護符，不但遮掩了他們備戰的工作，並且還直接參與在裏頭。麥克唐納爾政府很忠心的保守著英國帝國主義的傳統的，加强了大英帝國的武力。 麥克唐納爾的法國朋友投票贊成軍費案，幫助法國帝國主義實現他的刼掠大計。

所以我們不得不戳破第二國際領袖們所謂「保障和平」的紙面具，他們實在是居心破壞勞動階級的監察，來麻醉勞働階級，以便進行第二次大戰的預備事項。 所以我們的「歐戰星期」必須是不但攻擊帝國主義，並且要攻擊那些宣傳「社會調和」的「教士」，因爲他們替帝國主義者掩飾他們的備戰行動。 我們要使這個「歐戰星期」有效果，必須普及我們的活動，不僅是共產國際下的勞工羣衆要劇烈的反抗帝國主義與社會主義的奸細 並且要使凡會身受此次「大戰」痛苦的各殖民地和半殖民地的被壓迫的工人農民一致反抗。

我們應該立刻組織一個委員會來指揮這件事。 這個委員會內不僅要包括已加入「赤色國際職工組合」的各工會的代表，少年共產國際的代表，農民國際和合作國際的代表，並且要包括退伍軍人聯合會，戰爭殘廢者聯合會……等等的代表。 總之，我們要以全力活動，務使我們宣言給全體人民留一個極深刻的印象。

我們努力引導廣大的羣衆去反對第二次大戰的時候，必須同時用種種方法保證我們的宣言決不能像那些和平主義者的宣言，被帝國主義者認作耳邊風，碍不了他們的進行。

我們的一切宣傳必須明明白白標出我們的主要意見：只有革命能夠阻止戰爭；如果戰爭已經爆發了，亦惟有用軍事行動去和他（戰爭）對抗，——這就是說，要把帝國主義者間爭權奪利的戰爭改變爲無產階級奪取政權的革命的政爭。

所以，在我們的一切預備工作裏，第一件重要工作就是力衛蘇維埃社會主義聯邦。 蘇維埃社會主義聯邦的勞工跟了俄國共產黨，在列甯指導之下，已經用革命的方法，把自己從帝國主義戰爭底下解放出來了。 他們把國際的戰爭，改變爲內戰，立刻就把歐洲（最大國之一）的資本主義勢力推翻了。 蘇維埃聯邦的無產階級是第一個在難行的世界革命路上前進。 全世界的勞工就會看出來他們的工作——用革命以反對戰爭——是要容易得多了，因爲他們不但有無產階級革命勝利的前例做幫助，並且事實上還有一個工人農民擁有大權的國家做幫助，這一個國家有赤衞軍拱護，赤衞軍就是革命羣衆的長劍就是被壓迫者的防身盾。

我們這「歐戰星期」的呼聲是：

撲滅戰爭；革命軍萬歲！

力爭勞工的政權！

推倒社會主義的奸細，共產國際萬歲！

蘇維埃聯邦萬歲！

世界蘇維埃聯邦萬歲！

# 民衆屠殺之十週年

章譯

## 一、大戰的結果：新戰爭的徵兆

數年的戰爭經驗，戰後世界的幻滅的資本主義者，都促成了民衆的各自對內作戰。　帝國主義的一夥，彼此間爭奪殖民地，爭奪市場，爭奪投資的勢力範圍圈，已經造成了無量數新的罪惡，正像社會主義的理論家所預言，而無產階級所戰慄以待的。

戰爭的經驗，和戰後的幻滅，把從前的好夢驚醒了，把可怖的戰爭所穿的一件理想的美衣裳，扯得粉碎。　人們已經從痛苦經驗中認明那些好名詞——例如「最後一次的戰爭」，「救濟文明的戰爭」，「爲人民的神聖權利的戰爭」，爲「德謨克拉西」與「被壓迫者的自由」的戰爭，等等，(那是大戰時一般帝國主義者常常掛在口頭的)，究竟是什麼意思了。

炮隊的吼聲，炮彈的炸裂，窒息的毒氣，千萬婦孺避難的慘景，山一般的屍堆，戰時及戰後疫癘的橫行——凡此種種，都是弔掉了面具的資本主義的眞相，現在已經被人們看的清清楚楚了。　資本，赤條條的站在人道的面前。　當大戰時候資本家允許給勞工們的黃金山，現在因爲他們的所謂「正義的」，「最後的」戰爭既已得了勝利的結果，他們就換了一件東西來報酬勞工——這件東西就是比戰前加倍的壓迫。　有許多國家取消了八小時工作制；工人的團體受法西斯黨强暴的蹂躪而至于破壞；而且資本家彌補戰時損失的苛稅重賦，都一齊落在勞工們的肩頭。　上次大戰中，勞工們在戰場上失去了數百萬的同伴，現在看見資本主義者又要煽起第二次大戰的毒火，勞工終該駭怒能。　資產階級所謂「最後一次戰爭」的大謊，所謂戰後將見正義與人道得勝的大謊，早爲世界人民所唾棄了。　資本主義早已自己急急用他們的行爲來證明無產階級革命領袖們的宣言是千眞萬確的，原來一九一四年的大戰到底是帝國主義戰爭長鏈的第一個環子，原來要消滅帝國主義戰爭只有靠國際的無產階級把勞工們武裝起來，堅決的對內作戰，唯有對內的無產階級革命能夠撲滅帝國主義戰爭，永絕戰爭的禍根。

距今六年以前，那些戰勝者大舉慶祝他們的「殘人以逞」的戰勝紀念時，他們據數百萬犧牲者枯骨之上歡呼文明的勝利，永久的和平，並且宣言，在國際聯盟指導之下，將實現國際的和衷共濟。　現在呢，卽使盲人也已看見資本主義並不曾給什麼和平，並且實在沒法叫世界和平。

戰爭的缺口，現在還流著血哩。　幾千萬受戰爭損失的，成殘疾的，成神經病的人們，還沒有忘記可怖的戰爭的景象，然，資本家已在那里預備第二次大戰了。　他們不但是「備」戰，簡直不斷的實行小戰與遠征。　自從凡爾塞和約以來，大炮沒有一天空閒過，遠征軍出發到殖民地，壓制那些「自決」的民族。　中歐的大部分，現在簡直是一座大營，比國法國英國的軍隊混合著有色人種的傭兵，一直屯駐在那邊，替資本主義的惡魔盡方。　民家是貧乏的；經濟紛亂至于極端；專橫的武人政治；强暴的法西斯黨到處作惡；大小資本主義國家都受命一個經濟的皇帝，或是主要工業的委員會，或是銀行老板，托辣斯總理；縮減軍備的假面具下之瘋狂似的武備競爭，絞盡腦汁發明殺人更多更速的凶器——這都是大戰後資本主義的新貢獻呀，這就是法國前總統米勒蘭(資本主義的忠僕，世界大屠殺劊子手之一)所說的「一切戰爭中間最光榮的」戰爭的結果呀！

自從法國佔領魯爾以後，實踐世界經濟組織的一線希望就斷絕了；新的不可免避的軍事衝突已經不是國會或其他資產階級團體所能設法解救的了。

從前深相結納，以共救世界文明，共抗「普魯士軍國主義」的兩個大協約國——英國與法國——現在幾乎以甲胄相見。

他們倆利益的衝突，一日一日加大起來，而且處處是一天一天變複雜起來。在中歐，在小亞西亞，在巴爾幹，在北美和亞洲東部，他們到處衝突。大英帝國看見法國的可怕的陸軍一天一天增多，法國的飛機隊一天一天擴充，實在著急。同樣的，美國與日本的帝國主義的衝突也成爲必要。

幾千的發明家，努力要發明極兇惡的殺人器。各國政府忙著探聽別國的軍事祕密，竭力設法抵制。英國內閣某閣員竟在衆議院裏老老實實說：「英國建設偉大的航空軍乃自衛祖國，因爲萬一有近在咫尺足以强大的航空軍侵犯英國的國家竟用飛機來侵伐時，英國尚可自保」。

當一九一四年大戰爆發的前夕，地球上所有國家共養兵七百萬。

到一九二一年，凡爾塞和約既經簽字，遣散軍隊令既下之後，共樂和平的世界各國共養兵一千一百萬，——幾乎比戰前增加一倍。當一九一四年，美國的軍費實計四千九百萬鎊，但是一九二一年就有五萬零一百萬鎊。自一九一四年到一九二〇年，英國的軍費增加了三倍之多。法國現在所養的兵，比戰前的德國爲多，然而法國的人口實在比德國少三分之一。波蘭是借法國的錢來武裝自己的人民以抗蘇維埃聯邦的，現在他的人口數與兵數是百與一之比，就是每百人中間有一個兵。戰前出名的軍國主義的普魯士，勞協約國對之作「義戰」的，實在也沒有那許多兵。

但是新式殺人利器的力量却比兵士更增加得快，各民族將要用這些惡魔似的殺人利器相見于決不可免避的未來的戰爭中了。

現在世界各國備戰的形勢是一天緊似一天，不論是小資產階級的政黨握得了政權，或是「勞動黨」組閣，總是暗底下積極的備戰。麥克唐納爾內閣正在建築超無畏大戰艦和飛機隊，簡直和克松，鮑爾溫，勞合喬治的內閣一個樣子的做法。法國左派的赫禮歐內閣也服務于戰邦，和米勒蘭與普恩賚一樣的熱心。

和平派的寓言，以爲解除武裝是可能的，各國同意縮減軍備是可能的，國際法庭消滅衝突是可能的，都不過掩飾了黑幕中的極積備戰罷了。

擁有强大海軍的國家，自然不討厭那嚴格的普遍的限止陸軍的提案；儲有大批彈藥大批毒氣彈足以應付將來更大戰爭的國家，自然贊成國際的限制製彈毒氣，因爲這樣，方能使自己的軍實的數目永遠不被別人超過。

所謂「國際聯盟」這個東西，當他產生的時候被恭維是「開世界和平之新紀元」的，現在早已露出他的本相、原來不過是帝國主義者手中的玩具，或是他們的變相角力的場所。

共產國際屢次揭破國際聯盟的眞相，指出他實在是小資產階級和社會主義愛國者互相勾結的騙人機關，現在應該沒有人再受他的騙了。魯爾事件就是小資產階級和平政策的破產與虛僞之最有力的證據。

事實已經把復興政策又導進了帝國主義爭鬥的港裏。利益的衝突，不可免地增多起來。世界資本主義發展中的離心力的傾向，一天一天明瞭起來，跋扈起來了。

幾千萬的人被殺受傷成殘廢，更多的人破產傾家，更多的道德墮落與貧乏，——這些的代價是什麼呢？我們現在已經知道，代價是一個更凶惡更卑鄙的新戰爭，近在眼前的新戰爭——這就是帝國主義的邏輯呀。

## 二、大戰的負責者——第二國際是帝國主義大戰的幫兇。

大戰既終，分贓的凡爾塞和議閉幕之後，資產階級因爲要躲避民衆的怨謗與輕視，假惺惺地忙着找大戰的罪魁。他們要把大戰的責任推在自己門外。他們雖然一致的打「死老虎」，同聲說德皇威廉第二是這次大戰的罪魁，然而進步的工人和農民不受他們的欺騙，早就確認一切帝國主義者，一切經濟皇帝，一切銀行老板，一切實業界的偉人，不論是德國的法國的英國的，全是此次大戰的罪魁呀。世界的資本家，帝國主義者，以及他們的合作的朋友——殘餘的貴族，皇黨，和教士們：全是此次大屠殺的同意犯，眞正的凶手。勞工階級和歷史永不能忘記他們！

歷史和勞工階級也永遠不忘記第二國際犧牲了勞工階級的利益，被壓迫者的利益，和人類的利益。

遠在此次大戰之前，國際的社會主義者先已見到世界大戰的不可免避，已經指出他的來源與動因，並且規畫了一個反抗的計畫。

一年一年的局部小戰——例如日俄戰爭，巴爾幹半島戰爭，意土戰爭——都證實了社會主義者的警告。

遠在一九一四年帝國主義大戰之前，國際的社會主義者協議社會黨對于帝國主義者備戰事件應取的態度，定下了幾條原則，並且議定萬一戰事發生時各社會黨和勞動團體應取的行動。在第二國際的大會裏（尤其是一九〇七年的 Suttgart 大會和一九一二年的 Basle 大會），以及各國社會黨常會裏（例如德國社會民主黨的Chemnity大會），已經把這件事辦妥。

此時第二國際對于「反對戰爭議案」取堅決的鮮明的主張。所以Stuttgart大會通過了一個決議如次：

「大會相信一切勞工們和他們在議會裏的代表的責任是用種種方法去反抗海上的與陸地的軍備，要揭示資產階級社會的階級特性，和他們不得不維持民族間衝突的原因，要拒絕以任何經濟的援助給這種政策；並且要努力將人類友愛的社會主義的思想教育青年的無產階級，務使他們有階級的覺悟。」

這個決議立刻得了俄羅斯和波蘭的工人農民們的行動的讚許，他們發動一個革命性的羣衆運動，要求俄皇不加入戰爭，並且要求一個結果，他們發表宣言，喚無產階級起來作國內的革命。

因爲Stuttgart大會的決議案的末尾說的是：

「如果抗議無效，一切方法都失了力量，戰爭竟開始了，那麼，社會主義者的責任便是使用一切力量，使戰事早告結束，並且要用全部力量利用戰爭所造成的經濟上與政治上的危機，去發動最深厚的社會勢力，捉成資本主義治權的顚覆。」

一九一二年十月二十九日，巴爾幹戰爭的時候，第二國際總事務處通過一個決議案，最後的一節說道：「最近的將來，或者會給社會黨和無產階級許多試驗的機會，要求他們做出些負責的行動。無產階級將必要的勇氣去對付他們。……我們要使政府們知道玩火是一件對于自己有危險的事。如果他們竟在歐洲擾起了巨大的擾亂，他們是逃不了責罰的。」

同年十一月，第二國際在 Basle 開大會，又發表宣言，攻擊風聲日緊的帝國主義戰爭，拒絕將任何援助給這次戰爭，以及參與戰事的資產階級政府和議會　宣言裏說：

「第二國際願助各國的勞工，固結國際無產階級一致的力量以抗資本的帝國主義。」

「大會明白指出，萬一戰爭竟發生時，勞工們只有一條路可走——國內革命。從前的普法之戰與日俄之戰都引起無產階級的國內革命，大會以此請社會黨與勞工團體再負担國內革命的職任，當新戰爭成　事實的時候。如果還有人不知道世界的無產階級聽得了戰爭二字是如何的憤怒，這個人恐怕是個白癡。勞工們相信爲了資本家的利益而互相殘殺是大罪。」

這就是大戰前第二國際的宣言，第二國際的允諾。

他們怎樣去實踐這些允諾呢？

大戰爆發的前夜，當興奮的無產階級正在柏林，巴黎和聖彼得堡的大街遊行示威，反抗戰爭的時候，第二國際的領袖早已秘密私通資產階級，準備愚弄勞工階級了。

七月三十日，德國民主黨竟把和平的希望都推在德皇身上。這一班假冒社會主義的卑怯的奸細竟替皇帝以及各位內閣大臣辯護了。

他們說：「我們本是直接反對專制政府的，我們將來亦保持這種態度，我們又是永遠和帝國主義的君主對抗的——然而現在我們要宣言，而且不是第一次宣言，威廉第二在最近數年內確從他的行動上證明他是一個愛和平的，決心擁護和平的。」這幾句話，就是說明帝國主義的社會黨，德皇威廉第二御用的社會黨，如何的預備愚弄勞工，使他們相信資產階級的一篇大謊話，說德國是如何被迫宣戰，如何為了自衛而不得不戰。

然則第二國際與投機主義英雄之屬于法國或其他各國者，是否比德國的不同些呢？我們的回答是，一點兒也沒有。他們也竭力替自己的軍閥政府遮掩真相，把他裝成一個愛和平者。

法國議院裏的社會黨議員于一九一四年三月二十九日發表的宣言，曾經替法國(就是法政府 政策內的和平性質的幻影作辯護，說法國的和平政策有影響于全歐。但是全宣言中攻擊帝國主義戰爭，誓反對戰爭，極為猛烈，把愛國的調子減淡。

待到戰爭真正爆發了，立刻情勢大變。第二國際裏一班投機派的已成熟的投機思想，此刻竟得第二國際中心人物(如考次基等)的許可，明白顯露出來，變成了各第二國際的口號與策略，以代替Stuttgart, Brusse & Chemnity, Paris 幾次大會的宣言和決議了。

八月四日是社會主義史上極可紀念的一日。德國社會民主黨在這一日投票贊成增加軍費案。他們在議會裏宣言，「我們現在不是來投票贊成或反對戰爭，我們是投票解決軍費問題俾得衛我祖國。」

他們有俄軍的侵入作為他們改變態度(欺詐行為)的極好藉口。他們說：「免避俄軍的危險，救祖國的文化與獨立，是必要的。那麼，我們便該決定做了，因為我們常說我們不肯弃國家于危難而不顧。我們和第二國際的態度仍是一致的，第二國際承認每民族有獨立及自衛之權利；我們又與第二國際一致反對侵略兼併的戰爭。」

一切主張，允諾，都忘記了，踐在地下了，社會民主黨變成了德國資產階級的奴僕，威廉第二的奴僕。他們裝著官腔的「保衛國家」態度，命令他的黨員和工會謹聽帝國主義者的調度了。當戰事初開這幾天內，世界上的卑鄙手段沒有一件不被這些社會主義的奸細用過。他們放下了勞動階級的紅旗，送他到汚辱的地方去。奧國社會民主黨的機關報Arbeiter-Zeitung在一九一四年八月四日有一段話道：「我們應該永遠不忘記八月四日：……德國全民族的代表們所做的事情，將永久為德人所紀念，將特書于歷史，視為德意志精神抬頭的一日。」

無產階級也永遠不肯忘記這一日的。

現在逢著大戰的十週年紀念，凡是大戰的罪魁禍首，沒有不被人痛恨的。我們千萬不要忘記了那些罪魁的走狗——那社會民主黨，我們要說，社會民主黨既然依附了資產階級，和資產階級同利，則他(社會民主黨)必須也分受無產階級的痛恨與懲戒。

至于法國的社會黨，當大戰時曾經說過：他們以為他們的天職是保護民主的歐羅巴，渴望和平的歐羅巴能夠獨立，不受強暴的欺陵。

比利時勞働黨的常會有一個宣言說：

「社會民主黨是不能担任此次可怖的流血的責任的。社會民主黨會竭力警告民衆，意圖阻止可怕的流血，消滅那罷臨于全歐人民頭上的大災禍。」

「但是可怕的事已經到我們身上了，命運已經宣布我們唯一的思想是：「我盡我們所有的力量去保護疆土，阻止敵人的侵入。」

「我們必須把身體靈魂一並交給這次的戰爭，因為我們知道嚴守中立與保護我們的國家就是保護德謨克拉西與求歐洲政治的解放。」

「英國的社會黨的宣言裏有一段說道：

「威嚇我們的大戰已經爆發了。奧國的攻擊塞爾維亞國，竟拖連了三角同盟與三國協定裏的國家全都加入戰鬥；我們英國加入戰團，是因爲德國破壞比利時的中立：其他各國的社會民主黨的領袖，大部分是愚弄勞動階級的，不過手段各自不同，一依本國資產階級的觀點而變易。社會主義的奸細把大而有力的德國勞動組合變作德政府後備軍的中心機關。勞動組合的領袖就是後備軍的軍官。法國勞動組合的叛徒約哈克司(Jouhaux)——現爲亞姆斯丹職工國際的領袖之一——就是愛國的資產階級之最熱心的擁護者中間的一個。

這些假社會黨使他們的黨員加入資產階級的政府。(爲Jules Guesde, Sembat, Thomas, Henderson, Vandervelde)他們把第二國際的權力用作資產階級罪惡的外套，分担了資產階級犯罪的責任。第二國際裏的理論家——如考次基(Kautsky)亞特勒(Victor Adler)及其他——都担任了解釋辯護並巧飾社會主義奸細們背叛行爲的污穢工作。愛國的社會黨是贊助戰爭的，中央派如德國的獨立黨又祇做反對武力主義的輕巧工作，所以僅有少數的眞正國際主義者努力于革命的爭鬥。

要比第二國際的完全破產再可恥的事，大概是沒有的了。大戰的罪魁帝國主義者和他的助手——！——愛國的社會主義者，在戰爭開始的時候，就力言他們不過自衛祖國。但是歷史的轉輪已經洩漏出他們的眞相來了。德國的帝國主義，已經在對俄的Brest-Litovsk和約及在芬蘭在烏克蘭的暴行，揭示自己究竟是什麼東西。協約國也在凡爾塞和約在Sèvres和約露出他們的帝國主義的本來面目。第二國際是始終乖乖地跟著帝國主義走的。第二國際對于俄國革命之可羞的反對，以及在德法殖民地所作的謀殺行爲，都是自發廣告，叫人知道他究竟是什麼東西。李卜克內西和羅森堡的血，還有幾個德國無產階級的血，幾百萬死于大戰的勞工們的血，都是第二國際良心上的污點，永久洗不淨的。

勞動階級永遠記得那分贓的凡爾塞和約是第二國際所承認的。和約上簽字的人中就有一個社會主義的老爺聞特爾凡爾特(Vandervelde)——這眞是卑鄙的黃色國際的殊榮。

在麥克唐納爾的身上，第二國際又把他的眞面目揭露給印度的羣衆以及別的被壓迫的殖民地羣衆看了，原來麥克唐納爾的政策仍是資產階級的政策，只顧到貴族和經濟蹟王工業大王們的利益的。

第二國際又自毀地公然和殺害勞動階級的屠夫做連手——這屠夫就是德意志保加利亞匈牙利意大利以及其他各國的法西斯黨。當一九二三年的秋季，德國的革命運動高漲到頂點，資產階級的營壘零落不整，德國的資產階級政府危急到萬分，只因有了社會民主黨的幫助，方才轉危爲安。此後又擁了社會民主黨的有組織的援助，德國資產階級的政府方才漸漸穩定了他那專制的軍閥的迪克推多的地位。所以從各方面看來，現在第二國際和亞姆斯丹國際所謂「將以總同盟罷工對付第二次戰爭」的宣言，完全是一句欺人的廢話。從一九一四年大戰的經驗看來，從戰後第二國際及亞姆斯丹國際不斷地和反動的資本主義黑暗勢力勾結爲惡的經驗看來，我們可以安然預言，現在他們所謂「將以總同盟罷工應付未來之大戰」只不過是政治的大謊罷了。即使第二國際現在是眞想這樣做，到那時也還是不能踐諾的。如果新戰爭眞個發生了，敢保國際的社會民主黨一定趕快投效于各國的資產階級政府，一定號召兩方面的勞工們趕快起來擁護自己的資產階級政府：這是可以斷言而毫無疑惑的。

打倒第二國際，打倒勞動階級的投機主義，是反對戰爭運動中最根本最重要的先決條件。

現在呢，最強大的兩個協約國(英國和法國)，都由資產階級中的所謂左派又都是屬于第二國際的來操縱政權了。我們將見他們企圖解決戰勝者與戰敗者間的關係(接受專家報告書)，並且重新提起一和平運動一了。他們這個企圖(解決德法間的賠償問題)，有社會民主黨及亞姆斯丹國際做後援；很巧妙地加上了德國勞動階級的負担，那便是德國資產階級想拿了來付給協約國的。但是，不[illegible]社會民主黨怎樣努力，德國的勞動階級將拒絕這套新枷鎖，而德國的資產階級也一定不肯就自動的屈伏了的。況且協約國中有錢的國家，也不能担保復興這個破壞到極端的德國，即使得了德國資產階級的同意。所以，想消滅帝國主義和平的障碍之企圖，想實施專家委員會報告書而消弱那近在眉睫的第二次戰爭使其稍退後之企圖，恐怕只能給歐洲的勞動階級一個新失敗罷了。

消滅這近在眼前的新戰爭的必要條件，不是資產階級與社會民主黨的連盟，却是在共產國際指遏下的勞動階級的革命，不是社會民主黨所妥協所陰謀的資本家專政，却是推倒資本主義而建設無產階級專政。歐戰的十週年紀念，就是提醒世界無產階級明白這個道理的最好的機會。

全世界的勞動階級呀，其速起！預備武裝了自己，反抗資本主義及社會主義的奸賊——！他們是製造及幫同製造第二次大戰的罪犯。

要阻止那公然在那裏預備（正兒是各國的帝國主義者，幫兒是社會民主黨）的第二次大戰，惟一的方法是無產階級革命的勝利，先起于歐洲；次遍及于全世界。萬一戰事竟先爆發了，則唯一有效的消滅法是國內革命。蘇維埃社會主義聯邦的勞工和農民，仗俄國共產黨爲先鋒，在列甯指導之下，用革命的方法以衛破帝國主義的戰爭，已經成功了，已經建設了第一個無產階級的國家了。現在蘇聯紀念歐戰爆發十週年的星期，共產黨號召一切革命勢力快快武裝起來作爭奪政權的革命戰而建設蘇維埃政府，惟此乃能救世人免于可怕的第二次大戰。同時並告世界的無產階級，如果戰爭已經爆發了，亦必須以國內革命的戰爭來撲滅國際間帝國主義的戰爭。

The Guide Weekly.

# 嚮導週報

分售處

太原 晉華書社
長沙 少年書店
濟南 齊魯書社
杭州 古今圖書店
雲南 新亞書社
寧波 明星書局
開封 文化書社
福州 工學社
南京 天一書局
成都 華陽書報流通店

分售處

香港 萃文書局
巴黎 中國書報社
廣州 丁卜書報社
上海 民智書局
上海 上海書店
時中書報社
武昌 共進書社

（中華郵務管理局特准掛號認為新聞紙類）

一九二四年八月二十日

郵票代價概作九五折

第七十九期

定價 國內一元寄足四十期 國外一元寄足二十五期 郵費均在內 零售每份大洋三分

每星期三出版 發行通訊處 杭州闊橋路野衙弄七號轉洪立民 北京大學第一院收發課轉鄭子明

## 時事評論

### 美國人又以軍火供給北洋軍閥

獨秀

一月前上海海關曾在美國夾板船塔爾布脫號 Talbot 搜出機關槍八枝，子彈及手槍共計七十二箱，船主鮑勒生 Boresson 并與私運有關係。由美國運到天津供給吳佩孚的軍火價值三百廿八萬元，也是近來的事。

最近又發見美國人私運大批軍火在廈門起岸的事。據本月十二日上海泰晤士報說：『美國海軍當局得有報告，謂近有大批軍火在廈門上岸，現在一中國軍官處，計機關槍一千枝，大批子彈及手鎗若干。……美海軍當局對於是否將設法取回在廈門登陸之軍火一節，不肯發表意見。』

運軍火往廈門，和運軍火到天津同樣是幫助北洋軍閥攻打南方革命軍，這是美國既定的政策，此外美國海軍當局還有什麼意見發表？ 此種政策，在曹錕賄選美公使首先歡迎時可以看出，在海關事件列強派軍艦到廣州示威時美國格外熱心可以看出，凡中國人尤其是南方革命黨人，現在總應該認識美國是不是我們的「好友」了罷！

北洋軍閥尤其是吳佩孚，既得了美國的大批軍火，若再以鐵路借款及庚子賠款築路的名義援得大宗軍餉，那麼，他為統一而戰爭而屠殺的大慘禍就在目前。 人民方面應該起來下全力阻止這殘民亂國的軍閥向帝國主義者取得一錢一彈；因為帝國主義者給軍閥的每個錢每個彈，都是用來殺戮人民的！

### 反革命的廣東商團軍

獨秀

帝國主義者軍閥紳士奸商，他們本來是氣味相投的一串貨色，在廣東商人中尤其容易看得出，陳炯明便是這一串貨色的串子。 陳炯明自稱須與紳士相依為命，他如何將中山先生外交政策向香港政府告密，香港政府又如何幫助陳炯明在香港汕頭間的交通及陳派以香港為攻擊廣州的策源地；省港商人尤其是二陳（陳廉伯陳席儒）向來如何傾向北政府如何擁護陳炯明，如何罷市反抗革命政府，這都是很明顯的事實；這很容易看出香港政府北方政府陳炯明省港商人是一串的貨色。

據民國日報十一日廣州電：粵海關查獲由外輪私運入口槍枝一萬桿，子彈三百萬發。

據申報十一日香港電：商團向外商南利洋行購槍彈，………政府派員查驗，共七九步鎗四千八百五十支，彈二百十五萬發，駁殼槍四千三百三十一支，彈二百另六萬發，手鎗六百六十支，彈十六萬五千發，價值百餘萬。 據新聞報十三日香港電：商團總部會議，聞決定不交還該械，卽全城罷市；旋派出團軍二千餘赴帥府請願。 據新聞報十四日香港電：花縣商團於十三日武裝抵省者七百餘名………三水佛山及南鶴十四埠等商團，均備武裝來省。 據民國日報十四日廣州電：陳廉伯假商團名義私運軍火，現已發現證據多件。 十五日電：陳廉伯已全家逃往香港。 商團軍都已有武裝，現在又購大批軍火做什麼？ 廣州商人屢稱困苦罷市抗捐，現在何來巨款大買軍火？ 動輒以罷市反抗革命政府，是不是革命之敵？ 商團本以禦盜，現在紛紛武裝到省是禦誰？

我們於廣東政府對待商團的優柔政策，老早就表示警告，現在這種反革命的商團軍勢力日見澎漲，竟至抗違政府命令，自設聯防總部，竟至私運大批軍火，我們敢說革命政府眞正心腹之患，不在東江而在廣州！ 我們以爲革命政府軍事計劃：第一步是解散商團軍，第二步是討伐陳炯明，第三步才說得上北伐。 革命政府若不能解散商團軍，一旦東江或北江軍事失利，第二次以槍彈「請孫下野」的便是商團軍！

## 日本對華經濟侵略之最近表現

獨秀

中國實業家不贊助國民革命運動，眞是自滅的蠢物！

中國人何以這樣一年窮似一年？ 總原因是：每年進口貨價超過出口貨價約在四萬萬元左右，卽去年最少亦尙超過近三萬萬元。 如此巨額的外溢年復一年，中國安得不窮！

今年怎麼樣？ 卽以日本而言，其地震以後，需要巨量之輸入品，因此，本年上半年入超竟達六萬萬元之巨額；照常情論，當此日本入超巨大之千載難逢的機會，今年中國對日貿易至少可望出入平均，乃事實竟大謬不然！ 自新年起至七月底，中國對日輸出值日金九〇五七四・〇〇〇元，由日輸入則值日金二〇〇三〇一・〇〇〇元，出入相抵，入超已達一萬萬元以上，以此推之，今年中國對外貿易之損失，卽日本一國亦有二萬萬元。

日本在災後入超激增的時候，何以獨能對於中國竟至如此巨大的出超？ 因日本災後積極獎勵國內生產，擴張國外貿易，尤注意於中國及南洋；不惜由國庫支出一萬二千萬元，補助商人擴充此方面商業之用，此爲增加輸出的政策；他方又利用關稅政策減少輸入，卽增加奢侈品新稅率是也，所謂奢侈品竟多至十七類六百四十七種，卽日常需用之陶器及麻織品（中國夏布卽屬此類，每年輸入日本朝鮮值五六百萬元。）亦列入，稅率增至百分之百，而且對英法等十餘國准展期三月，獨於中國則限期實行，什麼奢侈品新稅率，簡直就是禁止中國貨輸入日本朝鮮能了；

不用說，此新稅率實行後，中國對日貿易之入超，更將有可驚的增加。

日本對中國的經濟侵略，除輸入貨物以外，更有輸入資本的毒計：東三省投資每年在日金二萬萬元以上，黃豆之輸出，紡織業，礦業，森林，無一不爲日商所壟斷；上海紗廠，日商居三分一以上，最近明治製糖會社，以日金三千七百四十五萬元，在上海設立明華糖廠，并強求中國免稅，以與香港糖競爭（中國所用只香港糖日本糖二種），而獨占中國糖市。 日本在美國被排以後，勢必移用其資力來中國經營，從此日本在中國之製造業將日見擴張，其直接掠奪中國的廉價勞動力與原料，爲害比輸入貨物更甚。

因此，我們應該覺悟：對待日本如此激進的侵略，決不是消極的排貨所能抵禦，排貨手段，已由本年對日貿易入超的數目字證明破產，我們不應再依賴此手段了，我們宜採用積極的革命手段：改協定關稅制爲國定關稅制及禁止外人在中國設立製造廠。除此，中國人別無生路。

中國實業家不贊助國民革命運動，真是自滅的蠢物！

## 關稅協定之外賣國政府又與外商協定紙烟稅

獨秀

北京政府的烟酒事務署，近應英美烟公司之請求，電召各省派員到京，協議增加紙烟百分之五地方營業稅，以撤消各省現辦之紙烟特稅爲交換條件。

吾國民生計，吾國工商業，已受海關協定稅制壓迫得不堪了；現在北京的賣國政府，因爲急於籌款養兵殺人，因爲急於和地方政府爭收入，遂不惜將紙烟之地方營業稅也要和外人協定；此例一開，各項地方營業稅皆可援例協定，從此中國全部收稅主權將完全喪失！

紙烟是一種不衛生的奢侈品，各國對於紙烟稅都極嚴重，日本竟至值百抽二百。現在中國各省紙烟特稅也不過值百抽二十，若與外人協定值百加五 連原有二五捐只有七五，不但目前減少收入，而且將來永不能自由增加，這是何等損失！

再進一步說，即外人應允照日本值百抽二百，吾人亦不能承認，因爲徵收地方營業稅吾國有自由規定之主權，絕對不應與外人協定也。

前清承認關稅協定，猶可說是初通商不明白外情，鑄此大錯，現在協定稅制之害誰不知道，北政府豈不是有意賣國？！

即此一端，軍閥政府之賣國及帝國主義者之侵略，都明明白白擺在我們眼前。

## 又是一個樂志華！

獨秀

上海樂志華案後一年多，本月十三日南京路老閘捕房出店葉乾章（樂志華的同鄉），於早晨洗牆壁時，有副捕頭鄧皮史嫌其不勤，用脚猛踢其臀部，恰中要害，葉仆地呼痛，鄧皮史掌其頰，葉時說：『我痛煞了，我不願再做了。』鄧說，『你既不做，立即出外！』葉乃上樓倒仆於床，鄧更上樓迫葉出外，葉遂扒地而行，鄧又以脚蹴之，遂由樓上跌至樓下，暈厥不省人事，乃由華捕甘茂生車送至其弟葉乾亨處，又由其弟車送仁濟醫院。甘茂生會以此事報告正捕頭、該正捕頭乃至仁濟醫院視察，問之不語，以針刺其胸部頭部，仍一無知覺，十四日下午五時三十分，葉乾亨至醫院探問，則其兄已因傷重死了！仁濟醫生證明是腦部受傷致死，且係被猛力所擊。現已由葉之家屬延請律師起訴，甯波同鄉會及各團體亦羣起援助之。

樂志華案才過去一年多，又出了副捕頭踢死葉乾章的案；同時，又有哈爾濱路九十二號西捕擊傷店夥之事；住在上海的人，女子往往被西捕强姦，男子往往被西捕毆打，這是何等文明現象！

我們對於此案之痛楚的感覺，不單是因爲一個人打死一個人的刑事關係，乃是因爲一般西洋人以爲『打死中國人不要緊』的民族感情！

## 歡迎全國學生代表大會

爲

各地學生代表這幾日聚集於上海，開第六次代表大會，我們本着已經過的事實和今後的希望，特爲代表諸君一報告之，藉以表示歡迎之意：

在過去的事實中，上海廣州北京各處的學生，常不能作一致的行動，使五四時那樣的團結力至今還沒有復原。可是一年以來各自奮鬥之中，我們也得到了一同樣的苦處及經驗：即天津北洋大學學生受曹黨的摧殘；北京學生屢受曹黨的取締和毆打或逮捕；湖北湖南山東的學生受蕭熊趙黨的壓迫，禁止新思潮及男女同學；奉天學生受官僚教育廳的壓迫，如取消童子軍，恢復讀經，反對新學制。研究系更利用什麼詩聖泰戈爾來鼓吹學生思想復古，退化。　凡此，都是軍閥官僚政客直接對於我們學生青年之摧殘壓迫。　同時，我們又親眼看見全國學生總會兩次在上海法租界內被封，日政府屢次命令北政府禁止五七五九等運動。　廣州徐州教會學校逼成學生罷學，英美日等列強想藉退還庚子賠款的美名，辦理清華式的洋奴學校，侵奪我們教育主權。　凡此，都是帝國主義者直接對於我們學生青年之束縛。有了以上的實事，此後我們希望全國學生確定反帝國主義及反軍閥兩個極平常極鮮明極簡單的目標，大家團結一致，反抗帝國主義，反抗軍閥，反抗復古思潮之侵入教育界！

# 外患日誌

七月

一日　漢口電：法領豔(二十九)照會交署，俄界毗連法界江岸馬路，未得法國同意，不能遽行收回。

北京電：英美組大銀團，美任美金一億，英任二千萬鎊，對東方投資，不限中國，不供政治借款，以鐵路鑛山為主，不投導河及農業借款。

二日　香港電：沙面領團再向交涉署提抗議，謂廣州必有各國危險人物容留，請貴處留意取締此種人。

三日　上海有廣東人陳炳坦，肩冰淇淋至閘北克明路天壽里叫售，住居該里十八號某二西人向之購買，用華語問其每杯若干，陳答每杯八十文。　西人嫌其價昂，正爭論間，適二十五號居戶黃先華之傭婦廣東人張月英，亦向陳購買冰淇淋，該二西人誤為侮辱，不問皂白，即將傭婦扭至家中痛毆，並有二西婦幫同毆打，另一西人用木棍猛擊，致該傭婦腹部受傷，口鼻流血，大呼救命，鄰居聞警趕至，咸抱不平代喚崗警到來，始將傭婦釋放。　主人黃光華回家，訊悉前情，即投報五區警署，李署長立派長警與繙譯前往出事地方調查，該西人謂我等係外國人，有事可向交涉署轉向領事交涉，訊其國籍，則不肯答，僅簽名紙上，一為潘摭斯，一為逊特英。

四日　上海海關查出美國夾板船塔爾布脫號由美密運大批軍火來滬，計有長方形大木箱七十二隻，盡裝軍火，機關槍八枝，手槍約共三千餘枝，子彈十萬餘顆。

六日　北京電：陸洪濤電述班禪語，前藏有兵兩萬，由英人代為訓練，與後藏不和，勢成水火，乞求援助。

廣州電：沙面頒布交通條例念三條，取締華人甚嚴，華人反對無效。

七日　北京電：漢口交涉員沈子良電外部，法領事抗阻我國接收俄租界，請示對付方法。

北京電：法使抗議中德協定後，并運動英日意比各使，向中德兩國提出同樣之抗議。

八日　北京電：法商吉禮士利在九江私訂張貽謀洲地，查洲地非通商口岸，且介於金鷄坡岳師門砲臺之間，實破壞我國主權。

九日　北京電：英日法三國公使，因廣州政府另組鹽稅局，昨向外部聯合抗議，並令廣州領事團亦就近向粵政府抗議。

上海大陸報云：美國駐亞洲艦隊所屬潛艇三艘，於昨日(七號)從小呂宋抵滬，今晨(八號)尚有五艘續到，此八艘將在滬駐，留至本月十七日，再開赴烟台，與已在該埠休夏之各艦會合。　前數日在滬之美艦赫爾白脫及潑魯脫兩號於昨日開往烟台，俟全艦隊聚集該埠後，計共有三十艘，水兵千人云。

十日　上海泰晤士報云：聞領事團已維持智利領事之抗議，謂其應享領事裁判權，並派員到會審公廨陪審，此舉結果，智利國人民將享有其他西人所享之同樣權利，及民刑案件應歸智利領事署裁判，又會審公廨中涉及智利人民利益之訟案，將由智利陪審員陪同審理，並聞華森氏已被委爲智利陪審員云。

十二日　駐滬美國領事克銀漢氏電浙江交涉員，干涉向美僑征收警捐。

十六日　英艦二艘由港抵省，彈壓沙面華工罷工。

十八日　天津消息：最近洛陽方面，與美國駐京公使，訂立購置軍械之密約，計購入機關槍二百五十架，手槍一百五十枝，步槍一萬枝附帶各項子彈，適敷一師軍隊之用，該項軍械第一批已於上星期到津，獲步槍五千八百枝，子彈五百六十萬粒。

十九日　北京電：使團對於撤廢不平等條約運動，極爲注意，議向外部提出警告。

廿日　奉天電：大連每年銷烟六千餘箱，妓館商舖皆予特賣，計日人每年收稅八十餘萬元。

廿一日　美國三藩市電：美國苛禁僑民入境，昨林肯船新來華人男女學生商人，均批撥回籍。

北京電：日代辦照會，要求賠償漢口前田洋行被民衆搗毀損失，不承認擊斃華民。

北京電：使團照會外部，旅京外人不納警捐。

廿二日　北京電：外銀團確息，倫敦十九電，本日新銀團美英日法代表，討論對華鐵路投資問題，英代表意，鐵路投資，不受新銀團合同限制。

廿三日　廣州沙面工務局今日增加兵警戒備，居留外僑男子全部組織夜巡團，似準備持久抵抗。

廿四日　北京電：吳佩孚催築隴海路西線，由吳毓麟向華比及中國交通金城鹽業中南等六銀行借款五百萬，先築陝州至西安一段，實收九折，年息八釐，即以該路收入爲担保，其由西安至蘭州一段，將續借比款七千五百萬佛郎。

北京電：隴海借款一爲七千五百萬佛郎，由比銀行在歐發行充購辦鐵路材料費；一爲一千萬元，在中國發行充建築費。

廿五日　北京電：西班牙公使照會外部，反對關稅會議。

廣州電：英法領事發布宣言，指沙面罷工多出被動，欲歸責任於我政府及省城各工團，表示强硬之態度。

北京電：英美公使向外部抗議，贛省徵煤油特稅，請電贛成勸停止徵收。

廿六日　杭州大方伯廣濟醫院英醫士梅滕更之自用汽車在豐樂橋一帶橫衝直撞，因新浙江報登載，迭向省政府交涉，結果該報發封，一面密拘主筆朱采眞。

廿七日　天津電：同利輪船裝運毛瑟槍五十箱，彈二十五箱到津，現儲堆沽炸藥關棧。

廿八日　北京電：東交民巷之司馬武德交易所，並未停閉，僅由警廳割斷電話，現英使向外部要求恢復。

廿九日　北京電：現有人主新舊銀團外，另組一中外聯合銀團。吾中交鹽金南，外華比中法德，華懋業匯業等可加入，隴海借款，不過小試。

# 法國共產黨宣言

——反對赫里歐政府——

資產階級所謂之左黨聯合，以城市與鄉村小資產階級之努力，取得政權，下中等實業家與銀行家在五月十一日的選舉，成功于議會勝利。即在他們取得政權之先，早就預備着無限制的妥協，以謀取得政權。為了保持政權起見，他們更妥協復妥協，直接地表示出了，他們實是大資本家手下的現成工具。

此次政府組織，代表大商人，大財閥，曾經担任國事的右黨人，亦有參加。此次政府宣言，完全表示現政府決不能依據工人利益，解決魯爾撤兵問題，生活昂貴問題，工人居屋問題，財政恢復問題，及其他一待解決之問題。

雖然資產階級所謂之左黨聯合，在競選時，滿天許願，而它為了所謂國家利益，以增進不義之富厚，如重科工資稅，與彌逢戰時損失之揭注等，而不願採取精到有効的方法，維持佛郎價格，以減少或免除全國工人之直接或間接的納稅負担。

賠款的根本問題，就是「資本家賠償戰爭損失，還是勞動者」的問題，一天變緊張一天，也一天變悲慘一天，雖然在各國形成了勞資間之無情的抗拒，而在國際方面，又成了帝國主義大托辣斯間之仇視。

核准在國際財政最高局擬定而有特殊性質的專家報告，執行大衞的計畫—這計畫的規定，並不在乎穩定賠償問題之解決，而在使德國淪于殖民地之地位，德國工人更進入奴隸之域，工作十時，得不足以糊口，其結果所至，將使我法全體工人，遭此同樣命運。

雖然如此，幷不足怪，他們蓋早已表示無能，而不願與社會反動勢力決死爭、

現在當局，將競選時鄭重允諾之大赦，擱置不理，而採行一種赦宥準則，其實行如何，又一視政府之意志，誠為食言無恥！

違反人民公意，欲于承認蘇聯事件，附以條件，眞為國之大辱！

無論從政何人，使其與右派聯合，都是應該賤視的。

在切實承認八小時工作制之時，于其政府宣言中規定關于八小時怠工之條，實為向勞動階級之挑戰。

社會主義之叛徒

像這樣「過河折橋」的政策，今日就否認昨日的允諾，深深地表示社會主義之叛徒。臨時選舉命，事後互相扶助的政策，不過是希望實際參政的一種重幕努力罷了。

這眞把第二國際自成立到一九一四年所採之反對資本階級之傳統政策完全放棄了。

參與這叛徒計畫的，除社會黨外，尚有勞働同盟之改良派領袖。他們否認階級利益，革命與社會全體的利益。他們都是在破產的資本主義營壘中倡演歷史的最後一幕。

在國會開幕之初，吾人即知左黨聯合必增加社會衝突之不幸與剝奪，故吾黨國會代表，大聲急呼，嚴重地警告全國勞働者。

他們向全體呼籲：『假使你們不願為不可免的資本主義之新戰，你們就一齊努力保護你們生命所關的物質利益。工人，農人，聯合起來，在階級組織之上聯合起來。共產黨，工會，合作社，工廠團，一齊起來，組織工人農人的大聯合，反抗國家主義帝國主義的左黨聯合。

預備向資產階級的暴亂橫蠻反抗、反抗日加不已的剝奪。

然而，再緊要不過的是你們不可被國會之喜劇所催眠。

資產階級，如其發覺必須之時，必與你們許多侵犯自由的懲罰。

預備你們歷史的使命，最後的戰爭，這都是在巴黎公社中犧牲生命的無產階級－你們的先鋒－所已經開始而未竟的工作。　俄羅斯工人農人手創的，在第三國際領袖列寧指導之下所創的蘇維埃共和國是你們底最好榜樣。

俄羅斯革命萬歲！

第三國際萬歲！

工農聯合萬歲！

法蘭西蘇維埃共和國萬歲！

## 巴黎通信

### 法國選舉後政治經濟情形

自五月十一日議院(衆議院)改選後，到六月一日新議院卽行開會。　有產階級政黨　急進黨，社會黨，社會急進黨等所組成底左派大聯合既於選舉戰中，奪得錦標，當此議院開始之際，其唯一目的在政權，而奪取議院一切重要職務於左派手中，當然是不待言的了。到六月四日，班樂衛(Painleve)果然以二百九十六(全體投票人凡五百四十二名)票當選爲衆議院議長。　其餘四個副議長，八個書記，三個會計，俱爲急進黨社會黨等所瓜分。　共產黨原有廿六名議員，他所提出底議長候選人瑪地(Andre Marty)當然也只有廿五票。　是日議長演說，照　說了些正義，和平，德謨克拉西底騙人話。　當他叫出共和萬歲之時，共產黨議員則以蘇維埃萬歲應之。　至於班樂衛演說之屢被打斷，亦極快人意。　法國議院內底階級爭鬥雖不如德國之甚，然亦是盡力做了的。

大總統米勒蘭(Millerand)是社會主義底叛徒，殺戮工人已多。這時共產黨在議院開幕之日，卽提出驅逐米勒蘭案，爲工人報復。及左派將議院職員握着了，便亦進行驅逐米勒蘭。　米勒蘭爲右派首領，右派選舉既失敗，普恩賚(Poincare)退位，當然他也是不能安於其位的了。　不過他有滿冉(Mangin)拉松(Lasson)等將軍爲後援，很想學穆索里尼，步法西黨底後塵，行其戀棧陰謀。　於是米勒蘭傳左派各首領談話，想藉口於大總統在職七年之規定底憲法，以爲護身符、好再住埃利日(Elysee法國總統府)三年。　六月九日，他硬以右派底瑪爾薩(Francois-marsol)爲總理，組織新內閣。　當時左派大聯合反對此事，而共產黨爲工人階級鬥爭，防止法西黨之出現，故提出抵抗埃利日復古政治的進攻，米勒蘭立刻辭職等口號。

六月十日瑪爾薩內閣爲議院所否決，次日米勒蘭底辭職書，遂不得不遞交參衆兩院議長了。　十三日兩院議員在凡爾賽開全國大會，選舉大總統。　左派候選人爲班樂衛，共產黨候選人爲一八七一年巴黎公社(Commune de Paris)底老戰士喀麥利拉(Camelinat)。　投票底結果，參議院議長杜美格(Doumergue)以五百十五票當選，班樂衛竟以三百零九票而落第。　杜美格固然是左派，然右派議員不選班樂衛而選杜美格，左派議員亦不盡投班樂衛票，可見左派有右傾之兆了。至於喀麥利拉只有廿二票，因爲共產黨議員未到齊，而社會黨亦絕不投他的票。　但是共產黨之提出候選人，亦不過藉以與左派不聯合對抗，而便於開會去號召羣衆，做宣傳工作而已。

左派底大總統既選出，左派底內閣遂於十四日組織成功。 這個總理，當然是左派大聯合底首領愛友(Herriot或譯作赫里歐)。 愛友內閣名為左派，其實是一個混合內閣，在前普恩賚內閣中當閣員的有五六人入閣，充任海軍，陸軍，商務，財政等部總長。 不獨閣員如此，就是愛友在議院中所宣布底大政方針，亦不過普恩賚，伯利安和他自己各種主張底混合罷了。 所以在他宣布政綱時，右派有議員叫道：「普恩賚就是這樣說的呀！」 愛友底政綱極多，大約不外：對內辭退教皇底公使，大赦一部份罪犯，維持八時工制；對外則待殖民地人民為小孩，檢查德國解除武裝事，無擔保品不撤退魯爾駐兵。 這個政綱宣布後，共產黨議員喀陝(Cachin)卽大加駁斥，演說極長。共產黨底議會政策，原在揭破有產階級底假面具，公開地宣布其罪狀

法國財政，非常棘手，實有需於賠償問題之解決。 而賠償問題，亦為政府底首要事件。 兼任外交總長底愛友，為要從早解決這問題起見，於廿一日卽到倫敦，次日與英首相麥克唐納爾(Mac Donal-)會議一天，討論對德賠償問題，施行大衛 (Dawes) 專家會議底計劃。結果，他們決定於七月十六日開協約國會議於倫敦，解決此事。 愛友回法時，又繞道不律悉與比國首相和外交總長籌商。 無產階級動底行，常常要與有產階級底行動對立。 所以正當英法兩總理會議於倫敦之日，法德兩國共產黨亦會議於哥羅尼 (Cologua)，審查大衛計劃施行後底結果，決議法德無產階級共同爭鬥底方法。 同時，六月廿二日法國共產黨為反對國際法西黨在巴黎開會示威，有三萬工人應召而至。 急進派愛友底警察憲兵，亦如保守派普恩賚底警察憲兵一樣，把示威者捕獲十一人，打傷人數亦不少。 是日馬賽有一萬一千人開會示威，里爾(Lille)阿魏均(A Vignon)等地都有同樣的運動。

社會黨人是實行階級妥協的，所以在選舉前後，對共產黨所提出底聯合戰線，置之不顧。 今年竟明目張胆與有產階級政黨——急進黨，社會急進黨等合作，而戴愛友為首領。 愛友要繼續普恩賚事業，駐兵魯爾，遂不得不提出維持魯爾佔據底借債於議院。 社會黨首領布崙(LeonBlum) 在去年五月廿二日第二國際會議上還說佔據魯爾不好，減少德國賠償能力，挑動萊因兩旁底民族感情，更有背於民族自決。 但是在今年六月廿八日呢？他便率領社會黨議員投票贊成愛友維持魯爾佔據底借債。 背畔工人階級，眞是他們的拿手戲！

普恩賚對於魯爾問題說：「只有德國完全交付了一千三百卄萬萬金馬克後，我才離開魯爾。」愛友說：「我交換魯爾：須以眞實的擔保品(卽是說：要我退出魯爾，除非德國對於賠償有眞實的擔保品)」。 可見左派右派完全無甚分別可言。 所以自愛友維持魯爾佔據底借債通過後，有產階級報紙，不論保守派與急進派，都一致稱許。『時報』以為愛友底宣言與普恩賚去年十二月廿一日底宣言，只有形式上底小異，根本卻是一樣的。 『法國行動』則說愛友是假借普恩賚底語句。

左派內閣底出現，還有一件著名的事。 就是對於外交委員會，左派底議院則以布勇(Erauklin-Bouillon)為其委員長。 布勇底國家主義比普恩賚為甚，他是主張合併萊因左岸底人。 至於軍隊委員會底委員長，則又以教徒的和復古的首領瑪尼諾(Magiuot)當之。 於此，左派內閣之無能，完全暴露了。 急進黨機關報『每日新聞』(L'uotidien)在選舉前(四月廿九日)所大叫底立卽廢除軍事裁判處，卻至選舉以後，急進黨獲勝以後，軍事裁判處反馬上處罰四個德兵卅四個德國工人以百卅二年總數底監獄。 而瑪尼諾任了軍隊委員會底委員長後，當然還要繼續他呢！

至於財政底改良是沒有的，資本底抽稅也是沒有的。 政府底收入有五分之四是取諸間接稅者，工農負擔過重，生活昂貴是必然的現象。 所以愛友上台後，麵包還漲了價錢。 說到兌換，則四月廿三日62.12佛郎可換一英鎊，14.82佛郎可換一美金，逐漸跌到五月廿九日要87.96佛郎才可換一英鎊，18.86佛郎才可換一美金。 這個價格，一直維持到七月初，還沒有變動。 又法國底內債已達四千萬萬，外債已達一千三百萬萬了。 而德國底賠償，完全要收來一個才算一個。 此種經濟上底不安現象，實是法國財政上底大問題。 將來是非求救於英美兩國資本家不可的。

左派選舉獲勝將近兩月，把持政權亦將近一月了，其所表現出底情形，就是如此！ 左派原來代表小有產階級，小有產階級常有改良現狀底要求，所以他們要『完善共和』，『發達共和。』 但在資本社會中，一切生產和經融，多為有產階級所壟斷，所以急進黨上台還是與保守黨一樣地託底於鋼鐵委員會：煤炭委員會這些大資本家聯合底勢力之下。 因此，政黨雖有形形色色的不同，實際卻無根本上底相異。 所以左派與右派，急進黨與保守黨，也不過是有產階級底左翼與右翼罷了。 他們的政權易位，實在於無產階級利益毫無關係，而且是同樣的相反。 故法國共產黨所組織底工農大聯合反對今日之左派，亦如反對昔日之右派。

任卓宣

七月八日

The Guide Weekly.

# 嚮導週報

▶第八十期◀

（中華郵務局特准掛號認為新聞紙類）
一九二四年八月二十七日
郵票代款概作九五折

分售處
香港 萃文書局
巴黎 中國書報社
廣州 丁卜書報社
上海 民智書局
上海書店
武昌 時中書報社
共進書社

分售處
太原 晉華書社
長沙 少年書店
濟南 齊魯書社
杭州 古今圖書店
雲南 新亞書社
寧波 明星書局
開封 文化書社
福州 工學社
南京 天一書局
威鄉學路書報流通處

定價 國內一元寄足四十期 國外一元寄足二十五期 郵費均在內 零售每份大洋三分

每星期三出版 發行通訊處
杭州萬橫路嚴衙弄七號轉洪立民
北京大學第一院收發課轉鄉于明

## 時事論評

### 江浙戰爭

獨秀

我們不是非戰論者，當然不絕對的反對一切戰爭，只注意這戰爭對於大多數平民有何意義。 譬如資本帝國主義的國際戰爭，在各國資本階級間相互爭雄上固然有意義，而對於各交戰國大多數平民，除單純的犧牲外別無意義。 國內軍閥間的戰爭，在他們爭奪領土上固然有意義，而對於兩方領土內大數平民，也是除單純的犧牲外別無意義。 惟有大多數平民對於軍閥或資本特權階級的國內戰爭，則對於大多數平民，無論是如何犧牲，都絕對有意義。

有人以為國際帝國主義的國家或可由相互戰爭而傾覆，中國軍閥間也或可由相互戰爭而滅亡，這是一個癡人說夢。 帝國主義者間或軍閥間的戰爭，其結果仍有一個勝利的方面支配着世界，例如：歐戰，仍是帝國主義的英美法日意的世界，直皖奉直戰爭後，仍是直系軍閥的江山，他們那會因互戰而全倒。 要他們全倒，只有大多數平民起來對他們的革命戰爭，俄羅斯就是一個榜樣。

正在醞釀的江浙戰爭，早遲總難免發作，在浙方雖然豎起反直的旗幟，而至少須與廣東革命政府協同動作，才有多少意義，不然仍是一個純粹的軍閥間地盤戰爭。

此次戰爭如果起來，我們將取何態度呢？ 第一、我們應該努力使此次戰爭變為革命戰爭，不叫他成為兩方地盤戰爭；第二，我們應該努力在此次戰爭中增加平民的力量與利益。不但幫忙一方面做留聲機器（如南京商會）是下流，就是消極的哀求和平也不是辦法。

### 倫敦會議

獨秀

自七月十六日起至八月十七日止的倫敦會議，是值得我們注意的一件世界大事。 會議底結果，議定了一個倫敦協定及四附約，其內容之重要點有二：（一）專家計劃至遲九月二十日須實施。 （二）自八月十七日起，一年以內，法國撤退魯爾駐兵；佔領阿芬堡（Coffenburg）亞朋威爾（Appenweir）的軍隊，十八日即撤退。 此協約須先經法德兩國批准，始行正式簽字，簽字期為八月三十日。 法國兩院都已通過，批准自不成問題。 德國國會中，共產黨及國民黨雖然都表示反對，然而很反動的德國國民黨，未必真能堅持愛國主義而終不和帝國主義者妥協；國民黨一妥協，合之社會民主黨及中央黨，在國會即占大多數，如此，則此約通過也是意中事。

倫敦會議及其協定之精神，赫里歐在法國衆院說得最明白：「大衛斯的計畫，根據於合作而非根據於威脅，其扼要之點，在協約國團結一致對德交涉之必要，及在許美國之參加……德國勢必舉其經濟活動之全部，聽從協約國之監督。……」 更明白些說便是：以大衛斯赫里歐麥克唐納爾等由協約國用經濟共管德國的政策，來代替普恩賚由法國用武力獨管德國的政策。 倫敦會議中此項政策之變更，是法國對英美讓步，不是法國對德國讓步；德國若承認倫敦協定，則將來而受協約國經濟的共管之害，比法國武力的獨管之害更甚。

協約國經濟的共管德國之害是些什麼？ 請看大衛斯的專家計劃之重要點：

(1)德國設一國家銀行，發行鈔票，這銀行由德人七，外人七（英，法，意，美，比，荷蘭，瑞士各一），組織董事會。發行鈔票的準備金，存於外國銀行，該銀行資本，可在國內外募集。

(2)德國鐵路交國際公司管理，以五十年爲期，在此期內，鐵路每年的獲利，都用爲繳付賠款。

(3)烟酒糖由國家專賣，歸外人監督。

好聰明的專家計劃，自然比普恩賚武裝逼錢的笨法子巧妙的多，但此計劃實施起來，德國便陷於國際共管的地位……

兇狠的帝國主義者，他們用經濟共管別的國家，第一個是奧國，第二個將是德國，第三個或者就是中國；所以我們不應該看德國事像對岸觀火，更不可聽帝國主義的協約國宣傳，也跟着說倫敦協定可以再造歐洲和平，可以穩定世界金融，可以蔭及中國商業這一類的夢話

## 國民黨左右派之爭

爲人

每一政黨之中，爲了政策不同的原故，恆有左派右派中央派之分及爭，不獨中國的政黨如此，就是外國的政黨，也沒有不是如此，大凡有點政黨常識的人，對此自必不至大驚小怪。

但在歷史上證給我們看的，每一政黨底左派，固然有時也不免幼稚的毛病，然而多半是進步的，革命的，右派則反是，這是歷史上的事實，並不是我們故意侮蔑右派和故意贊揚左派。

一黨中有了左右之爭，政治上的主張才得以日益明確和進步，左右之爭，不但不是黨的壞現象，而且是黨的進步現象。 我想具有政黨常識的人必能夠了解這些淺近的道理。

中國國民黨在民國元二年的時候，中山先生底政治主張，尤其是民生主義，受了不少的攻擊，就是號稱黨中的領袖像宋鈍初黃克强章太炎張溥泉等，也都先後和中山先生革命的主張漸漸離開了。 那時我們可說是國民黨中的左派，只有孫中山胡漢民廖仲愷朱執信陳英士戴季陶等數人而已。 國民黨的真生命，也全靠此派數人維持到現在。

到現在，中國國民黨，內部有所謂反共產派之爭，其實只是國民黨左右兩派之爭，絕對沒有共產主義與三民主義之爭。 左派依據民族主義來反對帝國主義的列强，右派却以爲這樣便是破壞國民黨與列强的好感；左派主張聯合反帝國主義的蘇俄爲朋友，右派却要認蘇俄爲敵人；左派依據民生主義主張努力組織農工羣衆及擁護農工的利益，右派則恐怕因此開罪於地主及資本家；左派主張黨的教育和民衆的政治宣傳應爲主要工作，不能全力於軍事，右派却說這是破壞國民黨底軍事行動；這幾項乃是左右兩派所爭的焦點，都和共產主義風馬牛不相及。

我們試將國民黨大會的宣言一看，左派的主張并不稀奇，項項是宣言中所有的，右派的主張都沒有一項不是違反宣言的。

我們可以說：今後中國國民黨之能否成就革命事業，只看大會宣言能否貫澈到底；換言之，即看左派的主張能否實現。

# 路意致麥克唐納爾書

(Roy's letter to Macdonald)

應該受人崇敬的大不列顛首相麥克唐納爾應該受人崇敬的先生鑒：

這封信的署名者，是一個印度人，他堅信世界一切民族是要自由的。自從一九〇五年以來，我就參加一種運動，牠底目的在替印度民族恢復這種自由權。于是我就不得不從印度的英國政府手裏受盡了種種追捕和壓迫。到一九一五年，我（終于只得離開印度）是被逼迫着離去父母之邦以求免于嚴刑峻法。從那時以後，我便做了個亡命者，然而亡命途中仍不能避免壓迫。我是不時的被那有意違反國際法給與政治犯的權利，并無理壓迫當地各國政府的英國政府爪牙，監視追隨。然而我們繼續活動，依據我的信仰，努力於印度民族解放運動中，我應該做的一部分。

以社會主義者地位來說，以我不贊成根據內地資本與國外資本衝突而定的印度民族主義的綱領。我的主張是：印度是必須有一個獨立自主的政府，若是沒有這樣一個政府，這個民族就不能得到進步和富庶。根據了這樣的主張，我一面加入資產階級的國家主義運動，同時却主張我們需要一個真民治的政府，牠對于勞苦羣衆的經濟利益必須充分的保障。若是平民不能即時作保護自己階級的利益預備，參豫就使民族的政府成功，他們要希望得着充分的政治權和充分的經濟保障，是不可能的。要辦到這一步只有一條路，就是，假如他們那加國民運動的時候，不可單像本國資產階級的附屬般參加進去，要像一個獨立的社會組織分子，根據着他們自己的鮮明的政治和經濟的計劃，組織成一支革命軍，加進去爲這計劃鬥爭。換一句話說，我活動方針是在根基于工人和農民的階級的利益而把他們組織起來。我們的計劃，是想把國民運動事業不放在種族觀念的基礎上，也不放在資本衝突的基礎上，却是要找一個更廣大的基礎，使是全印度民族的經濟利益和社會解放。

自從我發表了這個計劃以來，于我已有的許多呪詛以外，又添上一個『過激黨代理人』的綽號，這個名稱，你知道，長被帝國主義用濫了。凡我們所發行的報紙，或我或我的同志們所作的任何文章，都被他們認爲『過激的宣傳』在印度不准發行。傳佈，誦讀，或收藏這種文章，是有罪的。其實，這些文章的目的無非是傳佈上面所略述的那種計劃罷了。我希我們所已經出版的每樣送上幾個樣本，請你評判一下，究竟含着些超過普通的國家主義或社會主義以上的立論沒有。和這性質相同而激烈得多的文章，都准在不列顛和她的自由殖民地發行，其他的獨立國家且不必說了。總之，社會主義的文章在印度是被禁止的。一向我們都認這是當然的事，但，自從社會主義的政府在英倫成立以來，我們又希望解除禁令是當然的事了。

應該受人崇敬的麥克唐納爾先生，你是一個社會主義者，是不列顛無產階級的代表，你總得承認，爲了自己的國家而要求自決的權利總不算是一個罪名罷？簡單的社會主義宣傳一到了印度總不會就變成『破壞的過激宣傳』吧？印度的社會主義者和印度的勞働階級，各有各的國際屬。他們中間有許多是屬于不列顛工黨的人有許多是屬於您們屬的國際的。自然還有許多別的人，歡喜歸附在別的國際勞働組織下面。這不過是一個意見不同的問題罷了，意見不同，在今日的各國社會主義活動中，可說是沒有一國免得去的。所以我屬于國際共產黨雖是事實，可是這事實不成其爲剝奪我在印度居住的理由了，如果不列顚境內及其他地方，屬于同一國際的人們都未被剝奪此權。

不列顚工黨的勝利，使我們鼓舞相信許多事情必有一番變更。我們希望那些爲印度勞働階級的福利和進步而工作的人，在工黨的統治下，不致像以前那樣受壓迫和虐待。所以我向你請求：

(一)我們的報紙前鋒，我和別人所著的見解同樣的書籍和小册子，以及一切在文明各國可以自由發行的社會主義書籍，都弛禁；和

(二)許我回到印度，不要因爲過去的種種被指爲我所做的叛逆行爲，再讓官廳來追捕我。我要請你注意，自從我在一九一五年被迫離開印度以後，我的政治見解已經大變了。

我最終的請求，是要得着已前被人控訴的赦免。我以爲一九一九年英王皇帝陛下對于印度政治犯的宣言也應該應用到我的身上。使我能回到印度，我對于我行動的將來，然[illegible]責。

我必更高興些，假使你們可以給入英護上，使我能與治印命官，討論我回國問題，企望着一個同情的速復。

應該受人崇敬的先生，你的誠實的朋友 路意。

瑞士，一九二四年二月二十日

---

這本是一封私信，我原無意將他發表。也沒有預想，到今日麥克唐納爾先生不曾用很出乎意料的方法來回答的時候，有將他發表的必要。這信曾準備了很足的時日等他回答，可是到超過此時日許久之後，還沒接得他直接的回答。是如今我發表此信，當不至陷入一種可被人指斥爲失禮的地位了。我的信所產生意義之嚴重，絕不是不直接答覆一種單純的方法所可掩滅的。此着自然爲麥克唐納爾先生所深曉。他雖未能採用直接的回答，可是他對於我信所列各問題的態度，却一點沒遲延的就表明了。他回答我信的方法是非直接的，但是回答得却十分了亮。

在英國勞動黨執政之下，印度勞動階級能否得到宣傳和組織的自由。對於這個問題，麥克唐納爾先生已給的回答就是批准—至少是默許—印度當局指勞動階級之領袖共產黨人爲『謀逆者』，捕置之於顧坡雷地方加以審訊。對於我請求回歸印度往英國一節，勞動政府所給我的不是准許，却是縱容印度當局加我以更多不能回去的阻礙，對於承認社會主義和勞動宣傳之爲正當，回答的就是捕訊印度的共產主義者，緣他們鼓吹我信中所述之綱領，和發表文字求這個綱領之爲公衆明曉。

麥克唐納爾先生深知：我信所引起的是印度勞動重大之利益，若一朝成爲公衆討論之標的，他將很困難來表示自己所立足之地位。爲了打穩他自已的地位起見，故他對於我信只好採取一種回答的方法，就是加罪於一切立志要爲印度勞苦羣衆利益奮鬥的人們。他先生採取的戰術，就是先使他的敵家處於不利的地位，在那種地位裏他們除了掙扎自守和替自家辯護之外，再不能有回手打人的工夫。所以他乘我信所包各點未公布於衆之前，就决定把我們的案子拿來做誘導英國無產階級趨向於偏見的材料。他之所以准許印度當局把印度勞動階級的領袖當『謀逆者』來控告，如是則這些人所要求的自然就難得英國無產階級的援助了。這眞是一種聰明絕頂的手段，只可惜此手段奸險之動機完全被人識破了。

這是頭一次提起印度勞動階級利益問題，我的信自然要迫着麥克唐納爾先生行動了。 這或者是老早就使他感到不舒服的問題。 所以在請他决定態度之先，他就乘機會開始進攻了。 假使待我信公開，那時他再來回答，他就恐怕他擺佈的不能如現在已做了的如意。 因爲他准許印度政府摧殘印度工人階級的先鋒，是爲了他們宣傳社會主義和勞動階級的國際團結的，那麼我主張同樣要求的私人文件也成了一種公衆利益的文件了。 所以我覺此際將我信發表，實在是幸運的了。 這是給英國無產階級一個新機會，使他們藉之得以認識代表他的政府的眞實性質。 同時也給了世界的無產階級一種解釋，使他們知曉他們所能希冀於孟雪維克主義的究竟是什麽。

我信寄後的四十五天，他們開始從事顧坡雷的審訊，這就是麥克唐納爾先生對我信的回答了。 我請准許社會主義出版物的自由，他回答的就是指證社會主義和勞動宣傳爲謀逆的實據。 我是被控爲『謀叛英王皇帝會權』者中的一人，自然不許我足踐印度的境土了，除非我準備，承受他們預備好的刑罰（大概是終身監禁）。 我請求將帝國主義在昔日加給我的罪名赦免，這是很費解釋才可以斥不准的，可是從新加我一種罪名之後，他就把這種難渡過了！ 工人階級中間實心的份子或者正在詫異，以爲正當勞動黨掌治帝國的時候，何以印度弱小的黨被摧殘得如此斷然。 這種疑問的由來，是因爲不知激成勞動政府所以有此狂行的事實。 這事實是一種有力的要求，就是勞動政府對於資產階級的民族主義不論如何態度都是可取的，對於印度羣衆的情形和願望，却不能不决定一種嚴切的態度。 在麥克唐納爾的希望，是不要印度勞動階級的呼聲遠得超過大海；且藉着印度的費邊派（可是這樣醜的彩色在印度非常之淡）情願的幫助，他自可把這種呼聲很成功的使他沈寂了。 可是使他老人家極不愉快的，印度工人們在這時却尋到一種革命的引子，來表示了他們的要求。 這個革命的先鋒不顧帝國主義和本土資產階級防堵在路上的一切阻難與怪異，實地開始來組織一個被掠奪羣衆的政黨。 於是勞動政府所當的問題，就是要他對於此印度勞動階級迫在眼前的叛變决定態度了。 麥克唐納爾先生擇定的態度是：在乘此弱小的先鋒未成功十分危險之前，先把他勸死。 他這樣一種回答，和我曾藉着把印度勞動階級呼聲格外清晰的送到麥先生耳裏的信，關照起來說一下，是很與人有教益的。

所以，爲了使我信所以獲的結果送到世界的無產階級的面前，我决定將此會經激動當局摧殘印度共產主義者的信發表了。

（路透註）一九二四，四，廿日

## 讀者之聲

# 國民革命與反帝國主義運動

文恭

僅僅打倒自己國內軍閥，建設革命政府，以爲是國民革命的工作成功了，這種企圖，完全大錯而特錯。 因爲軍閥是與國際帝國主義狼狽爲姦的。 軍閥靠帝國主義而助植，帝國主義靠軍閥而掠奪，此種事實，我們半殖民地的中國，一般被壓迫的民衆，在日常生活上，眞是何等深刻！ 再，帝國主義本身而論，必須發展商場，吮咂弱小民族，爲它經濟侵掠的殖民地或半殖民地，而延長其『快到末日』的殘喘的。 所以國民革命，必須打倒了國際帝國主義，而打倒國內軍閥，而建設革命政府，自然勢如破竹，迎刃而解了。 否則，恐怕『此路不通』罷！

我們可以明白，國民革命是建築于殖民地或半殖民地被壓迫的民衆，日常生活需要上的一種必然的形式。 與非殖民地或非半殖民地革命，性質不是同樣的。——國民革命，須加添打倒國際帝國主義的重大工作。

上邊，國民革命與反帝國主義運動的關係說的明明白白了。

最近，北京發生了一個『反帝國主義運動的大聯盟』，這個，就是我們半殖民地的中國，被壓迫的民衆，日常生活需要上的一種必然的覺醒，也就是我們半殖民地國民革命的一步重大工作。

報載—七月十三日下午，北京五十餘團體代表及各界人士共二百三十餘人在中央公園開反帝國主義運動大聯盟會議，全從一致通過左列宣言書：

『反帝國主義的仝志們，我們受帝國主義列强侵略的苦痛太深久了，我想，我們與其負創忍痛呻吟于彼等鞭笞箠楚之下，不如振刷精神，與他們矢志背城一戰！ 我們憤怒的心情，不能再忍耐了！聯合世界被壓迫的弱小民族，所謂『聯合戰線』的口語，確是我們目前最重要的金科玉律。 所以我們這個大聯盟有四點，必須向我們的仝志們鄭重聲明的，即「一」撲滅帝國主義的侵略政策，廢除壓迫中國弱小民族新訂一切不平等條約。 「二」凡國內外各公私團體以及各個人，有與我們表同情，願加入這個大聯盟，作國家的或國際的反帝國主義工作者，我們即應認爲我們的仝志。「三」我們這個大聯盟，除却反帝國主義的工作外，其餘任何事務，概不與聞。 「四」我們應爲反抗帝國主義，凡有甘願做帝國主義的走狗，而做我們的漢奸者，我們必須用撲滅帝國主義的手段撲滅他。 以上四點，就是我們這個大聯盟的宗旨與任務，我們中國反帝國主義的仝志呵！我們全世界反帝國主義的仝志呵，趕快振刷精神一致的團結罷。』

被壓迫的民衆呵！ 我們日常生活需要上所指示我們的，只有國民革命是我們唯一的出路；同樣，我們國民革命中只是反帝國主義運動。是我們最初步的而且是根本的辦法，其餘都是治標的罷了。 當然，我們不容感情，不容成見，凡是反抗帝國主義者，都是我們國民革命的仝志；反之，都是我們國民革命的仇敵。 這是我們應該格外看得清楚分得明白的。

至于反帝國主義運動，我想，並不是一個北京城就能濟事；一定要各地繼續組織，作大規模的活動，才能有效可言。

最後，我對于已組織的北京，及未組織而要組織的各地，關于反帝國主義運動的策略，陳述于下：

一、聯合反帝國主義祖國的蘇維埃俄羅斯；

一、聯合東方弱小民族，如高麗，安南，印度等；

一、聯合各帝國主義國家中革命的無產階級；

一、做大規模的反帝國主義的普遍宣傳；

一、排斥任何帝國主義的商品。

如此，能夠切實做去，我想，驅逐任何帝國主義于中國領土之外，時期不遠了；同樣，國民革命的成功，當然也不久了。

被壓迫的民衆——工人，農民，兵士，商人，學生，快快起來作舉國一致反帝國主義的大運動，始終要到達驅逐任何帝國主義于中國領土之外爲止！

## 寸鐵

### 惡政府碑

武昌附近西北湖堤決口，淹沒田禾房屋無數，有人提議在決口處建立「惡政府碑」以爲紀念。 湖北人眞目無王法，竟胆敢在二次戰勝八省地盤的政府勢力之下建立惡政府碑！

（獨秀）

### 大學工科與楊杏佛

聽說東南大學裁撤工科，內幕中是郭校長和齊督軍設計以此去掉杏佛教授。 廈門大學曾同時辭退四主任，東南大學辭退一個教授算得什麼，何必因此犧牲工科及數十靑年，我看此種消息未必的確；然而究竟的確與否，要看工科裁併後東南大學仍否容留楊杏佛爲斷。 （獨秀）

**中俄協定與奉張**

奉張爲什麼反對中俄協定，看七月廿八日的申報通信便明白了。原來奉張和謝米諾夫有那麼深的關係，而且訂有密約，現在還時有密電往來，他當然要反對中俄協定。 日本素有利用謝米諾夫來支配蒙古利用張作霖來支配滿州的野心，謝氏依靠日本不用說了，奉張反對蘇俄，同時對於日本取何態度，這是我們應該注意的！ 并且我們現在便應該注意申報十二月北京電：奉俄談判破裂，奉日協定妥協，日在南滿有三十年租地權。 （獨秀）

**佛化惡人**

報載山西懷仁縣水泉村王隆，虔奉佛法，，阿彌陀佛不絕口，乃因其母誤傷其子，鋤母至死且食其心肝。 大家聽了此事必以爲至奇，其實毫不足奇。 我所知道的幾位家鄉熟人：奔走軍閥官僚間無錢不要的何雯，任安徽財政廳長時大刮地皮且爲軍閥偵探安徽民黨在滬行動之馬季平，敲詐民財逼成刀匪事變之六安縣知事丁景炎，無一不是滿口阿彌陀佛，幾乎可以說凡受佛化的都是惡人！ （獨秀）

**第二猶太！**

上海某路商聯會，因爲防備窮人搶他們的臭銅錢，便主張「租界未收回以前可不顧主權，而於法與約章之外，都可委曲就商。」 這算是第二猶太人！ （獨秀）

**革命黨怎好希望敵人優容！**

越受敵人的疾視，越是革命黨的榮譽；越受敵人的優容，越是革命黨的恥辱；這本是國民黨和進步黨根本不同的地方。 想減輕敵人（列强與軍閥）的疾視與壓迫而排除急進分子，這是革命黨領袖們應該注意的危機！ （獨秀）

**國民黨與中國革命**

中國目前所急需的是民族革命運動，這個運動的領袖應該是中國國民黨；民衆若不認識國民黨和國民黨若不認識自己，都是中國革命之最大障礙！ （獨秀）

**革命黨和農民第一次見面**

中山先生在廣東農民聯歡會演說：「革命黨爲民族民權兩個主義，奮鬥了十三年，民生主義十三年總沒理過。…………今日開這個農民聯歡大會，這是革命黨和農民的第一次見面，…………就是從今日起，要實行民生主義。…………民生主義若是不能實行，民權主義不過是一句空話。」 國民黨改組後，幾個老黨員竟有「亡黨」之痛，照中山先生這般演說，不但黨未曾亡，并且三民主義的黨如今才第一次完全叫人看見。 獨秀

**「亡黨」**

主張民族主義的黨，便應該代表民族的利益而奮鬥，決不應該單是對民族運動表同情；主張民權主義的黨，便應該代表人民的利益而奮鬥，決不應該單是對民權運動表同情；主張民生主義的黨，便應該代表勞工貧農的利益而奮鬥，決不應該單是對工人農民運動表同情；因爲表同情是局外人底態度，主張一種主義的黨，不應該這樣滑稽的不負責任。 無論是什麼主義的黨，若黨員們都取局外人不負責任的態度，那黨也就去亡不遠了！ 若再等而下之，做民族運動恐怕有傷列强感情，做民權運動又恐怕妨礙一部分軍閥之友誼，做工人農民運動更恐怕開罪資本家與地主，連局外人底同情態度都不敢表示，那才

真是『亡黨』呵！

獨秀

## 猪一變而爲狗

輿論稱北京國會議員爲議猪，現在他們當中，李議員又稱馬議員爲政府狗。李議員應該知道狗與猪并無甚高下，更應該知道賄選後曹錕治下的國會議員，那一個不是狗！

獨秀

## 廣州通信

此間此時除全國皆知的沙面事件以外，還有兩件事恐怕外省還不大知道，特此奉聞：

（一）佛山南浦村農民協會成立，并經省長及國民黨農民部長出席組成「農團軍」，這就是廣州政府正式承認爲保衛農民利益之武裝隊。不料隣村有一個土豪組織的「鎮安四約保衛團」，蓄意尋釁來破壞；他們趁着雨後南浦村內魚多的時候，便要言自由捕魚，「保衛團」帶着武裝開進南浦村。農團軍不敢抵抗，請省長出了一張告示，令「保衛團」退出，該團竟將省長告示撕得粉碎。現在農民要省長派兵去解除「保衛團」的武裝，然而省長不敢，『恐怕惹出大禍』來！

（二）廣州酒業工會裏有幾個工人受了工商友誼會（資本家的組織）之騙，要去加入，酒業工會派人勸阻，被商團看見了，不問情由便打，打傷了酒業工會的代表八九個人，警察反而幫着商團逮捕工人，公安局長吳鐵城居然說是『工人先持械動手』打人！

春園　八月七日

在道理上說，主張『增進農人生活』『保障勞工團體』之國民黨的官吏，不應該放任保衛團商團壓迫農民工人而不過問；在利害上說，工人的革命精神和商團的反革命行動，都已經明明白白擺在革命政府面前，革命政府的官吏萬分不應該再來幫助商團壓迫工人農民了！

記者

The Guide Weekly.

# 嚮導週報

◀第八十一期▶

（中華郵務管理局特准掛號認爲新聞紙類）
一九二四年九月三日
郵票代數概作九五折

分售處
香港 萃文書局
巴里 中國書報社
廣州 丁卜書報社
上海 民智書局
上海書店
武昌 時中書報社
共進書社

分售處
太原 晉華書社
長沙 少年書店
濟南 齊魯書社
杭州 古今圖書店
雲南 新亞書社
寧波 明星書局
開封 文化書社
鄭州 工學社
南京 天一書局
成都華陽書報流通處

定價 國內一元寄足四十期 國外一元寄足二十五期 郵費均在內 零售每份大洋三分

每星期三出版 發行通訊處 杭州寶覺路[illegible]七號轉洪立民 北京大學第一院收發課轉鄧子明



九七特刊

## 我們對於義和團兩個錯誤的觀念

獨秀

義和團，在中國現代史上是一重要事件，其重要不減於辛亥革命，然而一般人不但忽略了他的重要，并且對他懷着兩個錯誤的觀念：

第一個錯誤的觀念：憎惡義和團是野蠻的排外。 他們只看見義和團排外；他們不看見義和團排外所以發生之原因——鴉片戰爭以來全中國所受外國軍隊外交官教士之欺壓的血腥與怨氣！ 他們只看見義和團殺死德公使及日本書記官；他們不看見英人將廣東總督葉名琛捉到印度害死，并裝入玻璃器內遊行示衆！ 他們只看見義和團損害了一些外人的生命財產；他們不看見帝國主義軍事的商業的侵略損害了中國人無數生命財產！ 他們只看見義和團殺人放火的兇暴；他們不看見帝國主義者强賣鴉片烟焚毀圓明園强占膠州灣等更大的兇暴！ 他們自誇文明有遵守條約及保護外人生命財產的信義；他們忘了所有條約都是帝國主義者控制中國人之奴劵（最明顯的是關稅協定及領事裁判權），所有在華外人（軍警外交官商人教士）都是屠戮中國人之劊子手，所有在華外人財產都是中國人血汗之結晶！ 他們指責義和團號召扶清滅洋及依託神權是頑舊迷信；他們忘記了今日的中國仍舊是宗法道德封建政治及神權這三樣東方的精神文化支配着！ 義和團誠然不免頑舊迷信而且野蠻；然而全世界（中國當然也在其內）都還在頑舊迷信野蠻的狀態中，何能獨責義和團，更何能獨責含有民族反抗運動意義的義和團！「與其憎惡當年排外的義和團之野蠻，我們寧憎惡現在媚外的軍閥官僚奸商大學教授新聞記者之文明！」

第二個錯誤觀念：以爲義和團事件是少數人之罪惡，列强不應因少數人之故懲罰全中國人民以巨額負擔。 他們不曾統觀列强侵略中國，是對於全民族的，不是對於少數人的；劇烈的列强侵略，激起了劇烈的義和團反抗，這種反抗也是代表全民族的意識與利益，决不是出於少數人之偶然的舉動。 即或義和團當中及縱容義和團之貴族夾有思想上政治上爭執的動機或其他卑劣的動機，而羣衆之附和義和團，則由於外力尤其是教會壓迫的反應，可以說毫無疑義。 義和團事件，無論是功是罪，都是全民族之責任，不當推在義和團少數人身上。

全民族都在外人壓迫之下，若說只有少數人或義和團不甘屈服，那更是全民族絕上的恥辱了！若因爲參加義和團運動者爲全民中之少數，則參加辛亥革命與「五四」運動者，也是全民中之少數，我們決不能只據實際參加者之數量，便否認其質量上代表全民族的意識與利益。 文明的紳士學者們，說義和團事件是少數人之罪惡，說列强不應該懲罰到義和團以外的人，不嘗是向列强跪着說：我們是文明人，我們不曾反抗汝們懲罰少數的義和團，不應該皂白不分連累到我們大多數安分屈服的良民。

情形如果是這樣，還幸虧有野蠻的義和團少數人，保全了中國民族史上一部分榮譽！

義和團的野蠻，義和團的頑舊與迷信，義和團時的恐怖空氣，我都親身經驗過；我讀八十年來中國的外交史商業史，我終於不能否認義和團事件是中國民族革命史之悲壯的序幕。

## 帝國主義與義和國運動

述之

### （一）

中國自義和團這個眞正民族羣衆之反帝國主義運動失敗，亡國辱種之「辛丑條約」成立，一直到現在，（一九〇一——一九二四年）整整的二十三週年了。 在這二十三週年中，中國無論經濟政治各方面，實際上已完全變成了國際帝國主義的殖民地，中國四萬萬民衆，已完全變成了國際帝國主義者的「欄內牛馬」，「鍋內魚肉」，宰割烹煑，都任其所爲，而莫可如何。 更可恥的，就是一部分中國人，尤其是所謂「士大夫」之流，甘作帝國主義者之奴隸走狗，對偉大的民族運動，反「帝國主義之義和團，不是羞爲稱道，就是妄誣之爲「拳匪」爲「惡徒」，替帝國主義作賤視自己民族之宣傳。 無怪乎民族革命精神之日日消沈，媚外的奴隸主義之日日澎漲啊！

今日！ 一九二四年的九月七日！ 亡國辱種之辛丑條約的廿三週年紀念日！ 一個唯一的反帝國主義之民族羣衆運動失敗日！ 我們——眞正被帝國主義壓迫的民衆，要想振刷中國的民族革命精神，打倒媚外的奴隸主義，在這個日子裏，首先須把這個日子在中國被國際帝國主義壓迫史上的意義重新介紹，尤其對於義和團運動須得重新估定其在中國民族革命運動史上之眞價值。 我們應該替義和團宣雪其廿三年來被帝國主義者及其走狗所加之惡名，刷洗中國一班人腦中對於義和團運動之根本錯誤觀念。 總之我們應告訴中國被帝國主義壓迫之眞正民衆，重新起來認識這「九七」紀念日，認識義和團運動的革命精神，從這根本認識上得着解放自己的新道路。

可是要想眞正了解「九七紀念日」，了解義和團的民族革命精神，就必須先懂得義和團運動與帝國主義的關係；因爲義和團運動絕不是一個什麼單純的民族仇外運動，確完全是農民羣衆受了帝國主義的過分壓迫之一種反抗運動。 所以我們首先須分拆在義和團運動以前國際帝國主義在中國各方面的勢力與其侵掠情形。

### 二、

帝國主義本是資本主義發展過程中之必不可免的階段。 資本主義發展到了帝國主義，在其本身上本已到了末日。 所以列寧謂帝國主義爲臨死的資本主義。 可是資本主義雖到了末日。 然而，始終想延長其殘喘，如是就拚命地向經濟落後的農業國——殖民地去掠奪，剜殖民地之肉以醫己之瘡。

資本的帝國主義之根本病源是（一）生產過剩，（二）原料缺乏，（三）資本多餘，（四）勞力缺乏。 因生產過剩，於是要求廣大的銷貨場，因原料缺乏，就要求廣大的原料出產地；因資本多餘和勞力缺乏就要求投資地和低賤的勞動商場。 所有這些，完全是帝國主義的經濟要求。因爲要達到牠的經濟要求，就不能不用政治威權來保證。 可是經濟與政治的要求大露面，於是又想出文化的要求來。 所以無論任何帝國主義之對於殖民地或半殖民地，因要滿足牠的要求。 必然行使三種侵掠，——經濟侵掠，政治侵掠和文化侵掠。 以前的英，美，法，日，俄，德等帝國主義之對於中國也完全如此，不過運用這些侵掠的政策各有緩急輕重之不同罷了。

帝國主義侵掠中國要以鴉片戰爭爲始，從此英國帝國主義在中國到得商業經濟上的無上特權，因此法，美，俄，德，日，意各帝國主義，如蠅附羶，爭先恐後地向中國進發，經過「英法聯軍」之役，「中法戰爭」，「中日戰爭」，「膠州灣事件」等，直到義和團起事之前日，國際帝國主義，在中國政治，經濟，文化各方面已無外交，中國隱然一國際帝國主義的殖民地。 我們且看當時，義和團起事之前日，國際帝國主義在中國之實際勢力究竟如何。

先看經濟方面• 國際帝國主義侵掠中國，首先就想實現牠們第一個要求，强迫中國人買牠們的「過剩商品」，强迫中國人民開牠們消售商品的商埠，中國人民不願意，牠們卽以兵力臨之。結果，中國人民被征服了，牠們的目的達到了。 現在把一八四二年至一九○○年由帝國主義强迫所開的商埠列表如下

| | | | | |
|---|---|---|---|---|
| 上海 | 甯波 | 禍州 | 廈門 | 廣州 |
| 芝若 | 鎮江 | 南京 | 九江 | 漢口 |
| 汕頭 | 海口 | 營口 | 秦皇島 | 大沽 |
| 天津 | 張家口 | 吳淞 | 蘇州 | 蕪湖 |
| 沙市 | 宜昌 | 岳州 | 重慶 | 杭州 |
| 溫州 | 三都澳 | 拙北 | 江門 | 三水 |
| 北海 | 南甯 | 龍州 | 蒙自 | 河口 |
| 思茅 | 騰越 | 雲南府 | 嘉峪關 | 伊犂 |
| 塔爾巴哈台 | 喀什克爾 | 烏魯木齊 | 吐魯蕃 | 古城 |
| 哈密 | 恰克圖 | 庫倫 | 烏里雅蘇台 | 科布多 |
| 亞爾 | | | | |

以上五十一個商埠是帝國主義者的「過剩商品」所堆集的地方，同時就是帝國主義的勢力範圍，帝國主義實際上的領土•再看牠們商品入口之增進數目。

| | | |
|---|---|---|
| 一九六四年， | 入口 | 五一，二九三•五七八•兩。 |
| | 出口 | 五四，○○六•五○九兩。 |
| | 出超 | 二•七一二•九三一•兩。 |
| 一八七四年。 | 入口 | 六四，三六○•一六四•兩。 |
| | 出口 | 六六，七三•八六八•兩。 |
| | 出超 | 一，三五二•○○四•兩。 |
| 一八八四年。 | 入口 | 七二，七六○•七五八•兩 |
| | 出口 | 六七，一四七•六八○•兩。 |
| | 入超 | 五，六一二•○七八•兩。 |
| 一八九四年。 | 入口 | 一六二•一○二•九一一•兩。 |
| | 出口 | 一二八•一○四•五一一•兩。 |
| | 入超 | 三三•九九八•三八九•兩。 |
| 一八九九年。 | 入口 | 二六四•七四八•四五六•兩。 |
| | 出口 | 一九五•七八四•八三三•兩。 |
| | 入超 | 六八，九六三•六二四•兩。 |

由上表可以看出帝國主義商業侵掠的突進，入口由五千一百萬餘兩增到二萬六千四百萬餘兩，由出超二百萬餘兩倒轉來至入超六千九百萬兩。 此中尤須注意將入口品多工業品，而毒人之鴉片每占入口十分之一，出口品則完全爲原料。 因入口大超過出口，於是中國現銀幾全爲帝國主義者所吸收，以致中國舊來的金融完全破產。

在中國工業經濟方面，當時帝國主義者亦已開始進行，譬如棉紡織一業，英國有「怡和」，（設立於一八九五年）「老公茂」（設立年全上）德國有「瑞寶」（卽現在英之「東方」，一八九五年設立）•日本有「上海紡織有限司」第一廠，（一八九六年設立）第二廠和第三廠，（均設

立於一八九五年）•這些紡織工廠當時規模雖不甚宏大，然比起中國人自己所辦的來，（如仮豐，三新，久通源鼎新……等）始終是占優勢。　在礦業方面，帝國主義的勢力，也是非常大的。　許多重要礦山採辦權，都歸牠們掌握。

在財政經濟方面，那時帝國主義者更是獨霸。　因爲那時中國的舊錢號已漸破產，新式銀行尙未有一家成立•而帝國主義銀行則已有麥加利，（一八五三年設立）匯豐，（一八六五年設立）有利，（一八七五年創辦）東方匯理，（一八七五年設立）晌㘓，（一八二四年設立）橫濱正經，（一八八〇年設立）與台灣，（一八九五年設立）等•對國外的一切通商匯兌，固然完全由這些銀行包辦，卽國內一切金融，尤其「商埠」所在地，亦幾完全受牠們的操縱。　牠們還在中國發行鈔票，又放債滿州政府，從中取得重利。　我們把外國銀行和帝國主義者直接所借與滿州政府的借款列表如下：

| 借款別 | 起債期 | 債額 | 年利 |
|---|---|---|---|
| 匯豐銀借款 | 一八九四年 | 一•六三五•〇〇〇鎊 | 七分 |
| 匯豐金借款 | 一八九五年 | 三•〇〇〇•〇〇〇• | 六分 |
| 麥加利借款 | 同上 | 一•〇〇〇•〇〇〇• | 六分 |
| 瑞記借款 | 同上 | 一•〇〇〇•〇〇〇• | 六分 |
| 俄法借款 | 同上 | 一五•八二〇•〇〇〇• | 四分 |
| 英德第一借款 | 一八九六年 | 一六•〇〇〇•〇〇〇• | 五分 |
| 英德第二借款 | 一八九八年 | 一六•〇〇〇•〇〇〇• | 四分五釐 |

以上借款總計起來，爲四千九百四十五萬五千鎊，以每鎊値中洋十元計，則爲四萬九千四百五十五元。　利息又是從四分至七分，超過尋常利息二三倍。這種巨大的借款和過分的利息，究竟歸誰担負？難道是滿州政府？　很明顯的，這個負担完全落到中國最大多數的農民肩上。

看上邊帝國主義對於中國工業的投資與對於滿州政府的借款投資，在帝國主義本身，確已解決了牠們的「多餘資本」問題。可是對中國民衆，新工業破壞了舊時的手工業，借款則加重農民負擔，迫之急速破產而失業，這就是帝國主義之賜•

還有關於當時交通上的權利，也完全操在帝國主義者手裏。，鐵路不是由牠們建築，就是借牠們的借款，聘牠們的技師。　總之名義上建築鐵路，管理鐵路雖爲中國政府，在實際上完全是帝國主義者所把持。　航業一層，又全歸牠們包辦，對海外航業固不待說，卽內河流域，如揚子江，西江等的大輪航行，又幾全爲帝國主義者所操縱•郵政一層也是法國帝國主義者暗中支配

我們再看帝國主義者當時在中國政治上的特權。　自一八五八年天津中英條約第五條訂立。

『英民犯罪，由英領事懲辦，中國民欺害英民，由中國地方官辦理。　兩國人民爭訟事件，由中國地方官與英領事官同審辦。』之後，（同時中法和約第六條亦有同樣的規定）從此帝國主義者在中國享有「領事裁判」之持權，從此中國人民在法律上棄掉了自衞的權力；從此中國在政治上變成了「合法的半殖民地」。　此後凡帝國主義者在中國各地之一切跋扈行爲，及一切之糾紛教案，莫不由此種法權的讓與所造成。　同時在中英和約第一條上均規定英，法各派公使駐北京。從此就成就了東交民巷無上威權的太上政府——公使團，直接統治北京政府，間接統治中國全民衆，一直到現在。

自南京條約爲英國帝國主義强迫規定海關稅値百抽五。一八五四年英，法，美帝國主義乘洪秀全與滿州政府內訌之機，奪得管理海關權。　從此中國全部經濟生命完全操諸帝國主義者之手，以致對外貿易毫無發展之可能，本國產業絕沒有振興之機會。

至帝國主義當時對中國的「文化」侵掠，更是可怕。　凡帝國主義

文化侵掠的唯一方法是布宗教，開學校。 宗教一方面是帝國主義侵逐殖民地民衆之一種催眠術，另一面又是帝國主義侵掠殖民地之探險隊，先鋒軍。 現在且錄關於德國帝國主義者俾斯麥對於加特力教徒之前後相反的態度情形如左。

先是俾斯麥在一八七三至一八七五年之間，對於加特力教徒重剝奪其政治上之權力。凡不服從政府命令者，皆嚴重處分之。因此當時教徒多逃往他國。 後來有加特力教徒安察耳和富制南特美士於一八七九年至山東傳教。不久安察耳竟在山東南部取得牧師長，甚有勢力。適其時值德國探險家維斯曼烏爾夫之徒，稱揚傳教事業，於取得殖民地大有作用。 俾斯麥聞之，於是即囘復加特力教徒之權力，適安察耳歸柏林，他又接見安察耳，厚加禮貌，與之約束，并說德國今後對於傳教事業，當加以熱心之保護。 結果因安察耳，德國竟取得青島，膠州灣以及山東一切特權。 （見清朝全史第四冊）

由此看來，傳教與帝國主義殖民政策之關係如何，傳教徒與帝國主義者本身有什麼分別？ 讀者當能明瞭。

在義和團起事以前，帝國主義的宗教，在中國的實在勢力如何，如多少教介，多少宣教師，信徒多少，我手邊沒有確實的統計可查，無從斷定。 可是我們根據當時教案之多，（自西江流域，揚子江流域以至山東直隸，東三省各地，差不多無日不發生教案） 即可以反證當時宗教勢力之盛。 教會學校也沒有確實的統計，但是有教會的地方差不多都附有學校，由此亦可想像當時教會學校的勢力絕不在小。

末了我們把帝國主義所割據中國的領土，強迫所借的租借地以及因歷次戰爭或教案所得的賠款列舉如左。

領土除安南，緬甸不計外，有

香港，九龍，奧門，台灣。

租借地除上海，天津，漢口，廣州各地的租界不計外，有

廣州灣，膠州灣，威海衛，大連，旅順。

賠款，有

鴉片戰爭共賠款二千萬元。

英法同盟進攻北京之役共賠款一千六百萬兩。

天津事件（同治九年）賠款二十五萬兩。

台灣事件（同治八年）賠款五十萬兩。

煙台條件（光緒元年）二十萬兩。

伊犂事件（光緒七年）賠款九百萬盧布。

中日戰爭（光緒二十一）賠款二萬萬兩。

三、

由以上帝國主義對中國經濟，政治，文化各方面之種種侵掠，以及用強迫所取得種種權力，如此，究竟對中國一般民衆發生什麼影響呢？ 中國一般民衆對帝國主義有什麼反感呢？ 這些問題，用不着我來答覆，只把帝國主義的偵探——牧師，斯魏磁（Hswith）所招的口供抄寫出來，就很夠了。 斯魏磁對義和團運動曾特別著了一部波動的中國(China in Convulsion)他在那部書上批評國際商業說：『許多從「文明」逐漸地進攻中國內地，無數受禍者他們自己不明白受災害的原因，好像日本農民被地震所造成的海水或海岸沉落所起的潮水之淹沒一樣。 可是有許多人很知道在外國商業未進來擾亂舊秩序以前，在普通的年歲裏是夠吃夠穿的。 現在各方面都缺乏，覺得前途一天一天地可怕，像這樣的經驗，在活動的各方面，能怪中國人對新秩序感覺很深的不滿意嗎？

火柴從外來，洋油及洋油所帶來的各種洋燈，代替了中國工業大部分，對社會有極大的影響，此處不能詳說。 人們讀了輪船公司的報告，紗貨商業在中國怎樣興盛，此種商業從廣東到牛莊，將來極可樂觀。……但是沒有一人能讀到此種商業的發展，實大影響於中國

生產棉花地面上之無數萬人民。　這些人民以前靠着紡織十五寸寬的布來謀極低度的生活；一尺布須費兩天勞力，在市場上把布賣去，買進能供一家最低度的生活需要品，餘則再買些棉花來繼續紡織。　但是現在呢，外國棉紗貨有很好的「樂觀」，可是土貨則完全失掉了牠的市場，從那時到現在，都是如此。……費力的紡紗工作沒有利益了，又沒有別的生產來代替他！」

斯魏磁雖然是帝國主義的走狗，可是他在這段文字裏，關於中國農民羣衆和手工業者，受了帝國主義的商業經濟侵掠之後，是如何破產，如何窮困悲慘可怕，却描寫得非常明顯，非常合於客觀事實。

我們再從反面舉一件事實來看，恰與此相合。　這就是大家所知道的中國近數十年來失業游民，土匪之衆多，可惜我們對於遊民，土匪沒有統計，如果統計起來，其數目必然多得可怕。　但是游民和土匪從那里來的呢？　非常明顯，所謂游民和土匪，就是失業的農民和手工業者。　他們起初也是很好的安分守己的「有職業人」，但是自從帝國主義者，右手拿手槍，左手挾商品，强迫輸入中國以後，他們競爭不過，於是就墮落成爲無業的游民和土匪了。

我們再看斯魏磁引加勒勾耗(A,R,Colpuhoun)所著行到中國(Overland o China)一書上的話，批評天主教說：『犧牲者的血是法國在中國侵掠的種子，（當時在中國的天主教，完全在法國帝國主義者卵育之下，故單言法國，）法國用教會和本地的教徒作挑撥的代理人；遭禍與犧牲是牠政治上的收穫。　英國商業的優勢之對於英國，猶之天主教徒的保護權對於法國一樣，因此牠們地位的影響，對於中國人差不多相等。　但是法國從宗教的材料較英國從商業的材料所得利益更十倍。　在法國政府卵育之下，天主教已經成功無上的威權。　不顧本地的法律和習慣，宰制異教隣舍，超越所在國國法權。　無論何時，教徒與非教徒有爭論，不管爭論的是非如何，牧師就立刻爲之袒護。　牧師如果不能恐嚇地方官，强迫給權利與教徒時，他卽自己作當事人，控告於法國領事。　如此無法無天，是非的眞意完全顛倒了。　在外强方面，這樣的干預自必跟着而來，天主教徒由此亦更爲橫蠻而腐敗。當法國教會官廳，可以壓迫人民時，本地的教徒更變本加厲的恐嚇。」

加勒勾耗這一段文章，完全是描寫法帝國主義怎樣利用天主教侵掠中國，天主教徒在中國怎樣，横行無忌，牧師怎樣袒護天主教。這些完全是事實。　不過不僅法國帝國主義强護下之天主教如此，就是德英美所擁護的新教也一樣可其他稱「難兄難弟」。

由上兩段客觀實事的描寫看來，中國手工業者和農民羣衆受帝國主義如此之經濟的嚴重壓迫，另一方面，又受教會與教徒之無理摧殘。　農民羣衆，與手工業者以及一班普通人民，在這樣嚴重壓迫與無理摧殘之下，若非木石，他們必然要發生反動出來。　所謂義和團運動，不過是這種必然的反動之結晶罷了。

現在我們來分析義和的團起源和其結合的成分。義和團的祖先是白蓮教，創造白蓮教的韓林兒是一個仇視北胡元韃子，的民族主義者，所以白蓮教的根源就是反抗外族壓迫的民族結合。　他們假教爲名，不過希冀藉以逃避當時之法網而已，自朱元璋恢復漢族統治於是白蓮教之目的已達；因而自然消滅，所以白蓮教在明代三百年中，寂然無聞，自滿族入主中夏，漢族統治權，又落於外人之手，於是明朝遺老與當時一班不甘屈伏於滿族統治下之志士，羣起結合，復借白蓮教之名，以圖實行恢復漢族統治權之實。在乾隆末年與嘉慶十八年，兩次大舉，皆以恢復明祚爲口號，惜爲滿州政府所壓滅。　從此白蓮教更被嚴禁，其教遂分爲「天理教」與「八卦教」二派，義和團實爲八卦教之一分派，由此我們可以知道義和團的來源，其歷史上天然帶有反抗外族壓迫之特性。

但是義和團爲什麼拋棄反抗滿族之本來目的，反與之結合而反抗國際帝國主義呢？其理由非常簡單：義和團本性是封建時代的眞正民族革命者，牠見着一時剝削中國民衆，壓迫中國民衆的唯一敵人，不是滿族，而是國際帝國主義；所以牠轉舵回帆，拋棄對滿洲政府之舊怨而反抗帝國主義。 然此不過就和義和團的歷史上說，要眞正明白義和團所以反抗國際帝國主義之原因，還須看牠的組成分子。

白蓮教原來的組成分子，在封建的農業社會裏，不用說最大多數是農民。其餘一部分是失業游民，手工業者，少數的「士階級」。 義和團也是一樣。 牠的成分自然大多是農民，和着手工業者，失業游民與「士階級」。 可是須特別注意的，義和團組成分子的性質已大與白蓮教異。 因爲那時的中國，已經成了資本帝國主義宰制下的中國，農民，手工業者等已經嘗着資本主義的第一重滋味。牠們的感覺與一百年前或數百年前白蓮教徒的感覺全然不同。 牠們眼見天津，上海各大城市裏所賣的貨品很少是中國人自製的，牠們親眼見着洋鬼子好幾次派兵遣艦，硬要中國政府開某某城作商埠，租借某某城，某某地方應該割讓給他。 牠們又看見中國政府賠了許多款項給外國人，在另一方面政府把牠們的田租加到好幾倍。 牠們又看見地力的痞棍，有錢的地主，新老爺們都入了洋鬼子的教堂，巴結洋鬼子的勢力來欺壓牠們。 (因當時吃教的多半是地痞與地主或新式官僚) 牠們親自看見牠們的親戚或朋友們在中日之戰被外國人打死了。 牠們又看見洋鬼子燒毀了牠們皇帝很好看的圓明園。 許多外國的兵隊却在北京天津附近鄉村裏搶刼牠們的物件。 (指英法聯軍入北京事)

所有這些極深刻的印像印在那些頭腦本來十分簡單的農夫，手工業者和失業游民的腦子裏，在牠們眼中，心中，只有「可恨的洋鬼子，」「該殺洋的子！」那裏還有閑工夫來記得要報復什麼滿州人。 和受人利用等事呢。 這就是義和團(指義和團的羣衆)所以丟了滿州政府來反抗帝國主義的根本動因。有了此種動因，只要有人說「殺洋鬼子」「我們有方法可以堵住洋鬼子的槍，不能開放」。 牠們聽了，直狂跳起來，什麼都不管了。只一心一意「殺洋人去」。 所以有人說，當着山東，直隸，各處農民投入義和團，及天津與直隸鄰近的義和團進北京之時，好像瘋人一樣。 殊不知這就是封建社會裏農民羣衆的原始暴動之本色。

四．

我們已經知道帝國主義對於中國農民羣衆，(中國最大多數是農民，所以說中國人民直以農民稱代之)之最酷的侵掠如彼，農民羣衆對於帝國主義之侵掠，無形中所起之反感又如此，於是中國農民羣衆之對於帝國主義的反抗暴動，是歷史必然律(在印度，波斯，土耳其等均曾經過)，發動不過是遲早的問題，誰也不能作違反牠們本意的利用(譬如利用之保護帝國主義，)更不能根本阻止牠們不動發；而只能在一定的範圍內不違反牠們的本意來利用牠們，或以更良好的方法來領導牠們，有人說：『義和團的暴動，全由義和團幾個領袖的野心(如李中來之流)與滿州政府反動派的仇外心理(如戴漪毓賢等)所造成。』這個觀念完全錯誤。沒有李中來，在當時義和團自然有別的領袖來發展，牠；即沒有義和團的名目，當時義和團的羣衆，必由旁的名目和旁的形式來結合。 義和團沒有戴漪毓賢來發動，必有旁的人來發動。 和團的羣衆好像一付炸業，李中來，毓賢，戴漪等不過一束引火，偶然借他們作一時的發動力而已。 李中來，毓賢，戴漪等這些引火不發動，終究有旁的引火來發亂，炸藥遲早是要爆裂的。

我現要批評義和團一句，義和團固然是一個農民羣衆的反帝國主義運動，但因爲牠的經濟基礎始終是在封建的農業的社會裏，所以牠是一個無組織的原始的農民之反帝國主義暴動，因此彼帶有幾分復古的色彩。被反動的封建階級利用，徒有其衝動的反抗熱情，而沒有看到歷史的進化趨勢，不了解科學的革命方法，所以終於失敗。然而這完全是客觀歷史條件的限制，絕不是當時義和團領袖與其羣衆之主觀的錯誤。可是義和團運動，在中國近百年來的民族運動史上，甚至在全部中國歷史上，始終占着極重要的位置，有偉大的歷史價值，牠的價值決不減於辛亥革命與「五四」運動。牠雖然失敗，但是我們可以從牠的失敗裏，尋到將來成功的眞教訓。

所以我現在對義和團運動的結論是：

義和團運動，是中國農民羣衆受了外國帝國主義過分壓迫，而起的一種反帝國主義之民族革命運動。

義和團的失敗是由於：(一)不懂得歷史進步的趨向(二)因被反動的封建階級利用。(三)不知道科學革命方法。(組織與戰略)

因此我們從義和團運動與其失敗所得的教訓是：

一、我們——眞正被帝國主義壓迫的民衆，眞正的民族革命者．應該繼續義和團之廣大民族羣衆革命運動的偉大精神。

二、我們應仔細看清歷史前進的趨向．盡力脫去復古的色彩，往進化的路上前進。

三，我們認定眞正的敵人——帝國主義者與軍閥；可是絕對不能與任何反動派合作。

四、盡力運用最進步的科學的革命組織與科學的革命策略。

中國被帝國主義壓迫的人們啊！起來奮鬥罷！我們前途的光彩無限呢。

# 義和團與國民革命

和森

中國農民羣衆反抗外國帝國主義的起事，第一是鴉片戰爭中廣東的平英團及各鄉團，第二是一九〇〇年蔓延北方各省的義和團。二者都是對於外國帝國主義的侵略(直接的與間接的)不堪忍受的反射運動，而後者在中國民族革命史上比較的更爲嚴重 爲悲壯。

然而義和團運動不僅被他的敵人外國資產階級與帝國主義者普通宣傳爲中國野蠻的排外舉動，就是他的連帶責任的同胞——甚至於革命黨也公然這樣的指斥他。他們不是向外國帝國主義者聲明這是少數無知愚民的罪惡，便要把自己的革命說爲比較滿清或軍閥更進一層的尊重對外條約保護外人生命財產的文明行爲！

自從外國帝國主義侵入中國以來，中國的革命已經不是單純對付某一朝代某一軍閥的內政問題，但是對付國際資本帝國主義之野蠻酷烈的侵略問題，而某一朝代某一軍閥不過爲這問題中之一部份。在這一點上，義和團運動是最足以代表中國革命之客觀的需要與性質的；也只有由這一點才能眞正理解義和團的精神與價值。

這時候，農人羣衆迫切的需要是反抗洋人。因爲帝國主義武裝送來的外國商品，鴉片烟，傳教師，不僅使農人手工業者不停的破產與失業，而且使他們不停的吃洋官司，慪洋氣，洋教的勢力橫行鄉里，莫可誰何。這時候，自方鎮總督以至地方官，自李鴻章袁世凱以至二毛子三毛子，莫不漸漸成爲孝順洋人的機械；獨在朝之頑固的王公大臣富有排外思想。於是這些王公大臣遂成爲一時的歷史的工具，起來利用並領導這種『扶清滅洋』的反帝國主義運動。

因此，反動派與開明派之間成爲這樣一種可恥的對照：前者頑强不屈的去反抗外國帝國主義，後者奴顏婢膝宣告不顧北京形勢如何，對於外人條約權利保護不怠（這是當時兩江總督劉坤一，湖廣總督張之洞，兩廣總督李鴻章，閩浙總督許應騤聯合通知上海領事團的話）去討好外國帝國主義。袁世凱(山東巡撫)在這時候更以『保讓外人剿討挑匪』樹立他以後在外國帝國主義者中的被僱人地位。

義和團排外的精神，是中國國民革命精神頭一次充分的表現，可惜這種本能的幼稚的國民革命運動並不是沒有缺點。他的缺點是在方法上面；然而這種缺點是歷史限定他的，并且是必然的。在尚未發明鐵器的美洲土人和非洲土人，他們或在半開化時代或還停滯於野蠻時代；當歐洲『文明』人攜帶近代的新式武器與技術來侵略他們的時候，他們怎樣去抵抗呢？ 自然，不僅只能運用已有的腕力石器弓箭等去抵當大礮與機關鎗，而且只能運用半開化的或野蠻時代神祕的宗教勢力去團結他們幷鼓舞他們的勇氣；除了這些已有的物質與精神的武器之外，他們一時是無可如何的。 義和團亦然。按照當時中國歷史發展的條件，當然只能容許農人拿着刀，鎗，矛，錨，張眞人，呂洞賓，神兵，天將……去與大礮機關鎗以及帝國主義者一切近代的知識技術去決勝負。

沒有近代的知識與方法，這是義和團的致命傷。 所以義和團的失敗，乃是經濟落後的中國民族之歷史的必然的結果。 然而這種歷史的失敗包含着神聖的意義；換過說，被侵掠者抵抗侵掠者的戰爭乃是神聖的戰爭；這種戰爭雖敗猶榮。 是故義和團雖因沒有近代知識與方法而失敗，但決不因沒有近代知識與方法而減其運動之歷史的神聖的價值。

義和團失敗後十一年，即一九一一年，辛亥革命起。以辛亥革命與義和團運動比較，形式與精神都大不相同。辛亥革命一面完全採取了近代資產階級民主革命的形式；別面完全抹煞了庚子起義的排外精神。不僅完全抹煞排外的精神，而且於此精神的反面再三向國際帝國主義宣言革命政府將怎樣加倍的尊重『友邦』條約及個人權利，怎樣革除(滿清時代)通商與實業之障礙以待外資之開發，怎樣期望躋於所謂文明國家之林，以享文明國家應享之權利與應盡之義務。

這種非革命性(對於外國帝國主義)的精神與期望，現在已證明其完全錯誤與無效。 引起這根本錯誤的原因，大約不外下列三事：第一，沒有認清中國革命運動之國際的性質，卽沒有認清中國的革命爲普通一般殖民地之反帝國主義的革命，而非單純對內的民主革命。第二，不知道帝國主義的資產階級決不會幫助他所欲永遠掠奪的殖民地經濟落後國之獨立自主的民主革命運動。 第三，鑑於洪楊革命(太平天國)未與帝國主義列强講外交之失敗。

自資本主義發達到帝國主義顯然把地球各部份經濟落後的民族固定於他的隸屬地位，而不容其翻身。 帝國主義的資產階級與從前民主主義的資產階級顯然不同。 從前的資產階級不自覺的在各方面(主要的是經濟與政治方面)都盡了一種革命的作用，他不僅完成了自己的革命，而且要幫助別國同階級的人完成其革命。 現在帝國主義的資產階級則不然，他反而成爲全世界一切反革命的中堅，尤其是對於殖民地和半殖民地，他必出死力以維持這些地方封建的半封建的舊制度與舊勢力，(在印度，在中國，在高麗，都是一樣的)因爲這樣於他是極便利的。 所以在殖民地和半殖民地閉着眼睛模彷一二世紀前單純對內的民主革命，簡直是牛頭不對馬嘴；而希望帝國主義的資產階級與他以幫助更是莫明其妙的昏謬。 這種昏謬在洪楊革命中尚沒有的(洪楊李秀成等皆恥求助於外人——侵掠者)這正是洪楊革命的卓越。 不然，豈有眞正獨立自主的民族革命能與外國帝國主義講外交而成功？

然而這些昏謬的趨向，在辛亥革命以及在現在國民黨的右翼中還是很嚴重的。 他們或是羽翼於外國帝國主義之下的革命代表，或是久居租界受慣外人之保護的元老，他們不僅不贊成反對外國帝國主義而且攻擊如此主張之左派諸人爲破壞國民黨嚷爲什麼『開罪友邦』！

所以辛亥革命，表面上似乎比義和團運動進步一些，因爲形式上和精神上都似近代資產階級化；然而實際上，這次革命是完全失敗了，他的意義轉不如義和團之重大。 義和團是因爲沒有近代化而失敗，辛亥革命却反因爲効顰近代資產階級化而失敗。 這是怎樣說呢？因爲革命黨不知按照殖民地革命運動的性質和人民羣衆反帝國主義的忠實需要去把革命弄實在，他們只知拘守從前歐美資產階級改革內政的目的，一天一天的把革命弄虛空。 因此，他們只知以軍事行動，建立政府，求援『友邦』爲慣用方法，而不知道這些方法都是離開羣衆的需要而得不到結果的。」不僅得不到結果，而且要使革命頻於危險與破產。羣衆對於軍事行動與革命政府之不滿意，對於抽象的主義宣傳之厭聽，一切實際的政治宣傳與羣衆組織工作之不能施行，甚至於有時宣布禁止排外……，這些都是危機的兆眹。

「然則可知陳舊的方法和資產階級的精神是於中國革命無益，而且可以殺死中國革命的。要挽救這危機只有與世界無產階級革命聯合而受其感化之一法。」只有這樣才能使中國革命弄實在，才能與國際帝國主義及其爪牙——中國軍閥作戰。由資本帝國主義剝奪了生存方法的中國農民羣衆，本來是國際無產階級天然的同盟。這樣同盟的結果是要使義和團的遺烈先被於東方的。

最後我要在義和團與國民黨之間說幾句話，以做這篇文字的結論：

國民黨自今年第一次大會改組以來，他已具有一個頂好的明確的政；假設當時義和團具有一個這樣反帝國主義的政綱，義和團是可以領導中國國民革命至於成功。反之，現在具有這好的政綱之國民黨，若加以義和團排斥外國帝國主義的眞精神，國民黨更是可以領導中國國民革命至於成功的。義和團是中國國民革命史上悲壯淋漓可歌可泣的遺產——排外精神，我們希望國民黨雙肩承受這種偉大的遺產！

## 列甯與義和團

大雷

在一九〇〇年藉口于義和團事件而實行侵掠中國的列强中，要算俄皇的俄國最利害；俄國得賠款獨多，並欲强佔東三省全土。待俄皇政倒後，蘇俄政府成立以來，他在一九一九年以後累次單獨宣言放棄辛丑條約上俄國所得的特權。這種在俄國方面的劇烈變更，並不是一件偶然的事。因爲舊俄皇政府的性質與蘇俄政府的完全相反，因之而他們對華的政策亦絕對不相同。

俄皇政府是一個代表俄國貴族，地主，商人，實業家的利益之政府，他的政策是帝國主義的政策，口號是『大俄羅斯』在他迫之下不知有多少小民族。當俄皇屢次想在歐洲波羅的海及地中海求一出口而終被英國等所阻止，不得逞其志，因此有向東方發展的計畫，想設立『黃色俄羅斯』。在辛丑以前雖已佔領海參威，然不能厭其慾，義和團事件因而給俄皇政府建立『黃色俄羅斯』的一個好機會。

蘇俄政府的性質則完全不同，他是代表俄國被壓迫的無產階級和各小民族的政府，他的政策是聯合世界的無產階級和被壓迫民族，來推倒帝國主義來建設共產主義的社會。自蘇俄政府成立以來短期的歷史已證明他解放國內的弱小民族，幫援土耳其建設獨立政府，曾放棄他在波斯的權利。宣言放棄辛丑條約，亦是蘇俄政府照他的主義上的必然政策。

要知道蘇俄所奉的主義就是列甯的主義。列甯主義 Lininism 中最重要成份之一，就是對於民族問題的主張。列甯這種主張並不是到他做了蘇俄人民委員會之後而是在廿多年前即是這樣主張，當一九〇〇年義和團事件發生時，列甯在『火星報』第一期上做了一篇論『中國之戰』，他分析帝國主義和暴露俄皇的陰謀。

各國政府，俄國政府同樣，宣傳中國義和團的野蠻，說他們是仇視白種和西歐的『文明』；想因此可以得到人民幫助來滿足少數人的利益。

列甯回答說：『中國人民並不仇恨歐洲的人民，他們對于他們沒有什麼反對，然而他們確仇恨歐洲的資本家，和爲資本家用歐洲的政府。他們到中國去祇爲求利，他們用了他所矜誇文明去欺騙，去搶掠和壓迫，他們同他開戰，强迫他承認輸入使中國人民愚蠢的鴉片之權（一八五六英法聯軍），他們用傳教遮掩他們的活動；對于這些人們除掉仇恨之之外還有什麼呢』，中國人有許多像外國帝國主義者的口吻一樣說義和團事是野蠻的排外，仇視西歐文明因此是不對的，看了列寧的話亦可稍明白了。

列寧又說：『他們「帝國主義者」並不公開地動手瓜分，而像夜間的偷賊，他們搶掠中國像掘墳墓一樣，但是如果假屍要想抗拒的時候，他們又像野獸一樣對着他，把樹林亦燒了，屠殺沒有武裝的人民』。 列寧這種描寫眞把當時帝國主義國對中國的形態完全表露出來了。 可惜在我們中國的鳳毛麟角的外交史上祇看見把慘殺少數教士描寫得十二分慘酷，而於八國聯軍屠殺沒有武裝的人民就幾句話輕輕放過；眞是一件可恥之事。

列寧並披露俄皇這種帝國主義的政策和喚起羣衆來反對這種政策他說：『這種政策』祇有益於一部分同中國行商的資本家，有益于一部分爲亞洲市場生產貨物的廠主，有益於一部分從緊急軍事的定貨而獲得厚利的店舖。 俄皇政府犧牲全人民爲這班少數資本家和高尙的欺騙者。

他用極明白的口號來喚起民衆反對這種政策，他說：『起來用全力反對那些人們，他們想製造成民族的仇恨；並因此想從勞動人民對他們的眞正仇敵的注意轉移過來，這是一切有階級的覺悟的工人所要注意的。 俄國政府在中國的政策是一箇萬惡的政策，這政策將完成人民的毀滅，使他的做奴隸更確定和他的痛苦更大。 俄皇政府不僅奴隸我們自己的人民，並且他利用他們來奴隸別的人民』。

列寧對于帝國主義和被人壓迫民族的這種見解在廿年前既已成熟到廿年以後在他的領導之下居然實行，這就是蘇俄之所以成爲反對帝國主義之殖民地的良友而列寧之所以成爲民族解放的爲記號。

## 辱國殃民之丑亥和約

(慰)

不僅是垂死的老人，卽暫新頭角的青年，差不多都是一樣，忘却了結盟城下，賠償四百五十兆的辛丑和約，將中國鱗刑宰割，是帝國主義任情侵略的表現，是人類的恥辱！ 而反謂當時受帝國主義壓迫而反抗的人們，貽國家羞，貽同胞累；眞是荒謬極了！ 洋大人的威風毒燄，竟使佢們麻木不仁，成裝聾作啞，顚倒是非，混淆曲直而不知恥！ 至于義和團之組織，…爲當時客觀環境之產品，姑存不論，但其爲農民之反抗帝國主義的組織運動，則爲不掩事實。 自一八八八至一九〇〇之間，各處的仇殺運動，皆以教會强買土地，毀壞公產，教民倚勢逞强，魚肉鄉里爲起因。 當時地方官吏，只知一味壓抑，故終致一朝發作，蔓延數省而不可收拾！ 何況，慈僖的奴婢們，又從而用之，以達其政治的目的呢！

帝國主義的進攻，至少可分爲三個階級、 誘惑，妥協，與懲罰。 傳教是佢們的誘惑，因傳教經商受當地人民殺害而簽定有益條約是佢們的妥協，調兵遣將，陳威城下是佢們的懲罰！ 我們且看，帝國主義對一九〇〇年懲罰後的妥協—辛丑和約。

結締辛丑條約之時，洋兵尙駐北京，慈僖等已逃亡西安。 在驚魂下定，性命苟全的時候成立此等上下古今所未有的辱國和約，實理有固然！

辛丑和約第一款(一)規定派遣到柏林向大德皇帝叩頭謝罪「敬謹將命」；第一款(2)規定設立受害洋人紀念品等；第二款(一)懲辦禍首；第二款(二)規定「西歷本年八月十九日卽中歷二十七年七月六日上諭，將諸國人民遇害被虐之城鎭，停止文武各種考試五年」；第三款規定那相赴日京向大日本國帝叩頭謝罪「教謹將命」；第四款規定于被汚瀆及挖掘之外人墳墓，建立滌垢雪侮碑；第五款規定禁止軍械輸入；第六款規定賠償海關銀四百五十兆『(a)此四百五十兆係照海關銀兩市價易爲金款，此款市價按諸國各金錢之價，易金如左：。 海關銀一兩卽德國三馬克〇五五。 卽奧國三克勒民五九五。 卽美國元〇七四二。 卽法國三法郞克七五。 卽英國三先令。 卽日本二元四零七。 卽荷蘭一佛樂林七九六。 卽俄國一魯布四一二。 俄國魯布按全年算卽十七多理亞四二四。 此四百五十兆按年息四釐正本由中國分卅九年，按附表清還。 本息用金付給，或按應還日期之市價易金付給。 還本于一九〇二年正月底一日初一，一九四〇年終止。 還本各款應按每届一年付還！ 初次定于一九〇三正月初一日付還。 利息由一九〇一年七月初一日起算；惟中國國家亦可將所欠首六個月至一九〇一年十二月卅一日之息展在自一九〇二年正月初一日起，于三年內付還。 但所展息款之利，亦應按年四釐付清，又利息每届六個月付給，初欠定于一九〇二年七月初一日付給（B）此欠款一切事宜，均在上海辦理如後：諸國各派銀行董事一名，會同將所有由該管之中國官員付給之本利總數收存，分給有干涉者，出付回照（C）由中國國家將全數保票一紙交付駐京各國欽差領銜大臣手內，此保票以後分作零票，每票上各由中國特派之官員畫押，此節以後發票一切事宜，應由以上所述之銀行董事，各遵本國飭令而行（D）付還保票財源各進款應每月給銀行董事收存（E）所定承担保票之財源開列于後：（一）新關各進款，俟前已作為担保之借款各本利付給之後餘剩者，又進口貨稅增至切實值百抽五，所增之數加之，所有向例免稅各貨，除外國近來之米，各享色糧麵幷金銀各錢外，均應列入切實值百抽五貨內。 （二）所有常關各進款，在各通商口岸之常關均歸新關管理。 （三）所有鹽政所進項，除歸還前泰西借款一宗外，餘利一幷歸入。 至進口貨稅增至切實值百抽五，諸國現允可行，惟須二端（A）將現在照估價抽收進口各稅，凡能改者，皆當速改為按件抽稅幾何辦法；改稅一層如後為估算貨值之基，應以一八九七，——九八！九九三年卸貨時各貨索算，價值乃開，除進口稅及享稅總數之市價，其未改以前，各稅仍照估稅征收。 （B）北河黃浦兩水路，均應改善，中國國家卽應撥款相助，增稅一層，俟此條款畫押日兩個月後，卽行開辦，除在此畫押日期後，至遲十日，已在途間之貨外，概不得免抽。』；第七款規定『……各使館境界以為專與住用之處，並獨由使館管理，中國人民，概不准在內居住，亦可自由防守使館界綫……按照西歷史一九〇一正月十三日卽中歷上年十一日廿六日文內後附之條款，中國國家應允諸國分應自主留兵隊，分保使館』。 第八款規定『大請國國家應允將大沽砲台，及有礙京師至海道之各砲臺一律削平。現已設法照辦』。 第九款規定『按照西歷一九〇一年正月十六日卽中歷上年十一月廿六日文內後附之條款，中國國家應允由諸國分應主辦會同酌定數兵留兵駐守，以保京師至海道無斷絕之虞，今諸國駐守之處係黃村，卽房，楊村，天津，軍糧城，塘沽，蘆臺，唐山，灤州，昌黎，秦皇島，山海關』。 等十款規定切實前款所規定之一切；第十一款規定北河黃浦水道改良之具體辦法。第十二款規定改總理衙為外務部，變更覲見禮節，京師撤兵……等等。

綜觀此滿清苟全性命，辱國殃民之辛丑和約，眞令人驚異滿清之昏愚，帝國主義之狡猾兇猛。 此約內容一二三四款之規定，致國家體面，損失貽盡。幷損害國家制度，六款之規定把持國家歲入，以侵犯國家的獨立財權；七款之規定，損害國家土地權與人民居住自由權戌兵防守儼同「駐防」；八款之規定，使首都重地陷于帝國主義軍隊圍包之中，一有事變，列强軍隊，可以水陸直達，毫無阻礙！ 總之庸愚頑冥的滿清政府，只圖一時苟安，而帝國主義的强盜，可就得其所哉，大顯身手，用了這一只蜘網式的鏈鎖，將這和平的兒縛着，眞百年宰割之基！

可憐愚昧的人們啊！ 你們不知激勵奮起，以湔此奇恥大辱，反畏洋人如虎豹，呪反帝國主義的初期運動為辱國殃民！此時同胞固覺醒多矣，但帝國主義的聯合進攻更猛如昔。 趁此國恥之日，全國反帝國主義潮流最高之時，卽時奮起，向國際反帝國主義的聯合戰線，在

打倒軍閥！

打倒帝國主義，旗幟之下，猛勇精進。

同胞們！ 解放民族的使命正呼召你們咧！

The Guide Weekly.

嚮導週報

◀第八十二期▶

（中華郵務管理局特准掛號認爲新聞紙類）
一九二四年九月十日
郵票代款概作九五折

分售處
香港　萃文書局
巴黎　中國書報社
廣州　丁卜書報社
上海　民智書局
上海書店
時中書報社
武昌　共進書社

分售處
太原　晉華書社
長沙　少年書店
濟南　齊魯書社
杭州　古今圖書店
雲南　新亞書社
寧波　明星書局
開封　文化書社
福州　工學社
南京　天一書局
成都　華陽書報流通處

定價　國內一元寄足四十期　國外一元寄足二十五期　郵費均在內　零售每份大洋三分

每星期三出版　發行通訊處　杭州藝專路嚴衙弄七號轉洪立民　北京大學第一院收發課轉鄭子明

# 中國共產黨第三次對於時局宣言

我們早已看透了中國的病根是由於帝國主義的列强之剝削操縱及國內軍閥之擾亂，非人民起來以革命的手段外面反抗列强內而解除軍閥之政權及武裝，別的方法都是藥不對症，白費力氣。

然而短視而又懶惰的國民，總喜歡在國民革命以外，費盡氣力試用各種藥不對症的方法，考驗的結果，至今只有空言和平免戰，結局仍舊移家逃難喪失生命財產，別無辦法！

在直皖直奉兩次戰爭之後，日本帝國主義的傀儡安福派及奉張完全失勢，在表面上似乎是中國政治上進步的現象，實際上却不然，因爲打倒安福派與奉張幷非由於人民的力量，乃是由於另一部分軍閥曹吳背後挾着英美帝國主義的力量。　當時國人迷信曹吳，以爲借重他們而國民自己不費氣力便可以達到統一和平的希望。　殊不知世界上絕對沒有不勞而獲的事，軍閥曹錕吳佩孚和帝國主義的英美勾結爲患的局面之下，只有去統一和平更遠；因此，我們第一次發表對於時局之意見，主張全國革命分子結成聯合戰線，繼續民主的革命戰爭，以打倒國外帝國主義及國內一切軍閥爲中國民族解放之唯一的道路。

曹錕吳佩孚眼見國民很容易被他們欺騙，得了政權以後，反動的局面日益嚴重起來：迫壓北京知識階級；以武力及陰謀擾亂川湘閩粵；慘殺京漢能工人；驅逐他們自己所利用爲傀儡總統的黎元洪；至此，直系軍閥之罪才爲國民所認識。　此時，國民依舊不信任自己的力量，同時又找不出第二個像以前所崇拜的吳佩孚，遂轉而出於消極否認及國會南遷等懦弱無能的辦法，即避開革命的辦法；因此，我們第二次發表對於時局之意見，主張由國民黨或人民團體出來號召一個國民會議，開始以國民革命的新局面來解決一切對外對內的政治問題。

直系軍閥，腐敗政黨外交系及帝國主義者，都看破中國國民儒弱無能，遂敢於沆瀣一氣，進行中外古今所希有之公開的賄選。　曹錕賄選成功將近一年以來的成績是：

（1）承認列强臨城案的要求，以爲列强承認賄選之交換條件；

（2）力謀承認威海衛案，金佛郎案，宜陽丸案，以取得帝國主義者的援助；

（3）利用趙恆惕楊森吞噬湖南四川；暗助周蔭人陳炯明擾亂閩粵；

（4）因袒護賄選議員，名捕安徽全省學校學生數百人，并累及其家屬；

(5)向外商進行津赤，烟灘，滄石三路借款；

(6)在天津購買意大利軍械，價值五百五十萬元；

(7)吳佩孚派人強提膠濟路款，以充由廣東降北之海軍軍餉，幷濫提鹽款，強徵捐稅，種烟販烟；

(8)解散膠濟鐵路工會，幷逮捕及開除工人多名；

(9)因擁護曹錕私人北洋大學校校長馮熙運，直隸省長派出保安隊，包圍學校，驅逐學生，逮捕學生代表；

(10)曹錕的妻舅任意毆傷鐵路人員，曹錕的衛隊任意打死警察；

(11)在漢口鄭州石家莊逮捕工人楊德甫孫雲鵬等七人，在北京逮捕張國燾等五人，均未宣布罪名；

(12)禁止學生着白色衣白布靴走過新華門，禁止北京戲館唱演「捉放曹」「打鼓罵曹」「徐母罵曹」等戲；

(13)接受日本公使的照會，通令全國嚴禁人民，「五七」「五九」開會紀念國恥；

(14)容納列強干涉中國商標之要求，商標公報用英文，商標局聘外人爲顧問，對於李義元陳魁元及英艦轟擊萬縣等案之喪權辱國；

(15)辦理德發債票案，國庫損失至少三千萬元，收回前存倫敦擬付德債之款，悉作軍用；

(16)重禁京滬所出多種新書新報；

(17)爲辦金佛郎案，縱令王克敏迫孫寶琦去職；

(18)向美國購運大批軍火價值三百二十八萬元，又購德國軍火三百五十大箱；

(19)力持以造路名義提取各國退回的庚子賠款；

(20)縱令齊燮元興師攻浙。

此次齊燮元興師攻浙，當然不是一般人所說簡單的齊盧個人戰爭，或江浙戰爭，其戰爭之實際性質，是直與反直的軍閥間全部大戰爭之開始；同時，也是英美和日法兩派帝國主義者在中國爭鬥之開始。

我們不可迷信中國的軍閥眞有獨立作戰之可能，—倘有此可能，已應有一個軍閥主義的獨立國家。每次內戰都有國際帝國主義爭鬥的背景。國際帝國主義者，歐戰後以英美法日四國爲其代表；他們在中國的關係：從前獨霸遠東的英國只須保守其既得權利已是驚人；歐戰中與英爭霸歐洲大陸的法國現時工業狀況，中國雖還不是他必以死力爭的市場，然而也不是可以忘情的肥肉；在中國競爭最烈的乃是歐戰中驟然澎漲的美日兩個帝國主義者。因爲種種的關係，法國與日本站在一邊，英國與美國站在一邊。日本是帝國主義中之最幼穉者，還有結託中國統治階級以政治的支配達到經濟的侵略之必要；美國是侵略中國之後至者，全中國已沒有他回旋的隙地，所以也必須援助一派軍閥，樹立他在中國政治的勢力，以傾覆他在中國經濟的敵人—日本。華盛頓會議美國給日本第一次大打擊，直皖奉直戰爭，美國給日本第二次大打擊，自此以後，美日在中國的勢力消長，我們當已看出；此次直系興師攻浙，乃是美國給日本第三次總結束的打擊。

賄選前，(去年五月)美公使曾到保定府和曹錕接洽最高問題；賄選前(六月)，美總統哈丁表示美銀行團可助中國統一的意見；賄選成時，美使首先稱賀；列强爲曹政府以武力制止廣東政府分取關餘時，美國最出力；直系爪牙趙恒惕將失長沙時，以炮艦袒護助趙的也是美國；以大批軍火運到天津給吳佩孚的也是美國；以大批軍火運到廈門給直系軍隊的也是美國；和齊燮元進行導淮借款的也是美國；美國扶助直系 不可掩的事實，此次助直興師統一中國（不 是對浙），乃是結束一切可與日本接近之政治的勢力。

這次戰爭的爆發是與美國國務卿休士赴倫敦所訂關於處置中國之密約（見本月五日路透電）有直接關係；而於英國帝國主義此時勾結廣東商團以圖推翻孫中山之舉尤足證明。 我們再看戰前直與反直兩方之財政與軍火的準備：英美贊助曹吳解決德發債票外，英福公司與吳佩孚訂定的道清借款爲百五十萬磅，美公使替該國商人與吳佩孚做成的軍火買賣爲步槍一萬枝子彈二千萬顆，機關槍二百五十架，而吳佩孚的飛機隊完全由美國人替他組織與訓練，並且與蘇齊進行導淮借款。 日法軍火之輸入奉浙（最近張作霖向法商訂購快槍三千枝，子彈六百萬發及其他軍用品若干），早已成爲公開的秘密，而奉浙飛機隊之發展顯然法國人爲之主持，故此次法飛行家杜氏來華，備受奉浙之優待而遭齊燮元嚴厲之反對。 至於張作霖與日本之秘密交涉，也不下於曹吳與英美。 張作霖與日本訂約，任其在滿洲取得三十年租借權，以換得軍火與財政之援助；而齊燮元於宣戰時更向美國宣言下滬後任美國在滬設立無線電台。 故此次戰爭直接是直系與反直系的戰爭，間接乃爲英美與日法帝國主義間的戰爭。

在開戰的兩方：直方於數省人民水災待救不遑中，大興排除異己之師，殘害人民，自然是此次戰亂之罪魁禍首；浙方雖宣佈討曹而非反直，實際上當然是反直戰爭。 反直戰爭，在目前政治現象上雖然是必不可免的事勢，然而我們絕對不能認爲救國衛民的戰爭，其理由：（一）在邏輯上，只有反國際帝國主義反軍閥的戰爭，可以全稱肯定他是爲國爲民，至若「反直即是爲國爲民」，我們實未能加以承認；（二）軍閥自身的性質與環境，在客觀上亦無由實現他爲國爲民的餘地；（三） 在他們政治的行爲上，一向連爲國爲民的傾向也沒有，出兵宣言中雖然抬出抽象的正義與民意，直軍討伐安福奉張時，更說得詞嚴義正，自來口說無憑。 所以此次戰爭，我們只能承認是直與反直的軍閥戰爭，只能承認是帝國主義與軍閥重苦吾人民之較前更大的慘殺。

因此，我們可推定此次戰爭之結果：第一，直勝，則美國將扶助直系在中國政治的統一壓制，以成就美國在中國經濟的統一侵略。第二，直敗，則爲日本勢力結合安福奉張，支配中國的政治經濟。 我們對於前者固深惡痛絕，對於後者又豈能歡迎！ 無論前者後者，外力侵入斷送國家生命的慘痛都是有加無已，內部戰爭屠戮人民犧牲人民的慘痛也都是有加無已。

第三，假若雙方勢均力敵勝負不分或直系形勢大有不利時，則野心勃勃的美國帝國主義必然發起干涉中國內政，以圖達到共管目的，其形式必然是勒令雙方聽命於列强强制的和平會議之下，組織買辦式的商人階級與軍閥階級暫時混合統一的政府，而根本剿滅廣州和全國一切革命的進步勢力。 然而即使成功這樣的局面，也是暫時的，各帝國主義之間與各軍閥之間不久仍要因利害衝突而爭鬥，不過中國國家與人民的命運便要因此淪於萬劫不復的地位！

所以外國帝國主義在中國存在一天，即軍閥與戰爭的慘痛存在一天。 我們要解除這種慘痛，固然不是空言哀求和平息戰可以得到，也不是依賴何派軍閥戰勝可以得到，更不是希望陰謀攜成中國內亂以達到其瓜分或共管目的的帝國主義之干涉可以得到。 人民若希望此次任何一派軍閥之勝利，只有蹈直皖直奉戰時希望吳佩孚得勝之覆轍；若希望什麼「友邦」出面干涉，只有步印度安南之後塵！　我們對於雙方軍閥不能存絲毫希望，對於外國帝國主義尤不可存絲毫希望，這種希望不僅可恥無效，而且要使自己和國家的命運更加悽慘更加危亡。　目前解救中國的唯一道路只有人民組織起來，在國民革命的旗幟之下，推翻直系，解除一切軍閥的武裝，尤其要在根本上推翻外國帝國主義在中國一切既得的權利與勢力。　只有這樣才能免除定期的慘殺與戰爭，只有這樣才能得到永久真正的和平。全國被壓迫的人民！　你們看呀：外國帝國主義剛剛搆成這次內戰，同時他們在華盛頓與倫敦之間便發起（由美國發起）干涉中國內政，採取強制號召各勢力派和平會議的方式來亡中國。　全國被壓迫的人民呀！　亡國的慘禍是由這次外國帝國主義搆成的內戰臨頭了！　你們尚可希望軍閥給你們以「正義」，帝國主義給你們以「和平」麼？　起來！　起來：

打倒侵略中國搆成內戰的一切帝國主義！

打倒屠殺人民供外國帝國主義利用的一切軍閥！

全國被壓迫的人民聯合起來！

# 江浙戰爭與外國帝國主義

君宇

中國軍閥間戰爭，每次莫不有帝國主義在背後操縱利用。

直皖戰爭的時候，站在直系背後的是美國，站在皖系背後的是日本；直奉的戰爭，所表現的國際關係，亦係美國與日本的對壘。帝國主義之所以各扶助一派軍閥，並不是有深惠特愛於某一派軍閥，乃是要藉所扶助的軍閥之勝利與發展，造成外國在華優越的地位。　果然，兩次直系戰勝之後，日本在華勢力大受打擊，美國的勢力却如春草着雨的一般猛烈發展起來。　這次江浙戰爭，我們又可看出帝國主義正在玩這樣慣用的而且比前更毒辣的把戲！

這次江浙戰爭，不僅是江浙兩軍閥的戰爭，而且是直系與反直系的戰爭。　帝國主義站在直系軍閥背後的，自然仍是老主顧美國；站在反直系軍閥背後的亦仍是日本。　同時，因列強現下國際利害的關係，對於這次戰爭，英國一九二三年九月十日是依同美國扶助直系，法國是依同日本扶助奉張浙盧。　以價值三百萬元的軍械供給直系的是美國，與蘇齊進行導淮借款以助直系戰費的亦是美國，在洛陽替直系設飛行機械廠是美國人博治亞，對江浙戰爭袒護蘇齊的又是美國機關大陸報；美國帝國主義是明目張胆的幫助直系戰爭！　在日法一邊，亦有不少幫助反直系的證據洩露於外。　最近法國各運一船軍械與奉張浙盧，現在奉張又有向法人訂購飛機之舉，同時奉天方面飛機師大部是法國人，浙江方面的則是與法國有深遠關係的俄國白黨份子。單舉最近的事實，就可以證明帝國主義列強無日不在各扶植一派軍閥，供以金錢軍械及戰事人材，以從事不斷的戰亂。　帝國主義者製造，再加上軍閥們的地盤競爭，這軍閥的戰亂自然就成了不可避免而決接國連斷的現象了；這次江浙戰爭，不過是這樣產生的戰亂的一種罷了！

這次戰爭的初步結果，如果江蘇軍閥勝了浙江軍閥，美國自是要助直系軍閥混一中國，造成新銀行團的宰制；如果浙江軍閥勝了江蘇軍閥，則是日法助段張混一中國，造成安福再霸的天下。 但是現在的美國，不至如直皖直奉戰時那樣迷信吳佩孚統一的能力罷！ 日法更不敢那樣希望曾敗於直系的張段能？ 最近列強對華的政策，大概可於下列電文中看出：路透社五日華盛頓電：莫斯科消息，俄外交部之羅斯坦氏今日稱，俄國現注重中國之事務，不欲恝然置之。 吾人現有充分理由懷疑當美國務卿休士氏駐倫敦時，列強已有關於中國之協定，此舉籌議已久，惟美國直至中俄協定告成後始決定意見。 吾人現信美國已放棄開放門戶政策，決計在華畫分利益區域：南方屬英，雲南屬法，滿洲屬日，（記者按：華北當然是美國的範圍）。 日本參加協定一層，尚未明瞭，惟滿洲之某項動作，可表明列強已許日本占有該地。 羅氏又稱俄國現擬反對列強之計畫。 羅氏否認中俄條約中含有祕密條款。

美國這幾年的政策，是幫助直系統一中國，建設所謂強有力的中央政府，以造美國獨霸之局。 現據上電觀之，是美國此政策已有變更，改開戶開放爲瓜分；也可見列強不一定各自信獨占之局可以馬上造成，因要改取共同分割的政策了。 所以他們對於此次戰爭，必不信任和忍耐靜待己派軍閥之完全勝利，要藉戰亂來干涉中國政治。 此種傾向，英國方面尤爲熱心，可於下列二電文見之：

（一）九日倫敦電：每日電聞報外交記者探悉，倫敦與華盛頓間現正對於列強聯合的行動，以恢復中國和平與秩序之問題。 衆料此種時局，當可得英相麥克唐納爾之立卽注意。

（二）又同日倫敦電：每日電聞報宣稱，某有力方面現正努力提議，邀集中國戰爭各派勢力開和平會議，解決中國內政上的困難，並爲中國建設一「不集權的聯邦政府」。 此次計劃希冀成一十分穩固的政府，俾銀行團得以投資改造中國。（譯大陸報）

據上二電看來，帝國主義（特別是英國帝國主義）已顯然是要藉口此次戰爭、來造成實際管理中國的局面；其號召的方式，又是上年何東爵士玩過的把戲！ 帝國主義利用中國內爭來圖實現他們滅亡中國的陰謀，自然不是一下子突骨露鋒就拿了出來，必然要利用一些亡國奴心理的中國人，也必然要經過一些紆曲可欺騙中國人的方式。 但是眼前已有一件事實，就是帝國主義利用此次戰爭要擴充上海租界；且看京電：

（一）英美法日義五使，因淞滬劃作中立區域（記書按：實際就是擴張上海租界），滬外商及領團來電堅持，已向外部強硬要求，並云如不允行，各國屆時爲保衞僑民計祇有強力實行。 外部遣祕書詢使團中立區範圍，據稱租界及附近，又吳淞黃浦口水陸三十里爲限。 （八日）

（二）使團根據滬僑請願，擬乘機推廣租界，以華民爭入租界不能容納爲理由，將開使團會議，再向外部提出。 （九日）

愛國的人民們，帝國主義一方面扶植軍閥，造成中國定期的屠殺與戰爭；一方面又利用和藉口中國之混亂，以加增其奴服我民族的地位；這是世上何等可憤恨的事情！ 我們受屠殺戰禍的人民，不但要拿此次戰爭做眼前的材料，使我們了解軍閥與帝國主義是中國的禍害，他們存在一天，中國就一天不得和平；而且要覺悟一切哀求的方式是不能損及他們的毫毛，只有是我們組織在國民革命旗幟之下，把他們推翻才是真正的自救。 同胞們！中國除了國民革命之外，還有第二條救解的道路嗎？

# 帝國主義軍閥買辦右派共同宰割之下的廣州革命政府

公俠

（九月三日廣州通信）

這次商團問題之起，其原因並不是單單因爲政府扣械與夫阻止團防總部之成立，也不是市民對於政府的反動，乃是英國帝國主義與其買辦陳廉伯等少數野心家的煽惑。 其實香港帝國主義者與其走狗在最早就有顛覆革命政府的陰謀，私運軍火固然是潛謀不軌的鐵證；試觀他們的印刷品，更足見出他們命意之所在。 在一張印刷品上首先證明了三民主義五權憲法是古今中外所共有，并不是國民黨的創發，所以他們並不反對三民五權，所反對的是國民黨，特別標明他們是「不黨主義」。 外此，刊布些商人政府的政綱，無非是擁護買辦階級的利益。 一個買辦陳老板會同了些烏合之衆的商人，便作夢也作不出個商人政府來，豈不是由於他們背後大有人在？

唯一的死人背後的活鬼，就是帝國主義。 證據是：

（一）陳廉伯及罷市的指揮機關是設在沙面。

（二）罷市後各大商號都懸出英法的國旗。

（三）政府查抄陳廉伯的家產時，英人證明他住的是匯豐銀行的房屋，門口並有印捕與中國商團軍把守。 如果是匯豐產業，爲什麼用中國商團保護？ 如果是陳老板的私產，爲什麼用印捕來看守？

（四）當政府要以武力削平禍亂時，英公使竟訓令英領事向革命政府遞哀的美敦書，聲稱如果政府攻擊商團時，英軍艦就要砲打廣州！

（五）罷市期間，各大酒店住滿了外國人爲商團秘密籌畫。

其次便是軍隊中的一部份敗類，證據是：

（一）軍政部對於運械護照，并未呈請帥座，或經政務會議通過。 似此等重大事情，竟秘密出之，情弊可見。

（二）許崇灝已因嫌疑拘留大本營。

（三）船到之日，陳等曾賄買了一部份軍隊前往秘密起卸。

（四）這次六條件之調停辦法，完全是滇軍范石生廖行超所主張。 中山於中央執行委員會閉會之日，已聲明范廖等陽擁政府，陰護商團的行動，并指明調停條件完全是范廖之意，中山并未認可。

（五）省署曾要管理西關糧食，范廖等硬說他們可負全責，不必省署過問，其實這就是保護商團。

（六）商團傳單謂：『此次敝團購械被留，現蒙范軍長廖師長主張公道，出任調停……』，范廖是『主張公道』，政府自然是不公道了。

此外更有一件應當注意的事體，當罷市的時候，商團竟發出一種『共產在即……應即起而自衛……』的傳單。 這種論調固然是意在聳動碩腹賈的聽聞；實際上與這次一般反革命派國民黨員的反共產派運動至少有些關連。 商團的口號，與『赤化亡黨』『反帝國主義則使國民黨陷於孤立」等等的說話，恰好是相映成趣。這種現像，明白的默示出來反革命派的國民黨員與反革命政府的法西斯蒂有相同的思想之來源，而更多有相爲因果之處。

我們對於這件事體總的觀察的結論是：帝國主義主使商團，商團勾結軍閥來共同宰割革命政府，所以這是一個反革命的行動。那麼，廣州如果是革命的政府，對於這種反革命運動，只有剷逆戡亂，無論帝國主義是如何强暴，商人政府派是如何獨醬，軍閥是如何蠻橫，勝則肅清內亂，奠固邦基；敗亦本犧牲的精神，「存一點天地間的正氣」——不負了中山先生的豪語！革命黨和反革命的買辦洋崽來妥協，這眞是國恥黨羞！甚而至於素稱明達的某某等重要黨員均爲主張妥協而且進行調停最力之人，實在辱蔑革命政府之顏面！

如果這次的調停妥協，是對等和議的性質，猶尚可說；現試進一步而研究那六個條件，已經是革命政府投降於買辦勢利之下了！試看：

（一）陳廉伯陳恭受通電擁護大元帥，服從政府，政府即下取銷通緝令，並發還封產，（二）范軍長廖師長担任向大元帥將商團所購軍械子彈照軍政部護照數目發還，（三）省團聯防改組，應受省長節制，其細則則須於七日內公布，但呈請立案，有不完備被駁之點，由范軍長廖師長出而主持公道，要求立案，（四）各商店應須一律卄九日復業，軍隊於商店復業後，立卽解散，其在扣械風潮發生後回省軍隊，一律請帥令各回本防，（五）商團報效軍費五十萬元，於領械時繳納，（六）如聯防總部具呈，七日內未能立案，由范軍長廖師長，担任於七日內將全幫械彈點交商團公所收領。以上六條，經大元帥俞允，交范軍長廖師長全權與商團方面首領會商妥協，各簽字爲信，范石生，廖行超，鄧介石，杜瑨英，關勁武，黃叔明，鄧佩芝，陳兆均，鄭吉圃，十三年八月二十九日，（此條件係在商團公所照抄，與卄九日省報所載多不同，以此爲確）。

革命政府何苦來用買辦擁護？改組商團有什麼把握可使他們不再叛亂？撤退駐軍交還槍械將有怎樣的事故發生？自願報効的五十萬元軍費是一個什麼意思？這都是必須要問而更應當解答的。第一條的正面意思是向中山悔罪，爲保存二陳威信，故輕輕說了一句「通電擁護政府」。「第三條表面上似乎是有利於政府，其實在軍隊撤退軍械發還以後，政府絕對沒力量來使添翼之虎反而就範。所謂「自願報効軍費五十萬元」，正面的意思是罰鍰，其實是范廖李許等的公開酬勞費；充其量說更是中山先生革命人格的代價，或者還有幾分之幾是送給中山先生的離粵盤纏。至於第六條，更顯然是屈伏革命政府的威脅條款，接受這個條款，便無異接受城下之盟！

像這樣便認爲完滿解決，那麼，革命政府已是廉價拍賣了。或者在兩月內買辦政府是要搬進士敏土廠的。在這可恥的威脅之下，中山先生悲憤塡胸誓不屈辱；而一般別有用心和勾結買辦與帝國主義的右派份子，反藉此爲排斥異己攘奪權位之機會。

以上係截至昨日止所聞之情形。今日見香港循環日報之紀事比較更爲詳明，用特轉錄於下，以見帝國主義和軍閥聯同壓迫革命政府之實情：

「……扣械罷市風潮，自二十八日滇軍范石生廖行超二人出任調解，形勢已有轉機，二十八晚本可解決，適因公安局槍斃商團第九分中隊長鄒競先，調停又幾破裂，商團表示全部條件推翻，先行解決鄒競先事件。范石生以時機緊逼，力勸商團勿以小事而誤大事，鄒氏之事，彼一力担成辦妥，調停乃再開始談判，得以完全解決，此亦廣州市不幸中之幸也。　二十九日范氏進謁孫文，對於此事力主調解，並贊成容納商團之請求，以冀早日和平了結。　孫氏不允，范石生謂：市面危機四伏，險象環生，萬一變故發生，全局皆壞，所謂小不忍則亂大謀，在此兩三日內，無論若何，必要解決，否則我撤手不理，將全軍調回，竭力保護市內治安，無論何方部隊，如有騷擾商場，靡爛地方，我當派隊迎頭痛擊，斷不令此摧燦五羊，供一二人意氣之爭而犧牲也云。　孫文聞言，顏色立變。　但見范氏辭語決絕，且以范之力量而論，又儘可辦到，復有廖行超爲之協助，湘軍亦一致主張和平，僅藉樊鍾秀之豫軍千餘人，必無濟於事，乃毅然答應。　雖非心願，亦無可如何也！　范氏遂與商團代表，廿九日下午，訂定條件，雙方簽字，三十日商店復業。　以條件而論，商團可謂完全達到目的，軍械照護照數目發還，聯防又准予成立，陳廉伯陳恭受亦取銷通緝，不過以五十萬元爲代價耳。　更聞領事團廿八晚，業經向廖仲愷提豊警告，由首席領事日本領事英羽天竺找廖質問，是否政府要開炮轟擊商民，果有此事，外國決不能袖手旁觀，當以實力制止云云。　廖出並無此事，且斷無此種事發生，請可安心云云，日領事乃退，時已下午九時許矣。　二十八日白鵝潭外艦，共有九艘，其炮位似已向永譜艦監視，大有戰事行動情形，此亦未嘗不足以促風潮之解決也。　此幫車械，除護照所登載外，有五百响水機關槍兩架，車用千里鏡一具，係利南洋存送與商團者，現商團以轉送於孫文云。　三十日上午商團總所即發出通告商店復業之傳單幷由各分團着人按店分派，故是日上午九時許即相率開門復業，老城一帶，上午九時以前，各商店開門者已在九成以上，西關一帶，似略遲緩，蓋貨物外遷往他處，須遷回方能開業，三十一號即全城一律開市矣。　各軍則三十日已解嚴，惟豫軍叫以尚有嚴陣以待之勢。　此次豫軍主張收繳商團槍械最力，早經向公安局取得商團報告該局之槍枝底冊，決定按冊分投收繳，欲趁此機會，侵入西關防地。　惟廖行超素與商團情感頗好，覩於雞欄孖舖，廖慨然解囊領出送與商團，自可見一斑。　故廖氏今不令戒嚴，聲言保護地方治安，不容他軍攔入。　蓋一方爲保持防地計，一方亦表示好感於商人，連日西關之異常戒備，實爲軍隊間之事，與商場無關也。　三十日情形尤覺吃緊，太平南路以迄豐甯路一帶之豫軍駐紮處所，均疊起沙包石塊，以作堡壘，防備他人襲擊。　但以事理而論，目下或不至發生突衝，大約孫氏下令各軍回防，彼倘不遵，則難免他軍起而責言，戰事將不可免。　又廖仲愷以辦理罷市風潮不善，二十九日已面向孫文辭職，因石生以撤廖仲范愷職爲條件。　現孫文雖未有表示，然廖則斷不能再幹，鄒魯伍朝樞均有繼任之希望，公安局長則林樹巍爲多云。」

## 商團事件的教訓

和森

這次廣州商團事件，可謂極帝國主義買辦階級僱傭軍閥以及國民黨右派分子夥同宰割革命政府之奇觀：組織這次叛亂的是英國在廣州各機關之職員；領袖這次叛亂的是陳廉伯陳恭受諸買辦；公開的袒護這次叛亂的是英國帝國主義的砲艦政策；『武裝調停』廉價拍賣革命政府的是范石生廖行超諸軍閥；而勾結於帝國主義買辦階級僱傭軍閥之間的是國民黨右派分子。

國民黨右派一面勾結帝國主義與香港廣州的買辦階級，一面勾結僱傭軍閥以把持廣州兵政市政財政諸權利，這是自從設立廣東政府以來公然不可諱言的事實。這次事變的罪魁陳廉伯不僅是匯豐銀行的買辦，而且是國民黨右派把持的廣州市黨部之職員；這次主張能市反抗孫中山最力的先施公司大新公司及西關各大商店的經理職員以及陳恭受等莫不盡是國民黨右派的黨員，至於范石生廖行超李福林輩之屬於右派更不待說。所以這次一面是英國帝國主義打擊中國革命運動，一面是國民黨右派的反革命。

國民黨右派之必然的趨於反革命，這是沒有什麼奇怪的。 外國帝國主義要根本破壞中國的革命，單從外面施以壓迫還是不夠，必須培養一支反革命的勢力於革命黨的內部，這支勢力便是國民黨的右派。

所以這次事變的教訓：第一是證明國民黨右派爲反革命的法西斯蒂。 第二是證明僱傭一些軍閥來做革命的軍事行動及過早設立革命政府之失策：

全部政權的取得是革命黨必要的目的；但在革命形勢還沒成熟以前——即本身在民衆間的勢力還沒成熟以前，甚不宜於亟亟掌理一部份的政權或建立偏安一隅的革命政府。 不幸中山先生竟然採用了這種過早的政策，由是顯然暴露下列各弊害：（一）廣東政權之取得，並不由於革命勢力之完成，但是由於利用根本與革命相反的軍閥財閥的勢力，所以廣東政府不僅不是革命的工具，適足成爲僱傭軍閥交通系政客買辦階級以及陞官發財的右派之狐城鼠社；（二）黨員對於政權的爭奪早已根本毀壞了革命的目標與精神；（三）僱傭軍閥以養寇縱敵爲長久敲詐軍餉之法寶，軍役不停，苛稅繁重，因而引起人民對於革命之反感與不信任；（四）全力用於毫無結果的軍事引動上面，黨務以，在民衆間的發展完全因而停止；（五）苟安於香港英國政府的砲艦政策之下，不僅不敢發展國民革命的宣傳，而且時常遭受內外勾結的威脅，如這次商團事件便是明證。

這種不幸的政策不僅可使革命完全破產，而且危及於中山先生個人之生命與人格。 軍閥的工作是擁兵敲錢，右派的工作是爭權奪位，而老頭子的工作卻是打前敵當砲火！ 軍閥是利用革命做買賣，反革命的右派是利用政權做生意，而老頭子遂常常的被強迫而成爲他們的商品！

我們爲挽救革命的破產計，爲愛惜中山先生個人計，都希望中山先生在受了這次奇恥大辱的教訓後不僅要毅然決然與英國帝國主義宣戰，而且要毅然決然拋棄以前不幸的錯誤政策，澄清黨內右派反革命的法西斯蒂！

# 國民黨右派反革命的經濟背景

述之

## 一、

國民黨自黃花岡一役，老同盟會的革命先鋒，已失去大半。 再經過辛亥革命，黨中真正能奮鬥而肯犧牲的分子，又多死亡。 所遺留下來的，除極少數外，不是懦弱無能之流，即屬夢想陞官發財之輩。 至辛亥後加入的國民黨員更不用說了。 所以國民黨自辛亥以來，除孫中山一二領袖外，百分之九十九是傾向於妥協的。 我們試看當南京會議，宋案發生，民六政變之時，中山先生都極力主張徹底革命行動，而那時黨中最大多數的右派分子，均反對中山，主張與北洋軍閥妥協，結果果然妥協了。 因此致萬惡的封建北洋軍閥能存留到現在，中山先生的革命主張終莫能達，千百萬人民至今還被壓迫在軍閥與外國帝國主義之下。 這是何等可痛恨的事！

至那最大多數的國民黨員——右派分子，都一個一個地離開了國民黨，替北洋軍閥當走狗去了。 存留在國民黨中的也不過幹些什麼有名無實的「護法」把戲，或簡直住在租界裏一步不動。 這是何等可恥！

## 二、

孫中山先生始終是個革命者，他看到這種黨員墮落的無望，同時又見着客觀環境的革命要求，和感受革命新勢力的影響，於是毅然且然，於本年一月改組國民黨，重新發表宣言，建立新黨綱，吸收革命新分子。半年以來，因新分子的努力，成效頗著，似乎國民黨從此進入真正革命的新軌道了。不料國民黨雖改組，而舊時墮落的分子依然存留於黨中。此輩本來為的是借黨營私，陞官發財，那裏想到什麼革命。他們於今見真正革命的新黨員勇猛激進，力謀振興黨務，掃除黨內以前積習，如此，對於他們借黨營私的目的，殊多防害。於是他們大叫大喊，說新黨員陰謀破壞國民黨，同時到處運動，一剎那間結成反革命的右派，專為來對付革命的左派。這真是國民革命的不幸啊！

這班反革命的右派，一方面勾結軍閥，一方面依附帝國主義，想把國民黨回到以前那種麻木不仁的老樣式，於是報紙上宣傳，會場上打人，尤其最顯現的是這次廣東商團之謀叛，差不多完全由反革命的右派從中作祟，不過外人不大知道罷了。

我們且看反革命的右派之反革命的理論：『自共產黨加入國民黨，……其宣傳所謂打倒英美法等帝國主義者，其作用係在破除國民黨在國際上之好感，一方面則注重打破國民黨與國內各實力派之合作，而期打消粵皖奉三派之共同討賊運動，其計畫係在消滅國民黨……』（見商報八月九日）。這種同樣的論調，在謝持這月間的演說中，在他們的「護黨報」上，……隨處都碰得到。這種理論，完全違反國民黨的改組宣言和政綱上之推翻軍閥與打倒帝國主義的根本原則，這完完全全是反革命的理論，是為軍閥與帝國主義辯護。

三、

國民黨右派的反革命行動和言論既然如此，可是他們其所以如此的根本原因在那裏呢？這就是我們現在應該解答的問題。

我們知道所謂革命派與反革命派，絕不是他們自己主觀願意如此，完全由於他們階級的經濟利益所規定。國民黨中之右派也就是如此。

國民黨是一個由各種階級所組織的政黨。牠的階級大概可以分析如下：工人，手工業者，農民，小商人，智識階級，大商人，地主，工業家與銀行家等，此外還有一種軍人，政客，洋行買辦。從工人到智識階級，在經濟上差不多是被剝削的，從智識階級到銀行家全是，剝削人的。軍人，政客，洋行買辦是附屬於封建軍閥帝國主義以剝削人的。所以在國民黨中可以分為左右中三派。左派是代表工人，手工業者，農民和一部分小商人與智識階級，——如華僑，這是真正的革命派。中派代表工商業和一部分小資產階級。這是妥協派。右派則代表一部分與帝國主義有關係的大商人，——如華僑，政客，地主，軍人，地主，政客，洋行買辦等。這完全是反革命派。

我們從國民黨右派的實際上看，其分子以華僑，政客，軍人，地主占百分之九十九。華僑大商人，一方面為帝國主義所壓迫，但是同時多與帝國主義者有經濟關係。牠在從前也曾作過相當的革命，可是到現在他看見國內勞動者起來就往後轉了。所以中山先生這次在執行委員會上說：「現在的華僑（指商人）已經不是革命的了」，并且看一班華僑捏造什麼「國民黨赤化」「共產化」就非常明顯。至於地主政客軍人，我們都知道是附屬於封建的軍閥。同時又隨軍閥而附屬於帝國主義。這些右派分子，他們既然是直接間接附屬於帝國主義與軍閥，於是他們聽到推翻軍閥與打倒帝國主義的口號時，就自然要起來反抗了；因為這是他們階級的利益。如果帝國主義與軍閥一旦被打倒，他們就立刻失其所依歸，立刻失其經濟的地盤，——喫飯所。如此我們對於現在國民黨反革命的右派，——華僑，軍人，政客的大連合之大反動——反對革命的左派，其理由就不待言而喻了。

我們還須說明一句，現在右派中之軍人政客，他們自辛亥以來就作了不少的妥協事業與反革命事業。現在他們反對革命左派，勾通帝國主義與軍閥，并不是什麼新奇，不過自國民黨改組後又從新繼續進行他們的舊工作而已。

四、

在經濟上看，國民黨右派之反革命是必然的。因此在國民黨中革命左派與反革命右派之爭，也是必然不可避免的事。我敢預言，今這兩派的戰爭還正在開始，愈繼續下去其爭必愈烈，結果非至一派退出國民黨不止。國民黨如果想堅持其黨綱，成功其革命事業，完成其在中國歷史上的使命，對此關係國民黨之生死問題，決不容有所懷疑妥協。不然，必將造成歷史的錯誤。

The Guide Weekly.

# 嚮導週報

◀第八十三期▶

分售處

太原 晉華書社
長沙 少年書店
濟南 齊魯書社
杭州 古今圖書店
雲南 新亞書社
寧波 明星書局
開封 文化書社
潮州 工學社
南京 天一書局
成都 華陽書報流通處

分售處

香港 萃文書局
巴里 中國書報社
廣州 丁卜書報社
上海 民智書局
上海書店
時中書報社
武昌 共進書社

（中華郵務局特准掛號認為新聞紙類）
一九二四年九月十七日
郵票代款概作九五折

定價 國內一元寄足四十期 國外一元寄足二十五期 郵費均在內 零售每份大洋三分

每星期三出版 發行通訊處 杭州蔴橫路慶衙弄七號轉洪立民 北京大學第一院收發課轉丁子明

## ☆北伐呢？抵抗英國帝國主義及反革命呢？

和森

現在有兩個關係重大的政治問題橫在孫中山先生和國民黨的前面：一個是怎樣對付英國帝國主義及其走狗（陳炯明陳廉伯右派諸叛徒及滇軍等都包括在內）在廣東做成的反革命；一個是怎樣對付美日兩派帝國主義在全國做成的直系與反直系兩派軍閥間的戰爭。

對付商團事件的正當政策，只有堅持沒收全部扣留的軍械，否認范廖二軍閥與商團私訂的六條件，進一步完全解除買辦階級（商團軍）的武裝，實際抵抗英國帝國主義的干涉，以喚起全國人民之同情與助力，而開始努力推翻帝國主義之新時期。對於直系與反直系的軍閥戰爭，站在國民革命原則上的國民黨，只有代表人民的利益反對帝國主義與軍閥對於人民的屠殺，反對帝國主義搆成內亂藉口干涉的陰謀，號召全國反對戰爭反對帝國主義的人民群衆集中於自己的旗幟之下，發展并組成國民革命的眞實力量。

> 這裏面是什麼意義？
>
> 香港十二日電：吳稚暉昨日（十一）赴汕頭，調和孫陳說又起，聞陳允贊助北伐，惟粵政須由粵人自決。
>
> 十六日香港電：省署雖佈告交回商團槍械，惟至今未交，商民甚憤，十五日因粵軍實行返攻，商團每人捐五十元，已入團未領鎗者，每人捐二十元，共四十餘萬，土絲行于秋節夜，共捐得十萬餘元，米花生芝麻行各捐萬餘，助粵軍餉，粵軍右路前鋒十五日晚已進至平湖。
>
> 吳稚暉調和孫陳，陳炯明提二條件，（一）限孫于一月內率客軍全出發，（二）立將商團鎗械全發還。

但據最近上海各報所傳消息：中山先生對於前一問題，於痛斥英國帝國主義的宣言公佈後，忽然又向粵人發表一類似『罪己詔』的宣言，悉率客軍北伐，以廣東還諸廣東人民；對於後一問題，則已決定實行北伐，響應浙盧。這種政策的內容：第一是中山先生離開廣州而赴韶關，以避免與英國帝國主義的衝突；第二不惜發閃扣械，而且以廣州市政交與反革命的商團（商團軍幹事李郎如已代理公安局長）；第三是與陳炯明妥協，所謂以廣東還諸廣東人民，便是以廣東還諸英國帝國主義的走狗陳炯明及買辦階級。　這就是現在北伐政策的背影。

所謂「護法」「北伐」雖是國民黨以前的傳統政策，但這種政策曾經屢試屢敗，而且按照國民黨第一次全國大會決定的新政綱，這種過去的錯誤政策尤屬成為廢物而不應該復活。　現在居然復活起來，我們敢大聲說，這又是右派包圍中山先生的成功。　右派因為恐怕中山與英國帝國主義衝突而打破他們的巢穴，因為要成功與陳炯明的調和以鞏固他們與左派對抗的武裝勢力，因為要討好段張唐繼堯等軍閥以遂其蠅營狗苟奔走南北陞官發財的勾當，所以又包圍老頭子出此名為『北伐』而實屬投降英國帝國主義及其走狗（陳炯明陳廉伯）的下策。

退一步就北伐政策的本身而說，我們亦完全不能予以贊同：第一，這種政策只能助日本帝國主義及反直軍閥張目吶喊，完全隱沒了自己獨立的革命的政治號召。　第二，這種政策完全不能影響或動搖軍閥制度和國際帝國主義侵略之政局。　第三，從新成就西南軍事局面不過又是從新成就唐繼堯陳炯明沈鴻英唐紹儀等軍閥政客將來與任何一派戰勝的軍閥做買賣的基礎。

或問你們這樣主張不怕右派指為破壞革命暗助曹吳嗎？　我可大聲回答：只有勾結英國帝國主義及其走狗的右派是破壞革命，只有主張交還廣東於陳炯明和商團的右派是暗助曹吳。　我們在革命的政策上和理論上素來不贊成僱傭軍閥的軍事行動，素來反對在廣東設立有枷革命進行而徒利於官僚份子非革命份子的革命政府；我們現在如堅決的主張：與其強顏交還廣東於英國帝國主義的走狗而上什麼北伐政策的鬼當，無甯拋棄廣東而與英國帝國主義及其走狗決一死戰，以開始全國反帝國主義的眞實工作！

# 江浙戰爭之世界政局的背影

述之

江浙戰爭在表面上雖是一個單純的中國軍閥戰爭——直系與反直兩系戰爭，而在實際上確是一個世界帝國主義在中國的暗鬥。　在這個暗鬥中，却含着世界政局之變幻離奇的縮影。

我們試看，在直系背後不是英美帝國主義嗎？　在反直系皖奉軍閥的背後，不又是藏着日法帝國主義嗎？　從外面看來，彷彿這兩派帝國主義是專為幫助直與皖奉軍閥而結合的，又彷彿是專為侵掠中國而結合的；其實不然，侵掠中國，幫助中國軍閥固然是這兩派帝國主義結合的原因之一，但關於歐洲問題與近東問題，更有極重要的成分在。

我們知道在中國問題上，日美兩帝國主義是死敵。　而在歐洲與近東問題上，英法帝國主義也是冤仇。　當歐戰時 日美兩帝國主義都趁火打刦 發了大財。　尤其日本在中國奪得種種特權，大有獨吞中國之勢。　而美國又值貨品與金子充滿了屋脊，而無處可售無處可投，看來只中國還聊可插足。　但開頭就碰到日本的帝國主義，於是日美在中國的衝突就起來了。　我們只看數年來，在凡爾塞和會上日美對於山東問題之爭執，美國之召集華盛頓會議等，無處不看出日美兩帝國主義對於中國問題之明爭暗鬥。

自歐戰結果，凡爾塞和約成立，法國在歐洲大陸，一方面奪取了德國的鐵與煤成就為大工業的國家；一方面又使東歐的小協約國變成牠的附庸，成就其執全歐牛耳的政治地位。　於是英國不但失了歐陸市場（尤其是德國），且多遇了一個世界的勁敵。　這只看英人對凡爾塞和約之批評，對法占據魯爾之警告，在洛桑會議上英法之爭論等，就可證明英法帝國主義互相疾視之程度。

但在中國，美最忌日，而又畏英日之同盟，於是頭一步遂破壞英日同盟，反聯英以制日。在歐洲，法最忌英，同時英亦恨法，於是英結美以抵法，法亦聯意以抵英。最近日本帝國主義見美帝國主義向中國進攻之猛，日皇遂遣其太子游歐而與法締結祕密同盟。因此無論在中國與在歐洲都形成這兩派帝國主義——英美與日法的勢力。在這兩派勢力下之一切問題，都牽腸掣肘，不易解決。

此外又有一派新勢力，此即蘇維埃俄羅斯，牠在西歐代表進步的無產階級，在東方則代表被壓迫的民族。牠大有聯合西方無產階級與東方被壓迫民族共同推倒全世界帝國主義之勢力。全世界的資本帝國主義，無論英美日法，見之都胆戰心寒。於是各帝國主義又有聯合以抗蘇俄及壓迫東方民族運動之共同趨勢。

按上面這種國際政治的形勢，反映到中國的政治上，自然形成兩個戰線：(一)兩派帝國主義——英美與日法，各扶植一派軍閥造成軍閥與軍閥的戰爭。(二)各派帝國主義與軍閥結合造成反蘇俄與反國民革命運動的暗鬥。這就是江浙戰爭背影裏之世界局面。

前月之倫敦會議與現在日內瓦會議，對於自凡爾塞和約所遺留下來的許多難題，都逐漸解決，這是歐洲英法美各帝國主義間之一種暫時的妥協，嫁禍於無產階級之一種毒計(如道威斯計畫之於德國無產階級)，同時這種妥協精神與嫁禍政策必反射到中國，牠們——英美日法各帝國主義，對於中國問題的解決，即對於江浙戰爭的解決，將必互相讓步，而以共管的精神出之。我們試看近日英美所盛倡之和平干涉論便足以證明。如果此種和平干涉論的主張成功，中國就完全成了國際的殖民地了！在另一方面，牠們並可以由此抵抗蘇俄與壓倒制牠們死命的國民革命運動。

現在蘇俄早已明白國際帝國主義對待中國的毒計，故羅斯坦氏公然揭破列強關於協定中國之陰謀，蘇俄人民并且在莫斯科各處組織非外人干涉中國會(見路透五日電與字林西報社評(九月十日)

被壓迫被宰割的國人們，蘇俄尚且如此，我們自己怎樣呢？快起來啊，我們不消滅帝國主義與軍閥，帝國主義與軍閥將必然消滅我們。

# 帝國主義計畫中之共管中國的方式

大雷

在中國的帝國主義要以英美為領袖；英美帝國主義在中國的宣傳機關，主要的是字林西報和大陸報，讀了這兩種報的主張就可知道在中國的帝國主義現在所主張的是什麼和所反對的是什麼。

在這兩種報近來的時評中極力提倡軍閥商人的和平會議，以建設一聯邦政府。這種主張當然不是出於這兩報自己而是聽命于他們資本主義政府。就如俄國羅斯坦所宣布：吾人現信美國已放棄開放門戶政策，決計在華畫分利益區域。倫敦九日電已證實這話，說：每日電聞報(政府黨機關報)宣稱，某有力方面現在正努力提議，邀集中國戰爭各派勢力開和平會議，解決中國內政上的困難，並為中國建設一「不集權的聯邦政府」。于是唐紹儀的聯邦政府的主張大受帝國主義的歡迎，字林西報大登廣告特為介紹。這種帝國主義者所主張的中國聯邦政府就是實行瓜分中國的別名。你看大陸報十七日評論開首第一句就說：從現今的觀察，在這次戰爭終結之後中國就將預備實行「道威斯計畫」或類似的計畫。 道威斯計畫對于德國就是各帝國主義國共同管理德國。 現在帝國主義各國在中國亦將用同一樣的計畫。⑬ 就如每日電聞所說：此次計畫希冀成一十分穩固的政府，俾銀行團得以投資改造中國。 所謂投資改造中國者就是"管中國經濟。"

因爲各帝國主義國都希望自己獨霸中國，同時却又反對任何他一國獨佔剝削中國之權，其結果遂有這種共同剝削的計畫。 然而實際上講起來。如果這種計畫實行，就是美國帝國主義在中國勢力的澎漲，因爲將來共同侵掠中國各國須靠美國的資本。 在現在國際政治上美法日等都因經濟勢力薄弱的原故祇好屈服於美國資本勢力之下；在德國如此，在中國亦是如此。

帝國主義所主張的聯邦政府就是軍閥商人混合的政府，而能完全聽命於帝國主義的指揮。 字林西報在本月十三日行會與督軍一篇評論上說：「如果行會能使他們行使他們舊有權利，我們相信督軍們一定能歡迎他們要求聯合和協助之提議」。 前受香港政府的委託而運動和平會議的何東先生因失敗而游歷歐洲，在英倫與帝國主義政府接洽，現在已首途回國；將來他所演的是什麼把戲現在都可以預知了。 英國在廣東所弄的陰謀，把商團與陳炯明和范石生等結合以推倒革命政府，而建設模範的軍閥商人的反革命政府，不久要試驗於全中國

在前年主張聯邦政府潮流最盛的時候我們就極力反對，以爲：這種主張足以減弱抵抗外力的力量和最適合外人瓜分的計畫；祇有集中國民革命的勢力來打倒帝國主義及軍閥，才是眞正自救之道。 現在事實又已證明：帝國主義之歡迎唐紹儀的聯邦政府主張，完全是在採取之爲共管中國的方式。

自從國民黨改組以來，反對帝國主義的空氣在中國日甚一日，外國帝國主義聞之不寒而慄。 于是在報上大罵爲過激派的主張。 帝國主義的報紙所以如此責備凡反對帝國主的都是過激派，就是要恐嚇這班本來胆小而革命性軟弱的先生們，和鼓吹他們的政府來干涉中國這次國民黨右派的反對共產黨，可以說完全是受了這個暗示。

大陸報字林報現在幾乎每天都要罵一點過激主義，不是說北京九七國恥日所發的傳單是過激派的，就是說：廣東政府實行共產主義。 爲什麼他們這樣怕法？ 當然他們不會想中國的過激派現在馬上就會實現勞農政府，他們所怕的就是過激派對於救中國的政策是正對病症，他們運動的對象就是在推倒帝國主義。

如果中國的一般羣衆能懂得外國帝國主義所反對的就是中國的利益，所主張的就是中國的禍害，我們就應當依照共產黨對於救中國的意見，集中在國民革命的旗子之下，無妥協的反對帝國主義和其走狗中國軍閥之定期戰亂與屠殺，並反對他們藉此次江浙戰爭來實現之共管陰謀（以和平會議產出聯省政府），努力打倒一切軍閥與一切帝國主義！

# 南洋烟廠罷工與上海的報紙

君宇

上海各報受了資本家的收買，對於此次南洋煙廠工人罷工毫不援助，我們並不奇怪；獨是民國日報的態度却出我們意想之外！

看民國日報的人，大半都知他是國民黨的機關報。 民國日報的主要責任，當然是在擁護國民黨的主義及他所代表的利益。 可是民國日報上的材料常有反於此的例外，而這種例外且是特別之多！ 對於南洋烟廠罷工的態度，就是例外之一。

此次南洋兄弟煙草公司廠友的罷工，是因公司方面創立苛規，減扣花紅，無故開除陳倩如伍惠芬二女工，并謀解散職工同志會而迫成的。為撤除苛規，恢復被開除二女工工作，及增加工錢起見，工友七千人始於本月八日起一致罷工。一向自詡為愛國振興實業抵制外貨的資本家，到他對付本國苦同胞時候，却是和洋資本家一樣的狠毒。公司方面對待罷工的方法，一面出示恐嚇；一面於九月派出打手五十餘人，拉工友回廠上工；有不答應的，輒被毆打。同時將工會代表四人開除，并將代表顧君毆打之後拘留在公司；有女工五十餘人監押廠內，不准伊們回家哺兒，飲食亦不得出外購取，伊們哭泣了一日方纔放出。公司以為這樣可以使工人解體，可以破壞他們的罷工了。此外還採了一種混淆外界視聽的方法，就是由該廠員司鄺某李某登一個啓事，又收買所謂「粵僑工界」者十人登一個啓事，還有一個啓事用的是該公司『工廠工友』的名義；這三個啓事的措辭，莫不一致攻擊罷工，藉以破壞外界對於工人之同情。可惜這樣的啓事不登在任何反動的報紙之上，單單登載在民國日報！

民國日報不根據國民黨的政綱來援助此次罷工，已足奇了；現在却違反黨綱擁護工農利益的決定來登這樣東西，更教我們大惑不解！或者會有人說：『那不是新聞，更不是論評；那是廣告。廣告純粹是營業性質，您不能拿廣告來批評他，說他失着！』好的！那麼，研究系明天可以拿一筆錢來，在民國日報上登侮辱中國國民黨的啓事了；再過一天，曹錕也可以拿錢到民國日報登啓事罵孫中山了！那成得一種什麼現象？所以我們勸我們的同業民國日報，對於這類事(關係七千個同胞生活的事)要檢察一下才好！

# 我們的回答

獨秀

我們因為有促進中國國民黨的必要，而以個人的資格加入了中國國民黨，似乎於國民黨革命的傾向只有進無退，然而正因此惹起了黨中一部分黨員之誤會，攻擊；他們不但是口裏攻擊，還用白紙黑字寫出，我們遂不得不簡單回答幾句，以免社會上有人在誤會上又加以誤會。我們在此處僅僅是答復他們的攻擊，至於他們自己的言行，是否真算一個革命的國民黨黨員，他們黨中是否有更反動的反革命的言動，則不在此文討論範圍以內，所以不必提及。

我們在答復之先，須指出他們的根本錯誤：根據國民黨的宣言或章程之某條某項指責國民黨任何黨員，開除國民黨任何黨員，這都是正當應有之事；乃并不依據國民黨的宣言或章程之某條某項，具體的指責國民黨黨員某某個人，而竟抽象的籠統攻擊加入國民黨之共產黨黨員，并且因此攻擊到在國民黨之外的共產黨，這是他們的根本錯誤。以一個革命的黨要取消別個革命的黨，已經是不應該，何況中國共產黨是共產國際一個支部！中國國民黨，若認真因為中國共產黨黨員加入了國民黨之故，便要取消中國共產黨；并且中國共產黨若也因此自己承認取消，這豈非中國人在世界革命史上要鬧出特別新奇的笑話！若主張不肯脫離共產黨的人便不許加入國民黨，則雖另再召集一次國民黨全國大會，取消前次大會准許共產黨黨員跨黨的決議便得，何苦以有用的光陰與經費，發行許多印刷品，不是攻擊帝國主義與軍閥而是攻擊我們！

以上是提出他們對待我們的根本錯誤，以下是分別回答他們的攻擊。

一切道路傳說，報紙紀載及個人的談話與書信且不涉及，現在只取「護黨特刊」「民權旬刊」「共產黨破壞國民黨證據之一部」這三種印刷品爲他們負責的言論。

他們共同的唯一口號是「共產黨破壞國民黨」，他們所謂破壞國民黨的證據，鐵證，都是指社會主義青年團七號團刊所載「中國共產黨關於國民運動及國民黨問題的決議案」，「共產黨在國民黨工作及態度決議案」及「青年團在國民黨工作及態度決議案」。 在這些決議案中，充滿了『我們須努力擴大國民黨的組織於全中國』『擴充國民革命的國民黨』『使全中國革命份子集中於國民黨』『擴大且改進國民黨的組織』『在國民黨各種工作中我們同志應努力工作』『使其（指國民黨）變成一個有組織能行動的黨』『我們要使國民黨眞成爲國民主義的黨』這類文句，如果是一個懂得中國文的人，能說這些議決案是破壞國民黨的鐵證嗎？

「共產黨破壞國民黨證據之一部分」的導言上說：『國民黨主張凡贊成革命的都應一律歡迎入黨；共產派則極力介紹農人工人與中等學生以成就他們的勢力』。 共產派一向不和軍閥官僚政客商人接近，所以只能介紹農人工人學生到國民黨，既是介紹到國民黨，試問成就了那個的勢力？ 必須介紹軍閥官僚政客商人到國民黨才是成就國民黨的勢力嗎？ 他們已否忘記了國民黨宣言上『國民革命之運動，必恃全國農夫工人之參加然後可以決勝』這句話？ 他又說：『國民黨的民生主義是主張平均地權限制資本的；共產派則主張勞資鬥爭，惟恐國民黨對勞工運動有調和的傾向』。 勞資鬥爭是社會進化上一種不可免的革命現象，主張勞資調和是一種和緩革命的政策，無人能夠相信▲革命的調和政策可以平均地權，可以限制資本，世界上那有這樣好說話的大地主與資本家？ 他又說：『國民黨主張以武力打倒國內軍閥，然後再運用政權以實現三民主義；共產派則處處宣傳，叫已覺悟革命的份子往田間去』。 國民黨固然應該以武力打倒國內軍閥，然試問這武力要建築在什麼基礎上面？ 若建築在已有的軍隊上面，退一百步說，即令能用他取得政權，也斷然沒有能夠運用政權實行三民主義的希望，試看現在的廣州政府實際上能管理軍政財政嗎？ 廣州一切政治有一件能根據國民黨的主義或政策嗎？ 若要建築在國民革命必恃全國農夫工人之參加然後可以決勝」的原則上面，『往田間去』這個口號，當然不違背國民黨的大會宣言。 他又說：『國民黨主張中華民族自求解放；共產派則主張民族自決，首先就鼓動蒙古人脫離中國』。 民族主義有二種：一是資產階級的民族主義，主張自求解放，同時却不主張解放隸屬自己的民族，這可稱做矛盾的民族主義；一是無產階級的民族主義，主張一切民族皆有自決權，主張自求解放，不受他族壓制，同時也主張解放隸屬自己的弱小民族，不去壓制他，這可稱做平等的民族主義。 蒙古人願意脫離中國與否，我們應該尊重他們的自決權，用不着鼓動，我們也幷不會鼓動這個，我們只反對一班人否認蒙古民族的自決權，硬說蒙古是中國的藩屬，主張軍閥政府出兵收蒙，因此我們主張蒙古人根據民族自決權，有獨立反抗的權利。 國民黨大會宣言上說：『國民黨之民族主義，有兩方面之意義：一則中華民族解放，二則中國境內各民族一律平等』。 又說：『國民黨敢鄭重宣言，承認中國以內各民族之自決權』。 據此宣言，國民黨的民族主義，却實不是單單自求解放的資產階級民族主義，並且鄭重承認國內各民族自決權，做那導言的人，如果眞是一個國民黨的忠實黨員，確有細心把國民黨大會宣言再讀一遍的必要。 若是自己連黨的大會宣言還不能了解，記得ㄡ奉行，那裏還有麼護黨的資格？

鄧導言最終又說：「總括他的意義，可以看出以下四個要點：

(1)一面說贊助國民黨革命成功，一面又令國民黨的自身岌岌不可終日；

(2)其中措辭，未免有些汚辱純粹國民黨黨員的人格；

(3)他們集合許多人們，成立一個共產黨，但對於政黨道德未免太不講究；

(4)他們破壞國民黨的步驟，第一多拉無產階級入黨，以建築他們將來的基礎，第二在國民黨原有的黨員中，吸收所謂階級覺悟的份子，成立一個國民黨的左派，第三卽或革命成功，純粹國民黨員已無能為力了」。

關於第一點，所謂令國民黨的自身岌岌不可終日，不知所指何事？ 若是指反對帝國主義使國民黨傷了列强的感情，以後不能安住租界不能亡命外國，則我們實在不好意思回答，且亦不必回答，因為國民黨大會宣言上早已回答了，國民黨孫總理最近又代我們回答道：「中國欲免為印度埃及之續，必國民合力鏟除為革命成功大障礙之帝國主義」。 若是指我們反對和任何軍閥妥協是破壞國民黨的左軍；我們不相信任何派軍閥眞能為國民革命的左軍，退一百步說，卽全說是左軍，也只是一時軍事的聯合，決不是主義上政見上的妥協。 若說反對和任何軍閥妥協，卽是全國民黨的自身岌岌不可終日，那麼朱執信便是第一個會使國民黨岌岌不可終日的人。

關於第二點，我們更不知其何所指。

關於第三點，是他們明白反對共產國際的支部在中國存在，此層前面已經說過。

關於第四點，第一步驟所謂多拉無產階級入黨，若指拉入共產黨，此事和國民黨無關；若指拉入國民黨是破壞國民黨，此事我們可以認錯，並且在此處可以切實聲明以後不拉無產階級入國民黨，免得有破壞國民黨的嫌疑。 然而這一來，國民黨成了什麼階級的黨？ 所謂第二步驟，我們簡直不能理辦，在國民黨內成立一個左派，直算是進步，不是破壞；既然不過是國民黨的左派，為什麼必須吸收有階級覺悟的份子才能成立？ 若指吸收有階級覺悟的份子入共產黨，這乃階級分化政黨分化之必然的社會現象，非人力所能擱阻；而且淺薄些說，為什麼只許共產黨黨員加入國民黨，而不許國民黨黨員加入共產黨呢？ 此時疾視共產黨的，應該只有帝國主義者，軍閥，官僚，資本家，國民黨還不必如此。 第三步驟所謂革命成功，自是指國民革命；既然是純粹國民黨員，他們唯一的工作與目的，自然正是國民革命成功，此外，還有何事是他們應該為力的呢？

民權旬刊及護黨特刊中，其漫罵及和上項導言之意見相同者，茲不論及，所論及的，是他們特殊的意見，

旬刊上說：「吾聞聞共產黨員之宣言矣，「國民黨者共產黨之過程也」」。 國民黨是何種性質，共產黨是何種性質，我們不相信眞有這種無知的共產黨員說出「國民黨是共產黨之過程」這樣昏話！ 他說：「吾又嘗見共產黨之行動矣，有所宣傳必以共產為言論，有所進作，無必一共產為張本」。共產黨的宣傳進作，自應不離共產，這都是共產黨的事，與他黨無涉。 他又比論國民黨和共產黨主義主張上有三種不同之點，其比論的錯誤此處不必論，不同之點並不只此三種此處也不必論，因為國民黨和共產黨主義主張之不同，此何待論；此處所謂討論並不是主義主張不同問題，乃是加入國民黨的共產黨員會否破壞國民黨的問題。 更進一步說，此次大家所紛紛爭論的，還絲毫不是

國民黨和共產黨主義主張不同的衝突，僅僅是因爲國民黨內左右派的主張不同而衝突，此義不明，決不能了解此次爭論的眞相。

護黨特刊第一號上，主張「眞正的革命黨，在同一時代同一國家裏面，只有一個，幷沒有兩個的。」又主張什麼主義單一，什麼組織單一，不然便麻煩極了。　在這些議論裏，我們可以看出他們未曾研究過各國革命前後的歷史，無論是俄是法，當時革命的何止一黨；各國的革命黨，恆有左右中央政見不同，本黨和青年組織各別，即國民黨主張三民主義，又何嘗單一；若怕麻煩，那便是舊式會黨簡單頭的腦，二十世紀進步的革命黨決不是這樣。　他們說：「在一個黨裏，怎麼好談兩種的主義？」　我們說：誠然，在國民黨裏，當然只能談三民主義。　他們說：「我們祇信服孫總理的三民主義……其他主義，我們不必去做。」　我們說：誠然，誠然，我們祇希望國民黨員不但信服而且實行三民主義；其他主義，國民黨黨員當然沒有必須去做的理由。　他們說：「他們要談他們的主義，不妨在黨外去談。」　我們說：誠然，誠然，誠然，只要不是瘋癲，決不會有人在甲黨內談乙黨的主義。　他們說：「沒有大元帥的命令，怎麼好停止軍事行動，何況是阻止他。」　我們說：國民黨應否集全力於軍事行動，乃黨中重要的政策問題；若是「以黨治國」，不是要「以大元帥個人治國」，則大元帥的命令便應隨黨的政策而決定，黨的政策不應隨大元帥的命令而決定。　他們說：「我們在軍事上政治上……爲什麼緣故不要妥協。」　我們說：民國元年和袁世凱妥協的結果如何？　他們說：「中國社會主義青年團的觀念，確想把本黨逐漸變爲屬於中國共產黨。」　我們說：不能把中國國民黨屬於中國共產黨，也和不能把中國共產黨屬於中國國民黨是一樣。　他們說：「蘇俄常常運動帝國主義者通商或承認，也曾向中國宣布白黨的罪惡，并要請中國驅逐舊俄的使領，拿這種種舉動比較總理的弔電或對外宣言，誰是誰非？」　我們說：國家的通商外交行動，和依賴外力解決國內問題絕對不同；蘇俄只要求中國不承認駐中國的舊俄使領取締中國境內的白黨，而未嘗請求中國干涉在俄國境內的事；蘇俄只於革命成功舊黨勢力滅亡之後，向一切外國辦理國家的外交及通商，而未嘗在革命沒有成功以前，想藉帝國主義者的勢力傾覆舊俄政府；試問中國革命政府統一中國時，不和外國通商嗎？　不要外國承認嗎？　仍要各國承認前政府的使領嗎？　宣布舊政府的罪惡，宣布帝國主義者援助舊政府之罪惡，都是應該的，至於希望帝國主義者否認舊政府而表同情於我們的革命政府，那便過分不應該了，因爲國內的事應由自力解決之，無論是非善惡，都不能容帝國主義者左右於其間！　況在半殖民地之國民革命的意義上，國外的帝國主義者，比國內軍閥政府是我們更大的仇敵。　他們說：「本黨聯絡段芝泉，張雨亭和盧子嘉們，與容納他們的精神毫沒有一致。」

我們以爲這幾句話是再侮辱國民黨不過的了，我們不願回答，我們要求國民黨中所有革命分子加以評判！　他們說：「本黨的民生主義，是要消弭階級鬥爭的；在勞動運動上，老實不客氣的說，主張改良。　他們別有懷抱，眼睜睜望着勞動者過非人的生活，大喊奮　！奮鬥！　我們實在不忍！」　我們說：既然要談民生主義，當然以大會宣言中所解釋　民生主義爲重要標準；宣言明說：『蓋國民黨現正從事於反抗帝國主義與軍閥，反抗不利於農夫工人之特殊　級，以謀農夫工人之解放；質言之，即爲農夫工人而奮鬥，亦即農夫工人爲自身而奮鬥也。』　而他們竟指斥主張勞動者奮鬥是別有懷抱，不知道他們這句話是反對我們還是反對國民黨宣言？　階級鬥爭是歷史上不幸的事實，也是歷史上必然的事實，共產主義之最終目的，正　要消弭階級；但是，若在資產階級未滅以前，主張消弭階級鬥爭，便是主張勞動者不要向資產階級鬥爭的意思；主張勞動者不要向資產階級鬥爭，便是主張勞動者安心受資產階級壓制，過那非人的生活而不必起來奮鬥的意思。「改良勞動者的生活」這句話，我們當然不反對；但是如何才能夠達到改良之目的，乃是一個問題，由階級鬥爭的革命方法，或是由勞資調和的改良方法？　我們以爲勞資兩方面的利益絕對衝突，只有一方面退讓，而無調和的可能。　希望大地主，是資本家一旦大發善心，犧牲他們自己的利益，對勞動者讓步，這等於希望北洋軍閥一旦覺悟了將政權交給民眾。　民黨不革命，如何能得着政權！勞動者不奮鬥，如何能改良非人的生活？　我們以爲只有勞動者自己起來奮鬥，才能夠改良非人的生活；他們不主張勞動者奮鬥，却明說：在勞動運動上，老實不客氣的說，主張改良；試問這樣的主張改良，是不是一句口惠而實不至的空話？　眼睜睜望着勞動者過非人的生活，而反對勞動者起來奮鬥，這未免太忍了吧！　他們說：「本黨主張與蘇俄聯絡，……因爲他們憑空造謠，中間幾停頓了一會。……他們矯稱接了密令，拿本黨的名義做了一次蘇俄的留聲機。」　我們說：爲什麼要聯絡蘇俄，自然建立在反帝國主義革命的同情上面，既然言此，爲蘇俄說幾句公道話，也是中國革命黨正正堂堂的應有態度，用不着以留聲機自貶。　至於什麼「中間幾停頓了一會」，什麼「矯稱接了密令」這些怪話，希望他們以後不可這樣憑空造謠！　他們說：「他們（指青年團）對於擴大且改進國民黨的組織，爲什麼不受本黨的指揮，而受共產黨的指揮呢？」　我們說：青年團是共產黨所組織的青年團體，不是國民黨所組織的，這個決議案又是在青年團議決的，不是在國民黨議決的，自應說受共產黨指揮，如何能說受國民黨指揮呢！　還有團體組織系統及管轄權限，他們也應該弄清楚！　他們說：「這『不必要的衝突』四話，便含有必要的衝突的意思在話外。」　我們說：誠然，若有人主張不反對帝國主義，主張和軍閥妥協，主張不爲農夫工人利益奮鬥，以及其他主張有背宣言的反革命言論行動，我們都應該與之衝突，這正是國民革命進行上國民黨進步上必要的衝突。

他們攻擊我們的總口號雖然是所謂「共產黨破壞國民黨」，而歸納他們所舉的證據，明眼人當知道實際爭點完全和他們所呼號的口號不符，乃是因爲他們的主張和我們的主張不同：

| 我們的主張 | 他們的主張 |
|---|---|
| (1)爲農夫工人奮鬥而擁護其利益 | (1)反對爲工人農民爭利益的奮鬥 |
| (2)建設革命力量於農民工人等一切民衆不集全力於軍事行動 | (2)集全力於軍事行動 |
| (3)尊重蒙古民族自決權 | (3)反對蒙古民族自決 |
| (4)反對國際帝國主義與反對國內軍閥比重 | (4)反對北政府，同時可與對帝國主義妥協 |
| (5)不與任何軍閥妥協 | (5)與一派軍閥妥協 |
| (6)反帝國主義的蘇俄是中國好友 | (6)和北政府訂立中俄協定的蘇俄是國民黨仇敵 |

以上實際的爭點，沒有一件是共產黨的共產主義和國民黨的三民主義之爭更不是共產黨與國民黨之爭；實在是國民黨內左派與右派之爭，也就是國民黨內革命派與不革命派之爭。　左派代表的是民衆利益，右派代表的是私人官僚利益。

他們解決相爭的辦法是：加入國民黨的共產派退出共產黨或退出國民黨，後者更是他們的本懷。

他們為什麼希望他們退出，這很容易明白，現在世界上反革命的社會民主黨和黃色工會，莫不極力排除革命的共產派，恐怕共產派攪亂他們妥協和平的好夢。我們明白普告天下：凡是一個真革命黨都不會想到取消別個革命黨；凡是一個真革命黨人，都沒有自己退出一個革命黨權利；中國國民黨，是中國各階級革命份子集合起來進行國民革命的團體，這團體應該是各份子所公有，誰也不配叫誰退出；除非是反革命非革命份子或違背黨綱的人！

此外我們還有一件事，應該附帶着聲明一下，即是他們藉所謂京漢路總工會代理委員長張德惠的話來攻擊我們。京漢路不幸被摧殘以來，我們不但總工會的職員入獄的入獄，走散的走散，即各站分會的組織都早不存在了，張德惠竟自稱代理總工會委員長，不知他們何所依據？張德惠是長辛店一個工人，他攻擊我們，乃是他侵吞京漢卹金數五百元受我們責尚的反響；他攻擊我們之點，其後都有事實證明，我們在此不必空言與辯。我們要說的是：現在各國資本帝國主義者及其走狗社會民主黨，造謠誣蔑各國的共產黨無所不至，中國的軍閥官僚也正在用這個方法離間工人與共產黨之間的關係，我們希望中國國民黨不要這樣！

# 外報鼓吹國際管理中國之又一論調

光赤

本月十六各報所譯載的字林報的社論，真是荒謬絕倫，無可擬比！我們在此一篇社論之中，可以窺見外國帝國主義者之用心狡而且毒，總想實現其國際管理中國的願望。『欲加之罪，何患無辭？』外國帝國主義者時常說，中國人無自治的能力，中國人野蠻……無非是要證明中國非國際管理或列強非干涉中國內政不可。 現在這位做社論的洋先生又發明了中國人的一種特性——中國人不愛和平。這真是一個大發明！這個大發明至少又加了國際管理中國的一個理由了！哼！

字林報記者把中國的史事數了一大片，又謂雖兒童亦知古代戰鬥之英雄，因此下一定案：中國人生性不愛和平。 他把中國史上一切野心家及一二武人代表全中國人民，把兒童知道史事當做中國人生性好戰的表現。我現在且問這位記者（記者大約是英國人）一聲：英國史上是否有武人戰將？英國兒童是否連他們的名字一個也不知道？英國史上武人戰將是否能代表英國全部人民？英國兒童知道一二武人戰將的名字是否證明英國人生性好戰？這位高明的記者先生能夠回答麼？

既然該記者發明了中國人生性不愛和平，當然又要說中國內部和平沒有希望了。 既然斷定了中國內部和平沒有希望。那末，

『要想中國內亂停止，只有實行國際管理』。

這一個結論自然就不言而喻了。 雖然該記者沒有公然地說出這個結論來，而這個結論是必然的，無可言諱的。 該記者費了許多心血，把中國的史事數了一大片，所為者何？ 無非是要做這麼一個結論能了！

中國近十幾年來內亂不已，軍閥交惡，民不聊生，國無寧日，是中國民不愛和平的原故嗎？ 話笑！ 中國的內亂完全由於帝國主義扶助軍閥肆行侵略所致；怎麼能說是中國人不愛和平？ 因為英美要幫助袁世凱做皇帝，所以纔有討袁之役；因為段旗瑞勾結日本實行賣國，所以纔有護法之役；因為英美與日本利益衝突，英美日各嗾使所利用的軍閥爭鬥，所以纔有直奉之戰；在這一次直系與反直系的戰爭中，我們很明顯地看出英美幫助吳佩孚，日法幫助盧永祥，各自本國利益把大批的軍火輸向中國來，幫助軍閥，延長內亂。 中國的內亂本都由於帝國主義之做鬼，為什麼扯得上中國人不愛和平呢？ 中國之所以到了如此的狀況，就是人因中國為愛和平過了火，忍受軍閥之專橫和帝國主義之侵略。 倘若不然，軍閥久已打倒，帝國主義早已劉去，也不煩字林報記者代為鼓吹國際管理了。

本月十五倫敦電云：「外間傳說各國以軍械售與中國交惡之軍閥，實出於政治目的與商業作用；每日電報記及此節，請國際聯盟從遠注意此事，設；請各政府即令禁售軍火與中國⋮⋮」可見各國售軍火與中國交悲之軍閥，已是狠公開的事實，雖歐美資產階級報低皆是承認的。 外國帝國主義者售軍火與軍閥，幫助軍閥爭鬥，一方面又誣陷中國人不愛和平，這眞是雙方齊下的妙法！ 為什麼要售軍火與中國軍閥？ 因為有政治目的與商業作用。 為什麼要鼓吹中國人不愛和平？ 因為要干涉中國內政，實行國際管理中國。 帝國主義者之用心何其狠，帝國主義者之手段又何其狡也！

現在國際管理中國的聲浪又高湧起來，特別是美英帝國主義者主張最力• 被壓迫的中國人！ 和平過了火的中國人！ 帝國主義不打倒中國內亂永無的停止希望，欲停止內亂則只有打倒帝國主義。 我們還是忍受帝國主義的宰割呢？ 還是羣起做國民革命運動，尋一個救亡的方法？

The Guide Weekly.

# 嚮導週報

第八十四期

（中華郵務局特准掛號認為新聞紙類）
一九二四年九月廿四日
郵票代款概作九五折

分售處
香港 萃文書局
巴里 中國書報社
廣州 丁卜書報社
上海 民智書局
上海書店
時中書報社
武昌 共進書社

分售處
太原 晉華書社
長沙 少年書店
濟南 齊魯書社
杭州 古今圖書店
雲南 新亞書社
甯波 明星書局
開封 文化書社
福州 工學社
南京 天一書局
成都華陽書報流通處

定價 國內一元寄足四十期 國外一元寄足二十五期 郵費均在內 零售每份大洋三分

每星期三出版 發行通訊處 北京大學第一院收發課轉鄭子明 杭州羅苑路楊衙弄七號轉洪立民

## 西南團結與國民革命

獨秀

『西南自主』乃中國過去內戰史上一名詞，此名詞，乃民國六七年間，由西南數省新興的小軍閥以『暫時自主』的名義，脫離北方大軍閥之管轄而產生。先後加入此運動者為兩廣巡閱使陸榮廷，廣東督軍陳炳焜，廣西督軍譚浩明，雲南督軍唐繼堯，湖南督軍譚延闓，四川督軍熊克武，貴州督軍劉顯世，和西南數省人民都無關係。隨後由『西南自主』一變而為『聯省自治』的口號，主其事者為陳炯明唐繼堯趙恆惕這幾個軍閥，及附屬他們的政客，和人民也沒有關係；陳炯明且公然解釋他主張聯省自治是在以小軍閥推倒大軍閥。

自『西南自主』到『聯省自治』，其性質其內容，都純粹是南北軍閥間衝突的問題，絲毫不是人民與軍閥間衝突的問題像『五四』運動與『二七』事件。這種南北軍閥間的衝突，和北方軍閥自身的衝突（如直皖直奉戰爭）南方軍閥自身的衝突（如川滇黔戰爭粵桂戰爭）等軍閥間的混戰，加於人民之災害，對於國家之戕賊，都是一樣；其結果不能產生新的希望，也是一樣。

孫中山先生想把艱難的革命事業粘附在利用南北軍閥衝突的機會上面，然而民國七年一月砲擊觀音山，被陸榮廷派逼迫而離粵，這是利用政策第一次失敗；民國十二年八月被陳炯明軍隊逼迫而離粵，這是利用政策第二次失敗；最近被滇軍逼迫而屈服於反革命的商團，這是利用政策第三次失敗；陸榮廷陳炯明范石生廖行超等這班軍閥，他們本來不要革命，他們和北方軍閥之衝突，純是為了自己的利害關係，都可在相當的條件之下面投降的，孫中山定要拉他們上革命的路，他們如何不倒戈相向！

我們看透了所謂西南團結其力量乃建立在西南將領上面，這便是新興的南方軍閥之團結，他們頂爭氣也不過與北方軍閥爭奪地盤到底，和力量建立在人民團結上的國民革命——打倒國際帝國主義及一切軍閥——相差何止十萬八千里！因此，我們於去年北京政變時，曾指斥『西南團結』是和南方軍閥有關係的政客們投機運動，不是革命的方法；我并且面告中山先生『西南團結』不是革命的方法，因為西南將領不但沒有一個能走革命的路，而且多是反革命的人物。中山先生回答我的話是：『我的西南運動是自下而上，是要去掉那班將領』。

現在又來了！自但懋辛石青陽奔走滇黔以後，『西南團結』的呼聲，充滿了國民黨的機關報。　據九月廿三日民國日報的廣州通信，所謂西南大團結之大人物如左表：

（一）陳炯明
（二）唐繼堯
（三）熊克武劉成勳楊森
（四）劉顯世唐繼虞
（五）沈鴻英林俊庭

我們看了這張人名表，好像看了「四杰村」「八蜡廟」一類的戲報，中山先生能運用這班脚色的勢力來做打倒國際帝國主義及國內軍閥的國民革命嗎？　這樣西南團結，至多只能再鬧出一個像民國七年五月七總裁軍政府的局面。　在這個局面之下，中山先生若能事事俯首聽命於他們的主張像此次對待商團一樣，或者能得着主席總裁的榮位；若主張民權主義討伐一切軍閥到底，他們便要發生重大的變化，至於什麼離奇古怪的打倒帝國主義的民族主義，什麼離奇古怪的擁護工人農民利益的民生主義，中山先生早晨要實行，他們晚上便請他下野。

我們實不願看見一個革命的領袖爲投機的軍人政客所玩弄！

我們大聲疾呼：中國國民黨若不放棄國民革命的口號，便不應再走「西南團結」這條舊路！

# 江浙戰爭與國民黨

述之

江浙戰爭，直接是一個軍閥與軍閥（直派與反直派）的戰爭，間接是一個帝國主義與帝國主義（英美與日法）的戰爭。　這一層我們在本報八十二期與八十三期裏，已經列舉各方面的種種事實，詳細地證明過了。、想凡閱過本報的人當已明瞭。　并且我們已指明此次戰爭將來之結局，必然出於兩派帝國主義的妥協，召集所謂「和平會議」或類似和平會義的其他方法，來宰割中國，共同管理中國，玩牠們已經在歐洲對於德與所玩過的老把戲。

我們國民革命者，尤其是代表國民革命的國民黨，對於此種外國帝國主義與本國封建軍閥，圖私逞慾，夥同勾結所製造出來之亡國殺民的强盜戰爭，應取何種態度呢？　非常明顯，只有極端反對，不管直派與反直派，英美與日法，通通認爲是刺殺中國國民的劊子手，中國國民之不共戴天的死敵，只有準備一律消滅之，絕不能表同情於任何方面，至於幫助一面去打倒一面，更是荒謬絕倫了。　但是同時我們應乘此機會，用全力去喚醒國民，在各方面的事實上指給國民看：外面帝國主義怎樣賄買軍閥，軍閥怎樣勾通帝國主義；最要緊的是組織國民羣衆在國民革命的旗幟之下，努力訓練使能成爲眞正革命的國民軍，準備將來之大舉。　此外絕無他道。

可是現在的國民黨——改組後的國民黨，却又蹈了從前錯誤的覆轍。　她對此次江浙戰爭，不但不站在國民革命的觀點上去觀察，站在國民羣衆的要求上去行動，反而倒在軍閥中反直派一邊，搖旗吶喊，爲之虛張聲勢，這豈不是咄咄怪事！　尤其是民國日報吶喊聲中之曲解阿諛，更覺肉麻可惡。　我們試看該報主筆葉楚傖君對江浙戰爭是怎樣說：

「……浙江討賊的決心，浙江討賊的實力，已取得民間的同情，尤其是主張革命的，對浙有空谷足音之感，十分表同情；然而浙江討賊之師，更進一步，就是國民革命之師了。」（九月四日楚傖的「浙江討賊與國民革命」）什麼是賊？ 英美帝國主義的走狗直系軍閥固然是國賊，難道著名的親日派賣國賊皖奉系軍閥便不是國賊了麼？ 直系國賊固應討，皖奉系國賊便不應討麼？ 軍閥間殘民以逞的戰爭可以討賊的名義麼？ 什麼「民間表同情」，直是見鬼！ 我看除了幾家受了日法帝國主義利用盧張軍閥運動的報紙外，民間只有痛入骨髓的「同情」。不然，爲什麼盧永祥被吳佩孚所收買的夏超等趕出浙江，浙江人民一聲不響；什麼「尤其是革命的……十分表同情」我要問是那些革命的？ 恐怕只有掛着革命招牌，而骨子裏常想着陞官發財之國民黨右派，乘此機會大表同情罷。 至於什麼「然則浙江討賊之師，更進一步，就是國民革命之師了。」這簡直是昏話，簡直與所說「吳佩孚討奉之師，更進一步，就是國民革命之師了，」同一滑稽。 眞奇怪！ 代表國民革命的國民黨機關報竟有如此的「言論」，尤其奇怪的是：

「……與其說「浙存盧存，浙亡盧亡，」不如說「義存盧存，義亡盧亡，」……這次盧氏用兵，爲的是申張正義，如果拋棄了正義，雖勝亦不足齒於民口；如果堅持正義，雖敗亦無害於盧；盧的存亡，在精神上，不在形質上。 現在盧已屢次申明，堅持正義：……」（九月廿二日楚傖的「浙江變化無害於義師」）

楚傖先生慣替反直軍閥瞎吹，現在更絕頂聰明吹出「義存盧存」「義亡盧亡」頭腦清醒的人讀了楚傖君這聯妙句，至少要肉麻三天。一這樣「認賊作父」我不願再加批評。 但我却非常可惜，一個國民革命黨的機關報，如今竟完全成了賣國賊段祺瑞派之盧永祥軍閥的留聲機！同時我又有一個疑問，如果孫中山先失了廣東，民國日報對楚傖先生將何以稱說：「孫存口存」，「孫亡口亡」？

像以上同樣的論調，在民國日報上楚傖先生所包辦的「言論」欄裏，是天天可以看得見的，請愛惜國民黨的人去注意罷。

此外如江浙國民黨的宣言，也簡直像一個安福部的支部。 她只說江蘇齊燮元怎樣「罪大惡極」，直系怎樣應討伐。 殊不知他們所隸籍的段派盧永祥，完全與齊燮元沒有兩樣。 那裏還有資格夠得上「討」直呢？ 討直只有眞正的國民，眞正革命的國民黨，可是同時盧永祥和張作霖也在被討伐之列。 浙江國民黨這樣的鼓吹，人家只有疑心她是安福部，那裏還肯隨着他去討國賊呢？

就是孫中山先生九月五日所發表的宣言，也彷彿是一篇洛賓王討武則天的檄文，我們絕看不出其中有眞正代表國民要求的意義在，代表國民黨的使命在。 我們只覺其中有許多疑問！ 爲什麼軍事行動的傳統政策在國民黨改組至今還不停止？ 爲什麼代表國民革命的領袖，現在還只是看見直派是軍閥應當討伐？ 爲什麼中山先生一言也不說及直派與反直派背後之英美日法等帝國主義之陰謀？

總之國民黨此次對於江浙戰爭的觀察，完全錯誤，她只看見直派軍閥，賣國殃民，而却全忘了反直派也一樣是軍閥，也一樣是賣國殃民。 尤其錯誤的，就是把製造江浙戰爭的眞正主人翁，——站在直與反直兩方之英美日法等帝國主義者，完全看掉。

國民黨的觀察既如此錯誤，自然由觀點所發生出的行動也就不用說了。 所以孫中山就有聯合西南即聯合唐陳北伐之舉動。 唐繼堯是法國帝國主義的走狗，他對於國民黨，對於孫中山是怎樣，誰也知道。 像這樣的人，也聯合來北伐，就令北伐成功，我不知道中山先生將他怎樣！至說到陳炯明，國民黨和中山先生還希望他來北伐，這未免大滑稽了一點！

總之，國民黨此次對於江浙戰爭的政策，完全暴露了牠原來的面目，——傳統的軍事行動政策，牠不曾把改組後的一切宣言，黨綱與政綱的原則全部束之高閣。

但是現在有一個問題，就是自改組後生氣勃勃的國民黨，爲什麼現在倒轉去比前還更壞呢？　這個非常明顯，國民黨雖然改組，而黨中最大多數仍是舊來之非革命的分子，甚至反革命分子，他們向來就是靠着依附軍閥與帝國主義來陞官發財；改組後加入的新分子主張眞正國民革命，打倒軍閥與帝國主義，他們便譁然起來反對。　反對的惟一方法，就只有破壞國民黨的新政綱，使國民黨走那舊時非革命的老路子，仍然與封建軍閥和帝國主義去妥協。

我寫到這裏，我對於國民黨的前途是很抱悲觀的。　但我覺得國民黨還有一小部分較開明的領袖，我希望他們趕快覺悟，知道這次對江浙戰爭的政策是上了右派反革命的當，是右派反革命一方面想升官發財，一方面想破壞國民黨新政綱之陰謀（只要看主持民國日報之右派領袖楚傖的言論就可證明。）我希望他們趕快回頭，改變對江浙戰爭的政策，嚴令右派停止附和軍閥的可恥宣言，一方面以國民黨中央委員會的名義，宣布直與反直兩派軍閥之歷來惡狀，揭破英，美，日，法各帝國主義在江浙戰爭背後所伏之種種陰謀，另一方面則下一動員令，使全體黨員去宣傳羣衆，組織羣衆，訓練羣衆，準預將來之大舉。

我們屢次說，國民黨要想成功牠的歷史使命，打倒帝國主義與封建軍閥，牠的基礎絕不能建築在幾個軍隊上面，只有建築在眞正的羣衆上面，才有可能。　如果國民黨不懂此一點，牠想成功牠的使命是絕對不可能的。

# 英美帝國主義要以宰制德國的方法來宰制中國

述之

協約國解決數年來懸而未決之德國問題的是倫敦會議，在倫敦會議上宰制德國的是道威斯計畫。

自江浙戰爭開始，英美帝國主義者即主張干涉戰爭，召集各實力派的和平會議，以解決中國問題（九月九日大陸報）；同時又主張將來解決中國問題，必採用道威斯計畫或類似的政策（九月十七日大陸報社評）。　這明明白白把中國當作德國，明明白白把在倫敦會議上所決定宰制德國之道威斯計畫來宰制中國。　然而這個算不得什麼希奇，不過是世界帝國主義間一種暫時的妥協政策之自然趨勢，是英美帝國主義由處分德國所得來的經驗在中國之必然的應用。　這個理由，我在本報第八十三期「江浙戰爭之世界政局的背影」裏稍微說過。　但是現在我們所應該知道的就是什麼是道威斯計畫，道威斯計畫對於德國民衆有什麼影響。

道威斯計畫是改正凡爾塞和約而成的。　凡爾塞和約爲法國帝國主義想單獨幷吞德國的條約。　因此引起英美的反抗。　道威斯計畫則是英美法各帝國主義協同宰制德國的計畫。　我們且看道威斯的計畫如何，其要點是：

（1）德國設一國家銀行，發行鈔票，這銀行由德人七，外人七（英，法，意，美，比，荷蘭，瑞士各一）組織董事會。　發行鈔票的準備金，存於外國銀行。　該銀行資本，可在國內外募集。

（2）德國鐵路交國際公司管理，以五十年爲期，在此期內，鐵路每年的獲利，都用爲撥付賠款。

(8)烟酒糖由國家專賣，歸外人監督。

這完全是協約國對德國之一種經濟共管的政策。　赫里歐在法國衆議院說得最明白：『道威斯計畫，根據於合法而非根據於威脅，其綱要之點，在協約國團結一致對德外交之必要，及在許美國之參加……德國勢必舉其經濟活動之全部，聽從協約國之監督……』。德國在協約國此種經濟共同管理的政策之下，還成什麽樣子！　不是完全等於殖民地了嗎？　而受此種計畫之影響　害者爲無產階級，因資產階級所受於協約國之經濟壓迫，必轉嫁之於無產階級，(如加工時，減工資)所以對道威斯的計畫，德國資產階級都贊成，而獨代表無產階級的共產黨拚命反對。　然而嫁禍於德國的無產階級，使無產階級永無翻身之可能，這就是協約國的根本目的。

國際帝國主義宰割中國的和平會議，將來必成爲事實；因爲帝國主義無論英美日法，要想獨吞中國，在事實上已爲不可能，即牠們所扶植的封建軍閥，無論直派與反直派，也絕不能由那一派根本消滅別一派。　既然如此，帝國主義與帝國主義之間，軍閥與軍閥之間，自然只有出於妥協之一途。　我們試看日本帝國主義近日論調之轉變，就很明白。

日本北京順天時報九月十七日社論，說：『……雖然，苟各國確信動亂得無已時，則勢不得不排萬難而爲干涉之決心。　或明知其不可能，亦不得不出於干涉之途。　且難保不顧中國獨立性之傷害而使之陷於共同殖民地之地位者，不得不同意於干涉說也。……』嘗英美帝國主義提出和平會議，干涉戰爭之初，日本則極力主張不干涉主義。　今乃公然說：「不得不同意於干涉也。」這已見日本帝國主義已經同意於英美帝國主義之主張。　由此我們可以預言，如果國民不急起來反抗，和平會議將不在遠。

將來在和平會議上，大陸報所謂類似道威斯計畫的，除設立一個「不集權的聯邦政府」，由國際帝國主義直接指揮監督外，在經濟上的國際共同管理，自然不外是抄襲道威斯的老文章。

(1)中國設一國家銀行，發行鈔票，這銀行由中國人多少，英，美，日，法，……人多少組織董事會。　發行鈔票的準預金，存於外國銀行。……………。

(2)中國鐵路，海關，………交國際公司管理，以口年爲期。　在此期內，鐵路，海關，………每年的贏利，都爲繳付外債。

(3)烟，酒，糖………由國家專賣，歸外人監督。

(4)…………

(5)…………

如果像這像，中國國民(尤其被剝利的工農階級)還有翻身的日子嗎？　被壓迫的國人們呀！　快醒着能！　這次英美所號召的「和平會議」，簡直是國際帝國主義將來共同宰割中國的別名。　這完全是協約國對付德國之「倫敦會議」。　你們快一致起來反抗呀！　一致團結起來在國民革命的旗幟之下，與帝國主義和軍閥決一死戰！　不然，宰割你們的道威斯計畫，就快臨頭。

## 羅素與字林西報

大雷

羅素在『新導報』上說：『中國軍閥——是一切純潔的中國人民所鄙棄的——他們中間的互爭給列强以干涉中國政治和勒索割讓以作援助的報酬之藉口』。（見九月十九日大陸報上所載十七日倫敦路通電）。

羅素既不是過激派更不是排外的中國人，是貴英國的人民，他嘴裏說出來的英國對華政策，看英國帝國主義者還有什麼話說。　然而英國帝國主義在華的報紙字林西報，憑他素來造謠的本領，在九月二十日的時評中强詞奪理的批駁羅素的這段話。

『他（指羅素）說：「一切純潔的中國人鄙棄軍閥」，固然軍閥中間有極壞的份子，但是照羅素那樣說，非特是誹謗一班應受尊敬的人們並且不是事實。　沒有一個中國人鄙棄盧永祥和齊燮元，張　霖和吳佩孚，他們亦不應受這樣的鄙棄，雖然在政治主張上多有反對他們的。　羅素說：軍閥給列强以干涉中國政治和勒索割讓以作援助的報酬之藉口。　這話是有意要激起中國的最劣部分來反對外人。　至今沒有人能指出干涉中國這次戰爭的任何表示：美國政府明白表示他們不干涉；日本絕對反對干涉；英國宣告沒有干涉之事；我們一定不信他人會採不同的政策。　至於勒索割讓以作援助的報酬這話我們要求羅素舉出自民國成立以來一個這樣的例』。

軍閥沒有一個不是壓迫殺害人民的，沒有一個不是與外國帝國主義者結合賣國的，張作霖，吳佩孚，盧永祥，齊燮元都是萬惡的軍閥中之尤者，而字林報記者讚美他們爲應受中國人民的尊敬而沒有一個人鄙棄他們的。　這話中國人民聽了恐怕要嗤之以鼻。　若說外國帝國主義者如該報記者沒有不表情於張，吳，盧，齊，等軍閥，因爲他們爲帝國主義者服務，倘不失爲一句實話。　祇要看這次張吳盧齊爲帝國主義利益和自己勢力而起的江浙戰爭，直奉戰爭，受影響的區域中人民所受怎樣的痛苦，就可以知道人民是怎樣的痛恨他們，誓欲食其肉而寢其皮，豈特是鄙棄而已。　字林報記者豈有不知道的，祇是爲帝國主義自身利益計不得不推崇這班軍閥，要使中國人亦尊敬他們即可尊敬他們的主人帝國主義者。

字林報記者駁羅素所說軍閥給列强以干涉中國政治之藉口，說：至今沒有人能指出干涉中國這次戰爭的任何表示。　本報上已在前兩期上屢次指出外國帝國主義者干涉中國的表示。　華盛頓九月五日電，倫敦九日電（見嚮導八十二期江浙戰爭與帝國主義）都證明這種干涉的表示。　日本大板日日新聞對干涉問題的意見說：美國是能實行干涉的唯一國家，美國或能約英國來在同一干涉的計畫上合作。　如果美國和英國決定干涉，日本政府應當決然與他們共同行動。　日本國民報說：『在吳佩孚後面暗藏着某一强權，須記著，北京外交部是爲祖美傾向的顧維鈞博士所主持。　……在這樣情況之下，日本政府，一方面雖然採不干涉政策，須細觀察事情的發展和阻止他人干涉』。

這話是日本帝國主義者說的當然是這樣，日本何嘗現在不在那里幫助張作霖軍火和財政。　英，美，日，法，現時財政上軍械上援助奉，直，江，浙，是一種暗地裏的干涉中國內政。　將來戰爭中或戰爭後列强召集和平會議，爲中國建設不中集的聯邦政府等計畫就是公開的干涉中國。　這種干涉恐怕一定要實現，因爲上次倫敦會議英美法日已有決定。　更可以大陸報的言論來證明他：列强在這次戰爭終結之後如何行動尚不明瞭，但是實行建設行動的機會已經放在面前，這是不用說了。

字林報記者要羅素舉勒索以作援助的報酬之實例。　這例多得很，我們可以代羅素舉，民國以來眞是舉不勝舉。　最近的大家還沒有忘掉的，各國借江浙戰爭爲名，要求推廣上海租界，要求蘇齊浙盧對于由戰爭所生的損害負賠償。　中國每次戰爭都有各國的借款和軍械的供給，其報酬就是某某鐵路的抵押及其他割讓，如奉張承認日本在滿洲有三千年之租借權，齊燮元承認美國在滬建築無線電臺，外艦藉口戰爭在中國內河之橫衝直撞……

總之，帝國主義的明中暗間的干涉中國內政，醞釀內爭以圖自利，這些事實中國人民已經應當早已瞭然，固不待羅素來說；然而我們不能不承認中國最大多數人民還不明瞭事實的真相，最可憐的是一班受外國帝國主義的宣傳的中國人，糊塗昏聵，祇以爲外國人的是真話，他們應該讀一讀羅素的話，再看一看字林報記者的強辯，也或者可以明白一點了罷。

# 南洋烟廠罷工中上海報界之原形

述之

我們時常說，在資本主義的社會裏，不僅一切生產工具和一切政治機關，都歸資產階級壟斷；即是一切言論機關如報紙等也完全是資產階級的御用品，爲擁護牠們階級利益與壓迫勞動階級的巧妙工具。在中國雖然資本主義幼稺，可是也沒有例外。我們只拿這次上海報界對於南洋烟草公司工人罷工的態度來看，就非常明瞭了。

南洋烟草公司七千餘工人，因受廠主資本家和其走狗之種種慘酷的待遇和壓迫，迫而出於全體罷工，（見「上海工人」報所載南洋烟草職工同志會的通電），在工人方面已是萬不得已的事。乃資本家和其走狗復收買流氓，到處毆打工人，賄買巡捕捉拿工人。此外更用種種卑汚齷濁的手段，威嚇造謠，無所不用其極。似此橫蠻殘酷，凡稍具天良的人，無不爲之代抱不平。

上海報界素來自詡爲主持「公道」，宣洩社會隱衷，而此次對於南洋烟草公司七千餘工人被壓迫而罷工的事情，却一聲不響。不惟一聲不響，並且在另一方面，還替資本家登載種種誣蔑工人和造謠的廣告。這是怎麼一回事！有時當某一個軍閥作壽酒，討小老婆；某一個洋大人來游上海，牠們數千百言，滿紙登載；剌剌不休。而對於七千餘工人的吃飯問題，死活問題，却一字不提，這是怎麼一回事！

「原來是各報紙都有資本家的廣告。廣告費有幾家報紙是五六百元一個月，有幾家報紙是二三百元一個月。當罷工初起時，資本家便派人到各家報館裏去說：「我們工廠裏罷工了，希望貴報莫登工人送來的消息與廣告」！又說：「敝公司每月貴報的廣告費不少，想來貴報一定願幫忙」」。（見上海工人第四期）

呵！原來如此！原來上海所有的報紙都被南洋烟草公司的廣告費所收買了，原來牠們每個月得了資本家二三百元至五六百元的廣告費，原來牠們的報紙就是這樣辦起來的！哼！這就是上海報界的原形哩！

# 南洋烟廠罷工與國民黨右派

在改組後的國民黨黨綱上，大書特書着：擁護工人和農民的利益。這本來是國民黨最進步的表示，也就是國民黨改組後所以引起羣衆注意和工人農民羣衆中之真正革命分子所以踴躍加入民黨之根本原因。

可是「保護工人和農民的利益」絕不可只是在黨綱上白紙黑字的大書特書着，應該引用到事實上去，應該使工人和農民的利益在每件事實上都受到國民黨的保護，應該使工人和農民們在實際上感覺得國民黨是真正保護他們利益的黨，那時國民黨才算得真能代表羣衆的黨，真能代表國民革命的黨。

國民黨自改組到現在已經半年多了，在各地方是否真保工人和農民的利益，姑且不提，單拿此次南洋煙草公司七千餘工人大罷工的事件來看。

南洋烟草公司七千餘工人被資本家和其走狗鄺公耀與李援逼到走頭無路，萬不得已而出於罷工，這總算是國民黨實際履行黨綱，保護工人和農民利益的機會到了。　可是上海國民黨執行部怎樣對付呢？　國民黨的機關報民國日報怎樣爲之鼓吹呢？

在初罷工時，民國日報和其他的報紙一樣，除替資本家登了許多侮蔑工人和造謠的廣告外，毫無半字提到工人方面。　後來被國民黨幾個左派分子逼着，才有幾段含含糊糊登載南洋煙草罷工的文字在民國日報上那個不打眼的角邊兒出現。　民國日報的編輯主任楚傖先生，天天在民國日報開宗名義第一章上的開頭語，歌頌江浙戰爭，讚歎他盧公永祥之義舉，唱些「義存盧存」，「義亡盧亡」的讚美詞。　而獨對關係七千餘工人的死活問題，却一聲不響，這是怎麼一回事！

在國民黨上海執行部對此次罷工，與民國日報一樣態度，除幾個左派分子自動的去幫助外，也就沒有注意這回事。等到南洋烟草工人中的國民黨員（共有兩百餘國民黨員）來要求時，還只是含糊敷衍的答覆。　我們且看二十三日南洋煙草工人國民黨代表團（共十八）向上海執行部的要求幫助條件，與上海執行部的答覆。

要求：一、開除鄺李（國民黨員）黨籍。二、援助經濟，三、令上海黨員募款援助工人，四、令各地黨部抵買該公司烟貨，五、將以上四條令由民國日報發表。　當時代表上海執行部的楚傖先生答覆是：一，鄺李二黨員呈請中央開除；二，以私人的借款相助，三，全承認，四五緩辦。

爲什麼他們第一要求開除鄺李黨籍？　因爲激起此次罷工的完全是鄺李二人，鄺李以工務稽查和副工務長的威權，迎合資本家，重新討定三十餘苛條以虐待工人，所以工人冒死起來抵抗。　在罷工中設種種陰謀破壞罷工，虐待工人的又是鄺李。　似此種喪心病狂甘爲資本家走狗的黨員上海執行部不待請求，早應開除。　如今還說待呈中央開除！　那裏有堂堂上海執行部連一區區黨員都不能開除的道理，不惟在章程上說不通，在普通道理上也說不通，這分明是搪塞之詞，第二條之經濟援助，私人固然可以，可是執行部爲什麼不幫助，他們幾千幾萬，那裏不用，而對於被逼着罷工饑肚的工人黨員竟一毛不拔！第四條上海執行部雖沒有權令各地黨部抵貨，可是爲工人利益而發表抵貨資本家貨品的宣言，亦是理所應該的。　至於第五條之拒絕，就真令人莫解了，難道只能替資本家登侮蔑工人的廣告而不能替在黨人登此正當的要求嗎？

看以上國民黨之機關報與上海執行部之對付南洋烟草工人罷工事件，完全與黨綱所大書特書的保護工農利益相反，而倒是保護了資本家的利益。　這是怎麼一回事！

原來這又是國民黨右派所幹的勾當，主筆民國日報的和主持上海執行部黨務的，是上海國民黨右派首領楚傖，慫恿資本家壓迫工人的是國民黨右派分子鄺公耀與李援。　國民黨右派真是執行黨綱保護工農利益！

然而我們久已說過，國民黨右派是反革命黨，是帝國主義和封建軍閥的走狗，在此次南洋烟草罷工事件中又證明他們是資本家的走狗了。　所以我們說，國民黨右派如果存留在國民黨中，將來國民黨只能代表帝國主義軍閥和資本家的利益，而是工農的仇敵，所以我們無防再三的警告國民黨之較開明的領袖分子，須得趕快醒悟啊！

The Guids Weekly.

嚮導週報

第八十五期

（中華郵務管理局特准掛號認爲新聞紙類）
一九二四年十月一日
郵票代款概作九五折

分售處
香港 萃文書局
巴黎 中國書報社
廣州 丁卜書報社
上海 民智書局
上海書店
時中書報社
武昌 共進書社

分售處
太原 晉華書社
長沙 少年書店
濟南 齊魯書社
杭州 古今圖書店
雲南 新亞書社
寧波 明星書局
開封 文化書社
福州 工學社
南京 天一書局
成都 華陽書報流通處

定價 國內一元寄足四十期 國外一元寄足二十五期 郵費均在內 零售每份大洋三分

每星期三出版 發行通訊處 杭州鷲橋路嚴衙弄七號轉洪立民 北京大學第一院收發課轉鄭子明

# 國民黨的一個根本問題

獨秀

國民黨在國民革命的策略上，目前應否停止軍事行動及放棄廣州政府，乃是一個重要的根本問題。我希望每個忠實的國民黨黨員，對於這個根本問題，都有就理論、事實上子細研究并發表意見的必要，愼勿固執『主張停止軍事行動放棄廣州政府便是破壞國民黨』的偏見，硬閉起眼睛不理！

反對停止軍事行動放棄廣州政府的人，他們所持最有力的理論是：革命黨須有軍事行動，也須有根據地，更便於一切革命的運動及宣傳。這種理論，僅僅是一些抽象的原則和形式的邏輯，至於國民黨本身狀況及其在中國所遭遇的事實，完全不是這樣。

第一，現在已不是揭竿斬木時代，畫符念咒又恐怕不濟事，除了乞求帝國主義者的援助，我們有何方法能得着和軍閥對抗的武器？姑且不說全軍閥階級的軍事力量，即以直系而論，想用廣州政府現有的軍力打倒他，不待軍事專家，即稍有常識的人也不應作此奇想。

第二，廣州政府現有的軍隊內容又是怎樣？完全是以利結合的雇傭軍隊，我敢說沒有一連一排是可靠的革命軍隊，並且也還沒有相當數量質量的革命黨人能在這些軍隊中宣傳活動，能左右這些軍隊的羣衆；建立在這些軍隊力量上的軍事行動，只能攻取若干北方或其他軍閥力量所不到的地方，向平民擄掠搜刮，連陳炯明趙恆惕也不甘打倒，而說可以用他們打倒國際帝國主義打倒北洋軍閥，這是欺三歲孩子的話。

在這種情形之下，國民黨此時絕對沒有做革命的軍事行動之可能，現在的所謂軍事行動（北伐包含在內）若不停止，和反動的滇軍妥協，和反動的西南將領妥協，和反動的段系奉張妥協，都成了必需的政策。孫中山先生未嘗不知道因滇軍勾結商團而妥協是國民黨的恥辱，然而因爲要做軍事行動，便不得不容忍這班反動的軍隊；孫中山先生未嘗不知道反動的西南將領不可與之革命，然而因爲要增加國民黨軍事行動的實力，便不得不和他們聯和；孫中山先生未嘗不知道段系奉張都是革命黨所應討伐的軍閥，然而因爲要增加國民黨軍事行動的聲勢，便不得不稱他們爲友軍；這些恥辱的行動，這些錯誤的政策，都是軍事行動所必然產生的，因爲此時的國民黨除了採用這些政策，本來沒有北伐或其他軍事行動之可能。然而採用這些政策來做軍事行動，不但這些軍事行動不是革命的而且是反革命的，因爲滇軍西南將領段系奉張自身便都是軍閥及帝國主義者的工具。　這樣的軍事行動，且可以使國民黨打倒帝國主義打倒軍閥的革命宣傳完全無效。

應否放棄廣州政府，和應否停止軍事行動，是兩件事不可分開的一個問題，因爲要保持政府所在的一塊領土，便不能停止軍事行動。

在理論上，應該先有了强大的革命黨，然後才能有革命軍隊；有了革命軍隊，然後才能有革命政府。　而實際上廣州革命政府幷不是照着這個理論成立的，支持這個政府的既沒有革命的軍隊，又沒有强大的革命黨；因此，在名義上在極少數政府首領的願望上，是一個革命政府，實際上，這革命政府完全建立在反革命的軍隊反革命的官僚及反革命的商人階級之力量上面，這反革命軍隊官僚與商人，不但是支持政府的力量，并且是國民黨右派的反動勢力之大本營。　因此，政府中極少數首領僅僅是有革命的願望，并沒有實權能支配所屬的軍力財政用在革命的意義上；并沒有實權能制止革命政府所萬不應做萬不忍做的事：開賭，拉夫；并沒有實權能制止軍隊警察商團壓迫工人農民；并沒有實權能制止軍隊官吏和帝國主義者的爪牙商團勾結妥協；這些都是廣州政府在客觀上不可避免的事實。

在這種情形之下，國民黨若仍要保持廣州政府，對內，不但上述各種可痛的狀況必然繼續下去，而且反革命的軍人官僚和反革命的商人之混合政府也必然要實現；對外，永遠不能拋棄和西南將領及北方一部分軍閥妥協的政策。　如此，國民黨的實際行動，將使國民黨的革命運動及宣傳在全國民衆中喪失信用，不生效力。　而且因爲要保持革命政府所在的一塊領土，國民黨的力量與注意，事實上必然集中到關於保持這塊領土的一切應付，沒有餘力可以計及全國的革命運動及宣傳；卽在領土內，亦以軍警官吏之橫暴，取消了黨的宣傳效力。本以爲有一根據地更便於一切革命的運動及宣傳，而結果實得其反。

總而言之：在原則上，我們不但沒有理由可以反對一個革命黨做軍事行動及建設革命政府，并且極熱忱的希望中國國民黨早日進展到能做革命的軍事行動能建設革命政府之一日。　但在實際情形上，我們一方面觀察得國民黨的內容，還沒有進展到軍事行動及建設革命政府的時期，勉强假用種種反革命的力量來做革命的軍事行動及建設革命政府，實在是此路不通！　一方面我們觀察得國際帝國主義者在中國的力量及國內軍閥的力量，要想佔據一隅之地，養數萬軍隊，來打倒他們，那更是此路不通！

現在有一條雖被遠而可通的路給我們走，就是只有全國工人農民兵士之聯合的大暴動，才可以破壞全軍閥階級的軍事勢力；才可以驚醒帝國主義者條約神聖的迷夢，使他們不得不放棄在華不法的權利；才可以擊碎商人紳士勾結帝國主義者及軍閥的奸謀；才可以實現革命的軍事行動；才可以轟起全國革命的高潮及熱忱，掃蕩舊污，建設新國。

因此，我們希望國民黨毅然決然改走這條新路；毅然決然拋棄以前的舊政策：建立政府，軍事行動，北伐，西南團結，等等；毅然決然斷絕一部分有名無實的政權之留戀，回到革命同盟會的時代；毅然決然下全黨動員令『到民間去』，在一切民衆中做廣大的政治宣傳，組織工人農民兵士的大民衆，不斷的爲這些大民衆之自身利益而奮鬥，使這些大民衆都認識國民黨的確是爲民衆利益而革命的黨，的確和軍閥派及其他官僚的政黨不同；如此，中國國民黨才有軍事行動及建設革命政府的眞實力量。

這樣本是國民黨在國民革命的策略上一大變動，反動的右派，在他們自身的利害上當然要反對這種變動；卽畏難苟安的中派分子，亦未必有贊成這變動之勇氣與決心；然而這個變動確是中國革命運動所需要的，革命的領袖們若是看清了這個需要的事實，便應該拿出革命的責任心克服他們那游移不定的意志！

如果大家的頭腦，都被軍閥戰爭及局部政情之瑣屑應付的具體問題占領了，沒有考慮全國革命所需要的事實之餘地，誠然是國民黨的不幸；然而我們相信終有大家回過頭來考慮這個事實之一日，如此，我們只好改日再談。

# 帝國主義與反革命壓迫下的孫中山政府

巨緣

（九月二十三日廣州通信）

這次扣械風潮的最後原因實在於英國帝國主義之陰謀。從前廣州政府對於列强并不是什麼可怕的東西，實質上也和奉張浙盧湘趙差不多的一個所謂獨立的地方政府罷了。自從國民黨改組以來，一方面右派抵拒國民黨革命化的勢力雖然緊張起來，別方面却正因為有民黨中滲入了左派革命份子，無論左派還怎樣微弱，始終已經不是從前的國民黨。廣州政府之下左派最初的能力雖不過指揮羣衆運動，稍稍增加反帝國主義的氣勢；然而廣州政府本身接近蘇俄的事實，却大足以使英國恐慌。所以從廣州關餘問題直到沙面罷工；雖然主觀方面看來，廣州政府不能算得有力的有決心的反帝國主義的政府，而客觀上對於英帝國主義雖還不可怕，却已經是一個討厭東西了。

何以說國民黨政府還算不得有力的有決心的反帝國主義政府呢？因為實際上廣州政府不是整個兒的。廣州政府并且不能算是國民黨的——他的成立和存在完全靠國民黨首領孫中山先生與南方各色各派小軍閥的應付；所以實權并不在國民黨而在軍人。各軍擅收稅捐，自籌餉械，大多數祇想造成個人的羽翼。這次運械問題中便有滇軍廖范等與商團勾結的事實；械運到時，商團曾經想賄買李福林，偷卸上岸。

何以說客觀上始終英國帝國主義看着廣州政府是一種反帝國主義力量呢？沙面罷工風潮便是一件狠明顯的事實。國民黨左派份子的指導堅持，着實使英帝國主義受些打擊。國民黨右派及中派雖然用種種方法迴避公開的贊助罷工，然而普通黨員中的左派，曾經求得市黨部的名義，做狠熱烈的宣傳，於是英國方面便分兩路進行：一路，勾結右派調和派；一路，趁商團運械暗中與以贊助，又自向政府告發，以挑撥商團起而推翻政府。

於是商團事件遂一發而不可收拾，直到如今政局動搖的危象，還狠顯著；其形勢已經逼到如此分明：即孫中山若不反抗英國帝國主義及買辦階級反革命底，則廣州政府勢將被逼迫而完全失其反帝國主義性成為國民黨首領主持之非國民黨政府，——這本是帝國主義的目的。

沙面罷工將了的時候，領事團與罷工者雙方的爭持，已經祇剩得一點：就是巡捕的復職問題，國民黨及政府方面的右派居然暗示領事團，說巡捕復職之後，管理他們的權始終在領事方面，何必現時堅持不准復職呢。同時吳鐵城伍朝樞馬超俊等，竟說領導方面斥革巡捕之後他們擔保收用這些巡捕，另編特別警備隊。這種破壞罷工的方法可以算得巧妙極了。而且他們對於英法巡捕，狠有些歧視，因爲馬超俊個人與英租界巡捕頭有關係些，等到工人覺察這種現象，絕對不信任馬伍等的時候，馬伍沒有辦法，便趁着商團扣械事件，拿商團威嚇工人，並且假借中山名義高壓工人。於是實際上馬超俊伍朝樞等右派份子適成了帝國主義和買辦階級手裏的絕妙工具。

沙面罷工就此了結；可是剛剛要上工那一天，商團事件已經吵得非常熱鬧，滿城是明天開始罷市的謠言。英法領事便突然翻臉不准工人上工，要想和商團互相呼應兩面夾攻政府——帝國主義的陰謀顯然可見。

因此可以說扣械問題不但不是商人和政府衝突——決不是如此簡單；而且不單是國民黨和帝國主義及買辦階級的衝突——却是帝國主義買辦階級進攻廣州政府，而政府及國民黨內的右派份子巧爲內應的活劇。

廣州罷市之前，佛山方面有陳恭受的指導，已經先行罷市，要求無條件發還鎗械——當地土豪所組織之民團都有武裝，威脅小商，使不敢開門。當地的政府軍隊竟不能有絲毫處置，跡近故意放縱。於是國民黨中之革命派（即左派）極端主張嚴厲對付，要在政府方面，趁商團預備未週，後援尙無確實担保時，先行挑戰。政府方面，不但有軍官學校四處，共二千人，而且有農民工人之贊助——當時廣州市郊農民協會工人代表會都起而斥責妥協派爲反革命所利用，要求解除買辦商團之武裝而武裝平民——工人與農民，其中市郊農民的農團軍原有三千枝鎗，工人則可以以扣留的軍械　刻武裝起來；這種要求當然受國民黨中革命派的最熱烈的贊助，革命派說，現時商團是帝國主義的武裝；北通曹吳，東連陳炯明；因械案發生之後，必然趕緊請援於兩方，所以雖然罷市謠傳狠甚，而始終遲遲六七日不發，便是有意等援兵；假使等到東江或英國方面有所動作，國民黨就祇有束手待斃了。因此，應當趁早挑戰，就有人提議派人到佛山組織市民大會，工人都願意拚死奮鬥。若商團方面敢於毆殺示威運動者，便可以立即強迫商團繳械而武裝工人。革命派又提議由國民黨發一宣言，以爲宣傳的方針，內容應當說：『商團軍純粹是帝國主義的工具。中國商民尤其是店員，不應當受帝國主義的雇用。農工階級屢次受商團的摧殘，必然要贊助政府。一切國民的最正當的主張便是不但扣械不能發還，而且要解除商團現有的武裝。凡是罷市贊助陳廉伯買辦的，國民都認爲民賊』。

可是實際上佛山雖然開市民大會，而國民黨中幷沒有命令軍隊採果决手段；右派的軍人，在示威運動時名爲保護市民工人，事實上却舉槍禁止工人通過商團團部的地方——竟是保護商團。革命派所提議的宣言及武裝宣傳方法，都不曾採用。過了幾天，忽然發現國民黨中央的告商人書，說得不痛不癢，彷彿政府得罪了商人似的。最後，才勉强召集市民大會於廣州；然而武裝宣傳不實行，黨員不能積極在羣衆中及市民中根據革命派所擬之宣言活動；偶然的一次市民大會，勞動羣衆雖然能表現他們的奮鬥精神，却事實上沒有預備好。於此便發見國民黨中派諸首領不能負指導羣衆，組織羣衆的重任；幷且沒有政治的眼光，不能當得革命的領袖。——勞動羣衆願意贊助他們，他們却怕羣衆，不敢接受這種贊助，因而不能指導羣衆，預備決心和反革命奮鬥到底。

左中右三派在此次事變中的關係最堪注意：商團首領陳廉伯陳恭受都是國民黨右派黨員，贊助反革命及買辦階級的軍人，也都是國民黨右派黨員；遊移不定沒有決心鎭壓反革命的，是國民黨中派諸要人；決然要求解除商團武裝而武裝勞動平民的則是眞正革命的生力軍——左派份子及其所領導的工農羣衆。這是罷市之前的形勢。當時的鬥爭，簡直已經明顯着從黨外的反映到黨內的局面。我們若分析出這一方面的情勢，對於以後政潮的變遷便可一目瞭然。

右派國民黨員陳廉伯陳恭受等是代表買辦階級和帝國主義的利益。 左派即革命派是代表勞動平民的利益。 其間有許許多多遊移份子，如政府中之右派軍人，主張調和的官僚，無異乎帝國主義間接的工具；幻想維持政權而又不敢接受平民羣衆之贊助的中派諸要人，便間接而又間接的助長了妥協派以至於反動派的氣燄。」這幾派的鬥爭便成功這一次的政潮。

廣州市民大會之後一天便罷市了。 當時右派諸叛徒的策略，第一便是放出「共產即在目前」的謠言；第二用什麼「中華民國政治定國軍」名義發出政綱，否認三民主義的意義，主張不黨主義；第三通電全省各縣商團，命令他們驅逐縣長，宣布獨立。 武裝商團，差不多完全改換便裝，到處檢查不罷市的商鋪，在團的不用說，不在團的便用强迫手段，再不成，便故意搗亂：譬如聚着三五人，帶着手鎗到不肯罷市的茶店或舖家故意尋事或假作互打；再則收買中央銀行紙幣持向不肯罷市的店家强迫使用。 他們自己儘發反對政府的傳單；而國民黨所散傳單以及其他團體攻擊商團的傳單，他們便以强力制止商家不准閱看；甚至西關一帶之政府佈告，也通貼隨扯，不准市民觀看，常用武力驅散看衆又派人毆打派報工人，不准市民閱報。 總之完完全全是一個比較有系統的法西斯蒂的暴力政策。 因此許多小商人雖然不願罷市，也不得不罷，然而至多不過全市十分之六罷了市。 後來因爲勞動市民的反對，政府的查辦，剩得祇有少數大商舖插起外國國國旗閉着大門。 商團軍就專保護這些各國商舖，反抵中國政府，以罷市勒索槍械。 ——這是當時顯然的景象；所堪注意的是這「外國軍隊」——商團軍的首領却是中國國民黨的黨員陳廉伯。 可是政府方面的軍隊中間也有外國買辦的奸細，竭力主張調和，不肯盡力鎮壓商團，而託名於「和平調解」。 伍朝樞在第一天便想調停，以中國政府的代表而想和假借中國商民名義，勾結帝國主義的買辦軍訂城下之盟；所謂商會，以至於善堂也四方八面的找汪精衛等以及各總司令出來說話，有以二十萬元「供獻」政府，由政府「依法」發還槍械的傳說。

國民黨右派的這種行動可以說是最巧妙的反對政府的手段：他們表面上說是怕帝國主義直接來干涉，所以應當如此；實際上却是不用帝國主義費力而由他們趕緊代爲履行其政策。 市民的勞動界都非常憤慨。 聲言如果眞正贊助革命政府，祇有解除商團武裝之一法。 幷且各舉代表會集於省長公署，組織平糶委員會，預備收管食糧以及重要的公共消費品，使商團不能以罷市要挾，尤其要使他們不能以餓死平民的手段脅迫革命政府妥協。 當時農民自衛軍及工人代表會都曾積極預備。 那時候，冒充工人首領的馬超俊，唯恐革命派果斷實行，亟亟自誇可以一手辦成管理食糧事務，可是工人羣衆因爲他屢次壓迫欺騙恐嚇工人，到這時已經絕不信仰他。 結果管理食糧隊，預備武裝保衛民食隊仍然由革命派完全預備妥當。 當時提議須急速進行：一面實行收管米糧作持久之計，一面即刻解除商團武裝；肅清政府及黨內的反革命派，然而國民黨最高黨部中派諸要人始終找不出這樣一個決心，遷延復遷延，坐令商團和英國海軍及右派軍人勾結妥當，於是局勢便突然大變。

滇軍范石生廖行超居然以武裝調停的威風提出六個條件，要政府受五十萬元發還槍械。 ——這無異是將三十年來國民革命的首領孫中山廉價出售於商團。 同時英國領事通知政府說，已奉香港海軍總司令命令，若政府對商團開火，駐廣州的英國海軍便將立即攻打政府。 帝國主義和他的走狗陳廉伯范石生等對於中山政府可以說是威逼利誘無所不用其極。 ——亦就是國民黨自己的右派黨員及軍人對於革命政府的大蹂躪。

當時革命派的主張是：商團槍械完全沒收，分發眞正之政府軍隊及廣州之農民及工人自衞軍；買辦階級之武裝隊不准存在，另編平民警備軍以勞動平民爲根本。　此外更主張取消一切雜捐，統一財政—使作亂及反革命的軍人無所憑藉，並且眞正減少貧民的負担。　再則，便是民選市長，使當時廣州市民間商民間的分化，都有政治上的表現。

當時商團之中早已有了分化：一部分勾結李福林的，如河南商人便沒有罷市，大名鼎鼎的藥舖老板李朗如也沒有『參加反抗政府的行動；』一部分已經勾結好廖范及英國帝國主義，如鄧介石等，願意出五十萬元收買廣州政府，願意使陳廉伯通電『悔過』，以保留即刻繼續活動之可能；一部分主張陳廉伯『無過可悔』以爲五十萬元太多，應當無條件發還鎗械，即刻以激烈手段對付政府。　於是乎右派份子，如孫科等便以爲政府方面不應組織工團軍，不應倡議管理食糧等政策，應急急與鄧介石等妥協，允許履行條件後從速發還槍械。　然而中山先生在國民黨中央全體會議上（八月三十一日）早已宣布范廖之反革命行爲，不服從政府命令，並且聲明絕對否認允許調解條件。　此後各勞動平民團體，尤其是在九七紀念日市民大會上，都狠急激的要求解除商團武裝，否認允許條件。　因此，右派的政策既與中山的聲明相左，又與民衆的要求大相違背。　—當時的政府若眞有決心，狠可以立刻武裝平民以衞廣州，預備作戰，實行減捐民選。　可是中山聲明祗管聲明，而中派要人竟別出心裁想出這樣解決的方案：『最好暫時瞞住眞消息，與商團之最接近政府者聯絡，再設法使商團「就範」改組，使實際上得着同樣的結果，而表面上不露痕跡』。　於是這政潮的結果便成奇突的現象：

趁着舊市長去職新市長未選出以前，李福林竟做了市長，李朗如竟做了公安局長。　表面上是這一部分商團代表因與政府妥協而取得政權；實際上他們有了政權—一切改組商團民選市長等條例便在他們手裏；這種妥協實在有利於反革命派。　最要注意的便是胡漢民先生上台做省長；廖仲愷一面聲明自己非共產黨員，一面彷彿引咎辭去省長。　這一方面便已經確實是政府向反革命的妥協。　農民自衞軍及工團軍的槍械一直沒有發出來；而槍械『依手續發還，改組商團』等消息，廣州各報儘着宣傳，彷彿是故意反對中山先生的聲明，而受中派某要人之指使似的。　然因爲左派及羣衆的反對，不時又散佈『　府要求三百萬軍餉，商械中長槍已經用於北伐軍，令兵工廠趕造償還』等消息以亂觀聽，似乎又想實現中山的聲明似的。　這都是中派態度動搖不定的反映。　由上看來，那想不露痕跡偷偷摸摸實行自己的政策—即避開革命的道路而想利用商團之一部分的中派，畢竟要受商團的利用，畢竟要喪失自己的政策，結局不過是仍舊承襲右派的衣鉢！　國民革命裏的分化在這次事變中已經看得非常清楚。　還要保存國民黨歷史上的革命光榮的人，究竟願意走進那一條道路？　—這是一個根本問題。　單想用暗渡陳倉方法去迴避革命，無論口頭上怎樣拚命的否認其中有派，是不成的；其結果必定是政治上的降服於右派，或者簡直是降服於反革命派與帝國主義。

# 警告國民黨中派諸領袖

和森

這次廣州商團事件，對於國民黨內部各派之革命成分要算實際做了一次最良的試驗。　右派反革命的原形，勾結帝國主義的劣跡，在這次事變中業已暴露無遺，此處無庸贅述，所最可注意的是中派在這次事變中的態度。據本報巨緣君廣州通信所記述，中派諸要人在這次事變中的態度可以「猶夷妥協，居中取巧」八大字包括之。這種態度若在俄羅斯革命史或西歐革命運動史中遇着，吾人絕不奇怪，因爲若干被實際革命潮流所淘汰的妥協派，無不原於這種病根而破產；但如過早的在中國現在的革命運動中便發見着，吾人殊不勝其遺憾！

革命的方向只有一個，違背這一個便要趨於反革命。所以一個眞正的革命領袖，決不妄想執兩端之術，因爲如此便要離開革命的立場而喪失自己的信用與地位。比如沙面罷工，反映到國民黨內部，天然的只能引出兩種傾向，一種如左派始終忠於羣衆的利益以抗帝國主義到底，一種如右派馬超俊等諂媚帝國主義欺騙并威嚇罷工羣衆使其迅速屈伏；猶夷動搖於這兩種傾向之間，實際上亦無異間接做了帝國主義的工具而喪失羣衆的信任。商團事件亦然，或是站在右派反革命及勾結帝國主義的方面，或是站在左派主張果決解除反革命武裝抵抗帝國主義方面；調和妥協於這兩種傾向之間，實際上亦無異間接做了反革命與帝國主義的工具而引起羣衆深深憤激的反感。

革命所需要的是眞本領(適合羣衆要求的政見與口號)與勇氣，專靠使巧，不僅沒有用處而且容易弄到自殺的絕地。國民黨中派諸要人，吾人頗重視之，常勉以成就中國革命大業；在左派領導之下的廣東工農羣衆，對於他們亦有相當的好感。可是沙面罷工商團事件一來，羣衆對於他們的觀感業已大不如前。中派諸公不於此時有所覺悟以圖挽救，(即毅然決然沒收扣械以開始鎭壓反動和反帝國主義的革命工作)，反而想用暗渡陳倉的方法，迴避革命與一部份商團份子妥協，以成立半軍閥(李福林)半買辦階級(李朗如)的新局面。這樣一來，吾人不僅爲革命前程危，而且爲中派諸公自身危！這樣迴避革命巧取政權的下策，不僅要使廣州政府完全葬送於買辦階級帝國主義的池沼之中，而且中派諸要人勢將蹈右派的覆轍而喪失自己革命的政治命運。

現在我們可以簡單的警告中派諸公：做官與革命，截然是兩途，你們這次上台的目的，革命的羣衆是完全不了解的；你們上台後怎樣解決扣械問題，怎樣對付反革命和帝國主義，革命的羣衆却正在加倍的注視你們。現在木已成舟，你們暗渡陳倉的幻想完全要歸於失敗而且是不榮譽的失敗，你們若還不願從此斷送革命的前途決心挽救這種失敗，那末臨崖勒馬，，仍然只有贊成中山先生及左派沒收扣械與一切反革命勢，及帝國主義決裂之一途。不然，你們的政治生命是要完全破產的！

# 我們爲什麼反對國民黨之軍事行動

述之

凡是一個眞正革命黨，眞正代表羣衆利益而奮鬥的革命黨，牠第一須看清眞正的羣衆在那裏，第二須認識誰是牠眞正的敵人，第三須明白進行革命的步驟。一個革命黨對此三者沒有充分的了解，而想成功牠的革命事業是絕對不可能的。

怎麼說呢？革命黨并不是空中樓閣，牠必然建立在某一階級或一部分羣衆上面，牠必然是代表該階級或該羣衆之經濟的和政治的要求而奮鬥，如果牠看不清羣衆，牠怎麼會知道羣衆的利益，去替牠們奮鬥呢？并且革命黨之爲革命黨，不過是某一階級或一羣衆之先鋒隊，眞正的大軍還在羣衆裏面，革命黨之奮鬥能否勝利，完全在能不指揮羣衆。所以革命黨第一須看清牠軍隊卽羣衆的所在。革命黨既代表某一階級或某一羣衆，而牠的敵方卽壓迫牠所代表的階級或羣衆之某一統治階級。革命黨唯一的目標卽在打倒該統治階級，或得政權，復利用政權以建設牠理想的新政治和新經濟。　所以革命黨第二須認定其眞正敵人，絕不可認賊作父，亦不可無的放矢。　但是看清了羣衆，認定了敵人，如不懂得進行革命的步驟，仍然是空話。　好比有了工具，有了材料，如無手藝，仍然不能生產；要想指揮羣衆，打倒敵人，必按照一定的步驟，循着一定方法，才有達到目的可能。　所以革命黨第三須明白進行革命的步驟。　而每一個革命黨進行革命的步驟，大約又可分三個階段。　一、宣傳，這就是宣傳羣衆，使羣衆深切地了解自家的利益，認識自家的敵人，更進一步使羣衆明白怎樣打倒敵人和取得政權的方法。　二、組織與訓練。　這就是將已經明白自家利益，認識敵人的羣衆，按一定的方法組織起來，使成爲有系統的物質勢力，并加以各種訓練，使成爲自動而能戰鬥的軍隊。　三、武裝暴動，亦可謂之軍事行動，這就是武裝已了解自家利益而又受過組織與訓練的羣衆，直接推翻舊有的統治階級，取得政權。

以上這些粗淺的原理，我們可以遍證一切革命史而不爽。　每一個革命黨之成功與失敗均視其能否準此原理爲斷。　我們試看波爾塞維克黨與基馬爾黨之成功，愛爾蘭國民革命黨與波斯人民黨之失敗，就可爲證。

中國國民黨的革命史已二十年了，（自同盟會起）然而牠的革命成功還在雲霧裏，帝國主義與封建軍閥還依然存在，民衆還依然在帝國主義與軍閥壓迫之下，這是什麼緣故呢？　簡單說一句，就是牠只知有「軍事行動」，而忘却宣傳羣衆，組織與訓練羣衆之最重要的工作，尤其牠沒有看到牠的眞正羣衆，認識牠的眞正敵人。　牠的眞正羣衆是什麼？　是工人，農民，手工業者，小商人，智識階級以至一部分的資產階級；牠的眞正仇敵是什麼？　是國際帝國主義和本國封建軍閥。　可是國民黨自來沒有眞正了解這個。　牠在辛亥以前，在羣衆方面只看到幾個會匪，智識者，一部分新軍人和華僑，絕沒認眞想到工人農民的身上。　在辛亥後連會匪，智識者，和華僑的運動，也都停止了。　牠對於仇敵之認識，辛亥前只知道滿州政府，辛亥後只知道北洋軍閥的袁某曹某，而對於利用滿州政府，勾結北洋軍閥之英美日法等國際帝國主義，和西南的新軍閥，絕沒想到，并往往引之爲友。　至於國民黨之進行革命的步驟，更是糟了，牠除了聯絡會匪，軍隊之外，從沒有眞正作過宣傳民衆的工作，組織和訓練更是不用說的。　至說到牠的軍事行動，也并不是我們所說的武裝民衆，以民衆的力量，去推翻統治階級的革命行動；而是武裝土匪，擁護國民黨的新軍閥，去替他們爭奪地盤的軍事行動。　這種擁護軍閥，爭奪地盤的「軍事行動」，於國民黨，對於國民革命是一個根本的致命傷。　爲什麼呢？　因爲軍事行動的結果：一、國民黨的全副精力爲軍事行動所占領，而重要的宣傳羣衆與組織羣衆的工作反拋棄了。　二、新軍閥與舊軍閥原無兩樣，爲要維持他們的地盤或爭取地盤，必至殃民傷財，結果則使民衆對國民黨失去信仰，而發生反感。　三、新軍閥在根本上是反革命的，黨中有此反革命的分子，加以官僚政客的附和，必然與封建階級和帝國主義妥協，因此國民黨的本來目的失掉，眞正的革命分子已入者脫離，未入者望而生畏。　國民黨在這樣的情形之下，還有成功革命的希望嗎？

但是現在的問題就是爲什麼國民黨祇相信軍事行動，而始終不能走到眞正的革命軌道呢？　這一個問題從客觀上看來，是中國經濟落後，階級未能分化的自然結果，換言之，有此畸形混沌的中國，即有此畸形混沌的革命黨。　有此畸形混沌的革命黨，自然有此畸形混沌的革命戰略。　國民黨在辛亥以前，我們說過，本來沒有認識眞正的革命羣衆，認識牠眞正的敵人，所以牠祇憑藉一種特殊的羣衆勢力—

！，會匪智識者等的勢力，而沒注意農工羣衆的勢力，向眼前看得見的仇敵，——滿州政府，進攻，而忘掉了滿州政府背後的帝國主義。到辛亥以後，革命未能成功，而由特殊勢力的會匪却造成了新軍閥，由智識者造成了新政客和新官僚，新軍閥與新政客新官僚互爲利用，相互結合，於是遂形成歷年來國民黨旗幟下之種種畸形的政府，如軍政府，護法政府，以及現時之廣州政府等。而同時國民黨就是這些畸形政府，畸形政府就是國民黨，於是國民黨從前之模糊浪漫的革命觀念，至此完全烟消雲散，而換了一種爭奪地盤和陞官發財的新精神，由這種精神所衍出來的政策，自然只有現時之「軍事行動」一類的政策。到了國民黨改組之後，仍然是一樣。自然我知道國民黨的領袖如中山先生，未必願意這種政策，可是他爲他的部下(所謂國民黨的右派)所逼，無論如何不能拋棄此種政策，如果中山先生早上拋棄此種政策，晚上他部下那些新軍閥新政客官僚先生們不是倒戈向中山，就是掉頭而去投降北洋軍閥。說到這裏我們知道國民黨和國民黨的領袖中山先生們的面前，現在只橫着兩條絕對的路：絕對的拋棄傳統的軍事行動，并拋棄產生此種政策之禍鬼新軍閥和新官僚新政客，重新去找眞正革命的羣衆，走向眞正革命的道路；另一面就是循此舊道，與新軍閥，政客，官僚鬼混以終，等待人家來革命。此外絕無他道。

我現想以上的話結束一下，我們反對國民黨的軍事行動，絕不是根本反對國民革命的軍事行動，并且我們認爲要想成功國民革命，非得武裝國民，實行革命的軍事行動不可。我們所反對的是：國民黨第一沒看淸眞正革命的羣衆勢力，第二沒有認淸眞正的敵人，第三非有了解進行革命的步驟，——由宣傳而組織調練而武裝暴動的步驟。第四現在國民黨之軍事行動，并不是武裝羣衆，而是武裝强盜——軍閥。

我們看淸了中國的政治經濟，我們是誠實的主張國民革命者，我們并且很希望國民黨能担負這個使命到底。所以我們不憚千呼萬喚，瘏口曉音向國民黨忠告。

# 南洋煙草資本家打破罷工之惡辣手段

振宇

工人一日不做工，便馬上要餓肚皮。一个工廠逼到七千多人都採用罷工手段，餓著肚皮來要求免除苛待，其被苛待到甚麼程度，也就可想而知了。南洋煙草資本家本來比別的資本家要會使乖些。他那雙慧眼早已看淸「工人團體結得堅牢」足以制他的死命。所以他對付罷工的戰略，第一便是拆散工人團體：爲返廠者給雙資；升散工爲長工；以開除威嚇罷工工人；僱用山東打手，𢲸擾罷工工人；賄買巡捕，捉拿罷工工人。

工人肚皮餓到了十多天，一點解决的消息也沒有，已經有點心慌胆怯，那受得起這般欺騙和威嚇，所以一部分最軟弱的便首先忍辱含酸的進廠，於是資本家乃藉此大大的宣傳：反廠的工人已有了若干，限工人九月十四日一律進廠，否則開除，這樣一來，於是含酸忍辱進工的便更加多了，然而堅持到底的還有兩千之衆，其勢仍不在小。資本家乃別出奇計：一面賄通穆安素和斐斯兩律士出任調停，滿口担承他們可以爲工人取得法律上的勝利。藉此緩和工人感情，以便資本家從容宰割。可憐的工人，他們那裏會懂得這個迷人的八卦陣呢?! 一面却又收買少數工人，挾制多數工人發表五千人具名的啓事，認此次罷工爲少數人之煽動；繼乃挾制多數工人改選被收買工人充當職工同志會職員；一方將此次工人階級與資本階級的爭鬥變成為工人與工人的內訌；一方從保護資本家的法律上根本取消此次罷工的根據。

到了這時，因被苛待而反抗到底的工人，已經是有冤莫伸，孤立無援，加上「搶掠會內什物」罪名的羅織，所有工會舊任職員都在通緝之列。　這種消息見南洋職工同志會啓事及南洋職工同志會新任委員長啓事，本月二日三日的民國日報和申報都大登特登著。　坐牢罰款的苦痛，貧苦無告的工人在此次罷工中已儘嘗夠了，驚工之鳥一聽著這消息，自然會嚇得屁滾尿流，桃之夭夭，而資本家却於是乎大唱其凱旋之歌了！

一齣狠兇險詐的惡劇，我們看到這一段落，便可推想他最後一幕的悲慘！　我們試將九月十二日南洋煙草工人萬急呼救的傳單，仔細翻閱，乃知此一齣惡戲幷非偶然，完全是鄺公耀李援得了資本家厚賄，陰謀推翻十七條協約和解散工會，故意挑釁（無故開除二女工）製造成功的。　一切惡辣手段，都在事前預備停當，可憐的工人，竟不自覺的被他們「請君入甕」！　現在職工同志會的職員，既都換過一班資本家的御用奴才，已把工會的性質變成為資本家御用的性質了。　從此，工人只安排受宰受割，再也莫妄想靠他（工會）來謀工人的福利！

前年與資本家所訂的十七條協約，已在本月三日南洋煙草職工同志會啓事，「……本會圖記文件業經散失概行作廢……」的一句話中，無形無聲的自己把他取消了！　以後再也莫妄想根據那十七條向資本家有所要求了！　資本家真聰明透頂，工人著了道兒還睡在鼓中呵！　此外，渴薪加時資本家也在九月廿七日的南洋煙草公司製造廠啓事中，「…但戰期長短莫可逆料……」的一節遁文中，明明白白暗示了，實行就在眼前；罷工失敗的工人，好像解除武裝的軍隊，除了束手受死，還有甚麼話說！　受了騙的數千工友，到那時候，也許可從鼓洞裏睡醒過來了！

明決勇敢堅持到底的工友！　現社會的報紙，官廳，律士，法律，警察……究竟是為誰服務，保護誰的？　你們痛受這一次教訓，大約可以完全明白了。　你們為工人利益勇敢奮鬥的精神，是永遠不可磨滅的！　工人階級有了你們，好比有了保衛隊一樣，工人階級的解放全靠你們。　資本家壓迫工人的事實，是常常有的，一次罷工失敗算不了什麼，你們不要灰心，要好好團結這兩千多極堅決極勇敢的分子，把他們散佈在上海各香烟廠內，將這次罷工所以失敗的教訓，告訴大衆，組織更有力的雄軍，機會到來，和資本家再拼個你死我活，我敢斷定：「最後勝利終是你們的」。

此次，我們還要警告國民黨上海執行部和國民黨機關報民國日報：國民黨改組宣言政綱上，大書特書著擁護工農的利益，要為工農利益而奮鬥，現在國民黨的右派黨員鄺公耀李援幫同資本家把守正不屈反抗奮鬥的工人，弄得要死不活了！　上海執行部始終不開除違背黨綱的叛徒，而且聽任民國日報上繼續不斷地登載替資本家助虐的廣告，越登越兇！　這顯然證明國民黨上海執行部和民國日報本身已向國民黨宣言政綱上擁護工人利益，為工人利益而奮鬥的一條，宣佈叛逆！

## 寸　鐵

**護黨**

有人說，國民黨右派慣以護黨立命，這次孫中山這樣受帝國主義的侮辱，何以一聲不響！

我說你錯了：右派認帝國主義為友邦，那末當帝國主義與孫中山發生衝突時自然只有護友邦而不護黨了；何況廣州這次的反革命本自右派勾結帝國主義起來的呢！

**護黨與護盧**

有人說，孫中山前後發布反抗英國帝國主義的宣言及通電，何以民國日報主筆葉楚傖先生在評論欄內一聲不響？

我說你錯了：楚傖先生此時忙於護盧，那裏有這樣的閒工夫；而且他要使民國日報護盧的宣傳比較盧永祥機關報新申報等更為出力，自然是更沒有閒工夫了，此層你應替他原諒。

**亡黨之痛**

有人說，國民黨改組容納新的生力軍加入後，右派天天嚷什麼亡黨之痛，到底是怎樣一回事？

我說改組大會把國民黨闢了一條新道路，這條新道路是要由徹底反抗帝國主義與軍閥以達到成功，這樣一來，對於右派鑽慣了的『友邦』『友軍』的舊狗洞自然要發生窒礙，他們怎得不反對？ 其實在我們看來，右派之成為法西斯蒂與帝國主義及軍閥的走狗，民國日報之成為安福部機關報，新政綱之被他們違背破壞，這才真是亡黨之痛呢！

(和森)

## 讀者之聲

### 俄國工人學生反對干涉中國與中國國民革命運動

赤雲

中國的國民革命運動，不僅只是一個愛國的運動或中國一國的解放運動；牠的意義不僅在此，牠實含有世界性，牠在世界的革命運動上有很大的意義。 歐美各先進國家的勞動階級若欲促成自己社會革命的成功，必對于殖民地的被壓迫的民族之解放運動要加以援助，因為殖民地國民革命一日不成功，則為全世界勞工階級之敵的帝國主義一日不消滅，歐美的資產階級剝削的源泉還是存在。 而在別一方面說：殖民地弱小民族若欲實際脫離帝國主義之壓迫，必定要同全世界的勞動階級聯合起來，增加革命的勢力，使帝國主義的國家中一大部分的人民自己起來反對帝國主義，如此則弱小民族才有解放的可能。

現在的情勢，是歐美各國的勞動階級及東方殖民地的弱小民族，為一反帝國主義的營壘，而歐美帝國主義的國家之資產階級為一反動的營壘。

說到這裏，我們對于中國的國民革命運動，才有真確明了的觀念。我們要國民革命真正成功，絕非僅抱一狹義的愛國主義所能了事。我們反對的是帝國主義，歐美資產階級的侵略，而非任何一個民族。 我們要認清真正的敵人，不可一概仇視。 倘若某國的勞動階級對我們加以援助，則我們要極力地與他們團結起來。 現在列強的資產階級高唱干涉中國正利害的時候，俄國的勞工，學生及蘇維埃政府極力運動反對干涉中國，暴露帝國主義的陰謀，向中國被壓迫的民衆表示無限的同情。 由此我們可以認定誰是我們的敵人，誰是我們的好友了。

莫斯科二十二日電：『反對干涉中國之多數急進分子，於今日開全體大會，發表宣言書，要求國際勞工協作，反對列強干涉中國之會議……』

北京二十五日電：『莫斯科學生數萬人，二十二日舉行反對侵略中國示威運動，並促英法美等國學生速起響應。』

莫斯科二十四日電：『蘇維埃陸長脫洛茨基氏致書『不干涉中國協會』，預料中國民治主義終能戰勝……』

我們從這幾個電聞中，可以看出幾點：一，中國的國民革命運動已與世界的勞動運動發生密切的關係，國際勞工協作爲我們的後盾。二、蘇俄的反對干涉中國運動是工人，學生，眞正的民衆所發起，他們眞正是殖民地弱小民族之解放運動─中國國民革命的好友。三，蘇聯政府人物預料中國民治主義終能戰勝，與各帝國主義國家的政府人物主張非干涉中國不可，有天淵的差別。四，我們要與蘇俄民衆及政府實際聯合起來，擴大革命的勢力，做解放我們自己的運動。

## 日本帝國主義口中的湘省改憲案

大亮

倡立聯省自治，製造省憲，這是小軍閥或失意的軍閥藉此作脫離大軍閥的一種手術，與人民絕無關係。取消省憲或修改省憲，我們又可說這是小軍閥不能獨立，不得不附屬於大軍閥，或小軍閥已成了大軍閥，想進而謀統一之一種手術，與人民仍然毫無關係。

湖南製造省憲，是小軍閥趙恆惕想脫離任何大軍閥，藉此南面稱孤的一種嘗試。於今修改省憲，是被吳大軍閥逼得走到無路實在投降的一種表現，當然與湖南人民是毫無關係的。現在饒有趣味的是日本帝國主義口中的湖南改憲案。

『省議員王克家在大會報告，余與日領爲同學，日領赴舍間談改憲案，伊謂湘本無意改憲，係受壓迫，現在直奉有戰事，如奉天勝，何必再改，且省長由中央任命，根本上推翻聯治』。（九月申報長沙電）

大家看了這段日本帝國主義者談話，得着什麼感想。「湘中無意改憲，係受壓迫」，這不是使小軍閥趙恆惕本不願意取消自治，修改省憲，實在爲吳大軍閥所壓迫，駐紮岳州的北兵所威嚇，逼不得已的投降政策嗎？「現在直奉有戰事，如奉天勝，何必再改……」這不是說如果奉張打勝了吳佩孚，依日本帝國主義者的意思，將來仍舊建立一個全中國的聯省政府嗎？如前一層所說趙恆惕被吳佩孚壓迫而改憲，這自然是帝國主義看得清楚的，可惜一班昏頭昏腦的糊塗虫如張大炎等還要說些怎樣改憲的鬼話。（見張大炎湘省改憲的意見電）後一層說如奉張勝後無須改憲，這就是說如果日本帝國主義的走狗張作霖打勝了，日本帝國主義是主張中國普遍採用聯省自治制度的；因爲如此足以減削中國人民的勢力，好便於任牠的宰割。同時我又想到前兩星期英美帝國主義者主張「召集和平會議，建立不集中的聯省政府」以解決中國政局。合此足以證明「聯省政府」是英，美，日帝國主義者所異口同聲，用以宰割中國的好方法。

## 英工黨內閣與帝國主義

永猶

號稱工黨內閣的，成立了已快近一年。綜其在執政中所做的成績，不過是對內：口頭上欺騙工人，實際上替資產階級盡力；對外：承襲舊政府之侵略政策，壓迫殖民地及弱小民族無所不至。英工人所希望於工黨內閣的變成泡影，而殖民地弱小民族所等待於英工黨內閣的更屬笑話了！中國也是受英國帝國主義所侵略的半殖民地。當英工黨內閣成立之時，一般人對於牠咸抱無限的希望，以爲從此英國當再不繼續侵略中國的政策了；這一種情緒，我們可以在孫中山先生致賀麥克唐納電中看得出來。可是，曾幾何時，現在孫中山先生憤於香港政府之扶奸助逆，與國民革命政府處處爲難，又拍電責問麥克唐約了！電中說：『號稱工人內閣，何以自解？…』其實，英工黨內閣之所以能成立的，就是因爲英資產階級藉之以爲自衞的工具，實質並不與魯意喬治內閣或格松內閣有什麼差別。你問他何以自解，他可以回答一句：『我原來就是這樣一個貨色。』

我們現在可正式地下一定案：號稱工黨內閣的英國之實行帝國主義的侵略政策和其他國家─除開無產階級的蘇俄─一樣，或者有過之無不及。英國政府幫助中國軍閥─吳佩孚陳炯明等─和奸商─陳廉伯等─破壞中國國民革命的發展，這是帝國主義分內的事，我們不必去責問牠。我們要完成國民革命，則必首先打倒爲國民革命之大阻礙的帝國主義！

The Guide Weekly.

# 嚮導週報

第八十六期

（中華郵務管理局特准掛號認為新聞紙類）
一九二四年十月八日
郵票代款概作九五折

分售處
香港 萃文書局
巴黎 中國書報社
廣州 丁卜書報社
上海 民智書局
上海書店
武昌 時中書報社
共進書社

分售處
太原 晉華書社
長沙 少年書店
濟南 齊魯書社
杭州 古今圖書店
雲南 新亞書社
寧波 明星書局
開封 文化書社
福州 工學社
南京 天一書局
成都華陽書報流通處

定價 國內一元寄足四十期 國外一元寄足二十五期 郵費均在內 零售每份大洋一分

每星期三出版　發行通訊處 上海英界上海大學楊志青　北京大學第一院收發課轉鄭于明

## 雙十特刊

# 辛亥革命的原因與結果

述之

（一）

凡是一個革命絕不是憑空而來的，必有其最深遠的原因，無論資產階級的革命，無產階級的革命或殖民地的國民革命，都是一樣。所謂最深遠的原因就是經濟的變動，在物的方面，是新生產力與舊生產關係的矛盾，在人的方面是新階級與舊階級的衝突。這種經濟變動又絕不是一時的，必經過長久的蘊釀，蘊釀到一定的程度才一發而不可收拾，必待新經濟制度產生，新階級完全取得統治地位，那時社會的平衡才得恢復。

法蘭西的大革命，有人說是由於路易十四的昏庸暴虐，貴族僧侶的貪婪驕恣，其實這些都不是根本原因，根本原因則在法蘭西當時的經濟已根本搖動，即資本主義經濟的產生與封建制度經濟的崩壞，所以法國的革命是資本主義對封建制度的革命，也就是資產階級即所謂第三階級對封建階級的革命。　俄羅斯的十月革命也有人以為是沙皇暴虐和歐洲大戰的結果，固然沙皇暴虐與歐洲大戰是革命爆發的原因，可是還有致此爆發的原因之根本原因在，這個就是俄羅斯的經濟一部分已經發展到了最高階級的帝國主義，帝國主義的經濟中已包含有社會主義的經濟在，歐洲大戰是這種帝國主義的經濟產生出來的，所以俄國的革命是社會主義對資本主義的革命，也就是無產階級對資產階級的革命。　土耳其的革命原因比較複雜，然而根本說來，始終是一個經濟問題。就是土耳其的封建經濟受了國際資本帝國主義的猛烈侵掠，在這種猛烈侵掠之下，土耳其的舊經濟系統差不多全被破壞了，同時在這種被破壞的基址上又產生了一點新的經濟——幼稚的資本主義經濟，土耳其革命，便是這種新經濟所造出來的新勢力——資產階級與無產階級，連合被破壞的舊經濟中所留下的勢力——農民手工業者，對國際帝國主義的猛烈侵掠之一種反動，同時又是對已被破壞的封建制度之一個清算。

（二）

辛亥革命是一個半殖民地的國民革命，與土耳其最近的革命是同一性質的。其原因也是非常複雜，不過我們現在看來，却很明顯，絕不像一班人所說，僅僅由於滿州政府之昏庸暴虐和其貪官污吏的暴斂橫征及漢人仇恨滿族所致，而實在是中國封建制度的經濟受了國際帝國主義的猛烈侵掠之結果。

國際帝國主義之侵掠中國是多方面進攻的，然而最根本的還是經濟的侵掠，政治和文化等的侵掠不過是達到經濟侵掠目的之一種手段經濟侵掠中最利害的是商業。帝國主義從那天起直到辛亥革命之前日，在商業，工業，財政，經濟各方面固已無微不入，然而起初根本破壞中國的經濟基礎的是商品的輸入。　國際帝國主義自南京條約以來，在中國所獲之商埠已有八十餘處，牠們的商品好似水銀一樣借此八十餘商埠作孔道，灌滿全中國。　牠們的對華貿易，在一八六四年進口僅五一，二九三，五七八兩，到一九一一年即辛亥年已增至四七一，五〇三，九四三兩，而出口則由五四，〇〇六，五〇九兩僅增至三七七，三三八，一六六兩，出入相抵，由出超二，七一二，九三一轉爲入超九四，一六五，七七七。　此處更須注意的，入品均爲貴價之工業品，而出品則爲廉價之原料。　中國受了帝國主義此種猛烈的商業侵掠，發生什麼影響呢？　我們知道在帝國主義未侵入之先，中國在經濟上是一個小生產自足的國家，換言之，即是小農生產與小手工業生產自足的國家，在這種小生產制度之下，如不遇特別災患，大概是家給人足的。　可是自從帝國主義強迫開放商埠，挾其商品輸入之後，中國的手工業者那裏競爭得過，於是數千數萬的都離開他們的工具而流爲失業者了，就是未遽然離開工具的，也只是苟延殘喘。

至於農人們呢，也是一樣，因爲工業生產品日貴，農業生產品的價格却不見得增高（因爲是原料），於是入不敷出，結果亦只有破產。對於中國手工業者與農民因受帝國主義之商業侵掠而破產的現象，描寫得最好的只有斯魏磁（H. Swihh），（他自身亦是帝國主義的走狗）他在一九〇一年在他所著的「波動之中國」裏

「許多從「文明」逐漸地進攻中國，無數受禍者他們不明白受災害的原因………。　可是有許多人很知道，在外國商業未進來擾亂舊秩序以前，在普通的年歲裏是夠吃夠穿的。　現在各方面都缺乏，覺得前途一天一天地可怕，………。火柴從外來，洋油及洋油所帶來的各種洋燈，代替了中國工業大部分，對社會生絕大的影響，………。　人們說了輪船公司的報告，紗貨商業在中國怎樣興盛，此種商業從廣東到牛莊，將來極可樂觀。……但是沒有一人能說到此種商業的發展實大影響於中國生產棉花地面上之無數萬人民。　這些人民以前靠着紡織十五寸寬的土布來謀極低度的生活……。　但是現在呢，外國棉紗貨有很好的「樂觀」，可是土貨則完全失掉牠的市場，從那時到現在都是如此。　……費力的紡紗工業沒有利益了，又沒有新的工業來代替牠！」手工業者與農民破產的結果，一方面減少了中國的生產，另一方面又造成無數百萬的土匪，流氓，這種影響普遍到各方面，造成就中國封建制度經濟的根本破壞。　然而同時因外貨輸入，商業畸形發展的結果，由此中又造成一種商業資產階級，尤其是華僑，這種新階級是要代替封建社會而發展的急先鋒，并且這種商業階級中當時很少數的已經進爲工業資本家了。

由上看來，多謝帝國主義的商業侵掠，掘封建制度與帝國主義之墳墓的新勢力，——商業資產階級，與破產的手工業和農民，就從此漸漸養成了。　又加以當時帝國主義之工業資本亦開始猛烈侵掠，在各地開採礦山（如英人之於開平煤礦，德人之於博山淄縣炭礦，日本

之於奉天撫順及本溪胡之炭鑛……）創辦紡織業，（在辛亥年外國紡織業已有八廠，日四，英三，德一，）以及其他火柴，麥粉，電气等各種工業這樣一方面是帝國主義進一步的侵掠，同時對當時中國的新興商業資產階級與以很深的刺激，使他們發覺得非振興工業不可，從來所謂鐵路商辦與礦山商辦之爭就由此而起。 在財政經濟方面，帝國主義已用牠們的銀行（辛亥時外國銀行共有匯豐，麥加利，有利，東方匯理，花旗，德華，橫濱正經，台灣，朝鮮和華比十大銀行，）操縱了中國一切金融權，在另一面拚命的放款與滿州政府，攫得修路，採礦及海關糧稅各種特權（當時所欠外債除各鐵路借款外，可考者共一二二，九五五，〇〇〇鎊。 計中洋約十二億二千九百五十五萬元）。 帝國主義此種銀行的操縱 行爲，完全扼住了中國的全部經濟命脈，使中國經濟毫無發展餘地，至拚命的放債，則除獲取各特權之外，幷利用此種財權以挾制滿州政府，滿州政府因爲要付利息起見，不得不重取之於農民，農民因此破產愈速。

總觀上面帝國主義在商業，工業，財政，經濟各方面的侵掠，可以得出幾個要點：（一）使中國全部小生產的經濟破產，而造成 批合懇帶憤的無業游民或半無業游民；（二）養成了一部分商業資產階級，幷與以許多刺激，使他們感覺得非舉辦工業不足以救國。 （三）使舊的封建階級墮落，幷加重新階級與舊封建階級間之惡感。 （四）中國的商業資產階級及代表商業資產階級的智識階級，漸看出帝國主義侵掠的可怕。 由此辛亥革命的基礎就成立了。

現在我們且把革命過程中的事實指出來看一看。（當時真正參加革命的社會階級份子就是會匪（卽破產的農民和手工業者），新軍（會匪的化身），華僑，及國內少數商人，智識階級（國內外新學生），和表同情於商人階級的官僚。 所謂代表辛亥革命的國民黨就完全由這些份子組織而成） 這些份子，那一個不是帝國主義侵掠的結果而產生的呢！ 當時革命的口號，所謂排滿，就是說滿州政府對外怎樣軟弱無能，對內怎樣橫征苛歛，其實滿州政府之所以輭弱無能，在客觀上看來，幷不是滿州政府的本身錯過，而是國際帝國主義壓迫的自然結果，這是經濟發展的必然現象，世界沒有一個古朽的封建政府可以抵得狠吞虎噬的帝國主義住的，所有亞洲的古國如以前的土耳其，波斯，印度，高麗莫不如此，至說苛歛，亦是帝國主義侵掠的必然結果，封建階級的政府，沒有雄厚的資產階級作後援，牠要担負外而與國際帝國主義作表面上的「交歡」，內而一切所謂新政的海陸軍，官營實業以及新教育等費，又加以幾十萬萬的賠款與外債，怎麼能當得起？不重重的苛歛於民從那裏出？ 若說漢人排斥滿族，這自然有相當的作用，可是民族思想也必粘附在經濟和政治上才有意義，單純的排滿觀念是人家不會懂得的，必得說滿州政府，怎樣剝削我漢人，壓迫我漢人，侮蔑我漢人，才有作用，而實滿州政府所以如此這般的剝削，壓迫，蔑侮，却原是作了帝國主義的傀儡。 所以我們不能專拿排滿觀念作辛亥革命的根本原因，只專倡排滿而忘記真正敵人國際帝國主義，這正是當時代表革命的國民黨之錯誤（下面詳說）。

在辛亥革命起事之前日，有幾件重要事卽引起辛亥革命爆發之近因，很值得我們加以說明的。 （一）鐵路商辦問題，這個問題起自浙江，而湖南，廣東，以至四川。 當時滿州政府主張鐵道國有國辦，而浙江湖南四川各省的商人及代表商人的智識者，官僚極反對之，以至釀成絕大的風潮。 照現在看來鐵路國有，已成公論，反對鐵路國有只有反動的資產階級。 然而在當時，反對鐵路國有却是很有意義的，因爲當時所謂鐵路國有國辦，實際就是帝國主義所有所辦（如滬杭甬鐵路與粵漢鐵路借英款，川漢鐵路之借英美德法四國債款及買牠們的材料和聘工程師等），商人階級起來爭辦，這是商業資產階級的一種反對帝國主義的革命行動，反過來說，這樣的舉動是帝國主義的侵掠所釀成的。(二)收回礦權與礦山商辦問題，庚戌年直隸人力爭已爲英國經辦之開平煤礦，雲南人力爭已爲法國開採之雲南七縣礦山，山東人力爭沂水金礦，主張從德人手中收爲商辦……，所有這些都是表示商人階級或代表商人階級者之一種覺悟，與爭鐵路同一意義。(三)各處鄉民反抗官吏苛歛事件，此種反抗運動在庚戌年幾遍全國，無慮數千百起，參加每一次運動的鄉民人數從一千到十餘萬（如廣西歸順數縣數百餘村鄉民反對抽捐運動，河南葉縣萬人反對加稅，山東萬縣十餘萬人因地丁而起的運動，……），他們的口號總是要求減捐，據河南葉縣鄉民所發的傳單，稱當地縣官在一年中已抽捐七次。這可想見當時農民之痛苦。然而此種痛苦的根源，亦何莫不是由於帝國主義的侵掠（如上所說）。(四)水災事件，因水災而各地飢民鬧荒，這似乎是與帝國主義無關了，然而仔細說起來，又何嘗沒有關係。如果中國不受帝國主義侵掠，何致貧窮到這步田地，縱或水災深重，又何嘗不可維持現狀呢？

總之有了國際帝國主義的侵掠在前，中國的經濟基礎因而根本崩壞，由此在各方面發生種種病象，辛亥革命就是這種種病象匯合起來之最後的表現。所以我說辛亥革命是中國封建制度的經濟受了國際帝國主義猛烈侵掠的自然結果。反轉來說，辛亥革命的原因便是國際帝國主義的侵掠。

(三)

辛亥革命的原因既是如此，但是辛亥革命的結果是怎樣呢？這是大家看得見的。滿清政府是推倒了，可是代替滿清政府的依舊是最反動的袁世凱，——滿政府的臣僕封建階級。此外我們還看見在南京草了一紙臨時約法的空文，南方幾個省分，還有幾個革命黨員作都督，其餘的我就不知道了。我現在要問這個革命是成功還是失敗？要判斷這個問題，須將把革命成功的原則說幾句。我們已經知道，革命是一個由新生產力所產生出來的新階級之一個必然的要求。所謂新階級的要求：第一是消滅阻礙新生產力發展的舊生產關係，換言之，就是要建設適合於牠的新經濟，這所謂經濟的要求；第二是消滅擁護舊生產關係的舊統治階級，破壞舊政治，取得政權，以建設適合於牠的新政治，這所謂政治的要求；第三。凡是一個階級必有其特有的階級意義，即階級的理想，要想取得政權，建設新經濟，如果階級的理想，階級的覺悟不普遍，不徹底，也是不行的，所以須提高階級覺悟，宣傳階級理想，這所謂理想的要求。

辛亥革命雖然是半殖民地的國民革命，階級性質不十分明顯，然在實際上當時革命所代表的意識確是資產階級的。在經濟上是幼穉的商業資產階級代表新生產力的表現，我們看牠們爭辦礦山，爭辦鐵路就非常明瞭。然而當時阻礙這種新生產力發展的障礙物，一方面固然是滿州政府的封建階級，然而根本上却是帝國主義。所以我以爲那時辛亥革命的要求：一，打倒一切帝國主義所加於中國的經濟關係，和一切封建社會的生產關係，建設較開明的資本主義之新經濟。(二)消滅一切帝國主義在中國的政治特權，建設較開明的民主政治。(三)推翻一切舊封建社會的思想，與帝國主義所帶來的欺騙觀念，建設較合乎羣衆要求的理想。但是辛亥革命於此三者得了什麼結果？第一條的經濟要求，達到了沒有？誰也知道沒有這麼一回事。第二條的政治要求，上邊說過，打倒一個封建政府換一個封建政府，所謂前門出虎，後門進狼。第三條，更可謂莫名其妙。由此我們可以說辛亥革命是完全失敗了的，至少也可以說沒有成功。這可以十三年來的民國歷史作證明。

（四）

辛亥革命由事實證明是失敗了，但是失敗的原因在那裏呢？ 這個問題，再重要沒有的，我們每個國民革命者都應該來仔細研究一下。 純粹的客觀的抽象說明，自然是辛亥革命的客觀條件尙未成熟，遂成了流產。 然而具體說來，却不這樣簡單，我以爲當時代表辛亥革命的主人翁——國民黨，應負相當的責任。 我對於這一層在本報八十五期「我們爲什麽反對國民黨之軍事行動」一文裏，已經稍微說過。 最重要的點是：（一）國民黨沒有認清眞正的羣衆在那裏，（二）沒認識牠眞正的敵人，（三）沒了解革命的步驟，——由宣傳，而組織訓練，而武裝暴動。（在那時候國民黨的羣衆是商業資產階級，農民，智識階級，手工業者，很少數的工人，小商人等；失業的農民和手工業者所變成之土匪，固然可以利用，但絕不是基礎羣衆，眞正的基礎羣衆是商業資產階級和農民手工業者。 國民黨對此僅看見商業資產階級中之一部份華僑，而忘了最大多數的國內商業資產階級和農民，手工業者，只專心致力於會匪和軍隊運動，所以結果就成了土匪軍隊的「革命」， 所以當時國民黨對於商業資產階級之鐵路商辦礦山商辦，和農民羣衆之反抗加捐等偉大的運動，絕少參加，所以革命時及革命後，這些羣衆都懂不到國民黨爲誰的利益奮鬥，牠們都不願意與國民黨發生關係。（國民黨的敵人很明顯的是國際帝國主義與滿州政府的封建階級，然而國民黨把前者完全看掉了，對於滿州政府的封建階級，也只看見滿族，沒有看見整箇的封建階級，所以革命的口號，僅一個空空洞洞消滅滿族，沒有使羣衆明白革命眞正的對象是帝國主義與封建階級，結果推倒了滿族而帝國主義和封建階級——袁世凱，這依然存在，釀成現時帝國主義與封建軍閥互相勾結所鬧出來之不可了結的大禍。） 不懂得革命步驟，即革命政策，所以國民黨從開始起就幹所謂軍事行動，永不注意羣衆的宣傳與羣衆的組織和訓練，所以辛亥革命時與辛亥革命後，在國民黨面前都是幾個土匪頭子——軍閥，滾來滾去。 現在還是一樣。

辛亥革命是中國國民革命第一次試驗的大失敗，現在看來是那時羣衆的幼穉尤其是代表羣衆的國民黨的幼稚。現在擺在我們面前，有這多豐富的經驗作參考，應該不要再失敗下去。 我希望還想代表國民革命的國民黨和每個眞實的國民革命者，當這個辛亥革命十三週年的雙十節，重新來審查一下，從此或者找到新的道路。

# 辛亥革命與國民黨

獨秀

我始終承認中國國民黨（此處所稱中國國民黨，乃包括自同盟會一直到現在中山先生所指導的黨。）在辛亥革命是失敗了，至少除剪了一些辮子和挂上一塊民國空招牌外，別無所謂成功。 何以如此，根本上自然有當時社會的經濟原因；而專就革命黨人努力及其政策上說，我們不能不承認有三個重大的錯誤，也是失敗之原因。

第一是誤用了不能貫徹革命宗旨的口號。 當時革命之唯一的口號是『排滿』，這種感情的煽動，自然也是革命運動之重要工具；然而不拿住民衆眞實的物質要求，專以煽動感情爲唯一工具—感情是一件浮動不能固定的東西，把革命運動建立在這浮動不能固定的條件上面，那有不失敗之理！ 當時民衆眞實的物質要求，是對外收回權利（礦山鐵路等），是對內反對中央官有企業（浙路川路等），革命黨人忽略了這種適合國民革命之真實的物質要求，而專事感情的排滿運動，當時的黨人，信仰三民主義而加入同盟會的幾等於零，因於滿清虐政之直覺，以為滿倒則萬事自好而加入革命的黨人居最大多數，因此清室一退位，革命黨便失了革命運動的機能，不但首先叛黨之章炳麟劉師培公然宣言只知排滿不知共和，大部分革命黨人都減少了革命的熱忱，即革命的領袖們也異無法解釋一般民衆「反對清室退位後繼續戰爭」的謬誤心理，因為當時只有排滿的呼聲占領了全社會。而且在這單調的呼聲中，竟將民衆真實的物質要求，即反抗外國帝國主義的呼聲掩住了，使帝國主義者安然以巨款援助袁世凱解散革命的勢力。當時黨人的理論，未嘗不是由推倒滿清而革新自强，由革新自强而挽回權利；然而這種轉灣的想像，不如直接反抗帝國主義的侵略能夠號召民衆，當時直接鼓動民衆革命情緒的只是推倒滿清，所以「滿清倒而革命運動即應停止」，在當時民衆心理上，竟成了一個合理的邏輯。後來袁世凱死，護國運動便應中止；徐世昌逃，孫中山便應下野，都是同樣的邏輯。這個邏輯誠然合理，確是不錯，只是錯在「排滿」「討袁」「討徐」「護國」「護法」一直到現在的「討曹」「討吳」「反直」「北伐」等不能貫徹革命宗旨的口號；有了這等口號，自然結果到那樣合理的邏輯。可是中國革命運動，正是被這合理的邏輯葬送了，也就是被那些不能貫徹革命宗旨的口號葬送了！

△第二是專力軍事行動，輕視民衆宣傳及黨的訓練。革命自然應有軍事行動，然而在沒有相當的民衆宣傳及黨的訓練以前，卽貿然做軍事行動，且專力於軍事行動，即令軍事上占得勝利，也斷然沒有成就革命事業的可能。沒有民衆的宣傳，則軍隊的力量，和民衆的力量不生關係，并不能得着民衆的了解及軍事上建設上的援助；沒有黨的訓練，當然無法由黨的主義黨的政策來支配戰時的軍事行動及戰後的政治建設不違背革命的意義。國民黨的軍事行動自始即失之過早，辛亥革命也因此而早熟而失敗了；至於民衆宣傳方面：僅僅只有一小部分排滿的鼓動，兵事起後，連這一小部分的鼓動都停止了，唯一的機關報民報，竟未曾在民黨占領的地方繼續出版過一次；黨人自辦的宣傳革命的民立報，兵事起後，撰述權竟委諸反同盟會的章士釗之手；軍事行動普遍了南方十二省北方二省，竟無一個正式的宣傳機關(民權報是天仇個人的關係)。因為官廳禁止出版麼？當然不是。因為黨中無力供給出版經費麼？當然不是。只是因為黨中只看見軍事行動在革命上有價值，辦報不過是無聊文人混飯吃的把戲，一萬張報內也尋不出一兵一彈來，有何用處？從前在民報上民立報上做宣傳工作的黨員，兵事起後，都去做了大官，做了偉人，那還肯低頭小就來充當什麼新聞記者！只專力軍事行動不做民衆宣傳這一點，不但是辛亥革命失敗的原因，并且是國民黨至今還沒有社會的基礎之原因。

卽於黨的訓練方面：當時的右派(首領是黃興宋教仁章炳麟等)附和官僚派「革命軍興革命黨消」之說，固屬荒謬；而左派首領孫中山黃興陳其美等又何嘗想起召集一個全國黨的會議。兵事起後，站在政府方面，開過多少軍事財政會議；而未曾站在黨的方面，開過一次會議，決定黨的政治主張，對教育黨員，訓練黨員，團結黨員，使之一致行動。既然沒有了黨的政治主張與紀律訓練，黨員的個人行動及背黨行為自然要層出不窮：第一個背叛者便是章炳麟，公然通電毀謗黨魁，力主政府北遷，推舉袁世凱，非袁無人能統治中國；第二個背叛者便是南京臨時參議院中多數黨員，不遵黨魁命令，議決政府北遷；第三個背叛者便是劉揆一，為了想做袁政府的工商總長，宣布脫黨；自此以後，相繼叛黨者，若孫毓筠，若胡瑛等，不計其數，幾乎可以說是同盟會之袁黨化。革命黨這種失敗，比較軍事上政治上任何失敗都重大，而且可恥。 然而當時黨中並不曾把這種可恥的失敗看得比軍事上政治上失敗那樣要緊。 只專力軍事行動而不注意黨的訓練，不但是辛亥革命失敗的原因，即現在的國民黨仍然不曾拋棄這種舊觀念。

第三是左派首領過於和右派妥協了。 國民黨自始就有左右派的痕跡，其原因乃由於地方的經濟組織影響到兩派政策之不同：左派首領孫中山等，生長在廣東海岸外國新式產業發達的地方，所以產生了三民主義革命的理想；右派首領黃興等，生長在湖南內地農業社會裏，所以抱定了簡單的排滿理想。 這兩派革命的宣傳，自始也就不同。廣東派的朱執信胡漢民汪精衛等，在民報上便有一些關於民權民生的理論；而湖南派的陳天華楊篤生等，却只有激烈的很流行的排滿小冊子——猛回頭，新湖南。 自從清室退位，右派的理想已實現，遂漸漸表示妥協的傾向：第一步妥協是黃興在南京政府即開始與舊官僚及大紳士合作。第二步妥協是包圍孫中山，讓權袁世凱并政府北遷；第三步妥協是孫黃到北京和袁世凱籌商國是，協定什麼內政大綱八條（一．立國取統一制度；二．主持是非美惡之真公道以正民俗；三．暫時收束武備，先儲備海軍人才；四．開放門戶，輸入外資，興辦鐵路礦山，建置鋼鐵工廠，以厚民生；五．資助國民實業，先着手於農林工商；六．軍事外交財政司法交通皆取中央集權主義，其餘斟酌各省情形，兼採地方分權主義；七．迅速整理財政；八．竭力調和黨見，維持秩序，為承認之根本。）；第四步妥協是解散同盟會與幾個非革命的政團合組國民黨；第五步妥協是向袁世凱要求組織袁派閣員部分加入國民黨的國民黨內閣；經過這些妥協，不但革命運動停止了，連一個革命的黨也消滅了！ 這些妥協的責任，大部分固應歸之右派，而左派諸領袖，為什麼也盡量容納右派的主張，與之合作也是一個問題。 直到民國二年，國民黨完全失敗，孫中山才公然指責黨員不服從他的主張，才斷然和黃興派分裂，另組中華革命黨，繼續革命運動。

在這繼續革命運動中，所採用的政策，是否因襲舊的政策——採用不能貫徹革命宗旨的口號，專力軍事行動輕視民眾宣傳及黨的訓練等，——當然是一個問題；左派自身是否也有妥協的錯誤——鄭重宣言保護外人生命財產履行條約義務等——這又是一個問題。

辛亥革命失敗了，繼續辛亥的革命運動仍然是失敗了，我們對於這些過去失敗的回顧，是十分痛楚的回顧！

我們為什麼要做這些痛楚的回顧？『前事不忘，後事之師！』

# 辛亥革命在中國國民革命上之意義

大雷

辛亥革命既被大家承認為一種革命運動，所以我們對之有估量其在中國國民革命上之價值和意義之必要。 在這樣估量其價值和意義之前必先對於中國國民革命有一個明瞭的觀念。

什麼是中國的國民革命？ 中國的國民革命就是中國民眾對於外國帝國主義之經濟的和政治的剝削之反抗運動，其目的在推倒帝國主義在華的一切勢力和其走狗——本國的軍閥——而建設一個合於民眾利益的獨立政府。 中國的國民革命已不是如十八九世紀中歐洲各國的國民革命，是本國資產階級對於本國封建階級之一種革命運動，而是中國的一般被壓迫的民眾反對外國帝國主義的運動。 因為以前歐洲的國民革命之對象是本國的封建階級而現在的中國的國民革命之對象，如各殖民地一樣，是外國帝國主義而不單是本國的軍閥，本國的軍閥不過是帝國主義的傭用者你們看那一個軍閥沒有外國帝國主義能存在的）。所以我們說要打倒軍閥是要間接打倒其背後之主人翁——外國帝國主義。

而且打倒外國帝國主義是建設獨立的人民政府之一個先決條件。如果外國帝國主義在華的勢力不推倒，在政治上面是永遠幫助軍閥或買辦階級組織賣國政府，在經濟上面是握住中國經濟生命，經濟生命被握住永無成立獨立政府之可能。所以中國國民之最要職務是打倒外國帝國主義。而估量中國某種革命運動在國民革命上的價值和意義全由其反對外國帝國主義進攻的程度如何而定。

中國自從義和團起事——這是最有國民革命精神的運動——以來，非特是中國之實際政局是完全屈服於外國帝國主義而就是在革命黨的思想上亦然如此。同盟會與康梁派的一切爭論不過是對於內政應用革命的改造還是應用和平的改良之爭議而對於與外國帝國主義交涉的關係則無異議，他們兩派的主張同是一種不排外的自强運動，其相差其實無幾。

在同盟會領導下之辛亥革命當然亦不會含有一點排外的意義。所以在辛亥革命剛起的時候就再三向外國帝國主義宣言：革命政府將如何尊重列强條約上的利益和保護外人在華的生命和財產之安全，將如何担保外人之通商和開發實業的自由。中國的一種革命運動，照上面的意義說來，如果沒有反對外國帝國主義進攻而反示好於帝國主義，那就完全失掉國民革命的意義了。辛亥革命就是這樣的一種革命運動。不管其手段是用武力的是把滿清推倒了，不能說其在國民革命上有重大的意義。

辛亥革命所有的一點意義就是用激烈的手段推倒滿清。然而後來南京政府與袁世凱的調和就是這點意義都把他滅殺了。

有人說：「辛亥革命是要先建設强大中國然後再對付外國帝國主義。」其實，你要建設强大的中國之第一步就要遇見外國帝國主義的罣礙。在辛亥革命時英國公使朱爾典和銀行團大借款援助袁世凱推倒南方政府；現在英國政府之陰謀傾倒廣州政府；外國帝國主義援助中國反動勢力壓迫革命勢力的例子已是舉不勝舉。所以你要先理內政再行對外，完全是一種夢想。

總而言之，辛亥革命在中國國民革命上不能有多大的意義和價值，因爲第一，他沒有把外國帝國主義當作革命的對象，而是一種純粹的對內的民治主義的革命，第二，就是這樣亦沒有能保持完全革命的態度而傾向調和。

The Guide Weekly

（中華郵務管理局特准掛號認為新聞紙類）

一九二四年十月十五日

郵票代款概作九五折

# 嚮導週報

◀第八十七期▶

分售處
香港 萃文書局
巴黎 中國書報社
廣州 丁卜書報社
民智書局
上海 上海書店
時中書報社
武昌 共進書社

分售處
太原 晉華書社
長沙 少年書店
濟南 齊魯書社
杭州 古今圖書店
雲南 新亞書社
寧波 明星書局
開封 文化書社
福州 工學社
南京 天一書局
成都 華陽書報流通處

定價 國內一元寄足四十期 國外一元寄足二十五期 郵費均在內 零售每份大洋三分

每星期三出版 發行通訊處 上海英界上海大學楊志靑 北京大學第一院收發課轉鄭于明



## 軍閥戰爭之一幕

和森

自九月三日至本月十三，江浙戰爭整個的打了四十天，而盧永祥與何豐林以出走結局。軍閥戰爭在東南方面要算暫時演完了一幕。

在這一幕大兇劇之中，江浙人民所受奸淫擄掠妻離子散家敗人亡的痛苦，豈是十年廿載所能恢復？ 現在慘殺一時中止，自然要哭中轉笑，相慶和平。

和平果然降臨，戰爭果然終止了麼？ 本報懇切的預告你們：這不過是軍閥戰爭之一幕；只要軍閥與隱在軍閥後面的外國帝國主義存在一天，第二幕第三幕……還要接連的演個不窮。 你們不見盧何方走，而齊燮元與孫傳芳之間便起了暗鬥麼？

被軍閥戰爭犧牲的江浙人民，你們在軍閥與外國帝國主義的宰制之下，不僅永遠得不到和平，而且永遠免不掉戰禍。 你們要免戰禍而得和平，只有贊成本報主張而跑上國民革命之一途！ 你們試看本報兩年來對於全國人民所說的話，那一次不說中了呢？

## 廣州反革命之再起

### ▲政府軍警協同商團慘殺工人

和森

「當斷不斷，反受其亂」，不是革命則滅反革命便是反革命剿滅革命；國民黨「中堅人物」對於商團之姑息猶夷，吾人早料反革命不久卽有捲土重來之日，雙十節果然又大大地爆發了。

胡漢民先生想用暗渡陳倉的方法（參看本報八十五期），援引一部份商團勢力與政府合作，吾人亦早已識破這種政策之危險不僅是使廣州政府完全喪失革命性質，而且當反動再起時一定要暴露其爲反革命所惡化。 現在果然靈驗不爽，商團一旦宣布再罷市，漢民先生屁滾尿流，立刻向商團表示孝順，函李福林給還槍械四千枝。

可憐忠心革命的工人與工團軍好不識趣，在這個時候不知仰體政府的意旨去孝順商團，反而義憤塡胸切齒替中山先生在那一點「天地間的正氣」（參看本報八十二期，廣州通信）去阻止還械，—— 你看這樣愚不可及的革命工人那得不被商團協同政府軍警之慘殺？ 果然不錯，他們不僅被繳械拘捕，而且被挖心剖腹！ 請看上海各報所傳消息：

（1）新申報十一日香港電：省商團佳（十九）復接灰（十日）罷市傳單，胡漢民函李福林，准發還鎗四千，李灰（十日）晨派艦由黃浦運至海珠起岸，商團集西濠口接收，長堤一帶，由商團協同警察守護，下午二時，有工團軍講武堂學生二百餘人，巡行經長堤，與商團衝突，開槍互擊。

（2）同日時報電：廣州政府十日發還商團軍械四千餘枝，被工團中途截搶，軍隊與工團衝突，死傷十餘，捕獲工團數十人。當局允許發還商團槍械，十日下午三時，由李福林軍保衛，將軍械起岸，忽與工團軍衝突，雙方開火，傷亡多人，工團十餘人被獲，解李軍司令部訊辦。

（3）同日申報電：灰（十日）午工團軍巡行至西濠口，與商團口角衝突，放鎗數百響，工團軍死傷二三十人，數十人被捕，解返西瓜園商團總部，有四工團軍被人剜心；是日商團長陳廉伯陳慕受李仲韶佈告（好威風！　這便是所謂擁護政府了！　），商團武裝出巡，如有搶掠，迎頭痛擊。

嗚呼！　商團聖明，工人當誅：打死不上算，還要剜心，打傷不上算，還要拘捕！　據新聞報載，拘捕的人數竟逕百餘名之多，拘捕的執行者不僅是商團而且是李福林統率之下的政府軍警；雖有廖仲愷向李福林請求保釋之說，但能否邀准倘在不可知之數。

嗚呼！　工人當誅，商團聖明：伈伈俔俔任從二陳大搖大擺地在廣州市虎作爲虎不上算，還要命警察協同武裝商團維持序秩，退還四千鎗械不上算，還要命李福林李朗如爲政府全權代表向商團三跪九叩，聲明負還械全責！　現在請再看下列消息：

（1）時報十二日電：工團因傷斃多命，密謀對付，商團已大戒嚴，風潮擴大；廣州十一日仍罷市，由武裝商團軍協同警察維持秩序。

（2）新聞報電：十一日胡漢民派李福林李朗如爲政府全權代表，與商團接洽，謂還械負全責，勸復業；商團代表答，欠械請全發，即開市；李據情復胡，並謂蔣介石等取去之械，已無法收回，請兵工廠分期補還；胡令李請孫文示，旋胡接孫文電，謂械案相機辦理，俾風潮速息，並着許崇智楊希閔范石生李福林負省城治安責。

（3）申報十三日電：廣州元（十三）罷市情形如昔，李福林以市廳名義，真（十一）佈告勸商店開市，未還關械，擔承寒（十四）點交；又以民團統率處督辦名義佈告，勸工會團捐嫌，勿聽人挑撥。

上列消息中有兩事値得特別注意：第一，工人因擁護革命被人打死打傷剜心剖腹，所謂「革命政府」不惟不鎮壓反革命，反而協同反革命軍鎮壓工人，反而對於工人加以什麼「勿聽人挑撥」的威脅，——這到底是甚麼道理？　當然無他，不過是商團聖明，工人當誅罷了！

第二，中山先生上次爲反革命及英國帝國主義所屈辱，吾人聞之，此老幾乎憤不欲生；而現在政府中居然有人向新聞界散布中山命令速息風潮以免擴大的空氣，吾人於此不得不深滋懷疑。　吾人深信中山先生革命人格之强固，決不於此時暴露如此之弱點，如一般滑頭政客之所爲。果然不錯　十四日的上海各報中，居然又登載下列的消息：商團消息，孫文電廖行超范石生，令西關居民於三日內離開，彼將包擊商團。　——這個消息如果屬實，我想中山先生若是瞭知留守者在廣州之所爲，如不氣死於韶關，定要震怒而回羊城！

嗚呼—廣州之留守者！　你們現在眞是以天下之至巧而成天下之至拙，你們得意的『綏和策』，其實就是你們的致命傷：你們猶逞兵力盜糧，商團鎗械到手，不僅不會終止罷市，而且將正式向你們宣戰。你們以爲反革命第二次罷市的目的僅在發回鎗械麼？你們不要不睬，難道在雙十節以前沒有聽見反革命領袖在英國帝國主義家裏——香港所開之會議，難道沒有看見路透電所傳「請孫下野」之遏息？難道你們還夢想「友邦」不致仇視你們到底；你們可用孝順商團的手段去間接和緩英國帝國主義對於你們的驅逐麼？嗚呼——廣州之留守者！你們太聰明了，革命破產的責任已經到了你們的肩上。而現在已是最後十五分鐘，你們怎樣做呢？據我們的愚見，仍然只有採取斷然的處置，與反革命及英國帝國主義決一死戰，以實踐中山先生上次的偉大宣言；所失的至多不過是一塊妨碍革命進行的廣東地盤；失掉這塊地盤，於以後革命的進行不僅不是禍，而且是福；反之，即使暫時倖得苟延政權於反革命與帝國主義的惡化之下，不僅不是福而且是禍。何去何從，你們選擇一下罷！

# 帝國主義製造戰爭宰制中國之繼續工作

述之

所謂江浙戰爭或直派與反直派戰爭，我們已經屢次用種種事實證明，這是英美與日法兩派帝國主義爲要宰制中國，各用金錢軍械及種種幫助所製造出來的一個軍閥戰爭。我們并且由英美前所倡的種種干涉論調，指出此次戰爭之結果，必然得由帝國主義召集所謂和平會議或其他方法，以宰制德國之道威斯計畫或類似的政策來宰制中國。可是短視的國人們及一班昏頭昏腦的新聞記者，至今還不能懂得這個，瞎說胡吹；就連號稱代表國民革命之國民黨的領袖孫中山先生，（受右派的引誘）也一樣在那裏指天畫地，胡叫什麼「西南團結一」「興師北伐」，真是奇怪極了！

然而繼續不斷的事實——兩派帝國主義幫助兩方軍閥及牠們主張干涉中國的事實，却緊跟着繼續不斷的時間，硬要替我們所指出來的作見證。請看：

商報天津六日電：吳佩孚催吳毓麟進行鐵路借款甚急，聞滄石路已由交通部與美國安利公司簽字，借額一百六十萬磅，儘兩月內交付交部與英國福公司交涉道濟路借款，聞一星期後將簽字，金額二百萬磅，墊款五十萬磅條件未詳；高凌霨，王毓芝，與吳毓麟向英國磋商張庫鐵路借款；

路透北京五日電，政府發行國庫券四百二十萬元一事，已商妥辦清，據安格聯爵士稱，渠悉願購。

這些一批一批的大借款是不是英美帝國主義幫助直派軍閥吳佩孚曹錕等的鐵證？此外更有齊燮元對於美國的導淮借款和無線電台案正在秘密進行，久懸未解決的金佛郎案吳佩孚亦已委王克敏向各方面運動。

我們試公看另一派帝國主義怎樣幫助反直派：

商報北京七日電，乘意法飛機十八架已交張作霖之委員，法郵昌蒂萊號因不能入港，諸飛機當係運登華船，轉送入口，法使署答覆外交部之抗議，謂法國無禁止商用飛機出口之法律，惟軍用飛機則可以取締，如果有此事，當令法輪船公司勿將此飛機運往滿州，惟中國抗議文未到法使署時，此項飛機恐已交與奉張矣。

這又是不是法國帝國主義繼續幫助反直派軍閥張作霖的鐵證（因前已幫助奉張軍械）？至日本最近對奉天的幫助，借款與軍械，近來報紙上雖未揭載，然我們只看十四日的新申報上所載：

電通社十三日東京電：十二日之對華國民大會，議決對於張作霖在山海關獲勝，發祝捷電報，對於孫文盧永祥，則發討直激勵電報，對吳佩孚則勸其降伏云。

這樣彰明較著毫無客氣，彷彿一方面嘉獎其部下奉張，孫，盧，一方面威嚇其敵人吳佩孚來歸，這簡直是日本帝國主義直接討伐直派軍閥的一種神氣。 日本帝國主義之幫助反直派，還有疑問嗎？ （我們從反一方面，吳佩孚向日使芳澤要求幫助，立被拒絕一事看來，亦可證明日本正在進行幫助奉張。）

像以上英美與日法帝國主義這些幫助兩方軍閥，繼續製造戰爭的鐵證，只要國人們眼睛沒有瞎盲，耳朵沒有聾聾，想必然能夠看到聽到。 無奈一班帝國主義者和軍閥的走狗死死為之掩飾，其實在軍閥自己已互相揭破，如張作霖和盧永祥之通電反對英美帝國主義借債給直派的北京政府，及北京政府之抗議法運飛機與奉張，皆指明其敵方之帝國主義係有意幫助其敵方之軍閥，延長戰禍。這班帝國主義與軍閥的走狗真是罪不容誅！

我們再看帝國主義對於宰割中國的干涉論調。

東方通信社：天津十月十日電：據可靠方面消息，曹錕因總統府美顧問福開森之好意，計畫一種奉直間的和平運動，已由教士吉爾白脫(Gilbert)開始着手進行，聞已命其信教中人着手進行了。

英美帝國主義始倡干涉論，見蘇俄政府及中國較有覺悟的人們大反對，於是照外交慣例加以否認轉而倡不干涉主義，其實何嘗不干涉不過時機尚未成熟罷了，現在時機已快成熟，故帝國主義者福開森，就令吉爾白脫開始進行。 再看日本一方面。

十月十日時報載：日本上下兩院議員，新聞記者，實業家，教育家，宗教家等，於十月四日午後一時，在東京芝增上寺院內之弔祭場，開國民對華大會，開會之前日，因喚起國人注意及警告政府起見，其準備委員，分乘四輛汽車，散佈傳單，又印大廣告招貼五千張，分貼全市各街口，是日開會時，各階級人士到會者，無慮二千，長岡中將大藏大臣，勝田主計，三宅龍一博士，三宅雪嶺博士等，一班名人，相繼到場，會場門口，大書對支大會，演壇正面，書明出演者姓名，及宣言書，決議書等，屆時搖鈴開會，橋本徹馬氏，登壇述開會詞後，推舉上杉愼吉，望月小太郎，三宅雪嶺博士等，為執行委員，並宣讀宣言書，及決議文，經全場贊成，次則各政黨之要人，相繼登壇演說，大發干涉華事之議論，謂中國內政腐敗，軍閥專橫，若任由中國自主，不知何日始能改善，此不獨中國自身受鉅大之損害，即我日本亦受許多損失，故我日本為擁護維持所得權利起見，如有事件發生時，我日本國民斷不能默視云云，至午後五時半，始宣告散會，其宣言如左。

鄰邦今次之動亂，終不免誘起列强有勢利之爭，致中國變為第二之巴爾幹，東洋之和平，既不能保，中國之保存亦難，且影響於我國，故我國（日本）為保持東洋平和起見，此際不能漫然與列强共同一致，執拱手旁觀之態度，為不幸之四億人民起見，希望早日平靜和好，若有為善鄰出力之時，雖犧牲多少，亦所不惜云云。

決議　一，日本國民，因今囘中國內亂關係，爲援助中國統一，保全東洋平和起見，我國民應有相當犧牲之覺悟。　二，帝國政府（日本）對於支那全局，應保持在支特殊地位，故須即速築造支那自主之國家，大正十四年十月四日日本對支國民大會啓
七大會告竣後，又有所謂利權擁護，干涉勸告之對支強硬同盟協會主辦之第二次國民大會，在淺草統一閣，亦於四日晚開同樣之對支國民大會，幷決議左記之決議文，即通電政府，及我國方面。

議決文　所謂不干涉政策，我日本實錯誤矣，吾等須即刻要求我當局，擁護我國正當之權利，即行取嚴重干涉態度。

日本其他各地，紛紛開同樣之集會，其決議大率類是。

日本政府在表面上已屢次宣言對中國戰爭，絕對採不干涉主義。　但現在我們看了以上這段新聞，口口聲聲的說什麼：「……爲援助中國統一，保全東洋和平起見，我國民有應相當之犧牲的覺悟」，「帝國政府對於支那全局，應保在支那特殊地位，故須即速築造支那自主之國家。」究竟日本帝國主義將來是否不採干涉主義，我想由此也可以明白了。

總之英美日法帝國主義現在一方面正在繼續進行牠們製造戰爭的工作，同時又預備將來怎樣收場，就是怎樣借和平口號來干涉中國，宰割中國。

帝國主義者眞是絕頂聰明！　一方面暗暗地繼續不斷的製造戰爭，另一方面又紆迴曲折地提倡干涉論，幷實際準備干涉。　可憐中國數萬萬人民被罩在一層沈沈的大鼓裏，始終莫名其妙！

# 英國工人政府的命運

述之

所謂英國「工人政府」，本來不過是字眼上這樣稱呼，若按實說來，簡直是一個英國資產階級的政府，不過這個資產階級的政府，因爲內部有幾個工人貴族——第二國際中的首領麥克唐納爾等辦事，與尋常純粹的資產階級政府稍微有點不同罷了。　爲什麼英國資產階級要麥克唐納爾等這般工人貴族來辦事呢？　這是因牠們看見麥克唐納爾等素來主張勞資調和，反對主張無產階級革命的共產黨，替資產階級馴服工人階級，這樣很足以表示牠們對於資本主義的忠實。　恰好當英國的失業問題不能解決，同時英國保守黨又與自由黨有衝突，所以代表資產階級的自由黨就決然扶此麥克唐納爾幾個老爺上台，一方利用牠們可以對付失業工人，另一方面又可以使擋保守黨的鋒法，這樣自由黨何樂而不爲。　然而這個幷非自由黨資產階級主觀上的願意，實在是資本主義末期的必然現象。　大戰後歐洲的無產階級已不能似戰前那樣馴伏，故資產階級也不能如戰前維持其統治權，安然統治無產階級，因此遂不得不利用貴工人階級的第二國際首領爲其代辦，在大戰時與大戰後，德，法的資產階級利用考茨基與格德一班人大收其成效，去年這次英國資產階級捧麥克唐納爾上台，不過是大戰後之第二次的利用罷了。

麥克唐納爾的工人政府八九個月來，雖替英國資產階級作了不少事，如對外之壓制蘇丹愛爾蘭，對付中國廣州政府，和對內之壓迫工人罷工以及種種繼續喬治和克松內閣時代之政策等，不無功績，可是牠始終不免有所失檢，如對於英俄和約與勞動者週報主筆康白爾案，

不能盡合資產階級的意志。所以代表資產階級的路易喬治在里塞斯特對幾萬人演說時，就指斥麥克唐納爾濫用職權，謂將使國家受總選舉之煩擾，而不允勞動者週報案調查；又謂工黨之極端份子，强迫政府干涉此案之司法，并爲俄國担保借款，政府今若不能駕御此種極端份子，則他日得國會多數，而能抵抗自由黨，保守黨及他人時，政府不將無所忌憚乎……。這裏非常明顯，工黨的左派份子稍爲擁護英俄和約和勞動者週報調查案，換言之，即是工黨左派份子有一點兒與蘇俄和共產黨接近，所以路易喬治就是犧牲麥克唐納爾工人政府亦所不惜了。

麥克唐納爾的工人政府，本爲英國資產階級即自由黨用得着牠才扶牠上台，於今牠——麥克唐納爾對主人有點兒不盡忠，作事作錯了，主人要牠滾蛋，本來沒有什麼希奇，我們對於這個英國資產階級忠僕，賣工人階級的麥克唐納爾之滾蛋，也一點沒有甚麼可惜。只是眼巴巴望着倫敦的第二國際黨，視此情景，未免傷懷罷。

現在麥克唐納爾聽了路易喬治的話似乎是大悔過。牠在未開選舉之先即在工黨大會上決定三案：（一）拒絕共產黨加入工黨，（二）不承認共產黨員爲工會或地方工會會員之工黨候選員，（三）共產黨員不得爲工黨黨員。這樣不齊麥克唐納爾跪倒在牠的主人英國資產階級面前要求說：『老爺！我并沒與反你的共產黨有什麼關係，不信，你看我對待牠們何等嚴刻』！

一方面麥克唐納爾這樣地表示，同時英國的失業問題并沒解決，究竟自由黨的資產階級是否肯遽然丟掉這個不中用的忠僕，還是疑問。照我們看來，麥克唐納爾的工人政府，在客觀的條件上，對英國的資產階級目前還是用得着的；不過英國資產階級恐僕人有失，於不下心，仍要自己來下手，這也是意中事。但是英國眞正的無產階級，不管路易喬治來統治或麥克唐納爾來統治，在實際上都是一樣。不過麥克多納爾的工人政府多能延長一天，英國之不覺悟的無產階級即能由此多得一點教訓，——麥克唐納爾反叛工人階級的教訓，這個對於世界將來無產階級革命的意義上，倒不無價值，我們姑且拭目以待。

# 廣州印刷工人罷工之經過

巨緣

（廣州通信——十月二日）

廣州漢文排字工人曾經在九月初能過一次工那時正是商團剛剛開市，政局非常動搖的時候，又是北伐呼聲最高，廣州政府要發表種種宣言，布告『新政方針』的緊急關頭。因此，當時突然間市上沒有了報紙，狠是一個政治上的打擊。然而工人要求加薪的醞釀，已經好幾年了，印刷工人的苦況眞正不堪聞問——工資有在每月十元小洋以下的。工人的要求不但是絕對正當的，而且是純粹經濟的要求。假使要說政治關係，假使要說那時不應當使政府喪失宣傳工具，那麼，報界公會便應當立刻答應工人的要求，省得枉費許多磋商工夫，不用說逼迫他們使不得不罷工了。然而報界公會故意從中作梗，無非是想保存資本家的威權。

政府方面及國民黨方面有兩家機關報（如廣州民國日報）也在報界公會之內。當時國民黨和政府當然想報能出版，可是，政府竟不能使自己的機關報脫離報界公會，單獨答應工人的要求。後來廣州民國日報總算『暫時』答應了，工人方面已無問題，願意上工；可是報界公會還是出來阻梗；他們說，廣州民國日報若因爲急於宣傳，也祇能暫時照工人的要求付工資，使他們上工，就是工人上工了，也祇能出半張臨時特刊，不能完全恢復舊狀，否則雖祇一家報館恢復，已經表示報界對工人的屈服，工人可以援例向別家要求。 廣州民國日報因爲沒有脫離報界公會，居然受他這種約束，祇出了半張。 於是政府裏一班人還是說工人搗亂。 其實是政府自己不能命令自己的機關報，而中派某要人反而向工人部埋怨，說：『國民黨內有了工人部倒反自工人　政府爲難。』

廣州工人代表會曾經召集會議，請排字工人代表陳述要求。 排字工人代表說：他們要求加薪，是不得已而罷工，如各報館答應要求，當然可以上工，就算不完全解決，也祇要有一個保證，在短期間完全允許實行。 當時廖仲愷便說他可以相保。 可是往來談判的結果，工人才知道報界公會還在堅持，而且　意反對政府，有意延遲，想拿自己『破壞宣傳機關』的罪名加到工人身上，工人便說，我們祇擁護革命政府，不是隨便什麼政府都擁護的；現在既然如此，我們提出三條要求：(一)各報館宣言擁護革命——反對商團；(二)各報館答應不再做反對工人的宣傳；(三)經濟要求由廖省長擔任在兩星期內應允實行。 這三個條件決定了，工人便上工，那一家報館先實行這三個條件，便先到那一家　工。 但是事後不知爲什麼原因，廖仲愷又不贊成工人的第一個條件。 工人以爲我們要擁護革命政府，而政府裏卻有人以爲不必叫報界擁護政府，那末工人又何必替人家出力不討好？ 又何必堅持呢？ 那時還以爲第二三條，三方面都已同意——廖仲愷說有這把握，所以工人便上工了。

但是不多幾天，事情又變了卦：廖仲愷雖然答應了工人，資本家卻沒有答應廖仲愷；內中情節，似乎資本家反而和廖仲愷有了什麼協定，資本方面固早已設法製造這種形勢。 工人看見自己的要求不能達到，便又醞釀起來。 國民黨——不能命令廣州市黨部機關報——自然還想從中斡旋，勸工人不要與政府『爲難』。 可是工人祇知道贊助國民革命——表現自己的力量以贊助國民革命的政府；不肯讓政府單獨去對付違反國民黨改善勞工生活政綱的『報界』(廣州民國日報亦在其內)，並且也許不肯讓廣州民國日報　獨去對付束縛他們自由行動的報界公會，所以大有實行　工的決心，以工人　實力贊助國　黨鎮服廣州黨內黨外的反革命派，並且達到自己的絕不能稍緩的經濟要求。

因此，這兩天有好幾種傳說：有的說十月五日　工，一律再罷工；有的說漢文排字工會預備變賣房產長期罷工；有的說工會變賣房產，想一面罷工，一面自己出一種報，做澈底的國民革命宣傳。

# 對於廣州印刷工人二次罷工的感想

和森

在上月的報紙裏面，我們看見國民黨中央委員會工人部長兼廣東省長廖仲愷君在工人代表會議席上斥責印刷工人不應於政府北伐時罷工，我們已深覺詫異：第一，因爲眞正的革命　動是要建築在工農羣衆現實的利益之上，違反或壓抑工農羣衆的利益去革命，不僅於理論不通而且在事實　做不到；第二，廣州報業資本家及報界公會與買辦階級反革命的關係素深，廣州政府若是代表革命和工人的利益，在這個時候只應命令報界公會承受工人加薪　要求，而萬不應遷就報界公會去壓抑工人的要求。

據本報廣州通信所說，在上次印刷工人罷工中，廣州政府不僅沒有實行保護勞工利益的政綱，而且根本犯了遷就報業資本家壓抑工人利益的失策。上次罷工既然是由於一種欺騙手段而終止，那末，第二次罷工的復來一定是不可免的。我們現在且看胡漢民先生執政時代的廣州政府對付印刷工人逼不得已的第二次罷工的態度是怎樣：

（一）商報——香港四日電：公安局勸排字工人勿受煽動，再倡議罷工，如敢故違，決本職權切實辦理。

（二）申報——香港電：省報界江（三日）分謁胡漢民廖仲愷李朗如，請照前約制止排字工人罷工，胡廖李均允；惟工人決於微（五日）罷工，不顧官廳壓力，先將工會房產變賣，爲長期罷工用；各報亦決設排字練習所，招生學習，抵制工人。

像這樣幫助資本家壓制罷工的態度，與北京政府及各軍閥政府有什麼不同？　前此右派執政時代，壓迫工人欺騙工人的事實固已書不勝書。現在漢民先生等又接着這樣橫來，我眞要爲國民黨的前途痛哭！

有人說，國民黨是多階級的黨，不僅要保護勞工，而且也要保護資本家，有時『決本職權』幫助資本家壓迫工人，亦未嘗不對。　我說：你這種說法固然是代表了國民黨右派的理論，右派想使國民黨成功一個反革命黨，自然處處只想結歡少數資本家而不怕得罪大多數工農羣衆；若謂胡漢民諸先生竟至同情於這種反革命的理論，吾人至今不敢相信。

然而漢民先生新上政台的頭幾日，對於爲革命柱子的工人羣衆便已發生這樣惡劣的態度，這是漢民先生等願意的麼？　聰明絕頂的漢民先生當然不願如此愚笨，只是由他那種拿攏一部份商團勢力的錯誤政策使他不得不如此。　你看新政府中有了商團軍幹事李朗如做公安局長，和勾結商團的李福林做市長，這樣的新政府——變相的反革命買辦階級政府，怎得不『決本職權』壓迫工人呢？　我可預言，新政府若得苟延下去，壓迫工農羣衆的事實還要接二連三的方興未艾，也許比右派執政時代還要變本加厲呢！

我們爲愛惜國民黨的前程，希望漢民先生等好自爲之！

★　★　★　★　★　★

我這短評是上星期做的，廣州新政府迫壓工農方興未艾的預言現在更加證實了。　政府軍警公然協同商團殺工人捕工人，以後還有什麼做不出。　茲更覺得公安局對於排字工人的佈告，誣罷工爲係人利用竟與軍閥政府同一口吻：爲佈告事，案據報界公會同人到局面稱，現查得排字工人，復有罷工舉動，前　罷工風潮，業經工人部長勸告，各工人均欣然開工，乃忽又復倡罷工之議，必係有人從中煽動，並非出於各工人同意，請爲禁　以免報紙停歇，各方均受影響等語；查報紙爲輿論機關，人民耳目，前次排字工人罷工，既經廖部長勸告，皆欣然開工，乃爲時未幾，復有再倡罷工之議，現當軍事未定，敵人思逞時期，難保非係人利用，報紙停歇，閉塞人民耳目，藉以造謠煽惑，各工人深明大義務既已復工於前，斷　必相率盲從，再行罷工於後，惟本局有維持治安之責，見聞所及，亟須先事預防，爲各工人勸告，倘確再有提倡罷工利用停印報紙以圖達造謠目的之事發生，即爲防衛治安計，不能不以職權切實辦理，合行佈告，仰各排字工人等一體知悉，移期各安工業，切勿爲人利用爲要，此佈，局長李朗如。

# 倫敦會議與世界局勢（歐洲通信）

味根

轟動世界倫敦會議，鬧了月餘，已算結束。在此會議未開幕之先，世界未覺悟的無產者或小資產階級的人，均希望各帝國主義國家間現有之一切糾紛均能於此會議中解決，以減少他們的痛苦，以實現他們的和平迷夢；殊不知他們的理想竟與此次會議所得之結果迥然不同。他們的痛苦不惟不能因此會議而減少，反因之而增加；將來的世界大戰，也不能因之而消滅，反因之而益緊急。茲爲明晰起見，特撮述數端於下：

(1)美國帝國主義獨霸世界

美帝國主義侵略世界的野心，在歐戰前不過僅及于墨西哥，菲律賓中國等處，戰後則漸及于歐洲各國。這種野心，初則表現于威爾遜的十四條，今則實施於道威斯計劃書。道威斯氏代表美國帝國主義，將美國所欲得到的一切利益，均合盤計算的清清楚楚：美國只須借八萬萬金馬克給德國，就可把德國已經收爲國有的鐵道及產業拿到手裏來，德國的國家銀行也可由他管理，預算案也可由他支配。換言之，就是把德國變成美國的殖民地；更進一步則兼併全歐及全世界。美國現產之金，占全世界所產金總額之百分之十四；他原有之金，又占全世界所有金總額之百分之四十四；至於美國各種產業之超過於各國產業者，不言而喻。世界各國，均須仰美國帝國主義之鼻息。他之所以欲兼併歐洲及世界者卽因此。

(2)法國帝國主義之失敗

據道威斯所擬之賠款計劃，德國應於第一年賠十萬萬金馬克；第二第三年十二萬二千萬；第四年十七萬五千萬；第五年廿五萬萬。究竟在歐戰期間損失最大的法國，於此宗賠款項下分得多少？在名義上，法國可得到賠款總額百分之五十二，其實法國若常駐兵於魯爾，卽得德國賠款，法國除開支軍費外，不惟沒有入款，還須虧欠。但此項虧欠，乃由全體法國人民負担，資產階級未受何種損失。所以在倫敦會議中，代表鋼鐵委員會之法總理赫里歐起初竟悍然堅持不退兵，繼後迫於英美銀行家的勢力，不得已只好允於一年內陸續撤退魯爾兵隊。法國之所以不欲卽時完全退兵者，不過想乘德國將來不踐約時，馬上又可將魯爾拿到法國資本家手裏來，以滿足法國需煤的慾望。其實道威斯計劃書已明說「以後若有一國或幾國因德國不踐約而懲罰德國時，借款人(英美銀行家)有在賠款項下取得利息的優先權，并須由此一國或幾國保證，」如是則法帝國主義可謂大失敗。

(3)無產階級此後之痛苦

德國每年賠償此宗鉅款，究竟出自誰人呢？資本家？資本家有資本主義政府保護，萬不至被沒收財產來賠款；負担此項賠款者，係德國無產階級。此後德國工人工作時間，將由八點而延至十點或十二點以上，工資也將因此而益減少；因爲不爲此，則德國無大宗的賤價的商品與其他各國在世界商場上競爭。其他各國的資產家爲能與德國競爭起見，自然也要減少工人的工資，延長工人的作工時間(此國煤礦業已實行)。此所以倫敦會議的結果，不過增加世界無產者的痛苦，及擾亂社會而已。

(4)結論

會議告終，各國言論，除共產黨的報紙外，其他各種政黨的報紙，無不歌功頌德，慶祝和平。其實經此會議後，世界的經濟問題更雖解決，社會秩序愈益紛亂，結果只有迅速促成社會革命，英國勞動黨，法國社會黨，德國社會民主黨，只圖與資本家妥協，不惜犧牲幾萬萬無產者生命，世界無產者應于此有所警惕，應知只有共產黨才能到處爲無產者爭利益！ （八月二十八日自巴黎寄）

## 國民黨右派慘殺黃仁案

### 這是右派的行動嗎，還是反革命？

獨秀

一個黨的左右派分化，不但是應有的現象，而且或者是進步的現象。不過近來國民黨中所謂右派的反動行爲，說他是右派實在還是太恭維了，實在只是反革命的帝國主義及軍閥之走狗；因爲如果是國民黨的右派，不過是比左派和平些，大體上仍要抱定國民主義，更不能違背國民黨的三民主義，更萬萬不能做帝國主義及軍閥的走狗。依照國民黨大會的宣言，對於一切帝國主義及軍閥的走狗，不使享有民權，何況認爲黨員！

現在這班所謂右派的反革命的行爲是怎樣？在此次上海國民大會的暴行上，更是充分的暴露出來了。據上海大學學生通電說：『當我們同學洪野鶴何秉彝王秋心王環心劉一清黃仁，在會場之下爲贊成反帝國主義及軍閥之演說而鼓掌之時，台上主席喻育之（國民黨黨員）便喝令禁止，加以「擾亂會場」之罪名，台下大隊流氓，聞聲響應，一呼百諾，蜂擁而前，向洪何王劉王黃諸同學施以慘酷之打擊，同時，并以「這是齊燮元的奸細」之口號誣害我洪何王諸同學。……………當時恰有全國學生聯合會總代表郭君壽華登臺演說：「我們應當推翻一切軍閥一切帝國主義………」話猶未了，該會會計童理璋（國民黨黨員）即上前將郭君攔阻，扯下講臺；………不意童理璋喻育之輩，狠毒豺狼，猛將黃仁郭伯和郭壽華三君一推，竟自高踰七尺之臺，跌至臺下硬石上面，一時愴痛之聲，慘不忍聞。黃仁君跌傷腰部，嘔吐交作，一時昏迷不省人事（次日已死於醫院）；郭君伯和跌傷頭胸足三部，血流不止，多時不能行動；郭君壽華挨打之後，又復加以跌傷肩背等處，時臺下流氓，又加以毆打。」

安福部雇流氓包圍國會，段祺瑞雇流氓打學生的方法，現在挂名革命黨籍的人，也居然效法起來，而且被打死打傷的都是些同黨的黨員，這情形是何等嚴重！

他們在盧何勢力之下，誣愛國學生爲齊燮元的奸細；同樣，在吳佩孚齊燮元等勢力之下的走狗又何嘗不可以盧永祥何豐林的奸細誣愛國學生而加以殘殺；這種爲一派軍閥捧場作假的卑劣手段，不意挂名革命黨籍的人也公然行之，這情形又何等嚴重！

前此上海執行部坐視右派數十暴徒毆打邵力子而不與以懲罰，紀律廢弛，識者早已憂之。我們固然不應該因幾個黨中下流分子的行動，歸罪全黨；我們現在只十分注意黨中負責任的最高黨部，對於此次殺傷十幾個青年學生的巨案如何處置；并同時注意各級黨部的公正黨員，對於黨中幾個反動分子取如何態度；然後才可以判斷黨的價值。

## ▲上海大學學生橫被帝國主義與軍閥走狗的摧殘通電

全國各階級被壓迫的同胞們！　我們處在今日的反動的政治局面之下，帝國主義者與軍閥兩相勾結，剝削我們，壓榨我們，又以種種危害加及我們……本來是沒有什麼公理與正義可言。　不過今日之事，我們實有不能不爲我全國被壓迫各階級之同胞告者：昔之帝國主義者與軍閥在政治上經濟上與文化上之侵略，今則進而爲買通流氓敗類以及一切之反革命勢力爲我們言論上行動上之侵害了：昔之向暗中預設種種方法加害我們，今已更進而明目張膽的毆打我們了。　本月十日，爲我國十三週國慶的紀念日，凡屬國民，自應有一種警惕之表示，何況今年國內戰事紛繁，帝國主義與軍閥構成絕大內亂，我全中國人民的生活狀態，均呈艱險困窮的現象，我們又怎能不有更警惕更迫切喚醒羣衆之表示？、可是我們不幸，正因此而招帝國主義與軍閥之忌怒，大肆摧殘，種種狂妄行爲，我們實不可以勝數，現只略就一二詳爲痛切之告訴。　披閱本埠各報章，上海各團體曾有國民大會之發起，並於本日假北河南路天后宮爲舉行國慶紀念之場所，當時我們學生，未曾究其所謂國民大會之性質如何，又未燭其種種鬼蜮之奸謀，只本着一腔愛國熱忱，爲良心上之主張，以打倒外國帝國主義與國內一切軍閥爲目標。　蓋不如此，我們的中華民國，便永淪胥於列強半殖民之地與軍閥宰制之下；我們的四萬萬同胞，便永爲帝國主義者與軍閥俎上之肉舂中之米了！　當我們同學黃仁在會場之下爲贊成反帝國主義及軍閥之演說而鼓掌之時，台上主席喻育之便喝令禁止，加以『擾亂會場』之罪名。　台下大隊短衣刺花之流氓，聞聲響應，一呼百諾，蜂擁面前，向洪何王王劉黃諸同學施以慘酷之打擊，同時並以『這是齊燮元的奸細』之口號，誣害我反對軍閥之諸同學。　後有同學林鈞劉稻心兩君上前排解，亦遭破皮流血之毆打。　我們實在不解其所指爲齊燮元之奸細的證據何在？　所指我們爲擾亂秩序之理由何出？　如認我們爲袒護齊燮元，則我們的口號，是反對一切軍閥，齊燮元何能逃出軍閥之外？　若以贊成反帝國主義與軍閥之演說而鼓掌爲擾亂秩序，則不啻禁止我們民意之表示，與一切會場中鼓掌之通例。　總之欲加之罪，何患無詞；他們既甘爲帝國主義者與軍閥之走狗而爲反革命行動，其謀害我們又何患無由呢？同時，有同學黃仁等認他們此舉，實屬侮辱我們學生人格，上台質問主席及該會職員等，他們不但不稍自認錯；反同聲以惡言相向，硬罵我們爲搗亂，情勢洶洶。　當時恰有全國學生聯合會總代表郭君壽華，登台演說：『我們應當推翻一切軍閥一切帝國主……』話猶未了，該會會計童理璋即上前將郭君攔阻，扯下演台，不准再行發言。　郭君正欲質問之時，自後又擁上手臂刺花數人猛向郭君擊打，又加我同學黃仁等以舉足，指爲共同搗亂會場，郭君壽華及同學黃君等以他們人數衆多，預有設伏，舉動野蠻，不可理喻，意欲略避，不意若輩很毒，猛將黃仁郭壽華等一推，竟自高逾七尺之台跌至台下硬石上面，一時慘痛之聲，慘不忍聞。　黃君仁，跌傷腰部，嘔吐交作，一時昏迷不省人事；郭君壽華，挨打之後，又復加以跌傷背肩等處。　時台下之刺花流氓，又復加以毆打，猶以爲跌傷之不足，必欲置之死地而後已。　正當毆打之際，突來警察數人，竟將受傷同學帶至一小房之內，嚴行關鎖，而對於逞凶之刺花流氓等，則從容任其走散，不加捉獲，揆之法理，豈得謂平？　後經同學向警察詰問　彼則一味支吾，置之不理，諸同學以爲警察既不負責，萬不可任黃林受傷諸同學臥以待斃，乃由同學多人將受傷最重之黃林二君，擁抱出門，轉赴同仁醫院救治。　該醫院以黃林兩君受傷過重，不肯容納，不得已，復轉送寶隆醫院；其餘受傷較輕之諸同學，自此只有帶傷回校，忍痛自受！　唉唉！我最親愛的同胞們！我們今日所受帝國主義者與軍閥走狗之摧殘侮辱，我們并不認是我們的失敗，也不自引爲我們的羞恥，更不目他們的手段爲慘酷苛刻。　因爲這些完全是我們在革命未成功以前應經過的階段。　無論何等犧牲，我們都不怕的。　我們自今日以後，更明確更堅決與一切反革命勢力作戰之觀念與意志！　同時，我們亦可洞悉昨日所謂國民大會之黑幕的底蘊：

（一）所謂國民大會，完全受少數帝國主義與軍閥之走狗的反革命的搗亂。　看他們種種行動，——禁止反對帝國主義與軍閥之傳單，禁阻反對帝國主義與軍閥之演說等等——便可瞭然。

（二）他們—帝國主義軍閥之走狗—不但買通刺花黨之流氓，同時並串通警察。　不然，何以我們受傷之同學多被拘拿，而毆傷我們之人未見捉獲一個呢？

（三）國民大會之中，不僅爲少數軍閥與帝國主義者之走狗，且有反對帝國主義與軍閥：黨綱上和宣言上標得很明白的國民黨的黨員。　然而在會場上指揮最出力的，所謂國民黨員，反而阻止愛國演說。　唉唉，黨的主義如彼，竟還有行動若此的黨員，我們實不禁痛心萬分！　我們只有希望中國唯一受國民愛護的革命黨——國民黨，趕緊肅清他的內部。

親愛的同胞們—時機緊迫了！帝國主義者與軍閥危害我們，已再不容我們的從容猶豫了！　起來—各階級被壓迫的同胞們！

大家聯合起來！

打倒剝削壓迫我們的帝國主義者！

打倒屠殺魚肉我們的軍閥！

打倒勾結軍閥與帝國主義者及一切反革命的勢力，不問他名義上冒什麼革命黨黨員！

一九二四年十月十一日

上海學生聯合會啓

## ▲全國學生總會之緊急通告

此次上海各公團所發起之「上海國民大會」最初本會亦曾參與籌備，嗣後以列席者態度不明，頗有爲一系派軍閥之僱傭，爲之鼓吹空氣的嫌疑，因尚無確實證據，故遂取消極態度，從中監視，以後本會未列席籌備會，但應彼等要求担任大會糾察員。　當日到會場時，見場內到會者，頗多雄糾糾之流氓，心知必有人僱來搗亂，開會時台上制止場內散放傳單，場內卽有人大聲喝打，一時人衆喧逃，得本會代表（糾察員）及熱心者極力制止，移時始靜，開幕後，喻育之，童理璋等戴着假面具謂「今日國民大會爲本良心之主張不爲黨派所利用，……」後繼續有人演講謂盧永祥爲正義而戰應一致擁護盧公等語，有人冷笑一聲……。時場內卽有人喝打！　卽見有上海大學學生二人被刺花黨橫施毆打，本會糾察員李逸君（總會秘書）向前制止，亦仝被毆，繼而沈尙平君（總會常務委員）石玉白君，（總會幹事）亦被毆！　仝時郭壽華君（總會主任）登臺請主席設法制止并向衆演說，適開口說「今天國民大會乃是要打倒軍閥和帝國主義者……」！　衆正鼓掌，卽被流氓首領童理璋喝令刺花黨上臺將郭君劉稻薪君（總會幹事）郭伯和君黃仁君（均上海大學學生），亂打拋落臺下，（黃仁君已於昨日逝世）其後上海大學學生亦被毆重傷者尙續有人，俱被囚於警兵室內，場內羣情憤不可遏，盡力將警兵室窗門打破，被拘十四人始得救出。

當日經過情形大略如此。　總會爲全國學生代表最高機關，汚辱我輩代表，卽汚辱我全國學生。　本會同人誓死力爭，共除國民之公賊，以申眞正之民權民意！　現決定辦法：（1）一致發表宣言進攻帝國主義與軍閥走狗喻育之等。　（2）一致請國民黨：提出懲戒，在黨報上正式宣佈開除童喻二賊黨籍。　（3）正式宣告此次「上海國民大會」是僞託民意的流氓團體。

（4）全國學生會一致開會追悼爲爭「民權」的犧牲者上海大學學生黃仁君。

各地學生會接到本通告後卽當召集會議討論對付辦法，本總會口籲一致盡力向軍閥和帝國主義者的走狗進攻！

中華民國全國學生聯合會總會啓十月十二日

### ▲國民黨員之抗議

廣州孫總理，中央執行委員會，上海漢口北京執行部，浙江湖南江蘇山東直隸省黨部執行委員會，各省臨時省黨部執行委員會，海外各支部執行委員鑒！ 全國各報館轉全國同胞鑒！ 雙十節本黨革命紀念，上海各界曾發起國民大會；不意當場竟演出反革命派擾亂會場毆傷本黨同志之慘劇。 先是由喻育之童理璋等邀請各界人士發起雙十節國民大會，及期，午後二時假北河南路天后宮開會，由喻育之主席，童理璋何世楨陳德徵周頌西等均在旁坐；時有上大學生同志亦卽國民大會糾察員，林鈞洪野鶴郭伯和等，鼓手贊成反帝國主義與軍閥之演說，在場擁護帝國主義與勾結軍閥之走狗 卽向前扭住痛打，並收押，且加以亂黨之名；主席喻育之目睹同志如此受傷被捕，亦未排送交警察解，後全國學生總會代表郭壽華君因登臺請主席維持秩序，並向衆演說，「打倒帝國主義與打倒軍閥云云」卽被主席喻育之與在座之童理璋徐長三等抱住强行阻止發言，同時臺下之流氓，卽紛紛上臺將郭君扭倒於地，將向前維持秩序之上大學生黃仁同志踢落七尺餘高之臺下，拳足交加，慘不忍睹；並次第將全國學生總會代表李逸沈尙平劉稻薪石玉伯等同志痛毆，毆後更送警察收押，一場大會從此紛散。 後陳濤同志不忍受傷被捕之各同志再誤遭警察蹂躪，乃向警察報告眞情，始由警察護送出場。 現受重傷之黃仁同志，已於十一日夜二時死於寶隆醫院；林鈞同志命亦岌岌。 喻育之童理璋徐長三等似此摧殘同類，非叛逆而何？ 吾黨應否反對軍閥與反對帝國主義，孫總理及中央執行委員會已不啻三令五申，今以反對軍閥反對帝國主義之同志 反被毆傷斃命，吾黨同志豈能袖手旁觀？本區黨部等用良心上之主張，一則 求本黨立卽懲辦禍首喻育之童理璋徐長三等，不得再予優容；二則明令分別悼恤被毆傷斃之同志，以慰英靈而安生者；三則特將此中眞相報告以明是非，謹此電達，不勝盼切之至。 中國國民黨上海市第一二五九區黨部執行委員會，中國國民黨上海市第六區黨部執行委員丁君羊等三人，十月十三日。

### ▲林鈞被打之報告

存統筆記

今年雙十節在天后宮開的上海國民大會，誰知竟是帝國主義與軍閥的走狗所合開的！ 許多愛國的國民，貿然赴會，竟被打得頭破血流，傷者無數，有的竟有性命之憂！ 被打的國民，大半是國民黨的同志，其中以黃仁，林鈞郭壽華，郭伯和，諸君受傷最重。 黃仁君竟因受了一頓毒打，腦部胸部，均受重傷，已於今晚因傷殞命。 林鈞君，現在寶隆醫院；我以同志同學的關係，今天下午去省視他，林鈞君同志尙勉强能言語，告訴我被打情形頗詳，我卽在他面前將他所的話一字不改地記錄如下，使我們未參與此次走狗國民大會的人能從林君所報告的話中知道此次的內容。

一，林君說『此次我們被打，童某等應負責任，因爲他們是發起人，童某，是大會主席，不但不阻止打人，並且在台上大呼「打！打！」

二，「打我的人中，有兩個人身上掛有「國民大會」的徽章，可見此次打人，完全是籌備國民大會的人主動的。」

三，「全國學生總會代表郭壽華君演說，剛開口說「我們國民，要一致起來打倒帝國主義，打倒軍閥……」，主席童某便走出來阻止，台下流氓卽一哄而上圍打郭君；可見台下流氓，完全受童等之指揮，預先設下的毒計。」

四，「這些流氓打了我們之後，並且把我們交給警察關在一間小房子裏，聲說我們身上有手鎗，搜遍我們的身體；後來童某對我的朋友徐君說，「今天場上有穿西裝的少年拿手鎗擾亂秩序。」 其言與流氓如出一口，顯然可見那些流氓之搜檢手鎗，由於童某等將主使。」

五，「童某把我們關在一間小房子之後，便由童某出面要我們簽字，他一見了我們的名單，便說「對不起，誤會了」。 試問所謂「誤會」是什麼？可見童等早已決心做帝國主義與軍閥的走狗，來摧殘國民的正當運動了。」

六，「童對我們說，「刺花黨打你們，是奉命令來的，他們目的在維持秩序；你們既不是擾亂秩序的人，那實在是打錯了」，請問這是什麼話？

七，「童對我們說「此事已報告上海縣公署了，現在專待上海縣公署回電，如果回電說要人，只得把你們解上去；如果說不要，那便可以麻麻糊糊過去」，請問這又是什麼話？」

八，「學生總會被打的人對童說，「我們是你們國民大會要我們來的，為什麼叫我們來了却來打我們，把我們關在這兒？」 童回答他們道，「既然是辦事人，那麼你們回去吧」，這便是說非辦事人是不能回去的。」

九，童對學生總會代表郭壽華君說，「我叫你不要多講，你不聽我的話，所以自然要被他們打了」。 請問這種話包含些什麼意義？

十，「有人演說，「盧永祥何豐林是擁護正義的，我們都應該幫助盧永祥戰爭」，我受良心之驅使，哼地冷笑一聲，他們便立即把我痛打了，幸虧我稍知拳術，所以內部還沒有十分受傷，只有背部和頭部被痛打了幾十下。」

以上完全是林鈞君負責對我講的話，我已得到他的同意把他這番話在報紙上宣佈，同胞們！ 我們看了林君這一番話，應該作什麼感想？ 這一次的所謂「上海國民大會」，到底是一個什麼東西？ 我們應該認識童理璋等背後帝國主義及軍閥之勢力！ 應該認識這是中國法西斯蒂運動之發端，

## ▲謝碩君之不平鳴

你們以為在帝國主義嚴重情形之下的租界便可以毆辱「打倒一切帝國主義者」的真實覺悟分子，使他們在帝國主義勢力範圍裏吃虧說不出嗎？ 你們以為在軍閥政治範圍裏，便可以箝制「打倒一切軍閥的呼聲，使打倒一切軍閥者，禁不敢聲嗎？唉！笨驢！

一切帝國主義國家，在遠東弱小民族侵略的情形，已經暴露無餘，凡帝國主義者皆在打倒之列，這種要求，弱小民族或殖民地國家的民衆，已感覺到緩無可緩了！ 譬如中國在前兩三年只知道日本是帝國主義，對於英美，開口是「友邦」閉口也是「友邦」。 現在呢：稍有常識的，都知道他們和日本是「一桿子强盜」；或者更甚於日本。 弱小民族覺悟了，帝國主義者本身均勢的破裂，都是他們必倒的原因。 他們必倒的，一切帝國主義者必倒的，你們縱有所偏厚獻媚巡邏，其奈他們的必倒的趨勢何？ 唉！不量力的笨驢！

任何軍閥， 足以使中國的騷亂繼續，都足以「引狼入室」導國際帝國主義者做家賊，帝國主義者儘量的拿砲火鎗彈毒品輸入，軍閥儘量的拿路鑛及一切國權奉送，他們兩個惡魔，是相依為命的，不但是中國民族革命的障礙，簡直是製造中國內憂外患的源泉。 其實；軍閥字的定義是：許多土匪的一個頭目，奪得政權，以勾引帝國主義者，增加國際侵略的痛苦，使中國永陷於混亂狀態者。 凡合於此定義的，不論任何軍閥，那一個不應該打倒的？ 而且軍閥與軍閥的火拚，最後之民衆覺悟，起而殲滅軍閥，這兩個時期快了，你們到底想甚麼方法，用甚麼「續命湯」可以續你們所偏厚的軍閥的命呢？ 唉！真是不知趣的笨驢！

孫先生常說「國際帝國主義者與國內軍閥，是中國革命唯一阻礙。」 我們狠可以明瞭，中國革命黨應所必需剷除的是「一切」帝國主義者。是「一切」的軍閥，你們以為怎樣？

你們怕要着慌說：

啊！一切的！一切的麼？怕其中有我們主人翁！」

# 來件照登

嚮導主筆先生：

我們宣佈馬超俊罪狀，完全是站在國民革命和工人階級的利益上不得已的一舉。 貴報是國民革命的導師，也是工人階級的喉舌，得此宣言，必樂爲登載，使全國國民革命者共識此害羣之馬，而工人階級不再受這個冒牌領袖(他自命爲勞工領袖)的欺騙，國民革命幸甚！工人幸甚！

廣東兵工廠工人・九月廿五日

## 「馬超俊在兵工廠之十罪狀

(一)兵工廠，粵漢路，海員工會，各特別區分部，經中央執行委員會決議，擴充爲特別區黨部。 粵漢路 海員工會，均於數月前組織成立。 而兵工廠不特不行改組，而且原有之特別區分部，九個月 開過三次會議，任其停頓腐敗。 以致已入黨者懷疑，未入黨者訕笑。 名義上兵工廠有一個區分部，實際上可說並無組織。 此馬超俊貽誤黨務之罪一也。 (二)兵工廠工人一千八百名。 而黨員全數僅二百餘人。 除員司爲保持飯碗計而入黨，及護廠隊受隊長命令而入黨者外，工人入黨者不及百分之七。 工人乃國民革命之基礎力量。 馬超俊又爲市黨部工人部長。 對於自己所統轄指揮之廠內工人。 絕不能加以訓練。 使成爲革命旗下之生力軍。 此又馬超俊惟圖私利 荒怠職責，不肯爲黨義宣傳之罪二也。 (三)兵工廠工人組織俱樂部。 馬超俊初時未嘗不欲騙給工人後因工人多數主張，工人與包工頭經濟之利益，絕不相同，不宜淆混。 故於章程上，規定包工頭祇能爲名譽部員，無表決權，及當選爲職員之權利，遂爲一般包工頭所反對。 馬超俊乃一變而擁護包工頭。 藉口工人反抗包工制，出示威壓。 令工人俱樂部敗於垂成。夫以黨員而任廠長之馬超俊。以工人領袖而任工人部長之馬超俊，乃視黨中歷次宣言，保護勞工之黨綱如無物，是馬超俊又背黨謀私之罪三也。 (四)中國工人生活。 絕無保障，國民黨權力所至之處，卽不應漠視。 今兵工廠之工人，不特生活狀況，未見改良。 而且屢次不經宣布理由，遽行無故開除，動輒以逆黨二字相加，以箝衆口。 其任意妄爲，藉口軍政時期，施行暴虐，顯然可見。 此又馬超俊違背黨綱之罪四也。 (五)屢次縱容兵士稽查，毆打工人，激動公憤。 又復多方相庇，當衆辱罵。有「工人眞是神聖不可侵犯麼」等語，其悖妄一至於此。 及至引起罷工風潮，仍不肯懲戒毆打工人之排長，反張大其詞，指爲受陳黨利用。 工人本是擁護革命政府，知擴大罷工之非計，乃不再堅持。 馬超俊更乘機借題發揮，四出鼓吹，藉此鞏固位置，一若戡平大亂厥功甚偉者。 不知罷事原因，實由放任兵士行兇，而又不善調處所致。 此則馬超俊壓迫工人之罪五也。(六)學徒須有間時間受教育，每日工作不得過九小時，廢除夜工後，不得扣除原有工資及津貼，此乃工人代表會根據中國國民黨宣言所成立之決議案。 然而兵工廠未成年之藝徒，每日做工十四小時，工資低微，幾不能維持生活。受盡包工制之嚴酷壓迫。 馬超俊既爲黨員，又爲工人部長。乃旣不執行工人代表會之決議，復不設法減輕青年工人之痛苦。 其爲謬。又奚待言。此又馬超俊虐待工人之罪六也。(七)消費合作社之設立。亦改良工人生活方法之一。兵工廠工人消費合作社，經廖省長親蒞致訓，及中央部合作社委員會數次會議，限期成立。馬超俊竟陽奉陰犯，終不進行。以致該社無形消滅。此其破壞工人利益之罪七也。(八)工人日夜售賣其勞動力。而其所得，僅少數之工資。一切自己生活，及仰事俯畜之費，胥額於是，其覺過悲慘，固非出入汽車電船，左右侍從之廠長所知。由成衣匠一躍而爲廠長部長之馬超俊，更早已忘懷。故馬超俊遂有如是之言曰：「每次出糧過期，豈獨工人。員司月餘未出糧，不聞怨言，豈員司無父母妻子耶。汝等工人，過期十日，便欲停工喧鬧。是異受陳黨運動無疑矣。」兵工廠定章，每月一日與十五日出糧。馬超俊自就任以來，絕不依期。近且延至旬月。包飯館因無力而停業。工人因包飯館停業而挨餓。不得已向馬超俊要求。馬超俊對付方法。首卽以逆黨二字加諸工人身上，使工人不敢言。次則開除工人中之覺悟分子使工人不敢動。此又馬超俊陷害工人之罪八也。(九)包制之打破，爲國民黨政綱之最低限度。蓋包工制一日不破除，則改良勞動者之生活狀況、保障勞工團體諸策政，將無從實施也，兵工廠之有包工，不自今日始。然不料馬超俊竟將此惡制度擴大也數年來，廠內行包工制者，祇存槍廠及無烟彈廠而已。馬超俊由總務處長以至廠長，將近兩年。包工制之毒害，不但絲毫未除。而包工頭之橫暴，反較前尤甚。假稱工人領袖之廠長，實則包工頭領袖之廠長而已。故近日更將已改點工制之機關槍廠及機關彈，恢復包工制。此數日間，無故開除工人達七十名。其中三十名，乃未經滿師之藝徒，此雖狠毒之資本家，猶不敢悍然爲之者也。爲黨員爲工人領袖爲工人部長之馬超俊，悍然爲而不恤。此馬超俊助包工頭以害工人之罰九也。(十)世人或以前月美商羅拔洋行强提機器案，交涉勝利，足蓋馬超俊罪惡。姑無論交涉成功，非馬超俊之力。卽使承認，亦無意義。在工人等觀之，此案交涉，形式似乎勝利，然所有機器，其舊式過於兵工廠原有者三十年，乃完全舊式之物也。前聞美工程師謂每日可出槍百枝，六個星期可以開始製造新槍。現在六星期已過，不獨新槍未出，而且未能安置，以工人等之經驗觀察，此種機器，每日能出槍十枝已屬僥倖。蓋所有新式之機器，前已爲汕尾及各處軍械廠取用。現所存留僅殘廢不適用之部分而已。如工人等之觀察爲不誤，則此次機器交涉，直失敗耳。何有勝利可言。然交涉條件如何？尙應交款若干？未經宣布。無由推測。如馬超俊確知此項機器實非原物，僅爲殘留，故意勾結美商，欺瞞政府，其罪在曹吳而上。如其不知情，受人欺騙，亦應受嚴重懲處。豈有機器實數若干不知，機器之能率如何不知，機器之式樣新舊不知，任人玩弄於掌股上之兵工廠廠長耶，此則馬超俊誤國之罪十也。」

夫中國國民革命之運動，必待全國農工參加，然後可以決勝。國民黨方將扶助勞工之不暇，胡可加以壓迫摧殘。馬超俊因緣民黨，得有今日。乃舉黨綱政策違反其道而行，是無異與革命爲敵。工人等心懷義憤，不忍大奸巨猾，白日橫行。乃依據事實，切實指陳。除呈請大元帥及中央執行委員會照章開除馬超俊黨籍外，特揭其罪狀，宣告於各界。

記者按國民黨右派純粹是帝國主義和資本家的走狗。當孫中山與帝國主義發生衝突的時候，右派則勾結帝國主義；當勞動者與資本家發生衝突的時候，右派則幫助資本家。右派之壓迫工人，這是必然的事實，不足爲奇。馬超俊不過是右派領袖的一個，而對於兵工廠工人的壓迫，不過是馬超俊壓迫工人的一件。最近三個月內統計起來，右派所幹勾結帝國主義和壓迫工農羣衆的勾當，如保衛團蹂躪農團軍事件，商團毆打酒業工會代表事件，沙面事件，商團事件，以及南洋煙草工人罷工事件，眞是多得不可勝書。這些事實，無一樁不是指明國民黨右派爲帝國主義和資本家的走狗的鐵證，換過說，就是反革命的鐵證。如果領袖國民革命的孫中山先生和國民黨，對於右派不採堅決的態度，我們敢斷言：「亡國民黨者國民黨右派也」。

The Guide Weekly.

嚮導週報

第八十八期

（中華郵務管理局特准掛號認爲新聞紙類）

一九二四年十月二十二日

郵票代銀概作九五折

分售處

香港 華文書局
巴黎 中國書報社
廣州 丁卜書報社
民智書局
上海 上海書店
時中書報社
武昌 共進書社

分售處

太原 晉華書社
長沙 文化書店
濟南 齊魯書社
杭州 古今圖書店
雲南 新亞書社
甯波 明星書局
開封 文化書社
福州 工學社
南京 天一書局
成都 華陽書報流通處

定價 國內一元寄足四十期 國外一元寄足二十五期 郵費均在內 零售每份大洋三分

每星期三出版 發行通訊處 上海英界上海大學楊志育 北京大學第一院收發課轉鄭于明

# 商團擊敗後廣州政府的地位

和森

迄雙十節爲止，廣州政府對於操縱商團的少數買辦階級委曲遷就，坐令反革命形勢一天一天的擴大緊張，記者對於留守當局曾再四加以逆耳之警告；在雙十節商團軍慘殺工農學生羣衆的時候，政府軍警措置之失態，記者在本報上期尤加以痛切之批評，——這個批評裏面曾有兩句這樣憤激的話：「…我想中山先生若是諒知留守者在廣州之所爲，如不氣死於韶關，定要震怒而回羊城」。

果然本報上期付印之翌日，上海各報紛載中山先生已率軍回駐兵工廠，對於商團決武力解散。於是反革命的紙老虎，于十五那一日的惡戰便完全識穿了。吾人於此，一面不得不稱贊中山先生之英斷，別面又不得不太息於前此姑息態度之失策，因爲廣州政府若早日採取斷然手段解散商團，其犧牲與損失決不若今日之巨大可怖，令人不寧！

現在商團雖已擊散，不幸的事變雖已演完一幕，但接着便有兩個重大的問題值得我們討論：第一這次商團的擊敗果然算得是革命的勝利嗎？第二商團擊敗後廣州政府的地位將怎樣？

請先說第一問題。記者於此，實不敢樂觀：因爲這次商團事件，一面固然是英國帝國主義及其羽翼的買辦階級圖謀反革命；別面這種反革命之所以潛生滋長却是國民黨雇傭軍閥的武力革命方法之必然的結果。由這種方法產生的革命政府，不僅不能給廣東人民以好處，不僅不能實現平日所宣傳的抽象的主義，反而只能如軍閥政府一樣——苛稅雜捐，重苦人民以養那一批一批的軍閥頭領及浩大的土匪式軍隊。所做的事情，不是今天與沈鴻英便是明天打陳炯明，不是招兵買馬便是興師動衆，人民不僅不感需要，而且反感痛苦與厭惡。在這樣情形之下，加以帝國主義之陰謀，那得不發生反革命？現在上形式雖擊敗了商團，同時革命政府精神方面的損失却隨着軍隊的焚掠而益擴大。前此串通商團之范石生廖行超李福林等，此次突然豹變圍攻商團，其目的決非忠於革命，但在乘機擴張勢力，增加鎗枝，劫奪財貨，不言可知。至於衣不蔽身，食不一飽的各軍兵士，其動機全在乘機刦掠，更不待言。這樣搶刦焚殺的事實深印於廣東人民的腦中，更加以反革命黨及全國報紙的宣傳，革命政府精神方面的損失是不可諱言的。所以這次的斷然處置，在抵抗帝國主義及反革命方面本來極為必要極有意義，可是這種意義同時又被雇傭軍閥及其兵士的搶掠姦殺污染了！ 吾人於擊敗商團之後，利勝的感情不得不為懺悔軍事行動的感情之所掩，這是一切忠實的革命黨人所應當深思反省的！

第二、商團擊敗後廣州政府的地位將怎樣？ 這個問題比前一問題更為重要。 在現在英美帝國主義全力幫助直系軍閥的形勢上說，這次廣州政府之難免於白鵝潭艦隊所驅逐，本是意料中的事。 然而這次白鵝潭艦隊竟未鳴礮攻擊廣州政府，據新聞報載，領事團僅於十五日晚九時警告省署，勸即停戰，『否則當派兵登岸，武力調停』而止，這是什麼緣因呢？ 沒有別的，只是英國所謂工黨政府在革命的左派（即英國共產黨黨員）壓迫之下，礮艦政策究竟有所顧忌罷了。 但廣州政府的地位便從此鞏固了嗎？ 不然，他有兩種不同的命運：

（一）國內戰事如曹吳絕對的勝利了，英國政局如工黨失敗而守黨與自由黨上台，那末廣州政府的命運一定是不能長久的；（二）反之，國內戰爭曹吳只能獲得相當的勝利，英國選舉結果工黨仍能握住政權，那末廣州政府的命運自然又可延長時日，

第一種形勢實現（便是英美帝國主義與直系的反動政局之完全鞏固）固然可怕，但第二種形勢也不見得可喜：因為在第一種形勢之下，國民黨卻可因而返於同盟會時代而實踐全國改組大會所決定之新途徑；在第二種形勢之下，這種新途徑永遠是白紙黑字不得實行，而不生不死的局面與雇傭軍閥的軍事行動勢非引導革命至於完全破產之日不止。

兩種形勢，究竟那一種會實現呢？ 這個問題在現在沒有什麼重要；現在所重要的卻在廣州政府目前（即兩種形勢未實現之前）對內對外的應付態度及其如何自處的根本覺悟與傾向。

傾向於保守政權維持現有的軍事局面嗎？ 那末對於如在其上的香港帝國主義者自然又不得不講究妥協謹慎之法，對於如在其左右的買辦階級自然又不得不留讓一些地步。 傾向於徹底革命，實行改組大會所決定的新途徑嗎？ 記者不敏，竊願於此有所陳說：

軍事行動與廣州這塊地盤，經過這一場反革命的惡劇與軍閥頭目及其兵士的蹂躪焚刦，吾人更覺革命當局此時應深思猛省，具有改轍易途之決心。 為什麼呢？ 因為經過這一場浩劫之後，廣州政府更是沒有方法可在印象不好的人民之前證明革命政府是有利於他們而挽回他們對於革命的同情。 縱然革命當局有此意願，然而因為客觀事實的限制，絕無達到上述目的（證明革命政府有利於人民與挽回人民對於革命的同情）之可能。 所謂客觀事實的限制：第一，坐養十幾萬軍隊，八十幾種苛稅雜捐萬不能實際廢除；第二，軍事行動欲能不能（如北伐的把戲，對於北軍及陳炯明反攻的抵抗等），擾民害民之事只有日多一日；第三，滇粵湘豫各軍閥之暗鬥，必然又有爆發之日，這在人民心目中，時時是恐怖厭惡之標的；第四，因為以上幾個原因，廣州政府依然一點真正革命工作和有利於民衆的事業不能做，這樣一來，只有使陳炯明和買辦階級反革命的宣傳一天擴大一天，民衆的感情一天轉移一天。 現在商團雖在廣州及佛山幾個大埠擊敗了，同時有個更可注意的事實：便是城市的買辦階級與鄉村的大地主，城市的商團與鄉村的鄉團之普遍的聯合。 反革命的宣傳正在一天一天的廣布於四鄉，這種宣傳一旦成功，而且事實上必然會使其成功，那時反革命挾四鄉農民以重來（有這樣的可能，帝國主義自然用不着露面的干涉了），其勢決不是可以撲滅的。 所以即使革命當局現在對於廣州政權不忍割愛對於軍事行動不願撒手，將來也非完全失敗退出廣州不可。 然而那時候的失敗，便是上面所說『引導革命至於完全破產』的失敗。

因爲在事實上，即使傾向於保守政權維持現有的軍事局面仍然免不掉要失敗，所以記者希望革命當局，翻然覺悟，自動的準備改換易途的方法。然則怎樣做呢？我們並不是要中山先生漢民先生無所作爲立刻退去廣州，因爲本文主要目的乃在希望決定拋棄廣州之前（即目前）怎樣做一點結束既往準備將來的工作：

這種工作，因爲種種客觀事實的限制，吾人並不希望過大。吾人不是空想家，決不希望廣州政府在此時能收束十幾萬軍隊或改編什麼建國軍，更不夢想能實施國民黨新政綱之全部，因爲這些都爲廣州已成的局勢所不容許。吾人只在可能範圍內，希望革命當局在未離廣州以前做做下列四種工作：

(1)立刻停止無意義的北伐，儘可能縮小軍事行動，對於陳炯明及北軍只在消極方面採取守勢，使人民諒解國民黨非好戰之黨。

(2)以全力向工農及小商人羣衆宣傳帝國主義與買辦階級之勾結，解釋前此革命方法之錯誤，今後國民革命應取之新途徑，使一般人民明瞭國民黨有改弦更張實踐上次全國大會宣言之希望。

(3)嚴懲串通商團縱兵刼掠之李福林范石生廖行超路孝忱易公策等，并將此等軍隊完全解散；嚴厲撤廢苛稅雜捐（賭捐在內），斷絕反革命軍閥之餉源，以表示不遺禍於粵人之決心；頒布解放農人之具體法令，以斬斷鄉紳地主煽惑農民聯合買辦階級之後患。

(4)宣布帝國主義侵略中國扶植軍閥助成內亂壓迫革命之罪惡，號召全國開始反帝國主義時代之工作，而以實行收回粵海關主權請求全國人民之援助與同情。

以上四端，皆屬可行，記者所謂結束既往準備將來之工作，即係指此。國民黨中央執行委員會若以爲然，可向廣東人民正式發一宣言，表明：『國民黨改途易轍拋弃廣州政權之決心；只須民衆瞭知其真正敵人之爲誰，以及將來解救他們於二重（軍閥與帝國主義）壓迫之下的仍然只有忠於革命的國民黨，我們便可撤消革命政府而離去廣州，以開始全國反帝國主義時代之工作』。

這樣：暫時所失的不過是廣東之一隅，而將來所得的却是全中國。一個革命黨只有積極促進全國革命形勢的成熟才能奪得全國的政權；只有奪得全國的政權才能實施其政綱以繫民衆的信任，——蘇俄十月革命便足證明，因爲麵包土地和平的三個口號，於十月革命之翌日便實現了。所以革命黨不拿政權則已，要拿便要拿一個全的；部份的政權，不僅於革命無益，而且有害，前前後後的廣州革命政府便是鐵證。廣州人民所聽聞的日日是什麼民權民生……，而所目擊與身受的却是全然相反的戰爭，苛稅，雜捐，開賭，拉夫……等惡政。假如再把這種局面維持下去，人民只見得你是好戰多事行不顧言，必愈益傾信於反革命的宣傳。反之，此時毅然決然宣布停止北伐收縮一切軍事行動與準備拋棄廣州政權，即使民衆感情一時迷於反革命而不易轉移，然將來必有翻然覺悟傾向革命之一日：因爲他們將來無論在任何軍閥與帝國主義統治之下，必更加得不到和平，免不掉戰禍苛稅與雜捐……。那時候，革命黨才有真正勝利之可言。

廣州當局聽者：你們是要始終株守一隅呢，還是要獲得全國？願意自動的別開生面呢，還是願意徘徊於莫知所届的舊十字路中？

# 廣東商團事變之根本原因及其對中國國民革命上所與之教訓

述之

久被英國帝國主義所培養出來，圖謀顛覆廣州政府，殺戮廣東工農，將藉以作宰制廣東工具的法西斯蒂反革命之商團軍，現在中山先生竟排除一切妥協派的牽制，不惜犧牲一切，毅然以武力擊散之，自有廣州政府以來，這總算是一件差强人意的事，也算是值得我們特別注意的一件事。這個消息傳到世界帝國主義(尤其是英國)的耳裏，必將引起嚴重的攻擊，在中國各地的反革命黨和反革命的報紙，也必將乘機煽動，附和帝國主義而攻擊中山先生(反革命的時事新報，已開始攻擊)，在另一方面又必然引起革命派之同情與贊許。所有這些，都是客觀上必然到來的反射現象，我們現在姑且不論。我們是主張國民革命者，我們站在國民革命的見地上來考察這個事變，應該怎樣？我以爲第一須仔細地研究這次商團事變之根本原因在那裏。第二須從這次商團事變中指出對於將來中國國民革命之幾個根本教訓。大家須知道，這次商團事變不是一個簡單問題，牠是在中國歷史上法西斯蒂的武裝反革命之第一次出現，并且是在遠東歷史上法西斯蒂的武裝反革命之第一次出現。牠不僅含着在中國歷史上的嚴重意義，并且含着世界史的嚴重意義。所以中國的無產階級和眞誠的國民革命者絕不能把這件事變輕輕看過，就是世界的無產階級也必須把這件事變來考察一番，尤其是對於亞洲各殖民地的無產階級與國民革命者更有重要的意義。

（一）

法西斯蒂本來是資本主義發展到垂死的帝國主義之必然的產物。資本主義發展到了垂死的帝國主義：一方面資本主義國家中間，爲得爭奪殖民地及其他種種衝突，結果，爆發而成爲帝國主義的戰爭(如一九一四——一八年之歐洲大戰)；另一方面，眞正無產階級的革命運動隨着帝國戰爭之犧牲與痛苦而爆發，同時資產階級的反動走到極端，以前之德謨克拉西的假面具自行揭破，而明目張胆地，嚴酷地施行其狄克推多；在這種洶濤澎湃的階級鬥爭狀況之下，社會經濟已根本動搖，到處呈出不安現象，因此小資產階級與智識階級……等日益破產而頻於極悲慘的恐慌狀態中；牠們身受此種禍亂，因昧於階級偏見，而不知此種禍亂之來源實由於資本主義的崩壞，資產階級的專橫，牠們却只看見無產階級之反抗資產階級——罷工，示威等，和暴動，因此牠們就痛恨無產階級，以爲社會的不安甯彷彿是無產階級搗亂起來的，因此牠們由痛恨無產階級而專與無產階級作敵，破壞無產階級的組織，攻擊無產階級的政黨——共產黨，資產階級見其如此，更盡力利用之，於是所謂「法西斯蒂」就成就了。法西斯蒂之分子的組成，多是已破產或將破產的小資產階級，智識階級，退伍軍人，失業游民……等。現在法西斯蒂在歐洲已成了一種普遍的運動（尤其在幾個無階級革命潮流較高的地方，如以前之匈，奧，意，現時之德國，波蘭保加利亞……）已成了資產階級用以殺戮無產階級，保持其殘喘的專門工具。法西蒂特是世界資本主義白色恐佈的表徵。意大利的法西斯特墨索里尼早已爬上政治舞台特意大利的資產階級殘殺無產階級，壓讀意大利的無產階級革命運動。去年德國十月革命之失敗，固由於德國共產黨領袖之政策錯誤，而加爾等法西斯蒂之猛烈攻擊無產階級亦爲其根本原因之一。其餘波蘭，保加利亞等國之革命失敗，也大半由於法西斯蒂之作祟。這是歐洲資產階級利用法西斯蒂攻擊無產階級之成功。在歐洲資產階級的唯一死敵是無產階級，所以產階級拚命利用并製造法西斯蒂來對付牠。亞洲的民殖地或半民地，因帝國主義戰爭的結果國民革命運動已如日東升，然這種國民革命運動實是世界資本帝國主義的致命傷，所以世界帝國主義之視亞洲國民革命運動，猶如視牠們本國的無產階級革命運動一樣。所以牠們也一樣地把牠們在歐洲利用法西斯帝的慣技搬到殖民地或半殖民地來對付殖民地或半殖民地的國民革命運動。這一次廣東的商團就是英國帝國主義之第一次的嘗試。

（二）

在歐洲法西斯特的組成分子，是由於與資產階級接近的小資產階級和智識階級等，然而在半殖民地的中國，如果工農階級眞正起來，小資產階級與智識階級大部分固然免不掉要變成法西斯特，然而主要分子，依現在的經驗與情形看來，必然是與帝國主義相依爲命的買辦階級，這次廣東的商團就是實例。 我們現在要想眞正明白廣東發生這次法西斯帝商團的根本原因，就必須考察廣東現時之經濟狀況與階級關係。 我想大家都知道廣東是接受歐美帝國主義侵掠最早的一個地方，也就是受帝國資本主義感化最早的一個場所。廣東的商業資本家，在百年前就已露頭角（如十八世紀末和十九世紀初之十三商行），百年來包攬在全中國銷售歐美帝國主義之商品的，差不多十分之八九是廣東人（試看上海，漢口，天津…各大商埠廣東商人之勢力就可知道）。 所以商業資本主義在廣東特別發展，幷且特別集中，（如先施，永安等大商業托拉斯）因此商業資產階級卽買辦階級的勢力在廣東也特別大。 因爲商業資本主義發展和集中的結果，同時就大影響於農民與手工業的經濟方面。 農民經濟受了帝國主義與本地商業資本主義的雙重侵掠，自然破產得特別迅速，因此農民的境遇愈顯得悲慘；另一方面土地急激的趨於集中（廣東多大地主，如海豐姓林的竟有地十萬畝，此種大地主，在他省實罕見，）所以在廣東的鄉間，早已大起階級的分化，農民與地主之間（地主一部分爲商業資本家，一部分則爲官僚封建階級）界限最顯而最嚴。 我們試看近年來海豐，陸豐，惠陽，普寧等縣農民之反抗地主運動（大多半爲抗租運動）層見疊出，就非常明瞭。 在手工業經濟方面，更是奇形怪狀。 廣東雖然商業資本主義較發達，可是那裏的商業資本家貪於營商的高利，大多遷往南洋及各省，始終只作那資本的原始積累，至今還未進到工業資本主義。 所以廣東的生產還是家庭手工業的生產，幷且此種生產非常發達。 可是在這些家庭手工業下之工人，受那商業資本家的嚴酷剝削，恰好是英國十六七世紀的家庭手工業工人，受當時商業資本家之嚴酷剝削一樣（當時商業資本家，一方面以高利的資本借給家庭手工業者，幷供給他廉價的原料；另一方面又以廉價買回家庭手工業者所製出來之生產品，所以當時手工業者受苦非常。） 因此廣東工人最仇恨商業資本家，這個也只看廣東工會之發展與其工人年來之奮鬥和買辦階級的種種衝突，就可明白了。 但是在另一方面，我們須特別注意，廣東商業資本主義所以這樣發達，幷不由於內部的生產發展，而全由於帝國主義之商品輸入，所以廣東的大商業資本家，全是帝國主義的買辦，——英國帝國主義的買辦。 （因爲廣東的商業經濟以香港爲中心，統治香港的是英國帝國主義） 因此廣東的商業資產階級，卽買辦階級，差不多一切行動都要受英國帝國主義的牽制與指揮。 在此種情形之下，我們就可知道廣東如果眞正有反帝國主義的國民革命運動起來，英國帝國主義是毫不客氣必要指使牠的買辦人——商業資產階級來鎭壓的，何況廣東的買辦階級與地主同時又受過工人與農人之反抗，在牠們的階級利益上覺用得這一個鎭壓呢（因眞正反帝國主義的國民革命運動，是工農階級爲之中心，）所以這一次廣東的商團，一方面固由於英國帝國主義的指使與幫助，另一方面買辦階級亦有相當的自動。 國民革命是帝國主義所深怕的，但是隨着國民革命而起來的工農階級，亦確是買辦階級的眼中釘。 所以自國民黨本年改組，工農階級的先覺分子參入以來，廣東的英國帝國主義與買辦階級就無日不在圖謀顛覆國民黨之廣州政府的計畫中，英國帝國主義差不多無日不在牠的香港報紙上造謠，說「國民黨赤化」，「廣州共產在即，」的一類鬼話，以圖慫恿廣東的買辦階級與地主，使之急速地法西斯蒂化。這就是廣東商團所以成爲法西斯蒂之根本原因了。此外還有一個原因，就是由於國民黨的軍事行動政策。買辦階級固然恐懼工農階級，但這個只是一小部份大商業資本家，其餘大多數的小商人羣衆，倒不怕什麼赤化，共產在即，因爲他們幷沒多少產可共，他們所最老恨的，就是有加無巳之種種苛捐，牠們本來每日所得無幾，而强迫之承受此種不能負担的苛捐，那有不反動之理（幷且每次捐款一來大資本家因分配權在手，往往嫁之於小商人，所以小商人吃虧越大，）。故當商團提出減捐問題出來，小商人即非常踴躍，就此可見。但是擁有十餘萬軍隊的廣州政府又決不能不向人民要錢，所以苛捐是軍事行動之必然結果，但是代表國民革命之國民黨却因此失去了廣大的小資產階級羣衆之同情同。時國民黨因忙於軍事行動，對於這些羣衆又沒有作過一點切實的宣傳和組織工作，使得他們自然傾向於買辦階級，爲買辦階級所利用。只在這一點上說即足以致國民黨之死命，何況還有與此而生的種種弊端，所以我們根本反對國民黨的軍事行動政策，也就爲此（見本報八十五期「我們爲什麼反對國民黨之軍事行動」）。

由上說來，我們可以小結一下，廣東法西斯蒂的商團產生之根本原因，是由於反帝國主義之國民革命運動發展到了一定的程度（雖然廣東的國民革命運動很不切　，很幼稚，但在帝國帝國主義看來，已是很可的怕了。），帝國主義利用買辦階級所製出來以壓制此種運動之必然的現象。此種現象若是中國的國民革命運動日益增大，不但是在廣州如此，行且將見遍及於全國。我們須知道，在中國的客觀環境上，一方面有買辦階級，一方面有失業游民，退伍軍士，很有成功西法斯特運動之可能。現在帝國主義已稍稍厭棄軍閥，大有想扶植一派買辦階級組織商人政府之傾向。如果這種買辦階級的商人政府出現，即是中國的法西斯蒂政府出現，是國際帝國主義宰制中國之一種最新巧最惡辣的方法。這次廣東的商團如不失敗，英國帝國主義必實行其政策，組織廣東商人政府。歐洲的資產階級自己已漸漸不能統治歐洲的無產階級，不能制止無產的革命潮流，故造成一種特別的最反動的兇器工具——法西斯蒂來對付，來延長其殘喘；這樣對於其殖民地或半殖民地也必然要利用其經驗，現在不過是英國帝國主義在中國廣東之初試未成。在不遠的將來，我們將在高麗看到日本帝國主義在安南看到法蘭西帝國主義玩這同樣的把戲。

（三）

廣東法西斯蒂的商團事變，既不是一種偶然現象，是帝國主義對付殖民地或半殖民地之一種特殊的新政策所造成功的，是買辦階級對於新興的工農階級之一種恐懼心理所釀成的，同時又是國民黨的軍事行動政策之結果。由此在國民革命上我們應該得到幾個根本教訓。

（一）帝國主義現在不但利用封建的軍閥來宰制中國，并且已由在歐洲製造法西斯蒂對付無產階級的新發明，在中國照樣泡製來對付中國，壓制主持中國國民革命的工農階級。這種惡辣手段已是帝國主義宰制殖民地或半殖民地之更進一步的辦法。

（二）我們從前以爲中國國民革命的分子是包括工農以至資產階級，如此自然買辦的商業資產階級也在內，現在事實教訓我們　怎樣！像這樣買辦式的資產階級，不惟不是革命分子，并且還是極端的反革命分子，——法西斯蒂，比任何封建軍閥只有過之無不及。所以以後我們不應希望買辦階級來革命，我們應極力宣傳反對牠，使不得誘惑羣衆。　在國民黨中所有的買辦階級應一律淸除之。

(三)在這次商團事變中始終抵制法西斯蒂商團，犧牲生命，擁護中山政府到底的，只有工農軍和各工團與農團。　由這裏更足以證明工人和農人才是眞的正革命者，將來眞正能担負中國國民革命的偉大使命的，只有中國的工農階級。　所以我們就站在國民革命觀點上，站在想成功國民革命的觀點上，對於中國的工農階級，應表示偉大的信仰，眞誠地去與牠們攜手，才有成此偉大事業的希望。　像國民黨現時只相信幾個土匪軍隊頭，或幾個買辦階級，結果不至流到陳廉伯與陳炯明之叛黨和陰謀擾亂不止。

(四)作國民革命，必得按照一定革命步驟，——由宣傳羣衆而組織羣衆，訓練羣衆以至武裝羣衆，打倒統治階級，取得政權。　現在國民黨之軍事行動，不但不是國民革命的策略，而是製造反革命的工具，驅逐革命羣衆往反革命走的一種權策（如驅逐廣東大多數的小商人羣衆傾向買辦階級，傾向帝國主義，變成法西斯蒂，）。　所以國民黨如果還想代表中國的國民革命，中山先生還想使中國國民脫離帝國主義和軍閥之壓迫，像現在的軍事行動是絕對要拋棄的。

此外我們還須明白這次商團事變之擴大，完全是國民黨的右派和幾個土匪軍隊頭釀起來的，如果當巳經查護商團偷運軍械謀倒廣州政府之時，廣州政府出以快雷不及掩耳之手腕，立卽解散商團，追令繳還槍械，何至有十月十五日之事。　這正是「當斷不斷，反受其亂」！

在這點上本報已經批評不少，現在由事實證明是絕對不錯，我不知中山先生對於右派和土匪軍隊頭范石生等的感想如何？

現在帝國主義侵掠中國，宰制中國的方法是一天一天地巧妙，一天一天地惡辣；在中國國民革命的過程上，代表國民革命的國民黨之種種錯誤觀念，錯誤政策，都一天一天地由事實證明。　故我們重三復四，很誠懇地向中山先生忠告，須趁早審查過去失敗之原因，放棄錯誤之政策，快來接近眞正的革命羣衆，往眞正革命的道路走！　不然，時過境遷，恐將來悔之已晚矣。

# 擴張租界與商業資產階級

太雷

帝國主義侵掠弱小民族最初的一步免不了要用一種武力征服的形式，使弱小民族的民衆屈服於帝國主義淫威之下，及其既屈服之後，其第二步就是用柔軟的示好政策，對於弱小民族做喪失其國民性的宣傳，使其自動地歡迎其統治。　中國已經經過了帝國主義第一步的侵掠形式，現在正在帝國主義之第二步的侵掠形式中；不但是著名狡猾的英美對華用示好的政策，就是最橫暴的日本亦有以庚子賠款在華辦教育，優待中國的留日學生，提倡東方文化等的把戲。　他們這後一種的侵掠方式對于中國是最利害的政策；要使中國的民衆洋奴化甘心受他們的統治。他們這種政策在中國已經收效不小了；中國人請求外國帝國主義保護的表示已經是很普遍的現象，——可惜這種洋奴化的現象還只限於中國的買辦式的商人階級和歐美化的學者和官僚，還未能及於中國的民衆。　然而中國民衆如果不能及早覺悟，起來反對這種帝國主義的示好政策，和少數洋奴的賣國，那末中國恐不免要做印度朝鮮第二，將要受更大的壓迫而使中國的振興更形艱難。——

這次上海閘北華商請求租界當局維持華界秩序和大陸報對此事之社論可以看出帝國主義的宣傳和受其宣傳的中國商人階級的賣國心理。

大陸報這篇社論是帝國主義的示好政策之一幅很好的寫眞，所以完全抄錄如下：

「據報告，有閘北擁有財產之華人一團於上星期間向領事團中之一員建議，若發生嚴重擾亂時令工部局巡捕當局贊助維持華界之秩序，此項舉動，立卽引起中外當局在「大上海」所包括全部區域內協力合作之全部問題，數年前領事團曾提議將閘北區域劃入上海本部，而中國當局拒而不聽，因此數年來成一相持之局，雙方利益，皆受其妨礙，今者此間發生戰事，擁有財產之華人，乃覺悟彼等之利益，與外國人擁有財產者之利益初無二致，假使彼等得有保護，與租界內擁產華人外人所享之保護相同，則受惠無窮，外人在閘北置有重要產業者甚多，因此而愈覺閘北現在情形之可笑，蓋外人擁產者，皆知情形嚴重時，領團必將下令設法保護租界外之外人產業，同時華人所有之產業則無人保護，而一聽亂兵之搶劫蹂躪也，假使華界情形益趨惡劣，中國總商會未必不請領事團與以保護，而領事團深知滬郊苟遭危害，極易延及租界，則對於中國總商會之請求，斷然將注意之，或謂除非擁產華人表同意於將閘北劃入租界，租界當局將拒絕考慮此種請求，但關於此點，現尙無切實消息，總之，關於此問題之要點，爲租界方面之種種問題與華界方面之種種問題，其中有不少相同之原素，今兩方已切實覺悟此種關係矣，若目下危局所與之教訓，轉瞬又置之腦後，則誠爲不幸之事，無論爲警政火政自來水公共衞生建築道路取締交通以及其他種種問題，租界華界皆利害相同，故儘可由通達事理之人物協力合作，擬定一種互助之計劃，使雙方有益，而又能保全彼此之體面，從前美國有許多迅速擴展之城市，其情形與目下之上海相同，當時此等城市劃界而治，歷有年所，但後各覺悟彼此對峙之無益，卒成立共同之了解，使彼此財產利益均得滿意，吾人信此項問題，若於現時或於目前之混亂過後，以相當之精神應付之，則「大上海」管理之問題，當可得一解決也，」

他一方面極力說給華商聽：閘北華人的利益與外人的利益相同，外人的利益既得保護，爲何華人不請租界當局保護呢？ 他一方面以擴充租界爲要挾，如果你們要得着保護就須答應領事團的，「大上海」之主張。 祇知自已利益的閘北華商當然是很聽的進的，就冒賣國的不韙或者亦會答應，因爲請求維持華界秩序就是他們預備承認「大上海」之先聲。 這種賣國心理恐不限于這班閘北的商人，北京，天津，廣州，等處的商人亦都是如此。 等將來帝國主義的宣傳普遍了的時候中國的這班商人竟會大家聯合起來一致請外人保護起來，把中國完全擴充爲租界。 其實全國擴充爲租界時中國的秩序就能立除了嗎？ 中國就不會有的戰爭了嗎？ 恐怕那時中國戰爭將比現在更形猛烈，損喪生命和財產更多。 你們不看見前次的世界大戰，歐洲的損失，和他們現在正在那里預備的未來大戰，戰鬥器之可怕發的明毒氣彈，飛艇等等。 如果中國完全擴充爲帝國主義各國的租界之後，恐怕中國就要做世界大戰的一片好戰場了。 那時中國平民的權利當然不用說是完全喪失盡盡了，但是主張做洋奴的一班人的利益又何嘗能獨被保護呢？

中國的平民起來呵！ 反對帝國主義的示好政策！ 反對請求外人保護的賣國者！

## 「百萬俄人參與助華運動」！

超麟

四萬萬人的中國民衆，呻吟於甲派軍閥與乙派軍閥火併的戰爭之下，是何等苦痛呵！ 然而對中國民衆表同情的，却不是同文同種的日本帝國主義，也不是向來媚外的中國人所稱道爲友邦的英，美帝國主義——而是世界被壓迫無產階級和第一次取得政權的俄國無產階級。 華俄社十月九日莫斯科電說，「制止侵略中國會」底會員已經有了百萬人以上；同日，華俄社又以如下的記載，傳達給我們：

「莫斯科「制止侵略中國會」假大戲院舉行大會，到會者極形擁擠。 俄人拉狄客，英人麥曼奴斯，法人特尕恩，及中日勞動界領袖多人被舉爲大會委員。 各氏皆有演說；拉狄客演氏辭甚長。 大意謂中國地大民衆，交通不便，故無大市場與大生產。 資產者勢力薄弱，辛亥革命後，革命黨不能統治中國，武人勢力因之而起，但此時資本家勢力已漸增強矣。 中國資本勢力之發展，實出於列强侵略。 七十年來各國逐漸侵略中國，英在商業勢力中佔四成，日本則賴軍力在華得勢，極欲奪取中國煤產，其在中國，每藉口恢復和平，力謀集中勢力於武人之手，使武人受其美之支配。　最近日本高唱不干涉中國之論調，實因力不足敵英美，藉此以謀抵制；英美則因日本力弱而排之。　吾人乃先揭破英美侵略中國之陰謀而竭力反對之者。　前此吾人自救於帝國主義侵略中，現則應進而救助中國矣。　吾人之有今日，雖歸功於工農赤軍，但西歐勞動者之牽制帝國主義侵略，實予吾人以極大之援助；今中國在此危急之中，吾人即應以他人待吾人者待中國人民。　世界各國工人對中國極其隔閡，不明瞭中國情形如美國工人，至今尚因工價關係，視中國工人如仇敵。　故帝國主義者欲在舉世不注意中致中國於死地，且以為無人阻其進行，吾人因之不能卸去警醒中國之人責矣。　「制止侵略中國會」之目的乃揭破帝國主義假面具於世人之前，使世人咸覩列強之陰謀。　中國國民之奮鬥，世界人類之命運有極大關係，非區區民族獨立問題。　中國革命若勝利，吾人即可得四萬萬之同志，故促世界工人援助中國乃吾人歷史的天職。　俄國工人農民認四萬萬中國人民之奮鬥乃吾人奮鬥中之一部，吾人不能袖手旁觀云云』

不錯，俄國民衆是新從帝國主義侵略中解放出來。　他們受過帝國主義援助本國封建階級的滋味，此中甘苦，他們知道得很詳細；他們與帝國主義和本國封建階級經過長期奮鬥之後，得到不少的經驗，現在他們終於取得政權了，他們願意將所得經驗告訴給正在領帝國主義大數的中國民衆。　此次軍閥火併戰爭底悶葫蘆中究竟藏些甚麼藥？　現在中國一般民衆還是莫明其妙，這個自然因為經濟落後的中國人受不慣狡詐百出的帝國主義之陰謀，譬如鄉下人初到城裏與富有機謀的城裏人接觸，自然頭暈目眩如墜五里雲霧中，然而他方面中國資產階級的和小資產階級的政黨故意以種種言論將真理隱瞞起來，或領導一部分民衆去勾結一派帝國主義與軍閥，或簡直迴轉民衆進攻之針鋒使之不專力向真正仇敵攻擊，這些也是中國民衆不認看清軍閥火併戰爭內幕之一個原因。　過來人的俄國民衆站在局外將此次戰爭底真面目，看得清清楚楚，他們現在已借拉狄客口中將此次戰爭底前因後果告訴我們了。　我們在他的演辭和此次大會中，可以看出：

(一)俄，英，法，日勞動界代表代表各該國無產階級同情於中國民衆在此次戰爭中的苦痛；

(二)此次戰爭是英國一派帝國主義與日本一派帝國主義為擴充各自的勢力各勾結一派軍閥互相殘殺；

(三)日本高唱不干涉是外交作用，不是真守中立；

(四)俄國無產階級預備救助中國民衆且已警醒中國民衆；

(五)四萬萬的中國民衆之奮鬥與世界人類命運有極大關係，是無產階級解放奮鬥之一部分。

被壓迫的中國民衆，請認清仇人與好友！

## 請看麥克唐納爾之革命方法

述之

無產階級要想根本消滅資本主義，打倒資產階級，建設無產階級的政權，創造共產主義的社會，唯一的方法只有用革命的手段，解除資產階級的武裝，武裝無產階級，直接奪取政權，此外絕沒有第二條路。　這個道理，馬克思與列寧不知道說了幾千萬遍，可是掛着馬克思主義招牌之第二國際黨的先生們始終不願意領會。　據他們的意思，達到社會主義的社會，無須武裝暴動，只要努力於國會運動，與資產階級競爭選舉，勞動者如果能在國會取得大多數的議席，那時就可以着手於社會主義的建設了。　自然我們也不根本反對國會運動，但是我們認國會運動只是揭破資產階級的假面具，宣傳無產階級思想之公開機關，絕不能由此達到消滅資本主義，實現社會主義的根本目的。　這是近十年來歐洲各國社會黨之國會運動的經驗可以證明的。

現在馬克唐納爾的工人政府，已快被英國的資產階級坍台，他還想藉選舉競爭獲得國會多數來維持這個寶貝，真是夢想！　無論選舉他是絕對失敗，就是勝了，他的工人政府對英國無產階級有什麼好處？啊！我錯了，這原來就是第二國際黨麥納爾唯一無二之之革命方法！

## 直系軍閥馬蹄下的山東人民（濟南通信）

碩夫

▲直系軍閥又大製造「兵匪」
▲吳佩孚馴養幼童作殺人的工具
▲吳佩孚以「他的」人和縣孤注一擲
▲「他的」人比「他的」縣貴一倍

自江浙戰爭發生，東北戰雲緊張時，吳佩孚即在「他的」領土內調兵遣將，大索戰款，山東直隸兩省更成了他馬蹄草芥。

月餘前，吳佩孚和他的直系軍閥就在山東大招軍隊，濟南大街小巷差不多都有招軍的白旗，曹州更利害，曹州極偏僻的地方都有此種白旗，山東人口素稱最密，人民生活亦甚艱難，因此近一月以來幾每天都有千餘灰黑色的人羣上濟南津浦路車站，每隊約三四十人。

哼，帝國主義的經濟侵掠，軍閥剝削，和騷擾致令民不聊生，破產者日衆，這類破產的人民爲生存逼迫，不流爲土匪，即投入軍閥之下作「兵匪」，軍閥豢養「兵匪」必須剝削人民和製造戰爭；因此又產生更多的土匪和「兵匪」，如此循環不已，真不知將如何結局呀！

吳佩孚自己向東北戰場所募集的成年軍隊，聽說有些是作補充隊；有些馬上即送到戰綫前以死驅之作「冒險隊」，有人說：山東游民太多，所以有土匪蔓延各地，吳佩孚這種辦法就是提拔一些游民，減少一些土匪，果真如此，吳秀才真正是懂得治國平天下之道呵！

尤可令人瞠目伸舌的就是吳佩孚又實行他的故智在山東大募童年軍，此項童年軍是解往洛陽去受訓練；凡年滿十五歲者概不取，可憐許多天真爛漫的，漠無所知的青年都被網羅去了，據我們所知道的，濟南育英中學遛去了三個學生；想別地學生應募者也不乏人，并且有些學生被父母逼迫去的。

現在再說一說吳佩孚在山東拉夫抓車更可見這種封建式軍閥對待人民之殘暴。

吳佩孚自親自北上指揮東北戰爭後即飭令沿津浦路一帶德州平原禹城恩縣肥城齊河等縣共納車四千輛，每輛隨一人兩騾，騾死於戰場者有恤金五十元；人則一百元，并嚴令即時募集二千輛交付，駭得各縣知事都一時倉皇失措，鄉民望風而逃。

拉夫的方法就是由縣知事飭令各鄉或各保派定，并須爲該被派者具保證明其爲良民，派定後即遣兵下鄉圍捉。

省長熊炳琦奉命後即令肥城縣知事速募集三百輛大車上前敵，知事焦急萬狀，因爲以肥城小縣，又值收豆種麥農家正忙時，即派兵圍捉也很難捉到三百輛大車，因電熊請免，熊大怒，以撤差重辦迫之，知事迫不得已即召集鄉紳討議，說明自己愛莫能助的苦衷，討議結果仍沒有事；知事卒被裁撤。

德州平原一帶抓車情形更兇，鄉民流離失所，呼號之聲，實在慘不忍聞，有自平原來人親在車站見兵士捉人，并開鎗示威等情狀。

最近，有兵在齊河圍捉四十輛大車上津浦路，一夜棄車和牲口逃走者三十人，此三十人竟不知去向，餘十人被逼上車站又逃走三人，於是兵士急忙將七人捉上車，及車開時，又有二人從車窗中跳出；死一人。

聽說吳佩孚拉車的用途是：先運子彈；子彈運到時，即將車箱的四壁撤除，載以柴草，帶人和牲口都驅到戰綫之前，遇必 時即列隊縱着車上柴草向前衝鋒探險以觸破地雷，鄉民聞此情形更惶恐萬狀，有的先期棄家逃跑；有的中途拼命脫逃（不多日直軍尙在京奉路鎗斃三十餘逃人）鄉村富戶有拿三百元買一代替人 也無一敢應者。

讀者諸君：吳佩孚真捨得幹，既招募又強捉，想他一定自信：「他的山東半島有的是人」！

（十月十三日）

The Guide Weekly

# 嚮導週報

第八十九期

（中華郵務管理局特准掛號認爲新聞紙類）
一九二四年十月二十九日
郵票代款概作九五折

分售處
香港 華文書局
巴黎 中國書報社
廣州 丁卜書報社
上海 民智書局
上海書店
時中書報社
武昌 共進書社

分售處
太原 晉華書社
長沙 文化書社
濟南 齊魯書社
杭州 古今圖書店
雲南 新亞書社
寧波 明星書局
開封 文化書社
福州 工學社
南京 天一書局
成都 華陽書報流通處

定價 國內一元寄足四十期 國外一元寄足二十五期 郵費均在內 零售每份大洋三分

每星期三出版 發行通信處 上海英界上海大學楊志青 北京大學第一院收發課轉鄭于明

## 北京政變與中國人民

獨秀

此次北京政變，顯然是英美帝國主義者拋棄了一個舊工具——吳佩孚，另換上一個新工具——馮玉祥，這個新工具比舊工具更柔順服從一點；更得中國的所謂「輿論」贊助一點，近來英美人士極口稱讚這位基督將軍的軍隊如何優良，青年政治家基督教徒王正廷等如何爲馮玉祥奔走聯絡，這都是新工具登場的廣告。

這次英美更換新工具，乃是因爲帝國主義者勢力均衡（英美不能完全打倒日本在華勢力，日本對英美亦然）和中國軍閥勢力均衡（直不能完全平奉，奉亦不能完全平直）之故；他們的陰謀，乃是實現一個由列強共同操縱的各派軍閥首領之和平會議，（卽政變中所傳天津會議）并由此會議產生一個由列強共同支配的各派軍閥（或加入一二財閥？）首領合作之委員制的政府。

我們百口斷定這種結局，不但決不能解決中國的糾紛，而且必然是帝國主義者和軍閥結合起來更加緊他們對於中國人民之枷鎖；隨後他們當中又必然互相爭鬥起來，加中國人民以空前的屠殺與踐踏。

被壓迫的中國人民呵！ 自鴉片戰爭到臨城案件，中國的經濟權政治權都漸漸落在帝國主義的列強手裏，我們如何能妄想任何軍閥的政治行動不受列強的操縱？ 我們如何妄想他們給我們吃的任何東西不是毒藥而是滋養品？

在二重壓迫剝削之下的中國人民呵！ 我們不掃蕩一切帝國主義者及一切軍閥，決無實現和平安定的局面之可能。 袁世凱死了，我們希望段祺瑞出來可以彌縫一個和平安定的局面，結果可是失望了；段祺瑞徐世昌都倒了；我們又希望吳佩孚出來可以彌縫一個和平安定的局面，可是結果又失望了；現在曹吳又倒了，我們若仍希望基督將軍出來或段祺瑞再出可以彌縫一個和平安定的局面，結果仍然是要失望！ 而且不但失望，譬如毒瘡，不施以劇烈的外科手術，彌縫一次，潰爛必更甚一次。

我們與其年年坐着失望，任牠潰爛，不如奮起以自力創造和平安定的局面；我們所要的和平安定的局面，決不是什麼「排滿」「討袁」「討徐」「討段」「反直」「討曹吳」「討馮玉祥」可以得着，只有掃蕩一切帝國主義與軍閥可以得着！

# 北京政變之內幕及其結果

和森

這次大戰表面上是直與反直兩派軍閥間的戰爭，實際是英美與日法兩派帝國主義在中國的戰爭。吾人對於這次戰爭的觀察，早已料定其結果不出下列之三途：直勝則美國宰制中國之局完全成功；直敗則日本將恢復安福時代之勢力；雙方勢均力敵或直系形勢不利時，英美帝國主義必然採取和平會議的方式勒令雙方聽命於列強的號召之下，組織買辦式的商人階級與軍閥階級暫時混合統一的政府，而根本剿滅廣州和全國一切革命的進步勢力（參看本報八十二期）。

我們的預言現在完全證實了。英美帝國主義的寵兒馮玉祥，在吳佩孚不利的形式下，跑回北京，主持停戰，代替帝國主義者執行前此預定之計劃，號召各勢力派領袖，開什麼和平會議；這位基督將軍一面固然是倒吳自建，別面卻是替天（帝國主義）行道，其目的據路透社（二十三日）所傳是建立穩健政府，統一國家，並擬大借外債，恰好與四十日前倫敦華盛頓間所鼓吹的干涉論調若合符節。

但事變的進行正在五花八門的擺弄之中，而其樞紐完全繫於日美兩派帝國主義的暗中操持。馮玉祥的謀臣王正廷固然是美國的走狗，但是與日本的關係亦復不淺。馮等在古北口會議的原定計劃，係以馮（玉祥）王（懷慶）胡（景翼）孫（岳）各軍合組所謂國民軍，推倒曹吳，推段祺瑞入京為臨時總司令暫維政局，一面召集所謂元老會議解決國事。這樣的計劃在東交民巷的英美帝國主義者看來，自然是太便宜了日本和親日派，故馮玉祥入京後的步驟便一天一天的變化：第一是暫維曹錕的地位，馮聲言此次主和係「要求改良政治，非革命」，以明其純粹為簡單的對吳問題；第二是馮玉祥自為國民軍總司令，而不以此俾日本代理人段祺瑞，使段無乘機入京主持中樞地位之可能；第三是馮玉祥在軍事上和政治上現已完全表現其維持直系餘勢（即英美餘勢）而設法阻撓日本及奉方勢力侵入中樞之趨向。這不但在馮入京後的舉動中可以推測，而且在他所宣布的解決時局之十一條辦法中顯然可以看出，——現在請看二十七日上海各報所載之消息：東南通信社云，據外人消息，馮玉祥王正廷等反吳派對於時局之善後策，所取方針如下：（1）不明交中央政權於反直派，（2）不即推段祺瑞入京為大總統，（3）暫不更迭直系督軍，（4）對於曹錕吳佩孚與以相當優遇，（5）召集全國和平會議於北京，（6）和平統一會議於段祺瑞孫文張作霖外，並加入其他要人，（7）解散國會，改選議員，建設有力之中央國會，（8）和平統一會議兼加入民間代表，（9）阻止奉軍入京，（10）迫曹錕退位，於國會議會改選後選舉正式大總統，（11）在大總統未選出前，中央政府依委員制執行政務。

唉！不明交中央政權於反直派，不即推段祺瑞入京為大總統，不更迭直系督軍，阻止奉軍入京，以及對曹吳與以相當優遇，這不明明是東交民巷英美帝國主義者拚命教他們的新工具馮玉祥，維持他們在中樞的絕對優勢嗎？並且據二十七日申報專電，北苑決定召集之元老會議，張作霖還在被排斥之列呢。

這次政變不僅是英美帝國主義者見直系內部解體（即吳佩孚不能維持內部的統一）及吳佩孚軍事上沒有致勝的把握，（東交民巷的觀戰者如此報告），故使馮玉祥出此臨崖勒馬之計，即日本帝國主義者亦用了不少促成這政變的鬼計，以圖藉此使奉張的勢力得直達北京以握中樞的政權。可是老奸惡詐的英美帝國主義者，一面在東三省施行同樣政變的陰謀（即使李景林等倒張作霖）以資抵抗，一面在北京自動倘使馮玉祥除却犧牲吳佩孚一人外，不僅維持直系原有之優勢，而且突然挺出和平號召的權威，來制裁奉張及前此對抗直系的西南各省。

這樣一來，日本及其代理人在這次政變中不僅得不到便宜，而且反要受制裁。 然則日本及其代理人怎樣對付呢？

張作霖一時好似啞子吃黃蓮，只好向外國新聞記者假謙恭，說：『余武人，不願赴京干預政治』，『北京政府之收拾，當請段老當之，余與馮玉祥當共輔佐段老』；在天津假大方的段祺瑞，患得患失，迫得如那年直系欲推戴不推戴的黎(元洪)傀儡一樣，只好唱『須先定裁兵辦法，余始出山』的高調。 但讀者須知段張雖一時狼狽如此，但他們及他們的主人翁（日本帝國主義者）終不是甘於吃虧做傀儡的；果然，現在他們已實行了最厲害的對抗策：——便是縱身陷絕地(榆關)的吳佩孚安安全全率兵回天津與馮玉祥去拚个你死我活；等到兩敗俱傷的時候，奉軍長驅直入，跑進北京收漁人之利而建立日本代理人的狄克推多。 現在試看念八日上海各報消息：

(一)聯合通信社滬訊云，吳佩孚於二十五日率軍車八列部隊一萬人，由秦皇島西向灤州，列車組織與由京出發時期相等，並已撤退已往前線之第三師，並徵調天津附近之隊伍，預備向北京攻擊，京津之間，恐難免一場惡戰，奉軍方面與馮玉祥原有停戰止兵之約，吳軍西迫，奉軍受該約拘束(決非受此約拘束，乃是故意縱之使去)未便即行追躡，故吳得安然退走。 又訊，馮玉祥自為總司令與奉天擁段入京之意相左，馮張之間，因此不無間隙云。

(二)吳佩孚方面近日散佈吳張妥協併力討馮的空氣；奉方雖一面否認，一面却實行了縱吳打馮的政策。

(三)新聞報專，電馮玉祥段祺瑞聯絡已決裂，因馮主張委員制，段不贊同，故胡景翼(與段張關係極深)與馮發生齟齬，已向吳輸誠；同時各報所載王懷慶反對馮玉祥電竟有胡景翼列名；徐樹錚在香港亦宣言段芝老必不與馮玉祥合作。

這樣一來，直系的內戰愈益嚴重擴大，便是直系勢力的全部要根本破壞而被奉張所剷除，結果便要根本動搖英美在北京中樞的勢力而代之以日本的勢力。 然則英美帝國主義者便任日本及段張遂行其政策，而坐視直系內訌以至完全滅亡嗎？ 不會，決不會。 棋逢敵手能相對，英美帝國主義者現在雖無法挽回馮吳二軍之接戰，但他們決不致坐視馮吳兩敗俱傷（在必要情形，英美對於馮吳二人，也許犧牲一人，以免直系全體覆滅之危機）奉軍長驅直入；他們必一面與日本謀妥協，一面以強列名義干涉停戰號召宰制中國的和平會議——所以北京政變的最後結局，仍然逃不出帝國主義宰制中國的預定方式，即列強主宰的各勢力派之和平會議。 現在試看二十七日字林西報關於北京政變吳回津討馮後的論文之結論：

吾人始終主張列強對於中國此次戰事應守中立，吾人曾歡迎彼等不干涉之宣言，而詆責日本致北京及奉天之通牒，因此通牒似與宣言不符故也。 但吾人目下不禁以為列強應行動之時機已至，此行動之形式，決非干涉，亦非調停，但以為列強不妨請中國各交戰領袖全體開一大會議，而各國政府合派代表一人加入，或為主席，或為公斷員，此代表宜不取諸北京各公使之內，而由華人於其他外人中自定其選，如此辦法，或尚屬可行乎？ 中國各領袖假使一經聚首(其中大半尚未識面)，而會議於中立的主席之下，則彼此不同之意見或不難泯滅而歸於一致乎？ 由此方法，凡任何方面曾著有良好功績之人皆可保留而致力於國家，不致投閒置散，豈不懿歟。

全國被壓迫的人民，你們看呵：北京政變雖然五花八門，然其樞紐不完全是操於日美兩派帝國主義嗎？ 北京政變的結果不仍然是揭害中國主權，增加中華民族的奴運，完成帝國主義共管中國的陰謀嗎？　起來，起來，——你們迅速的起來反抗帝國主義奴隸中國的所謂和平會議呀！

# 北京政變與國民黨

和森

這次戰爭與北京政變的結果，必然要完成帝國主義宰制中國的所謂和平會議，已是毫無疑義的。　這種和平會議是日美兩派帝國主義和直與反直兩派軍閥勢均力敵互相妥協以宰制中國國家及四萬萬人民的成功（如果不是勢均力敵，便是一派統一中國，用不着什麼和平會議），也是毫無疑義的。　所以現在問題是到了代表人民利益的革命領袖孫中山與國民黨的身上。　中山先生對於軍閥而實在是帝國主義在京津之間召集的和平會議採取什麼態度呢？　這不僅是一个策略問題，而且是革命本身的生死問題，稍一不慎，即要陷於絕境。

中山先生肯親身去參加他們所號召的和平會議或委員制的政府嗎？　那末不僅是要上帝國主義與軍閥的當，而且無異是向人民宣告自己是與軍閥及帝國主義的工具處於同等地位。　所以在原則上與策略上，中山先生不僅在消極方面要拒絕參加，而且要在積極方面號召人民起來反抗帝國主義宰制中國的陰謀，根本否認帝國主義的工具——禍國殃民應受國民裁判之軍閥有召集會議冒稱解決國是之權限。

或謂聯合反直討曹北伐的事實，中山既已行之於前，現在曹吳倒，反直派起來號召和平會議，中山怎好拒絕參加而不分享其成？　我們早已說過，即使反直成功，其結果也完全是軍閥與帝國主義的；中山先生現在若上午入北京，我可斷定他在革命上的信用下午便要破產；然後再嘗一次廣州七總裁的味道，結果不僅是終遭軍閥的排擠，而且要被帝國主義玩弄奚落，迫到哭笑不能的時候而下台。　這樣的去分享其成，豈不是自行入甕。　所謂北伐討曹，本報早已認爲根本錯誤，結果只有徒爲軍閥與帝國主義搖旗吶喊而喪失自己革命的旗幟與號召。　曹吳倒後的北京，又是誰家的天下，這在事實，豈不甚明？　在此時若還顧惜北伐政策的錯誤，再接着錯誤下去，我想中山先生決不出此。

有人說，事情決不如此簡單，中山先生既北伐討曹於前，即使現在已覺其失當，也不得不與反直軍閥敷演周旋；以中山之明，親身去受當是不會的，但派人持條件而赴軍閥的和平會議亦未嘗不可。　不然，國民黨徒徒站在外面反對他們的和平會議，豈不是反使人民誤信軍閥與帝國主義是愛和平，而國民黨反不愛和平嗎？

上面的說話，實際包含兩個問題：第一，孫中山應否派代表北去與軍閥敷演周旋；第二，國民黨是否應有條件的赴軍閥和平會議之號召，抑自行在廣州召集人民的和平會議，以與軍閥及帝國主義的陰謀對抗。

第一個問題，我們亦絕對以爲不可，其理由有三：(一)派代表與軍閥敷演周旋，仍無異是承認軍閥及其後面的帝國主義有主宰中國號召人民及革命勢力之權威；(二)這樣便是成功帝國主義共管中國的預定陰謀；(三)前年中山派四代表駐滬與各勢力派接洽和平統一之經驗，徒使自己革命的面目蒙混，革命的宣傳工作停頓，一言包括，這種舉動是損革命以益軍閥。

第二個問題，在理論上與政策上，國民黨現在本應自行在廣州召集人民的和平會議，以打破軍閥及帝國主義的陰謀，這是十分必要而毫無疑義的。可是在事實上怎樣呢？事實上，這個政黨是要黨的勢力已經發展於全國民衆中才能做到。吾人於此真不得不太息恨痛於白費氣力的軍事行動之誤黨誤國！假使改組大會後，國民黨能以七分氣力用於全國黨務及宣傳工作之發展，我相信這種人民的和平會議一定召集得成功，國民黨在全國政治上與革命上的地位至少也要比現在高十倍。又使最近二月不把全副力量用於毫無意義的北伐，對於軍閥戰爭與必然附隨而來的列強陰謀有所準備與宣傳，這種人民的和平會議亦有幾分成功之可能。可是中山先生這兩個月的氣力更白費了，所以現在剩下的出路只有兩途：一是俯首帖耳恭聽北方軍閥與帝國主義的號召；一是毅然厥起號召民衆反抗軍閥與帝國主義繼續宰制中國之陰謀。前一途無論中山先生親自北去或派代表與之周旋，都是絕境上面又加絕境，損失上面又加損失；後一途雖一時見不到偌大効果，然却是亡羊補牢收之桑榆的必要政策。

但是現在右派的態度怎樣呢？（一）廣州公安局對於北京政變的布告是『和平統一，迎刃而解，西南護法，已底完成』；（二）住在香港的所謂民黨揭「推倒曹吳，歡送大元帥北上」的旂幟遊街，並燃放爆竹誌慶；（三）孫科在奉天語此人云：吳佩孚失敗，武力統一之說，自此可息。此後當謀和平統一之策，由自治各省聯合成國。又云乃父與奉張同一意思，不久孫張段等各省重要人物，當在京津間會商大計。最初當爲軍政時代，其次爲軍民兩政時代，以養成國人政治之才，最後乃爲人民選擧議員，實行知政時代。又云中國重要人物之意見，皆以十年來之議院政治爲不適用，此後當使各省和平自治，以謀實業教育司法上之進步，對外一時不撤消治外法權。此次戰事，不但打破武力統一之主張，且將革除非法國會與其所訂憲法。中國今日並無政府，亦無國會，無憲法，正可從頭做起云云。孫科又謂其父孫文現認惟有軍人狄克推多方能解決中國時局，故段祺瑞實爲收拾時局之適宜人物；中國革命後採行憲制太早，故與國勢甚適宜云，（見念七八兩日的新聞報）。

國民黨右派這種態度，實在令人難堪！這次北京的政變與附隨而來的所謂和平會議，在覺悟的革命黨看來，不僅不能予吾人以絲毫可喜之衝動，而且爲兩派北洋軍閥與兩派帝國主義互相妥協聯合向中國人民與革命黨下最後的制裁之危機；誰知這種危機降臨，到還是右派首領向軍閥投機向帝國主義放盤的賣買。嗚呼！幸虧孫科先生說得出口：『乃父與奉張同一意思』，『惟有軍人狄克推多能解決中國時局』，『此後……對外一時不撤廢治外法權』！

附和軍閥與帝國主義的右派，固已不必深責；我們所最惋惜的却是中山先生二十五日嘉勉馮玉祥『戡亂安民，擧國屬望，此後籌維，須謀根本至計，永奠和平』的通電之失當。替中山主張發這個通電的左右，至少也可說他們對於中山先生的忠實以及對於政治的常識，尚遠不如徐樹錚之於段祺瑞，因爲徐樹錚尚看到馮玉祥控制的北京形勢，比以前吳佩孚控制的形勢沒有兩樣，所以他公然在港宣言段祺瑞不能與馮玉祥合作。

既往不咎，我們現在只有希望中山先生趁快發一根本反對軍閥與帝國主義合作的和平會議之宣言：一以打斷右派在外面招搖放盤的無恥勾當；一以開始代表人民利益反抗宰制四萬萬人民的陰謀之革命工作。

# 北京政變與投機無恥的公團之請求

述之

此次北京政變，很明顯地擺在我們面前，是英美帝國主義更換宰制中國，統治北京之「代辦」——以最可靠的基督教徒馮玉祥更換不大中用的吳佩孚，以實行牠們前所提議「邀集中國戰爭各派勢力開和平會議，解決中國內政上的困難，并為中國建設一不集權的聯邦政府」（見路透九月九日電）之主張的一種表現。現在馮玉祥已發表宣言，居然如英美帝國主義之前所提議，將如法泡製。在這種政變情形之下，對於我們被壓迫的被剝削的國民，只覺得從此壓迫更深一層，剝削更進一步，從此覺得我們身上所負的鐵鎖，更為堅固，更難擺脫。

因此我們對此次之北京政變，絕無何等新希望之可能，也絕沒有向英美帝國主義的新代辦馮玉祥發表要求之必要。我們應該向我們被壓迫的民衆宣言，指出此次北京政變之內幕，我們應該喚醒我們被壓迫的民衆，從此更須努力，更須團結，進行我們推翻一切帝國主義與打倒一切軍閥之工作。

但是我們知道，此次北京政變之後，必有一班投機無恥之流，乘機竊發，冀有所染指，或冒牌出面，藉以出風頭。果然，本月廿六日的申報載有一大批通電就如此這般地表現出來了。這些通電上其重要的主張不外兩派：（一）主張召集素有「勳勞」的人，開費拉德費爾式的和平會議，組織聯省政府，或什麼委員制政府，以解決中國糾紛；（二）主張請段祺瑞出山「維持大局」「奠定邦基」。法治協進會，徐謙，與上海工商友誼會七團體等之通電屬前派，全國商聯會與上海各工團執行委員會等之通電屬後派。我們已屢次說過，召集和平會議，建設聯合政府，是國際帝國主義共同宰制中國之一種最惡辣的政策，現在的馮玉祥就將是英美帝國主義辦理此種政策之代理人。徐謙是一個有名的帝國主義的走狗基督教徒，他來替帝國主義宣傳，替他的教友馮玉祥宣傳，一點也沒有什麼奇怪；即是一班鑽狗洞的吳政客像法治協進會諸人，於今來附和帝國主義與軍閥，希冀從此陞官發財，也不足希奇；但是工商友誼七團體中，有幾個名義上是工人的團體，如江蘇勞工會，無錫旅滬勞工會，上海職工青年會，和工界救國同志會，也居然附和帝國主義，軍閥，基督教徒，政客，而發表如此的通電；這未免太奇怪，未免令人嘆恨中國工人之太不覺悟罷；然而我們實際調查起來，這些原來是幾個投機無恥之惡棍所幹的把戲，與勞動者絕無關係，不過名義上辱沒勞動者罷了。賣國賊，日本帝國主義的走狗段祺瑞，誰也知道他的來歷，當直皖戰爭，他被吳佩孚打倒之時，誰都稱快；現在馮玉祥打倒了吳佩孚，商聯會與上海各工團執行委員會竟居然通電請他出山「維持大局」，「奠定邦基」，這是怎麼一回事！　然而這個又沒有什麼奇怪。　原來所謂商聯合會又是幾個無賴之政客和商人江維庸等所幹的勾當，上海各界工團執行委員會是京漢路罷工的叛徒郭寄生等所製造的竹槓，如果懂清內中黑幕，也一點沒有什麼希奇。　不過外邊人聽到，似乎堂堂的工會，也附和帝國主義，軍閥，甚至推崇有名的賣國賊，便難以為情罷了。　哈哈！　請看上海各工團執行委員會請段祺瑞出山的電報啊：

天津段芝泉先生鈞鑒，曹吳竊國，烽火連天，凡我國民，同深痛恨；今者馮胡反戈，曹錕出走，吳佩孚歸路已絕，末日將至，此誠者英攬轡之日，非老成遁晦之時也。　我公宅心仁德，功在民國，胞與為懷，憂樂在抱，尚祈慨然出山，規劃建設，領袖百僚，施宏濟於天下，使天下蒼生，咸沾霖雨，臨電神馳，不勝盼切，上海各工團執行委員會叩蒸，（申報廿六日）

雖然以上這些投機無恥之徒所假造的團體之通電，沒有什麼意義，不能有什麼影響，然而他們所舉出的兩種主張——召集和平會議建立聯合政府和請段復辟，確是一班帝國主義，帝國主義的走狗，……軍閥，教徒，官僚政客和買辦階級……等最流行的信條和口號，（在最近的將來，必還有無數一這類的通電，）將來難免要見諸事實。 可是我希望真正被壓迫的中國人民，應該認明白這是英美等帝國主義宰割我們的新方法，辣手段，不要爲所迷惑。 被壓迫的國人們，快醒悟呀！ 起來努力國民革命呀！

## 肅清內部

獨秀

中國國民黨，在黨內，在廣東境內，都急需積極的採用肅清內部政策。

民國二年中山先生組織中華革命黨，決心和妥協的黃興派分裂，此次國民黨於無形中淘汰了一部分反動分子，他們隨後形成了一個政學會。 民國十年中山先生和買辦唐紹儀決裂，此次國民黨又於無形中淘汰了一部分反動分子，他們隨後形成了一個民國十一年的益友社。 雖然經過這兩次無形淘汰，而幷未曾經過一次正式的洗黨，因此留在黨中的反動分子仍不等數，他們的反動性，由全國大會宣言發表後，黨中革命的空氣日益濃厚起來，逼得他們反革命的言論行動也日益鮮明起來；其事實略見國民黨全體執行委員會提出，常務委員會通過之整頓紀律案如左：

「民國日報記者說中國人幷不願侵犯外國已得之權利幷拒絕登載廢約運動的通電；順德縣長兼國民黨分部長周之貞，以擅立農會罪名拘捕農民領袖；廣寧縣長兼國民黨分部長李某，煽動土豪所組織的民團摧殘農民協會；兵工廠長兼廣州市黨部工人部長馬超俊，不懲辦毆工人的護廠隊長，反而破壞工人組織俱樂部；粵漢鐵路局長許崇灝壓制要求發給欠薪之工人；公安局長兼廣州市黨部委員吳鐵城，令警察禁止聖心學校學生反抗帝國主義之罷課，左袒檢驗酒業工會之商團，力助工頭壓迫人力車夫；市長兼市黨部組織部長孫科，命警備隊惡打請願免捐之轎夫幷不准轎夫入黨；代理省長兼市黨部監察委員陳樹人，竟執行法國領事命令，派員登報聖心罷課學生，幷在洋教師前大聲呼喝立拿勸阻教員上課者；中央監察委員張繼，竟公然說反對帝國主義爲本黨之錯誤。」

此外若統率商團軍反抗政府的陳廉伯陳恭受；若爲上海南洋烟草公司出頭摧殘工人的李援顯公耀；若利用流氓殺傷十餘學生的童理璋喩育之等；若在沙面罷工事件中，在商團反叛事件中，許多力謀和帝國主義者及商團合作的軍人政客；他們不但掛名是中國國民黨黨員，幷且自稱是熱心護黨的黨員。

其實這班黨員留在黨內，終必直接或間接斷送黨的生命；倘眞欲護黨，只有肅清內部之一法。

說到廣東境內的政治軍事問題，目前也非注全力於肅清內部不可。 反革命的商團雖然打退了，而廣州政府所受反革命勢力牽制的危機幷未曾稍減：第一是心腹之患的范廖等軍；第二是各縣紳士大地主所統率的鄉民團；第三是久據東江的陳洪林葉各軍；廣東境內這三種反革命的勢力，隨時都可以單獨的或結合起來向北勾引直系，向南勾引英國帝國主義者，最客氣也是「請孫下野」。 因此，我們總以爲國民黨目前重要的工作，不是侈言北伐，而是肅清黨內的反動分子和境內的反動勢力。 自己內部一蹋又糊塗，還北伐個什麽？

## 廣州革命派與反革命派的大激戰（廣州通信）

惠仙

## 一、警告節的意義

號稱革命策源地的廣州，而實際上反革命的勢力，比甚麼地方都要利害，如民團與陳烱明勾結；商人中的買辦階級與英國帝國主義勾結，內面武人政黨權位的競爭以及保皇黨如康有為等，亦圖鼓動商團有所活動（見香港大光華字各報康有為與陳廉伯的信）卽各民衆間，除了農人工人是眞實要求革命以外，幾乎再看不出半點革命民氣來，我們在彌漫了反革命的空氣之下，自然是應該揭發革命的眞義，振動我們的警鐘，以希望廣州盲目的民衆，有所警覺，這就是我們改雙十慶祝節為雙十警告節的意義。　當時我們決定的口號是：「改雙十慶祝節為雙十警告節」「今天是雙十警告節」「雙十警告節」「示威運動」「打倒帝國主義」「推翻軍閥」「打倒一切反革命派」「要求民主獨立共和國」「實行國民革命」「追念革命先烈」「復活辛亥革命精神」「革命未成功，慶祝不必談」「要求一個革命成功的慶祝節」。

## 二、雙十節第一公園開會的情形及太平橋屠殺的慘狀

午後一時，在第一公園集合的團體有廣州反帝國主義大聯盟，民族解放協會，學生聯合會，農民自衞軍，一中學生會，廣州酒業工會，新學生社，合作社，建國宣傳學校，理髮工會，道南學校，圖强女子產科學校，船主司機工會，海外華僑演說團，仿廬學校，廣州工人代表會，市郊農民協會，社會主義青年團，工團軍，農民運動講習所，佛山工會，漢文排字工社，建國宣傳團，土木建築工會，草蓆工會，明新學校，雷州青年同志社，勞工婦女日夜學校，警衞軍講武堂，油業工會等三十個團體；大概都是有點革命色彩的。　開會時，各團體都是根據我們的口號，發為慷慨激昂的言論的很多，尤以農人工人為最激烈，於此我們可以看得出，眞正革命的是農人工人，領率革命，為革命而犧牲的，也只有農人工人。

到三點鐘的時候，會開完了，各團體卽結隊遊行。　在這參加遊行的羣衆裏，並沒有那　個有武器，號稱工團軍農民自衞軍事實上是沒有武裝，而講武堂的學生亦是徒手，不過各人手中都拿着各種標語的旗幟以表示警告的意義罷了；如此的救國遊行，除掉帝國主義與反革命派外，殆無人能表示反對；而外結英國帝國主義內通陳烱明以商團為反革命工具的買辦階級竟預先安頓了制死革命羣衆的毒計。　當市民遊行隊自第一公園遊行至太平南路的時候，正與全副武裝，佈滿長堤西濠口太平路直迎西門的商團軍迎面相値，某店樓上埋伏的商團軍號槍一鳴，街上商團軍立卽向市民遊行隊施放排鎗，連放五次，前列隊員紛紛倒地，餘衆大亂奔走逃命，商團軍隨後追擊，福軍亦加入追逐，死人在廿以上，油業工人黃駒中槍斃命後被剖胸割勢死得最慘。　此外重傷的落水的蹤跡不明的被捕而遭商團軍與福軍架鎖毒打的不下數百人。　在這一場慘毒屠殺中，我們可以看得到買辦階級，是反革命先鋒，他挾着他的後台老闆英國帝國主義的威權，與軍閥官僚（如李福林范石生廖行超李朗如等）和紳士閥的屏障，他們作惡的工具，實在比軍閥還要巧妙，他們對待農人工人的毒狠，比吳佩孚趙恆惕還要利害，現在我們農人工人對於買辦階級只有殺一個「你死我活」絕對沒有妥協的餘地。

## 三、雙十慘變以後的廣州市

商團大肆屠殺以後，卽全體動員出發，在街市橫衝直闖；他們的步哨由西關一直到東山，都布滿了；他們的那一種矜誇炫耀的態度，實使人望之生畏；他們一面在西關一帶的街衢中張貼請孫下野的佈告，一面以武裝威逼令示商店能市，並且明日張胆的請陳烱明回來持主

廣州的事。 在這種形勢緊張之下，自雙十以至十四日上午十時，甚麼省長署，警務處，公安局，以及各軍總司令凡有維持地方治安之責者，並沒有半個字的佈告來指出商團的橫暴；而李福林反以民團統率處督辦的資格，出了一張臬臬大文的佈告責成農工團軍與商團互相友愛，對於商團白晝殺人的重大事件，而以「不知何故發生誤會……現在互相諒解」的種種遁詞來鎮壓農工的報復舉動，此何異爲商團張目。 國民黨中央執行委員會，此時自然是憤慨，做了幾種傳單因商團屯哨森嚴，沒有敢去分發，汪精衛同胡漢民在電話上商量想派武裝軍隊出發，當時吳鐵城的警衛軍尙在韶未返，其餘的各種軍隊，均未表示態度，不敢冒然調遣，終於沒有實行，即此可見商團當時的氣焰了。 此時商人雖以威力迫挾而罷市，但除了大新先施眞光以及幾個大的舖店是閉門不納外，其餘大多數商人，仍是半開門的營業，所以雖然從雙十至十四罷市四五日之久，而市民的生活品的供給，並沒有感受甚麼困難，於此我們又可以看得到商人與商團並不是一件事，商團的舉動，並不能代表多數商人的利益，其所以迫於罷市者，不過爲商團手槍迫挾。據調查所得，西關商團分子把各街入口封鎖；由屋頂上搭天橋互通聲息，如有未罷市的商店，即由天窗向屋裏放槍威嚇，同時市面又謠傳說陳炯明軍隊，已抵石龍，林虎熊略定於十五日攻下廣州，所以由雙十節至十四日，市上恐慌，已到極點了。

## 四、北伐軍回師廣州與解散商團的經過

在商團造反，危在旦夕的廣州，我們就事實上的判斷，不出兩途：一是政府蹋台，一是商團解散，絕對沒有妥協的餘地。 當時政府當局如胡漢民李福林李朗如等，仍是繼續不斷的奔走調停，尤其是李福林李朗如奔走於商團總所無虛日，而商團因爲這些大人先生天天去說調停，氣焰更高了，條件也更苛了。他們所提出的條件，老實說就是「請你們站開，我們來」。 在此形勢緊張之下，政府除了自行宣告解體以外，再無退步的餘地，所以經過中山先生幾度的考慮，遂決定先將北伐各軍回師廣州肅淸內亂，再行北伐。 如是一面電令省長胡漢民會同各軍司令解散商團，再以善良商人重行編制；一面令行警衛軍吳鐵城全部，湘軍之一部，粵軍張民達全部星夜回師。 吳鐵城軍於十三日夜十一時抵省其餘各軍均於十四日下午七時以前先後抵省。 自吳軍入市商團較爲平靜。 政府方面已組織革命委員會以國民黨中央執行委員會爲臨時指揮軍事機關，一面與各軍司令有點關係的政軍各要人出面與各司令接洽平定商團辦法，同時東莞告警，陳軍已進攻虎門，而滇軍福軍等又恐爲陳軍所乘而喪失地盤(因利害上不能與陳軍妥協)故又不能不暫時改變態度與政府合作，其所以能各軍合作而收平定商團之效者，陳炯明進兵虎門，使之成也。

十四日革命委員會決議，由省長佈告責成各軍解散商團，又免李朗如職以吳鐵城繼任公安局長爲平服商團的前鋒。 令下之時商團即緊急集合以西關爲大本營雙方嚴陣以待。至晚七時商團方面即先向警衛軍放槍挑戰，滿城槍聲，相續不絕。 夜十時警衛軍即佔領商團總所，但商團總所事前已遷徙一空，公文軍械一無所有。 至次晨四時各軍下總攻擊令，李福林邃行超范石生等亦加入作戰，此種結果，或出於商團意料之外，又足以證明商人無政治常識，以爲軍人爲可利用也。 雙方相持五小時之久，商團因在屋頂居高臨下，地勢較優官軍爲所殺斃及傷害者達四百餘人，商團方面死傷不及百人。 至十時商團不支，即向西北逃竄，官軍始佔領西關，同時四五處起火燒燬數百家，搶掠之事，時有所聞；而李福林等之縱兵搶刼確爲萬目皆見之事實。 至今表面似較平靜，而將來之隱患仍未有艾，蓋商團大多數雖

已繳械然械仍落於各軍之手，而滇軍所得獨多。　十月十八日范石生佈告說，各團體聯席會議以新舊城範圍內均歸滇軍第二軍佈防，如未得該軍許可，任何軍隊不准通過。　廣州當局如不能消禍未然，將來軍閥間互爭地盤之屠殺必繼買辦階級而重演於廣州。　尤慘者當官軍未抵西關前，商團已知大兵齊來，萬難制勝，乃遷怒及理髮工人，以其加入工團軍也，當將西關一帶理髮店放火焚燬亦生殺理髮工人二三十人此為買辦階級對於工人第二次之大屠殺（第一次大屠殺在雙十節）。

五、商團軍的內幕及商人的態度

商團軍在名　上是各商店店夥或少老板組織而成，在事實上，則不過少數商人担任商團軍官，由團總以至分隊長真正商人不上五百人；其餘這幾千商團軍均為陳廉伯募集而來，其中多退伍軍人及土匪，據說陳炯明還派了很多官佐在裏面主持教練，兵士薪餉，每月卅元，實在是官軍所夢想不到的優裕。　且就廣州全市商人而論，總共商店，不下萬餘戶，而加入商團軍，不過三千戶，加入而不問事者，尤屬多數，故團務只落於極少數人之手，這就是商團軍釀出亂子的根本原因。到十四日北伐軍既已回師廣州，省長署又佈告解散商團，形勢更加嚴重，商團代表鄧介石等一溜煙跑得不知去向，而真正商人任團軍者，亦皆易服而逃，其餘被僱用的幾千人，為保全他們的職業，且有陳買辦與陳炯明派來的人在裏面主持，故尚能準備作戰，但在商人方面既到此緊急關頭，亦有『上水思財，落水思命』的顧忌，故十四日下午三點，市上軍隊齊布，如臨大敵，而大新公司洋旗也不掛了，市也不罷了，竟大開其門，表示開示了。於此，我們又可以看得出買辦階級的心理，是無往而不投機，一到緊急關頭，只是擇便宜路走，更可以證明他們前此所嚷出的商人政府，若不是有英國帝國主義與陳炯明及一般頭腦單簡的武人互相勾結，他們自已是一輩子不敢嚷出如此口號的。

六、反動派報紙之言論

此時正是廣州印字工人為要求加薪罷工，廣州沒有報紙，雖漢文排字工社每日出一單張，又懾於商團威力，不敢發表商團作惡的消息，而香港反動派的報紙，即乘機造謠，雙十劇慘，大光華字環循各報一致捏造事實說是農工團軍挑釁；或說是農工團軍有意去和商團搶槍，或說是共產黨造亂，他們竟把商團殺人剜心等等罪惡，輕描淡寫，一筆帶過，這是如何暗無天日的事啊！　使世人不看事實，單憑香港的報紙論斷此次市潮，則真如研究系所說廣東商團是要革命了。

七、結論

在此反革命勢力，已形成大規模聯合進攻的廣州，英國帝國主義買辦階級軍閥官僚如李福林范石生廖行超李朗如等，均是革命派的仇人，屠殺巡行市民屠殺西關理髮工人的罪犯，不僅是商團，更不僅是陳廉伯等，我們革命派，在此時此地的工作，只有集中我們的勢力，與英國帝國主義買辦階級殺一個『你死我活』絕對沒有調停妥協的餘地了。　商團此時雖是被擊散了，而他們的武裝幷未解除；而且他們的人和武器，並沒有離開廣州市，使一旦有機可乘，他們還是我們革命派的勁敵，李福林范石生一干人等此時雖拘於本身利害，相同作戰，而他們勾結商團以圖私利的慣技，並不因此稍減，即如政府於此次要向各商店搜查槍械，為甚麼不能舉行？　作亂的商團分子，為甚麼還能夠匿跡於廣州市？　這是很明顯的有有力的人暗中庇護他們，怯弱滑頭的政府當局，不敢作徹底澄清的主張，我們革命派是不能夠不作敵以澄清的預備，如果廣州市的反動派不能打滅下去，范石生李福林以及一切作亂的軍閥官僚，不能置於軍事裁判之下，則革命政府在廣州市已經宣告死刑，還說甚麼征討陳烱明與北伐！ 因此，我們革命派一面要號召民衆援助政府，一面要領率民衆督率政府務期免除妥協，奮鬥到底肅清反革命勢力，革命前途，才有澈底勝利的一日。

## 來件照登

## 告全國國民

嚮導週報轉全國國民公鑒：日昨雙十節我們因痛心於十三年來反革命派禍國之烈，特於廣州市第一公園召開市民大會舉行雙十警告節：警告一切反革命派，復活辛亥革命精神。 當時市民到者萬餘，團體數十，開會中間，各代表的演說，莫不注意於十三年來外而帝國主義列强，內而軍閥，官僚，買辦階級之一切破壞中國共和與獨立的反革命情狀，施以嚴重攻擊。 當日所用的口號爲實行國民革命，打倒帝國主義列强，打倒一切軍閥，中國民族獨立萬歲。 集會後隨即出隊遊行，列入隊伍中者有十五團體，計：警衛軍講武堂、工團軍，漢文排字工社，建築工會，圖强女子產科學校，農民自衛軍，農民運動講習所女生隊，船主司機工會，勞工婦女日夜學校，酒業工會，人力車夫俱樂部，協作社，女子工讀學校，油菜工會，聯義社。 在這十五個團體中，我們可以看出有工人，有農人，有學生，有兵士，有女子，而隨着隊伍遊行的又有很多商人。 隊伍中女子學生工人固然沒有武器，便是講武堂學生，工團軍，農民自衛軍也都無槍械在手。 如此的市民救國遊行，除掉帝國主義與反革命派外，殆無人能表示反對。 不意自第一公園遊行至大平南路時，正值商團軍全副武裝列隊巡行，佈滿長堤西濠口大平路直連西門。 市民遊行隊走入他們的包圍隊中，大隊將至西濠口，當有商團軍在樓上鳴槍爲號，街上商團軍立即向市民遊行隊施放排槍，不分工人農民學生兵士婦女統爲他們所欲摧殘的目的，其中自以擁護革命最力的工團軍農民自衛軍爲他們所最欲得而甘心的。 市民遊行隊受此意外的橫暴登即分隊四散。 其時唯一的生路祇有沿路東各商店門前尚少商團軍駐紮，於是遊行隊中人以及隨衆歡呼的市民一齊擁入東側沿街商店，而商團軍復隨後追擊。 不及跑入的人，立即斃命，或受重傷，或被追趕至西濠口，落水身死。 商團連發排槍五次，出彈在千數以上，在後次排槍中，福軍亦尋聲而至，加入追逐。 被擊散的市民，凡有身着藍色制服的工農團軍非被他們擊斃，即被他們捉去加以痛打。 藏在小商店中的農工團軍：有些改裝的倖得逃免；有些制服未脫或僅有一黃色腿綁未去的直至晚間出店亦統被捉去；有些竟藏深夜，尚未敢出，亂事發生後，西關秩序大亂。 商團軍武裝列隊，不僅限於西關，施放步哨哨遠，直連東關。 即以惠州會館（國民黨中央執行委員會機關）附近論，已多至一百餘人。 胡省長聞信，曾下令商團軍收隊，但反革命行動已著的商團軍目中何曾有此政府？ 故今日廣州市的現象，仍處處見有商團軍，荷槍實彈，列隊示威。 總計這一次商團軍的屠殺：死人在二十以上，內中有警衛軍講武堂的學生，有工團軍，有農民自衛軍，有工人，有市民，有女子。 被害之慘，爲工團軍中油業工人黃駒中槍斃命後，商團軍竟以剖胸割腎囊的非人類的舉動相加，有因逃避落入江中的，商團軍亦復從後放槍擊斃。 有工團軍三人被捉入商團軍本部經毒打後斃命，屍身至今不明。 當街身死的人，直至次早尚陳屍道上，警廳檢廳，無人過問，受傷的人至少在百數以上，除農民自衛軍工團軍警衛軍講武堂我們已知有受傷的人數外，此外參與遊行隊伍，自衝散後，至今尚未得有確報。 被捕的工農團軍當晚有一百四十五人，先被商團軍施以毒打，及移交福軍又遭痛擊，然後解至河南解送福軍本部，晚間胡省長先知照李福林暫緩送回河北，免遭商團軍截留，而福軍竟不聽命令，以重數十斤的鐵鍊連鎖兩人頸上，兩人一車送回國民黨中央，送回農民自衛軍本部。 及胡省長下令令他們派人保送回隊，而他們這種虐待的辦法已執行完畢了。 另有十數人因重傷不能行動尚留在河南，受傷的有命在旦夕的，有行動不得的，有身遭數彈的，各團體代表會要求胡省長指定醫院救濟，胡省長當指定公立醫院，乃當晚派人往問，醫院中人竟言無地安置。 及次早持胡省長手札去他們始勉強一驗，傷人略施治療，但仍不得留院。 有些受內傷的，他們竟不承認其受傷，不與治療。 這樣的殘酷待遇，不僅中外合辦的公立醫院如此，便是當晚各汽車行似亦與買辦階級聯盟，一致拒絕被傷害的工農團軍僱車歸隊或送入醫院。 我們所得知道的情狀，截至今日止，僅能如此報告。 處在反革命派武裝包圍之中，不祇我們死去傷失的革命同志革命平民的詳情確報不得調查清楚，便是我們後死的革命分子的行動也都不得自由。 屠殺是屠殺了，反革命派的聯合行動已使我們看得清清楚楚了。 誰是壓迫我們市民遊行的？ 誰是摧殘我們革命平民的？ 誰是殺戮我們工農軍士的？ 受着買辦階級指揮，大英帝國主義勾結的賣國商團軍自是我們的第一仇人。 但是我們的敵人不僅此。 香港沙面的帝國主義者，惠州圖反攻的陳炯明，待隙而動的廣東各軍閥統都是這次屠殺的有關係者。

便是商人方面，我們也很知道土貨商人，小商人與市民的利害是休戚相關的，他們決不會贊成摧殘市民推倒軍閥的示威運動，而站在軍閥方面。 我們所要反對的乃是買辦階級大洋貨商人之一干賣國賊！ 全國同胞呵！ 我們已衝上前鋒了。 我們雖處在反革命勢力嚴重的摧殘屠殺之下，我們決不敢忘我們的革命口號：

打倒帝國主義！　　打倒軍閥！　　打倒一切的賣國商人！

全國同胞！　起來響應啊！

廣州反帝國主義大聯盟　廣州工人代表會　民族解放協會　市郊農民協會　學生聯合會　社會主義青年團　農民自衛軍　工團軍　一中學生會　農民運動講習所　廣州酒業工會　佛山工會　新學生社　漢文排字工社　合作社建國宣傳團　建國宣傳學校　土木建築工會　理髮工會　草蓆工會　道南學校　明新學校　圖強女子產科學校　雷州青年同志社　船主司機工會　勞工婦女日夜學校　海外華僑演說團　警衛軍講武堂　清瀛學校　油業工會

記者按關於廣州政府軍(李福林軍)協同商團軍慘殺工農及革命民衆事，八十七期本報曾有所評論。 然此種消息乃得之於上海各報語焉不詳，記者猶不能無疑。 今讀廣州各團體「告全國國民」的傳單，此項消息完全證實。 買辦階級的商團軍雖然完全鄭清了，然而與買辦階級同惡相濟的反革命軍閥猶優遊生息於革命政府之下而且他們的勢力更一天天地擴大，革命政府對於反革命軍閥如不按律懲治，則反革命之事實將層出不窮，而此次解散商團軍亦可謂毫無意義。

The Guide Weekly

# 嚮導 週報

第九十期

（中華郵務管理局特准掛號認爲新聞紙類）
一九二四年十一月七日
郵票代款概作九五折

分售處
香港 萃文書局
巴黎 中國書報社
廣州 丁卜書報社
上海 民智書局
上海 上海書店
武昌 時中書報社
共進書社

分售處
太原 晉華書社
長沙 文化書社
濟南 齊魯書社
杭州 古今圖書店
雲南 新亞書社
寧波 明星書局
開封 文化書社
徐州 工學社
南京 天一書局
成都 華陽書報流通處

定價 國內一元寄足四十期 國外一元寄足二十五期 郵費均在內 零售每份大洋三分

每星期三出版 發行通信處 上海英界上海大學楊志青 北京大學第一院收發課轉于明

# 十月革命特刊

## 十月革命與列甯主義

述之

「誰是馬克思？　馬克思是『資本論』的著作者。　誰是列甯？　列甯是『十月革命』的著作者」。　這是托羅茨基轟動一時之名言。　現在若有人問：「什麼是十月革命」？　我便回答說：「十月革命就是列甯主義的產品」

誰也知道十月革命是一個無產階級的革命，是俄羅斯的無產階級對於其資產階級之革命；可是同時牠又包含着一個農民革命和一個被壓迫民族的革命，就是俄羅斯的農民對於其地主封建階級之革命，俄羅斯的許多弱小被壓迫民族對於帝國主義的大俄羅斯壓迫民族之革命。所以在十月革命裏，不但八百萬純粹的俄羅斯無產階級得從俄羅斯資產階級之鐵蹄下解放出來，而俄羅斯之一萬一千萬農民和六千萬弱小被壓迫民族，也從這個革命裏得到新的生命，從這個革命裏脫離了地主封建階級和大俄羅斯壓迫民族之千年羈絆。打倒俄羅斯之一切資產階級，一切地主封建階級和帝國主義的大俄羅斯壓迫民族，解放俄羅斯之八百萬無產階級，一萬八千萬農民，六千萬弱小民族；總言之即消滅俄羅斯之一切壓迫階級，解放俄羅斯之一切被壓迫階級，把這一切被壓迫的階級聯結在一個社會主義的蘇維埃聯邦裏，共享人類真正自由平等之幸福，這就是十月革命之總成績，也就是十月革命之真正意義。

> 十月革命之結局應該達到社會主義的勝利。　列甯
>
> 誰是列甯？　列甯是十月革命的著作者。　托羅茨基
>
> 俄羅斯十月革命之不朽，在乎牠是世界革命之發端。　季諾維埃夫

十月革命的著作者是列甯，十月革命是列甯指導俄羅斯的工人，農民，和被壓迫民族所創造出來的創作，所以十月革命即是「列甯主義」的具體表現。　因此我們知道列甯主義所包含之根本點就是解放無產階級，解放農民，和解放被壓迫民族之理論與策略。　換言之，即無產階級革命，農民革命和被壓迫民族革命之理論與策略，——實驗過的理論與策略。

現在俄羅斯的工人們，農民們和被壓迫民族已經從十月革命中解放出來了，已經擺脫了他們之牛馬奴隸的生活了；可是全世界——俄羅斯以外——的工人，農民和被壓迫民族，還是依然被壓迫在全世界的資產階級，地主，和帝國主義的壓迫民族之鐵鎖下，還依然是資產階級，地主和帝國主義的壓迫民族之牛馬奴隸！ 這樣，所以俄羅斯的十月革命，還不過只解放了全世界之一部分——俄羅斯——的被壓迫階級，俄羅斯的十月革命還不過是全世界的「十月革命」之開端。

現在擺在我們面前的是全世界的「十月革命」，繼續俄羅斯十月革命之偉大的使命——解放全世界之被壓迫的工人們，農人們和被壓迫的民族。 要完成俄羅斯十月革命之偉大使命，成功世界的十月革命，只有列甯主義，只有著作十月革命的列甯主義。

現在著作十月革命的著作者列甯是死了！ 可是「十月革命」的精神——列甯主義，還是依然存在，并且永久存在。

全世界的工人們，農人們，和被壓迫民族！ 你們要想解放你們自己，消滅你們的仇敵，只有起來研究列甯主義，實行列甯主義，努力繼續十月革命的工作！

被壓迫在雙重壓迫之下的中國工人們，農人們，和一切民衆，國際帝國主義與封建軍閥的牛馬奴隸！ 起來！ 「列甯主義」是我們的武器，「十月革命」是我們的大道，我們來練習我們的武器——列甯主義，我們來走向我們的大道——十月革命！

# 俄羅斯十月革命與中國最大多數人民

獨秀

自俄羅斯十月革命一直到現在，在中國也和其他資本主義的國家一樣，有許多人把他看做洪水猛獸。 他們為什麼有這樣的誤解呢？ 一般的總原因，是觀察力薄弱的人們誤信了各帝國主義者的通信社新聞紙之造謠誣蔑及反革命的白黨（舊俄之貴族大地主軍人官僚社會革命黨少數黨無政府黨等）之奔走呼號；其次乃是布爾什維克黨人加舊俄皇室以顛劇，此事大傷了宗法社會裏人們的感情；再其次則是蘇俄憲法，剝奪了以資本生息者及私人商販之參政權。 在第一個原因，本來毫不足怪，因為新俄一面自己放棄了舊俄的帝國主義，一面拒絕其他帝國主義的勢力之侵入，帝國主義者自然要造謠誣蔑他，可是我們被帝國主義者欺壓得不成話說的中國人，也竟然誤信帝國主義者的謠言來攻擊反帝國主義的新俄，未免認不清敵與友了。 舊俄貴族失了特權，大地主失了土地，軍人官僚失了權位，社會革命黨少數黨無政府黨失了和資產階級苟合的可能，他們奔走呼號也是應有的事，可是特權階級以外的中國最大多數人民，却沒有同情於他們的必要。

在第二個原因，像張勳章鴻銘康有為這等復辟保皇的人們，自然應該太息痛恨俄之布爾什維克黨人悖倫滅理，而稍有進步思想的人，却應該承認俄人取法於法人處置路易者處置尼哥拉士，斷絕後患，善於中國人之處置清室。 只有第三個原因，自有史以來是俄羅斯十月革命之特色，這個特色自然為任何國家的資產階級所不喜；然而在資產階級幼稚的中國，大一點的資本家與地主在國民中真是少數又少數，小資產階級若手工工業家小商人自耕農，都被英美日法等資本帝國主義之工商業擠得瀕於破產，生活艱難，也應該行向革命才是生路。

再由積極方面，說到十月革命的俄羅斯之真情實況，因革命而得救的，第一是占國民十分之八的農民得着了土地，其次是工人得着了政治上教育上的優越權利，再其次是科學者技術家得着了最優的待遇，就是小工業家小商人亦因受國家企業之雇傭，免了被大資本企業壓追的憂危，吃虧的只有貴族大地主大資本家等最少數的人；因此我們可以說：俄羅斯十月革命是真有利於最大多數人民——農民工人小工商業家——的革命。俄羅斯十月革命，更有一個重要的主義是：在國內保障全俄人民經濟生活脫離外國帝國主義的宰制而獨立，在世界給一切被壓迫民族反抗帝國主義之一個有力的暗示。

中國的貴族大地主大資本家，比俄羅斯更是少數，其餘最大多數的人民——農民工人小工商業家——所受國際資本帝國主義的欺壓，比十月革命前俄羅斯人民所受的更是厲害多少倍；因此，我們以為中國最大多數的人民，應該接受俄羅斯十月革命的精神，而不應該誤信謠言把他看做洪水猛獸！即令他對於帝國主義者貴族大地主大資本家是洪水猛獸，而俄羅斯最大多數人民却已由他而得救了！

# 十月革命第七週年之蘇俄與資本主義世界

述之

自從資本主義變成了一副鐵網似的帝國主義，把普天下人——工人，農民和經濟落後的民衆，——都籠罩在這一副無情鐵網之下，任憑幾個帝國主義者宰割魚肉；全世界都染遍了被宰割者的腥血，全世界都充滿了被宰割者的冤氣。俄羅斯一九一七年之「十月革命」，就是由這些腥血和冤氣的積果中爆發出來的。

「十月革命」已將帝國主義之整個的鐵網撕毀了一大塊，——俄羅斯，牠并且把這撕毀的鐵網改鑄成為一個專門破壞其餘尚未撕毀的鐵網之最利害的工具，牠并且把從前在鐵網底下被宰割過的人們——工人，農民和被壓迫民衆，訓練成為一些使用這個工具之最機巧的技師。現在已經過七週年了，我們來看看這個工具——蘇俄的本身，鑄造的怎樣，堅固到什麼地步？使用這工具的技師——蘇俄工農…，訓練得怎樣？機巧到什麼地步？其餘尚未撕毀的鐵網——資本主義世界，如何？鐵網底下的被宰割者——工，農與被壓迫民族是否還是束手待斃，任其宰割？

## （一）蘇俄之經濟政治現狀。

由十月革命改鑄出來的蘇俄，牠的進步，牠現時地位之鞏固，由事實上表現出來，誰也不能否認。我們現在再請些鐵面無私的統計先生來作見證，更可顯出牠的實際情形。

蘇俄在經濟方面，承受帝國主義大戰時破產之遺業，再經過反革命黨之四年破壞，本已瘡痍滿地，不堪寓目。當新經濟政策施行之前日，國內一切工業生產機關幾全損壞，未損壞者亦幾全停頓，其當時之生產力幾等於零。如五金工業在一九二〇年與一九一三年比較從百分之百減到百分之六•七，紡織業亦從百分之百減到百分之六•二。農業生產亦破壞非常，如戰前每一鄉民能得二六——二七普德（一普德約中國之二十斤）麵包，而到一九二〇年僅能得十三——十四普德了。由此可以推想在行新經濟政策前之蘇俄經濟情形的危險。現在我們且看從新經濟政策施行以來之經濟的進步如何，即現時之蘇俄經濟情形如何。

在工業經濟方面，一九二三年四月份的統計，工業生產總計起來與戰前比較已增到百分之四八——五十。現在且拿幾項重要的工業生產品之增進來看看：炭致較戰前為百分之六十，石油百分之六五，織布業百分之四九，毛織百分之五十八，與一九二〇年比較其進步趨算已出預料之外了。 鄉村經濟更是恢復得快，現在已到百分之九一，與戰前相差無幾。 其餘如電氣業不但恢復到戰前，并且已前進了。

商業經濟從新經濟政策後更是突進。 我們只拿對外貿易一項來看，在一九二〇年時，俄國還須從外國買麵包幾千萬普特進來，現在公然已運出大批的麵包到西歐市場，與美國之麵包稱雄對峙。 自去年下半期到今年上半期已運出國二萬萬普特麵包，僅法國已買去一千三百萬普特，英國則亦買去九百金盧布。 在財政經濟上，蘇俄更已得了驚人的效果。 我們大家知道去年以前德國之馬克與蘇俄之盧布，其跌落之迅速，其紙面數目與硬貨相差之離遠，同是世界上一種神奇的現象。 今年三月值五〇，〇〇〇，〇〇〇，〇〇〇個蘇維埃紙盧布，才可換一金盧布，并且在十日之間差不多要跌低一倍。 由此國家的預算，商業的恐慌，都弄得一塌糊塗，使國家與人民都感莫大之困難。 可是現在蘇維埃舊紙幣已完全廢除，另行一種「車羅汪子」(Chervonco)在國內純然與現金一致，在國外比盧布還高百分之十至二十，在西歐與美金和英磅齊名。「蘇俄因此種貨幣之成功，不獨在國內一切預算上，於一切經濟產業上，得了根據，尤其在對外貿易上有了發展之武器。

蘇俄自行新經濟政策後到去年，因農業與工業恢復之距離太遠，（一九二三年農業恢復到百分之七十五，而工業僅百分之二十二至二十四，）於是就發生了經濟恐慌，所謂有名的「剪力」問題。 這個就是農產品價格太低，工業品價格太高，結果鄉村農民無力購買城市工業品，以致發生城市生產過剩之恐慌。 （其實不是生產過剩而是生產的價格太高，無人能買。） 可是現在這把剪力，兩邊的刀口已漸漸接近了。 我們可以抄一表來看看：

國家統計局批發表：

| | 1923 四月 | 1924 三月 | 1924 四月 | 1924 五月 |
|---|---|---|---|---|
| 農業商品 | 0,64 | 0,95 | 0,92 | 0,93 |
| 工業商品 | 1,72 | 1,50 | 1,81 | 1,31 |

從上表可以看出從去年十月以來，農業生產品的價格日往上漲，工業生產品的價格日往下降，到今年五月一日，相差已很微，這就是證明剪刀兩方刀口之接近，也就是城市工業經濟與鄉村農民經濟之接近，在人的方面即工人與農民羣衆之接近。

蘇俄的經濟之恢復，經濟之發展既如上述，現在看政治一方面。 蘇俄在內部本無何等特別政治問題；因為牠的政治與經濟是一致的，不像資產階級國家裏之政治與經濟的矛盾，而發生種種不靖之政治現象。 現在牠內部的反革命黨已完全消滅，國家機關一天一天地鞏固而完密，保衛國家的紅軍一天一天地改良而擴大。 從前比較紛亂的是民族問題，從共產黨十二次大會後，此問題亦已完全解決了。 所以現在所謂蘇俄之政治，唯一的就是外交。 可是蘇俄外交之勝利，誰也看得見。 在兩年前歐美日本各資本主義國之對蘇俄態度是怎樣。 可是現在呢，一個一個地跪倒蘇俄而前去承認牠，自今年最老奸巨猾的英國資產階級御用的「工人政府」承認蘇俄之後，接着最反動的意大利法西斯蒂莫索里尼政府也承認了，被國際帝國主義強奸的中國北京政府也接着承認，在歐州最反動的，死頑強的資產階級之法蘭西，現在也不得不承認，（固然是因為小資產階級性的赫里歐政府上台，但是赫里歐不上台，法國的資產階級終究禁不住要承認的，）小日本的資產階級現在雖然表面上還是頑強，其實在骨子裏是很輭弱的，承認之時期當不在遠。 所剩下來的只有一個與蘇俄相距太遠之美國。　本來資本主義國家之承認與不承認蘇俄，只是一個法律問題，在事實上久已承認了，其實資產階級之法律，蘇俄久已視之無甚價值，所以經過此種無價值的法律手續，不過藉此可以公開地與各國民衆接近，并可藉此得種種機會以發展和鞏固其經濟。　可是承認蘇俄，在資產階級看來已經是奇恥大辱，萬莫奈何之事。　在這一點上實足證明蘇俄在世界上之地位的鞏固，及其對於資本主義國之威權的轉變。

我們上邊說過，蘇俄是一個專門破壞世界資本主義國之最利害的工具，現在這一個工具已鑄造得如此堅固，并且還一天一天地堅固下去。　現在再看運這工具之技師如何？　即蘇俄之工人，農民和以前曾經被壓迫過之民衆的組織力與覺悟力如何。　蘇俄以前之被壓迫民族，因民族問題解決之適當，久已不成問題，現在的「蘇聯」更是鐵鑄一般，這其中自然是工人與貧農爲其連鎖和骨幹。　現在且把工人與農民組織數量之增加數目舉幾個出來，以表現此種連鎖與骨幹之進步。　職工會會員現有五百萬，在去年還只四百三十萬，若按十二個主要生產，以在其中工作之工人和有組織的數額計算出來，已有組織的工人占百分之九十二，農業工人亦多加入職工會。　協作社亦是一種工農的有力之組織，在一九二三年，全俄協作社員已有五百萬人，而農民占多數。　職工會與協作社是工人與農民之根本組織，此種組織數量之增加即足以證明蘇俄工農團結力之日益雄厚。　其餘還有關於工農及普通民衆的組織甚多，如體育會，農人通信社，農民互助社等，姑且不提。　現在我們要來一看俄國工農組織中最有力量，曾經指揮十月革命，現在指揮蘇維埃一切政治經濟機關之共產黨，即代表俄國工農階級之共產黨——波爾塞維克。　共產黨是運用蘇俄這個工具之真正的技師。　現在蘇俄共產黨是怎樣呢？　在其數量上，據一九二三年四月的統計四十八萬五千黨員，到今年五月一號止，已經增至六十八萬，少年共產黨之數目亦由三十一萬七千人增至五十七萬人。　這一年之間共產黨員增了二十萬人，（最近之數目恐不止此）少年共產黨增了十八萬人。　這個偉大的數量之增加，是因爲列寧之死。就是由所謂「列寧的徵集」中增加的。　「列寧的徵集」是俄國共產黨一件極重要的事，也就是蘇俄更加鞏固之一個特別表現。　以上不過數量的增多，還有質量的改善。　在本年三月洗黨中許多壞的黨員都淘汰去了，另一方面，所加入的新黨員都是站在生產上的真正工人，很眞誠而奮勇的工人。　黨的內部經過從去年十一月到今年二月三個月間之大辯論會的結果，更加表現黨的精神，與黨的紀律之嚴厲。現在的蘇俄共產黨可謂眞是鐵鑄的黨，蘇俄共產黨員眞是鐵甲將軍。　他們只知有階級的利益，他們只知有世界革命的偉大責任，這個我們可以從他們一切對內與對外的活動上可以看得出來的。

（二）資本主義世界。

自十月革命把帝國主義之整個的鐵網撕毀一塊，從那時起，世界的資本主義就入了末運。　世界資本主義整個的經濟系統從此破壞到不可收拾，資產階級的政治從此墜入五里雲霧中而莫知所向，世界革命的潮流從此日湧日高。

現在且看資本主義世界的經濟方面。　從大戰後到一九二一年爲世界資本主義之最厄運的時期，自一九二二至二三上半年，似乎又有了一點起色，可是一九二三年上半期以來，歐洲的經濟狀況又到了不可收拾的地步了。　雖然有幾個國度，似還保持原狀，但是實際是搖動的。　在工業生產方面，德，奥，波蘭等國，到了絕對破產的地位，再也沒有恢復之可能。　即如在一九二三年大走紅運的美國　現在亦已逐漸往下降，單就熔鐵爐來看，在去年開頭四百二十五座熔爐中有二百七十座開工，到五月僅有二百三十座，到現在至多不過二百座工作了。　在英國亦是如此，當去年初四百五十七座熔爐中僅一百九十四座工作。　這種熔爐之逐漸停頓的現象，很可以表示英美兩國重工業之衰落。　在法國彷彿工業尤其是重工業有些進步的樣子，可是這完全是奪取德國人的，德國工業之完全破產，也就爲此。　這與所謂剜他人之肉以醫自己之瘡。　農業生產的減低，也與工業幷稱難兄難弟，尤其是德國。　因工業的停頓，在歐洲已發生了一個更嚴重的問題，就是失業工人之增多。　現在失業工人已到七百萬，在德國與英國都成了決無辦法之難題；同時工人的工作時間加長，所謂八小時制已成空話，在實際上都是從九時至十一時，而工錢却減少了，（如德國國家企業的熟練工人現在所將工資較前少得百分之四十至四十四，非熟練工人少得百分二十三，）這個自然要引起工人之反抗，爲助長工人革命之最好資料。

在蘇俄城市與鄉村之間有把「剪力」，但是現在剪力已變成了世界的現象了。　譬如在德國一九二三年麥子價格與機器價格之比爲一〇〇與一〇〇，到今年四月則爲六〇與一〇〇了。這是說明農產品的價格在這一年來幾乎低了一倍。　在這種工業品價格抬高與農產品價格減低的形勢之下，佃農固已不能維持其最低生活，就是許多小生產的自耕農民也都破產而貧農化了。　這種現象在美國更顯得明白。　美國近來農業恐慌更是擴大，百分之三十八的農民已變成了佃戶，在一九二三年農民所負債額共有千五百萬美金之重。　這種農民破產的傾向還正在繼續下去。　這是資本主義破產逼迫着農民走向革命之必然的趨勢。

其餘還有賠債問題，貨幣搖動問題，都是助亂歐洲經濟之媒介物。

無產階級與農民甚至小資產階級處在這樣的經濟狀況之下，自然要蠢動起來，去年保加利亞之革命，德國之十月革命，波蘭之大暴動都是如此起來的，現在工人與農民的暴動雖然停息，但這不過是一時之停息而已。

資本主義的經濟基礎既是如此，建築在這個基礎上之政治是怎樣呢？　資產階級的政治在最近兩年來已換了兩種方式，現在資產階級快要進到第三種方式了。　當一九二三年革命潮流極緊急之時，資產階級極力組織法西斯蒂，利用法西斯蒂之最卑汚兇惡手段來鎮壓無，來統治國家。　到了去年之末資產階級覺得法西斯特有許多問題不能解決，資產階級國家相互之間也有許多不能解決的衝突，於是妙想天開，德謨克拉西的和平主義又起來了。　這是資產階級利用賣工人階級的第二國際黨與一部分小資產階級的領袖，一以和緩工人之革命，一以解決牠自己間之衝突。　這種德模克拉西和平主義之具體的表現，就是麥克唐納爾的英國工人政府和赫里歐的法國左派聯合政府，這兩個政府果然替英法的資產階級服了不少的務，牠們用「和平」方法，道威斯的計畫把德國勉强劃分清白了，牠們又恢復已死的國際聯盟，企圖解決東歐問題，近東問題，遠東問題，總之即分割殖民地問題。　麥克唐納爾幷且還替英國資產階級用最巧妙的方法壓服了英國許多罷工，征服了蘇丹。　可是麥克唐納爾之與蘇俄訂約不免就忽失了英國地主資產階級的意旨，現在英國的地主階級——保守黨，和資產階級——自由黨，正已起來要趕走麥克唐納爾，麥克唐納爾的工人政府之命運自然是完了；但是不久我們還要看見背恩賣詐赫里歐派登呢。　這個將就是歐洲資產階級之德模克拉西的和平主義之結局，這也是必然要如此結局的。　這樣資產階級之新政治局面快又要開幕了在另一方面資產階級之間爲了殖民地的分贓，在東歐，在近東，在非洲，英國與法國處處是死敵。 在遠東，日美又是絕不能調和的對頭。 然而殖民地的被壓迫民族在他們這種爭相剝削與壓迫之下，也容易覺悟，現已繼續不斷地反抗起來。 這就是目前資本主義世界之局面。

(三)世界革命之前途。

我們看了蘇俄的經濟政治狀況，我們可以斷定蘇俄之鞏固與發展是蒸蒸日上的，是在前進的，可是資本主義的世界是怎樣呢？ 資本主義的經濟絕沒有興復之可能，只日向崩壞的方面跑；資產階級的政治已到了窮途，現在只好向死的方面去了。 如果歐洲德模克拉西的和平主義告終，自然歐洲必將成一個更反動的局面，在這個更反動局面之下，歐洲的無產階級，第三國際指導之下的無產階級，能容忍嗎！

如果德模克拉西的和平主義告終，歐美的帝國主義必然要向東方殖地和半殖民的被壓迫民族猛烈地侵掠，但是受過十月革命後影響的東方被壓迫民族，受過列甯主義暗示後的東方被壓迫民族，又能任其侵掠嗎？ 如果帝國再要瓜分東方，再要繼續處分德國，帝國主義之間能夠免除第二次的世界大戰嗎？ 如果世界的資產階級，世界的帝國主義者，再要更嚴重的壓迫西歐無產階級，再要更嚴酷的侵掠被壓迫民族，再要造成更兇惡的帝國主義大戰，以解放全世界的民衆爲已任，以完成世界的十月革命爲已任的蘇俄，能不起來嗎？

從十月革命裏湧現出來的蘇俄，專門準備着撕毀帝國主義的鐵網之工具，現在已鑄造得很堅固了；使用這工具的技師波爾塞維克派已練習得很機巧了；鐵網自己腐敗了；看！ 世界革命之前途！

# 馬克思主義與暴動

——給俄羅斯社會民主工黨(波爾札維克)中央執行委員會的一封信——

列甯(超麟譯)

屬於統治的「社會」黨對於馬克思主義之最惡毒的也可說是最流行的附會之數中，有一種機會主義的錯誤，以爲凡屬預備暴動，甚至是，凡把暴動看成一種藝術的，都是「白朗起主義」(Blankisme)。

機會主義領袖，伯因斯坦(Bernstein)，已經於誣告馬克思主義爲白朗起主義之中，取得他可憐的光榮；現在的機會主義者，實質上，一點也不能多發揮，一點也不能多擴大伯因斯坦的可憐「見解」，然而他們還正在誣告人是白朗起主義。以白朗起主義誣告馬克思主義者，因爲他們把暴動看成一種藝術！ 馬克思自身已經以最確定的，最恰切的，最無可反駁的態度說明這個問題，他確曾以藝術的名字加在暴動頭上，他確曾說應該以藝術看待暴動，應該取得開端的勝利，在勢如破竹的勝利中 應該利用敵人之渙散，而不應停止向敵人之進攻等……。

要暴動能成功，必須依靠在先進的階級上，而非在陰謀上，政黨上：這是第一個條件。 暴動必須靠在民衆革命潮流之澎漲：這是第二個條件。 暴動必須靠在革命進行之歷史的轉灣點，那時民衆先進隊伍之活動力必是最大的，那時敵人隊伍中和同情於革命的柔弱，觀望而又搖動的分子隊伍中之猶豫不決亦是最顯的：這是第三個條件。 提出了這三個暴動條件，就是馬克思主義與白朗起主義區別之點。

但一旦這三個條件都有了，還不把暴動看成一種藝術，那就是背叛馬克思主義，那就是背叛革命。

我們現在所處的時機正使黨務必承認客觀事變的步驟已經把暴動列入議事日程之內，務必把暴動看成一種藝術。要證明這個，故好應用比較法，拿九月之日去比較七月三—四日。

七月三—四日之事可以一點都不違背事實地這樣說：那時奪取政權是比較對的，因爲不如此，敵人仍然誣告我們暴動，仍然以處理惡勳者手段，來解散我們；但不能因此就以爲那時絕對應該奪取政權，因爲暴動勝利的客觀條件那時還沒有。

(一)革命前鋒的階級那時還不在我們一邊。京內工人和兵士中我們還未取得多數。這個多數現在在工兵蘇維埃中已經有了，這僅係是七八兩個月之歷史，波爾札維克黨人受「裁判」之經驗，及哥爾尼洛夫(Cornilov)事件之經驗所造成的。

(二)全民衆革命潮流之澎漲那時還沒有。自從哥爾尼洛夫事件之後，現在已經有了，各行省發動及許多地方蘇維埃取得政權就是證據。

(三)那時在眞正的社會政治範圍，我們的敵人隊伍中，和觀望的小資產階級隊伍中，還不見有猶豫不決。現在猶豫不決已是很顯然了：我們最大的敵人，同盟的和全世界的帝國主義，——因爲「協約國」正站在全世界帝國主義前面——已搖動徘徊於務必戰勝和分別講和以反對俄國之二種計畫中間。我們的小資產階級的民主主義者，在民衆中失却多數之後，已搖動起來，拒絕聯合，就是說拒絕和憲政民主黨人之聯合。

(四)因此七月三—四日暴動是錯誤的：我們在物質上，政治上都維持不了政權。在物質上，——姑無論彼得城暫時在我們手裏——因爲我們的工人和兵士那時還不能爲佔領彼得城奮鬥和赴死：他們對於克倫斯基(Korensky)，對於齊勒德里，赤爾奴夫(Tsereteli-Tohernc▼)還沒有那樣仇視，那樣怨恨，我們的人也未得在社會革命黨和孟雪維克參加之政府下能拘捕虐待波爾札維克黨人之經驗。在政治上，七月三—四日我們也維持不了政權，因爲軍隊和行省在哥爾尼洛夫事件之前能夠而且必要反攻彼得城。

可是現在另又是一幅畫圖了。

階級的多數，革命前鋒，能領率羣衆的民衆前鋒，在我們一邊。

民衆的多數在我們一邊，因爲赤爾奴夫之出走逃絕不是唯一的徵兆，然而却是顯明的徵兆證明農民從社會革命黨時候之政府（而且從社會革命黨本身）得不着土地這裏就是「革命」的全民衆性質之標記。

佔得優勢之黨，固定知道自己道路之黨，在我們一邊，而此時正是一切帝國主義之空前的猶豫不決，一切孟雪維克與社會革命黨聯合之空前的猶豫不決。

眞正的勝利在我們一邊，因爲民衆已差不多完全走入失望狀態，我們以眞正的出路給了全民衆，在哥爾尼洛夫事件中，我們向全民衆說明我們指導之意義，其後我們又向聯立派提議妥協，被他們拒絕，而其時正是他們無法終止猶豫不決之條件底下。

最大的錯誤乃在當時以爲我們的妥協提議，還未被拒絕，以爲「德謨克拉西會議」還可接受這個提議。妥協是黨向別黨提議的；不然就無從提出。別黨已拒絕這個提議了。德謨克拉西會議只是一個會議，別沒有甚麼。不應忘記了一件事：在這個會議中并無代表革命民衆之多數，貧苦和破產的農民。這是民衆少數的會議，——不應忘記了這個顯明的眞理。我們方面把德謨克拉西會議看成一種議會，這是一件大錯特錯的事，這是過於信任議會制度所致，因爲縱然這個會議宣言自認爲議會，爲革命的至高議會，也解決不了甚麼：決議是在這個會議之外的，是在彼得城，莫斯科工人中間的。

在我們面前發現了暴動成功之一切客觀前提。在我們面前發現了異常優越的地位，此時唯有我們暴動的勝利能夠終止了那騷擾民衆的猶豫不決狀態，這個是世上最苦痛事件；此時唯有我們暴動的勝利能夠揭穿分別的講和反對革命之把戲，——由我們提議一個更完滿的，更公平的，更接近的公開和平，便宜於革命的和平。

唯有我們的黨結果在暴動中取得勝利才能救起彼得城，因爲如果我們的和平提議被拒絕了，連停戰也得不到了，那時我們將變成「保護祖國者」，將站在主戰黨的前面，成了極力「主戰」的政黨，那時我們眞正爲革命作戰了。我們在資本家們家中取出所有的麵包與皮鞋。我們祇留一些麵包皮給他們吃，一些破布給他們穿。我們將所有的麵包和衣服送給前敵。

那時我們就保護彼得城了。

眞正革命戰爭之軍需，物質與精神二方面，在俄國現還異常之多；百分之九十九可以希望德國人最少要給我們一種停戰。現在取得停戰，卽等於已經戰勝了全世界。

旣然知道彼得城和莫斯科工人們爲救護革命，爲抵制二派帝國主義「分別」地瓜分俄國而起暴動是無條件的必要，我們就應該首先確定對德謨克拉西會議之政策以適合風起雲擁之暴動條件，其次聲明我們不僅口頭上承認馬克思之思想以爲必須把暴動看成一種藝術。

我們應該在德謨克拉西會議中從速固結波爾札維克黨人小團，不必多增數量，不要恐怕在猶豫不決的國家中做出猶豫不決的事件：須知他們對於革命事業在此地是比較在堅決的戰士之國家中更加有用。

我們應該作一簡單的波爾札維克宣言，很嚴厲地提醒長篇演說之無用，一般「演說」之無用，從速行動救護革命之必要，完全與資產階級斷絕關係之絕對必要，現在所有的政府之毫無區別，英法帝國主義預備瓜分俄國計劃之切勿參與，一切政權迅速交給革命無產階級所要求的革命德謨克拉西。

我們的宣言應該是最短的，內容必須適合於黨綱草案：和平給民衆，土地給農民，沒收可恥的利潤，取締資本家在生產中的作惡。

這個宣言愈簡短愈嚴厲，愈好。其中還要明顯地再說明二點：民衆受了猶豫不決所騷擾，民衆受了社會革命黨和孟雪維克之無果斷力所貽誤：我們和這些政黨從今根本斷絕關係，因爲他們背叛革命。

別一點 卽刻提議無割地之和平，卽刻和同盟的帝國主義斷絕關係和一切帝國主義斷絕關係，我們迅速或取得停戰，或使整個革命的無產階級到保護祖國的方面，採用革命的德謨克拉西，在其指導之下，做眞正正義的，眞正革命的戰爭。

讀完了這篇宣言，卽請決定，而 多談，卽請行動，而非成立決議案，我們應該遣移我們每個的小團到工廠和兵營去：那裏就是小團的位置，那裏就是生命的神經，那裏就是革命救護之泉源，那裏就是德謨克拉西會議之發動機。

那裏我們應該用熱烈的，感情的演說解釋我們的黨綱而這樣提出問題：德謨克拉西會議完全接受我們的黨綱，不然就是革命。　中立是沒有的。　等待不可能。　革命破產了。

提出問題這樣，集中整個小團到工廠和兵營去，我們就準確地計算暴動開始之時機。

為要以馬克思主義者眼光對待暴動，換一句話說就是把暴動看成一種藝術，我們在這個時候就一分鐘也不失去，我們就應組織暴動隊伍之大本營，分配力量，調動可靠軍隊把守最重要地點，圍攻亞列山德林卡(Alexan rinka)，佔領彼得保羅(Pierrcet Paul)，拘捕大本營和政府，派遣那些寧死不放仇人來城中心之隊伍去對付士官學生和負固兵隊；我們應該調動武裝的工人使他們做決死的，最後的戰爭，突然佔領電線與電話，將我們暴動的大本營移到電話總局去，將所有工廠的，兵隊的，武裝鬥爭的要隘的……電話與大本營聯絡起來。

這不過是舉例，自然只為形容目前所處時機，如果還要真正的馬克思主義，如果還要真正的革命，那就非把暴動看成一種藝術不可。

這封信是一九一七年九月，正當德謨克拉西會議開會之際寫的。原信現藏在俄羅斯共產黨中央執行委員會文庫。　原文見列寧全集第十四卷第二本第一三五頁至第一四〇頁(譯者)

# 十月革命與弱小民族

瞿秋白

「資本主義的發展，一開始便趨於生產及交易方法之國際化而消滅各民族的閉關主義，資本主義發達之後，交通進步，資本流通，經濟日益成為世界的而非民族的。　這種過程表現世界生產力的開展，各民族因之而日益趨於同化各自消滅他的特殊性；這種過程實足以造成將來世界社會主義經濟之物質上的前提，他本身確是社會的一種進步。　這是第一種趨勢。　可是各民族之互相依賴及各地域之經濟統一的過程，在資本主義之下，却不是各民族的合作，而是先進民族壓迫剝削弱小民族。　各先進民族之間如有互爭殖民地的必然現象——卽所謂帝國主義。　因此，各強大民族的資產階級以強力阻止弱小民族的互助結合，往往用極狠辣殘暴的手段封鎖已經制服的弱小民族，隔離他們，離間他們，以遂其一民族同化其他小民族之陰謀，以求壟斷這些小民族地域裏的經濟政治勢力。　這一趨勢剛剛和上面說的相反，然而實際上這種帝國主義的侵略行為，使弱小民族的敵氣日益增加，民族精神日益準確，互相聯合的必要，愈益顯露；——所以這第二種趨勢，也是社會進步的一種動力，他造成將來世界社會主義經濟之精神上的前提。」

這兩種趨勢的互鬥實是近三十年世界史的線索。　一方面，資本主義及生產力日益發達，經濟日趨於大同；別方面，經濟力強的國家與經濟力弱的民族，其利益日益矛盾。　所謂『有殖民地的』資產階級國家內部，必然隱伏分崩的趨勢；而且各『有殖民地的』資產階級國家之間，必然互相爭奪，以至於戰爭，割地，分裂。　如是循環不已，直到資本主義的末日：分裂戰爭之後，舊的強國消滅，新的強國又在造成。　弱小民族時屬于甲，時屬於乙。　（如帝俄，匈奧，土耳其；又如英國及戰前之德國等的歷史都是如此。）　所以資產階級的多民族的卽有殖民地的國家，決沒有穩固而不分裂之可能。　資產階級的國家內，也永久沒有解決民族問題的時候。

俄國的十月革命方始得着解決民族問題的道路。十月革命之指導者——俄國共產黨，在一八九八年成立大會時，便已經見到民族問題的真義，主張民族自決及其自行分立國家之權。帝國主義的歐戰及隨後各小民族之革命運動，適足證實俄國社會民主工黨（多數派）對於民族問題的觀察及政策之確當。十月革命前，多數派的民族政策便是：（一）絕對否認對於弱小民族的強迫政策；（二）主張各民族實際上的平等及主權；（三）斷定祇有自願的合作方能鞏固各民族之真正結合；（四）說明祇有資本家的政權徹底推翻之後，這種互助的結合，方有可能。

十月革命成功，便使以前的政策得以實現。革命推翻地主資本家之政權，而樹立無產階級的獨裁制。資本家地主的政權不倒，連小資產階級及農民，都習於民族的自大性，根本上決不能免民族間的壓迫和剝削；一切民族間的惡感都是當初俄皇的地主資本家政府統治蹂躪弱小民族時所必需的工具。所以這一政權既然顛覆，無產階級革命一起，各弱小民族的奮起相助，是必然的事；——不然，哥爾察克，田尼庚，猶乾尼次，藍格爾等白黨反革命軍，如何能如此容易鎮服呢？祇有無產階級獨裁制有了保證之後，民族間的歡喜及自由才能算有保證，——因為無產階級獨裁制若有動搖，那利於壓迫弱小民族的地主資本家必然要復辟，民族自由仍舊要受摧殘，所以蘇維埃制度的勝利，是各民族自由合作而成聯合國家的基礎。

十月革命的結果，當然也不是霹靂一聲地解決民族問題，不過是造成各民族真正自由結合的基礎罷了。十月革命的發展中，並且經驗到解放弱小民族并組織被壓民族以抗帝國主義之具體方針。十月革命後的第一期，各弱小民族的勞動民衆生平第一次自己感覺到他的民族身分。當時歐美帝國主義之武力的經濟的干涉俄國內政，還不十分緊迫危急，所以俄國內各民族之間的合作，還沒有確定的形式。第二期——列強干涉及國內戰爭期，各民族因為自衛緊急，所以合作便帶着軍事同盟的性質。第三期——戰爭終了之後，恢復殘破的生產，實行經濟改造，成了狠緊急的問題；所以各民族的合作便進一步而成經濟聯盟。蘇維埃社會主義共和聯盟國就是這種合作的方式——使各民族之平民階級，得有現實的軍事上政治上經濟上的結合。——這便是無產階級解決民族問題的道路。

然而得到解決民族問題的道路，并不就等於完全解決民族問題；還要有長期的工作，處處找那具體的實際的方法，以實現十月革命——共產黨對民族問題的宗綱。這是因為舊俄封建農奴資本制度的遺毒，決不能掃除於一旦。這種流毒，第一，便是大俄羅斯的自大的狹義的民族主義。往往大俄羅斯人對於異族的事，有輕忽漠視、居高臨下的態度。譬如烏克蘭，白俄羅斯，土耳其斯坦，亞塞倍裳等地方，農民大半是異族，工人大半是大俄羅斯人。這種農工之間的結合，至今還是因為異族惡感而不能十分順手。祇有這種妄想以一民族同化其他民族的野心——舊俄帝國之流毒，完全去盡之後，蘇聯各民族的結合才能穩固。因此，蘇聯各國的共產黨竭力設法掃除這種流毒呢。第二雖不能說盡是流毒，却也一半是俄國資產階級的政策的結果。這便是各小民族經濟及文化程度的落後。經濟的現實基礎中，各民族并不平等——往往有簡直沒有無產階級的民族，工業幾等於零，文化低得不堪，他們不會享用他們所有的自由權。所以大俄羅斯人應當竭全力幫助他們發達經濟及文化，如此方是真正消滅民族不平等的正當道路。第三便是各小民族歷史上的仇視大俄羅斯人，各民族相互間的惡感，以及各小民族自大的民族主義。這當然也是舊時俄皇政府的政策所致。對於大俄羅斯人及其他異族的仇視，固然也是小民族的自衛精神——然而疑忌過甚，反而進於進攻態度。　譬如喬治亞的民族自大主義簡直反對甚至於壓迫當地的亞爾美亞尼人，亞雜爾人，亞李哈滋人；亞奏倍裳的民族自大主義——反對亞爾美尼亞人；烏滋白克（蒲哈爾，哈萊滋地方）——反對亞爾及滋人等等，必需設法消滅這種民族自大主義。

因此種種，所以十月革命對於弱小民族的意義便是：因無產階級革命而世界各地被壓迫民族得到強有力的友軍，帝國主義的鐵網己經打開一面，各民族的自由合作己經開始；可是帝國主義——以及資本主義，封建制度等的鐵網還有三面沒有打開，不但列強帝國主義還占有世界六分之五的面積，而且在蘇聯之中還有帝國主義等的流毒足以妨害民族自由聯合的前途。　各地一切弱小民族應當急起直追，聯合己得勝利的蘇聯各民族，合力徹底顛覆世界上一切帝國主義及其走狗，——各強國裏的假社會黨（英國工黨等），各殖民地及弱小民族裏的軍閥民賊及國民革命中的調和派。　蘇聯各民族，尤其注重掃除一切帝國主義的流毒，而竭力鞏固發展各民族間的自由合作及自由結合。

蘇聯共產黨一九二四年對於民族問題的議決案裏說：

『……民族問題現在的具體辦法便是：

一、設立蘇聯中央機關之時保證各共和國（民族）的平等權利及平等義務，各共和國相互關係如此，其對於中央機關亦是如此，

二、蘇聯中央機關中裏設民族院，蘇聯各共和國以及各國內之各民族皆有代表，派遣方法絕對平等。

三、蘇聯之各執行機關內保證各共和國代表皆能實際參與，務使適合於各該國之需求。

四、各共和國皆有極為廣泛之財政權及一部分之預算權，任各國得自由充分發展其行政經濟，及文化事業。

五、各國執行機關中，當令本地人，知悉言語，風俗習慣等者，占大多數，或盡數由彼等充任。

六、明令保證與各民族有關機關得用各該民族之語言文字。　明定法律，懲戒侵犯民族自由權的人，尤其注重在某地占少數的民族之權利。

七、赤軍中格外努力宣傳，『共同保證蘇聯各民族。』　且組織各民族之民族軍，使各族皆有守衛之能力。

The Guide Weekly

# 嚮導週報

第九十一期

（中華郵務管理局特准掛號認為新聞紙類）

一九二四年十一月十二日

郵票代款概作九五折

分售處

香港 萃文書局
巴里 中國書報社
廣州 丁卜書報社
上海 民智書局
上海書店
武昌 時中書報社
共進書社

分售處

太原 晉華書社
長沙 文化書社
濟南 齊魯書社
杭州 古今圖書店
雲南 新亞書社
寧波 明星書局
開封 文化書社
福州 工學社
南京 天一書局
成都 華陽書報流通處

定價 國內一元寄足四十期 國外一元寄足二十五期 郵費均在內 零售每份大洋三分

每星期三出版 發行通信處 上海英租界上海大學楊志育 北京大學第一院收發課轉鄭于明

## 歡迎孫中山先生離粵來滬

和森

拋棄僻處一隅的政權，而從事於全國革命的工作——宣傳與組織——之進行，吾人對於中山先生久已有此提議；現在中山先生離粵來滬已成事實，吾人根據這種重大的意義，應當表示充分的歡迎！

中國自受國際資本帝國主義的侵略，政治經濟日見崩壞，辛亥革命，政權轉移於帝國主義扶植的北洋軍閥而益亂。 現在曹吳雖倒，而繼曹吳以起的仍然不外傳統的北洋餘孽之段張馮三派軍閥，繼續爭奪宰割之舊局面，戰爭禍亂不僅無停止之望，而且正在醞釀發展之中。 在這種情形之下，國民革命領袖宜如何領導全國人民入於奮鬥之途；——這種重大的責任正落在中山先生的雙肩之上。

中山先生怎樣成就這種偉大的責任？ 我想他抵滬的第一件工作應根據國民黨的政綱發表宣言，拿出自己救國救民的真正主張；（如怎樣廢督裁兵，怎樣收回海關主權，增加進口稅，以為裁兵理財廢厘金停外債及與教育辦實業之用等），一面試探軍閥是否有悔禍之誠心，一面喚起全國民眾之奮鬥；第二件工作應同時致電北京的攝政內閣，立刻廢除治安警察法及一切束縛人民言論集會自由的法令，俾全國被壓迫的人民得充量發表其政治意見，然後召集國民大會解決國是；第三件工作應在全力發展長江及黃河流域的黨部，及與上列二項有關的宣傳與組織。

至於何時北上或是否必須北上，這還是次要的問題，應俟觀察情形再為決定。 因為現在京津的形勢，段張馮三大軍閥已由暗鬥而入於明爭之期（詳見另篇），奉張提十萬大軍進駐津浦一帶以後，兇焰萬丈，目無餘子。 勢危力孤的馮玉祥派（孫岳胡景翼在內），為勢所迫主張路趨新異（如歡迎中山，處置清室，委員制等）已為段張所不喜，馮在中樞之地位業已發生問題，此後馮張是否決裂而至於再戰尚不可知，至於所謂和平會議更是遙不可期。 以段祺瑞現在之地位尚不肯冒然赴京做戰勝者的高等俘擄，難道中山先生可冒然赴京做他們的高等俘擄麼？ 段祺瑞在他未成就自己的勢力之前不肯冒然入京，吾人亦希望中山先生在滬作相當時期之勾留，造成全國的輿論及民眾的後援，庶幾進可制勝軍閥退可擴大宣傳。 故吾人謹以上列三項工作為歡迎中山先生離粵來滬之貢獻！

# 國民黨的政治態度

獨秀

國民黨的分子本來複雜，遇了現在這樣複雜的政局，各派分子對於政治的態度，自然不會一致。茲假設其不同點而略評其得失。

此時中國的一切政治局面，都是各帝國主義者及各派軍閥暗鬥明爭循環起伏的局面，只有革命的大民衆之長期的暴動，打破此循環仍舊的局面，別開一新局面，是唯一出路。放棄政權與軍事行動，從民衆中去，宣傳民衆，組織民衆，訓練民衆，領導民衆，對於一切帝國主義一切軍閥，不放過每個爭鬥；這是國民黨的政治態度所應取之上策，因為中國只有此策可救。

或以為此策迂緩而難行，就現有的政權與軍事勢力，對各派帝國主義與軍閥，採用一時攻守緩急不同的策略，或利用軍閥中的反抗派推倒最反動的軍閥，以進展革命的勢力，或參加軍閥會議，發表己黨的政治主張，暴露帝國主義及軍閥之陰謀於全國民衆；此種行動，雖不能根本打破一切帝國主義與軍閥循環起伏的舊局面，而却是革命的行動，可以算是中策。

若是絕口不提反對帝國主義，閉口不提打倒一切軍閥，對於與己黨有關係的軍閥戰勝他派軍閥，便視為革命之勝利，以為他們的勝利可以解決中國政治問題而無須革命，不惜犧牲己黨的黨綱政綱逢迎軍閥，慫恿己黨黨魁無條件的與軍閥合作，與帝國主義妥協，以冀在政權上分得若干餘瀝；這種下流的政治態度，不待言不能救中國，并要葬送國民黨的生命！

在廣東之政治態度也是如此，毅然拋棄政權，從民間去，乃是上策，因為右派與軍閥利用政權壓迫工人，農民，剝削小商人，不拋棄政權，民間大不歡迎；或以事實上無法卽時拋棄政權，則卽利用此政權，肅清境內種種反動勢力若商團鄉團善堂不法的軍隊等，停止種種弊政若開賭雜捐拉夫等，這也不失為中策；至於日與各種反動勢力妥協牽就，以保此背革命而行的政權，實是下策！

國民黨將來在歷史上的榮譽至何程度，當以其政治態度採用此三策至何程度而定。

# 段張馮三派軍閥暗鬥之北方政局

和森

北京政變成功，北方政局遂入於奉張皖段直馮三派北洋軍閥角智競雄的新時期。馮玉祥原先本想挾「和平」「停戰」四大字號召天下，制奉倒吳；殊知事出意外，吳佩孚牽軍回津而奉軍隨着長驅直入（參看本報八十九期），馮玉祥主宰中樞之地位無形為之動搖，於是才屁滾尿流把曹錕攆走，而去捧段祺瑞的佛脚，迎他進京做什麼國民軍的大元帥。段祺瑞自然有他自己的算盤，他不僅不願意做馮玉祥的傀儡，同時也不願意做張作霖的傀儡，他的主意是要乘機造成自己強固的實力之後才入北京攬持政權。所以他不僅與吳佩孚暗結收拾吳之殘部為己有，重要目的還在使吳糾合長江各省直系勢力棄曹擁己，所以他對於吳的態度始終只說「子玉擁戴非人」，這句話的反面意義自然是很明了的。

前此路透電及英字報紙常常散布段張馮暗鬥的消息，因為路透電及英字報紙都是幫助直系的，所以閱者不甚注意。可是這種消息現在在日文報及日本各通信社所發的消息中，幾乎日不絕書。現在先把上海和文日日新聞（本月九日）論段張馮的外交戰一文介紹於下，以見此類消息之確實：

「段祺瑞之遲遲入京，蓋知在東南諸省形勢未定之前，而遽行輕動，將自陷於不利也。 對於此次政變，段氏之聲望與活動間接固與有力，而直派失勢後直接之最大動機，則在奉軍之戰勝與馮氏之政變。 今張作霖與馮玉祥，雖均聲明擁戴段氏，段系各省亦表示服從段氏，而不帶一兵之段氏，不造成强固之背後之勢力，而遽行入京，勢必仰承戰勝者之鼻息，或爲奉派之傀儡或作馮派之招牌，而供其急進政策實行之工具，均有爲北京城內高等俘虜之虞。 此爲段氏之所已見到者，故段氏務遲遲入京，必將本系各省及舊有直系各省聯絡就緒，以消彌奉馮二派之隱患，且進而造成得號令天下之實勢力，而後入京主持。 即段氏之計畫，在利用張馮之武力威嚇，訴諸平和之手段，以支配天下，此段氏之所以不易動也。

至於馮派，甚冀段氏早日入京。 馮等幸乘北京之虛，告厥成功，雖一時握有中央主權，而其支配區域，僅限於近畿地方，擁兵數萬，而無地方的地盤，知現狀難長久維持，乃求段氏出山，權依其名以號令天下，俾時局早日收拾，且由段氏負設施一切責任，故請段氏入京。 又奉張之地位，與馮稍異其趣，張之目的，在殲滅直系勢力，不與吳氏以再起之餘地，因之於方法手段皆所不問，其所懼者即吳氏糾合長江之勢力，出於擁戴段氏之態度，而貽留他日之禍根耳。 段吳提攜之可能性，已爲數年來識者間之一問題，以其意氣人格之相近，較之張段之關係，僅由利害而結合者不同。 在曹錕失勢之後，吳固不妨先行糾合長江各省，擁戴段氏，此亦奉張之所熟知也。 要之馮等欲利用段氏以固本派之地位，奉張亦欲利用段氏以收戰勝之全功，而在段氏，亦欲乘張馮之擁戴，且免彼等之反感，而握天下之實權，表面均標榜和平妥協，而實則角智以競取權勢。 由此以觀，目下京津間之形勢，可謂奉直馮吳之戰爭已閉幕而入於段張馮之外交戰鬥時期。」

段祺瑞遲遲進京的原因，日日新聞固已論之甚詳，我們所更欲了解的，段氏這種老算盤不僅出自個人的心裁，而且是由於後台老板日本政府的決定。 如不相信，請再看上月底東京傳來的消息：

「電通社東京二十九日電：據東京人士之一般觀察，段合肥氏若果出就總理之職，而攝行總統職權時，當首開各省代表會議，而圖實行其聯省自治政策，且當此財政困難之時，或須對外募集善後借款，以濟急需，而其先時當寺內內閣時所成立之西原借款電話借款等等，此際縱不能償還其本利，亦當有整理之希望。 又日本若遇段氏爲實行其聯省自治計畫，而至仰給其經費於外債時，亦不惜與以援助，藉謀奠安中國之時局云。 又同日電：昨日日上院議員，曾往訪霞關外務當局，叩其對於中國時局意見，得其答復如次：「段氏雖終不免於出而收拾時局，但亦必審愼周詳，須至萬不獲已時而後出此，當決不如外間所傳之冒昧從事也。 且現時段氏手無一兵一卒，若貿然出而肩任艱鉅，恐不免爲馮氏所操縱，此固爲段氏及其左右所深慮者，而奉張此次自恃其功進兵京畿，以制馮氏，亦未可知。 果爾，則今後北京政局，殊未易樂觀，而段氏對此自更不得不深加審愼其出處矣」

段祺瑞不冒然以赤手空拳進京受馮玉祥之操縱，及張作霖進兵京畿以制馮玉祥之二點，現在日本政府的代理人業已如法辦到不成問題。 這三大軍閥間的暗鬥，一面是段張聯合以制馮，別面是段吳聯長江直系各省勢力以制張。 蘇皖贛閩浙陝鄂豫八省聯防擁段內幕，一面固然是吳（佩孚）齊（燮元）蕭（耀南）等保持直系勢力的政策，別面又是段祺瑞擴張自己地位的妙計。 這種段吳默契的聯合政策不僅給馮玉祥及其所謂攝政內閣以大打擊，同時在奉張看來也是一個不堪容忍的眼中釘。 所以任從段氏在天津怎樣高叫「吾對東南已有辦法」，馮氏在北京怎樣高叫和平會議，䶖大帥對之總是一聲不響，悄然提着十萬大軍進駐天津，馬上分部由津浦路南行向山東進發：據各通信社消息，張作霖對於東南决用武力剿滅直系餘孽，并且以山東與東山省有深切之利害關係，將令張學良與姜登選軍繼李景林而入天津濟南方面，同時䶖大帥的先鋒吳光新宣言：『此時欲望澈底統一，無論如何不可不攻取南京而討伐西南』（見七日東方社北京電）。

現在三大軍閥間短兵相接的問題，第一是地盤的瓜分，第二是中樞政權的爭奪。　關於第一問題，段祺瑞要以他的爪牙盧永祥任直魯豫的首席巡閱使，而以馮玉祥任蘇皖贛巡閱使，并且急不擇時，便要求他所不慊意的攝政內閣頒發明令，可是奉張的主意完全與段相反，奉張老實不客氣地主張調開馮玉祥離北京去做兩湖巡閱使，而以蘇浙皖巡閱使俾盧永祥，至於首席的直魯豫巡閱使䶖大帥却默而不言，好教善於參禪的段太師去領會領會。

至於第二問題，馮玉祥本屬捷足先登，所謂攝政內閣既未仰承段氏意旨又未徵取䶖帥同意，基督將軍斧柯在握獨出匠心，一時得心應手之樂自不待言。　然他一方面，與段張之間的摩擦自然要加倍的增高。　段祺瑞在天津不僅開府辦公儼然自立政府，而且更進一步擬議安福系之正式內閣（十二日天津電：庚電：段派集議，擬推王揖唐組閣，伍朝樞曾毓雋葉恭綽等為閣員，但奉張方面尚未贊同）；至於奉張，前此既反對二王(永江，迺斌)就職而薦葉恭綽鐘世銘長交財二席，以現在奉張抵津後的兇勢看來，乃有完全排除馮玉祥於北京政權外之趨勢，請看下列消息：(一)東方社十二日天津電：奉天軍氣燄極盛，馮玉祥王承斌失踪；(二)上海各報同日電：天津會議，張作霖請馮玉祥帶兵赴熱河，馮薦李景林，段未置可否；(三)上海新聞報同日電：張作霖與馮玉祥王承斌爭權齟齬，王承斌逃避往英租界，馮玉祥被扣留，現象極為紛亂；(四)連日上海各報電：京奉局長，奉張又委唐文高，未到任前以錦州站長吳藕塘代理，并隨張來津，有路員二百餘人，沿途更換，查該局長京馮曾委任丁某，今張又委，不知如何决定去留；又攝政內閣新任長蘆鹽運使劉之龍，天津海關監督徐祖善天津造幣廠長劉人傑，均被張作霖擋駕，不能到任。

從上面些這消息看來，馮張的决裂似乎即在目前；但這種時間的問題，我們實無預言之必要，因為段氏對馮的態度不必與奉張完全相同，則三大軍閥頭的暗鬥局面自然還可延長到相當的時日；毫無疑義的便是這種暗鬥將日趨於嚴重。　即以直隸與天津的地盤而論，馮玉祥的攝閣既已决定維持王承斌和李竟容的地位，而奉張則欲以直督地位與李景林，皖段則欲奪天津鎮守使地位與劉詢。　這類的爭奪正在方興未艾，而總統制與委員制的暗鬥又近在眉睫；主張委員制最力的是馮玉祥，在目前段張之對馮自然常處於聯合的地位。

現在馮玉祥的地位業已入於危困時代：他介於段張兩大的壓迫之間，他除了自己的軍隊外沒有領袖直系勢力的希望，他所聯結的同盟只有孫岳與胡景翼兩個小軍閥，惟因他的地位如此孤危，所以迫得他不得不左傾一點而做些有利於己的投機舉動：如高唱中央政府改採委員制，高唱尊崇孫中山，實行取消宣統尊號改訂優待條件，急開中俄會議等等。　馮玉祥這些投機舉動一面固然可博智識界多少同情，別面却因此大招段張與日本方面的疑忌。　現在請看下列幾項消息：

(一)東方社十日電：際此天津會議集中內外視綫之時，加拉罕與王正廷在北京往來甚頻，一般人士推測，或係謀中俄會議之完成起見，但他方面盛傳，有人正在運動，將乘天津會議機會，在中國布類似蘇俄之委員制度，現內閣中一部分國民黨之有力者與加拉罕之間，正在努力進行，有所企圖云。

(二)路透社十一日電：段祺瑞雖不以待遇溥儀之手段為然，但力避自相分裂，惟大局頗伏危機，蓋馮氏在京所任諸人刻力圖固其應急政府之地位，張作霖段祺瑞二人則既利用馮氏之叛吳，顯復謀圖推翻馮之機關以自定新政府基礎也。

(三)申報十一日北京電：東方時報(張作霖收買之機關報)論孫派太新，須迎合舊社會觀念，意在貫澈張作霖主張，而使段爲總統，此間官吏亦贊成段來，謂較能籌款發薪，惟北京智識界，均主張實行委員制，免却今後爭總統之內訌，苟仍襲舊軍閥故轍，則改革徒勞。

三派軍閥間的暗鬥既如上述，然則隱在他們背後的帝國主義的態度是怎樣？　此爲最堪吾人注意之一問題。　試分日本與英美兩方面言之：段張得勢，日本固然躊躇滿意，然鑒於段張間目前與將來之衝突，以及長江直系勢力之難於殲滅，亦時常有所危懼而發出悲觀的論調，下列十二日東方社所發表的消息，最足以窺見日人之隱衷：

「某要人談收拾時局之難處如左：(一)張作霖聲稱推戴段祺瑞爲各省聯軍統帥，一切聽段指示，馮玉祥等不問段尚未允，即以國民軍大元帥之禮待段，但內部實並非如此忠實於段氏。　(二)王正廷承馮玉祥意，與赤色濃厚之國民黨及北京大學之一部通氣脈，爲迎合急進論者之施設，但如此，則根本上與段張等之主張不相容，北京一帶，既爲馮之大兵所圍繞，段若能如預定之辦法，一俟受各方面之推戴，即行入京，則如何能使戰勝之馮玉祥從北京附近撤兵乎？　(三)張作霖自身，如能依有利之條件鞏固東三省之地盤，則其干涉中央政治之念或可淡薄，但其部下諸將藉戰勝之餘威，已成騎虎之勢，如李景林之窺直省，張宗昌之窺魯省，吳光新且有越徐州而更南下之傳言，彼等眼中已無馮玉祥，段將何以駕馭此驕橫之奉軍將士哉？　(四)蘇齊浙孫贛蔡鄂蕭等直系有力者聯名發擁段之通電，而從其裏面觀察之，則彼等表示團結鞏固，乃欲合力防阻北方勢力之南進，豈眞澈底服從段氏乎？　(五)南方之形勢，尚在混沌中，孫文意見，不足以代表南方，縱孫段二氏之間已有接洽諒解，但國民黨員之北上，大有促成北京急進施設之虞。　總之，段氏身不帶一兵而欲與國民會議謀自己所主張之根本改造說，在未行之前，不可不先將此等錯綜紛擾之難題一一措置妥貼，段氏之任務，可謂重且大矣。　然則日本帝國主義怎樣做呢？　他的責任，第一是謀怎樣處置馮玉祥而鞏固段張的狄克推多；第二是調和段張；使吳佩孚無隙可乘，徐圖剿滅長江各省直系之勢力。

至於英美，此次因爲忙於國內的選舉競爭，(美國代理公使又病死了)，坐令日本勢力在中國獲得「如此奇異之發展」(倫敦太晤士報驚歎之詞)，本已吃虧不少。　但一俟英國保守黨內閣與美國共和黨政府鞏固之後，對於華事一定有積極之舉動，這在近日倫敦太晤士報及包爾溫的言詞中，已明白表現出來了。　包爾溫本月十日對於中國時局的宣言是「如遇可用外人勢力以助中國之機會，則政府定即商諸他國而爲之」；太晤士七日的社論是「英國在華政策，今已屆應表示更大敏捷與策略甚於許多年來所詳示者之時機，英國政府刷新後，今已有對於中國困難問題更爲活動注意之機會；合作固當維持，但他國之不活動，或方向不正的行動，未許爲英國不活動之理由，英國於保衛其利益與維持其觀念時，有更大的獨行之必要云」。　然則英美怎樣做呢？　第一當然暗中維持長江各省的直系勢力，坐以觀馮段張之變；第二是經過必要的旁觀時間後，採取積極的干涉態度。　軍閥的和平會議也許要到這時候才能召集。

綜觀以上種種事實與消息，我們可以得到下面的結論，即繼曹吳而起的北方政情，仍然爲北洋軍閥三派餘孽爭奪宰割的局面，舊戰爭未了，新戰爭的種子正在胚胎萌芽；不僅眞正的和平邈不可得，即各軍閥間暫時妥協的分贓會議亦相隔尚遠。　在這種形勢之下：人民除了靜待軍閥及列强的新犧牲外，只有準備上革命的道路；若還希望軍閥頭目出來收拾時局，簡直是夢裏做夢。

# 唐山工人之新厄運——帝國主義和軍閥所造出來的戰爭之結果！

述之

我們站在中國工人階級的觀點上，早就知道國際帝國主義與封建軍閥所製造出來的一切戰爭，唯一的犧牲者，絕對落在中國工人階級的頭上。　所以我們早就反對一切帝國主義與一切軍閥；我們早就反對帝國主義與軍閥所製造出來之一切戰爭。　當江浙戰爭開始時，我們就大聲疾呼表明我們的意見，預言這次戰爭的結果絕對是中國的被壓迫民衆遭殃，尤其是工人階級。

現在看：東北戰爭是暫時收束了，奉派軍閥勝利了，日本帝國主義收買中國的老代辦段祺瑞快上台了，美國帝國主義所一手扶植出來的基督教將軍馮玉祥一步登了天了，帝國主義與軍閥瓜分中國的和平會議已在籌備進程中了，可是中國的工人階級怎樣呢？　看！　『唐山鐵路工人被該路局長周夢賢勾結洋人，無故裁汰多至三千餘人』，（民國日報本月三日天津電），大家看！　這唐山三千餘工友無故被開除，不就是中國工人階級從這次戰爭結果中所得之第一個「賞賜」嗎！

現在我們還不知道此次被開除之三千工友，究爲什麼原因，我們也不知道周夢賢是何人所委派；但是我們從那個電報中確已知道周夢賢「勾結洋人」，這就夠證明帝國主義者從中指使軍閥的走狗來毒殺中國工人了！　現在這三千被開除的工友，將來怎樣結果，我們還不能斷定，但是這三千餘工友之無故被開除，實是此次帝國主義與軍閥所造出來的戰爭之第一個結果是絕無疑義的。　這樣的事實，與此次日美帝國主義之勝利，張作霖，馮玉祥，段祺瑞等軍閥之勝利，對照起來，擺在我們面前，是何等明顯呀！　中國的工人階級早就已經無疑地，絕對地準備與帝國主義和軍閥決死戰的，但是明白的中國人們應該怎樣來助戰啊！

# 英美選舉結果與世界反動局面之重來

述之

英美這次選舉的結果，絕不是英美資產階級自己搶奪權位的單純問題，而是全世界資產階級的全部政治局面變動之表現，而是全世界資產階級極端反動的局面之到來，而是全世界資產階級帝國主義者向無產階級和被壓迫民族進攻之一種新形式。

世界的資產階級帝國主義者經過世界大戰之後，其基礎本已根本搖動，再也沒有統治世界的資格了，所以不惜用種種迂紆曲折的卑污手段來對付世界的無產階級和世界的被壓迫民族。　牠利用法西斯蒂，利用德模克拉西的和平主義者，利用殖民地和半殖民地的封建階級和買辦階級，可是都沒有成功。　現在資產階級帝國主義者要自己來下手了。　現在英國極反動的保守黨在選舉中已經佔了絕對的多數，包爾溫已組織了他的新內閣，把麥克唐拉爾的「工人政府」完全送到斷頭台上去了；另一方面美國選舉的結果，極反動的共和黨仍然繼續其統治地位，從前所喧囂之小資產階級的第三黨之拉福勒特完全失了敗。

這個很明顯地表現出來，英國的大地主，大托拉斯主，大銀行家，和美國的銀行大王，鋼鐵大王，煤油大王，用不着這一批第二國際黨和小資產階級之德模克拉西的和平主義者了。　他們看着世界無產階級和被壓迫民族的革命潮流之到來，他們想自己用很惡毒的，快刀斬麻的手段來對付這個潮流。　我們不久就要看見法國的普恩萊，和米勒蘭也快起來作同樣的行動，推倒赫里歐政府去對付法德的無產階級和安南，非洲的奴隸。

資產階級，帝國主義者，對這個意思現在已是毫無忌諱地表現出來，我們試看美國銀行老板的紐約太陽報是怎樣說：『穩健派之勝利，英美先後相訣，聯合保守思想而成一個政治上大組合，其力足以應付急進主義，社會主義，共產主義，波爾塞維克主義等形式之仇敵而擊破之云』這個何等明顯！ 所謂急進主義，社會主義……等形式，是不是指全世界無產階級和被壓迫民族之反抗運動的形式而言呀！總之這種英美資產階級帝國主義者之反動政局的到來，牠的目的是將向全世界的無產階級和被壓迫民族採取極端的絕對的進攻形式。是全世界之極反動的極黑暗的資產階級的帝國主義之最 的表現。所以現時之蘇俄為了全世界無產階級和被壓迫民族之利益、想聯合法國小資產階級性的赫里歐政府與日本之「對美恐怖」的政府，來抵抗英美此種反動潮流。 可是這種辦法終究不過一時之計，全世界資產階級之反動潮流是必然到來的命運。

西歐的無產階級自然是要準備對抗這個反動潮流，但是半殖民地的中國人民，也得快醒悟啊！ 起來隨着蘇俄，隨着世界無產階級來反抗此英美資本帝國主義派之反動潮流！

# 帝國主義戰爭的「休戰紀念」到了！

述之

十一月十一日，全世界的強盜帝國主義之四年零三個月的大屠殺的暫時休止日，（一九一四年七月二十八日——一九一八年十一月十一日），帝國主義者自己所謂的『歐戰停戰，世界「和平」開始的「紀念」日』，到了！ 這一天，巴黎，倫敦，華盛頓和東京城裏的有產階級，帝國主義者，一定手忙脚亂，發號施令，教牠們的奴隸們，懸燈結彩，游街示威，紀念牠們的「紀念日」，高呼牠們的「勝利」！ 向全世界的無產階級示威，向全世界殖民地和半殖民地的被壓迫民衆示威。 現在上海的英美日法帝國主義者，殺人不眨眼的劊子手，也一樣在那裏準備着在這天到黃浦灘慶祝他們的紀念，在牠們的紀念碑上點綴花圈，高呼「勝利」。 全世界的無產階級呀！ 全世界殖民地和半殖民地的奴隸呀！ 資產階級帝國主義者是這樣地慶祝牠們的「勝利」哩，但是你們是怎樣呢？

不錯！ 資產階級帝國主義者是勝利了！ 資產階級帝國主義者為了爭奪世界殖民地——市場與原料出產地，——而起的屠殺大戰爭，果然牠們從戰爭中得到勝利了！ 法國的資產階級帝國主義者，把羅蘭的煤礦和鐵礦都搶到手了，把魯爾變成了牠的「安南」了，從德國得到了幾萬萬金馬克的賠償了，法國的史乃德公然成了全歐洲的鋼鐵大王，德國太上皇帝了。 英國資產階級帝國主義者，把小亞細亞阿拉伯等許多殖民地的管理權確定了，小亞細亞的石油礦搶到掌握了，太平洋中從前德國人所管理的許多海島奪過來了，以前與牠競爭世界海上霸權的唯一可怕的德國帝國主義打倒了。 美國資產階級的帝國主義者，趁着這次戰爭無形中搶奪了全世界的商場，將牠的商品散滿全世界，把全世界的金子都吸收到自己的腰包裏去了，金子堆滿屋脊了；牠又放了無數萬萬借款給歐洲，歐洲的「文明」國都成了牠的債戶了，牠那副銀行資本的鐵網把全世界罩得緊緊的了；莫爾干成了全世界的唯一主人翁了。 小日本的帝國主義者也居然大發其財，青島和整個的山東一轉瞬間就到了手了，太平洋中好些島子上都插着大陽旗了，收買中國的幾萬萬借款也趁着這個機會暗暗地交給中國的賣國賊了；在中國的許多特權都從此被承認了。 （凡爾塞分贓會議 所承認）。 還有在非洲的許多德國殖民地都被英法瓜分了，德國資產階殺在各地的許多財產都變成了英美日法等帝國主義者的贓物了，現在牠們從道威斯計畫中又把全德國完全變成了牠們的經濟共管地了。呀！　帝國主義者眞勝利！　可是英美日法的無產階級得着什麼呢？

是的，英美法德俄意奧的一千萬工人和農人們從戰爭中得着了一個「死」！　這一千萬工人和農人們的妻與子從戰爭中得着了一個寡婦的頭銜和一個孤兒的別號！　還有三千萬赴過戰場的工人和農人們，得着了一個無手或無脚的「殘廢」或是神經病和楊梅毒！　全歐洲幾千萬的小資產階級都得了一個無情的貧困與飢荒！　殖民地和半民地的被壓迫奴隸又得着什麼呢？　不錯，幾十萬黑奴不消說在前敵上得了一個「壽終正寢」！　印度奧州和安南的幾十萬軍隊也得着了一個「馬革裹尸」的榮譽。　印度澳洲的工農們還得着一個捐助戰費的大好機會。

至於半殖民地的中國呢？　眞也受賜不少！　從前德國强搶去的青島和山東許多礦山以及鐵路權，蒙凡爾塞和約的批準，得日本帝國主義代管了，因爲段祺瑞的參戰，幾萬萬的賣國借款也得成立了，幾萬華工又得了個好機會已死於法比「文明之邦」；還有一層更重更要的就是中國從此能成爲日美帝國主義逐鹿之場了，并且將來還有資格成爲帝國主義第二次戰爭之爆發地了。

呀！　全世界工人們，農人們，殖民地的奴隸！　資產階級的帝國主義確是勝利了，你們看，牠們又正在那裏準備着第二次戰爭呢。　你們聽見法國航空隊之大發展嗎？　你們聽見英國和美國議院裏的帝國主義者議員老爺們提議增加軍費案嗎？　英國之建築新嘉坡軍港嗎？　你們聽見日本的帝國主義正在準備擴充軍備嗎？　世界帝國主義宰割你們的第二次大戰爭，就在眼前呀！、　不是英法在近東動手，就是美日在中國開端，這一個戰爭比以前更兇惡十倍，因爲帝國主義者的殺人器具比以前更完備了，更發明了，將來的戰爭一定是使用航空隊和使用毒氣。　帝國主義現在是慶祝他們的勝利，但是牠們的慶祝聲中含着什麼意義？　你們須仔細注意呀！

半殖民地的中國被壓迫民衆，英美日法……帝國主義的奴隸！　第二次世界大戰一定是在太平洋，太平洋邊的中國呵，你們看見兩派帝國主義——英美與日法，從江浙戰爭開始到現在，不是正在那裏拚命地暗鬥嗎？　你們看看北京城裏，現在不是美英挾着馮玉祥，另一方面日法又挾着奉張與皖段在那裏搗鬼嗎？　請你們看看：黃浦江，白河口，西江口以及長江一帶有多少英美日法帝國主義的軍艦？　這些軍艦衝來撞去是爲着什麼啊！　是不是明白地告我們：『當心點，我們英美與日法，快要開火了，請奴隸們準備犧牲點罷』！　你們看黃浦灘帝國主義者的慶祝會不是明白警告我們說：『我們英美日法的歐洲大戰是得着勝利了，這樣大勝利只有從搶奪殖民地的大戰爭中可以得着，我們趕快準備第二次大戰罷』！　我們想將來第二次大戰誰是第一個犧牲者？　可怕呀！　我們前途的命運就是帝國主義者正在替我們準備的第二次大戰爭!!

决死戰的時期到了，全世界的工人，農人和被壓迫民族要想脫離這個恐怖的「死」與一切犧牲，只有一條路，絕對的不遲疑的打倒一切萬惡强盜的帝國主義，——英美日法……，中國的工人們農人們和一切民衆，只有在這一條絕對的路上走，只有絕對的與帝國主義作最後之决死戰，我們才有生之可能。　起來！　决死戰！

The Guide Weekly

# 嚮導週報

第九十二期

（中華郵務管理局特准掛號認爲新聞紙類）
一九二四年十一月十九日
郵票代款概作九五折

分售處
香港　萃文書局
巴里　中國書報社
廣州　丁卜書報社
上海　民智書局
　　　上海書店
　　　時中書報社
武昌　共進書社

分售處
太原　晉華書社
長沙　文化書社
濟南　齊魯書社
杭州　古今圖書店
[illegible]　新亞書社
寧波　明星書局
開封　文化書社
蘭州　工學社
成都　華陽書報流通處

——零售每份銅元四枚——
訂閱：國內一元寄足六十期·國外一元寄足三十五期·郵費在內
代派：每份大洋二分·三百份以內五折·三百份以外四折·寄費在內·十期清算一次
每星期三出版　發行通信處　上海英租界上海大學楊志青　北京大學第一院收發課轉鄧子明

# 中國共產黨對於時局之主張

（一）

此次北京政變之後，在國內政象上，一方面表現出反直派在北方之勝利，將回復到直皖奉直戰前安福交通執政的局面，一方面表現出直系在中部仍保有其地位；同時，在外交上，一方面表現出英美帝國主義者不能獨力挾曹吳攫取全中國，一方面表現出日本帝國主義者也沒有挾段（祺瑞）張（作霖）統一中國之可能。

（二）

帝國主義者宰制中國之企圖，約分爲三時期：第一時期是所謂瓜分政策，由帝國主義的列强協議在華勢力範圍之劃定，華盛頓會議以前，均屬此時期；第二時期是所謂共管政策，由英美法日等帝國主義者協力共同宰制中國，自華盛頓會議至今年七月倫敦會議，均屬此時期；這兩種政策，均因爲帝國主義的列强間在華利害之衝突不能成爲事實，遂進入第三期，即現在之分立政策。

這種分立政策，和第一時期不同者，只是不取列强間協定形式及表面上避去瓜分之名，而實際上乃是帝國主義者各在其勢力範圍內——日本在北方，英國在中部，法比在其他方面，——集中當地軍閥之力，由經濟的支配權力，進而各造其自己支配的政治機關，實行分裂中國。

獨有後到的美國，一面因爲其國內經濟力特別優裕——餘資餘貨——之故，一面因爲在中國尙未有獨占的勢力範圍，遂極力鼓吹什麼「在華開國際會議討論施行於中國之一種道威斯計畫」，以圖尋得相當的機會與工具——游移於英日帝國主義之外的軍閥，達到其以經濟力宰制全中國之野心。

（三）

在這種情形之下，我們此時不得不大聲疾呼，警醒國民，勿固執從前的預料與恐怖，以爲帝國主義者宰制我們只有瓜分與共管兩個死板方式，應該覺察他們希圖宰制我們的別有新而更毒的方式：分立或道威斯計畫。前者比後者更有實現之可能，其危險更迫在目前。

此種政治的分立，卽是國家的民族的分裂，也卽是帝國主義者瓜分中國的計畫之實現。　挽救此迫在目前的危機之方法，不是各省軍閥的和平會議或國是會議，也不是幾頭元老的善後會議，乃是本黨去年北京政變時所主張的及中國國民黨現在所號召的國民會議，只有這種國民會議才可望解决中國政治問題；因為他是由人民團體直接選出，能夠代表人民的意思與權能。

我們希望國民黨領袖們努力號召全國人民的團體，促成此國民會議，幷須努力使他們所主張的國民會議預備會急速在北京召集，更應極力反對軍閥們拿什麽各省軍民長官會議來代替此會，執行此會職權。此預備會之任務不但是籌議國民會議，我們更應號召各階級民衆及與各派帝國主義者尙無確定的關係之武力，擁護此預備會，在正式政府未成立以前，卽為臨時國民政府——號令全國的唯一政府。

此臨時國民政府（一）為挽救帝國主義者分裂中國之危機而成立，自應不妥協的打破各派軍閥勾結帝國主義者分裂中國之勢力；同時，也應杜絕帝國主義者勾結軍閥藉口援助中國統一實行其道威斯計畫之陰謀。（二）依賴各階級的民衆及與帝國主義尙無確定關係的武力之擁護而存在，至少也應採用國民黨政綱為施政方針，方能得農工兵等民衆的同情。

（四）

此臨時政府如果成立，本黨當然不能妄想他是國民革命左派的政府，或甚至還不是中派；然而我們却準備贊助他，祇要他確能防止帝國主義者分裂中國或共管之陰謀，祇要他確能鎭壓一切反革命的軍事行動，祇要他不防礙一切平民參與政治之機會。

（五）

為全民族的解放，為被壓迫的兵士農民工人小商人及知識階級的特殊利益，本黨將向臨時國民政府及國民會議提出目前最低限度的要求。同時本黨認定擁護這些要求，是一切人民及其代表之責任，尤其是國民黨之責任。　要求如下：

（一）廢除一切不平等條約，第一重要是收回海關，改協定關稅制為國定關稅制，因為這是全民族對外的經濟解放之唯一關鍵。

（二）廢止治安警察條例及罷工刑律，保障人民集會結社出版言論能工之無限制的自由權；因為這是人民對內的政治解放之唯一關鍵。

（三）全國非戰時的常備軍，均以旅長為最高級軍職，廢除巡閱使督軍督理督辦總司令檢閱使護軍使鎭守使軍長師長等軍職；因為這是杜絕軍閥勢力集中盜國亂政之重要關鍵。

（四）軍閥之禍，罪在最少數高級軍官，失業入伍的兵士們所受壓迫與困苦，與其他一切平民等；今後旅團司令部，應採用委員制，軍餉公開；應改良現役兵士之生活及教育；兵士退伍，須給以土地及農具或他種確實可靠的生活。

（五）規定最高限度的租額，取消田賦正額以外的附加捐及陋規，謀農產品和他種生活必需的工業品價格之均衡，促成職業的組織（農民協會）及武裝自衛的組織，這都是農民目前急迫的要求。

（六）八小時工作制，年節星期日及各紀念日之休假，最低限度的工資之規定，廢除包工制，工廠衛生改良，工人補習教育之設施，工人死傷保險法之規定，限制童工之年齡及工作時間，女工妊孕前後之優待，這都是工人目前最低限度的要求。

（七）限制都市房租加租及建設勞動平民之住屋。

（八）沒收此次戰爭禍首的財產，賠償東北東南戰地人民之損失及救濟北方水災。

（九）各城市鄉鎭之釐金牙稅及其他正雜捐稅，在國庫收入無多，而小本營商者則因之重感困苦，宜一切廢止。

（十）廢止鹽稅米稅以裕平民生計。

（十一）增加海關進口稅，整理國有企業之收入，徵收遺產稅，徵收城市土地稅。 此等大宗稅收，不但足以補償廢止釐稅——釐金牙稅鹽稅米稅田賦附加稅及其他各種正雜捐稅——之損失，並可用為補助退伍兵士失業貧農及推廣教育之經費。

（十二）為保障知識階級之失業及青年失學計，國家預算中，不得將教育經費移作別用，並應指定特種收入如收回庚子賠款等，為實行中小學免費優待小學教員及推廣平民教育之用。

（十三）婦女在政治上法律上經濟上教育上社會地位上，均應與男子享平等權利。

# 孫中山先生來滬與帝國主義

述之

此次中山先生以中國國民革命的領袖，放棄廣東部份的活動，來到上海，將從事於全國的國民革命工作，這在中山先生是一種更進步的表示，凡是被壓迫的中國人自應表示熱烈的歡迎；可是上海的英，美，法帝國主義，却好像瘋狗一般，無端地狂叫亂咬，恐嚇並戲罵應該受歡迎的中山先生，禁止並拘捕應該歡迎中山先生的羣衆。 當中山未來滬之先，英國帝國主義的字林西報便公然大書特書，主張禁止孫文入租界：『謂上海無需乎孫，應阻止其登岸，此非挾有私意，實因孫氏畢生精力，皆專注於引起中國騷亂之目的，故為我人絕對不欲意之人，若准其在此間進行彼之目的，殊為不當，且不免破壞上海之中立，彼若欲有所謀，當往他處。 華人多謂外國租界容留政治陰謀家，致令中國騷亂不止，今當一袪其惑，小徐之兩次逐出租界，蓋即為此，今當閉門拒絕云云。』

英國帝國主義與其他帝國主義侵掠中國，扶植中國的軍閥，造成中國歷年的騷亂，中山本為圖謀消除中國此種騷亂之第一人，此番來上海亦即為此，今英國帝國主義者倒反以騷亂中國之罪名加之中山，而欲以待小徐者來待他，這就是英國主義對待中國國民革命領袖之真面目！

當中山先生初到上海登岸時，果然有數千羣衆很熱烈地歡迎他們的首領，高呼他們的首領萬歲，高呼中國國民革命萬歲，可是因此便

大招了帝國主義的忌諱，當羣衆結隊想行向中山先生住所，走過法租界，法巡捕竟嚴陣以待，禁止前進，並捕去指揮者四人，其理由則謂中國人不應結隊和搖旗在租界上游行。 法國帝國主義此種橫加干涉的行為，把中山先生把中國人民看成什麼樣子！ 我們就按着資產階級的俗禮說，凡是一個一國民衆的首領到他國去，僑居在他國的本國人民要歡迎他們的首領，都不應禁止，且須加以保護，何況中國人民在自己國內歡迎他們的首領呢？ 至謂在租界不準中國人結隊搖旗游行，更是豈有此理，我們姑不論租界始終是中國人的地方，我們試問英，美，法，日等帝國主義那幾十個兵艦為何在中國內河及海港掛着他們的國旗橫衝直撞呢？為什麼幾千幾百的帝國主義的軍隊時常在中國各地游行示威呢？ 眞是合着所謂『只許州官放火，不準百姓點燈。』的俗話了！ 我們再看法國帝國主義的報紙，中法新彙報，那天對於中國人民歡迎中山先生的批評：『……無數的中國人在法大馬路整隊游行，每人紐扣上繫着一塊紅布，……但究竟可以說這個紅色的運動在上海是第一次稍微嚴重的運動，而且這種示威運動將給租界政府反省反省……』這種口吻，一方面將歡迎中山的羣衆誣以「紅色」兩字，他方面又唆使「租界政府」「反省」，換言之就是教租界政府怎樣准備壓迫。 法國帝國主義對付中國人的手段眞是聰明已極！

現在我們再來看中山先生既到上海之後，帝國主義又怎樣對待他

十八日英國帝國主義的大陸報說：

『孫中山離開上海許多月之後，現在又回到上海來了，雖然大家說他卽刻就要到天津去參加天津會議，但留他在上海過冬無論如何將是我們的錯誤。　我們不知道孫中山用什麼面目去參加北方的政治軍事會議。………我們願意孫在上海逗留的唯一理由，因爲他可以供給報紙上一點材料，無論人們贊成他或反對他，但總有關於他的話，這個我們看他最近他上岸時對於東方通信社的談話就可證明了。　租界政府得到公使團之不願意阻擋孫到上海來的訓令，因此他才能到他莫里哀路的家裏去。　但是孫又高談闊論，并且無故侮辱外國人，說外國搗亂了他的活動。　孫藉口說上海是中國的地方，外國人不過是賓客的資格僑居此地罷了，他甚至於說外國人如果不願意發生一些恐怖的事件，那末，就該留心他們的活動。　有些報紙把孫在香港的胡說，太看認真了，那裏孫要求廢除條約，改正外國的借款，但是孫的態度好像是說：「中國現在已經不是殖民地的地位了」。

我們不願意來同孫文的宣言爭論，我們知道這種宣言是有政治作用的，是爲給中國下層階級一種印象的。　孫博士同各國政客一樣，也需要出風頭來生活，他這個時候如果能同各國爭論，他的身價就抬高了，就可以辦理他個人的事情了，大概是因爲這個原故，所以北京的外交團最近決定不要睬他。　有很多報紙的編輯者沒有外交團那樣聰明就供給孫文一種登廣告的機會。　關於要求廢除外國租界和條約(孫文以爲不公道的)這一層，凡是有理性的外國人都望他能夠好好地從這方面作去，但是所困難的就在中國沒有一個政治的統一，四萬萬的中國人住在亞洲東部之廣大的地面上現在還不能組織起來在內部管理民族的家庭。　………三年前在華盛頓開了一個會議保證中國的獨立，但中國人不好好地利用這個獨立，恰從閉會後國內就從事於內亂，這個就是中國治外法權到現在還不能廢除(孫中山所要求廢除)之原因。　以上

大陸報美國帝國主義這篇大文章，除了侮蔑中山，奴視中國人民不計外，她有三個要點：(一)快趕中山出上海，卽不許他在上海過冬。(二)絕不睬中山，所提出廢除條約要求，因爲睬他便是替他登廣告；(三)不能廢除條約是因爲中國內亂，中國沒有一個政治統一。　大家掙開眼睛看看，(尤其是親美派的亡國奴，)美國帝國主義者的態度是怎樣！　牠對於中國民衆的首領隨便說不許他在上海過冬；對於中國民衆首領所提出廢除條約等重大的要求，則置之不理；牠在中國强迫成立種種亡國條約，製造內亂，反謂中國條約不能廢除，就是因爲中國有內亂之原故。　唉！　美種帝國主國者眞聰明！　我不能多批評美國帝國主義者所說的話，我很希望讀者仔細看看，定能看到帝國主義對待中國的奴隸之眞面目，我還請讀者須注意其中一句話『但是中山的態度好像是說：「中國現在已經不是殖民地的地位了」。』這句話反過來是不是說「中國現在還是殖民地的地位」？

然而我們從另一方面說，英，美，法，帝國主義如此這般的對待中國國民革命之領袖，如此這般的對待中國歡迎國民革命領袖之革命羣衆，一點也沒有什麼奇怪，反足以證明中山先生已漸漸能眞正代表國民革命，使帝國主義害怕，上海的國民羣衆已經走上革命的道路，已認識了他們革命的領袖，這正是「隣國之賢，敵國之仇」。　帝國主義反對中山先生，反對上海歡迎中山先生的民衆；這不但不是我們的羞恥，而且是一件極光榮的事，帝國主義反對中山先生愈嚴厲，就是證明中山先生，愈能代表國民羣衆愈能代表革命，卽使中山先生被帝國主義驅逐出租界，那時更是中山先生的光榮，那時投到中山先生旗幟下之革命羣衆更是比現在要多十百千倍，那時國民黨內非革命的右派分子，——想在帝國主義肘腋下過平安生活的分子，他們革命的假

留具才可盡量揭穿，那時中山先生部下才沒有反革命的分子搗亂。

中山先生這一次來滬，可算又受一次帝國主義切實的教訓，所以中山先生比以前更加激昂；對於要打倒帝國主義的決心更是堅決，我們現在看中山先生招待新聞記者那演說關於帝國主義的話：

至對外方面，通商以來，因條約之不平等，獨立地位已全失去，實際地位較各國殖民地尤不如；因殖民地主人祗有一個而中國則主人竟十餘。 更有一事足資紀述者，即余來滬時，有一日本記者來見，謂某國將於余抵滬時與以反對，余當謂上海為中國之領土，外人僅處客人地位，如外人必欲無故干涉主人之行動，余必有相當辦法以對付之，該記者將此項談話發表，今日某西報因著論文，顏曰，「條約神聖」實則條約者，乃中國人之賣身契也。故余到京後，在國民會議中第一須提議者，為廢除一切不平等條約，收回租界及領事裁判權，……。

中國禍亂之癥結，實為軍閥專制，與軍閥所依賴之帝國主義：必須打倒此二者，中國乃可進於治平。 軍閥專制之害，盡人能道之，至帝國主義之害，余可舉其大者，如通商一項，因外人握得海關權，對外貨輸入征稅不能自由，每年損失達五萬萬其他各項尤不可勝數：而外人因得稅厘上之便宜，國貨遂不能與之抗衡，故常有華商借重外人名義，以求減輕厘稅者；又如洋布紗；歐戰時勃然興起，今則余由吳淞到滬時，沿途見各家紗廠，均已停工，此皆關稅不自由，保護稅無從實行也，廠既停工，工人遂致失業，飢餓而死者，亦復不少，中國人口之減少，此亦一原因，革命之初，外人頗致懷疑，及後則勾結武人摧殘民氣無日不在猛進，初則勾結袁世凱，助款以殺革命黨，即此次吳佩孚榆關之敗，至塘沽本處山窮水盡之境，嗣以得帝國主義者之助，別謀發展，吳今後若復為中國之患，皆受帝國主義之賜，又如廣東商團事件，亦帝國主義者之挑撥與獎勵有以成之，至有詡陳廉伯為華盛頓者。 故中國之禍亂，由二者相因而成，欲撲滅軍閥，必先打倒軍閥憑藉之帝國主義。

現在中山先生之反對帝國主義的態度已經是很堅決的了，中山先生已經準備「到京後，在國民會議中第一須提議者，為廢除一切不平等條約，(中國人的賣身契約)收回租界及領事裁判權」。 中山已經明白地告訴大家「欲撲滅軍閥，必先打倒軍閥憑藉之帝國主義」。 被壓迫的國人們，快起來！ 準備為中山先生之後盾，誓必「廢除一切不平等條約，收回租界及領事裁判權，打倒軍閥憑藉之帝國主義」。

# 答國民黨中央執行委員會

記者

日昨本報駐粵通信員由粵歸來，攜最近廣州民國日報一捲，同人等披閱之下，發見國民黨中央執行委員會警告嚮導週報二函，茲依次答復於下。

第一函之要點有二：(一)謂本報第八十五期强分國民黨為左中右三派；(二)謂陳廉伯陳恭受並非國民黨黨員。 請先言前者：

國民黨中央執行委員會的聲辯及廣州民國日報的社論都否認國民黨有派別之分，照他們的意見，國民黨內是沒有派別的；所謂三派云云，完全是嚮導週報的『强分』。 國民黨中有無派別，這完全要看事實來斷定，空口說有空口說無俱不作憑。 如實際本沒有派別之分，是不會因人家『强分』便真有了派別，我們用不着畏懼；實際若真有派別，便是否認也沒有用處的。 國民黨內有派別之分，其右派是傾向反革命，這不是嚮導週報主觀的『强分』，而是半年來種種事實使他不不得不作如此結論；而且這也絕不是本報一家之私言，凡知國民黨的類能言之。稍遠的事實我們不必舉，獨秀同志已於『我們的回答』一文中擇要舉過了，我們現在祇就最近的兩件大事來看。

對於江浙戰爭的態度，國民黨內是一致的麼？在戰爭的開始，左派即認定此次戰爭不僅是直系與反直系兩派軍閥的戰爭，而且是美日兩派帝國主義在華的戰爭；在此戰爭之中，人民只有受屠殺受損害，戰爭之結果，無論那派軍閥勝利，都不能與人民絲毫利益。故堅決的號召人民團結起來自決。以國黨名義發表的北伐宣言，則表示爲推倒軍閥及帝國主義的目的獨立的加入戰爭，僅認浙奉爲反對曹吳之友軍；同時希望戰爭之結果，勝利要歸之人民，且使永無繼曹吳而起之人。而『熱心國事』的右派諸先生，則取直接幫助浙奉兩方之態度，楚傖先生且於民國日報公言浙盧爲正義而戰，大呼『義存盧存』，『義亡盧亡』，完全送掉國民黨獨立的本色。再就此次北京政變來看，左派認爲政權並未出雙重宰制者之手，僅不過是派別的移換，此時國民黨重要責任仍在號召人民之自決，而且此時尤是宣傳之最好機會。在中山一方，經過許久日子方決定召集國民會議，且毅然放棄在粤之地位，以國民資格北來做全國的黨的宣傳，此實是國民黨的大關鍵。然而在右派一方，對於北京政變則另有高見，政變消息初傳到的時候，在上海的張繼等紛紛兼程北上，廣州的市黨部則燃炮慶祝，大家都以爲曹吳已倒，國民黨業已成功，此行祇要入京取得位置，於是乎由盧永祥打出來的正義，如今便跑到北京國務院去了！

國民黨中有派別之分，其右派是傾向反革命的，事實使我們不能否認。我們不必將一切事實都搬來作此文之佐證，更不必提到那些令人十分氣憤的罪惡（慘殺黃仁及李福林助商團殺工農二案），因爲此文之要旨不在指責右派可悲之行爲，也不在替本報作辯護，證明他並不是『强分』派別，藉以『挑撥』『中傷』；此文要旨還在貢獻國民黨中央諸君對於黨內派別應有的責任及應持的態度。國民黨應當是個團結一致的革命黨，內部有派別之分當然不是我們希望有的現象。可是到了業已發生派別，我們却也不必遮掩否認。因爲這是一個政治問題，不是道德問題。同時也要知道：國民黨是一個黨，不是宗法社會；他所代表的是國民利益，不是黨員的利益。不要以爲有派別盡是丟臉，不要以爲國民黨是黨員的私產，不要諱疾忌醫，以爲『家醜』不可外揚，而陷於事實的欺瞞民衆。國民黨中央諸君，對於黨內派別的惟一責任，只有依據黨的綱領和紀律來評判黨員之言動。黨內行爲有違反黨的綱領或主義的，應馬上糾正之；黨員有違反黨的決定或紀律的，應毫不容情加以責罰。只有這樣才能肅清反革命份子之異動，才能吸收革命份子之信心，才能使派別的界線消滅，才能約束黨員一致奮鬥。若祇知遮掩否認，結果只有使派別的界線加深，黨的組織愈趨鬆懈，而完全同化於眼前的社會。本報之所以一再根據事實，指示國民黨內派別之分，不僅在使民衆了解國民革命之必然的方向，亦在喚起國民黨諸領袖之注意，對於黨的組織有所整頓。可惜諸君對此重要並不能了解！吾人今敢明白答覆諸君：諸君祇知否認派別的態度，實際即不曾包庇違反黨綱及紀律之背叛份子而獎勵之；表面好似站在衞護黨的地位，實際却是遮蓋耳目，任其暗中腐敗而不可作爲，其結果不僅不是衞護國民黨，反而是破壞國民黨！

至於陳廉伯等是否爲國民黨黨員，這個問題我們認爲對於國民黨和本報都沒有什麼重要：第一因爲掛名或冒稱國民黨黨籍者自來沒有什麼嚴格的取締，遠如趙秉鈞趙倜張敬堯溫世霖等之自稱或被稱爲國民黨黨員不消說，近如孫岳胡景翼等又以『民黨鉅子』之資格見稱，最近右派且宣傳此次孫科赴奉之最大成績爲張作霖父子表示中山若能驅逐共產派出黨彼等皆有加入國民黨之可能（見商報本月十八日廣州通信）；那末不久張作霖父子或者也要自稱或被稱爲民黨鉅子了；第二，國民黨肅清內部的工作若永無實現之日，貴黨的榮辱決不係於多一陳廉伯或少一陳廉伯，因爲反革命的右派領袖十有九個都是現在和將來的陳廉伯，現在貴黨以內如陳廉伯其人者還多得很呢！　單舉一個例子來看，現在北京以老民黨資格招搖的馮自由與陳廉伯有什麼高下？　陳廉伯不過祕密的在廣東暗通帝國主義以圖推翻中山在粵的地位，馮自由則公開的跑到北京向帝國主義及外交團告發中山與蘇俄的關係（北京順天時報八月八日載馮自由對日本記者談話，略謂蘇俄月助民黨二萬五千，軍官學校二萬五千，已共交二十五萬云云）企圖推翻中山在全國的地位，以故近來北京東交民巷及外國報紙廣布中山與蘇俄訂約赤化中國的謠言（見本月以來北京東方時報順天時報及其他外字報），日法英美且協議通牒攝閣保證條約神聖，以抵制中山北上的宣言。　然則可見一個陳廉伯是否在國民黨以內的問題實在沒有什麼重要，惟有衆多的陳廉伯之右派永久存在國民黨以內才眞是重要呢！

總歸一句：本報對於這個問題雖極其希望所聞非眞所紀載一如貴會來函之所更正而非事實，但同時爲中國革命及國民黨前途計，更希望貴會注意其重且大者，勿縱容衆多的陳廉伯（右派）得長存於貴黨以內，繼續破壞國民革命，排斥幷仇視眞正的革命份子而令國民冷淡！

現在請進而答復貴會警告本報的第二函。　本報第八十七期『廣州反革命之再起』一文，其要旨在批評十月十日政府軍警協同商團壓迫工人之一點；所引新申報時報申報之各專電，着眼只在李福林軍隊怎樣協同商團軍壓迫工人及慘殺後福軍怎樣逮捕工人百餘名之多，至於『與商團衝突開槍互擊』等語不過爲該各專電中連帶之字句，而不爲該文批評之對象。　今貴會對於該文批評之對象（即李福林軍隊協同商團壓迫工人）一無申辯，獨截所引上列各報專電中之『與商團衝突開槍互擊』等連帶字句，巧指本報爲『揑造事實』，『寃誣工人』，『助商團爲虐』，這樣巧爲反噬的滑稽藝術，一經質諸讀衆之前，謂不啞然失笑，其可得乎？　至於雙十慘劇之實況徒手遊行隊之無故被商團迎頭痛擊一層，本報於八十九期廣州通信欄及來件照登欄中，業已詳載無遺，貴會諸君諒早寓目；現在本報不妨以上項登載之有關於辯證者轉質於貴會諸君：『……被捕的工農團軍當晚有一百四十五人，先被商團軍施以毒打，及移交福軍又遭痛擊，然後縛至河南解送福軍本部……以重數十斤的鐵鍊連鎖兩人頸上……』這是廣州三十個團體告全國國民（見本報八十九期）的敍述，足以與本報八十七期「廣州反革命之再起」一文中所引上海各報之專電及其批評之對象相證實，貴會對於此層曷不申辯而否認之乎？

復次便是本報八十五期以至八十八期關於廣州政府及留守廣州者對於商團態度之批評。這類批評本報同人一以革命的忠誠耿直之態度出之，不意忠言逆耳，竟以此獲罪於貴會諸君。　貴會第二次警告本報之函，一則曰揑造事實，再則曰詆毀中傷，而所謂詆毀中傷者即係指本報以上各期中批評廣州政府『姑息態度之失策』，以及『廣州政府若早日採取斷然手段解散商團，其犧牲與損失決不若今日之巨大可怖』。其實這種批評不僅沒有絲毫惡意，而且非常忠實近情。　貴會認廣州政府對付商團的態度不是姑息麼？　胡省長的佈告亦自承爲『不惜委曲遷就』。　貴會認姑息態度不是失策麼？　胡省長的佈告亦自承爲『有識之士已以姑息養姦爲政府危』。　商團本來不過是幾個買辦包辦的紙老虎，起初並無若干商人羣衆的後援，若早採斷然處置，犧牲的不過是幾個買辦，解散也用不着要開火打戰；惟因政府委曲遷就，坐令反革命的宣傳一天發展一天，商人階級的聯帶煽動一天擴大一天，殆至不能並立之聲勢既成然後才不得不下手，所以演出十月十五日之慘劇，然而被其犧牲者究不是買辦而是小商人與一般無辜之市民。　此而謂爲得計諱言失策，誠非本報同人之所能理解。　至若不滿意於本報對於乘機焚刼的軍隊之攻擊，謂爲放過商團而完全歸獄於政府罷，殊不知革命政府有革命政府的責任，反革命商團有反革命商團的責任，本報抨擊焚掠軍隊，希望革命政府有以嚴重懲處之，正所以尊重革命政府的責任，挽回已失之民心；至於商團故意縱火嫁禍工人之罪惡，本報八十九期又已揭載無遺，何得謂之『惟一意摭拾與政府不利之材料：：其爲一種陰謀毒計了無疑問』？　至貴會申明政府對於焚掠軍隊已執法處分一節，本報當然代表廣州市民認爲滿意；但有要轉問的，不知李福林范石生之軍隊亦在執法處分之列否？

來函大意，回敬已畢；臨了本報同人所欲鄭重警告於貴會諸君的：即本報與貴會素無若何關係，貴會並非本報上級機關，本報言論方針，自有權限，絕不容貴會之干涉；貴會欲在貴黨以內執行任何手段便執行任何手段，自是貴會所有之權限，亦與本報絕不相涉；至來函威嚇無禮誣搆謾罵之失態，同人不敏，恕不裁答！

# 最近二月廣州政象之概觀（十月三十日廣州通信）

伍豪

一，廣東政府　我們從廣東政府實際工作上看出廣東政府是在受南方軍閥挾持，向帝國主義英吉利，洋行買辦及一切反革命派常常表示退讓，並且時時有壓迫工人農民解放運動的事實出現。　在這些南方軍閥中要以滇軍爲最驕橫，李福林等的軍隊次之；他們駐紮的地方多是廣東富庶之區，而滇軍各首領每年匯回雲南款項據銀行人說常不下千萬。　對於東江戰爭，驅湘軍爲前鋒，勝則歸功於已，敗則卸過他人。　北伐事起，陽示贊成，陰則藉口陳炯明將圖反攻，按兵不動好保持他們已佔有的富庶防地。　孫中山以大元帥名義於動身北伐時下令廢除一切苛捐，而餉源在握的各軍長不但不能遵令取消，且更藉北伐巧立名目加抽各種捐稅。　滇軍軍閥如是，粵軍桂軍湘軍等軍閥亦莫不如是。　政府號令不得他們同意，雖令亦不能行。　反之，他們的主張雖違政府號令，政府亦必須屈從，例如扣械事件的調停，粵滇兩軍閥均想藉此與商人接近，見好商人，然後從中剝奪。　結果因滇軍力大，許崇智敵不過范石生廖行超，范廖遂以五十萬將中山賣了。中山知被賣後，氣憤不過，但他的左右却竭力慫慂他忍氣吞聲地接受范廖等私定和約。　中山在表面上是接受了這個慫慂，然而心實未甘。　故五十萬的敲捐，中山曾宣言不要，百餘噸槍械，中山幾次傳令緩發，范石生藉故索槍，想從中漁利，中山亦曾令蔣介石扣留不發。　中山這種敢爲的勇氣，國民黨左派是極力贊助的，祗惜包圍中山左右的，大都皆是些不革命的右派和機會主義者，因之中山澈底的主張遂常被他們阻撓，不得遂行其志。　於是五十萬的敲捐，終於由大本營秘書廳以領槍一支繳洋五十元的變通方式發表。　槍械緩發范廖等竟指使商團代表通電痛罵政府無信，而范石生自己所要敲詐的槍械，亦終於聽他强索而去。　並且商團代表罵了政府後，愈罵愈起勁，外而勾結英國帝國主義和陳炯明軍閥內而利用李福林李朗如爲他們保鑣以實現商人政府的局勢亦愈迫愈緊，第二次罷市的通牒遂於雙十節前一日發出。　政府在此時本已退至無可再退之境，然因不敢反抗李福林等的威迫和前此已曾因被迫允許還械的宿約，五千枝槍械乃於雙十節早晨由黃浦運回廣州發還商團。　商團看出政府軟弱畏怯的破綻，當日便擺出買辦階級帝國主義軍閥合用的工具之氣勢，向徒手的市民巡行隊肆行屠殺，尤其加倍地屠殺巡行隊中的工人農民和革命的軍官學生。　趁火打刼的福軍，——政府的軍隊，亦復加入摧殘，爲所欲爲。　屠殺後四日中的廣州狀況完全是一商團和軍閥橫行的反動局勢。　在這時候，國民黨右中兩派合作的廣州政府已知他們的地位是快要被陳炯明和買辦階級受着英國帝國主義指揮而合作的商人政府襲取去了，再不進攻只有滅亡，但他們却又沒有勇氣去圖進攻。　然而革命的左派，領着革命的工農羣衆受着極大的摧殘和壓迫却萬分忍耐不住了；他們主張立刻以少數的可靠的革命軍力與一切反革命的商團和買辦下總攻擊，以決最後的死戰。因為廣州已為革命勢力所籠罩，號稱革命的政府若再希圖妥協苟安下去，不但所有的設施將益較從前為反動，國民革命亦將在廣東完全破產，工農階級的解放運動更會被摧殘到底。不作則死，中山雖遠在韶關亦看出了這個姑息養姦的反動局勢除了進攻外無別道，於是最後的決死戰才由中山指定的革命委員會發號施令地動作起來。同時中山更覺悟到自他到韶關後的廣州政府妥協自私完全違背黨的宣言及他的意旨做事，故在憤怒中曾有否認非革命的廣州政府之決定。不意進攻商團的戰爭一開，眼靈手快的滇軍軍閥立刻覺悟到商團得勢陳炯明轉瞬歸來便會排斥客軍的危險和槍械與其存商團手中莫如收為已有的妥當，唯利是圖的李福林亦看出趁火打刼之利較受商團擁戴的為可靠而切實，於是陣勢中便立地加增了兩派劊子手。自然我們也承認滇軍軍閥和福軍之攻打商團，甚至於乘機搶刼，廣州政府和革命委員會統都無法禁止的，不過事後任軍閥自繳商團槍械之不足，猶復以每枝槍外再繳百元軍餉的敲捐號令開軍閥歛錢之路，以廣州新舊城歸范軍駐防，西關歸廖軍駐防，河南歸福軍駐防的分配，授滇軍軍閥以廣州的實權，這不能不說是廣州政府之自願了。不僅如此，便是國民黨中央執行委員會亦由某要人起草了一篇宣言，省長公署復發起了一個市民善後委員會，都百二十分地企圖與市民中上層人物妥協而忘掉市民中下層的工農階級與小商人的真正痛苦和正在受着反革命派壓迫的情狀。切實說來，他們祇看到這個倖存的廣州政府的地位問題，却忘記自己已完全處於滇軍軍閥特別是范石生(范的幕下有右派人為之計畫一切)的指揮下了。

二，反對帝國主義　這樣的廣州政府我們本不應因為中山發表了猛烈反抗帝國主義的宣言，而忽略他們怠工和退讓的實際情況，然而羣衆却常常因此受了蒙蔽。說起中山所以發表反對帝國主義特別是反−英國帝國主義宣言的緣故　要點是在中山看了帝國主義列強實與中國國民革命不能兩立：自鵝潭的十六隻外艦示威既已開其端，沙面苛例發表後各國領事態度更是目無廣州政府，及至英領事因第一次罷市而下威嚇的哀的美敦書，帝國主義的強橫態度更表現得十分露骨。

儘管中山發表那樣堅決的宣言儘管廣州反帝國主義聲浪那樣高，然而事實上廣州政府却伴着那篇宣言取消英國帝國主義走狗二陳的通緝令，並發還其家產，決定退還英國帝國主義工具商團的槍械，任買辦商人所擁護的李福林為市長，任商落李朗如為公安局長；凡此種種簡直是向英國帝國主義絕大的讓步。然而英國帝國主義豈能因此便停止推翻中山政府的陰謀！援助陳炯明援助買辦階級和商團以建設他指揮下的商人政府，這是香港政府得意之筆。縱然商團一時潰散了，但四鄉與商團同性質的民團仍在；縱然二陳及商團代表一時逃走了，但買辦階級依然存在；縱然陳炯明一時未能打入廣州，但帝國主義可利用的軍閥，原不祇陳炯明一派。現時廣州滇軍軍閥與買辦階級的復行勾結，李福林與民團的關係，又使英國帝國主義注意到這些可用的工具。且最近英國已由本國開來七隻軍艦，直泊廣州，這不僅足以助長他的工具——軍閥與買辦階級之聲勢，且直回應到九月初中山反對帝國主義反對工黨政府的宣言。目下英工黨政府塌台，保守黨政府將要繼起，是其對廣東政府的推翻計策將更要努力進行無疑。

英國帝國主義向廣東進攻愈甚，廣東反革命與革命的陣勢自也分化愈亟。不革命的右派國民黨在其經濟地位上說，在其個人利害上說，他們是永不會反對帝國主義的。但革命的左派却看得非常明顯，廣東政府若不向帝國主義特別是英國帝國主義進攻，終久會被英國帝國主義推翻的。故他們主張與帝國主義決裂非常堅決。在中山對於海關問題，也是主張以力取之，祗是見困於妥協派和右派的不革命空氣，恐終難見諸實行。

三、反對軍閥　至於反對軍閥更是國民黨所至難措辭的問題。明知奉張浙盧便是勝了，也未必有利於中山，更不會有利於革命派。但終因反直系聯合的口號宣傳許久，機會主義的色彩終捨不得除去，故於江浙戰事方起，便大倡北伐，以謀響應。　實則北伐之無望，與北伐之難能在中山看得極其明瞭，故以黨的名義發表之北伐宣言，明明白白說出希望曹吳倒後，不再有軍閥政治出現，此次倒軍閥，實際上便是倒帝國主義。　依此以例今日北方各軍閥推倒曹吳的局勢，國民黨當然只有發揮根本剷除軍閥制度及帝國主義的精神，左派一本中山宣言，如是主張。　但熱中的右派和機會主義者，却已離了革命的立場認為千載一時之機，想從軍閥的分贓會議中得到革命的代價。所以現在國民黨中的投機空氣，幾乎又與『革命功成，革命黨消』的民國元年相彷彿。　我們退一步言，將來軍閥和帝國主義暗中主宰的元老會議，中山亦可加入發言，看看他們究竟的勾當；然這種加入的目的必應是為革命做宣傳，是要在他們的會場上提出國民黨反軍閥反帝國主義的政綱，以鼓動全國人民之革命工作，以暴露軍閥與帝國主義之假面具，決不如投機派之所夢想，是要乘機分得一份政權而與一邱之貉的軍閥及帝國主義者去合作。

四，結論　我們從上述的廣東政治現象中，很明顯地看出：國民黨右派是永不革命的，是永遠希望和軍閥帝國主義勾結的，而革命的祗有左派，祗有工農學生羣衆。

假使國民黨要使他的宣言完全實施起來，中派分子必須打破他們妥協的心理，斷然離開不革命的右派，聽中山指揮與革命的左派聯成一氣，實行國民革命。　祗有這樣，國民黨才能得到革命的工農羣衆作革命的基本勢力。　祗有這樣，國民黨才能免除不革命的恥辱和妥協的色彩，實行反對一切軍閥，一切帝國主義。　祗有這樣，國民黨才能將廣東政府從軍閥扶持中解放出來。　因此我們希望明達而革命的國民黨人都要認定國民黨當前急務是『肅請內部』，界限便是革命與的革命。

## 吳佩孚鐵蹄下之湖北（漢口通信）

若愚

自馮玉祥對於曹吳倒戈相向後，勾結英美帝國主義禍國殃民的吳佩孚軍閥，在北方幾無立足之餘地。　於是為吳氏餉械來源地的湖北。遂為舉國注意之區，茲將在漢見聞所及的，為讀者報告數點。

（一）吳佩在鄂之兇燄。　吳佩孚當趕走王占元的時候，為和緩鄂人治鄂的空氣起見，就派蕭耀南來做湖北的督軍，以為他的軍餉軍火予取予求的地點。　嗣後吳氏見蕭氏蠢如家鹿，易受包圍，又加派張國溶來當他的參謀長，務在使湖北人民永遠在吳大軍閥箝制之中，好推廣其淫威，及於全國！　此是前事，暫且按下。

北京事變發生後，慣以妥協躦營為生的湖北各法團，遂乘機蜂起，四面包圍蕭氏，欲其宣告中立。　蕭本庸懦，又因援湘援粵援川援蘇等役，湖北無役不與，鬧得民窮財盡，政府負債纍纍，如果出兵討馮，則非大宗餉械不可，一時大概不易籌出；所以當各法團要求的時候。　意極活動，蓋欲藉保境安民四字，來維持他現在的地位。　可是張國溶便不答應，非派兵北上大張撻伐不可！　蕭氏勢逼之下，便召集了一個軍官會議，不料各軍官都懾於威權之下，不敢作聲；惟二十五師師長陳嘉謨說了兩句『惟命是從，不知其他』的話，此外便是張國溶主張遵照吳氏敬電，即令寇張兩旅北氏伐，蕭亦唯唯聽命，要祕書起草通電；——即徑電——一面遣調軍隊；同時又在督署內組織了一個軍事處，處長便是張國溶，現在軍事大權，完全由吳佩孚心腹之張國溶王連城等包攬，其中尚有一主謀的，卽是孫丹林。　蕭耀南現之行動，極不　由，卽見客時，張等亦派偵探偷聽。　湖北人稱之爲湖北新華宮之總統。　此外如主張中立活動較激的議員，差不多都有密探尾隨。　當吳大軍閥全盛時，虎踞洛陽，八面威風，令人膽暢。

現在當吳氏倒運之際，其鷹犬爪牙，尚且能威風八面，壓倒湖北之三千五百萬人民，吳大軍閥之兇燄，眞是盛極一時！

（二）援吳之軍事行動　直系下之湖北小軍閥，決定援吳後，卽籌備動員令，所說係以陳嘉謨爲鄂軍援京總司令，盧金山爲副司令，寇英傑爲前敵指揮。　現在寇英傑部已進到鄭州，孫建業部已進到信陽，陳嘉謨部之五十旅已調集在蒲圻，四十九旅也調集在武昌左右旗，刻正置配軍需及行營一切用品。　聞陳氏攜帶子彈二百箱，砲彈壹千，已向京漢路局訂車十一列。　限三十二小時運淸。　眞是旌旗遍野，殺氣連天，好威風的軍閥啊！

（三）軍餉之籌措。　湖北財政，連年被吳佩孚搾取，早已破產。近來東南東北軍興，鄂省報效之軍餉，幾及千萬，除行政費教育費都被提去了以外，煙酒均一律加稅，甚而至於漢口碼頭之挑夫，每人每張挑夫證。　亦要取稅，其搜刮剝削之方，幾無微不至！　湖北人民算是精枯髓竭了！　偏偏他們又碰了馮玉祥軍閥的倒戈事件，於是他們又要担任軍費了，蕭耀南現在籌餉的方法：

（a）發行省金庫券。　財政廳擬發行之省金庫券，本應十　年一月發行，方符法律手續，現在打仗在卽，可管不得法律手續不法律手續了！　發行了再說！　發行方法：大縣五萬元，中縣三萬元，小縣一萬元；武昌商會，漢口商會，宜昌商會，沙市商會，武穴商會等，多則數十萬元。　少亦數萬元。　聽說武穴商會最少也派了六萬元！再漢口銀行團武昌各紡織公司，都派得有。漢口銀行團是六十萬元。各公司數目不等，有數萬元的。　有十餘萬元的。

（b）提取官鑛盈餘　象鼻山的官鑛，爲湖北官鑛基本，所營的利：本定是作爲收回官票之用，原來是不能撥提的，可是蕭耀南已經飭令官鑛署：提取盈餘二十萬：以充戰費了！

（c）預征錢糧。　軍署軍事會議議決，令財政廳預征十四十五兩年地丁，以資挹注。　已決定令財政廳轉飭各縣縣知事，限期征解，不得坐誤軍機！　眞是上憲雷厲風行，小民飲泣流涕啊！

（d）借款　蕭耀南決定出兵後，卽向漢口銀行團要借八十萬元，商會六十萬元，商會以自戰事發生以來，商業無形停頓。　所受損失甚巨，無力担任，只認担任三十萬元。　此外又決以漢口征收局，及某某等八局，作担保品，借款二百萬元；也已開始向銀行團接洽了。

（四）武漢的現狀　武漢現狀，已在混亂中，軍隊尤爲騷擾，橋口地方，已經發生軍隊槍刼案了。　武昌之兵士，看見女學生，卽尾隨調笑；至於軍隊拉車，尤爲兇猛，因之武昌居民，大起恐慌，均紛紛搬往漢口，武昌城門，下午六時卽行關閉，現在武昌實行戒嚴。　本來軍署對於武昌，只令無形戒嚴，後來因爲各高級機關、各要人，都將黃白細軟，子女妻妾，都渡江安置在日英法各租界去了，一般人民看見了，以爲如果不到緊急的時候，各要人決不得故意張皇，所以謠言愈多，官廳沒有法子制止，遂宣帝特別戒嚴，軍警都到旅館中去巡查，倒篋翻箱，無所不至，大街上下午十時卽不許行人往來，就是居民也要他閉門，商店也要他停止營業！　漢口也在無形戒嚴中，近來調查旅館，盤詰旅客，極其認眞；卽報館稿紙，也在檢查中了！

將擱筆的時候，又得了一個消息，說吳佩孚不日要到湖北，來集合各軍北上，去和馮玉祥拚一個你死我活，以湖北爲根據地。　這個消息確否還不知道，如果是眞的，則湖北還不知道要鬧到什麼地步！　湖北人民要痛苦得什麼模樣！　到底如何，且待下次再說。

十一月四日

## 來件照登

嚮導週報主筆先生大鑒　謹啓者敝會閱　貴報第八十九期刊登有「北京政變與投機無恥的公團之請求」一文內容所云「……工界救國同志會也居然附和帝國主義勾結軍閥……」，敝會不勝駭異。　敝會自於民八五四運動時，由華商電車全體工友，組織成立抵制劣貨，內有合作社，成績頗佳，未及一年之久橫遭法蘭西帝國主義和洋教奴，陸伯鴻周銘初陸仲麟等武力解散。　萬惡資本家用强橫不法的專制手段壓迫欺凌我們這班貧苦工人，斥革四五十工友從此禁閉在黑暗地獄之中，這是何等可憤可痛呵！　現在我們華商電車工會不能組織成立確將敝會恢復。　上月二十六日申報登載上海各工團執行委員會發表通電列有敝會名義。　實則敝會毫未與聞此事。　請　貴報主筆先生代爲更正爲荷！　敝會對於反革命一律拒絕。　敝會主張對外打倒一切國際帝國主義，對內打倒國內一切國賊軍閥和一切反革命，推翻萬惡資產階級，解放無產階級和農民，達到人類的眞正的自由平等此頌

著安

工界救國同志會

一九二四・一一・六

## 本報啓事

本報自近數月以來，承海內外讀者，踴躍訂閱，銷數大增，玆爲優待愛讀諸君起見，除將第一期至五十期彙刊之版翻印廉價發行（預約每冊只收大洋一元）外，特自九十二期起，重新規定最廉價目，請讀者注意。

The Guide Weekly

# 嚮導週報

◀第九十三期▶

（中華郵務管理局特准掛號認為新聞紙類）

一九二四年十二月三日

郵票代款概作九五折

分售處

香港 巴里 廣州 上海 武昌

萃文書局 中國書報社 丁卜書報社 商務印書館 民智書局 上海書店 時中書報社 共進書社

分售處

太原 晉華書社
長沙 文化書社
濟南 齊魯書社
杭州 古今圖書店
雲南 新亞書社
寧波 明星書局
開封 文化書社
福州 工學社
成都 華陽書報流通處

——零售每份銅元四枚——

訂閱：國內一元寄足六十期・國外一元寄足三十五期・郵費在內

代派：每份大洋二分・三百份以內五折・三百份以外四折・寄費在內・十期清算一次

每星期三出版 發行通信處 上海英租界上海大學楊志會 北京大學第一院收發課轉鄭于明

# 國民會議及其預備會議

獨秀

我們爲什麼贊成國民會議？第一，因爲這個會議無論將來成功或失敗，眼前便給我們以民衆的政治活動之機會；第二，將來成功固佳，即失敗也能夠給一部分人以革命需要的教訓。

我們爲什麼并且贊成國民黨所主張的預備會議？這是因爲國民會議比較的形式嚴重些，決非三數月甚至半年所能正式開會，在此半年年中，帝國主義與軍閥相互勾結暗鬥明攻所加於中國之損失與危機，無法遏制；所以我們不但贊成國民黨所主張的預備會議，并且看清此會議單是議政機關還不夠，應該同時是執政機關，主張即以此人民團體選出的預備會議執行臨時政府之職權，以期中國政權即由攝政內閣奉還於人民。

今不幸段祺瑞懷抱『北洋正統』的舊觀念，竟不待預備會議之召集，硬以軍人擁戴，入京自爲執政，自己頒布臨時政府制，以延軍閥政府將墜之生命。國民黨領袖們及全國各階級的民衆，即令能容忍段祺瑞這種專斷的事實，亦應嚴厲的督責他馬上召集預備會議，馬上將攝政內閣給他的政權奉還人民——由人民團體選出的預備會議。

毫無法律根據的臨時執政政府延長一日，即爲中國加增災難一日。

在外交上說起來，往事且不提，軍閥政治的根性是必然要喪權誤國的，何況段祺瑞在戰爭中所受外力的援助及最近對外的表示，他的執政政府延長期中，所謂戰爭中損害賠償，所謂金佛案，所謂無線電台合同，所謂保障外人已得權利，甚至於所謂參戰借款轉期案，都會爲了執政之承認和東交民巷公平交易。

在內政上說起來，如果是革命的苛迭遝，吾人自然沒有理由繩之以法，至於反動的苛迭遝，每釀成政治上極大的擾亂；吾人應許拘泥成法（指民國臨時約法）等猶彼甚於此。段氏對外態度之妥協，對內破壞攝政內閣孝强人意之設施——修改優待條件及監視清帝，壓迫反曹之國民軍，恢復安福系交通系之政權，沒有一件事能夠表示絲毫革命態度，所謂『徹底改革』，所謂『更始爲宜』，只是毀法以便私鬪之飾詞。這種非革命的毀法，不但無與於政治的革新，且足以使反對派假護法（指民國約法）以爭政之機會，造成將來的亂源。

欲救此對外對內之危機，只有一途：速開國民會議之預備會議，現在的臨時執政奉還政權於人民，即以此由人民團體選出的預備會議（執行臨時國民政府的職權，國民會議由他召集，他的主席團就是此臨時政府處理各部行政的首長。

# △中國共產黨對時局主張的解釋

述之

在「中國共產黨對於時局之主張」（見本報九十二期）這篇宣言裏，我們應該注意三個要點：（一）依中國共產黨分析中國現時政局之實際情形的結果，是帝國主義侵掠中國已到了第三時期，就是一方面英日帝國主義有實行分裂中國之傾向，他方面美國帝國主義又有施行道威斯計畫共管中國之陰謀。（二）在這樣的政治局面之下，要挽救迫在目前的危機，中國共產黨贊成國民黨所號召之國民會議，在召集國民會議之先，并望國民黨急速地召集其所主張之國民會議預備會，但在正式政府未成立之時，該預備會當爲臨時國民政府，爲籌備國民會議與執行一切臨時政權，號令全國之唯一機關。（三）中國共產黨，并代表被壓迫的民衆向將來的臨時國民政府和國民會議提出幾個最低限度的和具體的要求。

在第一點純粹是客觀的政治情形之分析，我們沒有特別解釋之必要，可是被壓迫的國民須得特別注意，現時在北方段張背後之日本帝國主義和在中部直派勢力背後之英國帝國主義，確實各有想就現時形勢，各扶植各方的軍閥勢力，以爲分裂中國的根據之野心，同時美國帝國主義因無確定的地盤，又確實想實現其所提倡共管中國之道威計畫。我們須明白，無論分裂或共管，這都是帝國主義侵掠中國之最新式的最毒辣的政策，是我們應絕對起來反對的，應絕對起來圖謀對付的。

在第二點，我們須得解釋幾句。據中國共產黨素來之根本主張，要眞解決中國問題，只有實行澈底的國民革命，就是根本消滅一切帝國主義和一切軍閥，建設革命的國民政府，此外絕無他道。不過在目前國民革命的預備工作還很不充分，澈底的國民革命在目前實際上尚不可能，同時最反動的直派軍閥受了一個大打擊，而反直派的軍閥暫時又想裝點假門面，賣好於國民，他方面各帝國主義的政策又在互相衝突，互相對抗之中。（如英日之衝突，及英日與美所持態度之各異）在此種情形之下，頗有召集國民會議解決中國時局之可能；因此中國共產黨贊成國民黨所號召之國民會議，可是只能贊成國民黨所號召之國民會議。此須特別注意者一。要想召集眞正的國民會議，絕不是空空洞洞的號召所能成功，必須有一個具體的方法。就是在中國現在這樣的狀況之下，要怎樣才能產生眞正的國民會議，要怎樣才能使眞正的國民得參加國民會議，要怎樣才能使國民會議不至變成軍閥的或帝國主義的御用會議，討論瓜分或共管中國的會議。對於這一點是非常重要的。因此中國共產黨極望國民黨急速召集其所主張之國民會議預備會以爲將來籌備召集國民會議之工具。可是召集預備會之條件，即是參加預備會議的代表之選出，這更是切要的問題。

預備會議的代表絕對須由各階級的眞正的民衆團體選出，至於要什麼團體才有選舉代表資格之標準，大約以國民黨對時局宣言所提出之九種團體稍加斟酌爲斷，總之，須使預備會成爲眞正的民衆團體的代表會議，絕不能使成爲軍閥們的什麼軍民長官會議。如果預備會成了軍閥們的軍民長官會議，那就是袁世凱之「籌安會」第二，或是天津督軍團會議之變相，那時還有產生國民會議之可能嗎？所以中國共產黨雖贊成國民黨所主張之預備會，却同時又極力「反對軍閥拿什麼各省軍民長官會議來代替此會」，「假冒的國民會議預備會。現在大家須注意，尤其國民黨應注意，段祺瑞已擬召集各省軍民長官的善後會議，由善後會議製定國民會議組織法，并已命許世英爲其籌備委員，這是段祺瑞想以軍民長官會議來代替國民黨孫中山所主張之國民會議預備會的陰謀，這完全是第二個籌安會，這完全是段祺瑞想製造一個御用的會議，再由這個御用的會議，產生一個更大的御用會議，掛一塊國民會議的招牌，再命令那些御用會議的會員舉他作「正式」總統的一種陰謀，這與袁世凱造成籌安會令選舉他作皇帝，曹錕造成憲法賄豬仔選舉爲總統完全是一樣的老把戲，照這樣作下去，無論國民會議是笑話，將來中國的政局且要紛亂千百倍，此須特別注意者二。　在國民會議未召集，正式政府未成立之時，預備會應該就是臨時國民政府，執行一切政權，現在之什麼臨時執政政府（所謂現在的臨時執政的政府，即是段祺瑞安福部的狄克推多，這一層只看段所發表的內閣員名單就很明顯）當立即取消，不然，那時雖有預備會，在段祺瑞，老賣國的安福部的狄克推多之下，絕不能行使其眞正代表民意的職權，結果必難免蹈民國六年國會被解散之覆轍。　所以中國共產黨主張：「……擁護此預備會，在正式政府未成立以前，即爲臨時國民政府——號令全國的唯一政府。　此須特別注意者三。

第三點更爲重要。　須知中國此時的民衆無論在經濟上，政治上，都完全成了帝國主義和軍閥的奴隸，民衆此時所需要的絕不是空洞的國民會議的名號，而是實際上的需要，是日常生活上之經濟的和政治的壓迫之解放。　所以中國共產黨之贊成臨時國民政府，贊成召集國民會議，絕不是籠統地希望成立一個什麼國民政府和國民會議就算了事；牠是站在被壓迫民衆的觀點上，牠贊成臨時國民政府，牠贊成召集國民會議，爲的就是要使臨時國民政府和國民會議能實現被壓迫階級被壓迫民衆之實在要求，——至少是最低限度的要求。　因此中國共產黨提出十三條最低限度的和具體的要求出來，望將來的臨時國民政府和國民會議能夠採納。　我們可以斷定臨時國民政府，和國民會議祇有在擁護實行這樣的要求之下，才有意義，才能得到眞正被壓迫民衆的信仰，才能解決中國問題。

在那十三條要求裏，每一條都是非常實際的、非常具體的，是人人感覺非如此不可的。　如第一條之廢除不平等條約，收回關稅，這是誰也知道的，是絕對非如此不可的。　如果這一條不辦到，中國的經濟永無發展之可能，中國將永遠是殖民地，中國人民將永遠是帝國主義的奴隸，絕無翻身之一日。　第二條之廢止治安警察條例，罷工刑律，保障人民集會結社出版言論罷工之無限制的自由權。　這種對內政治上的解放，與以上對外的解放同一重要，如果此條不作到，人民終無發表政治主張之餘地，國家將永爲軍閥官僚壓迫人民戕殺人民之工具，什麼國民政府，國民會議絕對是空話，這也是非常明顯的。

第三與第四條是廢督裁兵之具體方案。　第五條與第六條是保護農工之具體方案，第十條是整理中國財政之根本辦法。　其餘各條，都是一般被壓迫的民衆所極需要的。

凡是中國被壓迫的各種階級和各種民衆，快起來按照中國共產黨所指示的途徑，去圖謀實現國民會議，去圖謀實現自己的要求，尤其是代表一切民衆的國民黨在此時更應站在民衆要求上去召集國民會議，召集國民會議的預備會，須極力防止段祺瑞老賣國賊，日本帝國主義的老走狗之陰謀，實現籌安會第二之陰謀。　我們尤望中山先生須堅持自己之主張，絕不要上段祺瑞之鬼當。　可是同時我們希望中山先生和一般被壓迫的羣衆應該明白，要想眞正解決中國問題，要想眞正救出中國民衆於帝國主義和軍閥雙重壓迫之下，始終祇有徹底的國民革命，根本消滅一切帝國主義與一切軍閥的國民革命。　對於此時之國民會議，國民會議預備會，固然我們應盡人爲所能盡之力量去促成牠們去參加牠們，可是能否得到最後勝利，這完全是疑問，所以我們對於此次的國民會議應採一種革命的實驗態度，不應有過分之希求，我們應時時刻刻準備我們國民革命者之最後的行動，那才能得到最後的勝利。

# 北京政變後帝國主義最近進攻之新形勢

述之

自北京政變以來，日本帝國主義賴段張的得勢，造成了北方的特別勢力範圍；同時英國帝國主義又極力保持直派在長江方面之原有地盤，以之與北方的段張政府對抗形成了英國的特殊勢力圈。　在另一方面，美法等帝國主義還沒有確定的地盤，而站在英日兩帝國主義的對抗之外。　在此種狀況之下，因此帝國主義對中國最近有了一種新的進攻形式。

現在我們知道日本帝國主義是最得意的時期，因此，日本帝國主義此時對中國採取一種保持勝別的態度，大倡所謂「不干涉主義」，而陰謀借款與段祺瑞政府(見芳澤的談話)，維持段祺瑞政府之存在與鞏固，的徐圖實現牠從前與段氏所訂之種種收買中國的條約。　在英國帝國主義方面，因其唯一的代辦曹吳在北方失勢，自感不快，然而在長江方面的勢力依然存在，所以牠目前亦祇在怎樣維持長江方面的地盤，也沒有什麼特別進攻的表示。　所以此時唯一感覺不安而欲圖進攻的就是法美了。　因此法國帝國主義就毫不客氣地公然發難，聯合各帝國主義，藉承認段祺瑞政府爲條件，想强迫段祺瑞承認帝國主義在中國之一切條約(中山先生所謂奴隸的賣身契約)爲有效，換言之就是完全承認金佛郎案和法國在中東路之權力。　我們試看巴黎二十八日中美電：『巴黎記事日報今日聲稱，北京方面列强代表將開會議，討論承認中國新政府問題一節，確係事實，已有若干國答覆法國提議，認爲有此種會議之必要。　法國之提議，係欲取得中國各項之允諾及担保，但所要求之件竟爲何項，不無困難發生，法國方面則　重於中東路之權利，及用金佛郎償還庚子賠款兩事。　英美二國則側重於條約權利之保障，日本則堅持對華不取干涉主義……』在這裏很明顯地可以看出法國帝國主義之野心。

美國帝國主義在中國因爲沒有確定的勢力圈，向來就主張共管政策，在江浙戰爭開始時卽大倡其所謂以消威斯計畫解決中國問題。　自北京政變之後，牠看英日的勢力範圍更加確定，於是更忍不住了。　請看左列商報所載的。

『廿四日，京訊云：外交界消息，駐法公使陳籙致電外部，電之內容，係報告美，法，日，比四國駐英大使，英政府外交當局，對於中國時局，在倫敦會爲非正式之協商，美國對於中國鐵路問題，首先提出共管之方法。　因英美法日比五國，對於中國，皆爲債權國，而五國投資中國之鐵路爲尤多，如京奉，京漢，滬杭，滬甯，滬甬，隴海等路，莫不有彼等鉅額資本，卽可藉口於保護各路之債權關係，派兵駐紮鐵路站，對於各路，且不許運載任何一方之軍隊，及不許任何一方拆毀路軌，既可保護各國債權，而中國之內政，卽默移於各債權國勢力範圍之下。　美國提出上項建議後，比法兩國皆絕對贊同云。』

美國此種主張共管鐵路政策，就是想實施道威斯計畫之一種入手方法，牠進一步卽將提出整個的道威斯計畫要求列强贊助。　我們看紐約十八日路透電就可知道。　該電云：『……現財政界已發現一種報告，略謂對於中國之道威斯計畫，不久卽在中國召集國際會議，提出討論。　同時美國商業界已向美國國務院條陳，謂美國於該會議當贊成整理中國舊債，不得給予新借款……』總之美國此時唯一的企圖，就在怎樣使道威斯計畫在中國實現，打破英日之特殊勢力，達到經濟共管的目的。　換言之卽以美國銀行資本來統作中國。

我們由上邊可以看出帝國主義最近侵掠中國有兩個新傾向：（一）日，英兩帝國主義有保持地盤，分裂中國之野心，因此近來表面持冷靜態度，而骨子裏陰謀鞏固其勢力，法美因無特定勢力範圍，則欲乘機造成新的局面．——共管局面，因此特別進攻主張干涉中國。

英美與日法帝國主義自江浙戰爭以來，各以其軍械與金錢拼命地造成中國的戰爭，擴大中國的擾亂，無非爲的要達到他們侵掠中國的目的。　現在戰爭暫已停息，於是帝國主義新的進攻又來了！　國人們！　無論帝國主義分裂中國或共管中國，對於中國人民始終是一種新的厄運的到來。　我們要免除此種新厄運，目前只有大家起來贊成并且努力實現「中國共產黨對於時局之主張」帝國主義這種新的進攻或不至於完全實現。

# 段祺瑞來京以前（十一月十九日北京通信）

羅敬

在最近一星期中，北方的現象是這樣：

一，日本帝國主義勝利事實下之張作霖長驅入關，搶奪地盤，大賞三軍，表面擁戴段祺瑞以俟時機之成熟，並同時預備武裝和平會議，以對付中山之北上。

二，日本帝國主義外交勝利事實下所利用的基督將軍馮玉祥現在已陷於可憐的狀態，在天津無異於受軟禁，自已的地盤還沒有，一手造成的攝閣又被否認，結果只有跪在段祺瑞的膝下以保朝夕；然而狡兔死，走狗烹，前途實不可預料。

三，英國帝國主義維持直系在長江流域的勢力之計畫業已證實，而干涉論調在倫敦華盛頓巴黎之間又漸復活。　倫敦十二日中美電所謂『日本對于中國現在時局所持之態度，與列强對華必要之一致行動，有莫大之關係。』　我們把他的眞意翻譯出來，就是：日本現在中國之勝利，列强應要注意，應有一致的行動。　接着又說：『英國唯一之職務在遇必要時首先提倡列强應採一致之行動，藉以保障在華之權利，此種義務英國不能規避者也。』　這幾句的眞意很明顯，用不着重譯，直言之，這就是：當初在日本帝國主義勝利事實下不能不妥協一，現在却要領袖羣强，根據大英國歷來在華之地位，應『首先提倡列强採一致之行動』了。

張作霖這次的勝利是不用說的，所以長驅入關以後的計劃，便是竭力擴充地盤；這个擴充地盤的最小限度，正如北京順天時報所代爲宣布的『至少占得黃河以北』。　鎮威軍原先的目的是要一面佔領京津，一面借道滅齊，由津浦路南下以取魯。　後者見阻於段祺瑞與鄭士琦，只得全力向前者發展；於是大軍集中於滄洲，沿滄石路連營以達長辛店，更令騎砲兵由楊村進駐以達通州。　此種展佈明明爲對北京採取大包圍之形勢，而令馮玉祥國民軍儼然不可以終日。　他方面亦可說這是鬍帥等候孫中山北上特意展陳於善後會議席前之武裝的和平！　李景林既已取得直隸；張宗昌或督直或督魯；許蘭洲都統熱河；此外各將領之要求地盤：『其驕矜之氣，需索之急，殊苦無法應付。』　奉軍既完全佔有天津，前此捷足先登之馮胡國民軍只得忍痛退去以避衝突。　奉軍在天津已是唯一的主人，京奉路完全在握。　北京奉軍司令部已打掃舊門庭，張宗昌遲早便來北京。　馮玉祥既軟禁在津，北京所謂國民軍總司令部已是蛇無頭不能行，攝政內閣中的幾個主角見大事已去，亟欲捨馮而就段，然段固豢有安福新舊交通系之全副班子豈容馮派之人插足乎？

當張作霖的大軍還未到天津，馮玉祥還未去迎段的時候，北京情形與現在成爲兩樣。　質言之，那時候的北京情形不免令段祺瑞煩惱并使帝國主義者焦燥。所以十一月九日順天時報中有個標題叫做『二次政潮漸在醞釀中』，內容是說：『據某方面消息云，馮玉祥剋因維持北京治安及其他關係上，已決定凡其他軍隊，無論爲何人統率，一律不使之入京，亟擬先促合肥來京，敬聆其收拾時局之政見，以便解決一切善後問題。但合肥方面，刻對于張作霖側，較諸馮玉祥側尤爲注重，以故馮氏及現閣對于段氏之態度漸變，且與行將來京之孫中山氏力求接近，並擬從而擁戴之。是以今後北京政局，恐將發生二大潮流，其一卽孫文馮玉祥胡景翼並附和之民黨等，此團體頗帶有過激派的色彩，其一卽段祺瑞張作霖並附和之研究系等政黨，此團體較諸前者其主張迥異，蓋擬以保守的主義從事收拾時局云』。順天時報之所言當然不爲無因，馮孫結合以抗段張的形勢若果成功，於中國目前政治情形未始不能開一別種局面。然而這種趨勢自奉張率大軍蒞津對馮玉祥王承斌大肆其下馬威之後業已大受打擊，馮派勢力是否完全被排出京，在識者看來只是時間問題。馮去津後對於委員制及尊重孫中山等主張已一字不敢再提；而段祺瑞之所謂俟中山北上者，聞骨子裏不過單就所謂『統一西南』問題有所商榷。據知內幕者言，段張皆不願中山此時北上，最近張學良代表乃父對路透記者談話云；『孫文來時只希望對統一問題有所供獻；但家父之意自以擁段爲主，蓋信惟段可以完成統一之業也』。這些都足以顯明他們（段張）將來與中山的關係，及他們企圖以北洋派統一中國的野心仍然繼續存在，與曹吳沒有兩樣。

奉張既在京津之間展佈優勢，段祺瑞在長江方面的暗算又有了幾分成就，而日本帝國主義目下在中國簡單明瞭的政策，就是扶助段張趁快成功。故聞段祺瑞近京之期業已內定乎遲也不會延過本月二十四日；見機而作，不僅段祺瑞有此聰明，他的主人日本帝國主義更有此聰明。日本滿腹希望段張統治中國之局面早日完成，免得別個帝國主義倡言干涉，又參加進來，這是業已表明的事實，現在請看東京十四日電之朝日新聞的社論：『觀於最近列强對華態度，所謂不干涉主義者，以後是否長久繼續，頗屬疑問。動亂如仍然繼續（卽段張統治之局面如不早成）則列國貿易，將受影響，干涉論之發生自有相當之根據。故目下立於勢力圈內之中國政治家，宜寬擡以就大同，先行樹立鞏固政府，夫然後彼等熱望阻止列國之干涉者，自不期然而然云』。這幾句話在目下可以說是對於段祺瑞張作霖指示的方略，同時也是爲的要堵阻路透電所謂『英國將引導列强爲先鋒之干涉』；因爲坐令英美的干涉策實現，那末日本在這次戰爭與政變中的經營無異是替他人作嫁衣裳。

然則段祺瑞來京以後將成何種局面呢？段在津深不滿意於黃閣之舉動，質言之卽深不滿意於對待清室之處置及王正廷修訂不平等條約之聲明，那末，他（段）來京以後一定大反黃閣之所爲，——對外申明遵守條約，對內首先恢復清室優待條件，復次便是一天一天地暴露北洋正統狄克推多的真面目。所以最近將來的段政府不僅不是進步的，必然是更反動的，不僅是適合日本帝國主義的工具，而且是適合東交民巷各國使館的工具。謂余不信，請看他來京以後的舉動。

# 英國帝國主義對於埃及之壓迫

大雷

英國保守黨在選舉得勝利時，我們早就說過英國對殖民地將採更反動的政策；現在埃及事件便是證明給我們看的。英國保守黨的殖民地政策是要掃滅殖民地上一切反抗運動而使殖民地人民完全受其侵掠。英國在埃及的行動就是要實施這種政策於埃及。埃及自今年春間國民黨首袖柴魯爾在埃及議會裏得到大多數而被舉爲首相後，埃及政府已宣言獨立反抗英國，英國那時正値工黨執政，雖然工黨亦要保留埃及在英國帝國主義統治之下，但是爲自己社會主義招牌起見到底不好意思對埃及用暴力的壓迫政策，因此埃及得以維持對抗英國的局面。 柴魯爾首相一月前在英國工黨政府搖動時曾跑到英倫去想要求工黨政府允許埃及獨立，但是被工黨政府拒絕了；柴氏知道工黨政府將倒保守黨將執政權將來對于埃及必採武力壓迫政策，所以他回到埃及就宣言「埃及祇有靠他自己的力量」，那時他已預備與英國有一種衝突。 因此可見現在的埃及事件決非一件偶然之事，決非因爲英國駐埃沙達司令被刺而發生的結果，英司令的刺死不過是一個導火線，給英國行旅高壓政策的藉口罷了。 如不信，請看英國軍隊在埃及的行動：他們佔據亞立山大里亞稅關，派大批軍隊駐蘇丹，要求撤退駐蘇丹之埃及軍隊等，雖然埃及政府已允道歉懲凶已交出五十萬磅恤款，這決不能說英國政策祇是爲代沙達司令報復。 埃及提交國際聯盟的抗議書，書中聲明：「埃及與蘇丹爲完全獨立國，埃及與蘇丹應視爲一個整體，不容分裂。 今埃及已允道歉懲兇，然英國竟乘機實行其帝國政策，憑藉武力，對於一和平國，以圖一逞。英國之行爲蔑視埃及之憲法，傷害埃及農夫之生活，其所要求者與暗殺案毫無連帶關係，實歷史中前所未有，國際聯盟會應爲和平無助之國出場干涉」

英國這種行動正如我國山東人民殺死德國兩教士而德國就藉口佔領膠州，同出一轍。 英國帝國主義欲對埃及行施其高壓政策何患無詞，即使英司令不死，遲早總有一個機會。

英保守黨執政不過一箇月對埃及已經開始下手，將來次第被禍的當然是印度和中國。 印度的自治黨已經表示恐懼英國保守黨政府將取對印嚴厲政策，已積極預備抵禦， 前此包爾溫首相發表政見中有「對中國將採更大單獨行動」之語，中國人民對於此語不要漠不關心，當知現在英國對待埃及舉動便是對待中國之先聲。 本國被壓迫的同胞們，準備着罷！

# 帝國主義的『大上海』夢想已在暗地裏進行了

超麟

帝國主義眼看着中國第一商埠——上海——可愛，恨不得一口氣吞下肚子裏。 現在雖然佔領着「十里洋場」作威作福混充起主人翁來，在中國領土內剝削中國人民的自由，甚而至倡言禁止人民領袖孫中山先生登岸，拘捕歡迎孫中山先生的羣衆，奪取歡迎孫中山先生的旗織，但帝國主義慾望還未滿足，還要垂涎「十里洋場」以外的上海，做牠的『大上海』夢想，公開地，祕密地推廣牠的「租界」，——或者牠打算將全中國「租界化」。

我們應該還記得帝國主義屢次的陰謀，假借任何一件外交事故，向賣國的政府大敲其竹槓，要求將閘北圈入租界範圍，或簡直無忌憚地越出「十里洋場」以外，大築馬路，——譬如民國十年法華鎮人民與帝國主義交涉事件。 我們應該更還記得，當盧，何出走，謠言甚熾的時候，大陸報——帝國主義的喉舌——藉口閘北「富人」要求，鼓吹推廣租界，——這件事早已經本報著論痛駁，而且有一二家上海報紙也加以注意了。 然而同時發生了一種「强姦的」行爲，老實不客氣地，無用其鼓吹與要求，帝國主義竟在滬西方面，從海格路大西路起，穿過法華鎮直抵虹橋爲止，驟然闢築馬路四條，無形之中將法華鎮全鎮隸屬於牠的統治之下。 這件事，除在十月二十六日及十一月五日的滬上報紙稍有紀載後，到現在竟沒有人提起了。 豈是戰事期中租界「惠」我，因而默認，不願反對嗎？ 莫非上海市民的注意力現今全部都被「摧毀」的空氣所佔領了嗎？ 我想上海市民不是個個都是「富人」，也不是個個都想巴結「執政」得點好處，斷不至於忽視了這樣一個帝國主義侵略上海領土的問題。　果然，本月二十一日北京各報也發現了一封上海特約通信，提起這個問題的重大，而且告訴我們以一些新的消息，為上海報紙所未曾紀載的。

綜合起來，這件事的經過，本報可向中國人民報告如下：

帝國主義要從滬西方面進行其『大上海』夢想已不是自今日始。民國十年工部局已經在法華鎮十二圖等處開築大西路。　那時就引起了嚴重的交涉，一直到現在還有許多人不肯授受田價。　但一旦江浙戰事發生，慾望無底的帝國主義又謀進一步乘機進行其預定的計畫了。　正當風聲鶴唳的那幾天，所謂萬國義勇隊，海軍陸戰隊全數登岸防守「十里洋場」的邊界；英國海軍陸戰隊竟從——不用說是工部局的計畫——滬西法華鎮及沿滬杭鐵道接軌處方面，侵入中國政權所及的地界，豎起英國的海軍旗，裝設軍用電話，斷絕交通；最可惡的就是他們——英國兵——老實將淞滬警察廳的警兵趕走。　交涉員當即向領事團交涉，但領事團居然答覆：『少數之處為防範保衞起見，不能不越過界線』，接着又聲明：『所駐人員均站崗於工部局所置之地產及馬路上』。　——殊不知『工部局所置之地產及馬路』不在「十里洋場」籓籬之內哩。　這是戰時的事。　大家還以為這是暫時的，戰事停止之後，帝國主義的海軍就可撤退。　不意十月二十二日工部局突派千餘工人到法華鎮去開築馬路，而且說要開築多條。　於是由越界設防的交涉變成了越界築路的交涉，換言之即由臨時代守的局面，搖身一變而成了永久佔據的局面。　法華鎮全鎮四週悉行圍入租界區域之內了。　而且『又據西人方面消息，謂今次江浙戰事結果，工部局更可獲得自麥根路車站，沿路至龍華之一帶築路權。　該處純粹為中國地界，西人向無可在該處建築任何工程者。　今一旦獲得築路權，則租界之範圍，益見廣大矣。　今已得寸進尺，江浙戰事乃為工部局造成一實施推廣租界之機會。　內戰結果，乃至於此！』（見本月二十一日北京晨報上海特約通訊）。

『內戰結果，乃至於此！』帝國主義的『大上海』夢想已實現其一部分，而且其餘的，也在暗地裏進行了。　我們怎麼辦呢？　難道打幾個電報給北京外交總長，江蘇省長，特派交涉員，縣知事等就可避免『大上海』的實現嗎？　夢想！　唯一的辦法祗有不妥協的，流血的國民革命。　最近的努力祗有團結而組織起來召集國民會議預備會，提出『收回租界』問題。

# 本報啓事

（一）本報自近數月以來，承海內外讀者踴躍訂閱，銷數大增，以前彙訂本，亦均售盡，供不應求。現各方索購本報彙刊者，仍相繼不斷。　本報為滿足這種要求，特將第一集彙刊三版，準於今年十二月底出版；將第五十一期至第一百期彙成一本，作為第二集，定於明年二月內出版。　定價特別從廉，預約每紮祇收大洋一元，郵費在內。預約期第一集至今年底止；第二集至明年二月止。　本期彙刊，上海方面，本報已託上海書店代售，預約諸君，請直函該店可也。

（二）本報為更使銷路推廣宣傳普遍計，特從第九十二期起，重新規定最廉價目如下：寄售每份銅元四枚；　訂閱，國內一元寄足六十期，國外寄足三十五期；郵費均在內。

（三）本報為優待愛讀諸君起見，除將第一期至五十期彙刊三版廉價發行並從第九十二期起，重新規定最廉價目外，凡介紹定閱本報五份（六十期為一份）以上者，贈閱本報十五期；十份以上者，贈閱三十期；二十份以上者，贈閱四十期；五十份以上者，贈閱一百期。

（四）凡工人團體，農人團體及學生團體，各地公眾圖書館，閱報室及一切政治團體，要看本報者，望將地址及郵費（國內每期一分，國外每期二分）寄交本報上海發行通訊處，本報即當按期寄上。　如各團體能自動定閱本報者，一律優待，照定價[illegible]折。

（五）本報歡迎交換，凡國內外一切新舊刊物，願與本報交換者　請寄交本報上海發行通訊處。

（六）本報歡迎代派，代派價目，特別優待，每份大洋二分，三百份以內五折，百份以上四折，寄費在內。

（七）本報歡迎轉載，但請注明轉錄嚮導字樣。

The Guide Weekly

# 嚮導週報

第九十四期

（中華郵務管理局特准掛號認為新聞紙類）
一九二四年十二月十日
郵票代款概作九五折

分售處
香港 萃文書局
巴里 中國書報社
廣州 丁卜書報社
上海 商務印書館
武昌 民智書局
上海書店
時中書報社
共進書社

分售處
太原 晉華書社
沙長 文化書社
濟南 齊魯書社
杭州 古今圖書店
雲南 新亞書社
甯波 明星書局
開封 文化書社
福州 工學社
成都 華陽書報流通處

——零售每份銅元四枚——

訂閱：國內一元寄足六十期．國外一元寄足三十五期．郵費在內

代派：每份大洋二分．三百份以內五折．三百份以外四折．寄費在內．十期清算一次

每星期三出版　發行通信處　杭州馬坡巷法政學校安存真　北京大學第一院收發課轉交于明

## 孫段合作與國民黨之運命

獨秀

『真金不怕火來燒』，所以孫中山先生此次入京雖然是一個『險途』，在革命黨的態度上自不應避免不去，至於他是否真金，此次一燒便能明白。

無論孫中山先生還沒有什麼實在的力量，然而在中國政局上，却常常使帝國主義者及軍閥感覺不安，拒絕他呢，還是拉攏他？

此次中山由廣東而上海而日本而天津，到處都有民衆的歡迎。在這些歡迎聲中，一方面可以看出中國民衆革命的情緒正在發展；他方面因此更使帝國主義者（尤其是日本）及軍閥（段祺瑞張作霖）由驚恐而各逞其拒絕或拉攏之技能。英美帝國主義者自然是到處拒絕他，而日本及段祺瑞為支配全中國計，是想拒絕與拉攏互用，使中山在投降式的條件之下和他們合作，我們所謂『險途』即此。

民衆為什麼歡迎中山先生，不用說是因為他屢次宣言主張為民族的人民的利益而奮鬥；段祺瑞張作霖為什麼拉攏孫中山，只要不是癡子，便不會說他們拉攏孫中山和民衆歡迎孫中山是一樣的意思。這兩種意思都明白地擺在中山先生眼前，還是接受民衆歡迎的意思，還是接受軍閥拉攏的意思，這是中山先生脫離或陷入此『險途』之唯

### 快起來救濟南洋失業工人！

敬啓者：南洋煙草工人因受資本家虐待而罷工，復遭壓迫而失敗，現在被資本家開除失業工人共計一千七百餘人。迄今三月，衣食無着，流離失所。際此天屆嚴寒無家可居沿街露宿者不知凡幾，疾病死亡時有所聞，種種慘痛，觸目傷心。滬上各公團因此組織救濟會募集捐款，救濟千餘深罹痛苦之工人，各界人士必有深表同情者，務望慨捐巨款，使此千餘失業工人能少減饑寒之苦，是則本會之所禱祝者。

南洋煙草工人失業救濟委員會　十三年十一月

一標識。

換句話說，在民衆方面，正在帝國主義利害意見不一致及軍閥分裂動搖的時機中，力圖發展他們自己的力量，并且在中央在地方都要求一個德謨克拉西的政治；在軍閥(段祺瑞)方面，正在藉日本帝國主義的援助恢復其勢力，并且想邀英美法各帝國主義之同情集中其勢力，復與其軍人狄克推多的政治；前者是終得勝利之坦途，後者是殘燈復明之迷夢。這兩條道路都明白地擺在中山先生眼前，若走前一條路，便應始終爲民族的人民的利益而奮鬥，即洪讓一萬步，亦不應因帝國主義者及軍閥之壓迫或拉攏，而放棄其最近宣言中廢除不平等條約及召集國民會議兩個最重要的主張，這乃是國民黨與國民合作；若走後一條路，便是中山拋棄其主張，自食其宣言，實現所謂『孫段合作』。

或以爲在孫段合作的情形之下，也可以實現中山的主張。這種想頭未免太滑稽了！段祺瑞以前的政治罪惡，如親日賣國，濫借外債以蓄私黨，妄開兵禍以除異己等，都姑且不論，請看他現在的行爲：

一、以安福派壟斷政權如李思浩爲財政總長，龔心湛爲內務總長，吳炳湘爲北京警察總監，姚震爲法制院院長，姚國楨爲煙酒督辦，曾毓雋爲稅務督辦，丁士源爲公債局總裁，王揖唐爲安徽省長。

二、任安徽姜案正兇刑事通緝未取消之倪道烺（督軍團首領倪嗣冲之姪）爲鳳陽關監督。

三、反對攝政內閣修改清室優待條件，縱清廢帝出逃外國使館。

四、起用全國公認爲賣國賊曹汝霖陸宗輿爲參政。

五、宣言『外崇國信』，即是明白答覆列强保障外人既得權利之要求，亦即是反對廢除不平等條約。

上列諸事已充分說明段祺瑞縱庇羣小賣國亂政的行爲，絲毫未改。他正在拿『外崇國信』這份厚禮乞憐一切帝國主義者之援助，以恢復并鞏固其安福羣盜之舊日江山，他將要受一切帝國主義者之指使，壓迫各階級民族解放的運動，并且已經阻止孫中山在京津之演說及歡迎，他對於修改清室優待條件尙且罵李石曾少年胡鬧，他對於廢除洋大人之不平等條約更說是亂黨過激的主張，希望他修改不平等條約，只有修改廿一條爲廿二條，希望他召集國民會議，除非是軍閥官僚的國民會議來選舉他爲正式執政。

軍閥們犧牲民族的利益，以結帝國主義的歡心，以保其權位，這本是常態；國民黨爲民族的人民的利益奮鬥計，揭破軍閥和帝國主義者勾結的陰謀與罪惡，這也是常態；軍閥失其常態，便不是軍閥，國民黨失其常態，亦不成其爲國民黨。國民黨與國民合作是坦途，國民黨與軍閥合作是陷阱，中山先生將何去何從呢？『不怕火燒才是眞金！』

# 段祺瑞執政與不平等條約

述之

自北京政變後，段祺瑞擬入都就臨時執政時，東交民巷的帝國主義(法國帝國主義發難)即提出以承認『外國條約』做承認段爲臨時執政之條件。不久段祺瑞果有『外崇國信』之宣言，博得帝國主義之『誇獎』。現在梁鴻志代表段祺瑞對日本帝國主義者(日記者)談話又公然有如此的表示：『日記者問：此次臨時執政府成立，對於各國條約之履行有無變更？梁答：對外條約不論何國均應遵守，此次臨時執政政府成立，其對外之一切權利義務，均當遵守不變，何況條約上明文之規定，當然須一一履行之。日記者問：任何一國如有特別關係者如何？ 梁答：此點不難判別，蓋所訂條約均依照明文履行之，如有特別關係者，亦將從特別條約上而履行之」。（十二月七日時事新報京訊）

由上面看來，段祺瑞要想取得政權，遂不惜承認帝國主義對於宰割中國之一切不平等條約，換言之，就是段祺瑞爲着取得繼續曹吳在北京的地位(爲帝國主義所承認之地位)而甘心承認一切賣國條約。這個問題是何等嚴重呀！

自此次北京政變，最反動的曹吳軍閥被推倒以來，在中國民衆方面本有一線新的希望，這希望就是召集國民會議，產生眞正人民的國民政府，內而廢除軍閥，外而修改不平等條約。 因此代表國民革命的領袖中山先生，卽發表宣言，召集國民會議，而國民會議唯一的責任，就在「廢除一切不平等條約，收回租界等」，換言之卽在反抗帝國主義之侵掠。（見中山先生在滬對新聞記者之演說）中山先生此種主張，完全是代表中國眞正的民意，救治中國目前唯一的要道。 因爲帝國主義强迫中國所訂之一切不平等條約不廢除，中國政治經濟絕無改進之希望，猶如奴隸之賣身契約（中山先生謂中國與各國所訂條約爲奴隸之賣身契約）不取銷，奴隸絕沒有自由發展之可能。 例如海關稅條約不廢除，中國的工商業有沒有發展之可能？ 領事裁判權不取銷，租界不收回，中國有沒有實行民主政治之可能？ 其餘如各種鐵路，礦山，借款……等條約，無一不是束縛中國政治經濟的發展和造成中國軍閥擾亂的根源。 所以我們的結論，就是要想改造中國須從根本推翻帝國主義下手，廢除不平等條約，還不過是初步工作。帝國主義的勢力在中國存在一日，帝國主義不平等的條約在中國施行一日，中國的擾亂就延長一日，中國人民的奴隸生活就多過一日。所以中國目前唯一解決時局的先決問題卽在推翻帝國主義在中國之一切不平等條約。（商報畏壘君謂「必先有合理上軌道之政治，而後國力得有正當之發展；必先內有清明强固之政府，而後改約廢約，始有提出交涉之主體」。 像這樣的論調就外表看似很有理由，其實這是倒果爲因的說法。 殊不知如果帝國主義對中國所加束縛不解除，中國那裏有合理上軌之政治！ 那裏有清明强固之政府！）

帝國主義自江浙戰爭以來，一方面幫助軍閥，擴大戰爭，一方面與各軍閥私訂借款條約（如美之無線電借款，導淮借款，英之滄石路借款……等），同時又力謀在中國進行道威斯計畫。 這眞是「無所不用其極」了！ 現在曹吳已倒，英美帝國主義在北方受一打擊，此時正可發展民衆的力量以圖根本推翻帝國主義之不平等條約，如中山先生與中國共產黨之所主張。 而段祺瑞居然以臨時執政政府貿然承認帝國主義宰割中國之一切不平等條約，此種舉動，不啻曹吳第二，純屬賣國行爲，國人應起來鳴鼓而攻之呀！ 我們看梁鴻志答日記者之話：「如有特別關係者，亦從特別條約上而履行之」，這完全表明老賣國賊段祺瑞對於日本帝國主義之眞實態度。 我想大家沒記着，當民國六年，段祺瑞掌政，安福部專權時，段祺瑞向日本帝國主義所借數萬萬參戰借款，所訂之種種賣國條約，此種借款與條約，經當時人民的反對，日本帝國主義至今尙未得到確定的担保與承認。 現在段祺瑞既如此表示，那就是承認其當時與日本帝國主義所訂之一切亡國借款和亡國條約爲有效。 并且由此可以推及段祺瑞已承認曹吳與帝國主義所訂的一切賣國條約爲有效。 「此而可忍，孰不可忍」！

國人們！ 現在段祺瑞以臨時執政政府，敢如此專橫，試問與吳佩孚有何分別？ 這完全是去一吳佩孚又來一吳佩孚，眞是所謂「以暴易暴」。 我們應趕快起來反對，而反對的積極方法則在於急速促進國民會議預備會，從根本上取銷段氏之臨時執政的狄克推多。 如果國民會預備會不能召集，我們人民就須重走武裝革命的道路，以革命打倒此輩軍閥，以革命推翻帝國主義在中國之權力。

# 目前政局與工人階級

述之

自北京政變後所造成的中國政局，在整個的中國歷史過程上是沒有什麼意義的；因為這不過是段張軍閥代替了曹吳軍閥在北京的地位，日本帝國主義戰勝了美國帝國主義在北方的勢力，中國人民始終還是被壓在國際帝國主義與北洋軍閥的雙重壓迫之下，與以前沒有什麼兩樣。然而在這一個「頃間」裏却不能不說是一種新的局面，至少也可以說是可以引起人民注意政治的一個局面，如果人民能夠起來努力，或者也許能造成一個相當的新局勢，至少也可以從這個局面上得到一點相當的政治覺悟。所以代表國民革命的國民黨發表宣言，主張召集國民會議，解決目前的政治問題，并且主張在國民會議之先召集國民會議預備會；同時中國共產黨亦發表宣言贊成國民黨所主張之國民會議，尤其指出國民會議預備會之重要及其任務——籌備國民會議和代理臨時執政，并且替民衆向將來的預備會和國民會議提出十三條具體要求。我想凡是被壓迫的中國人民都應該起來站在國民黨的號召之下，按着中國共產黨所指示的具體要求去努力實現國民會議，實現國民會議的預備會，不管這種努力將來成功或失敗，但總須利用機會，以盡人為的力量，總須從這一個努力上得着新的道路。

中國的工人階級不用說是應當起來贊成此次國民黨之主張，努力圖謀實現中國共產黨所指示之要求的。我們知道中國的工人階級不但是中國將來之唯一主人翁，并且是中國國民革命之真正領導者，中國的國民革命只有中國的工人階級起來作領導才能作到底，才能根本消滅帝國主義與軍閥。像這樣的偉大責任，有意識地或無意識地已在中國工人階級近年來的許多運動上（如香港海員之罷工和京漢路之「二七」爭鬥……等）表現出來了。因為受帝國主義與軍閥的壓迫和剝削最利害的是中國的工人階級，所以中國的工人階級特別富有革命性，特別有指導中國國民革命之資格。因此對於目前的政局，解決目前的政治問題，中國工人階級是應起來參加的，并且還須以領導的資格起來參加的。但是中國工人階級現在除了須普遍地努力參加這種運動外，即參加解決目前的政治問題外（如如何使國民會議和預備會議得實現，如何使中國共產黨所提出的要求能在將來的國民會議和預備會議被採納等），一方面還須特別提出牠本階級的最切身最急迫的要求。在目前牠的最切身的和最急迫的要求是：

（一）須急速恢復京漢各路自「二七」後所被解散的工會。

（二）須急速恢復唐山二千餘工友的工作。

（三）須阻止素來壓迫京漢各路工友的交通系復辟。

（四）懲辦在「二七」慘殺京漢路工友的兇手——吳佩孚，蕭耀南……。

以上這幾種要求是北方一大部分工友之最急迫的要求。因為自「二七」以後，所有在直派勢力下以前所成立的工會都橫被吳佩孚勒令解散了，現在吳佩孚既去，要恢復這些原來的工會是絕對應該的；唐山二千餘工友被英國帝國主義者詹莫森，紐靡赤無故遣散，（見唐山工人宣言）現在正在饑餓之中，這尤須急速恢復其工作，不然這二千餘工友將難免流於餓莩。懲辦「二七」慘殺京漢工人的兇手，這更是法律上名正言順的要求。交通系素來壟斷中國的交通機關，作威作福，尤其是對於京漢，津浦各路的工友百般剝削與壓迫；所以交通系向來就是各路工人，尤其是京漢工人之死敵。自直奉戰爭之後，交通系的勢力已失，現在段祺瑞登台，交通系又大肆其活動，大有恢復其舊時勢力之勢，如果此輩復辟，將來尋仇報怨，京漢各路工人所受壓迫必更甚於吳佩孚時代。現在各地的工人應將這些要求提出於段祺瑞之前請其急速解決，并以此試驗段祺瑞比曹吳是否有所差別。如段祺瑞不允許則提出於將來之預備會議和國民會議，并以此試驗該預備會議和國民會議，是否真是代表民衆之會議。

中國的工人階級，尤其是京漢，津浦……各路和唐山的工友們，趕快起來力爭以上四個要求之實現，如果這幾個小小的要求都不能實現，我們可以斷定什麼預備會議，國民會議完全是空話，段祺瑞完全是與吳佩孚一樣。 然而我們不管現時之段祺瑞允許不允許，甚至將來之國民會議和預備會議允許不允許，我們工人總得向他們提出，我們即以此來試驗他們，我們絕對為這些實際的要求而奮鬥！ 誰反對我們這些要求，誰就是我們的敵人，我們就反對誰。 工友們！快起來，去贊助國民黨此次對時局之主張，擁護共產黨所提出之要求使之實現，尤宜去為自己的特別的實際要求（如上邊所提出者）而奮鬥！

# 戰爭與加稅

超麟

數萬人民傾家喪命及南翔黃渡之浩刼就可算做江浙人民在此次東南戰爭中的犧牲賬嗎？ 軍閥還有新的把戲哩！ 戰前，軍閥籌備戰費，要打我們的主意，乃不惜放棄二年前「一次為限」舊約，再向商人們加徵一二成貨稅。 後來大家以為，戰爭是過去了，這種「加徵」也可作罷了，——殊不知軍閥慾壑是塡不滿哩！ 果然，軍閥為要籌備未來戰爭的戰費或飽他們的私囊，更於貨稅「原狀」一二成之外加徵一二成，託名所議善後的賑費。——而發行所謂江蘇全省善後公債，預征十四年度丁漕抵借賑費百萬及種種特捐猶不算在內。 像這樣暴歛橫征，結果祇有使人民愈加破產愈難恢復全國的元氣。 因為貨稅加徵，直接固是商人受虧，間接仍舊是一般消費的人民吃生活高貴的苦，其影響且要波及全國各被剝削階級的。 這仍舊是內戰所賜的呵！

此次切身利害來了，上海商人們都一致地起來拒絕貨稅的這種加徵了。 半殖民地的中國，因協定關稅制與厘金制同時並存，商人們所納稅率，早就不低；現在他們應該起來做減稅的運動，做那改變協定關稅制為國定關稅制的運動，而不應祇拒絕繳納貨稅附加賑捐為止。 但這種公開地向帝國主義，向軍閥宣戰的運動又怎樣做呢？ 然而我們看一些商人們主張致電兩長財政請緩實行，致電北京段執政籲請體恤商艱等種種辦法，又不禁啞然失笑！

老實說罷，軍閥存在一天，軍閥戰爭就跟着存在一天，戰費的籌備，即種種橫征暴歛——包含貨稅附加賑捐在內，自然時時刻刻要朝小百姓頭上壓下來，你要求執政大人及其屬下的「恩免」是白費的。

好了，現在江浙人民已經知道，眞要籌辦善後，眞要賑濟災民祇有「沒收此次戰爭禍首的財產，賠償戰地人民之損失」了（見中國共產黨擬向國民會議提出的最低限度要求），他們都起來要求查封齊燮元，張謇等的財產了。 然而他們仍舊是以向執政大人呼籲為達到此目的之手段，而殊未想到這位執政大人正是軍閥的祖宗，正是亡國條約的締結者，正是過去的未來的戰爭的籌備者。 眞要做到「沒收此次戰爭禍首的財產，賠償戰地人民之損失」，亦祇有促成國民會議預備會，取回政權。

# 上海資本家的走狗歡迎帝國主義欺騙勞動階級之走狗——享利

述之

英美日法意……帝國主義在歐洲大戰時利用世界勞動階級數千萬頭顱，利用殖民地無數萬的奴隸生命，換得了一個「協約國的勝利」！

英美日法意……帝國主義又利用這個勝利組織所謂國際聯盟來宰制失敗國，瓜分殖民地。 牠們并且在國際聯盟中組織一個勞動局，專門製造種種最巧妙的最毒很的方法來欺騙世界勞動階級，控制世界勞動階級，使之心悅誠服永作資本主義的奴隸。　帝國主義這種企圖眞是巧妙而毒辣極了！　可是在歐洲却沒有成功，因爲那裏的勞動階級除了很小一部分賣階級的勞工貴族外，最大多數久已知道資產階級之陰謀，牠們久已準備向牠們最後的目標——根本消滅資本帝國主義，一方面走。　所以最近幾年來無產階級的革命潮流在歐洲依舊洶湧澎湃，如去年德國之十月革命，波蘭暴動，保加利亞暴動等。　但是現在帝國主義專門欺騙和控制勞動階級的「國際勞工局」見着在歐洲失敗，於是妙想天開，公然又派牠的走狗亨利老爺跑到亞洲來，甚至到半殖民地的中國來了！　或者牠以爲殖民地的勞動階級比較幼稚，容易欺騙，容易收到效果，故而出此。　險哉，帝國主義！　毒哉，帝國主義的走狗！

但是中國眞正的勞動階級雖然幼稚，然而對於帝國主義此種陰謀，却久已覷破，對於帝國主義欺騙與控制世界勞動階級之專門工具——國際勞工局，和其走狗——亨利這班王八蛋，久已認爲絕對的死。　可是很湊巧地亨利老爺在幼稚的中國——上海，也居然找到他的同志，——中國資產階級的走狗郭寄生，王光輝以及南洋烟草職工同志會（這個職工同志會是在九月南洋煙草公司全體七千工人罷工失敗之後，該公司資本家賄買幾個賣階級的工人組織成立的）的辦事員一班人，來歡迎他，眞是「德不孤，必有隣」了：

在那天（十二月一日）上海資本家的走狗對亨利的歡迎會議上，亨利演說國際勞工局的意義是很值得我們注意的：因爲中國人現在還很少知道帝國主義這個國際勞工局的意義，現在請聽他說：「國際勞工局事務所在瑞士已成立五年，爲歐美各國政府資本家勞動界三方面共同組織之團體，以改良工人生活，增高工人地位爲宗旨，故於最短期間之努力，已得各國政府人民及其他各方面之同情，…………」大家看所謂國際勞動局就是各國政府（在資產階級社會所謂「政府」卽資產階級用以控制勞動階級，搶奪市場之工具）資本家，勞動界組織起來的，（還須注意一件事實，就是各國所派遣參與國際勞工部的代表是：政府派二人，資本家和勞動界各一人，卽令勞動界的代表是眞正代表勞動階級，而在國際勞動局之代表，資產階級已占四分之三了，何況勞動代表又完全是資本家所選派的呢。）　這樣的組織是保護誰的利益？　我想只要不是喪心病狂的人誰也看得出。　所以各資本帝國主義的政府及其人民（自然是資本家）極表同情！　國際勞動局眞好成績！　因此，上海資本家的走狗郭寄生對這位帝國主義的走狗亨利老爺訴說了許多「中國共產黨欺騙中國勞動階級的話」，意思是在請亨利老爺回國際勞動局之後，報告歐美帝國主義，請歐美帝國主義趕快設法對付中國共產黨，不然，中國的勞動階級都被中國共產黨「騙」去反對歐美帝國主義去了，這樣對於歐美帝國主義是何等危險呀！　所以後來亨利很嘉奬郭先生一番，說：「俟下年大會（指國際勞動大會），當請各位到會指正，俾得改良」，這就是說「你郭先生不要急：我們還要將請你到那裏去商量制服中國勞動階級的方法呢」。　郭先生得了這個「金諾」，自然是「喜出望外」了：不過我以爲這個還是亨利老爺的外交話，請郭先生下年到國際勞動大會未必靠得住，郭先生不要太高興了；因爲郭先生對中國資本家和帝國主義的忠實，除了打了一些反對中國共產黨的電報，製造一些反對中國共產黨的謠言以外，還沒有什麼實際上的成績，然而郭先生正在努力，也許還有幾分希望罷。

在那個歡迎會議完了之後，就是南洋烟草公司資本家御用的南洋煙草職工同志會請酒，南洋煙草公司的資本家不用說是巴結上了大者官，——世界帝國主義制服勞動階級的代表，南洋烟草職工同志會的辦事員也眞算「與有榮焉」！　亨利老爺呢，更是想不到在半殖地的中國有這麼樣的同志！　眞是「不亦樂乎」●

# 段祺瑞來京以後（十二月四日北京通信）

羅敬

段祺瑞來京已十日了。在此十日之中，北京政象之變幻不可謂不豐富，茲綜其大要言之：第一，馮派攝閣完全被擯而消滅，馮玉祥辭職赴西山；第二，段祺瑞專政之形式是以一身兼總統總理之職權，濫竊革命二字組織安福系交通系的私人政府；第三，推翻攝閣對待清室之處置，縱容溥儀逃赴日使館；第四，張作霖不滿意於段對付齊吳之態度，突然出京。第一與第四是表現勝利軍閥之間的衝突；第二與第三是表現這次犧牲若干萬生命財產的反直戰爭，結果不過為段祺瑞個人建立一種反動自私的狄克推多！

段祺瑞一面實行狄克推多，別面對於直系餘孽及各色各派又很鬼巧的行其拉攏聯絡的政策；而以對外為更甚，如將來京之時表示彼非為親日派，彼對外交一律平等（對外報記者談話），來京以後表示外崇國信尊重條約，以博英美之好感，即對於美國提出的無線電案雖明知其與他的後台老板日本利益絕不相容（這次江浙戰爭的真正起源便是由於日美爭在上海建設無線電台，故美拚命助齊而日拚命助盧），亦不予以拒絕。說者以為段氏這種對外對內的態度係近年反省之覺悟，其實還是日本帝國主義要鞏固這次勝利的覺悟。日本帝國主義在這次勝利以後，他所覺到的第一是安福系過去的聲名太壞，此次段氏上台必須拉攏各色各派以敷衍門面；第二是長江流域屬英國的勢力範圍，若對齊吳用兵勢必惹起英日的嚴厲衝突，結果於日反為不利，第三是張作霖過去的聲名太壞，此時宜令其善保戰勝結果，以擁段為職志。日本這種態度，吾人於北京順天時報（日本機關報）每日的社論中都可發見。順天時報忠告段氏勿蹈從前之失縱用安福系及忠告安福此次勿濫握權位以累段氏之議論，日不絕書。執政內閣成立後，順天時報竟以不能完全網羅各派人材組織聯立政府為遺憾（見十一月廿七日的社論）；對於政敵曹吳等應持和平寬大態度議論，順天時報真不愧為『藹然仁者之言』；至其對於張作霖入京時的忠告：『……倘張氏表示態度而與普通軍閥無所異者即為國民之怨府，萬一結果有如此者則張氏開戰理由不獨為之沒却，亦且非為援助段氏，反而有累於段氏矣』又說：『今幸此次戰役之中途有馮玉祥之運動段祺瑞之出山，奉直戰之形式為之破壞，張氏宜利用此情勢致力收束此役結果……此際吾人之於張氏希望彼為大勇大義大仁之人傑，苟非有徹底最後之覺悟殊難打破此難關，吾人前曾主張，不可重視兵力，然吾人之為此說，非在忌夫兵力，亦非在不重視兵權，惟在深戒乎安念，而依兵力成就任何不公正之橫暴耳』。這更不曾是日本老板對於鬍大帥的耳提面命。請再引十一月廿五日北京京報所揭載之消息，觀此則對於日本現在政策之索隱可以思過半矣：

『就我國全局言之，某甲國（記者按係指日本）乃有一種具體的理想者，其內容為打倒目前暫已失敗之某氏（吳佩孚），擁出目前業已得意之某氏（段祺瑞）；然對某某鬍吏（指張作霖），則但願其居原有之地盤，勿再擴張至於中部，以保與某丙國（指英國）在長江方面之協調焉。今次山東之金甌無缺，長江之暫獲和平，乃預防某丙國之出而說話者。至於某乙國（指美國）與某丙國之對吳佩孚，勸其退却，送之南行，吳佩孚在某軍艦上，雖以無線電謝絕彼等之護送，但某乙國武官則謂我乃奉政府命令者，其在煙台之以陸戰隊登陸，為吳盡力預備煤麵等等需要之物，送至南行之中途，又有某丙國之軍艦亦從而加入焉，亦可見其針鋒相對，不欲吳佩孚之完全失敗，亦即不欲某甲國之太出風頭，免致各國在華之失其協調耳。是故執政政府成立以後各國之態度，非對段祺瑞之好惡問題，亦非純對我國政府之好惡問題，尚有各國間在華地位之相互關係焉，……段氏所以輕車減從，飄然入都，一面表示外交平等，一面表示尊重條約，其殆已覺得此種空氣，乃出此提前啓程適合身分之行動乎，然此不過表面文章而已』。

欲拉攏各色各派為段祺瑞統一中國之資，則其鬼計之所施不得不及聲勢日大之革命領袖孫中山。段張於勝利之初雖有擁孫之趨向，但最近又不得不用拉攏之策。此策之作用一面在破孫馮之聯合；一面在使孫棄其對外廢止一切不平等條約之主張。順天時報著論，比孫段爲中國之雙璧，希望二人合作同負改造中國之重任，但以孫拋棄其「過激主義」爲條件，——所謂過激主義便是指廢止一切不平等條約及反對外國帝國主義侵略中國之種種主張；順天時報再三再四的忠告孫中山曰：「中國之憂患在內而不在於外；若果能竭力於內治，則國力充實，外侮外患自然消滅於無形」（見十一月廿九日社論），其用意可謂良妙矣！

中山北來，東交民巷帝國主義者疑懼洶洶，此其故由於年來國民革命之聲勢增加者半，由於賣黨賊右派首領馮自由等之告密宣傳者亦半，現在東交民巷中居然盛傳中山左右爲什麼俄人鮑羅廷等所包圍，與右派平日在報紙上之所宣傳若合符節。少數不識大義的份子，盲從右派首領馮自由等或明或暗反對在北京爲反帝國主義之宣傳，反對廣散中山離粵宣言，他們不知不覺中爲外人盡了走卒的作用做了中山宣言的叛徒，反而誣構忠於中山宣言的左派爲什麼共產派破壞孫段合作的陰謀，不亦可笑而大可哀乎?! 現在國民黨右派首領如馮自由完全爲帝國主義的偵探，徐清和完全爲軍閥的走狗，他最近有個通電反對張繼彭養光等主持的國會非常會議便是明證。我希望自愛的青年黨員千萬不要再上他們的當，遺國人之羞笑也！

## 讀者之聲

敬啓者：

得閱貴刊，如黑夜之獲光明，救國益民無須閱者頌贊。惟合訂本缺乏目錄，閱時稍有不便，後日再出如能增添，尤較完善。是否有當，望祈裁奪。意出冒昧，敬請原諒。草此恭頌

蔡先生筆安

閱者高興難

執事先生：

閱嚮導將三版，欣愉無既！鄙人對于三版有點意見，謹陳于下，請求採納！

三版時宜加印題目索隱和著者索隱，概依首字筆畫簡繁爲序，下各注以頁數。這于讀者實有極大益處，想先生都知道，不必細說，題目索隱鄙人會做過幾十期，若 先生以鄙意爲然，請示知，當率送。順祝

健康！

魏以新上。

十三年十一月二十一日

記者：嚮導是青年的良朋，是帝國主義者的勁敵，掃除一切混亂底思想，指出羣衆聽走的光明道路，爲功實在不小。我是愛讀的一人，所以心現總是說福它很穩固的永久存在，一天大似一天的更推廣起來，傳入民衆中間去，尤其是青年。我因爲愛它的綠故，所以每每思有所建議以質諸先生，然終以時間忙不過來，甚擱置未談。現在我不防將我對于嚮導的意見寫在後面，何如之還尚希搗哉。

我以爲嚮導這個刊物要想做到刷新一般青年的混亂思想，除非設法多多的傳入在青年中間去；要想多多傳入在青年中間去，則非將報價減低不可，因爲現在一些毫不覺悟的青年，他甯肯每晚花一塊錢去打茶園，甯肯花幾塊錢來扠麻雀，更甯肯每天花十個子來買名人牌的香煙吃，他絕不肯省幾塊錢來買有用的書看；更絕不肯挈十幾個子來買報張雜誌讀，所以我以爲嚮導的價即使低到兩子一份，恐怕亦沒有多人買，何況現在要八子一份呢？從前劉伯青君在北京時，就由四子張到六子，現在因爲北京銀價關係每份更漲到八子。我爲的是恐怕嚮導銷路不惟不見推廣，反而減少、我以爲報價的貴賤對于銷路的廣狹有重大的關係，我以爲要使嚮導多量的傳播在青年中間去，則非改八枚爲四枚一份不可未識先生以爲何如手此即頌

著安

曹雲峯于北京中大。　十三、十一、廿三

記者：

從覺悟上看到嚮導的廣告，現今已到九十一期了，但是我有的只到五十期爲止，其中五十一期到九十一期，你那邊可以完全有嗎？

倘若有的，我可以直接向你買嗎！

再我在十五期上面看到的一段「啓事」，倘若我願意資助貴報，是否可寄款到你處？

以上二點，煩你通通告訴我。

曾培洪　十三，十一，十八日

興難先生希望本報於彙刊時增添目錄，以新先生主張本報三版時加印題目索隱和著者索隱，雲峯先生提議本報減低報價，培洪先生并有資助本報之意，足徵諸先生之熱心，本報甚爲感激！本報於三版彙刊時決增添目錄及勘誤表。以新先生所做的題目索隱望郎惠下，藉資參致！報價，本報已於九十二期起每份改爲銅元四校。本報五十一期至一百期，不久將訂成彙刊，培洪先生可往代派處購買。本報思力未周，缺點良多，仍望諸先生隨時指教，俾得改良，至爲欣幸！

記者

The Guide Weekly

# 嚮導週報

第九十五期

（中華郵務管理局特准掛號認為新聞紙類）
一九二四年十二月十七日
郵票代款概作九五折

分售處
香港 華文書局
巴里 中國書報社
廣州 丁卜書報社
上海 商務印書館 民智書局 上海書店 中國書報社
武昌 共進書社

分售處
太原 晉華書社
長沙 文化書社
濟南 齊魯書社
杭州 古今圖書店
紹興 新亞書社
寧波 明星書局
開封 文化書社
潮州 工學社
成都 [illegible]流通處

——零售每份銅元四枚——

訂閱：國內一元寄足六十期・國外一元寄足三十五期・郵費在內

代派：每份大洋二分・十份至三百份五折・三百份以外四折・寄費在內・十期清算一次

每星期三出版 發行通信處 北京大學第一院收發課轉鄭子明 杭州馬坡巷法政學校安存真



# 列强與中國國民會議

魏琴

我們國民欲脫離軍閥壓迫的慾望，差不多日增月盛，現在更形成了普遍的國民運動。國民會議的思想激蕩了全國，各階級各民衆的團體，對此思想皆有相當的明瞭，各有自己的觀念。一般窮苦的民衆希望國民會議能夠改良自己窮苦的生活，給與自己以相當的保障。學生界和各種自由職業的人們希望由國民會議的道路，能夠得到眞正的民主政權和參加國家建設的機會。商業和工業階級也希望國民會議能成為消滅軍閥政治的工具，剷除國內防阻經濟發展的障礙。

現在全中國人民正共同地感覺到督軍制之必廢除，軍閥政權之必消滅。從民衆的內部已正在流着澎湃的激浪，此激浪一定會將與帝國主義狼狽為奸的軍閥冲到滅亡的地步。

軍閥自己，如段祺瑞和張作霖，也急於宣言軍閥之宜廢除，且撤消了巡閱使的制度，——這的確是證明軍閥政權在最近的將來應當消滅之一個事實。自然一般民衆不信任這些宣言，並且明白這些宣言是民意壓迫軍閥，軍閥不得不如此的結果。民衆更明瞭張作霖廢棄東三省巡閱使的稱號，不過是軍閥的狡儈，在實際上，他還是奉軍的首領。

段祺瑞宣言召集國民會議解決國是，此國民會議由各省軍民長官的代表及他所願意的人們組織之，——民衆自然明白這是什麼一回事。段祺瑞在未召集自己的軍民長官的代表會議以前，趕快地向帝國主義宣言，聲明一切不平等的，殘害中國人民的，使中國陷于殖民地的條約繼續有效，中國政府絕對地尊重一切條約。段祺瑞欲從新鞏固北洋派的政權故急與帝國主義者調和，而把一切痛苦放在中國勞苦羣衆的肩上。他很怕孫中山先生的過激(?)思想與人民以危險，因此趕快地將中國人民的利益犧牲，不惜做英美法日帝國主義者的馴狗。我們可以很堅信地說，倘若能夠召集中國民衆各階級的代表會議，倘若問一問這些代表：孫中山的過激思想對於中國危險些，還是列强侵略中國，强迫中國所訂的奴隸條約對於中國危險些呢？他們一定要一致地回答說：

「帝國主義强迫中國所訂的一切不平等條約，對于中國人民是一個巨大無比的危險，而孫中山先生的過激思想却是反對此危險的工具，孫中山先生的過激思想不過是中國民族的解放運動罷了」。

但是段祺瑞不願意聽着如此的回答，他用盡力量，藉帝國主義的幫助，來阻止民衆意志的表現。

段祺瑞一方面宣言召集國民會議，一方面却承認不平等條約之繼續有效，禁止學生之遊行與開會，——這種種的舉動，的確是段祺瑞表現他不願意順從民意，而願意爲帝國主義的忠僕。

段祺瑞當然還記得五四運動的激浪，並且知道學生中之忠實的分子對於帝國主義者和軍閥的暴行，一定要起一種反感的。 因此，段祺瑞趕快地用軍閥的大拳，來堵塞着學生的口。 他不但對於學生如此，他對於曾受過吳佩孚重大打擊的京漢鐵路工人，更壓迫得利害。 京漢工人會想叠地以爲反直系戰勝了劊子手吳佩孚，一定可以給工人恢復工會的機會，一定可以重新組織工會以保護自己經濟的利益。 但是段祺瑞給與工人的答案却是壓迫兩個大字。 他宣言禁止一切吳佩孚所解散的工會重新恢復。 讀者諸君！ 段祺瑞執政雖不久，而所做出來的罪惡已大有可觀了！

英美及其他帝國主義，起初曾大不滿意段祺瑞，因爲他與馮張一塊戰敗了直系，破壞了他們在華的機關，但是現在却開始變了態度，並且向段祺瑞表示好感。 帝國主義者宣言承認執政政府，並預備與執政政府協商一切事宜。 我們很怕這種協商已經暗地進行了。 段祺瑞爲着要保持自己的地位，勢不得不與民衆的領袖孫中山衝突。

一方面段祺瑞極力向帝國主義者討好，違背民衆的利益，同時帝國主義者實行武力干涉中國的空氣又越見其厚。 近幾天據路透電的報告，美國上議院已經可决了海陸軍部增加軍艦的預算，預算額共爲一一〇・〇〇〇・〇〇〇美金。 在我們揚子江中，他們預備再添加八隻巡洋艦，爲着保護美僑利益之用。 華盛頓和平會議之後，美國在中國之武力不但未減少，並且反增加了。 同日路透電又報告英國內閣决定了新加坡築港案，預算費爲一一・〇〇〇・〇〇〇鎊先令。

帝國主義在上海的機關報上海日報(Shanghai Times)曾有一幅諷刺畫很明顯地指示中國人民，新加坡築港對于中國有什麼意義。 該諷刺畫描畫一在中國睡的外國人——帝國主義者——聖克老斯（耶穌紀念日小孩迷信有老人給他們禮物，此老人名聖克老斯） 將新加坡軍港送他爲耶穌聖誕節的禮物。 外國人——帝國主義者醒了，重新在我們的國家中做搶掠的勾當，而新加坡的武力可以隨時調來壓迫中國人民，使中國永遠受不平等條約的支配，此不平等條約就是段祺瑞宣言所願意尊重的！

中國人民應當仔細地注意帝國主義者之繼續的進攻！ 帝國主義者的一舉一動，我們都要看得清楚。 我們不推翻帝國主義，我們永無解放的希望。 但是倘若不把軍閥推翻，我們也不能得到解放的機會，因爲軍閥不但自身壓迫我們人民，並且是帝國主義剝削中國人民的工具。 現在我們求解放之唯一的方法，就是趕快組織民衆的力量，預備國民會議之召集，由此國民會議選出爲國民所願意的人們組織政府，此政府一定可以推翻帝國主義的壓迫。

我們應當知道，在軍閥政府之下，倘若民衆自身不先在各地成立一預備選舉國民會議的組織，或者這些組織與羣衆無甚關係，則國民會議是不能召集的。 擁護國民會議的高浪應當起自民衆的下層，然後遍溢全國，强迫軍閥對於民衆的意志不得不讓步。 我們又要知道，就是國民會議召集了，軍閥一定也要企圖恢復自己的勢力；因此，我們組織民衆，不但爲着召集國民會議，並且爲着保護自己日常經濟生活的利益。 這些由反抗軍閥而產生的民衆組織，在將來卽是民主政治的保障，卽是防止軍閥復興的武器。

# 國民會議促成會與中國政局

獨秀

年來中國政局之變動，都是由於帝國主義者與軍閥的勳力，不是由於人民的動力，民主政治決非沒有人民的動力而可以實現的。英美帝國主義者之工具——曹吳等直系軍閥倒後，中國人民得了表現其力量的機會，幷且已經有了開始表現其力量的事實，例如各省由人民團體發起的國民會議促成會。最近上海促成會成立大會之宣言，已看淸中國政局有兩個可能的傾向：一是人民取得政權，實現民主政治，保障人民利益及國家統一與獨立；一是軍閥恢復其勢力，武力專政，繼續賣國亂政，引起戰禍。他們這種見解是很對的。

我們幷且要告訴全國民衆：此時政界之領袖代表第一個傾向的是孫中山，他背後是各省要求民主政治的民衆，他們的目的是：

(一)廢除不平等條約，脫離外國勢力之宰制；

(二)保障人民的自由與利益，脫離軍閥政治之蹂躪。

代表第二傾向的是段祺瑞，他背後是帝國主義的列强，他們的目的是：

(一)保護外人條約之權利與特權；

(二)承認金佛郎案；

(三)承認無綫電台合同；

(四)由外力援助軍閥統治中國人民，排除中國革命勢力，使中國永遠在帝國主義者及軍閥宰制之下。

這兩個傾向是很明顯的了！上海國民會議促成會啊！各省國民會議促成會啊！全國要求國民會議與民主政治的民衆啊！其速速集中你們的力量，決死反抗第二個傾向，爲第一個傾向奮鬥！

帝國主義者與軍閥間的新勾結已就成熟，倘不由人民的動力破此新勾結，則今後的中國仍是帝國主義者與軍閥世界，所謂人民利益及國家統一與獨立，都沒有絲毫希望啊！

# 勗國民會議促成會

述之

上海國民會議促成會已經正式成立了，廣東，湖南，浙江…各地的國民會議促成會也繼續響應起來了，這總算是一種可樂觀的現象。

可是現在的國民會議已經有兩個很明顯的傾向：(一)是段祺瑞所主張的國民會議，(二)是孫中山先生所主張的國民會議，換言之，即是軍閥的國民會議和人民的國民會議。這兩種傾向現正在往前發展。

然而這兩種傾向是不能兩立的，如果第一種傾向成功，第二種傾向必至於消滅，反之亦然。所以此時國民會議促成會應急起直追，借此千鈞一髮之時，力圖發展其實力。所以我們希望國民會議促成會在目前應進行以下三種根本工作。

(一)各地已成立的國民會議促成會應趕快聯合起來成立一「全國國民會議促成會」，幷產出臨時的執行機關，由此機關担負一方面有系統地敦促國民會議預備會之急速成立，他方面有組織地阻止段祺瑞的善後會議之實現。幷且促成會的臨時執行機關應設在北京，就此可以監督北京臨時執政政府。

(二)各地已成立的國民會議促成會應極力擴充其實力，已加入的團體應極力整頓而擴充之，未加入的團體應設法使之加入，幷且在可能的範圍內還須去組織各種民衆團體。這樣，促成會才算有眞正的實力作後盾，將來如果段祺瑞眞要召集其籌安會式的國民會議，那時才可以謀最後之實際對付（最少如罷市，罷課，罷工等），而不祇限於電報和宣言的反對。

(三)在最近有幾個可以變成全國組織的職業團體，如全國學生聯合會，工團聯合會，商界聯合會……，促成會應趕快使之實現。至少在省的範圍內對於某幾種有聯合可能的職業團體應盡力使之聯合，因為這是產生國民會議代表之眞正基礎，也就是反對假國民會議之眞正先鋒軍。

在人民素無組織的中國，要想無組織人民一時自動起來召集國民會議，參加國民會議，是不可能的。所以此時唯靠先進的團體起來號召羣衆并組織羣衆。國民會議促成會總算是由一些有組織的羣衆團體集合起來的，所以此時國民會議促成會不僅是要號召羣衆，并且要去重新組織羣衆。所以我以為國民會議促成會在中國目前所負的使命是非常重大的，將來國民會議是否能成功，對於國民會議促成會此時之預備工作有很大的關係。大家須明白，中國此時很少有組織的羣衆，如只望已有組織的羣衆來加入促成會，那是不夠的，沒有多大實力的。可是可以組織的羣衆却非常之廣大，并且目前正是組織羣衆的一個好機會。因此我很希望加入國民會議促成會的各團體，藉此機會以擴大其羣衆的組織。我并望牠們藉此機會去組織新的羣衆；如果此次國民會議促成會眞能利用此千載一時之機會，在中國成立一個相當的民衆的組織，即令此次之國民會議不成功，將來的國民會議必然有達到之一日。我們須明白，只有自己有力量，自己手裏有武器，才可以要求敵方把應得的權交過來，不然，只是徒唱空調。

我甚望國民會議促成會趕快造成自己的力量，造成自己的武器！

# 地方的政治爭鬥與全國的政治爭鬥

和森

這次政變顯示於吾人的事實莫過於軍閥勢力之分化與崩潰。在這種情形之下，中國政治的前途顯然表現兩條出路：

(甲)若直系軍閥之完全崩潰及反直系軍閥尚未鞏固全國政權而對於民衆不免有所顧忌之時，人民急起直追努力奮鬥，則上自中央下至地方人民都有收回政權使全國民主政治化之可能；

(乙)反之，人民放棄主人翁的職權，不自努力與軍閥奮鬥，而反只希望軍閥領袖出台收拾時局，或只知天天向軍閥領袖做去甲迎乙的呼籲，那末戰勝的軍閥自然又有從新鞏固北洋正統復建全國（自中央以至各地）的軍閥專政之可能。

前者是達到眞正和平幸福的新道路，後者仍然是戰爭無甯的毀亂局。兩條道路都有實現之可能，而其關鍵一係於人民本身之是否努力起來奮鬥。

曹吳倒後，自直魯豫以至江浙皖贛鄂湘以及三特別區莫不同時發生問題，而與以上各省人民以自治自決解除軍閥制度的機會。然而各省人民的努力怎樣？

奉軍將抵天津之時，直隸人民不自動的起來推翻王承斌而請命於李景林，張作霖李景林假讓恭的時候，直隸人民不但不知乘機自決始終要將該省政權與人民生命奉獻於奉系軍閥之手。齊燮元地位動搖，段祺瑞張作霖又先後聲言廢除巡閱督軍制，江蘇人民不知乘機自決民選省長，始終任少數紳士派與段盧韓(國鈞)陳(調元)做買賣。

現在直隸安徽熱河已完全落於奉系虎狼安福狐鼠之手，江浙贛鄂……各省人民若不急起直追，指日便要陷於同樣的命運。這樣一來，便是人民讓奉皖軍閥從新鞏固北洋正統復建全國的軍閥政治。

本報用衡時局，特敢向全國尤其是江浙贛鄂的人民大聲疾呼：你們應乘直系軍閥完全崩潰，反直軍閥尙未擭任全國及尙戴「廢督」「更始」的假面具之時，努力起來自決自治，收回本省之政權，打倒本省之督軍制度！ 你們不應再向段祺瑞請命，要求他任命某某爲省長，你們應自己去選任你們的省長！ 現在是「革命」時代「更始」時代，段祺瑞的臨時執政政府便是他及擁護他的幾個軍閥利用革命二字自作自爲沒有什麼法律根據，也沒有什麼人任命他，難道你們反不能在地方革命自決自治，實行民選省長麽？ 你們須知道請求段氏決然得不到好結果，去甲迎乙更不是解脫軍閥壓迫的方法！

江蘇同胞們！ 你們現在要驅逐齊燮元派的奸徒韓國鈞，打消奉軍南下的野心與後患，唯一的方法只有即日組織起來，民選省長，宣布民治。 江西同胞們！ 你們既愛戴李烈鈞，你們既恐怕去一軍閥復來一軍閥，你們便自行選舉李烈鈞爲省長好了，何必緣木求魚覷段祺瑞的任命爲定準呢？ 湖北同胞們！ 你們須知蕭耀南是非去不可的，你們不僅不要任他自圖戀位，而且也不要任少數奸紳官僚在北京做買賣，你們應鑑於直皖江蘇的失敗，趁快組織起來民選省長，驅逐蕭賊，宣布民治！

現在各省已成立及將成立的國民會議促成會，一面固爲全國政治爭鬥的工具，同時也應爲該各省政治爭鬥的工具。 必須如此同時並進才能保證將來全國國民會議有好結果，才能實際推翻軍閥政治而代以民主政治！

# 國民會議之怒潮

超麟

自從本報和孫中山先生發表召集國民會議的主張以來，一直到本月十四日上海國民會議促成會正式成立爲止，國民會議運動已告一個段落，——即現在國民會議已不僅是一個空洞的口號，全國各被壓迫階級已應聲而起，自己團結起來，依照本報和孫中山先生的主張，去實現這個國民會議了。 這是在中國國民革命運動上一件極可注意的事，也可說是中國人民具體地向帝國主義和軍閥要回政權之一種運動的開始。 中國共產黨當去年黎元洪出走之時，即發表具體的主張，召集全國商會，工會，農會，學生會及其他職業團體共同開一個國民會議來解決時局。 但當時因帝國主義勾結軍閥宰制人民的形勢還未能如目前之深印入廣大羣衆腦海之中，以致應聲而起者寥寥無幾，而其結果反惹得帝國主義一番嘲笑。 香港南華晨報——英國帝國主義在中國南部之喉舌——特爲中國共產黨那一次發表的主張，做了一篇社論，該文著者居然說這種主張的小冊子祇值得送到爛字堆裏去，居然說中國共產黨所主張召集的國民會議祇是油與水混合的藥方（見本報第三十四期）。

然而召集全國商會，工會，農會及其他職業團體共同開一個國民會議是油與水混合的藥方嗎？ 中國共產黨依照這樣的主張而印行的小冊子祇值得送到爛字堆裏去嗎？ 帝國主義報紙記者這種惡作劇的嘲笑不幸已被這一個月來風起雲湧從全國商會，工會，農會，學生會及其他職業團體各方面發出的國民會議呼聲證明其爲無聊的滑稽了！

讀者祇要披閱十一月下旬以來的民國日報，就可看見該報國民會議一欄裏所載各團體關於國民會議的通電及消息之燦若繁星。 這種通電，公函及集會截至本月十三日爲止已經有人爲之有系統地統計起來發表在十四日上海國民會議促成會成立大會時候發行的「特刊」裏頭了。 本報爲篇幅所限可惜不能將這些通電，公函及各團體的進行消息盡量披露出來；然而讀者看過近一月以來的民國日報或十四日大會時的「特刊」，已夠知道國民會議絕不是一句空洞的口號，而有廣大民衆在其背後一致地反對帝國主義與軍閥分贓的所謂各省軍民長官的善後會議，而務必使人民自身的國民會議預備會能夠成功地實現，向執政政府收回政權了。

大要這一個月以來，國民會議的應聲可以分做三方面來說：

關於上海國民會議促成會的。　上海總商會於孫中山先生離滬北上之時即通電全國商會請一致要求職業團體加入國民會議；同日有學生聯合會店員聯合會等六十二公團發出通啓擁護孫中山先生主張。到十一月二十九日又有反帝國主義大同盟，市民協會等二十七公團組織一國民會議促成會籌備處并發表宣言。　自此以後繼續不斷有許多公團加入這個籌備處。　加入的公團數目，經過籌備處開了七次委員會之後，直到十四日成立大會，已逐漸由原發起的二十七個增加至一百四十三個。　在這期間內除這些公團多各自有宣言或通電發表外，上海國民黨要人特爲國民會議事招待商，學，實業各界；上海各路商界總聯合會亦致電段祺瑞請注意五事，召集國民會議也是應注意之一。　上海國民會議促成會籌備處自身也發了一封快郵代電給全國各公團請在各所在地組織國民會議促成會，一封公電給段祺瑞請其放棄軍民長官善後會議計畫及十二日之擁護孫中山，警告段執政二電。　到了十四日上海國民會議促成會遂正式由一百四十三公團，四百餘代表宣告成立，通過十四條章程，十六條要求的宣言，一封致段執政電及選出二十一位執行委員，五位候補委員。　這篇成立大會宣言及所列十六條要求是很值得我們介紹的：

「十三年以來號稱民國，而民主政治未嘗絲毫實現，以至軍閥勾結帝國主義，任意損壞中國國家生命及人民利益。　自曹吳倒後，一般軍閥方在分裂崩潰的狀態中，在此時機，中國的政局有兩個可能的傾向：一是由人民團結努力取得政權，實現民主政治於中央政府及地方政府；一是繼曹吳而起的軍閥集中其勢力，復行武力專政。　前者成功，方有保障人民利益及國家統一與獨立之希望，後者成功，必繼續賣國亂政引起戰禍的局面，此時國民會議能否實現及其是否人民團體代表的會議，乃爲兩方——民主政治或武力專政，分別勝負之第一步。　所以我們人民應該團結起來，努力創造眞正人民代表的國民會議，並應立即努力要求一個眞正人民代表的預備會議。　我們不但反對各軍民長官的善後會議，並且反對各省軍民長官有派代表參加這兩個會議的權利。　我們在國民會議的要求是：(一)廢除不平等條約收回海關租界，取消領事裁判權；(二)保障人民的言論出版集會結社等之自由權利；(三)廢督裁兵；(四)廢止釐金及一切苛稅雜捐；(五)民選省長縣長及鄉村自治機關；(六)定保護工人農民利益的法律；(七)禁止預征錢糧及其他陋規；(八)整理財政，發展教育實業；(九)限期禁絕鴉片及其他類似毒品；(十)切實保護華僑，取消取締華僑教育條例及移民律；(十一)收回教育權；(十二)婦女享有和男子平等的權利；(十三)裁撤上海護軍使鎮守使；(十四)沒收戰爭禍首的財產，賠償上海等十縣被兵災民，十縣內被災農戶，免納錢漕三年；(十五)召集上海市民議會選舉市長，並組織市民自衛團；(十六)救濟上海各工廠失業工人。　希望一切人民團體，一齊加入本會，集中我們的力量，爲上列要求奮鬥。」

要這十六條要求能夠向國民會議提出，必須國民會議之召集得着保證，於是大會又向段執政要求實行三事：『(一)立即召集人民代表之預備會議，在三月內召集國民會議；(二)立即明令取消箝制人民之治安警察條例，並禁止北京及各省官吏干涉國民會議及其選擧；(三)立即明令恢復曹吳等軍閥解散之工會農會學生會』。　我們敢說一句話，這種種的要求都是名正言順，而且爲在兩重壓迫底下中國人民之最低限度的要求的。　至於國民會議之能否召集及這些要求之能否被採納則全靠上海人民及全國人民之努力了。

關於外埠的。 國民會議促成會的運動在外埠亦極爲熱烈。 南京學生總會五日登出快郵代電贊成國民會議，主張對內建設眞正國民政府，對外廢除不平等條約。 接着，徐州八縣就發起徐州國民會議促成會，宣言擁護孫中山先生的主張；銅山縣教育會，邳縣國民會議促成會亦有同樣的主張；到了十二日徐州國民會議促成會就正式成立。 此外如松江教育會，縣農會等亦先後發表宣言贊成孫中山主張的預備會議而反對段祺瑞召集的善後會議。 安徽方面，首由民智促進會等四團體致電孫，段贊成國民會議，隨後蕪湖學生會及其他公團，安徽救國會，省教育會及南陵各團體等亦屢次通電聲明爲國民會議奮鬥。 湖北方面，十一月三十日武漢國民外交委員會卽起來做國民會議的運動，發起組織國民會議促成會，反對善後會議；平民教育社漢冶萍總工會學生總會亦有擁護孫中山先生主張之表示；到了十一日湖北國民會議促成會就成立了；八日武漢學生會有一通電請求段祺瑞放棄善後會議之主張，去召集國民會議預備會。 湖南方面，首由外交後援會發起：(一)召集湖南各團體討論國民會議之進行，(二)電孫中山先生請貫澈初衷，(三)通電全國一致贊成；長沙總商會亦贊成此主張；結果湖南也由全省農工商教律師公會各公法團成立一個國民會議促成會了。 浙江方面亦有進行，浙江全省及甯波都成立了國民會議促成會籌備處，蕭山農民而且發出通告勸告全國農民都贊助孫中山先生的主張了。 廣東方面之熱烈更不[illegible]說，東方通訊社十一日廣州電說廣州新學生社等團體皆通電贊成國民會議一致的反對善後會議，並且廣東大學，廣州工人代表會，廣州市商民協會也是同樣主張的。 此外如九江，烟台等處亦有贊助國民會議之各團體的通電或宣言。 於此可見要求國民會議的空氣已經彌漫全國了。

關於婦女的。 此次，婦女在國民會議運動中異常活動，特別是上海及浙江。 本月三日上海，浙江的女權運動同盟會通電致全國女界請推舉代表來滬「安壽建國大計」。 五日又有十五個女團體發起之上海女界國民會議促成會，於七日在上海大學會議後，決定發出宣言，致電孫段及全國女界。 同時上海國民會議促成會籌備處會來函請女界加入合作，女界亦已覆函應許，但聲明女子有特殊要求，加入合作後必須仍保存其原有的組織，所以十四日上海國民會議促成會成立大會上，亦有二位女界代表被舉爲執行委員，一位被舉爲候補委員。 至於杭州女界的活動亦時有消息傳出。 自孫中山先生派工[illegible]芬女士回浙宣傳後，杭州女界已在吳山開了一次會議討論關於國民會議之進行方法，結果決定女界亦宜組織一個國民會議促成會與杭州國民會議促成會一致進行並且通知上海女界國民會議促成會籌備處，一致要求女子參加國民會議預備會。 此外浙江各縣婦女聯合會也有公函給全國女界亦是要求女子參加國民會議的。

總而言之，國民會議呼聲已深入廣大羣衆腦海，國民會議促成會之到處成立就足證明中國人民政治覺悟已日益加增，此次國民會議運動更是人民和幾千年被壓迫的婦女的一個政治活動之機會，這個機會我們切不可輕易放過，仍舊讓帝國主義和軍閥「執政」來再壓迫我們。

臨了，我還要請讀者諸君切勿忘記了中國共產黨最近的主張（見本報第九十二期），切勿忘記了帝國主義報紙記者——南華晨報的記者，對於前次共產黨主張之嘲笑，并且要對他們證實『國民會議絕不是油和水的藥方』祇有帝國主義報紙是應該送到爛紙堆裏去的』。

# 英國機關報的狡猾論調

魏琴

中國自由獨立的運動，越擴張得大，帝國主義者對於我們這種運動的原因就越說得狠毒，越說我們是過激主義的運動。

帝國主義者很難慷慷慨慨地對中國的人民說：『現在中國的情形被外國人弄糟了，幾個帝國主義者，把中國商業的總機關全握住在他們的手中。 除了俄國和德國以外，列强在中國都握有各種特權，而並用這些特權毒害中國的人民，使中國成爲這種混亂的情形，而且這樣地繼續下去』。 當然，要保持中國這種狀態，專用簡單直捷的方法是不能的，因此帝國主義者在自己的報紙上，運用各種狡猾的手段，解釋中國現在這種混亂的情形，彷彿不是他們刼掠奴隸中國人民結果而反是中國的民衆，故意要威嚇侮辱這種無辜的外國人士。

這一類的論調，可以拿字林西報本月九號的社論來證明。 在這社論上面，是討論孫中山與某日文報通信員的談話。 我們在這裏爲要使我們的讀者，能夠看出强硬的英國的機關報怎樣地施行他們的狡猾伎倆，我們即用該記者的言詞來證明。

孫中山先生說得很清楚，他不願意日本有任何優先權在中國，可是願意帝國主義者對于中國的關係悉能依照蘇俄所走的道路而行，就是說放棄以前用武力掠奪中國人民得來的一切優先權。 然而字林西報的社論却說：『孫中山先生企圖抬出日本來抵制其餘的列强，似乎以爲日本對於中國幷不是外國的關係的。 這種企圖之失敗適足證明孫中山及其理想之完全破產』。

字林西報這一段說話事實上已與孫中山先生所說的完全不同，該篇文字的作者，還更推論說：『孫中山是可以收買的』。 不錯，爲運用他們第二步的政策，帝國主義者必須要這樣顛倒是非，對付孫中山，和中國人民的眞實的朋友——蘇俄。 孫中山這次的談話，祇要問爲什麽，各帝國主義者不效法蘇俄，放棄從中國人民手中所奪得的利權，放棄對付殖民地的關稅政策，放棄不平等的賣身條約和在中國內地所享有的一切權利。 ——字林西報不回答這些問題反以爲提出這種要求和口號的人即是列强的工具和走狗。

我們用不着詳細分析字林西報這一篇社論。 本報已經屢次引起讀者注意到帝國主義報紙對中國的言論是取進攻和自大的形勢的。 但同時我們也不能默然於這篇社論之侮辱的口氣，著者更胆敢謾罵國民革命的領袖，到處受民衆歡迎的領袖爲卑鄙的領袖。 這種口氣讀者應該牢記不忘。 帝國主義預備大進攻中國的期間中對於中國優秀分子自然要這樣攻擊。

帝國主義者的報紙，反對我們的獨立自由運動，反對我們平民的領袖；要與以重大的打擊，我們應該以全國人民的公意，對付他們，將帝國主義者在中國過去與現在的一切侵略行爲，全般的宣露出來。 帝國主義者奴隸我們的歷史，應該當作經書一般，使千百萬衆多的人民羣衆知道。 從這種歷史裏面，中國人民對于外國的壓迫者應該起一種仇視，與帝國主義者奮鬥。

我們要號召我們的讀者，來反抗帝國主義者在我們領土內施與我們的打擊。 任帝國主義者加於我們壓迫一天一天的滲入我們中國的廣大的青年男女的腦海中，使我們每一個純厚的國民的心中都感覺壓迫者的利害，都感覺壓迫者霸佔我們的國家，視我們如奴隸一般。

## 本報啟事

本報是國內向來反對帝國主義之侵略與軍閥之剝削的唯一言論機關。 因此，本報就時遭帝國主義與軍閥的壓迫。 本月九日，本報上海通訊處，又忽遭帝國主義巡捕的搜查了！ 他們搜查無結果，甚至將愛讀本報諸君之書報，橫加搜索。 唉！ 他們自己不檢點自己的野蠻行爲，却要防人之口，讀者諸君，你們看這種無理的行爲，是何等的侮辱我們人民的自由呀！ 本報爲保持目前的出版起見，暫將上海通訊處改在杭州，但我們相信這也不過是一時的苟安，將來難免不再發生危險，要想使本報避免這種危險使他繼續不斷在惡勢力之下生存，祇有本報同人努力的奮鬥，而尤其是要愛讀本報諸君一致的起來反對萬惡的帝國主義與軍閥，擁護全國的言論自由才行。 祝諸君奮鬥健康！

The Guide Weekly

嚮導週報

第九十六期

中華郵務管理局特准掛號認爲新聞紙類
一九二四年十二月二十四日
郵票代款概作九五折

分售處
香港 萃文書局
巴黎 中國書報社
廣州 丁卜書報社
上海 民智書局
上海書店
時中書報社
武昌 共進書社
科學圖書館
蕪湖 科學圖書館
南昌 明星書社

分售處
太原 晉華書社
長沙 文化書社
濟南 齊魯書社
杭州 古今圖書店
雲南 新亞書社
寧波 明星書局
開封 文化書社
福州 工學社
重慶 唯一書局
成都 華陽書報流通處

——零售每份銅元四枚——
訂閱：國內一元寄足六十期・國外一元寄足三十五期・郵費在內
代派：每份大洋二分・十份至三百份五折・三百份以外四折・寄費在內・十期清算一次
每星期三出版 發行通信處 杭州馬坡巷法政學校安存真轉王致和 北京大學第一院收發課轉鄒十明

# 帝國主義國家在中國之宣傳

魏琴

近來在中國的帝國主義報紙，盡量地反對我們國內的急進分子，盡量地反對我們最好的友邦——蘇維埃俄羅斯。這不甚奇怪麽？可是沒有什麽奇怪。自英美帝國主義的工具——直系，失敗之後，一切民治的和革命的勢力一時擴大起來，解放運動的潮流漸漸地漫溢全國。帝國主義國家對於此種現象，當然抱無限的恐懼！

近來從埃及，印度，波斯，土耳其和阿富汗傳來的種種消息，差不多都是同樣的一回事：即被壓迫的民族再不能忍受奴隸的虐待了，一定要起來做反抗的運動。然帝國主義者，托拉斯，銀行家……對於東方民族的解放運動，一面加勁壓迫，一面故意散布一些最卑鄙污穢的謠言。英國帝國主義者在埃及的暴虐，對於埃及人之流血的殘殺，——這些消息被帝國主義的走狗描寫出來，差不多是野蠻的埃及人對於愛和平的英國將軍，志兵，……一切混帳東西之攻擊。我們略一細讀英外交家的聲明，我們就可明白英國劊子手殘殺埃及革命黨的原因。英外交總長張白倫聲明，說：雖然英國軍隊把埃及人逐出蘇丹，英國軍隊佔據埃及的稅關，强迫埃及人賠償紀達爾被刺之五十萬，埃及的獨立仍然一點兒也沒有損壞。——這種對於被壓迫民族的污蔑，我們還可以想像嗎？張白倫又高聲地說：倘若埃及人願意和英國和睦而執行一切歐戰後的條約，則埃及人對於自身的獨立盡不必過慮。是的！唉！不必過慮！

簡單地說，這是什麼意思？這個就是說，埃及在政治上和經濟上要永遠地依賴英國，埃及人要服從英國人；戰爭時蘇彝士河在英國人手裏，英國人利用之爲聯絡和破壞的武器，將來仍應在英國人手裏，英國人好利用來永遠地壓迫埃及人。

我們中國人當然知道帝國主義者在中國所用的壓迫方法，但是同時也應知道其他東方被壓迫的民族對於帝國主義的奮鬥。每一個有良心的中國人，每一個有思想的中國人，都應當明瞭帝國主義者在中國的宣傳之欺詐，——由此欺詐，我們更要討厭帝國主義者的無恥！

每天帝國主義者報紙在天津，北京，廣東，上海……總是污蔑我們解放運動的好分子，總是造我們革命首領的謠言。 宇林西報，大陸報，京津泰晤士報……每日不知要發表若干文字來鼓吹强盜的帝國主義者以反對中國人民，反對中國民族的解放運動，——這些文字我們就是在帝國主義國內的報紙上，也尋不出相等的數量！ 這些無恥的帝國主義走狗的目的，是在宗主國及在中國的外國人面前，描寫中國的民族獨立運動如一犯罪的運動，——以爲這個運動是蘇俄所指示的。 他們想把我們國內的革命分子描寫如墮落的和危險的人們。 他們稱呼對於國民會議發表主張的學生組織，工人組織和其他組織爲「神經病者的組織」，「浪人的組織」……：他們所以如此稱呼者，便是因爲這些組織的主張反對外國人，這些組織的分子是「赤化」了。 唉！在我們的領域裏居然有這樣污蔑我們的論調！ 在我們的領域裏居然發出這樣無恥的怪音！

宇林西報記者說：「在臨城案發生之後，許多外國人希望孫中山和馮玉祥在北京聯合起來，並且整理着北京，做他們所能做的壞事」。 照他的意思，結果非外國實行武力干涉中國不可。 帝國主義的報紙宣傳武力干涉本非一日，而宇林西報記者這段話，却更把帝國主義者的願望表現得更明白。

帝國主義者的報紙宣傳反對中國國民革命運動，同時又極力掩飾帝國主義者在太平洋之武力的衝突。 英帝國主義在新加坡築港爲反對美日之用，美國擴張海軍，增造飛機……帝國主義者的報紙視之無關輕重，好似以爲這與列强的和平趨向沒有衝突。

十二月十六日上海泰晤士報之社論有幾句話說：「至於美國擴充軍艦一層，我們可不必過慮；難道美國總統願召集減縮軍備新會議，而又要擴張武力與人競爭麼」？

這一種欺騙民衆的宣傳，我們眞不能想像！

我們很明白，柯立芝宣言召集縮減軍備的會議，不過是掩遮對於新戰爭的預備。 該文又論到歐洲人民在世界戰爭中所受的痛苦，以爲這種痛若不應在東方再發生了。 但是這樣的論文不在於平日無事時寫出來，而恰在戰備緊張時寫出來，這不過是表示帝國主義者欲掩飾自己的欲望罷了。 歐洲的大戰豈是民衆所願意的？ 俄國的沙皇，德國的威廉，英國的財政家豈問[illegible]民衆，戰呢還是不戰呢？ 在歐戰前何嘗未召集過海牙和平會議？ 讀者諸君！ 我們要知道，越是太平洋的大戰要快到了，帝國主義者便越是故意地說自己是愛和平的。 帝國主義者無論如何的宣傳，但是事實終久是事實啊： 近來各國擴充武備的事實指示我們，世界的大戰又快到了。

我們所以如此引證帝國主義者的報紙的言論，是因爲要指示出帝國主義者對於殖民地民衆的欺詐。 殖民地的民衆應當信任自已的力量，應當起來用武裝推翻帝國主義者的壓迫！ 帝國主義者在中國天天喊什麼赤化，過激主義……無非是要達到自己侵略的目的，但是這種伎倆畢竟欺騙不了中國人民！

# 國民會議聲中之民選省長

獨秀

民選官吏，在理論上是民主政治所必需的；在事實上亦爲中國時勢之急要。 他省且勿論，眼前最急需民選省長的：若江蘇若浙江若安徽若江西若湖北若直隸皆是。

江蘇省長現爲賣省附齊的韓國鈞，彼縱無恥戀位，亦必爲蘇人所不容；浙江省長現爲賣省迎孫的夏超，浙江人如不自動的去孫與夏，將無以拒盧永祥南下之師；安徽省長現爲安福首領王揖唐，安徽若容其久任省長，將使安徽人重復統治在公益維持會之下；江西現尙無省長；湖北之蕭賊省媚吳，舉國共仰，此賊不去，鄂人之恥；直隸已成曹國，曹今倒萬無再聽曹之爪牙楊以德異除省長之理；中國政局倘不能即時進入較清明的政局或最反動混亂局面，上列各省省長都必然不能久居其位，他們雖然能指使一班走狗擁戴，若東南大學教授之擁韓，若湖北招牌公團之擁蕭，決與大多數民意無涉。

惟省政府地位變動後，繼任之爭奪必然要起糾紛，欲解決此糾紛惟有省長民選，并且民選機關，應不由現有的省議會，而由各市各縣的人民團體，自動的組織和國民會議同性質的省民會議。

我們固然知道各省現有的小軍閥又盤據省政府的官僚，他們都會以權力金錢製造省民會議或壓迫省民會議以取得政權；然而各省的革命份子及受苦的民衆，決不可因此便放棄其地方的政治爭鬥，目前只有此爭鬥是北方的政治爭鬥之發足點。

我們要求民選省長，須認清性質只是民選省長，萬不可牽扯到什麽「聯省自治」，或什麽「某省人治某省」這些昏亂方法。「聯省自治」是一班小軍閥鞏固其現有地位的口號，和民主政治的民選官吏權地方自治權都風馬牛不相及。「某省人治某省」，也和省民的權利無關，那省人沒有軍閥官僚，請看蘇人治蘇的韓國鈞鄂人治鄂的蕭耀南湘人治湘的趙恆惕就是榜樣。

我們要將民主政治實現於地方政府，我們要得着民選官吏權，只有號召省民會議實現民選省長是正確的發足點。

# 英美日衝突加緊與中國政局

天聲

自歐戰告終以後，世界的帝國主義强國祇剩了英美日法，而在遠東則祇有英美日是主要的侵掠競爭者。　英美日三國在遠東的競爭，日甚一日，華盛頓會議就是這種競爭劇烈表現的一種。　第二次帝國主義大戰的場所將有在太平洋之可能而交戰國的利器必爲海軍。　所以在最近幾年來我們在報紙上常常看見英美日的增加海軍軍備的消息，英美日的資產階級一方面在國內提倡增加海軍預算，一方面在外交上建議互相限制海軍建造。

在遠東這種備戰的形勢現在驟然加緊起來了。　英國自保守黨執政後立刻在議會中通過繼續建築新加坡海軍港，鮑爾溫首相表示在遠東將採更獨行的政策。　而現時競爭最烈者爲日美，美國自共和黨得到完全勝利後即實行增加海軍軍備計畫，十日路透社華盛頓電云，「衆議院海軍委員會之白利通氏，今日提出一案，主張以一〇一•〇〇〇•〇〇〇元爲續建海軍之經費，此案規定造斥堠巡艦四艘，每艘經費逾一一•〇〇〇•〇〇〇元，浮船塢一座，經費七•五〇〇•〇〇〇元，並許加增刻在建造中之飛機運送艦艘經費，由二三•〇〇〇•〇〇〇元增至三三•〇〇〇•〇〇〇元，又許戰艦十三艘塔炮升高經費六五•〇〇〇•〇〇〇元，白利通稱，美艦隊如欲與英艦並駕齊驅，則此整頓辦法實屬必要」，又云「柯立芝總統以海內商部長，組合煤油供給保持會，以研究政府關於保持煤油供給之責任問題，此會將與油公司完全合作，柯立芝總統函授各部長，略謂航空術之大發展，可見美國國防之大有賴於飛行，而飛行優劣之分，且將決於石油供給之多寡云」。　美政府並預備海軍大操，對日本示威。　日本對於英美的海軍計畫大形驚慌，朝野一致攻擊之，並預備相當對待，請讀十日電：「據報載首相加藤子爵，殊不歡迎新加坡建造軍港之舉。　渠以此舉英國籌議二十年，不在華府公約範圍外，建造萬不能免。　又謂英當局曾申明此舉純為英國內務，非欲影響於國際關係，故日本後當密切靜觀其發展。　至於美國海軍大操，美政府曾向日政府明白解釋其目的，美政府為消除日人數部分之誤會計，曾議美艦隊於大操後來橫濱一遊，但日政府不得不謝絕此議。　加藤末復申述日本與英美合作解決中國財政問題之志願，中國財政問題之解決，端賴其全國之統一云云」。更看，美國衆議員白利通在議會之發言：『海軍部長及海軍專家皆曾有表示，在渠觀之，此種表示可作日本現對美國籌備作戰之解，日本既如此，則美國踵行之，有何不可云』，我們更可證明日美間的衝突現時驟然加緊起來了。

英美日間現時這種險惡的形勢，太平洋大戰有一觸即發的可能，不能不說與中國目前政局有重要的關係。　中國近百年來是世界列強所最注目的地點，因為中國是世界最大的市場，物產最豐富，有大羣衆的勞動者；自從歐戰後，世界資本主義已入崩殞之期，頑強的英美日資產階級極力要鞏固資本主義的勢力，尤其以全力集注于中國這塊肥肉。　因為大家均集注中國，因此就起更大的衝突，這就說明為什麼歐戰後中國的內爭日甚一日的緣由。　英美日在中國的衝突非到最後的一刻是決不肯出於戰爭的形式，所以必先利用中國的某一派軍閥以代理擴充自己勢力之職，最近英美的利用曹吳和日本的利用段張都是一種明證，因此我們知道：國內軍閥間的戰爭是與帝國主義列強的在華勢力是有絕大影響的。

這次曹吳的失敗和段張的勝利在遠東的形勢上說是英美在華失敗和日本勢力的增長。　這一種形勢是與目前國際形勢有極大的矛盾的。　歐戰後的國際形勢是趨于英美獨霸的形勢；中間雖然有日本想獨占遠東和法國想獨佔歐洲的傾向，但是不久這種傾向被英美壓下去了；奉直之戰和去年的橫濱地震給日本以極大的打擊，今年春間法國因經濟的依賴決然低首於英美了。　至倫敦會議時英美在歐洲大陸已經是霸王做定了，正想把這種形勢移到遠東來，當時議定對中國行使道威斯計畫，不料這種計畫還沒有實現而被日本捷足先登了，——他的工具段張戰勝了曹吳，勢焰洶洶將有統一中國之概。　這是因為日本能注全力于中國而英國，因工黨的搖動政策和美國，因共和黨勢力不固並因英美的選舉使英美對華無堅強的政策，有以致之。　這種狀況使英美資本家惶恐萬狀，痛責本國政府之失策，於是在美國新形鞏固勢力的共和黨和英國的保守黨不得不急起注意於遠東的事件。　英美要強逼日本吐出將吞下去的一塊肥肉。　所以英國仍極力援助直系抵抗段張而美國則以一時難找中國軍閥之助力不得不出於威嚇日本之一途，於是才定海軍大操之計畫。　日本當然是大形惶恐，其對付方法，祇有與素來仇視的蘇俄接近和團結反直系以剷除直系勢力，近來在日俄會議中日本讓步和日本報紙極力彌縫孫段張馮間的破裂都是確證。　然而日本的經濟勢力薄弱決難保存其現時在華的政治勢力的發展，要保存其勢力惟有與英美一戰而勝之，不然英美無論如何必使日本把這塊肥肉拿出來大家分嘗。

中國國民在現狀之下，一方面國內軍閥勢力搖動，一方面國際帝國主義衝突加緊時，很有抬頭的機會，應奮起努力達到中國民治主義化而不使軍閥重形鞏固，達到中國獨立而不致永淪為國際共管下的殖民地。

# 英國帝國主義壓迫中國民族之三個證據

天聲

本報是鼓吹國民革命反對帝國主義的先鋒，是反映帝國主義侵略中國民族的寒暑表，遭受帝國主義者的壓迫與嫉忌原來不始於今日。

近上海英巡捕房搜查上海大學沒收書報流通處及學生所有之嚮導報並控告上大代理校長，理由為發售「仇洋」之嚮導報紙。 要中國人不「仇洋」，最好是不侵略中國；中國人除掉少數賣國者之外勢必為帝國主義侵略之所迫而悉趨於「仇洋」之一途，代表全國被壓迫民族而首倡反抗的本報，當然要受帝國主義者最先之摧殘。

然而帝國主義所要摧殘的豈僅止於本報？ 換過說，本報之被摧殘不過為方在覺醒的全民族悉將被其摧殘之起點。 不信，請看下列兩節新聞：十一月廿八日新加坡政府勒令新民國日報停刊，其原因為：「(一)該報攻擊廣州商團，宣布商團背後之黑幕，為英政府所深恨，(二)砂勝越(亦英屬)政府禁止華校教授中國國語，該報倡論反抗，為政府所深恨，(三)為該報近因駁斥陳炯機關報之荒謬，言論上未免略有激烈。

又十二日香港報載「香港海員工會工團總會等團體皆有宣講部之設，每星期六舉行演講，以冀覺醒會員，齊起為國家利益工人本身利益之奮鬥，詎因此竟遭港政府之嫉視，前星期六，海員工會開演講會時，竟被港差限制，不許「談政治」「談救國」，否則強迫制止云」。

以上三件事的內容，都是英政府壓迫中國民族全體的行動，而並不是對待某派或某黨的，中國國民對于此三事應有一種反抗的表示，以表示我中國人民不是甘心做奴隸的民族 素來鼓吹民治主義的人們對於英人取銷中國人的言論自由，不應該起來反對嗎？

# 帝國主義蹂躪上海大學的追記

(上海通信)

何秉彝

這件事的發生，已經過了兩個禮拜了，因為處在如狂似怒般底惡魔虎視之下的租界裏的上海大學，要為維持學校的生命計，所以雖是受了他——帝國主義——之壓迫凌辱，還是敢怒而不敢言：宣言不敢發，報紙不能登。 現在我維以悲憤之餘，把這件事經過的詳情，追記出來與大家看看：

本月九日午後三鐘，忽有英人數名隨帶翻譯闖入上海大學第二院中學部圖書室，彼時適有同學在內閱覽書報，該英人即向前奪去同學手中之書，并叱云：「何故看此類危險書籍——即社會科學概論——不去研究文學」？ 於是不問青紅黑白，即將室內所有一切書報雜誌捆紮一起，攜上汽車。——同學等不明究竟，向彼索取收條，殊彼不肯。 第二院之圖書室寢室等被其如强盜般翻尋遍搜後，復至大學部第一院將圖書館，講義室，書報流通處等處之書報雜誌講義如社會進化史，新建設，新青年，孫中山先生十講，民族主義，上大週刊等類的百餘種，全數搜盡。 同學等以上大乃我學校重地，彼英人來時，既未先同辦事人交涉妥協，即擅自鑽房進屋，有如强盜，已大失禮：即上海雖屬租界，我中國人仍應享有種種特權，有言語，出版，看書，思想之自由，為保持國家主權計，自不能再容其隨便而去。 因此必要彼等俟代理校長(原校長赴北京去了)來交涉清楚後再走。 乃彼英人云：「我等是奉命而來，并有公函在此，你們學校是犯了巡捕房刑律，……」復以極鄙薄之態度向同學譏笑云：「汝等皆怯懦小孩耳，懂得什麼道理！ 我們實如汝等之嚴父慈母，汝等看社會一類書報，協如拿利刀要殺人(眞是帝國主義者的眼光！)，我們來叫汝：不要行兇…」同學等聞此荒謬絕倫的輕侮話，不勝憤恨已極，即用英語以相當之强硬語答覆之。 彼英人復云：「汝等皆危險人耳，勿多語，將來工部局再會」（即誰多說即要拘捕誰意）幷云：『工部局之牢獄甚寬大，』同學答云：『你們底牢獄雖大，但可能容納我四萬萬的中華人民否？』乃該英人復含笑答云：『汝等不見印度人之多乎？ 汝等人雖多，實與印度人等耳，……』卒將所有一切書報，裝載數車，逍遙而去。 同學等雖向前阻攔，但以若稍過形色，彼等所豢養的走狗——巡捕，馬上即會如風雨樣的來臨，捉人拿敵。 在租界內同西人作戰之罪名就會加起，幾年的監牢就要入去坐。 所以終歸無益，只得眼巴巴地望見他自由自在的去。 同學等雖馬上開全體大會，討論對付辦法數條，但以種種阻礙，均未得見諸實行。

不料過後不幾天，宰制我華人生命的會審公廨，又拿傳票來傳代理校長邵力子先生了。 案由爲：『於十二月八日出售嚮導報，內含仇洋詞句，犯刑律一百二十七條：又不將主筆姓名，刊明報紙，違犯報律第八條』，到此時同學等始明白：前日之所以惹這樣大的風波，受了這樣大的侮辱，乃是因上海大學出售嚮導報的事。 十九日公然將邵先生傳去審問了。 雖經律師爲證明白，將一百二十七條的案註銷，幷嚮導刊印發行，皆與當事人無涉，所稱犯報律第八條亦不能成立。 但捕房所控，尚有違犯報律第十條，及藏有多數有害中華民國之書報，此案尚未了結；前所掠去價值數百元之書報，尚未歸還。將來向事，還不知怎樣咧！

寫到此處，我不覺有個感想：——自然，嚮導是我們中國唯一有價值的報紙，以水晶似的亮眼，鋒銳的舌尖：看透帝國主義的陰謀，揭穿帝國主義的險惡，高聲呼喚全世界被壓迫的民族，醒悟起來，聯合戰線，向他——資本帝國主義——對抗，他們——帝國主義者——當然是視爲讎仇的，想設法撲滅的。 可是帝國主義者亦未免過愚了！ 上大幷沒有發行嚮導的事，你此次這一舉動，不但未將我們的尖兵——嚮導——絲毫未得加以妨害，反轉提醒許多人，作爲你的勁敵了。 還有帝國主義者所謂有害中華民國之書報，何嘗是有害於中華民國，其實是有利於中華民國，或不利於壓迫我們的帝國主義罷了！ 據我看：帝國主義者所說的那些書，皆是有利於我們被壓迫的中華民國及任何被壓迫民族的，爲被壓迫民族謀解放必要看的，帝國主義者，請你不要枉自憂慮罷！ 你的馬屁拍反了！ 不要以我華人怯懦，不要以我國當印度看，金鋼石雖小，還能鑽磁器呢！

二四，十二，十九，於上海大學。

# 對帝國主義文化侵略之又一抗議——雅禮罷課事件

超 麟

教會學校學生這一二年來做過了幾次轟轟烈烈的反抗帝國主義文化侵略的運動，本年全國教育會聯合會在開封會議結果，也議決了幾條『取締外人在國內辦理教育事業』的辦法，——這不能不說是中國反帝國主義的空氣已經侵入教育界諸公的天靈蓋裏去了。 這次長沙美國教會創辦的雅禮大學內發生大罷課風潮愈加證明教會學校已爲全國學生所厭惡了。

本月二十二日申報湖南通信說，這次雅禮學生罷課乃因校長胡美延不向政府備案及最近假冒美籍之華人高某侮辱學生，校長反强迫學生向高某道歉所致。 罷課後，經各方面調停，學生提出四條要求：（一）恢復被開除的學生，（二）學生會獨立，（三）聖經班定爲選科，（四）學校限期備案。 美國教會能否接受這四條名正言顯的要求，我們姑且不問，我們認定雅禮學生此次罷課不是一時的現象，乃是教會學校制度底下必然要起的反抗，不是雅禮學生和雅禮教職員的衝突，而是全中國民族現在已不安於帝國主義文化侵略之一種表現。 這件事是應該引起全國人注意的。 我們自然萬分同情於雅禮學生的罷課運動，但我們的同情決不限於恢復被革生學籍或設法使雅禮學生轉學他校爲止，——這最多祇是急者治其標的辦法，發生學生與校長衝突之根本原因依然存在，這個原因，就是帝國主義對華之文化侵略，故我們必須進一步做斬草除根的運動。 雅禮學生呵！ 湖南全省，中國全國呻吟於教會學校內的學生呵！ 全國各界人士呵！ 快起來解脫帝國主義的文化束縛，趁國民會議召集之機會提出取締教會學校及其他外國學校之議案使其成爲全國一致的要求，而此次雅禮罷課問題亦可根本解決了！

# 南洋公司與其走狗破壞失業工人組織之無恥

隆郅

南洋烟草公司七千餘人的大罷工，因受資本家壓迫失敗後，工人仍繼續奮鬥不懈，一面極力鞏固組織，一面派代表赴粵聯絡港澳廣州各工團，宣佈資本家壓迫工人的實況，各工團因之大憤一致來援助工人，並極力抵制該公司香烟。 該公司以廣東爲最大銷場，營業既大受影響，因特派代表張渭川等四人來粵，疏通各工團，該代表等到港後，即着手疏通香港總工會，爲工人駐粵代表所探悉，即報告特種委員會，舉派代表赴港，張等又束手無策，並聞曾有一批百雀牌商標之煙運粵，爲糾察隊查出，沒收四百餘箱，存於工人代表會內，擬變賣現金，賠償失業工人損失。

該公司資本家受此打擊，一面在港澳施其求和手腕，同時滬廠數千失業工人又復出其狡計，唆使其收買之走狗假借招集失業工人爲名，破壞工人的組織。 請看本月廿一日民國日報所載南洋煙草職工同志會臨時執行委員會的緊急啓事：『今日見報載工團聯合會開會新聞及所登啓事深爲駭怪查新聞中是日所到團體有南洋烟草職工同志會惟敝會並未派遣代表查到會人名中有王光輝郭寄生兩人此兩人在敝會工友與資本家奮鬥正烈時即受資本家雇用之王祺等勾結極力破壞敝會行動及資本家用很毒手段解散敝會僞造御用式的新工會時郭王兩人即被雇用爲該會書記月薪八十元以後更盡其能力以破壞敝會現在敝會已得廣州香港及全國各工團之援助抵制該公司香煙前日新聞報載該公司香煙已被沒收二百餘箱之多足見公道尚在人心乃王郭等忽登報招集失業工友報名顯係藉此破壞我組織我工友決不致墮其計中惟恐各團體及工界同胞爲所蒙蔽故特據實宣布願我工界同胞共鑑之』

從王光輝郭寄生勾結資本家壓迫工人的情形，可見一般賣階級以求一已利益的人，正復不少，工友們，更要當心些！

從廣州工團援助南洋失業工人的熱烈，可見工人階級的利害是一致的，工人階級只有聯絡一致才能抵抗資本家而得着最後的勝利！

# 讀者之聲

快起來反抗外國人摧殘中國的言論自由

記者：我是一個愛讀嚮導週報者。 我想在現在這樣情形的中國，只有嚮導週報能揭破國際帝國主義在華侵略的陰謀和國內軍閥的野心，喚醒全國的羣衆，自覺的起來解放自己，自動的起來打倒帝國主義和軍閥。 像這樣有價值的刊物，在國內是唯一的明星了。

但最近見貴報所載。 竟有帝國主義的巡捕，在上海檢查貴報通訊處，想來禁止，還是何等令人痛恨的事！ 中國人自中國人的言論出版的自由權，與帝國主義者何涉，而竟敢橫暴無禮，這是多麼一回羞恥事！　所以我現在寫這信來，除表示我個人要擁護者外，並且希望愛讀嚮導週報的人們，趕快的起來，聯合着來擁護中國人的言論出版的自由權，擁護這引導全國羣衆到自由之路的嚮導週報！　即頌撰安

愛讀嚮導者夏夢生十二月二十日於南京

## 馬素博士的告密

記者！　本月十四日上海商報上譯登大陸報所載馬素博士在復旦大學的演講，我以這位新近由美國回來的老國民黨員一定有高見指示我們在這國民革命運動上應走的道路，可是閱完之後又不禁使我大失所望。　馬素博士完全是繼續國民黨右派首領馮自由向東交民巷告密的『未竟之功』。　國民黨改組以後還有這種敗類存留在黨裏頭，實在是國民黨一件羞恥的事。　我們看敵黨怎樣詆譭國民黨，帝國主義，軍閥，研究系及其他反動派怎樣傳播『國民黨赤化』『莫斯科黃金』等謠言，而國民黨右派又怎樣利用這種種謠言來攻擊那眞要打倒帝國主義和軍閥的左派，就可知道這種敗類非根本肅淸不可。

在反共產主義的美國拜金空氣之中薰陶幾年過的馬素博士回到中國來，難怪其『將盡力反對共產主義在中國之蔓延』。　這種『盡力』料想是馬素博士所欲貢獻於中國國民革命者，因爲自他回國以後，我們實在看不見他除了『將潛伏於莫斯科新奇主義中之危險以警戒學生界』外，還有何種努力可以預防美國帝國主義在中國實施其道威斯計畫，孫中山先生北上到處受帝國主義的干涉，及外國報紙之滑稽口吻的批評，也未聽見這位『入國民黨的時已久矣』的馬素博士有提向帝國主義抗議的言論與動作。　這個其實也難怪，因爲現在擁護孫中山先生，抵制帝國主義干涉及軍閥拉攏的，實際上祇有一般『紅色』（？）的民衆，而馬素博士恰恰是太息痛恨於民衆因趨向於反帝國主義，反軍閥之民族解放革命而『赤化』（？）。所以他在復旦大學演說：『余知在中國中部之某報，在數星期內，忽從黃色而變爲粉紅色，由粉紅色而變紅色，其原因即係此報之主筆，已入於莫斯科黃金之勢力範圍矣』。『莫斯科黃金勢力範圍』這幾個字眼就是馬素博士從拜金主義心理推論出來去抵制某報『赤化』之最得意的工具，也就是他，於太息痛恨之下，所欲甘心於『赤化』的民衆者。

臨了，他的演說還夢想學生替他宣傳反共產主義的妙論，殊不知今日之學生界祇有走上反帝國主義，反軍閥之民族解放革命的『赤化』（？）道路，而絕不肯跟着這位有美國帝國主義偵探嫌疑的馬素博士跑了！

一九二四年，十二，十七　　馬道甫　於上海

The Guide Weekly

# 嚮導週報

第九十七期

（中華郵務管理局特准掛號認爲新聞紙類）

一九二四年十二月三十一日

郵票代款概作九五折

分售處

香港 巴里 廣州 上海 武昌 蕪湖

孝文書局 中國書報社 丁卜書報社 民智書局 上海書店 民智書局 駐中書報社 共進書報社 學海書館

分售處

南昌 太原 長沙 濟南 杭州 寧波 開封 汕頭 重慶 成都

明星書社 智華書社 文化書社 齊魯書社 古今圖書店 新亞書局 明星書社 文化書局 工學社 曉一書局 華陽書局

零售每份銅元四枚

訂閱：國內一元寄足六十期・國外一元寄足三十五期・郵費在內

代派：每份大洋二分・十份至三百份五折・三百份以外四折・寄費在內・十期清算一次

每星期三出版　發行通信處　杭州馬坡巷社改學校安存眞轉王致和　北京大學第一院收發課轉于鉛明

## 國民會議，軍閥和帝國主義

魏琴

直系失敗，現在已經有兩月了。自從直系失敗以來，民衆對於軍閥的厭恨，及其反對軍閥的運動，差不多一天厲害似一天。在中國的全部，到處都活動起來了，一般有覺悟的分子都趨向急速規定民主的政治。

反直系軍閥宣言召集國民會議，規定國家政治的形式，這也是促進這種國民運動之一原因。軍閥受民意之壓迫，不得已請求國民革命的首領孫中山先生到北方去參加他們宣言所要召集的會議，——但是這是他們心願的事麼？不是的！

時候越久，我們越看得清楚，把持北方政權的軍閥是要在未召集國民會議以前，充分預備自己的實力，爭奪各省的地盤，一方面又要使會議的分子多屬於自己的範圍，以左右會議的趨勢。因此，國民對於段祺瑞，張作霖及其他大軍閥絕不能有什麼希望。弄來弄去，還是軍閥爭權，還是教民衆吃虧，還是給民衆以痛苦！

從一些軍閥之中，段祺瑞和張作霖等爲最活動的脚色。段祺瑞現在公然宣言一定要召集軍閥代表和安福餘孽的會議。他們再將被民衆所指爲國賊的重新提用，再將日本帝國主義的勢力在中國擴充。經過安福餘孽之手，日本帝國主義又可以恢復歐戰時在中國的勢力——誰個也不對於此有什麼懷疑。不但如此，日本帝國主義還更要擴張勢力統治全中國，我們看看近來日本政府對於中國各派，各軍閥，各政黨的政策，就可以明白了。日本帝國主義者一方面想同孫中山先生勾搭，而別方面却暗地與段祺瑞，張作霖訂密約。日本帝國主義者對於他們都有欺騙的條件，而目的不過是鞏固日本在華的勢力。我們絕對要知道，召集軍閥會議的計畫是有日本帝國主義者做背景的。

我們所以要指出日本帝國主義者之危險，是因爲人民方集矢於反對直系的運動及英美的帝國主義，而不大注意到狡猾的日本。當直系當權之時，中國有純粹變爲英美殖民地的趨勢，中國人民極力注意英美的帝國主義是應當的。但是現在的時候，中國人民一方面要繼續反對英美的帝國主義，而別一方面却不應忘記，反直系的勝利同時把日本的帝國主義鞏固了。日本在華勢力之鞏固，對於中國人民有什麼危險，還實沒有再加說明的必要。 誰個不知道高麗的命運？ 日本人以保護高麗反對俄國爲藉口，而終將高麗化爲日本的殖民地。 現在日本人欲鞏固自己在華之勢力，又高呼「亞洲人是爲着亞洲人」的口號。日本的帝國主義爲着反對英美的帝國主義，欲利用亞洲的民族做牠的塡礮口的肉。 中國人民應好好地知道這種實際的情形。 一切日本帝國主義者的陰謀，臨時的親善政策，不過是要在我們國家中創立一個忠於日本帝國主義者的政府。 可惜很聰明的人，如孫中山先生，也不甚明瞭這種日本帝國主義者的趨向。 數星期前，中山先生在東京某一個女學校演講，極力推崇東方文化之高於西方文化，以爲東方民族有聯合起來反對西方文化的必要，……日本的愛國派對之深表同情。 我們以公正的眼光看來，不能不說中山先生這種演說對於中國民衆及日本的工農們有很大的害處。 中山先生應當明白，這些演說詞使他與日本的軍閥有親近的可能，他或者無意地幫助日本的軍閥愚弄日本的勞苦羣衆。 這的確可以使中山先生及其所領導的國民運動與日本反對政府的勞農羣衆相隔離。 最近不久在日本有農民反對軍閥的暴動，此暴動爲日本帝國主義者的軍隊所壓服。 日本的革命運動眼見着一天擴大一天了。 日本的民衆都趨向推翻自己的地主和軍閥的政府，中山先生應向之表充分的同情，而不應令之失望。

我們以爲在中國的民衆之前，我們應當把這些現象解釋清楚，好使大家都知道帝國主義是怎樣的影響我們國家的政治：即帝國主義對於中國——不但常用武力干涉，或賄買某一派賣國賊的方法，並且對於中國政界的重要人物亦施用思想上的暗侵手段。 當此反帝國主義運動，與反軍閥運動已經確定形成的時候，我們更要將這些話告訴民衆。

一切工人的組織，農民的組織，小手工業者和小商人的聯合會，急進的智識階級？……現在一致地主張召集國民會議，一致地主張國民會議的代表應從眞正的民衆中選出；由此國民會議纔能建立一民主的政府，此民主的政府纔能不受帝國主義和軍閥的影響。 同時，反對這種民衆的聲浪，段祺瑞，張作霖和其他軍閥却高聲說：你們教我們來管理，我們就召集軍閥會議，——我們重新建設軍閥政府，好與帝國主義者爲永世的和睦，好反對你們的利益到底。 因此，國際的帝國主義者和中國的軍閥站在一邊，而中國的民衆站在別一邊，現在便是正從這種分化而入於宣戰的狀態。 每一個忠實的國民應當問自己要站在那一邊。 無論段祺瑞與張作霖有什麼衝突，我們都不要大驚小怪。 他們的衝突只在將來的政權誰個勢力要佔大些；換言之，便是那一個帝國主義者的勢力在將來的政府中佔大些。 中國的民衆應堅決地對帝國主義者及其走狗軍閥說：「從中國滾開去……」現在惟一的要求就是國民會議，此會議不應參加任何軍閥的代表，不應受任何帝國主義者的支配！ 至於英國帝國主義者的走狗何東所號召的和平和議，我們不消說是要反對的。 這些外國的買辦，大資產階級的代表，一樣的要壓迫中國民衆。 他們所想的國民會議是要由大資產階級，官僚，地主的代表去組織，—— 這種會議絕不能有好結果。 他們一定開始就要與軍閥和帝國主義者妥協，而反對民衆的利益。

民衆現在最重要的職任，是積極的集合自己的力量，達到各地國民會議促成會所提出來的要求。 這些要求應做爲實際的口號，將來本報將於這些口號將爲詳細的分析。 我們要說明這些口號之經濟的前提，爲什麼國民會議的要求是眞正國民運動的標幟。

# 國民會議與商人貴族

獨秀

資本帝國主義在他們的殖民地半殖民地本地商人中造成一種買辦階級，不但爲他們輸入製造品輸出原料，并且爲他們和本地政府間買賣鐵路礦山等利權之中間人。 這些買辦階級本是外國帝國主義者的工具，他們爲了他們主人(帝國主義者)的利益，不惜破壞本國的國民運動，賣掉自己的國家。 他們靠外國帝國主義的勢力發了財，有了貨棧，有了大的百貨公司，有了銀行，甚至於有了礦山輪船鐵道公司，在本地商人中儼然是商人貴族。

被國際資本帝國主義占領的中國，商業畸形的發展，因此中國的買辦階級，比國內任何商業工業資產階級的勢力都大，除了帝國主義者，他便是中國經濟之王，豈但是商人貴族！

此時多數中國國民都要求有一個眞正人民的國民會議，來擁護中國人民的利益；而外國帝國主義者及軍閥政府都想製造一個官僚政客的國民會議，來愚弄中國人民。 商人階級對於國民會議的態度是怎樣呢？ 中等商家小商人和商人貴族(卽買辦階級)，他們的經濟基礎不同，他們的階級意識也就兩樣：中小商人和工人農民學生同樣的受帝國主義及軍閥之剝削壓迫；因此遂同情於工農學生對於國民會議之要求而參加其運動。 商人貴族寄生於兩種方法之上，一是輔助外國資本主義之侵入，一是勾結軍閥政府以重利盤剝國家；因此他們決不協同工農階級爲反抗帝國主義與軍閥而參加國民會議，他們反是爲了和帝國主義及軍閥謀更進一步的勾結而參加國民會議。 他們只電求段祺瑞許他們自己加入國民會議，而不肯協同民衆做要求民衆所需要的國民會議之運動；他們只協同教育界貴族和英探何東爵士合作，而不願加入國民會議促成會，和小商人及工人農民學生等下層階級羣衆合作；這就是說明他們不是爲了反帝國主義與軍閥的民衆利益而參加國民會議，乃是爲了勾結帝國主義與軍閥的商人貴族之特殊利益而參加國民會議。 商人貴族之特殊利益，便是帝國主義者和商人貴族共同的利益——輸入外資發展實業。 外資勢力下之實業發展，卽資本帝國主義的勢力在中國之發展，中國的實業卽國民經濟之命脈——鐵路礦山輕重工業等——將隨外資勢力之發展盡入外國帝國主義者掌握之中，而中國民族永遠是他們經濟的奴隸。 眞正有助於中國自己的實業發展，收回海關改協定關稅爲國定關稅是必要的；然而買辦銀行等商人貴族却不贊成收回海關，因爲他們相信只有海關在外人手中，內債本息的擔保才靠的住，存在他們手裏的債票才不至跌價。

總之：殖民地半殖民地的商人貴族本是因爲外國資本帝國主義之侵入而發生而繁榮的，外國帝國主義的利益卽是他們的利益，他們甯可犧牲國家主權與國民利益，而決不肯侵犯外國帝國主義者的特權與利益，他們爲了外國帝國主義的利益和他們自己的利益是可以和軍閥妥協的，他們所不願與妥協的，只有反帝國主義反軍閥的民衆。 因此，在將來的國民會議中，這班商人貴族是站在帝國主義者與軍閥的利益方面，還是站在國民的利益方面，我們由他們的階級性卽他們的經濟基礎上可以推知的。

# 舒爾曼與美國對華的外交

魏琴

不久從美國轉回之美國駐華公使舒爾曼博士，曾在上海商業聯合俱樂部演說。 這一次的演說我們絕不輕易放過，因爲現在各帝國主義國家的外交家都正在自己的演說詞中，解釋自己政府之對外的大政方針。 因此，我們以爲有將牠解釋給我們讀者聽聽的必要。

舒爾曼的演詞是對於孫中山先生宣言的答覆。 中山宣言要求收回租界，海關，廢除一切不平等條約……逼得帝國主義國家的外交家不得不有所答覆。

舒爾曼這次演說，極力計算中國民衆的情緒。他對於中山先生宣言的回答，表面上似覺很謹慎，而內容方面却是很堅決的。他極力稱贊中國人民之公道的感覺，極力矜誇中國領域之如何寬大，並且要求上帝做證人，向中國人民說，美國人一心一意地希望中國人能夠早日料理自己的事情，能夠早日過自己幸福的生活。

但是我們從他的演說詞之後一段看來，他說了這些話，是因為他要說，華盛頓會議議決案現在中國還不能夠實行；關稅之能不能退還中國，要看將來中國人民之行動如何；領事裁判權本應當取消，但還要待歐美法學家委員會來到中國，仔細研究其是否有取消之可能及形式。除此以外，舒爾曼又特別指出來，美國政府願這些問題用和平的，漸進的，而不應用革命的，急進的方法解決。我們不明白舒爾曼何故要引用這些『革命的』，『和平的』……名詞，——這些名詞在此地完全用不着。但照表面上看來，他大約想隱藏自己所要說的眞意思。

在實際上，中國的勞苦羣衆一定能夠了解民治的美國外交家之外交話。美國的帝國主義者之異於他國的帝國主義者，或因為他們能假惺惺地說漂亮話。中國的民衆應當知道，美國之對華外交更危險些，因為他們的方法的的確確可以愚弄一部分的中國人民。但是事實是事實，美國的外交家無論如何狡儈，總減低不了中國人民對於美國帝國主義的仇恨。

舒爾曼在自己的漂亮說詞中，似以為美國帝國主義者比較他國的為優，因為不幫助中國的任何軍閥，不希望佔領中國的土地。舒爾曼更高聲地說：『就是給我們的土地，我們也不要。』這實在不錯！美國的帝國主義者並不以得到某一塊中國的土地為滿足。他們的氣概非常之大，他們想霸佔全歐洲或全中國！他們預備為全中國之經濟的統治。美國的帝國主義者與他國的帝國主義者之異點也就在此。

舒爾曼又說，美國對於中國軍閥間之戰爭，完全守中立的態度。我們也不必遠引從前的歷史，試問一問舒爾曼先生，曹錕用什麼方法總能得到總統的位置？賄買曹錕，或經曹錕的手賄買國會的議會，便是你美國幫助中國人民『料理自己的事情，過幸福的生活』！一九二三年之八月，孫中山先生願將一部分關餘收為公用，當時豈不是你美國帝國主義者先派兵艦去威嚇？舒爾曼先生！這眞是美國的中立態度！這眞是證明美國慈善的先生們要幫助中國人民過好的幸福生活！

舒爾曼先生！你空說了許多花言巧語！中國人民是不會相信你的啊！中國人民惟一的自救方法，就是與一切帝國主義者奮鬥。無論你如何說的好，你們的行動是不會隱藏的。

但是我明要聽明的：我們關於舒爾曼及舒爾曼所代表的政府所說的話，絕不連及美國的勞動羣衆，絕不連及美國無數萬的農民和工人。我們很清楚地知道，美國帝國主義者如何對待自己國家的勞動羣衆，如何用野蠻的手段壓抑工人的罷工，農民的反抗。我們很知道慈善的美國先生們如何虐待黑奴，如何用人類史上最羞辱的手段對待眞正的美洲土人。我們也知道舒爾曼一流的先生們如何計劃取締自己國家中之工人運動的首領。我們可以很堅信地說，世界上沒有一個國家有這樣殘忍，欺詐，野蠻，無恥……的行動，像在民治的美國有那麼多。

我們揭露帝國主義者的黑暗，宣告帝國主義列强內部的衝突……因此，我國就許多次受他們的壓迫，但是這不能防止中國人民的覺悟。最近會審公堂——帝國主義者在我們領域內的機關——控告一個中國的新聞記者——一個與本報毫無關係的新聞記者，因為他似乎傳布了本報。舒爾曼先生！這是帝國主義者對於中國人民的親善！

帝國主義者的法庭有什麼權利在我們的領域內指示我們讀什麼，出版什麼？ 我們更料投我們的精神，我們更用起我們的力量，天天來揭破你們的陰謀！

# 大家起來反對段祺瑞之御用的善後會議！

述之

現在老賣國賊段祺瑞御用的善後會議條例已居然公布了！ 這一個善後會議的條例一共有十三條，十三條中最重要的就是列席善後會議的資格之第二條；因爲在這一條中就可以看出這個會議的性質；如果某一個會議是强盜列席，我們就可以斷定這是一個强盜的分贓會議或準備打劫的會議；如果是被劫的人列席，我們也就可以斷定這是一個抵禦强盜或懲辦强盜的會議。現在看列席善後會議的資格是怎樣！

據第二條：(甲)有大勳勞於國家者；(乙)討伐賄選，制止內亂各軍最高首領；(丙)各省區及蒙藏青海軍民長官代表；(丁)有特殊資望學術經驗，由執政聘任或特派，不逾三十人。 我們試問如(甲)項所說，誰是有大勳勞於國家者？ 除了孫中山先生一人外，那些所謂大老誰夠得上？ 那些所謂大老誰不是禍國殃民之罪魁？ (如段祺瑞現在所推重之王士珍) 至於(乙)與(丙)兩項資格，我們沒有說明的必要，很明顯的就是北洋南洋的軍閥領袖，帝國主義用以侵掠中國擾亂中國壓迫中國人民的工具；(丁)項所謂有特殊資望學術經驗，我們亦不知道以什麼爲標準？ 還是段祺瑞軍閥派和帝國主義所謂有特殊資望學術經驗之人，還是被壓迫的民衆所謂有特殊資望學術經驗之人呢？

我可以斷定眞正在被壓迫的民衆中有資望，有眞正的學術經驗的，必爲段祺瑞所擯絕。 所以那一項底下輕輕按下一句：「由執政聘任或特派」！ 這不是段祺瑞想御用幾個所謂「名流」來裝點門面嗎？

我們看了這一條就夠知道善後會議將來幹的是什麼事情，別的我們可以不必問了！

我們在本報九十三期(中國共產黨對於時局主張的解釋)曾經提出過這樣的警告：「現在大家須注意！ 尤其是國民黨應注意!!段祺瑞已擬召集各省軍民代表的善後會議，由善後會議毀造國民會議組織法，……這是段祺瑞想以軍閥代表會議來代替國民黨孫中山先生所主張之國民會議預備會的陰謀，這是第二個籌安會，這完全是段祺瑞想製造一個御用的會議，再由這個御用會議產生一個更大的御用會議，掛一塊國民會議的招牌，再命令那些御用會議的會員舉他作正式總統的一種陰謀，這與袁世凱造成籌安會選舉他作皇帝，曹錕造成憲法賄仔議員選舉他作總統，完全是一樣的老把戲。 照這樣下去，不但國民會議是笑話，將來中國的政局更要紛亂千百倍」！ 果然現在所謂善後會議的條例已居然公布了，日本帝國主義的老走狗，老賣國賊段祺瑞已不顧一切民衆之反對，倒行逆施而謀帝制自爲了。 在這種趨勢之下，將來中國的政局要變成什麼樣子，不難推測。 將來在段祺瑞統治下的中國絕對比袁世凱統治下的中國和吳曹統治下的中國還要壞十百倍；日本帝國主義在中國的勢力一定是擴充到極大限度，可是同時英美法帝國主義絕不能坐視，結果不是英美日法……帝國主義公開地瓜分中國，便是公開地共管中國！ 國人們！ 大家仔細想想：我們前途的命運是怎樣呀！

可是我們現在只有起來奮鬥，一方面齊來反對段祺瑞的御用會議——善後會議；一方面快准備武裝的國民革命，用革命手段推翻一切帝國主義與賣國殃民的軍閥。 對於反對善後會議的具體方法，我現在且提擬條出來：

(一)孫中山先生應急速正式警告段祺瑞，令其取消善後會議的成議；他方面通電民衆，請其一致起來反對善後會議，擁護國民會議預備會的主張。 國民會議和國民會議預備會在客觀上固是民衆的需要，可是同時亦是孫中山所首先主張，所首先號召的，現在各地民衆均已先後響應擁護中山先生的主張，而中山先生爲何一言不發？ 自段祺瑞主張善後會議以來，已經月餘了，即他正式發表善後會議條例後亦已三天，而中山先生至今還沒有明確的表示，中山先生這種曖昧的態度，很容易引起國民的懷疑與失望，殊有碍於革命的進行！ 我們敬告中山先生：先生此時對善後會議只有兩種態度：贊成或反對。如果是贊成，那就須把已發表的宣言收回，民衆對先生也好確定態度；如果是反對，那就不可遲疑了。 中山先生應該明白民衆的意識與要求，中山如果還想代表民衆，不放棄革命的主張，那此時只有毅然發表反對善後會議的宣言，而澈底主張其預備會議。

(二)國民黨及其他代表民衆的團體，——工會，農會，學生會，商會……應急速正式通電反對，并應發動員令於羣衆，令其作一種示威運動，同時須到各種羣衆中去宣傳，指出段祺瑞之善後會議的陰謀，令其準備作最後之對付。

(三)各地國民會議促成會應同時正式發表反對善後會議，并宣言否認段老賣國賊的執政資格，另一方面亦須作一種示威運動，以表示其反對之決心；并應電促國民黨和中山先生表示對於善後會議的態度。 同時各地國民會議促成會應趕快聯合起來，以準備作最後之奮鬥。

(四)善後會議列席的名流，現段祺瑞已擬鄭孝胥，章炳麟，褚輔成，蔡元培，汪精衛，于右任，胡適，蔣夢麟，易培基，李石曾，……等三十餘人(見商報北京廿七日電)我們希望這些名流，至少希望自愛的一部分，尤其是民黨份子，趕快起來通電謝絕！ 不要作籌安會中之孫毓筠楊度等，受千載之惡名，汚壞了名流兩字。

以上這些對付善後會議的辦法，如各方面能一致實行，必能得到相當效果，即令段祺瑞怎樣專橫，恐亦不能如其計畫以行。 我們希望孫中山先生，國民黨，各地國民會議促成會及各種職業的羣衆團體，須毅然決然起來反對日本帝國主義的老走狗，老賣國賊段祺瑞此種之御用的善後會議。 大家須明白，這是一個極緊要的關頭，如果把這關頭放過，往下就沒有着手的餘地了。 但是同時我們應時時刻刻準備武裝的國民革命，作國民會議之後盾！

## 請看工賊袁正道張德惠等迎合帝國主義和軍閥之自供！

述之

自北京政變，孫中山先生發表取銷一切不平等條約，收回租界，廢除軍閥制度等的宣言以來，各地被壓迫的民衆都應聲而起。 所以當中山北上之時所到之處如上海，神戶……無不備受羣衆之熱烈歡迎，尤其當將抵天津之際，天津的羣衆準備歡迎他們的革命領袖更是異常熱烈。 可是因此却犯了帝國主義和軍閥們的大忌諱，尤其在天津的帝國主義更爲着急幾至急的發狂。 所以當中山抵津時，帝國主義即預先散布種種謠言，說歡迎中山的羣衆是共產黨從中主持，「共產黨想藉此宣傳共產」，牠意思是在借此以壓迫歡迎中山的羣衆，并以壓迫中山(帝國主義這種拶倆在上海也使用過，見本報九十二期)。 所以在那天帝國主義一方面武裝嚴陣以待，另一方面派許多穿便服的巡捕去到處尋隙，同時又收買幾個賣階級的工賊如張德惠，洪永福袁正道等散布反對共產黨的傳單，并令他們拿着木棒尋打歡迎中山之較激烈的份子。 可是很湊巧地强盜碰到强盜，却沒打到，反自鬧起來了；這就是帝國主義先所派的便衣巡捕，和帝國主義和軍閥先所收買的工賊張德惠等因誤會而起衝突，致巡捕把工賊押到捕房，演成一幕極有趣的滑稽劇！ 這一幕滑稽劇本已很明顯，可是一般帝國主義和軍閥的走狗及其所收買的報紙總是淆亂黑白，顛倒是非。好，有了，現在請看帝國主義和軍閥所收買的工賊袁正道張德惠等，自己之供詞：「袁君謂，法捕房，是日查悉天津有共產黨四十餘人，乘機散發打倒帝國主義等類傳單，密令稽查長劉膺嚴行捕拿；詎劉目不識丁，對於工人散發反對共產黨之傳單，遂誤認爲共產黨。首由劉膺服便衣干涉時，余（袁自稱下同此）說明情由，乃劉之態度過爲强硬，工人等遂以劉爲共產黨而棍擊之，劉亦取巡捕所持之手棍，向余還擊；兩人面部，均受輕傷，繼得至捕房，經兩西訊官訊問確切，幷將傳單翻譯明白，知余等工人非共產黨，且爲反對共產黨者，乃向余等道歉，謂係出於誤會，令各自歸去。余當即聲稱，貴捕房內能隨便進來，不能隨便出去，若係普通案件，今日非將罪名宣布不可，惟貴捕房所以捕工人者，原非捕工人，係捕共產黨，而工人所以打貴捕頭者，原意亦非打捕頭，係打共產黨，目的雖同而事實錯誤，當然可以互相諒解，至於今日互毆之事，大足使中國官廳及一般社會人士，證明我輩工人非共產黨，且爲極端反對共產黨者，則今後工人於職務上，得免除一切障礙，余雖受傷，亦所願也，如蒙貴捕房將我們今日所發之傳單，譯成英法文，在貴國報紙上代爲宣傳，則更感激。該西訊官欣然應允，乃將傳單留存數張，余等遂告別而出」（見十二月十三日順天時報）

在這一段供詞裏很明顯的表現出來兩點：（一）帝國主義與工賊張德惠等是同一目的，即捕共產黨，打共產黨的目的；（二）工賊想在軍閥和帝國主義面前證明他們是替牠們反對共產黨（實即反對國民革命）的走狗。「惟貴捕房所以捕工人者，原非捕工人係捕共產黨；而工人所以打貴捕頭者，原意亦非打貴捕頭，係打共產黨，目的雖同而事實錯誤，…」這是不是工賊張德惠等公然承認自己與帝國主義的目的是相同的，就是共同要捕共產黨，打共產黨的？　爲什麼他們要捕共產黨，打共產黨呢？　據袁工賊說：「法捕房是日查悉天津有共產黨四十餘人乘機散發打倒帝國主義等類的傳單」，原來「散發打倒帝國主義的傳單」就是共產黨！　所以帝國主義和其所收買的走狗工賊張德惠等，就出來拚命了！　「至於今日互毆之事，大足使中國官廳及一般社會人士，證明我輩工人非共產黨，且爲極端反對共產黨者，則今後工人於職務上得免除一切障礙」，什麼是官廳？　官廳即軍閥。像這樣又是不是工賊分明想在軍閥面前討好，證明他們是替牠們反對共產黨的？　是不是要求軍閥以後光顧他們，即要求段祺瑞張作霖等以後信任他們，分肥給他們，他們將永遠作軍閥的走狗？　所以袁工賊說：「予雖受傷亦所願也」，這就是說「我此次雖誤挨幾下打，將來張大帥，段執政總記得我的呢，」（大概是欽派他去當工會會長）「如蒙貴捕房將我們今日所發之傳單，譯成英法…文，在貴國報紙上代爲宣傳，則更感激。」這是什麼意思，這又是不是說：「我們張德惠袁正道等實是擁衛你們一切帝國主義的，望你們代爲我們把我們的傳單譯出來傳達給你們所有一切帝國主義者看看，看我們替你們當走狗反對中國共產黨——你們的敵人，是否忠實？」　實在，我也覺得，張德惠，洪永福，袁正道這幾位先生對於帝國主義和軍閥再忠實也沒有了！

然而像這樣的賣階級的工賊，在歐美各國也是很平常的事。　因爲工人階級眞正反抗起資產階級來，作起無產階級革命來，自然資產階級要謀對付無產階級，牠對付最巧妙的方法就是收買工人中之最惡劣的分子，去破壞工會，霸占工會，破壞罷工，偵探工人的引動，總之即企圖破壞工人的革命行動。「帝國主義對於殖民地或半殖民地的國民革命也是一樣。　所以近年來在廣東英國帝國與軍閥陳炯明勾結買辦階級陰圖破壞廣東政府，在上海則勾結國民黨的反革命右派打殺國民黨的革命左派（見本報八十七期所載天后宮童理璋指使打死黃仁君），在天津這樣收買工賊，以共產黨名義誣害國民革命羣衆，不過更進一步，更巧妙的方法罷了！

大家須明白中山先生至今還未能進京的，原因完全就是帝國主義與軍閥作梗，就是帝國主義與軍閥恐中山實行他的革命主張，因此便利用此輩買辦階級，民黨右派，工賊，及一切反革命的報紙橫造一些中山主張共產的謠言來阻撓他的結果。

明白的國人們，真正被壓迫的國人們！須得注意，帝國主義與軍閥對付我們，壓制我們國民革命的方法是何等巧妙！真正的工友們呀！你們更須注意！你們看你們中間竟有如此的敗類——替帝國主義與軍閥作走狗的張德惠洪永福袁正道等——哩！你們須趕快設法消滅這些敗類呀！不然，他們正在那裏運動軍閥和帝國主義派他們來作你們的「工會會長」呢！何等危險!!

# 讀者之聲

**嚮導週報與上海外國捕房**

記者！前信蒙嚮導登出，甚感！

日前聞貴報上海通訊處受捕房檢查，時以未明眞相故不敢置議，及今讀何秉彝君上海通信，才得悉這一幕滑稽劇是怎樣演成功的。原來帝國主義乃因貴報之代全中國人民呼籲，揭破彼等種種侵略之陰謀，才對貴報下了這一下毒手。帝國主義侵略弱小民族，在表面上是要假惺惺作態向弱小民族表示好意，譬如有時各國財政資本家對中國人說，他們是要來開化我們這般野蠻民族，或者說租界及領事裁判權之設立不過是給我們這般野蠻民族，於市政及司法上有所取法而已。這種荒謬絕倫的論調經過幾十年傳教士與外交家之鼓吹，不料這一二年來給貴報引據他們經濟上，政治上種種侵略事實，駁斥得體無完膚，他們自然要視貴報如不共戴天的仇人了。故此番檢查貴報上海通信處并不是一件出人意外的事。我們讀嚮導週報的人，早就料定帝國主義有此一着。但嚮導精神早已深入廣大羣衆中間，經過這一着之後，中國人民愈能接受嚮導的嚮導，愈能聯合起來做嚮導言論和行動的後盾，這是堪爲貴報安慰的。我們提向帝國主義抗議，明白告訴他們：反帝國主義的言論與行動是中國目前經濟政治條件所必然造成的，并非檢查嚮導通訊處，甚至於封閉了嚮導，所能夠取締得了。要中國反帝國主義運動終止除非是直搗帝國主義大本營以後！

馬道甫十三，十二，二七於上海

The Guide Weekly

# 嚮導週報

第九十八期

（中華郵政特准掛號認爲新聞紙類）

一九二五年一月七日

郵局代派概作九五折

分售處

香港 巴黎 廣州 上海 武昌 蕪湖

分售處

南昌 太原 長沙

——零售每份銅元四枚——

訂閱：國內一元寄足六十期・國外一元寄足三十五期・郵費在內

代派：每份大洋二分・十份至三百份五折・三百份以外四折・寄費在內・十期清算一次

每星期三出版 發行通信處 北京大學第一院收發課代轉子明 杭州馬坡巷法政學校安存眞轉王致和

# 孫中山先生之態度問題

述之

凡是民衆領袖，當其代表民衆利益而與敵人奮鬥時，必須有明確的態度和保持此態度之堅決的意志。必如此才能得到民衆之眞正的信仰和擁戴，才能屈服敵人，才能達到最後之勝利，不然必難免最後之失敗。這是由許多歷史事實可以證明的。

此次中山先生北上，確是以民衆領袖的資格，代表民衆之利益而與帝國主義和其工具，封建軍閥，奮鬥之表現。因此當中山先生發表召集國民會議宣言而北上之時，全國各階級的民衆如潮水一般興起，歡迎，發表宣言，游街示威，組織國民會議促成會，總之無處不是表示他們對於他們的領袖中山先生之十二分熱烈的信仰和擁戴，這是中國歷史上罕見的事。由此我們亦可以看出中國羣衆之覺悟程度，只要民衆的領袖導之以方，中國政治前途之發展，未始不可樂觀。

但是中山先生自抵天津以來，對於自己前所發表之主張，譬如他所主張之預備會議，并未正式發表召集的宣言和怎樣召集的條例，又未提醒段執政召集，我們認此已爲中山先生之失策。直到段祺瑞公然以臨時執政的名義承認各帝國主義之不平等條約，公然以臨時執政之名義擅行宣布召集善後會議之條例，這是向我國民下哀的美敦書，亦卽是向中山先生下哀的美敦書，我們以爲代表國民革命的領袖中山必然出來抗議，可是中山先生終未正式發表一言！然而我們還以爲中山先生尙未進京，也許進京後一齊發表。可是現在中山先生抵京又十日了，依舊是噤若寒蟬！我們忍不住要問了，不知道中山先生的態度究竟如何？據中山先生的宣言，明明白白是主張取消一切不平等條約，而段祺瑞現在却公然擅自向帝國主義承認此種條約之繼續有效；中山先生明明白白主張召集人民團體的國民會議預備會，而段祺瑞現在却公然擅自召集其軍閥的善後會議，像這樣是不是段祺瑞向民衆與中山先生下哀的美敦書？此而可忍，孰不可忍！現在民衆對於段祺瑞此種哀的美敦書，已經有好些有了答復，就是有好些團體已正式宣言反對段祺瑞之承認不平等條約和其所召集之善後會議了，可是代表民衆的領袖中山先生對於如此重大的事件，至今還是一言不發，我們不知道中山先生此次北上究爲什麽？　他爲什麽發表那樣的宣言，中山先生此種曖昧的態度，殊足以引起民衆之懷疑。

據本報北京通信員羅敬同志的通信：『近來中山左右在同志間宣傳兩大原則：(一)絕對不妥協，(二)又不決裂』。　這個我們不能了解，如果像羅敬同志所解釋：『與段不妥協，亦不與段做露骨的反對，將來結果只有悄悄地使中山離開京津或假一個什麽好名義作海外游客』那就糟了。　這就是說中山先生發表堂堂皇皇之宣言，結果只是一走，如此將來羣衆還能信仰中山先生擁戴中山先生嗎？

總之中山先生自到津京以來所取之態度是很曖昧的，是有失羣衆的信仰的，是有礙於國民革命之進行的，我們無須多多批評。　但我們十二分誠懇地希望中山先生成功其在中國所負之國民革命的歷史使命，因此我們希望中山先生不要失去民衆的信仰，希望中山先生趕快表明其態度。　據我個人的意思，中山先生此時應根據其前所發表之宣言嚴重地向段祺瑞提出，而極力主張召集預備會。　中山先生應該抱定站在民衆的利益上而下與帝國主義和軍閥奮鬥之決心，由這個奮鬥中更進一層地宣佈帝國主義和軍閥之罪惡，取得被壓迫的民衆之眞實的信仰和擁戴，那時最後的勝利總是中山先生的，不然最後的失敗也將根基於此。

# 帝國主義與反基督教運動

魏琴

近來反基督教運動的潮流益漫溢全國，許多教會學校學生罷課的風潮連續不斷。　我們視此種運動應爲反帝國主義運動形式中之一種。　倘若我們尋不出別的證據，證明長沙雅禮大學之罷課，廣州，蘇州，甯波，漢口，……各地教會學校學生反抗教員之運動，是普通反帝國主義運動的表現，則我們只要讀一讀帝國主義者在中國的報紙之如何咒罵這些反抗的學生，如何非難反基督教運動，我們就知道而且了解反基督教運動的內容了。

在事實上，這種反基督教運動的確值得帝國主義報紙的驚異，的確值得我們過細地想一想，看看牠與民衆利益是什麽關係。　帝國主義者以爲這種運動不過發生在幾個煽動家的手裏，——這眞是笑話！

這不過表示帝國主義者的愚蠢而已！

帝國主義者的報紙否認教會學校與在經濟上和政治上壓迫中國人民的帝國主義有關係。　爲着證明自己言語之有理，他們說：許多教會大學的教授是很崇信平等，博愛，自由的人們，他們不但沒有什麽好壓迫人的性情，而且以拯救人類出於各種壓迫的現象爲己任。

哈哈！　我們不知道英美帝國主義的政府，爲着要拯救中國人民，而遣派到中國來的這些好教授到底有多少！　謝謝你們！　大約每一個讀者與一切會思想的國民們都明白教會學校與其本國政府的關係。

一切教會的機關和在這種機關坐着的人們，都是帝國主義者的工具，他們的目的不過是污壞中國民衆的精神，愚弄中國民衆的思想，好達到或擴充自己剝削的願望。　不問這些傳教的先生們是忠心或不忠心，誠實或不誠實，其所做的勾當是一樣的。　並且他們越誠實，越忠心，對於我們越危險，因爲他們更能毒壞中國青年的腦筋，更能把中國青年造成帝國主義者的馴狗。

帝國主義者應當知道，我們國家中密布着教會所設立的學校，而不爲我們政府所統轄，的確是帝國主義最明顯的表現。　現在差不多都曉得學校與法庭，軍隊與監獄，是階級的國家政權之工具。　至於帝國主義者在殖民地或半殖民地所設立的教會學校，更顯然是帝國主義者壓迫殖民地民衆的工具了。

我們須知道，爲什麽帝國主義的報紙這樣地爲教會學校辯護！

我們由此更明白了，爲什麼舒爾曼博士在由美返華後之演說詞中提出中美親善的條件：一、在中國自由貿易；二、自由宣傳基督教。帝國主義者的報紙——字林西報、大陸報——對這兩種條件表示熱烈的贊同。這到底是什麼一回事？自由在華貿易——這是說不平等的，使中國民衆成爲歐美資產階級之剝削的對象的條約應當保存；自由傳教——這是說在現在的狀况應當繼續下去，中國人民應永遠受思想上的愚弄。

恰恰我們國家中反帝國主義運動一起，反基督教運動即隨之而與，這是很自然的現象，沒有什麼可以奇怪的。或者在反帝國主義運動的過程中，各地教會學校學生反對學校或教師，還帶着一種自然的，而非有覺悟的性質；但是這不過是一時的，將來反基督教運動一定日盛一日，而要公然地變成反帝國主義的奮鬥。雅禮大學的學生要求該大學要在中國政府立案，聖經改爲自由的功課，……的確表示出他們半覺悟的趨向。但是國民會議促成會要求完全收回教育權，推翻教會學校之奴隸式的教育，這的確很顯然表示出反基督教運動與反帝國主義運動已經混合了。

我們對於這種要求，極力加以援助，並將指導反基督教運動向積極反帝國主義的道上走。我們很知道反基督教運動是什麼一回事，牠不是由幾個煽動家手中創造出來，像帝國主義者所說的，而是中國勞苦羣衆與國際帝國主義者衝突的表現。

# 北方最近之政情（一月二日北京通信）

羅敬

目下國民軍中之胡景翼既已取得河南並將拚命攻鄂，馮玉祥則盡量擴充勢力到察綏，孫岳則逗留保定，擬與李景林爭直隸地盤。國民軍形勢之發展大有貫通京綏京漢二路之勢。奉軍忽言南下，忽又言中止，其實奉張斷不肯放棄江浙，即不肯放棄武力統一主張，故奉軍終南下的。但孫岳亦佔着保定，馮玉祥部尚有一師兩旅佔住京畿，故一時不敢南下，恐國民軍躡其後耳。且國民軍極力與三特別區之王懷慶米振標等聯絡，故關外之兵又不敢率爾入關，奉張處此形勢，頗覺爲難，然彼之野心仍不死，故第二次軍閥戰爭之導火綫，即爲直隸問題及三特別區問題，演角即爲國民軍與奉軍，其時期將甚近，比之由前次奉直之爭至此次政變，其時期或將較短。

至於段祺瑞則仍係利用諸方冲突而自己操縱於其間。故他近日的政策是：(一)利用鄂蕭制胡不准胡攻鄂；(二)暗中唆使蘇人反對奉軍南下；(三)對贛利用方本仁以抵制北伐軍，向中山示啟；(四)堅持善後會議，抵制預備會議。

國民黨諸右派個人奮鬥之政策已全歸失敗，故各人之熱度直由百度沸點以上忽降至冰點以下，其一種懊喪之狀，殊覺可憐，即諸位自己亦覺難過。目下張繼孫科等業已南下矣。

近聞中山左右在同志間宣布兩大原則即：(1)絕對不妥協(2)又不決裂。但目下善後會議與預備會議的爭執問題，已擺在目前，在事實上已無妥協之可能。若謂『又不決裂』則又何說。照我們解說：不妥協就要決裂，不決裂就是妥協，二者間不容髮？這種矛盾的原則如演之於實際，便是『不與段妥協亦不與段作露骨的反對，將來結果只有悄悄地使中山離開京津或假一個什麼好的名義，作海外遊客』果眞如此，那便眞是很大的錯誤，并是很大的損失。中山到京最大的意義，就是向帝國主義和軍閥奮鬥，奮鬥而失敗，就可向人民宣佈軍閥的罪狀而聲討之。故今日中山若不如此幹，國民黨政治的生命，恐怕會受十分的搖動和危險！

# 我們對於造謠中傷者之答辯

獨秀

大家意見不同，甚至於利害不同，據理爭辯或據事攻擊都是可以的，造謠中傷是不可以的。 但是世界上往往有一種人爲了一種政治的作用或自覺的不自覺的由於階級的利害關係，急於要攻擊他們的敵人，而一時又尋不着敵人錯處，於是遂不得不出於造謠中傷之一法。

現在有一班人對於我們大肆其造謠中傷的手段，也是出於上述的心理。 攻擊我們底人們，若能指出我們實在的錯誤，我們是應該感謝的；或者是指出疑似的錯誤，我們也應以『有則改之無則加勉』的精神答復他們。 可是他們現在所攻擊我們的純粹是造謠中傷，而且出乎情理之外的造謠中傷，令我們不得不對於他們造謠中傷之原因與心理加以解釋。

他們的謠言有重要兩點：

(一)說我們得了俄羅斯的巨款。 這個謠言遠在二三年前，造謠言的人，本是旅滬湖南勞工會分子王光輝諶小岑輩和幾個所謂無政府派，王諶二君雖然不承認曾造此謠言，而無政府派的宋仙却有一封致鄭州工人的信可以作證。 我前年在上海被法捕房逮捕時，華探楊某曾於年前向我的朋友董白二君示意要敲竹桿，就是因爲聽了他們的謠言，窮人無錢被敲，我當時只得挺身就補。 同時，他們并在四民日報(復辟黨和無政府黨合辦的報)上，大造其謠言，說我假藉工人名義向俄羅斯騙錢。 最近又有國民黨右派分子馬素，在上海南方大學演說，也公然攻擊我們，大意是說我們爲了俄國的金錢才相信主義。 我們現在的答辯是：第一，我們是第三國際的支部，向來未和蘇俄發生直接關係；第二，第三國際本部自己的用費全靠五六十國的支部供給，斷不能夠有巨款津貼到很小的中國支部；第三，無論是蘇俄或是第三國際，主持的人不但不是瞎子聾子癡子，其綜覈名實，并非糊塗的官僚之類，而且常有代表在中國，中國黨人決沒有事前借名騙錢，事後脫卸責任的可能；第四，我們在國內國外所代募的京漢工人撫卹款均交由救濟委員會支配，比由該會付原捐款人以收條，所有收支詳數，該會不久必有一個負責的報告；第五，我們若不是爲自己的信仰所驅使，若是爲金錢所驅使，在中國現在的社會，可以弄錢的道路很多，并不須十分不要臉的去騙，舍此不圖，而却要假借全世界資本主義社會所壓迫所厭惡的主義去騙素稱紀律嚴肅的第三國際或蘇俄的錢，未免南轅北轍了；第六，或謂蘇俄爲外交上的鼓吹收買我們，大家須知道蘇俄若取以金錢幫助外交的政策，只需賄買外交當局之大的新聞已足，收買我們無權無位的黨人有何用處，并且蘇俄對華外交，是遵守列甯『對被壓迫的民族只與不取』的政策，他們拿種種權利與特權抉一個空洞的承認，實用不着我們爲了幫助鼓吹，至於我們主張蒙古民族獨立自治，乃是對於弱小民族的同情，不是爲了俄國，西藏青海等處的小民族若有獨立自治的要求，我們也一樣與以同情。

(二)說我們勾結吳佩孚陷害工人。 從前章炳麟說黃花崗之役，是黃興勾結張鳴岐，受了數十萬賄金，送革命黨人至廣東，以便一網打盡。 天下事無獨有偶，現在又有人自由造謠說曹吳慘殺京漢工人，在漢口逮捕工人，都是中國共產黨陷害的。 我們的答辯是：第一，試問我們爲什麼要陷害工人？ 第二，京漢慘殺案中我們的施洋同志也在其內，漢口被捕人中我們的劉芬許白豪同志也在其內，而且株連到北京同志張國燾數人豈有我們自己陷害自己之理？ 第三，我們反對吳佩孚，遠在直奉戰爭後，到了京漢工人「二七」慘劇及漢口黨案發生，我們攻擊曹錕吳佩孚，比中國任何人都厲害，別的不說，單在本報上就可以隨便尋出這類材料，試問有沒有這樣勾結吳佩孚的可能？　第四，現在保定獄中的京漢工人都出來了，請問當日罷工情形，是由於工人因開會受壓迫而動了公憤，或是由於我們煽動陷害？　若說我們幫助工人組織工會和援助罷工的工人是陷害工人，我們便沒有答辯的必要了。

這兩個謠言若是眞的，我們便應該槍斃，豈但是區區名譽問題！因爲他們所造謠言這種不近情理，我們向來以爲沒有和他們辯論的必要；可是現在有些國民黨右派分子及上海一兩家反動派的日報，利用這些出乎情理之外的謠言，來做帝國主義者在華報紙攻擊我們底應聲蟲，因此我們不得不答辯一下。

各資本帝國主義者，無論歐洲美洲或在亞洲，本來都是利用許多工具，造出許多謠言，中傷他們的敵人——共產主義者。　他們在中國的政策當然也是這樣；不過在中國，他們不但要造謠中傷共產主義者，並且還要造謠攻擊國民主義者，因爲國民主義者在中國有了勢力，也是他們的不利，國內一班反動分子，遂於有意或無意中做了他們的工具。　造謠中傷我們底人們，卽或自己不肯承認是有意做帝國主義者之工具，然而在事實上，他們已經無意的做了帝國主義者之工具了，因爲他們造謠攻擊我們，帝國主義者是要舉起雙手贊成的。

並且造謠中傷我們的人們，還有有幾種特別心理：(一)他們以爲攻擊共產黨，必能博得帝國主義者，軍閥及資本家各方面的同情，於他們在社會上活動大有利益；至少也可以免得被激嫌疑過着壓迫，他們在天津歡迎孫中山時散傳單攻擊我們，雖然一時疑被外國巡捕誤會捉去，隨卽訊明他們是反對共產黨的人而釋放了；這便是一個證明。　(二)他們以爲騙錢在中國社會是最足以動人猜疑的事，陷害工人是工人階級所痛恨的事，這兩種謠言一傳布，我們在工人中在一般民衆中便不能活動了。　(三)他們以爲我們伏在各種黑暗勢力壓迫之下，任他們如何自由造謠中傷我們，我們也不能夠像他們時常公開的拿延請大律師向資本帝國主義的法庭控告來反唇攻擊他們底人。

至於他們所以要造謠中傷我們之各別原因，我們也要指明出來。馬素這等人，全身都裝滿了大美國的空氣，一回到中國來，眼見孫中山及國民黨居然冒了赤化嫌疑反對帝國主義，主張廢止不平等條約，他自然要氣得發昏，自然要藉着中傷我們的謠言來罵着出出怨氣。反革命的無政府派，他們無論在歐美或中國，都是幫着帝國主義者軍閥官僚等反對共產主義者，造謠中傷共產主義者卽是公開的向黑暗勢力告密，張德惠造謠攻擊我們，是因爲他侵吞京漢工人撫卹費數百元受我們責問之反響。　郭寄生王光輝是要歡迎官僚的國際勞工局代表亨利老爺的，他們造謠中傷我們，更是他們的義務。

最近看見郭生王光輝在上海報上登給我們的啓事，沒有資本家給我們錢登告白打官司，現在我們只好順便這裏答復幾句：他們啓事中所指何事，我們不大明白，實在無從答復；惟他們勸我們洗心，我們以爲我們若自問沒有和殺害黃龐的趙恆惕賓步程安協及爲南洋煙草公司利用這等對不起工人階級的事實，便心安理得，另外用不着洗心！

# 中山北上後之廣東（上）（一九二四，一二，三一．廣州通信）

伍豪

▲右派的見獵心喜　▲胡漢民統治下的市選　▲各派軍閥的分道揚鑣

中山北上前後的廣東，顯然表現出一些不同的現象。　在中山北上前，一般國民黨右派以及廣東各大軍閥羣聚於廣東，爭權奪利，佔據東江的陳炯明並更內結反革命的商團，外託英國帝國主義陰謀襲取廣州推翻中山政府。　這樣的政象，差不多自國民黨改組大會後直至解散商團事件止，永遠一貫地表現於廣東的政治競爭之場。　及北京政變起，霹靂一聲震醒了這一羣人在廣東作政治競爭的好夢，引起他們轉變眼光到全國的爭權奪利之場。　所以當着政變初起，馮玉祥等聯名電請中山北上時，在中山尤其是沉機觀變的中派諸領袖倘徘徊於北上的利害之間未能自決，而右派諸鉅子便已迫不及待，紛紛以中山北上必能爲他們造升官發財機會的私意慫慂中山北上；尤其表現得露骨的則是蟄伏在滬上的民黨右派，自己直接或間接地向奉張京馮津段各送其秋波，例如某君在北京政變以前浙盧小徐相繼離滬的期中，眼見反直系之無望，他將無所用於國民黨，於是遂以『恥與共產黨人爲伍』的藉口請中山開除他的黨籍。　中山得報批交中央執行委員會開除他的黨籍並宣布他的罪狀。　但中央諸人自然不會作這樣的斷然處置。　這件事方將壓下緩辦，恰巧北京政變起，某君喜從天降，認爲是乃千載一時之機，而國民黨的名義更可動北方各派武人的注意，於是一方他的黨友爲他電廣東中央取消他的退黨呈文，一方他便先中山而歘然北上了。　同他這樣情形的，自然在北方參與過賄選的舊國民黨議員也便自認恢復了國民黨黨籍，在上海在廣與有省長總長督理資格的右派分子自更躍躍欲試欣欣然以國民黨這塊招牌可招搖過市了。

但是他們這般熱望，禁不住張馮衝突的不利打擊，段祺瑞與以排斥的冷水澆頭，尤其是中山不許黨員北上獵官的訓令當然使他們感到不少『坐冷板櫈』的滋味。　然而這些失望的朕兆，在右派分子終不肯承認是他們北上獵官的死兆，故孫科李烈鈞雖相偕回粵希圖另闢途徑，張繼雖因段祺瑞的冷落而氣憤憤地回滬，但其餘的恐怕還是『不到黃河心不死』呢！

一些右派分子紛紛北上獵官了，剩下的右派在廣東作如何舉動呢？　他們乘着中山北上無人監督的機會，舉起攘奪廣東的權利地位，其中最活躍的自要算代行大元帥職權，留守廣東的代帥兼省長的胡漢民。　最值得注意的問題便是民選市長。　原來民選市長一事自中山扣留商團軍械發表反對帝國主義宣言以後即決意將市政還諸市民管理，許市長出自民選，並將孫科撤換以示決心。　在中山本意，認定市民對於政府之不了解全因隔閡所致，果使市民得有參與市政管理的機會，至少能使他們明瞭廣東政府的困難地位與各軍閥的跋扈情形，遠離軍閥的勾結利用，逐漸同情於中山政府的施設而斷然拋棄一部分市民妄想引進陳炯明及英國帝國主義建立商人政府的錯誤觀念。　這樣的好意，右派分子是不能了解的，並且不願照着進行的；因此，大本營法制委員會古應芬起草了一個極壞的市長選舉條例：市長選舉行複選制，並包含有官民合辦的古怪辦法；附郊受市政廳管轄的二十多萬農民竟無選舉權；强分市選爲士工商三界，許多市民被擯諸選舉條例之外。　條例訂得這樣壞，但是胡漢民還依然壓着不執行。　直至中山臨離廣東時，漢民被催不過，一方也正因爲這是予他以操縱市選爲所欲爲的好機會，於是乃以迅雷不及掩耳的辦法於中山動身前五日——十一月九日宣布實行市選，並通告十一月十七日即爲造選舉人名冊截止的時期。　如此短促而又夾以歡送中山北上事件容易引人視線他移的時期，不但市民對市選條例的反對將措手不及，便是選舉人名的調查亦趕辦不及。　胡漢民設此圈套，正爲他的老弟——胡毅生運動市長預留地步，同時自亦醋起了右派鉅子伍朝樞謝英伯，林雲陔等一干人，欲在這最短促期間獲得市長被選人的資格，明爭暗鬥　撕作一團，活現出一些同隸在國民黨旗幟下的右派黨員互爭市長的怪現狀。　爭市長的既有人了，自然市民請修改市選條例，延長造冊日期的呈文，愈值不得胡代帥之一顧了，因爲他原本無意於市長眞正出之民選的。 儘管工人呈請修條例延選期，儘管農民極力爭市選權，儘管教育界有伍朝樞賄買民權社的黑幕揭破，儘管商人對於市選萬分冷落，但胡漢民依然壹意孤行，十七日截止名冊造送，接着便舉行投票選舉。 在投票前，左派組織的廣東民族解放協會曾發表一篇對於廣州市選宣言，原文如下：

「在國民黨政府統治之下，革命的民衆原應得着自治權的；在依着國民黨改組宣言實行民選市長的原則之下，廣州的革命市民應無差別的獲得普通的直接選舉權。 可是事實上給我們的證明，却不是這樣。 政府公佈的市選條例中，只有士工商三種團體的人有選舉權，而擁護革命最力受市政廳管轄的市郊農民竟被列爲「化外之民」。 市長的選舉法非直接選舉且有指派的作用參雜其中。 選舉的投票所士界定在廣東省教育會，工界定在廣東總工會，一方既與此兩個省的機關有操縱市選之可能，一方也使廣州市教育會廣州市工人代表會完全失其作用。 上述三項是市選條例完全失掉革命政府下的普通選舉意義。

及在現時市選籌備期中，政府指派的市選事務委員會所造的選舉人名冊，更多殘缺不完：工界得四萬餘人，士界得一萬餘人，商界二千餘人，我們固承認市民對於市選之不踴躍，一部分因子是其政治觀念薄弱之表現，但我們同時更承認：大元帥實行民選市長的命令頒佈好久，省政府延不執行，直至最近忽又以「迅雷不及掩耳」的手段造名冊行市選，使政治觀念薄弱的市民倉促不知所從；還不能不說是失掉革命政府下的政治訓練意義。

在市民方面：市郊農民協會因呈請修改市選舉條例被駁致有今日請願運動，要求實現革命政府下的普通市選。 工界市選既完全爲失掉工人信任只包有少數工會的廣東總工會所把持，於是廣州市工人代表會一面登報否認廣東總工會有此資格，一面標明工人市長的四項資格，促醒工人的最大覺悟。 士界這個名詞已屬萬分不妥了，不料此萬分不妥之士界中更鬧出極少數學生組織的民權社(右派組織的)包辦士界市選的怪劇，假借名義召集士界市選籌備會；沿街散放替人捧場之肉麻傳單，坐汽車放鞭炮摹仿軍閥擾亂街市的可厭的行爲；集少數人開會，强各學校一致選舉伍朝樞爲市長；國民黨機關報——廣州民國日報從此中已含有金錢運動作用；種種舉動，眞十足表現廣州士界之「士氣」！ 商民因爲商團事件受了買辦階級軍閥帝國主義者一個大大的欺騙後對於此次市選竟變成一種消極的反動。 在你們以爲可以離開政治生活了，其實政治還日日來過問你們——軍閥的苛捐是不是政治上的產物？ 是不是由市民自治和自衞——工農商聯合的自衞，才能剷除？ 還有所謂公開運動的我們既已領略了民權社包藏伍朝樞的用意，同時我們更知道謝英伯也正在於運動廣東互助社之外，還要侵入士界的遠東學院，兩位先生或明或暗的競爭，却又都是應受同一紀律的國民黨員。

這樣的市選，其結果可想而知，我們不願責國民黨政府以過分的難題，但國民革命中最小的限度，我們認爲有實現之必要和可能：

市選要加入農民！ 反對包辦！ 市民要直接選舉！ 反對收買！ 主張自由投票！」

及市選初選結果，胡毅生的票額果然超過伍朝樞林雲陔王棠之上，但黑幕中的爭鬥却頗可觀。 當選舉日期公佈後，在社會上鬧得最熱鬧的要算伍朝樞與謝英伯的所謂公開選舉運動。 其後林雲陔亦作後起的競爭者。 最寂然無聲的要算胡毅生，殊不知他暗中實已勾結了幾個工會首領爲他僱人捧場，同時並更指揮選舉事務委員會故意挑劉爲謝英伯及伍朝樞捧場的互助社和總工會的名冊。而右派鄒魯在廣東大學方面又實暗助胡毅生牽制伍朝樞的票額增多。故當投票時，不及造送名冊的各工會聯合組織監察團在工人投票處發現了許多受賄舞弊的事件——總工會職員更將受買工人拘至總工會拷問其被胡毅生收買的實況。實際上有票可投的工界士界在當日竟不及一萬，商界祇有五百多人投票這便是投票之總數。工界的訴訟接着初選開票後便提向司法機關告選舉事務委員舞弊，風聲傳至天津中山也聽着氣惱，於是電命廖仲愷等查辦。胡漢民先本因廖仲愷助農民爭選舉權而深怨其不爲己助，有廖做了農民部長便爲農民爭選舉權的說話。及中山電廖遠胡，胡更不快意，不過在表面上胡又不得不因市選訴訟事將市長複選暫行停頓以敷衍中山一下。現在訴訟事己依着官官相護的慣例，尤其是依着胡的意旨，將工會告發人判輸了，胡毅生正可準備登複選之台，祇是事緣不巧，頂門的對頭孫科將回粵來了、不管照着傳說他是來搶省長還是回市長任，他終是胡氏兄弟的寃家。我們不久必可看到右派在廣東搶官的第二幕活劇，然而與中山市政還諸市民的主張却愈趨愈遠了。這便是所謂忠於中山的右派行徑！

離開右派競爭的事實，廣東更有各軍閥的暗爭。我們說北京政變給全國各軍閥一個爭利的絕好機會，同時任何一派軍閥也不會有統一全國武力的能力，同樣的機會自然也不會見外於廣東。本來在廣東的軍閥，除去東江陳炯明南路鄧本殷屬於敵軍方面者外，亦依然是各樹一幟積不相能。這次政變一起，中山繼着北上，久困在廣東的各軍閥，都看透了久留廣東無益，機會不可復得，羣思向外謀更大的發展。於是譚延闓樊鍾秀等極力攻贛，程潛努力謀湘，劉震寰藉着中山任他爲廣西省長的機會想立卽回桂，范石生廖行超更作更大的雄圖希冀與劉震寰合作長驅回滇。平日表面上都是自命爲國民黨員的龍虎將軍，現在乘着中山北上羣龍無首的時期都十足地表現出他們與國民黨尤其是與廣東國民黨政府無關了。然而這樣一來，却着實急壞了胡代帥，客軍走了是小事，東江陳軍反攻，粵軍假使抵擋不住省長位置丟了是大事。因此，帥府司令部的幾次會議，廣西黃紹雄李宗仁對劉震寰的敵意，唐繼堯的拒絕表示，西江歸路粵軍的嚴密防守，都足使滇桂兩方軍閥有一時行不得也之歎。並且攻江西的軍隊除掉樊鐘秀帶領他的豫軍直趨回豫外，大都因方本仁與林虎之圖夾攻，己逐節由吉安贛州改進爲退改攻爲守。目下這樣一個情勢，陳炯明與林虎在另一方己商定各向其目的地——廣州與江西進發，廣東政府下的各武人或又有一時聯合攻陳的比較可能。但破裂的朕兆却時時藏在這聯合的行動裏。

上述各節，完全是中山行後的各幕寫真。我們於此要問問有革命傾向的中派和國民革命領袖的中山先生：你們究看看這些右派分子是在爲國民黨工作啊，還是爲了他們自己？

## 更正

同志鄧中夏致函本報，指出第九十七期本報「請看工賊袁正道，張德惠等迎合帝國主義和軍閥之自供」一文中，牽涉到工友洪永福君爲與事實不符，並且告訴我們說，洪君是長辛店一位很能奮鬥的工友，「二七」之役被捕入保定獄，最近纔釋放出來。查本報上文誤涉洪君名字乃是據北京順天時報所載的消息之疎忽，茲據中夏同志來函才知順天時報此項新聞乃爲袁正道等之所作而故意加入洪君之名以自重。茲特更正，并向洪君表示歉忱！

The Guide Weekly

# 嚮導週報

第九十九期

（中華郵務管理局特准掛號認爲新聞紙類）
一九二五年一月二十一日
[illegible]

分售處
[illegible]

分售處
[illegible]

——零售每份銅元四枚——
訂閱：國內一元寄足六十期・國外一元寄足三十五期・郵費在內
代派：每份大洋二分・十份至三百份五折・三百份以外四折・寄費在內・十期清算一次
每星期三出版 發行通信處 杭州馬坡巷□□學校安存眞轉王致和 北京大學第一院收發課轉□子駒



## 列甯逝世一週紀念特刊

## 中國共產黨第四次大會對於列寧逝世一週紀念宣言

去年——一九二四年——的今日，是我們全世界工農階級和一切被壓迫民族永不能忘記的一日，因爲這是我們全世界工農階級和一切被壓迫民族的首領，教師，同志，列甯離開我們而去世的一日。

自馬克思以後，全世界沒有一個人比我們的首領列甯還更偉大，列甯不但把解放全世界工農階級和被壓迫民衆的理論，革命的馬克思主義，從機會主義的第二國際壟斷下挽救出來，他并且已經應用到實際上去。 他手創了一個領導俄羅斯工農階級能夠取得最後勝利的政黨——俄國共產黨，他把俄羅斯的沙爾，貴族，資產階級，地主，神父…………等一般壓迫工農階級的魔王根本撲滅了，他把大俄羅斯民族壓迫其他弱小民族的鎖鍊完全打斷了，他并且爲工農階級和一切被壓迫民族創造了一個勞農社會主義蘇維埃聯邦。 不但如此，他并且替全世界的工農階級創設了一個共產國際，把全世界工農階級的先進分子都聯合在這一個國際之下，進行指導解放全世界工農階級和一切被壓迫民族的工作。

現在全世界都在資本帝國主義的統治之下，全世界的工農階級和被壓迫民族完全成了世界資本帝國主義的奴隸，全世界的工農階級和被壓迫民族要想脫離此種奴隸地位，只有聯合起來根本消滅世界資本帝國主義，列甯主義就是資本帝國主義專橫時代的馬克思主義，是消滅帝國主義的唯一武器。

中國的工農羣衆和一切被壓迫民衆所受國際帝國主義和其工具軍閥之剝削與壓迫，比任何地方更要厲害。 最近英美日……等帝國主義的進攻和備戰及其工具軍閥的私鬥日趨險惡，在此種趨勢之下，中國的工農階級和被壓迫民衆有立即變成第二次世界帝國主義大戰的犧牲品之危險。 我們要根本避免此種危險，我們只有站在列甯主義的旗幟之下，實行列甯主義，與全世界的工農階級聯合起來去消滅世界資本帝國主義中國的工人們，農人們和一切被壓迫民衆！ 你們要想脫離你們的重重壓迫與奴隸地位，只有起來努力了解列甯主義，實行列甯主義，因爲只有列甯主義才是我們自己解放自己的唯一武器才是消滅帝國主義和一切壓迫階級的唯一武器。 我們在列甯逝世一週紀念日子裏，應該高呼着：

打倒世界資本帝國主義和一切壓迫階級！

全世界的工農階級和被壓迫民族解放萬歲！

列甯主義最後的勝利萬歲！

一九二五年一月二十一日

獨秀

# 列甯與中國

## 列甯逝世週年紀念日告中國民衆

有許多中國人及其他各國許多人，尤其是在十月革命後的二三年間，以爲這個布爾什維克首領列甯，不知是什麼一個極惡窮兇的怪物。 其實這完全一幻想。 列甯的外表，像一個很樸素的教授，又像一個很活潑的工人；他的內心貯滿了對於全世界被壓迫者的同情熱淚，他不但同情於被壓迫的工人農民階級，指導全世界的階級爭鬥，他并且同情於被壓迫的弱小民族，指導全世界的民族爭鬥。 釋迦佛說：要普度此世界衆生於他世界；列甯說：要爲此世界人類中被壓迫者脫離被壓迫地位於此世界而奮鬥。 我們若要指證釋迦佛所說他世界在何處及超度了多少衆生到那里，便未免太滑稽了；而由列甯奮鬥所解放之被壓迫的工人農民階級和被壓迫的弱小民族，已經分明在此世界中令我們看見了，如十月革命後的蘇俄工人農民之解放及蘇聯境內小民族之解放與夫近在遠東民族革命運動之勃興。

歐洲人對於遠在亞洲東方的中國，或視爲不可知的祕密國，或視爲一大羣未開化民族所聚居的地方，一任其傳教師外交官遠征的軍隊與商人明欺暗算，而漠然無動於衷。 獨有同情於全世界被壓迫者的列甯，他對於遠在數萬里外的中國近代重大事變及在這些事變中所受歐洲各國的欺陵，無不注意到，無不嚴峻的批評到，他并不寬恕他本國(俄羅斯)政府欺陵中國人之罪惡。

自從義和團事件起，列甯即表示深厚的同情於中國人，攻擊他本國政府非常嚴厲，當時他曾在火星報上說：「俄羅斯與中國戰爭(即指義和團戰爭)已告結束，爲這次戰爭調動了許多軍隊……對於那班暴動的中國人，尤其是對於那些沒有武裝的中國人，加以剿滅，彈壓，無量數的婦女兒童，都被慘殺，其苦何堪！ 至若農村居民商店之被蹂躪搶刼的狀況，更是不用說了。………今日歐洲資本家貪慾的利爪又伸入中國了，且現在力求滿足私慾的俄羅斯亦轉入這個漩渦之中，并已割據中國的旅順口，由俄兵保護，在滿洲公然建築鐵路；同時歐洲各國政府，相繼而起，大家都熱心來做搶刼中國的事，衝勵了他們「瓜分中國」的觀念，由是將中國的土地，或占據或租借，事實上就等於歐洲各國政府(俄羅斯居其首位)已開始瓜分中國；可是他們瓜分中國不是用一種公開的形式，而是和暗中偷竊人家墳墓中的死人一樣。 假若被偷的死人稍有反抗的表示，他們就如猛獸一般，燒毀其村莊，驅逐於海洋，或將赤手空拳的居民和其妻子，槍殺刀殺，毫不加以姑息………如現在報紙(指俄國報紙)又鼓吹興兵反對中國，加上中國人是「野蠻黃種」「仇視文明」的罪名。………那班無恥的新聞記者，屈服於政府及金錢目的之前，故意無中生有，造謠惑衆，鼓勵民衆輕視中國。」

列甯對於中國的辛亥革命，也表示誠懇同情，當時他曾在眞理報上說：「四萬萬落後的亞洲人得到自由了，對於政治生活已經有覺悟了。 可以說，地球上全人口四分之一已經由沈睡轉到光明、活動、奮鬥的路上了。此事對於文明的歐洲是不發生關係的，甚至法國至今還未正式承認中華民國。歐洲這種冷淡的態度，用甚麼可以去解釋呢？原來在西方各處都受帝國主義的資產階級之統治，這資產階級四分之三已經腐朽，對於任何一個野心家，只要爭得反對工人之嚴厲方法及一個盧布有五個戈壁的利息，都願把自已所有的文化賣去。

這個資產階級把中國只不過看成一塊肥肉，這肥肉自從被俄國親熱的擁抱一下之後，現在也許要被日本，英國，法國等撕碎了罷！」

列甯對於列強扶助袁世凱造成中國的反動政局，也曾在眞理報上攻擊過：「歐洲資產階級居然擁護亞洲的黑暗勢力。…………掠奪中國，幫助德謨克拉西之仇人，中國自由之仇人。…………中國的新外債(是指袁世凱的善後大借款)是反抗中國德謨克拉西的，因爲歐洲幫助袁世凱，他原來是預備實行軍事專政的一個人。歐洲爲甚麼幫助他？就是因爲可以分點利潤。中國借了二萬五千萬盧布的債…………假使中國人民不承認這筆債呢？那時先進的歐洲就要大聲疾呼甚麼「文明」「秩序」及「祖國」了！那時就要裝着大砲，與野心家黑暗勢力的好友袁世凱聯合去壓迫這「落後亞洲」的共和國了！」

在列甯這些說話中，可以看出他是一個何等人物，可以看出他對於中國及中國民衆之同情是何等誠摯；同時，也可以看出中國本國的反動軍閥勾結外國帝國主義的資產階級，壓迫中國民衆破壞中國德謨克拉西運動是何等嚴酷；同時，又應該看出中國民衆之好友，只有反對帝國主義的資產階級之無產階級，那些帝國主義的資產階級都是中國反動軍閥之好友，也就是中國民衆之敵人。

現在全世界人類對壘的形式是：

(甲)壓迫者——各國帝國主義的資產階級及反動的軍閥

(乙)被壓迫者——各壓迫國之無產階級及各被壓迫國之民衆

被壓迫的中國民衆呵！我們若眞要紀念列甯，永遠紀念列甯，只有接受列甯遺訓——聯合全世界被壓迫者，向全世界壓迫者作戰，爲脫離被壓迫的地位而戰！

# 殖民地被壓迫人民所應紀念的列甯

碩夫

人人都知道列甯是「十月革命」的總指揮，假使沒有列甯，恐怕就沒有一九一七年的「十月革命」。但是「十月革命」的重大意義究竟在那裏呢？有人還以有「十月革命」不過是俄國人民的一個革命，或以爲這個革命至多不過對於資本主義國家中的無產階級革命運動是有很大的影響，對於殖民地被壓迫的人民沒有怎樣的意義，這是大錯的。

列甯是個世界革命的理論家與實行家，他一方面指示資本主義國中工人階級的道路與方法，使他們脫除改良主義的羈絆，知道只有無產階級專政是他們唯一解放的方法；另一面又指示東方殖民地或半殖民的弱小民族，只有團結起來環繞在蘇維埃政權的周圍，向國際帝國主義進攻才是出路。「十月革命」只是要實現這兩方面的出發點。

他的革命的眼光是時時注射到地球的全面積，任一方面都不肯放鬆的。他首先將全世界的人類劃分兩部份，他在一九二〇年第三國際第二次大會中說：「帝國主義本質上就是在瓜分全世界，使世界上一方面爲一大批被壓迫的民族，另一方面爲很少數的，但極富強的壓迫的民族，全地球上約十二萬五千萬的大多人口都歸爲被壓迫的民族：殖民地，半殖民地(如波斯，土耳其，中國等)及其他在經濟上政治上旅都被幾大資本主義列強壓迫的小國。若全世界的人口爲十七萬五千萬，則被壓迫的民族實佔全界人口百分之七十」。這種壓迫民與被壓迫民族之區分是有大的意義的，因爲他一方面指示每個世界革命者應該注意到先進國的工人階級與經濟落後國的被壓迫民衆之反帝國主義的聯合戰線；另一方面又指示殖民地或半殖民地被壓的人民所應依附的營壘。

他在第三國際第三次大會中（一九二一年）又特別指示出殖民地的民族解放運動日見重要，他說：「現在我想說一說殖民地運動的意義，在這個題目上，我想在一切舊的黨中，在第二國際和第二半國際之所有資產階級和小資產階級的工人政黨中，仍看見感情概念的遺迹，他們只對被壓迫的，殖民地的或半殖民地的民族表同情。　到今日人還以為殖民地運動不過是一個小的和平的民族運動，其實毫不是如此。　自二十世紀開始以來，有一個大的變換：在農業的人民中，數百萬，數萬萬的廣大羣衆變成了一個行動的革命的因素。　這是很明顯的，在世界革命未來的最後的決鬥中，反對資本主義和帝國主義的多數農民羣衆之民族解放運動一定操一個為我們所想不到的大的革命功用。」

他要使殖民地被壓迫民族脫除國際帝國主義的思想的籠牢，他說：「資產階級的德謨克拉西就在以抽象的名詞——民族平等，友邦親善，等——欺騙弱小民族，以掩飾財政的和殖民的強權將全球上最大多數民衆附屬於極少數富强的資本主義國家之事實，我們應極清晰的極正確的從歷史上和經濟上分別被壓迫和被掠奪的民族與壓迫和掠奪的民族，區別全體的國民利益與被壓迫的勞動階級的利益，并證明在資本主義的制度中，民族的和平和眞正的平等之不可能的理由，以打破這種資產階級德謨克拉的欺騙」。

他又說：「在現今時代即在現今世界上已經創造一個蘇維埃共和國大聯合的時代，一切政治的事變都必須集中在這個心上：國際資產階級向蘇維埃共和國進攻，這蘇維埃共和國又必須一方面圖謀結合各資本主義國家中勞動者的蘇維埃運動，另一方面結合一切殖民地和被壓迫國家的民族解放運動。　因此第三國際不僅僅承認或宣布萬國勞動者底聯合，并須努力實現一切民族解放運動與蘇維埃俄羅斯之最密切的關係，此後各宗主國的勞動者和蘇維埃政府應該嚴格地監視各資本主義國家的殖民政策，并切實地直接地援助被壓迫民衆之反帝國主義運動，以期實現蘇維埃共和國的聯合。」　這是現今蘇聯政府對外政策的中心，同時也是殖民地被壓迫的民族極應需要了解的地方。

列甯主義這樣宣布了，實現列甯主義的蘇聯政府與第三國際也就照這樣實行，并已獲得驚人的成功了。

半殖民地的中國民族受國際帝國主義的欺騙，壓迫，掠奪，若自鴉片戰爭算起，已八十餘年了。　在過去長期的奴服的狀態中，中國人民不但未曾給帝國主義以重大的打擊，并且還未認清他的唯一敵人：國際帝國主義。　在這時差不多像這種的情形：受主人壓迫和掠奪的奴隸還跟着主人思想。　及「十月革命」後，因蘇聯政府一方面不獨自己消滅了本國的帝國主義，并與國際帝國主義積極地作戰，另一方面又實際上援助殖民地被壓迫民族的解放運動，於是中國民族解放的運動才漸漸走上正軌。

這種解放的運動現在還在發展的過程中。　要達到最後的目的，自然只有按照列甯主義的指示。　這是中國人在列甯逝世第一週年應該紀念的地方。

## 一九〇五年的列甯

季諾維埃夫（超麟譯）

列甯在一九〇五年革命中，開始即有重要的作用。　固然，他那時的作用，在外面看來，沒有在此次革命中，表現得那樣重要。　你們知道第一個彼得堡工人蘇維埃是孟雪維克黨人所創立的。　但在鬥爭中，從所有的實際努力看，彼得堡蘇維埃那時亦即完全跟着波爾札維克黨人前進。 風潮高漲了，河水溢出河身了，工人階級於是乎知道：創立蘇維埃就是爲取得政權而鬥爭。 在這一頃刻，工人階級變成了波爾札維克。

到了一九〇五年革命失敗以後，反革命突起之時，我們正要結算這一次總賬，馬爾多夫一夥人反站在『巴比侖河岸』對面，痛哭第一次革命。 孟雪維克黨人自身也承認革命實在是按照波爾札維克式樣做去，工人階級，可惜，跟着波爾札維克後頭跑了。

莫斯科的武裝暴動，雖然失敗，但仍可算是波爾札維克黨人在革命中的策略之光榮。 我們失敗了。 蒲列哈諾夫對於此次暴動亦能答復一句下流無恥的話：『不應該拿着兵器』。

列甯對於一九〇五年莫斯科暴動，却另有見解。 在他看來，莫斯科武裝暴動之外，在歷史中，再也找不出別的一頁，比彼更高貴的，更光榮的。 他首先開始收集關於此次暴動的文件。 他要使暴動的最少衝突，最瑣碎的技術事件，都顯露出來。 他要大家都知道暴動中每個戰士的生平。 他請求這些戰士將莫斯科武裝暴動怎樣預備及爲何失敗的前因後果告訴全世界工人階級；因爲列甯明白此次暴動是向世界資本階級的第一個隊伍整齊的鬥爭。 他很明白此次暴動有全世界歷史的意義；此次暴動雖然失敗，掩沒在工人的血泊裏，但仍然可算是最落後的國家中，反對沙爾制度和反對資產階級之第一次的光榮的工人暴動。

我重復一句：列甯在一九〇五年革命中有重要的作用。 一九〇五年，他出來參加彼得堡蘇維埃的集會，祇有一次或二次。 列甯告訴我們說，蘇維埃在『自由經濟會』會場開會，他參加時是站在高的地方，在遊廊裏，爲羣衆所不能看見，他第一次觀看工人代表蘇維埃。

列甯當時在彼得堡居住是祕密的。 黨禁止他時常出現。 蘇維埃正式主席，卜格丹諾夫，代表我們的中央委員會。 我們知道蘇維埃委員快受拘捕，我們就禁止列甯參加末次會議，——有歷史意義的一次會議，爲的是他不至於被捕了。 一九〇五年他祇一次或二次看見蘇維埃。 但我想當他自從在『自由經濟會』會場的僻隅參加過了工人議會的第一次集會以後，蘇維埃政權的觀念已經發生在他的腦中了。

或者他那時就夢見蘇維埃的國家，在這國家裏，蘇維埃！社會主義工人政府的榜樣—— 變成了國中唯一的政權。

列甯自一九〇五年以後即教訓我們說：蘇維埃不是一種偶發的，朝生夕死的組織，不是一種日常生活的，平凡的機關，如職工會一樣，蘇維埃乃在國際無產階級歷史中和在全人類歷史中開闢了一個新篇幅。

再沒有人像列甯那樣注意彼得堡工人代表蘇維埃的歷史。 他形式上參加第一工人蘇維埃的生活很少，然而他比我們所有的人都更懂得蘇維埃是個甚麼東西。 他對於這個口號是很謹慎的。 一九一六年戰中，當我們在瑞士聽見彼得堡革命鼓動開始及我們同志要在彼得堡組織工人代表蘇維埃的新聞時，列甯即在論文或通信中討論這個問題：『工人同志們！ 工人代表蘇維埃的組織是不可兒戲的一種重大的口號。 人們不能給蘇維埃開玩笑。 你們要發出這個口號時候，必須你們已經決定徹底幹去，必須你們已經決定以你們階級的頭顱去冒險嘗試，必須你們相信眞正工人革命的時候，取得政權的時候已經到了。 這個時候，而且僅僅是這個時候，你們才可以談到蘇維埃。 還沒到那個時候之先，切不要把這一個名詞開玩笑罷。 因爲蘇維埃除非是取得政權在手，才能生存。 蘇維埃就是工人國家制度的一種形式。 蘇維埃就是工人政權。』

列甯所要說的，自然不是隨生隨滅的一種階級組織，自然不是孟雪維克黨人和社會革命黨人理想中之在資產階級社會範圍內代表工人階級唯一經濟要求的一種組織。 不是的。 此種蘇維埃，列甯以爲是必然要消滅的。為着此類工作，蘇維埃無存在之必要。列甯把蘇維埃看成，取得政權後，將工人變成支配階級的一種組織。所以他在一九一六年告訴彼得堡工人說：「你們自己不妨自問一千次：自己預備好了嗎，自己的力量充足了嗎？裁布之先須要量過十遍。組織蘇維埃就是宣布澈底的戰爭，就是向資產階級宣布內亂，就是開始工人革命。」列甯自己是始終堅持這個觀念的。

…………

孟雪維克黨人把一九〇五年革命看成整個的錯誤，看成一種混沌，「一種原始的瘋狂」。總而言之，工人自己是要担起失敗責任的。工人在其要求中太過前進了。

列甯答覆他們說：「你們沒有懂得到這個運動。這是大革命面非混沌。這次運動所以能成為大革命，并不是因為十月十七日之恩詔，也不是因為資產階級中引起紛亂，而是因為莫斯科工人暴動之雖敗猶榮，而是因為彼得堡工人代表蘇維埃能在世界無產階級面前光耀了一個整月。革命將復活。蘇維埃將復活。蘇維埃將勝利……………。」（節譯季諾維埃夫一九一八年九月六日在彼得堡蘇維埃的演說）

# 列甯不死

魏琴

1從列甯五十三年之生活史中，三十餘年為着俄國和全世界的勞農及東方被壓迫民族的利益而奮鬥。當列甯還在少年的時候、他的兄亞力山大因為參加民粹派之革命運動，被沙皇政府處死。革命的民粹派之組織為着用暴力强迫沙皇政府減輕對於勞動羣衆的虐待，也不知道犧牲了自己許多黨員的生命。列甯在很少年的時候，早就因此傾向於解放勞動羣衆的思想。當列甯初進大學之時，在俄國各大城市中，工人開始為自己經濟利益而奮鬥。自從列甯認識了馬克斯主義以後，他就明白了民粹派的奮鬥之所以不得效果的原因，而極力在城市工人中宣傳馬克斯主義的思想，列甯在自己政治活動之開始的時候，就明白在階級鬥爭觀點上如何組織工人，同時向工人指出工人的利益與沙皇專制政體立於相反的地位。列甯在起初的時候，就會將工人組織小團體，以樹將來無產階級政黨的基礎。這個無產階級政黨在一九〇五年組織了全俄國大暴動反對沙皇政府，而經過十二年，不但把沙皇政府推翻了，並且完全把資產階級和地主的政權打倒了。

2列甯工作之初期的性質：一，收集工人中之前進的分子加入社會民主黨；二，闡明馬克斯主義反對民粹派所宣傳的知識階級的思想。這種思想以為俄國是農業國，人民因此有天賦集體化的感覺，人民容易習慣於共產公社的生活，而不應如西歐國家所發展的一樣。農民經濟應當改良，資本主義為國民經濟的病態，不應使之在俄國發展。因此民粹派不顧意俄國生產力之發展，不願意農村的經濟關係有所變更。同時，他們主張土地應歸農民所有，最低的限度要沙皇政府和地主不要過於壓迫農民。列甯與民粹派的大爭論在於：他明白資本主義在俄國之發展是不可避免的，因此有訓練為資本主義所產生的無產階級使之有階級覺悟的必要。在這一種理論的爭論中，列甯終久是戰勝了，在他的著作內培養了社會民主黨的新種子——先進的工人和革命的知識階級。

3在過去一世紀之九十年代中，監獄和充軍使列甯不能直接在列甯格勒工人羣衆中工作。但是當時列甯已經培養了一團革命黨，繼續進行列甯的事業。在西比利亞流放的時期中，列甯著成一部有名的著作「俄國資本主義之發展」，在此書中列甯指明出來，資本主義的關係在俄國已經存在了，並且正在發展着；因此，應向前望，如何爲無產階級利益奮鬥，而不應向後望資本主義以前的時代。在流放期滿以後，列甯不得已逃亡西歐。此時在俄國社會主義者中間開始了所謂經濟主義的潮流。俄國資本主義的發展引起了許多經濟的罷工於是在社會主義者中間有些就以爲無產階級要解放自己，頂好只要爲經濟的奮鬥，直接反對企業家。列甯對於這種思想盡力反對，並指示俄國工人，實行政治奮鬥反對最大的仇敵——沙皇政府——之如何必要。列甯教導工人說，僅僅把這個政權推翻了，工人纔能解放主人，企業家對於自己的壓迫。

4 一九〇三年在社會民主黨第二次大會中，起了多數派和少數派的分裂。分裂的原因是列甯對於組織問題的主張。列甯主張每一黨員應實際地參加黨的工作，一切黨員都應爲專門的革命黨。少數派多數是知識階級，當時以爲任何一人，若他贊成黨綱和章程及願意納黨費，都可以做黨員。後來列甯的此種主張對於我們黨的發展有偉大的意義。少數派因爲不贊成這一點，隨着在多數重要觀點也與多數派不相合、結果，終流於反革命的營寨。一九〇五年的革命前，多數派與少數派的意見分歧之一個重要問題，是對於革命動力的沽價。列甯與多數派說，反抗沙皇政府之根本的革命的力量，應當是工人與農民的聯盟；而少數派則說，根本的革命的力量應當是自由的資產階級與工人階級。列甯在外國，在理論上，武裝了多數派的組織，列甯的思想是對的。

5 一九〇五年十二月在俄國工人之武裝大暴動及農民的擾亂，所以未把沙皇政權推翻的，是因爲俄國的資產階級和地主與沙皇政府聯合起來了，又因爲民主的歐洲各國的政府給了沙皇政府的幫助。但是資產階級之轉到沙皇方面，與貴族官僚聯合的行爲，完全證明列甯對於革命動力的沽價之不誤。多數派主義與少數派主義之間有一道鴻溝，無調和的餘地。一九〇六年之末，在俄國大澎漲反動的潮流，此潮流延長有六年之久而強有力多數派的政黨也就在此時期形成了。多數派與少數派在社會民主黨中斷然劃分兩部，所謂取消派（不要黨了）也就在此時發生了。這個取消黨的主義是小資產階級的知識階級之失望的表現，他們曾希望很容易地推翻沙皇政府而實現資產階級的民主共和國。列甯爲多數派的首袖，對於此種潮流，施以嚴厲的攻擊。列甯深信無產階級之有將來，以爲臨時的失敗不過是一個階段；俄國的無產階級必將收集力量，再與沙皇政府奮鬥。一九一二年，倫那金業工人失敗，大遭殘殺之後，全俄國工人復伸張起來；當時列甯在外國首先沽計這次事變的意義，以爲工人的革命運動又開始了。這種革命運動一定要將沙皇政府和資本主義推翻去。

6 一九一四年，帝國主義的世界戰爭爆發了，全歐洲瀰漫了反動的潮流，一些社會民主黨差不多都迷惑於愛國主義的狹範裏，——德國的社會民主黨幫助威廉第二引誘工人向前線殘殺俄國工人，英國工人……而法國的，英國的，俄國的社會民主黨亦復如是，惟有列甯首先高呼反對帝國主義的戰爭，並給了全世界勞動羣衆的口號，原則，指示勞動羣衆在世界戰爭中應如何行動。「改帝國主義戰爭爲國內戰爭」這是列甯所給與工人的口號。這個就是說，各戰爭國家中的農人，工人應當把槍口掉轉來，反對自己的壓迫者，反對資本家和地主。當時除開俄國的多數派外，僅有一小部分人們附和列甯的這一種高呼。有一些社會主義者明白世界戰爭的罪惡，而不迷醉於愛國主義，但是他們總不能超出和平主義的範圍——禁止賠款與割地。他們自稱爲國際主義者，而不明了資本主義列強間的和平是無保證的，現在雖然一時和平了，而第二次戰爭又要發生。惟有列甯的口號「國內戰爭」，推翻戰爭的源泉，是革命的無產階級之口號。俄國一九一七年之革命幫助世界戰爭的完結，是因爲「國內戰爭」的口號能實際地實現了；而德國的，奧國的無產階級能夠隨俄國無產階級之後，起來反對自己的壓迫者。

7當世界大戰時，列甯在自己的殖民地和民族問題的大綱一文中，已給了一切革命的馬克斯主義者反對一切民族壓迫的形式之理論上的根據。　列甯從世界戰爭的經驗，知道歐洲的弱小民族和東方殖民地都被牽到參加戰爭，戰爭的結果應當是這些弱小民族與帝國主義列强的衝突。　列甯指明全世界無產階級莫要為柯茨基等的錯誤所欺騙，——他們以為資本主義還有繼續發展的必要。　列甯痛駁這種謬誤的理論，而反對一切所謂殖民地的存在。　他說，世界戰爭之後，問不是如何延長資本主義，而是如何推翻資本主義，如何建設社會主義。　社會主義沒有殖民地的需要。十月革命之後，即刻實行民族獨立的思想，在俄國舊沙皇領域之內，組織成了許多自治的，自由的共和國，（牠們的平等不但在政治上，並且也在經濟的發展上）再由此自由的共和國組成一聯邦政府。　牠們越是獨立地生活，越是發展，越是尊重自己的自由，則牠們越是趨向親密的聯合，越是要鞏固蘇維埃共和國的同盟。

8在列甯指導之下，俄國工人到得政權建設蘇維埃共和國之後，世界的帝國主義羣起來向勞農政府攻擊。　一九一八，一九二〇及一九二一年之一部分，俄國勞農為着保障蘇維埃政權，曾做極激厲的奮鬥。　英，美，法，日，意帝國主義者派兵到俄國的領域內，幫助舊俄皇將軍，地主攻打蘇維埃政權，就打不倒蘇維埃政權，也要盡力地多破壞俄國人民的經濟。　列甯引導俄國的勞農羣衆向帝國主義奮鬥，教示勞農羣衆，什麼地方應當退讓，什麼地方應當進攻。　結果，帝國主義者的軍隊失敗，世界的無產階級幫助俄國的勞農羣衆，在蘇俄的領域內無一帝國主義者的兵士。　但是，因此，國家的經濟也就破壞盡了。　生產力差不多完全破壞，農民都貧窮下來。　列甯明白，破產的農民在國內戰爭停止，地主的危險消滅之後，不能再往下犧牲了，應當找一個勞農同盟的出路，使勞農的同盟不再立在反對仇敵的戰線上，而在恢復國家經濟的戰線上，——恢復農民的經濟和城市的工業。　在一九二一年列甯很堅決地向共產黨和蘇維埃政府提議，從軍事共產主義轉到新經濟政策，準許國內貿易，取消食糧均配法，而代之以食糧課稅法。　這是對於農民的讓步，但是這種讓步是要鞏固勞農的同盟，向社會主義的方面進行。

9照着列甯的思想，並且因為列甯的努力，在俄國革命一年半之後，組織成共產國際。　共產國際由西歐社會民主黨中革命的分子所構成，而重要的部分是俄國多數派。　共產國際聯合了世界上所有的革命分子，全世界無產階級的先鋒隊。　當世界戰爭初開始的時候，列甯已經明白第二國際分裂之不能避免，一部分適宜於資本主義發達的和平時代之社會民主黨，現在到社會革命之時，已經是不中用了。　但是社會民主黨中之革命的一部分，在世界戰爭時　曾與列甯聯合，並且贊同『國內戰爭』的口號，然而未決定公開地與第二國際分裂，蓋第二國際對於勞動羣衆的影響實非淺鮮。　但是列甯很堅決地主張組織第三國際，知道在社會革命之時，無產階級需要一代表革命意志和革命理論的總機關。　因此決意組織共產國際，一直到第五次共產國際大會，可以說列甯是共產國際的靈魂。　在第四次大會中，列甯不能親身指導各種問題，但是他說了共產國際的議決案在各國中的應用。　第三次共產國際大會與第二次大會不同的特點，是在第三次大會中，有東方國家各支部的代表。　還足以證明共產國際的確是世界無產階級的總機關。　這又足以證明在社會革命反對資本主義的時代，全人類都暴動起來了。　列甯的名字是全人類反對世界資本統治的標幟。　在每一年中列甯的紀念日，無產階級將在理論上和事實上越緊固起來，越促進帝國主義之早亡。　死的列甯對於帝國主義之危險，並不比活的列甯小！

The Guide Weekly

# 嚮導週報

◀第一百期▶

（中華郵務管理局特准掛號認為新聞紙類）

一九二五年一月二十八日

郵票代款概作九五折

分售處

香港 萃文書局
巴里 中國書報社
廣州 丁卜書報社
上海 民智書局
上海書店
武昌 民智書局
時中書報社
蕪湖 共進書社
科學圖書館

分售處

南昌 明星書社
太原 青華書社
長沙 文化書社
漢口 育德書社
杭州 古今圖書店
寧波 亞東書局
開封 明化書社
溫州 文化書社
重慶 上學社
成都 唯一書局
華陽書報流通處

——零售每份銅元四枚——

訂閱：國內一元寄足六十期・國外一元寄足三十五期・郵費在內

代派：每份大洋二分・十份至三百份五折・三百份以外四折・寄費在內・十期清算一次

每星期三出版　發行通信處　北京大學第一院收發課轉與于明
杭州馬牧巷且攻學校安存眞轉王致和



# 中國共產黨第四次大會宣言

工人們，農民們，全中國被壓迫的民衆！　中國共產黨——中國無產階級的政黨，當國內戰爭正烈之時，曾向你們表示過自己的主張和態度。

直系軍閥雖然一時傾覆，而現在又圖重新保持其力量，把國內戰爭延長不息。在別一方面，反直系——奉系，安福部，最反動的段祺瑞以及基督將軍馮玉祥，雖然將北京政權抓住了，但是他們不僅不能統一中國，消滅軍閥戰爭，並且他們自己仍舊要着軍閥的老把戲，爭權奪地，無有息時；他們所給與人民的，不過是教工人及無數窮苦的農民更爲遭殃，更爲受苦！

無論直系或反直系軍閥的背後，都站立着列强的陰謀，他們爲着要干涉中國內政，不斷的援助軍閥戰爭以與中國人民爲敵。　英美帝國主義者利用治外法權，在租界裏面給失意軍閥齊燮元等以機會，教他組織勢力，繼續戰爭。　但是當另一派軍閥匿居租界有所動作時，他們便把他捉住，並逐出國外。　這兩種行動，在表面上雖然不一樣；但是其目的都是要加緊中國的內亂，都是要利用軍閥，以達到他們帝國主義的侵略政策。

美國的軍艦，早已停泊在南京，近又從菲律賓調動大批海軍向我們的海岸進迫。每一個在中國的帝國主義機關報，總是天天高喊什麼有積極對華政策之必要，公然地號召列强用武力干涉中國。

日本帝國主義者，在這次國內的戰爭中，比較別國更會利用機會，然而也就因此引起與英美帝國主義者的關係更加衝突。　現在日本帝國帝義者正圖藉口中國人民的願望，要他的敵人（英美各國）對於他有所讓步。

日本帝國主義者又重新要立在爲中國人民「保護者」的地位，如以前在歐洲大戰，袁世凱時代和凡爾賽會議時代一樣。　日本爲掩飾自己强盜的行爲和趨向，已開始宣傳所謂「大亞細亞主義」和「亞洲人的亞洲」之口號。

工農們，被壓迫的民衆！　中國共產黨號召你們起來，努力對世界帝國主義迎頭痛擊，努力打消帝國主義者的陰謀。　世界帝國主義者確實想把中國變爲殖民地，將中國人民淪到萬劫不復的地位！

中國人民應當知道，世界帝國主義者以美國爲領導，去年秋季在倫敦會議共同籌劃了一個反對歐洲和亞洲人民的陰謀。他們所定的道威斯計劃是什麼東西？就是一方面要把德國變成英美的殖民地，而別一方面要把德國工人所生產出來的商品找一銷場，好敎英美的銀行家和工業家更加發財致富。爲着要强迫東方特別是中國的人民及蘇俄購買這些商品，英美帝國主義者，不顧忌一切罪惡和殘忍行爲，非達到此目的不己。

在歐美我們已看出反動的現象，世界的反動勢力正在聚集向勞農的國家蘇俄進攻。列强的銀行家和資本家絕不能靜聽着他們的商品不能自由地輸入蘇俄，一定要把蘇俄陷于奴隸的地位。他們更不願意丟却這麼一個好市場的中國！他們老喊着要保全中國的市場，他們一定要成爲中國財富的主人，一定要陷中國人民爲他們的奴隸！

爲着要達到這目的，所以要供給中國軍閥以金錢火藥，所以美國要擴充太平洋的海軍，所以英國要在新加坡建築軍港，所以他們都派軍艦到我們的海岸和揚子江及西江等內河來。

爲着要掩飾自己的貪慾，帝國主義者更說他們自己愛和平，主張和平主義，最近期中戰爭是不可能的，應當創造世界永久的和平……這些好聽的話。帝國主義列强的外交家現在更加不知羞恥地說什麼列强間邦交和睦，什麼對中國人民懷着善意……等鬼話。當帝國主義者說這些謊話的時候，完全不看看列强軍費之如何增加，軍艦，飛機，軍事工業之如何擴充，大家對於快要爆發的戰爭之如何準備。

工農們，和被壓迫的民衆！在這些事實之前，世界帝國主義努力擴充軍備，努力發展軍事工業以及那些被金錢收買的各國的學者盡力尋找殺人的武器之時，東方的人民是如何危險！東方人民自衞的武器，比較起來，不過是帝國主義者的小玩意兒，如何是他們的對手！將我們的國土變爲荒漠，將我們的城市和鄉村變爲墳墓——這一種危險就在眼前啊！

但若一切資本主義國家的工人和農民暴動起來，反對自己的壓迫者，將這些武器拿到手裏，同時東方被壓迫的民衆起來反對自己的軍閥用自己的力量發展國家，向外國帝國主義施以最後的總攻擊，那末，世界帝國主義之破壞力量也可轉變爲反對自身的工具。

全世界革命的無產階級之總機關——共產國際，已經組織了無數萬的工人立在社會革命的紅旗之下。共產國際下的紅色農民國際，也已經聚集了無數萬的農民環繞着紅旗。世界工農的軍隊和帝國主義的武備並排生長，在一切資本主義的國家中，勞農與資本統治之最後的爭鬥日見逼近了。

中國共產黨在自己的責任上，很誠懇地向中國的勞動羣衆不斷地說，勞農反對帝國主義和資本主義的壓迫之鬥爭已臨近了，這種鬥爭將永遠把人類解放出來，將永遠消滅一切的戰爭。中國共產黨以爲不斷地向羣衆解釋用什麼方法，中國人民總可以脫離帝國主義和軍閥的壓迫，如何纔能與世界勞農革命運動聯合起來……是自己唯一的責任。

中國的解放運動現在己日見澎漲起來。全國各城市裏面的羣衆現正努力達到召集國民會議的要求，差不多都組織了國民會議促成會。工人，農民，手工業者，商人，學生現正組織這種機關，並且高叫着消滅一切軍閥陰謀，反對段祺瑞所要召集的軍閥善後會議。中國共產黨正式向中國人民說，段祺瑞的善後會議是段祺瑞要用軍閥制度而藉着帝國主義者的幫助，以統治中國人民的工具。這個善後會議，如段祺瑞所預料的，將成爲段氏固結己派軍閥的工具，藉此工具以對付別派軍閥，而引起將來無窮的戰爭。

中國共產黨號召全中國的勞動羣衆，起來制止段氏這種惡劣的計對。倘若國民要求派自己的代表參加段氏所要召集的善後會議，段氏對於召集國民會議之虛偽的宣言一定要被揭破。國民會議促成會是人民真正的機關，應當要求在善後會議中有最大多數之國民代表。

中國共產黨不僅盡力向羣衆解釋軍閥愚弄國家之巨大的危險和帝國主義者擴張軍備對於我們是如何的可怕，並且要使中國民衆知道國內軍閥不給人民召集國民會議及組織羣衆的保護國家利益的機會，則帝國主義者及其工具所加於我們的危險將更爲擴充。

我們號召工人和農民，手工業者和知識階級鞏固自己的組織，幷極力贊助國民會議促成會，要求國民會議之召集。無數萬中國民衆的命運真不能再靜聽軍閥們的愚弄了！革命的力量在我們國家中日長一日，軍閥和帝國主義者的鎖鍊已經開始搖動。英美所扶植的直系勢力之崩壞是民族革命運動進展的機會，但軍閥和帝國主義者又謀重新制服民衆的運動。他們正在那裏預備最嚴酷的反動，我們應當明白現在時機之迫切啊！

中國共產黨將使中國解放運動由自然的歷程生長進於覺悟的狀況我們惟有在民衆的組織中，在召集國民會議的要求中，在反對帝國主義和軍閥的奮鬥中，才能找出一條出路，才能避免現在資本帝國主義世界的危險。

工人，農民，學生，手工業者，你們趕快組織起來，趕快制止軍閥的陰謀，趕快要求在善後會議中參加最大多數的國民代表，趕快努力國民會議之召集！你們趕快組織大示威運動反對外艦駛入中國內地，要求外兵不得駐扎在我們的領土以內，取消一切領事裁判權！要使中國不陷于奴隸的地位，完全靠着中國勞苦羣衆的努力，完全靠着全世界勞農聯合起來反對資本主義的奮鬥！

打倒國際帝國主義的侵略！

推翻國內的軍閥！

國民會議萬歲！

中國勞動羣衆萬歲！

中國共產黨萬歲！

共產國際萬歲！

全世界勞農反對資本主義的同盟萬歲．

一九二五年一月二十二日

# 我們應如何對付善後會議

獨秀

我們反對善後會議，幷不是因爲這個名稱和預備會議不同，乃是因爲他是軍閥官僚包辦的會議，沒有人民的代表出席說話；——這個反對的理由是不錯的，然而僅說是反對軍閥官僚包辦的善後會議，還嫌的太簡單了。我們不但反對善後會議在形式上是軍閥官僚的會議，我們必須在實質上反對段祺瑞所要的這種軍閥官僚會議所包含之危險性。

段祺瑞所要的善後會議，至少也有下列三個危險：(一)段氏趕速在國民會議之前，利用他的善後會議團結軍閥勢力，以抵抗國民；他所要的善後會議如果成功，軍閥在中央及地方的勢力必完全恢復，他們壓迫國民運動，必然日見露骨。(二)段氏要利用善後會議，結合直系等失意的軍閥，以鞏固他自己的地位，和他派軍閥——奉軍及馮孫胡等——對抗；此種新的結合和新的對抗，是軍閥間將來大戰爭之種子，亦即帝國主義者藉口內戰干涉中國內政之種子。(三)段氏要利用他的善後會議產生正式政府，選舉他爲正式執政或總統，此種正式政府如果實現，勢必爲國內戰爭之導火線，因其非新的代表民意機關所產生，又沒有舊的法律(約法)根據，純粹由軍民長官推戴，豈非明白給別派軍閥以兵爭政的榜樣？

段氏所要的這種善後會議，即軍閥官僚包辦的會議，人民是應該始終反對的；并且這善後會議將近實現了，要免除其危險性，人民站在會議外消極的反對還是不夠，更應該有力的向段政府要求修改善後會議條例，要求選舉代表參加此會議，在會內積極的反對，反對此會議有權議決國家根本大法，反對此會議有權選舉正式政府，反對此會議議決一切有利於軍閥的議案，尤其要揭破各派軍閥間分贓或暗鬥的黑幕。

人民參加此會議，要取左列的態度：

(一)爲反對段氏所要的善後會議而參加，不是爲贊助段氏所要的善後會議而參加；

(二)應該要求由各省人民團體集合的國民會議促成會得派多數代表(當超過各省軍民長官代表人數以上)參加，變更段氏所要的善後會議爲人民所要的善後會議，不可僅由半官僚的法團派少數代表參加，成爲段氏所要的善後會議之裝飾品；

(三)各省人民團體，不但應該爲其參加此會議之代表準備有力的後援，并且應該嚴厲的督促其代表在此會議中確能爲人民利益奮鬥，而不與軍閥官僚妥協。

全國人民呵！段氏所要的善後會議將近實現了，這會議所含的危險性誰也知道，全靠人民在此會議內會議外的奮鬥力增多一分，這會議對於國家人民的危險性才能夠減少一分，此外別無他法。

應該爲人民利益奮鬥的國民黨領袖們呵！你們固然應該站在人民方面，反對段祺瑞所要的善後會議；你們也應該要求段祺瑞修改善後會議條例，許人民代表列席；你們自己有列席善後會議資格的，更應該出席。你們應該利用出席善後會議的機會發表自己的政綱，應該利用出席善後會議機會揭破帝國主義的列強及軍閥派損害中國國家生命及人民利益之事實，揭破軍閥間列強間暗鬥或分贓的黑幕。如果段祺瑞竟不許有人民的代表出席善後會議，你們更應該出席會議，免得軍閥官僚包辦此會議；你們不應該很高潔的不參加軍閥官僚的會議，站在外面消極的反對，你們應該積極的參加此會議，在會議內反對軍閥官僚，揭破他們的黑幕。「真金不怕火來燒」，爲了拯救國家的生命，爲了擁護人民的利益，就跳到火坑糞坑裏都是應該的，你們若以爲民黨參加軍閥官僚會議是一件羞辱的事，那麼中山北上便根本錯了。一個革命黨總應該積極的奮鬥，不應該消極的潔身自愛，潔身自愛之裏面包含着避免和軍閥派爭鬥的懦弱心理呵！

# 論日本之承認蘇俄

魏琴

日俄條約已經簽字了。各資本主義國家中對於此次日俄條約，當然有許多不同的見解。一切統治階級將視此約爲蘇俄對於日本的讓步，——以爲日本帝國主義者硬逼着訂了對於自己有利益的條約，將來根據此條約，日本更能在遠東發展自己經濟的勢力。一切資本國家的政府大約都會說，蘇俄逼不得已而與資本國家妥協，違背了勞農政權和無產階級專政的原則。一切資產階級的報紙現在都已噪動起來，都喊着此條約對於日本有巨大的利益。——總之，大家都以爲日俄條約是資本主義的日本戰勝了蘇俄的表現。

但這是否是對的？能不能視日俄條約爲日本對於蘇俄之外交上的勝利？倘若我們回看過去五六年的歷史，便覺對於這個問題是很明顯的。我們研究兩國間的條約，應當知道這個條約不是與過去兩國間的關係沒有密連的。把過去的關係看清了，然後纔能規定將來的結束。

本文標題爲「論日本之承認蘇俄」，而非很簡單的「日俄條約」。以我們的意思，所謂日本之承認蘇俄乃爲一重要之點。我們與資產階級的報紙及各國外交家的見解之不同點也就在此了。

資本主義的國家及其報紙不願回憶過去自己對於蘇俄的關係，而仗着一般羣衆的善忘，遂顛倒是非，說什麼蘇俄逼而讓步。

在一九一八，一九，二十這幾年中，蘇俄的領域，差不多可以說，完全被英法美日以及各小國的帝國主義者割據了。在現在的時候，在蘇俄的領域內，沒有一個外國兵，沒有一個外國資本家用資本主義的法律來剝削俄國工人，因爲在俄國已經沒有一個俄國資本家能夠照着資本國家的辦法來壓迫俄國工人。

這到底是什麼一回事情？是不是因爲蘇俄對於帝國主義者讓了步？是不是帝國主義者起了公道的念頭，把自己的軍隊從俄國境內撤將回去？是不是他禁止自己國內的資本家來壓迫俄國勞農羣衆？

倘若非瘋狂，任誰也不能相信是這樣的。

現在大家都明白了，帝國主義者之所以把軍隊從蘇俄境內撤回去，是因爲俄國勞農羣衆拼命地反抗，是因爲紅軍有不可戰敗的能力。

在經驗上帝國主義者得着了教訓，用武力壓服蘇俄是不可能的，並且徒引起俄國勞農的反抗與自己國家中之階級的衝突，因此，總將自己的軍隊從俄國撤回去。在用武力侵略之後就到了經濟戰爭反對俄國時代，但是這也不能教勞農政府拋棄自己的原則。這也無用，那也不行，最後，資本主義的國家不得已只好走上承認蘇俄的道路。

這是過去列強對於蘇俄的關係之歷史。

這段歷史證明什麼呢？證明資本主義國家戰勝了蘇俄還是證明資本主義國家不但未戰勝蘇俄，並且逼不得已要承認在世界經濟上佔重要位置的蘇俄？

列寧在一九二二年，當熱諾會議之時，曾對俄國代表說過：倘若帝國主義者現在對我們不讓步，則他們將來一定要多讓步些，因爲時間總是隨着我們的，總是爲着社會革命工作的。這幾句話證之於英法對俄的關係上是對的，而現在又輪到日本了。

爲什麼在大連會議與長春會議之中，蘇俄代表不能與日本政府訂約？越飛在當時曾將這個原因說明了：「日本人還不明白蘇俄已形成一勢力，要求與所謂列強同受平等的待遇」。自然這話是對的。日本總忘不了牠進攻西伯利亞的印象，日本政府總想像不到如何能將蘇俄代表同他國代表一樣看待。當時日本政府同代表視俄國如視中國一樣，以爲不過等於半殖民地罷了。

在當時，蘇俄比現在實際上弱得多，因此也就預備讓步，——這種讓步在最近的日俄會議中已無討論的餘地了。當時日本的軍隊不但佔據了庫頁島　並且在沿海濱省也差不多布滿了。日本要求庫頁島爲廟街事變中日本受損失的賠償。

當時日本人以這些讓步爲承認蘇俄的條件，但是到了現在，日俄總結會議的條件，首先是外交上的承認，日本應拋棄侵略政策，而對待蘇俄兩國關係應如對待列強的一樣。這一方面證明日本當俄國國內戰爭時用的是什麼政策，另一方面證明日本現在不能再用武力逼迫蘇俄讓步。照着現在的日俄條約，日本雖然也得到一部分庫頁島油煤，但是牠承認蘇俄人民爲庫頁島的主人；——這件事情在幾年前是沒有討論的餘地的。

日本的帝國主義者將以在會議錄中蘇俄代表對於廟街事變的道歉之一段話以誘騙國人。日本政府能堅決地達到這一點，但並不能證明帝國主義者在廟街，阿穆爾，……對待俄國人民的行爲是對的。然而就是在這一點，日本政府也未達到要求蘇俄公開道歉承認罪過的目的。現在蘇俄僅向日本政府表示對於廟街事變的惋惜，這「惋惜僅給日本政府一個最低限度的答覆，日本政府或者就以此誇驕自己的民衆。 但是俄國的工人和農民知道自己的政府是對的，廟街事變的罪人還是日本的帝國主義者。

因此，我們研究日俄條約，一回顧過去日本對於蘇俄的態度，日本的帝國主義者如何逼不得已現在要承認蘇俄，那我們就完全可以說道：在日俄的新條約中，日本無論如何是佔不到勝利的。

我們現在還要說一說强迫日本和蘇俄妥協原因之要點，因爲大家都知道，蘇俄向日本尋找妥協亦如時時向其他國家一樣，——蘇俄堅信工業和一切國民經濟的發展，是共產主義戰勝資本主義之一個重要的保障。 爲着要和平達到發展經濟的目的，不得不有時向列强將就一點。

使日本政府要與蘇俄妥協不得不以平等對待之重要的原因，第一是蘇俄在西方的勢力之鞏固，第二是紅軍把俄國境內遠東的反革命勢力掃除，第三是日本的地震以及美國資本家對於日本的惡感。 華盛頓會議中，英日同盟的解散也把日本帝國主義者的腦筋整頓了不少。

倘若我們再看一看，日本在經濟上是如何的退後，在政治上又動潮流是如何的增長，各階級人民是如何的不滿意，則推動日本政府與蘇俄妥協的原素，我們就非常明白了。 第一算這些條件，我們以爲每一個讀者大約都會曉得日俄條約是什麼一回事，是蘇俄戰勝呢，還是資本主義的日本戰勝呢？ 日本政府當然要矜誇這次條約爲得意；牠一方面要誇示不滿意的資產階級，說替他們尋找了工業和商業發展的機會。 同時牠又以承認蘇俄炫耀於勞動羣衆之前，表示自己對於俄國民衆是如何的親善，藉此可以減少羣衆對於帝國政府之仇恨。

但是日本帝國主義者，知道對於蘇俄的承認一定要引起日本勞動羣衆對於蘇俄的無限的同情，於是正在預備最野蠻的法律反對共產黨，反對革命的知識階級，倘若將來誰個毀謗資產階級的制度，誰個反對日本的帝國主義，一概要賜他以十年的監禁。 歷史指示了我們，這些愚蠢的方法一定不能幫助帝國政府能維持長久，一定更要引起較大的反對，結果一定要助成舊制度的速倒。

我們且看日本勞農革命的怒潮！

# 最近北方政象及民衆勢力之勃興

（北京通信，一月十八日）

仁靜

最近北方的政象殊爲沉寂，張作霖已回奉天去了，馮玉祥亦算非正式的就西北邊防督辦之職，往張家口綏遠一帶旅行考察。 唯剩一段祺瑞在北京，任命各省官吏，藉號自娛， 目前北方政治殊無可紀之惟有下列三事或可一述。

一、國民黨與善後會議　段祺瑞所號召的善後會議，已得多數省分軍民長官及名流之承認及贊成，在二三月時或有召集的希望。 善後會議之召集，不過是段祺瑞欲藉此取得正式政府資格與制定國民會議組織法，預備在將來包辦國民會議之選舉；除此以外，沒有什麼別的意義，也不會有什麼政治改革。[illegible]人民的團體反對善後會議之以軍閥官僚政客爲中心，自是理所當然。 此次善後會議亦有國民黨員數人，在邀請參加之列，聞國民黨對參加善後會議與否，頗有辯論，一派是主張參加的，但否認其能代表國民會議預備會，而主張預備會議應由人民自動的召集。 其理由爲參加此會，可以宣傳國民黨之革命主張。 今日一班苟安麻木之國民，對革命終無信仰，對軍閥心存依賴，如胡適及虞洽卿等均可代表一部分國民期望軍閥賜與和平改革之心理。 國民黨可利用此機會，在善後會議中提出種種與軍閥對抗之政治主張（如軍閥提出尊重條約，國民黨則提出廢止不平等條約，軍閥提出軍區軍制之主張，國民黨則提出解除軍閥武裝，而武裝人民之主張，軍閥提出整理財政，借外債計畫，國民黨則提出沒收禍國軍閥之財產，收回海關以整理財政的計畫）。　此等主張自不能爲軍閥政客官僚占多數之善後會議所採納，但國民黨可由此暴露軍閥無救國誠意，而人民因此會之失敗，自當更恨軍閥，國民黨由此可吸收更廣大的羣衆，以猛烈進行革命運動。　至於另一派，他們反對國民黨之參加，持論極爲簡單，他們只以爲這是督軍團的分贓會議，人民的分子占少數，所以他們政治主張不能通過，便不應參加，他們不懂怎樣利用機會做宣傳，更不知利用此機會與軍閥決裂。　結果，這兩派的主張，有折衷採用之勢，聞孫中山先生將覆函段祺瑞，提議善後會議加入人民團體時，彼即可以參加云。

二、奉軍與國民軍之關係　奉軍與國民軍方面因爭直隸地盤，因分配全國地盤，暗鬥甚烈，這是很明顯的事實，不過兩方一時尚不至於爆裂的，是因軍備尚未充實之故，子彈缺乏，在國民軍方面感覺尤甚，故奉軍屢次向國民軍示威，而國民軍終不能持強硬態度。　現在馮軍極力向西北發展：占領察哈爾與綏遠一帶，並準備幫助馬福祥回甘驅逐陸洪濤，以冀統一西北，另一方，胡景翼與但懋辛等密商會師武漢計畫，但爲安福陰謀及憨玉崑所牽制。　奉軍之積極侵略江蘇，眼光注視於浙江山東，此兩種實力發展之結果，將使中國分爲兩半，奉軍由東三省直隸，山東，江蘇，浙江，國民軍方面由甘肅，綏遠，察哈爾，直隸，河南，湖北，以與西南聯絡，此東西南大陣營之對分與形成，將使軍閥戰爭斷斷續續，永無止息，直至奉軍與國民軍衝突之大爆發。　這兩種擴張地盤的傾向衝突，除非奉系與國民軍系的軍閥勢力爲國民所推翻，是不可避免的。

三、北方民衆運動之發展　北方的國民會議促成會運動，發生雖較遲於南方各省，但近來進行，甚爲猛烈。　現在已組織之國民會議促成會的地方有北京，天津，保定，濟南，青州，青島，石家莊，太原，張家口等各處。　還有正在組織的，有哈爾濱，熱河等各地。北京的國民會議促成會加入者有一百七十餘團體如全國大學聯合會，北京教育會，學生聯合會，農務總會均已加入。　石家莊之促成會爲工人所領導組織，他們於開成立會的那一天，於講演之外，復有千餘工人之遊行，高揭打倒軍閥與打倒帝國主義，工人工作八小時等旗幟。　京漢路工人運動自曹吳倒後亦有興起之勢。　京漢路總工會已在鄭州恢復，這可視爲民衆中堅勢力之復蘇，聞全國鐵路工人將於今年二七京漢工人流血紀念日在北方開會，討論鐵路工人的本身問題。現在北洋軍閥致力於地盤之爭，他們自身也分裂得不可收拾，他們也無暇顧及壓迫民衆運動，所以民衆運動在北方之發展，今日正是黃金時機了。

# 武漢國民運動的現狀（武漢通信）

秋君

我將武漢各方面最近對于國民運動的態度及其實際情形，分別說明如下。

1.商人　商人照分爲大商人和小商人兩種。　他們因經濟的地位不同，故其對于國民運動的態度，也不一致。　大商人多半與帝國主義者直接或間接發生了多少關係，自然不會有革命的要求；極少數的土著大商人，雖深感覺得受帝國主義及軍閥的摧殘和掠奪，但他們數量太小，不得不爲大多數與帝國主義者發生關係的大商人所牽制，所以他們的態度必須視那般大多數與帝國主義者發生關係的大商人的趨向爲趨向，絕不敢單獨表示。　小商人因爲在經濟上很少與帝國主義者發生直接的衝突，故對于帝國主義者之掠奪不容易感覺。　他們最感受痛苦的，就是國內發生戰爭，致使貨物停滯，金融吃緊，時有停業的恐怖；所以他們唯一的要求在避免戰爭的痛苦。　軍閥平時對于他們的剝削，他們還沒有深刻的感覺着。　他們好像以爲軍閥是應當存在的，只求軍閥中間不時常發生戰爭就心滿意足了。　每次軍閥戰爭發生，他們總是說：『東天也是佛，西天也是佛，無論他們誰勝誰敗，只求早點完結，免得我們多受痛苦。』　由這種話中我們可以看出他們苟且偷安的心理。　總之，他們只是消極的希望和平，復有積極的革命意志。　武漢兩處的商人本都有商會的組織，但兩商會均爲少數商人貴族所包辦，與商人羣衆是絕對不相干的，那些商人貴族，平時又是與政府勾結一氣的，所以商會有所舉動，都是承奉了政府的意旨來的。　由上述的情形看來，武漢的國民運動在最近的期間，商人方面是沒有大的希望的。

2. 工人　工人中也應分爲手工業工人與新式產業工人兩種。　手工業工人還是沉睡在宗法社會裏，一切帝國主義及軍閥的壓迫，他們都感覺不到，同時他們的環境，也不容易使他們覺悟團結，他們的要求，只要行東或工場主待遇他們好一點就夠了，其他槪非所問，政治運動自然更說不上。

新式產業工人，對于自己所受的壓迫，容易認識，他們因爲都集中在一處，也易于團結，惟自『二七』以後，政府壓迫，非常利害，所以工人對于各種運動，不敢表示。　北京政變以後，曹吳下台，蕭耀南又忙于各派的拉攏和對付，對于工人，無暇顧及，且正在全國民氣激昂的時候，也不敢過事壓抑，因此工人在最近對於國民運動，已正努力參加，並大有領導此種運動的趨勢。

3. 學生　武漢學生聯合會，在每次國民運動中，都站在主要的地位。　最近國內戰爭及北京政變，在武漢方面最先表示態度和主張的都是學聯會，就是此次國民會議促成會，也以學聯爲中心團體，因爲有眞正羣衆在他的後面。

4. 教育界　湖北教育界最爲墮落，幾年來許多次大的羣衆運動及全國一致的運動，從不見他們出頭露面參加。　湖北教育界的份子，大概可以分成下列幾派：(一)頑固派　這派的人大半是顢頇老邁，遇事不管的；一切政治問題，好像與他們毫不相干，他們時常表現出十足的『此生已矣，將就木焉』的派頭來，還有一部份少年頑固派，也是一切不問，只是時常搖頭慨嘆着『世風不古，人心日下』。　至于希望他們做什麼運動，那是絕對不可能的事。　(二)混沌派　這一派的人，總在醉生夢死的過日子，無論怎樣的刺激，怎樣的壓迫，他們都不在意，他們唯一的希望，只在拿錢吃飯。　(三)淸高派　這一派的人，對于政治，時常發一些空議論，也歡喜批評時事，但要他實行去幹，那是沒有希望的。　(四)政客派　這一派的人與官廳接近，時常在不觸犯政府忌諱的範圍內，也喜出一出風頭，至捧場拍馬的運動，更是他們的能事，教育界的一般流氓痞子，都爲他們的夯夫走卒，他們上托官廳，下結流氓，同時教育界別種派別，又都不問事，因之湖北教育界的重心，落到這一派的身上了。　所以每次他們出頭來做的運動，也還能呼遣得一部份人動。　但是要他們做一種眞正的國民運動，簡直是做夢。　可是他們會觀風色，善看機會，比如吳佩孚此次狼狽來鄂，他們出頭做拒吳運動，格外起勁。

5. 新聞界　武漢新聞界多半知識淺陋，觀察不到社會政治的實際情形。　他們對于國民運動，提出一些「和平」，「自治」，「統一」各種騙人的口號，鼓吹一些不着實際的，妥協的，可憐的運動方法。　因此，武漢報紙，時常有意無意的被一般流氓政客所利用。

上述是武漢各方面最近對于國民運動的態度及其實際情形，此次國民會議促成會的組織，加入的團體，在開成立會時已有一百二十餘個，以後還有繼續加入的。　在此促成會中，主要的團體，仍是學生聯合會及工會，以及其他有羣衆的團體，可見國民運動，沒有眞正羣衆，只閙空牌子是決不會成功的。

# 嚮導（二）

數位重製・印刷　秀威資訊科技股份有限公司
https://www.showwe.com.tw
114 台北市內湖區瑞光路 76 巷 65 號 1 樓
電話：+886-2-2796-3638
傳真：+886-2-2796-1377
劃　撥　帳　號　19563868　戶名：秀威資訊科技股份有限公司
讀者服務信箱：service@showwe.com.tw
網　路　訂　購　秀威網路書店：http://store.showwe.tw
國家網路書店：http://www.govbooks.com.tw

2021 年 11 月
全套精裝印製工本費：新台幣 13,500 元（全套五冊不分售）

Printed in Taiwan　　ISBN:9789863269502 CIP:574.105

*本期刊僅收精裝印製工本費，僅供學術研究參考使用*

ISBN 978-986-326-950-2

讀者回函卡